Philosophenlexikon

Philosophenlexikon

Herausgegeben von Stefan Jordan
und Burkhard Mojsisch

Reclam

RECLAMS UNIVERSAL-BIBLIOTHEK Nr. 19107

Gesamtherstellung: Reclam, Ditzingen. Printed in Germany 2013

ISBN 978-3-15-019107-1

www.reclam.de

Einleitung

Das *Philosophenlexikon* enthält 276 biographische Artikel über bedeutende Denker von der Antike bis zur Gegenwart. Schon die Auswahl dieser Denker verweist auf ein Grundproblem der Philosophie, denn das aus dem Griechischen stammende Wort bedeutet ›Liebe zur Weisheit‹. Weise Persönlichkeiten brauchen aber nicht unbedingt immer Philosophen im Sinne von Vertretern einer akademischen (Wissenschafts-)Disziplin zu sein, wie sie sich in Europa in der Neuzeit, anknüpfend an die griechisch-römische Tradition, herausgebildet hat. Auch außerhalb des Fachs ›Philosophie‹ konnten und können Menschen zu Philosophinnen und Philosophen werden, wenn sie ihr alltägliches Leben, ihr Denken und ihr Handeln auf deren Grundlagen hin befragen. Zudem leisten auch Theologen und Physiker, Historiker und Soziologen, Psychologen und Philologen Maßgebliches auf philosophischem Gebiet, indem sie – von ihren speziellen Gegenständen ausgehend – den Blick auf Grundsätzliches richten.

Nicht selten wird darum von ›Philosophie und Wissenschaftstheorie‹ als einer Einheit gesprochen. Verbindendes Merkmal der philosophischen und wissenschaftstheoretischen Leistungen ist es, dass sich ihre Wirkung nicht auf eine einzige Disziplin beschränkt, sondern fachbereichsübergreifend einflussreich ist. So ist Sigmund Freuds Theorie der Psychoanalyse zunächst eine Errungenschaft für die Fachwissenschaft ›Psychologie‹. Das mit ihr verbundene Menschenbild und die Annahmen, wie Menschen sich zu sich selbst, zueinander und gegenüber ihrer Umwelt verhalten, hatten aber eine revolutionäre Wirkung auf fast alle Wissenschaften und Denkweisen. In diesem Sinne gehört das Werk Freuds auch in den Bereich der Philosophie.

Zudem muss bedacht werden, dass die meisten weltbewegenden Leistungen in den Wissenschaften Überlegungen und Theorien voraussetzen, die einem übergreifenden philosophischen Denken entstammen. Die Idee etwa, dass sich menschliches Verhalten psychoanalytisch beschreiben und beeinflussen lässt, entstand nicht durch zufällige Experimente und Forschungen, sondern als eine Vorstellung über den Menschen, die dann wissenschaftlich entfaltet wurde.

Die Philosophie als Denken über den Menschen, die Welt und die hinter dieser stehenden Mächte ist deshalb seit jeher nicht nur das Anliegen von ›Fachphilosophen‹, sondern Grundlage aller Wissenschaften und jedes auf die Grundlage von Wissen, Werten und Seiendem zielenden Reflektierens. Diesem Gedanken haben die Herausgeber bei der Auswahl der dargestellten Persönlichkeiten Rechnung zu tragen gesucht. Ihre Absicht war es dabei, in der Vielfalt der ausgewählten Philosophinnen und Philosophen die Vielfalt philosophischer Ansätze und Denkweisen erkennbar werden zu lassen.

Philosophie ist zunächst eine abendländische Tradition, die von den Vorsokratikern bis zu modernen Wissenschaftstheoretikern reicht. Gleichwohl wurde auch in anderen Kulturen stets über die Grundlagen alles Seins und Geltens nachgedacht. Um dieses Denken zumindest anzudeuten, wurden in das *Philosophenlexikon* auch Denker aus Ost- und Mittelasien, aus der islamischen Welt und aus Osteuropa aufgenommen. Die Herausgeber sind sich bewusst, dass die Auswahl dieser Denker keineswegs umfassend ist, sondern lediglich repräsentativen Charakter haben kann. Ein Philosophenlexikon, das mit ganzem Recht für sich in Anspruch nehmen könnte, das Grundlagendenken über den Menschen und die Welt global in Biographien abzubilden, hätte die Möglichkeiten unseres Projekts bei weitem überstiegen.

Die Auswahl der Persönlichkeiten wurde vielmehr pragmatisch angelegt. Das *Philosophenlexikon* richtet sich an philosophisch Interessierte und an Studierende der Philosophie und der Wissenschaften. Es enthält die Namen von Denkern, denen heute im akademischen Fach ›Philosophie‹ oder in den Debatten um die Grundlagen der Wissenschaften eine herausragende Bedeutung zugemessen wird. Vor diesem pragmatischen Hintergrund wird auch verständlich, warum nur wenige Frauen unter den Porträtierten zu finden sind. Dies hängt keineswegs damit zusammen, dass sich Frauen weniger als Männer mit den Grundlagen des Seins und Denkens beschäftigt haben. Vielmehr wurden die Wissenschaften, das Erlernen der Schreibfähigkeit und das öffentlich-repräsentative Leben über Jahrhunderte kulturübergreifend von Männern dominiert. Von diesen stammt daher die überwiegende Zahl philosophischer Texte, und sie waren es hauptsächlich, über die die Quellen berichten. Erst seit wenigen Jahrzehnten werden die philosophischen Leistungen von Frauen eingehender gewürdigt. Die Neubewertung der Bedeutung von Werken, wie etwa denen von Olympe de Gouge oder Mary Wollstonecraft, aber auch die feste Etablierung von Frauen wie Hildegard von Bingen und Mechthild von Magdeburg in einen ›Kanon der Philosophie‹ ist Folge dieser Anstrengungen. Weitere ›Entdeckungen‹ und ›Neubewertungen‹ werden in den nächsten Jahren folgen.

Alle Autorinnen und Autoren haben sich bemüht, philosophische Sachverhalte so einfach wie möglich darzustellen, was angesichts der Kürze der Artikel ein äußerst schwieriges Unterfangen war. Im Zentrum ihrer Darstellung stehen nicht die Lebensläufe der Philosophinnen und Philosophen, sondern deren Denken und Werk. Die Artikel entsprechen damit nicht dem biographischen Genre des ›Lebensbildes‹, das Personen in sozialen Zusammenhängen und vor dem jeweiligen zeitgeistigen Hintergrund zu erfassen sucht. Es handelt sich vielmehr um ›Werkbiographien‹, die die Grundzüge und Eigenheiten des jeweiligen Denkens erkennbar machen, geistige Abhängigkeiten aufzeigen und auf Nachwirkungen verweisen.

Der Aufbau der Artikel folgt einem Schema, das von Fall zu Fall leicht variiert:

1. Es beginnt mit der *Kopfzeile*, in der der Name des oder der jeweils Porträtierten – ggf. mit Adels- oder Heiligkeitsprädikaten – genannt wird. Zudem sind hier Geburts- und Sterbeorte sowie die Angaben zu den Lebensdaten (nach der Rechnung des Gregorianischen Kalenders) vermerkt.
2. Im tabellarischen *Äußeren Lebenslauf* sind Angaben zum (Aus-)Bildungs- und Berufsweg sowie zu besonderen Tätigkeiten und Aufenthaltsorten zu finden. Hinweise zum Privatleben (z.B. Eheschließung, Freundschaften), zu Mitgliedschaften in politischen Parteien und wissenschaftlichen Vereinigungen sowie besonderen Ehrungen wurden nur dann vermerkt, wenn sie von spezifischer Bedeutung für die Entwicklung des Werkes waren.
3. Die *Werkbiographien* beginnen mit einer allgemeinen Bewertung und wissenschaftlichen Einordnung der jeweiligen Persönlichkeit und ggf. mit einem Hinweis auf deren Leistungen in anderen Gebieten als der Philosophie. Es folgt dann eine Darstellung des Lebenswerks, in der auf die Hauptwerke der Porträtierten näher eingegangen wird.
4. Den Abschluss der Artikel bildet eine Bibliographie, die aus einem *Werkverzeichnis* und einem *Literaturverzeichnis* besteht. Ziel der Werkverzeichnisse ist es, die maßgeblichen Werk- oder Sammelausgaben zu nennen bzw. auf die einschlägigen kritischen Ausgaben hinzuweisen. Sofern für einzelne Personen keine Werkausgaben existieren, wurden in das Werkverzeichnis weitere wichtige Werke aufgenommen, die noch nicht zuvor im Text genannt sind. Die Literaturverzeichnisse enthalten Angaben zur einschlägigen Übersichtsliteratur zum Leben und Werk der jeweils Dargestellten.

Zudem enthält der Band ein Verzeichnis der Autorinnen und Autoren, in dem biographische Angaben zu den Verfassern der Artikel zu finden sind. Daran anschließend findet sich ein Verzeichnis der Namensvarianten der porträtierten Persönlichkeiten, also etwa ›Eckhart von Hochheim‹ mit einem Verweis auf ›Meister Eckhart‹. Schließlich folgt das Register, in das zum einen alle Personen aufgenommen wurden, die mit einem eigenen Artikel in unserem Band vertreten sind. Ihre Namen sowie die Seitenzahlen des jeweils entsprechenden Artikels sind durch Kursivierung gekennzeichnet. Zum anderen sind all jene Personen im Register verzeichnet, die in den Äußeren Lebensläufen und in den Werkbiographien erwähnt sind.

Die in den Artikeln genannten Persönlichkeiten, zu denen im vorliegenden Band eigene Artikel verfasst worden sind, wurden durch Querverweise mit einem Pfeil (→) markiert. Die Namen der jeweils porträtierten Personen sind mit Initialen abgekürzt. Der besseren Lesbarkeit wegen wurden auch solche Namen mit der Genitivendung ›s‹ versehen, die auf ›s‹ oder ›z‹ enden (also z. B. ›nach Habermas' Auffassung‹ = ›nach H.s Auffassung‹). Weitere Abkürzungen folgen der Standardisierung aus dem Grammatik-DUDEN. Darüber hinaus wurden Werkausgaben in der Bibliographie abgekürzt mit ›GW‹ (Gesammelte Werke), ›SW‹ (Sämtliche Werke), ›WA‹ (Werkausgabe) und ›GS‹ (Gesammelte Schriften). Artikel, die aus einer Fremdsprache ins Deutsche übersetzt wurden, sind durch einen Asterisk (*) hinter dem Namen des jeweiligen Autors markiert. In den Texten genannte Werke werden in der Regel mit dem Titel der Erstausgabe wiedergegeben. Bei fremdsprachigen Schriften wurde eine Übersetzung ins Deutsche (nicht der Titel der entsprechenden deutschsprachigen Ausgabe) in Klammern ergänzt. Wichtig ist uns der Hinweis, dass im Hinblick auf den knapp bemessenen Raum die Nennung beider Geschlechter (also etwa ›Leserinnen und Leser‹) nicht möglich war, aber immer mitgedacht werden sollte.

Unter den 181 Autorinnen und Autoren des *Philosophenlexikons* befinden sich nicht nur Philosophen, sondern auch Soziologen, Philologen, Historiker, Pädagogen und Vertreter anderer Wissenschaften. Alle verbindet, dass sie sich der besonderen Herausforderung gestellt haben, die vorgegebene Kürze der Beiträge auch angesichts des Gebots möglichst leichter Verständlichkeit einzuhalten. Die Herausgeber danken allen Beteiligten für diesen Mut und die angenehme Zusammenarbeit. Ebenfalls Dank gebührt den Übersetzern, Herrn Markus Sedlaczek, M. A., Frau Bettina Weiper, M. A., Herrn Donald Goodwin, Herrn Volker Ellerbeck, M. A., Herrn Hartmut Grabst, M. A., und Frau Alexandra Czupalla, die Beiträge aus dem Französischen, Englischen und Polnischen für den Band ins Deutsche übertragen haben. In besonderer Weise hat Frau Svenja Hunz durch ihr Engagement bei der Durchsicht der Artikel und durch ihre fruchtbaren Anregungen zum Zustandekommen unseres Projektes beigetragen. Auch ihr gilt unser herzlicher Dank.

München/Bochum, im September 2009
Stefan Jordan und Burkhard Mojsisch

Theodor W. (Wiesengrund) Adorno

11.9.1903 Frankfurt a.M. – 6.8.1969 Visp (Schweiz)

1921–24	Studium der Philosophie, Musikwissenschaft u. Psychologie an der Univ. Frankfurt a.M.
1924	Dissertation bei Hans Cornelius mit einer Arbeit über →Edmund Husserl
1925–26	Studium der Komposition bei Alban Berg in Wien
1928–31	Redakteur der Wiener Musikzeitschrift *Der Anbruch*
1931	Habilitation bei Paul Tillich über →Søren Kierkegaard
1934–37	Emigration nach Oxford, Dozent am Merton College
1938–41	Übersiedlung nach New York, Mitarbeiter des von →Max Horkheimer geleiteten Institute for Social Research u. Leiter des Music Department
1941–49	lebt in Los Angeles/Kalifornien, schriftstellerische Tätigkeit
1944–49	Direktor des Research Project on Social Discrimination des Institute for Social Research
1949–69	Mitarbeiter, seit 1959 Leiter des wiederbegründeten Instituts für Sozialforschung in Frankfurt a.M.
1949–69	Professor an der Univ. Frankfurt a.M.

A. zählt zu den bedeutendsten deutschsprachigen Philosophen des 20. Jh.s. Zusammen mit →Max Horkheimer, mit dem er die theoretischen Fundamente der »Kritischen Theorie« oder »Frankfurter Schule« legte und großen Einfluss auf das Gedankengut der Studentenbewegung nahm, deren Aktionismus er aber ablehnte, wurde er schulbildend in einem antidogmatischen Sinn. Bezog sich seine frühe Kritik an der ideologischen Trennung von Theorie und Praxis auf die Wissenschaften und ihr positivistisches Selbstverständnis (»Traditionelle versus Kritische Theorie«), so führte der durch die Erfahrung von Exil, Krieg und Genozid geprägte Praxisbegriff in A.s späterer Geschichts- und Gesellschaftsphilosophie zu Aporien (unauflösbaren Gegensätzen) innerhalb der Vernunftkritik, die keine positiven Angaben für eine bessere Praxis des sozialen Lebens mehr zulassen.

Bereits in seiner 1931 gehaltenen Antrittsvorlesung *Die Aktualität der Philosophie* finden sich alle Elemente A.schen Denkens: eine sprach- und geschichtsverbundene Ausrichtung der Philosophie, eine Absage an philosophische Systeme, totalitäre Vernunftbegriffe bzw. allumfassende Wirklichkeitsentwürfe, eine materialistische Fundierung der philosophischen Reflexion sowie das utopische Element der Hoffnung auf eine bessere Welt. Mit starken Akzenten auf sozial- und geschichtsphilosophischen Aspekten setzte sich A. mit den philosophischen Traditionen des Idealismus (→Immanuel Kant, →Georg Wilhelm Friedrich Hegel) und des Materialismus (→Karl Marx) sowie mit →Friedrich Nietzsche, →Søren Kierkegaard und →Sigmund Freud auseinander.

Sind die frühen Veröffentlichungen (*Die Idee der Naturgeschichte*, 1932; *Kierkegaard. Konstruktion des Ästhetischen*, 1933) noch von akademischem Stil und philosophiegeschichtlichem oder epistemologischem Erkenntnisinteresse geprägt, so überwiegt seit den 1940er Jahren die vernunftkritische und negativ-skeptische Grundstimmung. In der *Dialektik der Aufklärung* (1947) diagnostizierte A. zusammen mit Horkheimer die Verfallsgeschichte der europ. Vernunft und den Rückfall der Aufklärungsideale in Mythologie, Barbarei und Zerstörung. Kapitalismus- und Faschismuskritik sind eingebettet in eine Geschichtsphilosophie, die keinen gesellschaftlichen Fortschritt mehr kennt, sondern den Zivilisationsprozess als zeitlose und grausame Naturherrschaft von Menschen über Menschen und Natur demaskiert. Den gesellschaftlichen Verblendungszusammenhang gegenüber dieser totalen Herrschaft der instrumentellen Rationalität blätterte A. in *Minima Moralia* (1952) aphoristisch auf. Die Frage nach dem guten Leben wird negativ beantwortet, und es wird angedeutet, »wie man nicht leben soll«. An vielen kleinen Erfahrungssplittern, alltäglichen Details und philosophischen Überempfindlichkeiten zeigte A., wie tief das »schlechte Allgemeine« in die spätkapitalistische Subjektivität und Mentalität eingedrungen ist.

Die zentralen philosophischen Auseinandersetzungen mit den Vernunft- und Geschichtskonzeptionen von Kant, Hegel und Marx sowie mit der Ontologie →Martin Heideggers finden sich in der *Negativen Dialektik* (1966), in der A. seine Vorstellung von dialektischem Denken anhand von Modellen, Konstellationen und mikrologischer Methode umzusetzen suchte. Es ist das materialistische Detail, das Nicht-Identische an den Dingen, das die Utopie verbirgt und deshalb vor dem identifizierenden Begriffsapparat der Vernunft gerettet werden muss. In der *Ästhetischen Theorie* (1972) liegt der Ort der Utopie vollends in der modernen Kunst: Nur noch dort kommen für A. Herrschaftszwang, begriffliche Identitätsgewalt und der Drang nach Freiheit und Würde zur Versöhnung.

Dem »autoritären Charakter« widmete sich A. in seiner sozial-empirischen Studie *The Authoritarian Personality* (1950), in der er anhand von Vorurteilsstrukturen antisemitische Anlagen und Dispositionen ausfindig machte, die den Typen (die Mentalität) des durchschnittlichen Faschisten empirisch ausweisen können. Schließlich mischte sich A. publizistisch mit vielen Essays und Aufsätzen (*Prismen*, 1951; *Eingriffe*, 1963; *Ohne Leitbild*, 1967; *Stichworte*, 1969), die er vor dem Hintergrund seiner musikalischen Erfahrungen und musiktheoretischen Überlegungen (*Philosophie der neuen Musik*, 1949) als Textkompositionen begriff, in politische Diskussionen ein.

Werke: GS in 20 Bdn., hg. v. R. Tiedemann [u. a.], 1970–80, revidierte u. erweiterte Ausg. auf CD-ROM, 2003. – Nachgelassene Schriften, hg. v. R. Tiedemann [u. a.], bislang 9 Bde., 1993 ff. – Aufarbeitung der Vergangenheit. Reden u. Gespräche, ausgew. v. R. Tiedemann, 5 CDs, 1999.

Lit.: H. Schweppenhäuser (Hg.): T. W. A. zum Gedächtnis, 1971. – J. Früchtl [u. a.] (Hg.): Geist gegen den Zeitgeist. Erinnern an A.,

1991. – G. Schweppenhäuser: T. W. A. zur Einführung, 1996. – R. Behrens: A.-ABC, 2003. – D. Claussen: T. W. A. Ein letztes Genie, 2003. – S. Müller-Doohm: A., 2003. – A. Hoffmann / T. Bedorf [u. a.]: Marginalien zu A., 2003.

Arnd Hoffmann

Albertus Magnus (Hl. seit 1931)

um 1200 Lauingen/Donau – 15.11.1280 Köln

1223	Eintritt in den Dominikanerorden
1224–28	Theologiestudium
seit 1233	Lehrtätigkeit an verschiedenen Ordensschulen
1245–48	Magister der Theologie an der Univ. Paris
1248	Begründung eines Generalstudiums in Köln
1254	Wahl zum Provinzial der Provinz Teutonia
1260–62	Bischof von Regensburg
1263/64	Kreuzzugsprediger
seit 1264	Aufenthalt an den Dominikanerkonventen in Würzburg, Straßburg u. Köln

A. gilt gemeinsam mit seinem Schüler →Thomas von Aquin als Begründer des »christlichen Aristotelismus«, der auch gegen die Widerstände der Zeit auf die Integration der philosophischen Erkenntnisse des →Aristoteles in das christliche Weltbild abzielte. Im Rahmen seiner Kommentierung des gesamten *Corpus Aristotelicum* machte A. dem lat. Westen das aristotelische Weltbild in seiner ganzen Breite zugänglich. Dabei lag ein besonderer Akzent auf der Beobachtung und Katalogisierung der Natur, weshalb A. nicht zuletzt als philosophischer Naturforscher auf die Nachwelt gewirkt hat (seit 1941 ist er kirchlicher Patron der Naturwissenschaften). Neben der Orientierung am empirischen Ansatz des Aristoteles ist v. a. die Intellektlehre Herzstück der Philosophie A.s. In ihre Ausarbeitung bezog er auch die ihm vorausgehende griech. und arab. Tradition intensiv mit ein. Hier zeigt sich am deutlichsten der neuplatonische Zug seines Denkens, durch den er (u. a. über seinen Schüler Ulrich von Straßburg) erheblichen Einfluss auf die rhein. Mystik ausübte. Für A. selbst bildeten diese scheinbar gegenläufigen Tendenzen seines Ansatzes keinen Widerspruch, insofern er den neuplatonischen *Liber de causis* (Buch der Ursachen) für ein Werk des Aristoteles hielt und konstatierte, »dass der Mensch in der Philosophie nicht vollkommen wird ohne die Kenntnis der beiden Philosophien des Aristoteles und des →Platon« (*Metaphysica* I, 5, 15).

Sein Beiname des allseitigen Lehrers (*doctor universalis*) gründet auf dieser imposanten Breite des Wissens in allen Bereichen des wissenschaftlichen und geistigen Lebens seiner Zeit, was ihm allerdings später auch den Ruf eintrug, ein bloßer Enzyklopädist und Sammler gewesen zu sein. Doch A. verarbeitete seine philosophischen Quellen keineswegs unkritisch, sondern widersprach und korrigierte, wo er es für nötig hielt; ebenso bezog er hinsichtlich kontroverser Streitfragen in Form langer Digressionen (d. h. erweiternder Ausführungen) eindeutig Stellung. So ist er zum einen eine ›Schwellengestalt‹, die der Folgezeit wesentliche Fragen und Problemstellungen vorgab; zum anderen lieferte er selbst bereits wegweisende Antworten, die systematisch eingebettet sind in eine alles umfassende, ebenso theologisch wie philosophisch fundierte Metaphysik des Guten.

Im Rahmen seiner 1250 begonnenen Aristoteles-Paraphrase wollte A. nicht nur alle in lat. Übersetzung vorliegenden aristotelischen Schriften kommentieren, sondern auch »fehlende oder ausgelassene Schriften hinzufügen« (*Physica* I, 1,1). Dieser konstruktiven Absicht folgend, verfasste er neben Kommentaren zu allen aristotelischen Hauptwerken z. B. auch eine umfangreiche Botanik (*De vegetabilibus*, 1254–57), eine Zoologie (*De animalibus*, 1258–62) sowie eine Gesteinslehre (*De mineralibus*, 1254–57). Auf der Linie dieses erweiternden Ansatzes liegt auch die Schrift *De intellectu et intelligibili* ([Über den Intellekt und den Erkenntnisinhalt] 1254–57), in welcher A. die aristotelische bzw. peripatetische Intellektlehre krönen möchte: Er baut hier die aus dem arab. Raum stammende Lehre von den vier Intellekten zu einem umfassenden System aus, in dem die geistige Reifung des Intellekts zugleich einen ontologischen Aufstieg des Menschen markiert. Diese Intellektlehre findet ihre Resonanz in vielen anderen Bereichen seines Denkens, u.a. in der Ethik, die A. zwei Mal kommentierte (*Super Ethica*, 1250–52; *Ethica*, 1262): Das aristotelische Ideal des kontemplativen Lebens wird hier als höchstmögliche Vollendung menschlicher Existenz auf der Basis des »erworbenen Intellekts« (*intellectus adeptus*) gedeutet; A. vertritt dabei (im Gegensatz etwa zur augustinischen Auffassung vom prinzipiellen menschlichen Elend im Diesseits) die Ansicht, dass der Mensch bereits im irdischen Leben eine substantielle Glückseligkeit zu realisieren vermag, die zugleich die Wurzel seiner Unsterblichkeit bildet.

Von besonderer Bedeutung aus dem weiteren Œuvre sind v.a. seine Kommentare zu den Werken des christlichen Neuplatonikers Ps.-Dionysius Areopagita (4 Bde., 1248–50) und zum neuplatonischen *Liber de causis* (1264–67), in denen A. im Kern seine Metaphysik des Guten entwickelt. In seinem Traktat *De homine* ([Über den Menschen] 1242) legte A. zudem einen umfassenden anthropologischen Entwurf vor, der bis in die Moderne seinesgleichen sucht.

Werke: Opera omnia, hg. v. A. Borgnet, 38 Bde., 1890–99. – Opera omnia, hg. v. Albertus-Magnus-Institut (sog. *Editio Coloniensis*), angelegt auf 40 Bde., 1951 ff.

Lit.: A. de Libera: Albert le Grand et la philosophie, 1990. – W. Senner [u.a.] (Hg.): A. M. Zum Gedenken nach 800 Jahren: Neue Zugänge, Aspekte u. Perspektiven, 2001. – I. Craemer-Ruegenberg: A. M., überarb. hg. v. H. Anzulewicz, 2005.

Jörn Müller

Alexander von Aphrodisias

um 200

A. wurde zwischen 198 und 209/11 (?) zum öffentlich anerkannten Lehrer aristotelischer Philosophie an die peripatetische Schule in Athen berufen. Er gilt als bedeutendster Aristoteleskommentator der Antike, dessen Rezeption über die Renaissance (→Pietro Pomponazzi) bis ins 17. Jh. reichte. Charakteristisch ist seine philologische Genauigkeit, mit der er unklare Textstellen in →Aristoteles' Werken paraphrasierte und systematisierte. Aus diesem Grunde wurde er auch als »der Exeget« oder »der zweite Aristoteles« bezeichnet. Philosophiegeschichtlich wird er dem naturalistischen Aristotelismus zugeordnet und wegen seiner Schriften zur aristotelischen Psychologie zu den Materialisten gezählt. Zur Zeit des Universalienstreits (14. Jh.) wurde er von den Nominalisten, also von denen, die Allgemeinbegriffe allein für sprachliche Inhalte betrachteten, als Autorität angeführt.

In seinen rezeptionsgeschichtlich bedeutendsten Schriften zur Seele bildet das zentrale Element die Kommentierung der Intellekttheorie des Aristoteles (*De anima* [Über die Seele] III 5). Die Seele bzw. der menschlich-individuelle Intellekt (*intellectus possibilis*) als Form des Körpers ist nach A. aufgrund ihrer engen Materiebezogenheit nicht abtrennbar vom Körper und somit sterblich. Ihre Entstehung und Beschaffenheit als Wesenssubstanz mit mehreren Vermögen ist gemäß griech. Vorstellung durch die formlose Materie bedingt. Die Erkenntnisursache und die damit verbundene Möglichkeit der Fortentwicklung des *intellectus possibilis* als bloßer Anlage zu einem handlungsfähigen Denkvermögen (*intellectus secundum habitum*) spricht er dem aktiven Prinzip, dem tätigen Intellekt (*intellectus agens*), zu, der außerhalb der Seele zu finden und materielos sei. Zentral für A.s Seelenlehre in seiner Schrift *De intellectu* (Über den Intellekt) ist, dass er den tätigen Intellekt in seiner Eigenschaft als höchstes Intelligibles mit dem unbewegt Bewegenden (*Metaphysik* XII 7) identifiziert, das auf den Menschen als göttliches Wesen einwirkt. Anderer Ansicht ist Dimitris Papadis (*Die Seelenlehre bei A. v. A.*, 1991), der den Nachweis erbringt, bei A. sei der tätige Intellekt als *prima causa* – so Aristoteles – im Rahmen der Erkenntnisordnung nicht Gott wie in der Seinsordnung, sondern *immediata causa*, also die im Intellektualbereich leitende nächste Ursache – ein Nachweis, der bereits auf Pietro Pomponazzi zurückgeht.

In seiner ethischen Schrift *De fato* (Über das Schicksal), Septimius Severus und Kaiser Caracalla gewidmet, vertritt A. eine Mittelposition zwischen Fatalismus und reiner Zufälligkeit, indem er dem stoischen Fatalismus die These der menschlichen Willensfreiheit, die außerhalb der göttlichen Einwirkungskraft stehe, systematisch entgegensetzt. So sind seine Haupteinwände, dass, wenn Handlungen nur in den vorbestimmten Umständen gründeten, Gesetze überflüssig und Tugenden nicht mehr lobenswert seien. Gegen die Lehre der Vorsehung führt A. an, dass die Tätigkeit der Gottheit nicht nur um des Geringeren zuliebe da sein könne; vielmehr beschränke sich die von der ersten Ursache bzw. *prima causa* ausgehende Vorsehung bzw. Ordnung auf die körperlich-elementare Welt (Seinsordnung) und garantiere gemäß dem griech.-aristotelischen Denken die Harmonie des Kosmos.

Werke: Großer Aristoteles-Kommentar, in: Commentaria in Aristotelem Graeca 1–3, 1883–1901. – Eigenständige große Abhandlungen, ebd. 2/1 u. 2/2, 1887/92. – De anima libri mantissa, hg. u. komm. v. R. W. Sharples, 2008.

Lit.: A. Gercke: A. v. A., in: Paulys Realencyclopädie der classischen Altertumswissenschaft I,2, 1958, 1435–55. – P. Moraux: A. v. A., 2001. – G. Damschen: A. v. A., in: Großes Werklexikon der Philosophie I, hg. v. F. Volpi, 2004, 31–33.

Svenja Hunz

Louis Althusser

16.10.1918 Birmandreis (Algerien) – 22.10.1990 La Verrière bei Paris

1939–48	Philosophiestudium an der École Normale Supérieure (ENS) in Paris, unterbrochen v. Kriegsdienst u. dt. Gefangenschaft 1940–45
1948	Diplomarbeit bei →Gaston Bachelard über →Hegel u. Agrégation (Staatsexamen)
seit 1948	Assistent an der ENS, seit 1950 auch Sekretär der geisteswissenschaftlichen Sektion
1948	Abkehr von der kath. Kirche u. Eintritt in die Kommunistische Partei Frankreichs (KPF)
1975	kumulative Habilitation an der Univ. Amiens
1980	Ermordung seiner Ehefrau, der Soziologin Hélène Rytman-Legotien, im Zustand geistiger Umnachtung u. anschließende Unterbringung in psychiatrischen Kliniken

A. gilt als wichtigster Vertreter eines marxistischen Strukturalismus. In den 1960er und 1970er Jahren gehörte er zu den am häufigsten zitierten, aber auch umstrittensten Philosophen. Sein Einfluss beruhte auf seiner Fähigkeit, in einem scheinbar orthodoxen, marxistisch-leninistischen Rahmen die Möglichkeit und Notwendigkeit unorthodoxer, innovativer Fragestellungen zu skizzieren, wobei v.a. seine ungewöhnliche Verknüpfung von Marxismus und Psychoanalyse subversiv war. Als Mitglied der KPF, in der er jedoch nie eine Funktion ausübte, wurde A. eine Zeit lang, auch international, zum Sprachrohr eines kommunistischen Nonkonformismus, der deshalb von allen KP-Apparaten bekämpft wurde. A. verließ die KPF jedoch nie, weil er ›von innen‹ zur Überwindung des Stalinismus und zur politischen und intellektuellen Öffnung beitragen wollte. Die durch Michail Gorbatschow eingeleitete Perestroika verfolgte er mit größter Sympathie. Nach dem Mord an seiner Frau 1980 geriet A., der zeitlebens unter manisch-depressiven Schüben litt, rasch in Vergessenheit.

Erst nach seinem Tod wurde A.s philosophische und politische Originalität für eine breite Öffentlichkeit sichtbar.

Im Mittelpunkt von A.s Philosophie steht das Werk von →Karl Marx, das er einer neuartigen Lektüre unterzog, die er selbst als »symptomatische« bezeichnete. Methodisch stützte er sich auf die Epistemologie Gaston Bachelards und Georges Canguilhems sowie auf Anregungen, die v.a. auf →Baruch de Spinoza, →Sigmund Freud (in der Lesart von →Jacques Lacan) und die strukturalistische Sprach- und Literaturwissenschaft zurückgehen. In seinen frühen und bekanntesten Schriften (*Pour Marx* [Für Marx], 1965; mit Étienne Balibar [u.a.], *Lire Le Capital* [Das Kapital lesen], 1965) plädierte er für eine »Rückkehr zu Marx«, aber nicht zum jungen, noch idealistischen, sondern zum reifen des *Kapital*, der in diesem Werk eine neue »Wissenschaft der Geschichte« begründet habe. A.s eigener Beitrag zum Marxismus besteht v.a. in seiner materialistischen Ideologie-Theorie, die Spinoza und Freud, aber auch →Niccolò Machiavelli und →Antonio Gramsci viel verdankt und sich radikal vom Sowjetmarxismus und von jeder existentialistischen oder hegelianisierenden Entfremdungsphilosophie unterscheidet. Viele von A. geprägte Begriffe, wie etwa »theoretische Praxis«, »strukturale Kausalität«, »ideologischer Staatsapparat«, »Subjekt-Effekt«, gehören heute zum philosophischen Vokabular. Zu A.s bekanntesten Studenten gehörten →Michel Foucault, →Pierre Bourdieu, Alain Badiou und Étienne Balibar.

Werke: Montesquieu, 1959. – Philosophie et philosophie spontanée des savants, 1967. – Ideologie u. ideologische Staatsapparate, hg. v. P. Schöttler, 1977. – Die Krise des Marxismus, hg. v. P. Schöttler, 1978. – Machiavelli – Montesquieu – Rousseau, hg. v. P. Schöttler u. F. O. Wolf, 1985. – L'avenir dure longtemps, hg. v. O. Corpet u. Y. Moulier Boutang, 1993 (Autobiographie). – Écrits philosophiques et politiques, hg. v. F. Matheron, 2 Bde., 1994/95. – Sur la reproduction, 1995. – Solitude de Machiavel, hg. v. Y. Sintomer, 1998.

Lit.: S. Karsz: Theorie u. Politik: L. A., 1976. – H.-J. Sandkühler (Hg.): Betr. A., 1977. – G. Elliott: A. – the Detour of Theory, 1987. – B. Hahn / P. Schöttler (Hg.): Ein Denken an den Grenzen. L. A. zum 70. Geburtstag, 1988. – Y. Moulier Boutang: L. A. Une biographie, 1992. – E. A. Kaplan / M. Sprinker (Hg.): The A. Legacy, 1993. – É. Balibar: Für A., 1994. – R. Pfaller: A. Das Schweigen im Text, 1997.

Peter Schöttler

Anaxagoras von Klazomenai

um 500 v. Chr. Klazomenai/Ionien (Griechenland) – um 428 v. Chr. Lampsakos (Griechenland)

um 460 v. Chr.	Übersiedlung nach Athen
zwischen 460–30 v. Chr.	Freundschaft mit Perikles u. Euripides
um 430 v. Chr.	Anklage wegen Verachtung der Götter

Der Vorsokratiker und ion. Philosoph A. hatte vermutlich Hermotimus von Klazomenai als Lehrer. Er unternahm im damaligen Griechenland zahlreiche Reisen und kam nach Athen, wo er den größten Teil seines Lebens verbrachte. Wie wir aus →Platons *Phaidon* wissen, dürfte →Sokrates bei einer öffentlichen Lesung einer Abhandlung von A. zugegen gewesen sein. A. wurde – wie später Sokrates – wegen seiner ›astronomischen‹ Theorien angeklagt, musste – wahrscheinlich mit Hilfe seines Freundes Perikles – aus Athen fliehen und wurde in Abwesenheit zum Tode verurteilt.

A. war es, der den Begriff des *Nous*, des Geistes, in die Philosophie einführte. Er war der Ansicht, dass es außer der menschlichen Vernunft, die Wirklichkeit oder Sein erkennt, auch einen Weltgeist gibt, der den Kosmos ordnet. »Als aber jemand erklärte, dass die Vernunft sowohl in den lebenden Wesen als auch in der Natur die Ursache aller Schönheit und Ordnung sei, da erschien er gegen die Früheren wie ein Nüchterner gegen Irredenkende« (Aristoteles, *Metaphysik* I, 3). Das von A. eingeführte zweite

Prinzip – der Weltgeist – erlangte in der Geschichte der Philosophie allerdings weniger Bedeutung.

A. setzte voraus, dass die Körper aus qualitativ verschiedenen kleinsten Teilchen bestehen, die er »Samen« aller Dinge (später bei →Aristoteles: *Homoiomerien*) nannte. Aber im Unterschied zu →Empedokles nahm er nicht vier, sondern unendlich viele qualitativ unveränderliche Samen an. Ähnlich wie bei →Demokrit besitzen diese kleinen Teilchen nicht nur geometrische Eigenschaften. Sie sind in allen sinnlich wahrnehmbaren Dingen enthalten, nur verschieden dosiert, so dass ›alles in allem‹ ist. – Mit seiner Lehre bzw. mit dem Begriff des *Nous* als eines den Kosmos ordnenden Prinzips beeinflusste A. die theoretische Philosophie Platons und des Aristoteles. Auch →Georg Wilhelm Friedrich Hegel schätzte A. sehr.

Werke: Die Fragmente der Vorsokratiker II, griech./dt., hg. v. H. Diels u. W. Kranz, [16]1972, ND 2005, n. 59. – F. M. Cleve: The Giants of Pre-Sophistic Greek Philosophy, Bd. I, [3]1973, 169–328.

Lit.: W. Bröcker: Die Lehre des A., in: Kant-Studien 42 (1942/43), 176–89. – K. Bloch: A. u. die Atomistik, in: Classica et Mediaevalia 20 (1959), 1–13. – W. K. C. Guthrie: A History of Greek Philosophy, Bd. 2, 1965. – K. v. Fritz: Der »Nous« des A., in: K. v. F.: Grundprobleme der Geschichte der antiken Wissenschaft, 1971, 576–93. – J. Barnes: The Presocratic Philosophers, Bd. 2, 1979.

Mamuka Beriaschwili

Anaximander von Milet

um 610–547/46 v. Chr.

Es gibt nur wenige, kaum gesicherte biographische Daten über A. Diogenes Laertius bezeichnete ihn als Sohn des Praxiades. Nach seinen Angaben stammte er aus Milet, soll im Jahr 2 der 58. Olympiade (547/46 v. Chr.) ein Alter von 64 Jahren erreicht haben und kurz darauf verstorben sein. Die *Suda*, ein byzantin. Lexikon, behauptet seine Verwandtschaft mit →Thales und sieht in A. dessen Schüler und Nachfolger.

A. gilt neben Thales als zweiter großer Repräsentant der miles. oder ion. Naturphilosophie. Als ein Begründer der abendländ. Philosophie entfaltete er eine umfangreiche Wirkungsgeschichte, die von der frühen griech. Zeit bis zu →Martin Heidegger reicht. Das Altertum schrieb A. weitere wissenschaftliche Leistungen zu: So machte er die Griechen angeblich mit dem *Gnomon* bekannt, einem astronomischen Messinstrument und Vorläufer der Sonnenuhr. Auch die Anfertigung einer Weltkarte schrieb man ihm zu. Zudem sprechen die Quellen von kosmologischen Spekulationen (zahllose Welten) sowie biologischen Forschungen, die A. bis in die Nähe einer Evolutionstheorie geführt haben sollen (Ursprung des Menschen aus anderen Lebewesen).

Von A. sind keine Schriften erhalten. Nach Themistius schrieb er jedoch als erster ein Buch ›Über die Natur‹, doch ist dieser Titel umstritten. Dass er aber ein Werk zu diesem Thema verfasst haben muss, scheint sicher; aus ihm stammt nämlich jenes berühmte als ›Spruch des Anaximander‹ bekannte Fragment, das als erste authentisch im Wortlaut überlieferte Aussage eines abendländischen Philosophen gilt: »Anfang und Ursprung der seienden Dinge ist das Apeiron [das grenzenlos Unbestimmbare]. Woraus aber das Werden ist den seienden Dingen, in das hinein geschieht auch ihr Vergehen nach der Schuldigkeit; denn sie zahlen einander gerechte Strafe und Buße für ihre Ungerechtigkeit nach der Zeit Anordnung« (*Fragment* 1). Dazu kommen zahlreiche sekundäre Quellen, Paraphrasen und Nachrichten über ihn, die einen Einblick in das Konzept A.s erlauben.

Schon aus der originär überlieferten Sentenz geht hervor, dass A. das naturphilosophische Anliegen des Thales fortsetzte. Auch er fragte nach der *Arché* als dem primären Prinzip der *Physis*. Diesen Urgrund dachte er jedoch nicht als Wasser oder setzte dafür einen anderen konkreten Stoff an, sondern sprach von einem grenzenlos Unendlichen, das alles aus sich entlässt und nach gegebener Zeit in sich zurücknimmt. Das unzerstörbare und ewige *Apeiron* steht jenseits aller Gegensätzlichkeiten, die jedoch aus ihm hervorbrechen. Es besitzt daher die Qualität des Göttlichen. A. entfernte sich insofern noch weiter von den mythischen Entwürfen der frühen Griechen als Thales, als er ein rational nachvollziehbares Prinzip an die Spitze seiner Konzeption stellte.

Werke: Die Fragmente der Vorsokratiker I, griech./dt., hg. v. H. Diels u. W. Kranz, [6]1951, ND 2004, n. 12. – Die Vorsokratiker I, griech./dt., übers. u. erläut. v. J. Mansfeld,1983, 56–81.

Lit.: M. Heidegger: Der Spruch des Anaximander, in: M. H.: Holzwege, 1950, 317–68. – G. S. Kirk [u.a.]: Die vorsokratischen Philosophen. Einführung, Texte u. Kommentare, 1994, 109–56. – C. Rapp: Die Vorsokratiker, 1997. – D. L. Couprie [u.a.]: A. in Context, 2003.

Udo Reinhold Jeck

Anaximenes von Milet

zweite Hälfte des 6. Jh.s v. Chr.

A. gilt neben →Thales und →Anaximander als dritter ion. Naturphilosoph. Er soll angeblich z. Zt. der Eroberung von Sardes durch die Perser (546/45 v. Chr.) gelebt haben und in der 63. Olympiade gestorben sein (528–25 v. Chr.). Die Bemerkung des Diogenes Laertius, A. stamme aus Milet, sei Sohn des Eurystratos und Schüler des Anaximander gewesen, ist zweifelhaft. Informationen über ihn wurden überliefert, weil sich →Aristoteles und seine Schüler intensiv mit seinem Denken auseinandersetzten. Den Quellen zufolge scheint sich A. für meteorologische Phänomene interessiert zu haben; auch ein Interesse für

Biologie und die Erforschung der Lebewesen wird angedeutet. Wie alle ion. Philosophen beschäftigte er sich mit astronomischen Theorien. Es gilt als sicher, dass er ein Werk verfasst hat.

A. schrieb und philosophierte jenseits aller mythischen und poetischen Ausdrucksweisen. Inhaltlich konzentrierten jene, die später von A. berichteten, sein Denken auf zwei zentrale Thesen, deren erste Hippolytus (*Refutatio Omnium Haeresium* [Widerlegung aller Häresien] I 7 1) in einem Satz zusammenfasste: »Anaximenes [...] sagte, unbegrenzte Luft sei das Prinzip, aus dem alles hervorgeht: was entsteht, was entstanden ist, was in Zukunft sein wird, Götter und göttliche Dinge; alles andere gehe aus den Abkömmlingen der Luft hervor«. Wie Thales setzte A. demnach ein Urelement an, wie Anaximander konzipierte er ein Unendliches und Unbegrenztes. A.s zweiter These zufolge ist die Luft göttlich, und es kommen ihr seelische Qualitäten zu. Die Luft durchdringt und umfasst alles. A. bereitete damit das Konzept einer Weltseele vor, das bis in die Zeit des Dt. Idealismus hinein wirkte.

Werke: Die Fragmente der Vorsokratiker I, griech./dt., hg. v. H. Diels u. W. Kranz, [6]1951, ND 2004, n. 13. – Die Fragmente zu seiner Lehre, hg., übers., erläutert u. mit einer Einl. versehen v. G. Wöhrle, 1993. – Die Vorsokratiker I, griech./dt., übers. u. erläut. v. J. Mansfeld, 1983, 82–97.

Lit.: G. S. Kirk [u.a.]: Die vorsokratischen Philosophen. Einführung, Texte u. Kommentare, 1994, 157–77.

Udo Reinhold Jeck

Anselm von Canterbury (Hl. seit 1494)

1033 Aosta (Italien) – 21.4.1109 Canterbury (England)

1056–59	Wanderung durch Frankreich; Besuch verschiedener Klosterschulen
1059	Eintritt in die Schule des Klosters Bec (Frankreich)

1060	Eintritt in das Kloster
1063	Prior in Bec
1078	Abt in Bec
1093	Erzbischof von Canterbury
1097–1100	nach Kontroversen mit dem engl. König Wilhelm II. Exil in Lyon u. Rom
1103–06	erneutes Exil wegen Streitigkeiten mit Williams Nachfolger Heinrich I. um die Einsetzung der Bischöfe

A.s Ruf als einer der herausragenden Philosophen des Mittelalters gründet in seiner Methode, allein durch Vernunft (*sola ratione*) – in einem Nachdenken, das sich stets über jeden seiner einzelnen Schritte Rechenschaft ablegt und sich nicht auf die Hl. Schrift oder andere Autoritäten stützt – aufzuzeigen, dass bestimmte Inhalte des christlichen Glaubens aufgrund zwingender Argumente (*rationes necessariae*) einsehbar sind. Sein Philosophieren orientiert sich dabei eher an →Platon und →Augustinus als an →Aristoteles. A.s Schriften wurden in den folgenden Jahrhunderten viel gelesen; die Diskussion über sein *eines* Argument zum Beweis der notwendigen Existenz Gottes reicht sogar bis in die Gegenwart.

Ausgangspunkt für A.s Nachdenken über die göttliche Wesenheit bilden im *Monologion* ([Selbstgespräch] 1076) die unterschiedlichen Grade von Gutheit, gemäß denen wir ganz verschiedene Dinge der Erfahrung beurteilen und erstreben. Unabhängig von einer durch den Glauben vermittelten Kenntnis der Wesenheit Gottes sollen zunächst vier Argumente beweisen, dass es ein höchst Gutes, höchst Großes und höchst Seiendes gibt und dass das, was höchst gut, höchst groß, höchst seiend ist, nur eine einzige Natur, Substanz oder Wesenheit sein kann – die göttliche. Im Anschluss daran bemüht sich A., die rationale Erfassbarkeit weiterer Glaubensinhalte aufzuzeigen.

Unzufrieden mit der Vielzahl von Argumenten im *Monologion*, die die faktische, nicht aber die notwendige Existenz Gottes erweisen, nahm A. im *Proslogion* ([Anrede] 1077/78) die Aussage »Wir glauben, daß du (Gott) etwas bist, über das hinaus Größeres nicht gedacht werden kann« als Ausgangspunkt für sein Nachdenken. Er versuchte ohne Rückgriff auf den Glauben oder den Gottesbegriff darzulegen, dass diese Aussage in dem Ausdruck »Etwas, über das hinaus Größeres nicht gedacht werden kann« *ein* Argument enthält, das sich im Denken seines Inhalts, des »Etwas ...«, selbst entfaltet und zu der unumstößlichen Einsicht führt, dass es – und damit auch Gott – nicht nur existiert, sondern notwendig existiert, da sein Nicht-Sein nicht einmal gedacht werden kann.

In den Dialogen *De veritate* (Über die Wahrheit), *De libertate arbitrii* ([Über die Freiheit des Willens] 1080–85) und *De casu diaboli* ([Vom Fall des Teufels] 1085–90) spielt dann der Begriff der »Rechtheit« (*rectitudo*) eine zentrale Rolle. Er bildet die Grundlage für A.s Definition der Wahrheit und der Freiheit des Willens. Im Dialog *Cur deus homo* ([Warum Gott Mensch geworden] vollendet 1098) sah A. vom Glauben an die Existenz Christi ab und unternahm es, allein mit Argumenten der Vernunft die Notwendigkeit der Menschwerdung Gottes für die Erlösung der Menschheit einsichtig zu machen.

Werke: Opera omnia, hg. v. F. S. Schmitt, 6 Bde., 1938–61, ND in 2 Bdn., 1968. – Proslogion, 1962, Monologion, 1964, De Veritate/Über die Wahrheit, 1966, Cur deus homo, ³1970, alle lat.-dt., hg. u. übers. v. F. S. Schmitt. – Kann Gottes Nicht-Sein gedacht werden? Die Kontroverse zwischen A. v. C. u. Gaunilo v. Marmoutiers, lat.-dt., übers., erl. u. hg. v. B. Mojsisch, eingel. v. K. Flasch, 1989, ²1999. – A. v. C.: Freiheitsschriften, lat.-dt., übers. u. eingel. v. H. Verweyen, 1994.

Lit.: W. Röd: Der Gott der reinen Vernunft. Die Auseinandersetzung um den ontologischen Gottesbeweis von A. bis Hegel, 1992. – R. Schönberger: A. v. C., 2004. – K. Flasch: Kampfplätze der Philosophie. Große Kontroversen von Augustin bis Voltaire, 2008.

Hartmut Grabst

Antisthenes aus Athen

ca. 445–375 v. Chr. Athen

Die überlieferten biographischen Informationen zu A. sind stark anekdotisch geprägt und historisch wenig gesichert. Als Halbbürger lehrte A. im Gymnasion Kynosarges. Zunächst Schüler des → Gorgias, wandte er sich, selbst schon sophistischer Lehrer, dem → Sokrates zu. Sein Schüler wiederum soll → Diogenes von Sinope gewesen sein.

Bei A. waren sophistische und sokratische Tendenzen noch nicht so getrennt wie bei → Platon. Unter den Sokratikern war er zunächst der erfolgreichste, bis ihn der wachsende Ruhm Platons in den Schatten stellte. Diesem warf A. eine Verfälschung des Sokratesbildes vor; tatsächlich war sein eigenes Sokratesverständnis dem historischen Vorbild wohl näher als Platons Idealisierung des gemeinsamen Lehrers. A. kritisierte auch die Ideenannahme Platons und vertrat eleatisch (d. h. von → Parmenides ausgehende) inspirierte Positionen wie die Unmöglichkeit des Widerspruchs und die Zulässigkeit allein identischer Urteile. An A. schloss der Kynismus an, der die Grundzüge seiner rigorosen Ethik und sein Ideal des Weisen, der »sich selbst genug« ist, an die Stoa vermittelte.

Die historische Bedeutung des A. liegt im Bereich praktischer Philosophie. Realistisch und weise ist sein Rat zur Politik, zu der man sich wie zum Feuer verhalten müsse: Man soll nicht zu nahe herankommen, damit man nicht verbrennt, nicht zu weit entfernt sein, damit man nicht friert. Heftig kritisierte er die Demokratie und die Politiker Athens; dagegen idealisierte er das Königtum. Im Gegensatz zur allgemeinen Verachtung der Arbeit pries er die Mühsal (*ponos*) nach dem Vorbild des Herakles. Er verwarf die Lust und stand damit innerhalb der Sokratik in Opposition zu Aristipp und seinem Hedonismus. Die Grundsätze seiner rigorosen Tugendethik lauten: Die Tugend ist ausreichend zur Glückseligkeit. Sie ist lehrbar, einheitlich, dieselbe für Mann und Frau, unverlierbar. Sie benötigt nichts als sokratische Willenskraft. Sie besteht im Handeln und bedarf nicht vieler Worte und Lehren. – Von seiner zehnbändigen Gesamtausgabe mit über 60 Titeln sind außer Fragmenten nur zwei unbedeutende Deklamationen erhalten.

Werke: Socratis et Socraticorum reliquiae, hg. v. G. Giannantoni, 1990, 2. Bd., 135–225, 4. Bd., 195–411 [Kommentar]. – Le cynisme ancien et ses prolongements, hg. v. M.-O. Goulet-Caze u. R. Goulet, 1993. – Die Weisheit der Hunde, hg. v. G. Luck, 1997, 35–75.

Heinrich Niehues-Pröbsting

Hannah Arendt

14.10.1906 Hannover – 4.12.1975 New York

1924–28	Studium der Philosophie, Ev. Theologie u. Klassischen Philologie in Marburg, Freiburg i. Br. u. Heidelberg
1928	Promotion mit der Arbeit *Der Liebesbegriff bei Augustinus* in Heidelberg bei →Karl Jaspers
1933	Emigration nach Frankreich, 1940 in die USA (US-Staatsbürgerin 1951)
1941–45	Mitarbeit bei der dt.-jüd. Wochenzeitung *Der Aufbau* in New York
1944–46	Forschungsleiterin der Conference on Jewish Relations
1946–48	Cheflektorin im Salman Schocken Verlag
1948–52	Geschäftsführerin der Commission on Jewish Cultural Reconstruction
1953–58	Gastvorlesungen u.a. in Princeton u. Harvard; Professorin am Brooklyn College in New York
1963–67	Professorin an der Univ. of Chicago
1967	Professorin an der New School for Social Research in New York
1973/74	Gifford Lectures an der Univ. of Aberdeen

A. wurde zunächst in den USA als Journalistin und philosophische Publizistin bekannt. Sie beteiligte sich als streitbare Denkerin und faszinierende ›Zeitzeugin‹ an den großen politischen Debatten und an der Politik Israels. Hintergrund dieses Engagements war die Prägung durch ihr sozialdemokratisches, jüd.-assimiliertes Elternhaus in Königsberg, die Machtergreifung der Nationalsozialisten und das damit verbundene Gewahrwerden ihrer jüd. Identität. Philosophische Impulse empfing sie v.a. in Auseinandersetzung mit der Philosophie →Martin Heideggers und →Karl Jaspers' sowie den Klassikern, wie →Aristoteles, →Augustinus und →Montesquieu.

Heftige Kontroversen löste A. mit ihrer Analyse der *Elemente und Ursprünge totaler Herrschaft* (so der dt. Titel von *The Origins of Totalitarism*, 1951) aus, die die Entstehungsbedingungen von nationalstaatlichem Totalitarismus im 19. Jh. mit der Geschichte des Antisemitismus verglichen und die strukturelle Ähnlichkeit der Wurzeln von Faschismus und Stalinismus herausstellten. Im Zusammenhang mit ihrer umstrittenen Berichterstattung über den Eichmann-Prozess in Jerusalem 1961 prägte sie den häufig missverstandenen Ausdruck von der »Banalität des Bösen« (*Eichmann in Jerusalem: A Report on the Banality of Evil*, 1963, *Eichmann in Jerusalem. Ein Bericht von der Banalität des Bösen*, dt. 1964).

In ihrem philosophischen Hauptwerk, *The Human Condition* (1958; dt. *Vita activa oder Vom tätigen Leben*, 1960), ging A. aus Sorge darüber, dass die Funktionalität und Prozesshaftigkeit der Arbeits- und Massengesellschaft die politische Handlungsdimension zerstört habe, der grundsätzlichen Frage nach: »Was tun wir, wenn wir tätig sind?« Mit dem Ziel, das Politische und die menschliche Weltverbundenheit neu zu konstituieren, unterschied sie drei Typen menschlicher Tätigkeiten: Arbeiten, Herstellen und Handeln. Gebürtlichkeit als schlichte Tatsache, dass Menschen geboren werden, ist für A. die existentielle Grundbedingung dafür, dass es Handeln gibt und dass Handeln als die Fähigkeit zum Neuanfangen verstanden werden kann. Und nur indem Menschen miteinander handeln und sprechen, werden die Bedingtheiten des politischen Raums – Pluralität und Freiheit – realisiert. In dem Sammelband *Between Past and Future* (1961, erweiterte Aufl. 1968, dt. *Zwischen Vergangenheit und Zukunft*, ²2000) setzte sie sich mit der Tradition politischer und philosophischer Grundbegriffe, wie ›Autorität‹, ›Politik‹ und ›Freiheit‹, auseinander und bezog diese Reflexionen auf aktuelle strittige Themen, wie z. B. den Zusammenhang zwischen Wahrheit und Politik sowie die Krise der Erziehung.

Die Grundfrage von *Vita Activa* übertrug A. in *The Life of the Mind* (2 Bde., 1978, dt. *Vom Leben des Geistes*, 1979) auf den Bereich der »Vita Contemplativa« und analysierte auf der Basis philosophischer Klassiker von der Antike bis zur Gegenwart drei Formen geistiger Tätigkeit: Denken, Wollen und Urteilen. Veranlassung, nach der Grundtätigkeit des Denkens zu fragen, war für A. die Beobachtung, dass weniger das Böse als schlicht Gedankenlosigkeit zu bösen Taten verleiten könnte. Dieser Gedanke führte sie zu den Fragen: »Was tun wir, wenn wir denken?«, »Was bringt uns zum Denken?« und »Wo sind wir, wenn wir denken?«.

Werke: Rahel Varnhagen. The Life of a Jewess, 1958, dt. 1959. – On Revolution, 1963, dt. 1965. – On Violence, 1970, dt. 1970. – Denktagebuch 1950–1973, hg. v. U. Ludz u. I. Nordmann, 2 Bde., 2002. – The Jewish Writings, hg. v. J. Kohn u. R. H. Feldman, 2007.

Lit.: E. Young-Bruehl: H. A. Leben, Werk u. Zeit, 1986. – D. Barley: H. A. Einführung in ihr Werk, 1990. – S. Benhabib: The Reluctant Modernism of H. A., 1996, dt. 1998. – K.-H. Breier: H. A. zur Einführung, ²2005. – H.-M. Schönherr-Mann: H. A. Wahrheit, Macht, Moral, 2006.

Christina Schües

Aristoteles

384 v. Chr. Stagira/Makedonien (Griechenland) – 322 v. Chr. Chalkis auf Euböa (Griechenland)

367–47 v. Chr.	Schüler, später Kollege von →Platon an dessen Akademie
347 v. Chr.	Übersiedlung nach Assos (Kleinasien) nach Platons Tod
342 v. Chr.	Rückkehr nach Makedonien; Erzieher Alexanders des Großen
336/35 v. Chr.	Rückkehr nach Athen, Gründung des Lykeion, der Peripatetischen Schule
323 v. Chr.	Anklage wegen Gottlosigkeit durch die anti-makedonische Partei in Athen; Flucht nach Chalkis

A. nannte sich selbst gelegentlich einen Platoniker, wandte sich aber gegen →Platons Trennung von Ideen und sinnlich Wahrnehmbarem. Obwohl die von ihm gegründete Peripatetische Schule beinahe 300 Jahre Bestand hatte, sind uns nur Fragmente seiner veröffentlichten Werke und später von anderen mitgeteilte Notizen überliefert. Antike und mittelalterliche Philosophen verfassten ausgedehnte Kommentare, um A.s Argumente zu rekonstruieren und zu erläutern. Im Gegensatz zu früheren Interpreten geht die jüngste Forschung davon aus, dass es sich bei A.s Philosophie nicht um den Entwurf eines geschlossenen Systems gehandelt hat.

A. unterteilte die Philosophie in drei Zweige – a) die theoretischen, b) die praktischen und c) die produktiven Wissenschaften – und betrachtete die Logik als Werkzeug (*Organon*), das in ihnen allen zur Anwendung kommt. Kernstück seiner Logik ist die Darstellung des Syllogismus. Dieser besteht aus drei Termini, die in zwei Aussagen geordnet sind, aus denen ein Schluss gezogen wird, der wiederum zwei der Termini enthält. Exemplarisch sei genannt: Alle M sind P. Alle S sind M. Also gilt: Alle S sind P.

Wissenschaftliche Erkenntnis besteht darin zu begreifen, dass P zur Gattung S aufgrund der generischen Natur M gehört. Eine wissenschaftliche Untersuchung ist keine Deduktion auf eine Konklusion hin, sondern die Suche nach einer wesentlichen Natur, die erklärt, warum ein Ding die Eigenschaften hat, die es hat.

a) A. kannte drei theoretische Wissenschaften: Metaphysik, Mathematik und Physik. Metaphysik, die höchste der Wissenschaften, strebt nach Erkenntnis der ersten Prinzipien und höchsten Ursachen aller Dinge. A. unterschied vier Arten von Ursachen: Material-, Form-, Final- und Bewegungsursache. So verursacht (erklärt) z.B. die Materie einer Statue ihr Gewicht; ihre Form erklärt, dass sie jemanden darstellt; ihr Zweck erklärt ihren Standort; und ihr Schöpfer erklärt ihre Entstehung. Es ist möglich, alle Dinge in einer einzigen Wissenschaft zu behandeln, weil alles entweder eine Substanz ist oder in Beziehung zu einer Substanz steht. Es gibt zwei Arten von Substanzen: sinnlich wahrnehmbare und unbewegliche. Eine sinnlich wahrnehmbare Substanz wird dadurch definiert, was sie tut: Ihre Form ist der wesentliche Akt, der ihren materiellen Teilen Einheit verleiht. Himmelskörper sind ewige Substanzen, weil ihre Bewegung ewig andauert. Ihre Bewegung erfordert eine ewige Bewegungsursache, die nicht ihrerseits verursacht wurde. Dieses »unbewegte Bewegende« hat keine Materie, vielmehr ist es reiner Akt, reiner Vollzug von Wirklichkeit. A. identifizierte das erste unbewegte Bewegende mit dem Denken, das sich selbst ewig denkt.

A. hinterließ kein Werk über die Mathematik, in der *Metaphysik* wird jedoch gegen Platon argumentiert, dass mathematische Gegenstände keine Substanzen sind, sondern quantitative Eigenschaften wahrnehmbarer Substanzen. Den Hauptteil des aristotelischen Corpus bildet sein Beitrag zur *Physik*. Hierin stellt A. die Behauptung auf, dass eine Natur (*physis*) ein inneres Prinzip von Bewegung und Ruhe ist. Er definierte Bewegung als »Aktualisierung einer Potenz *qua* Potenz«, d.h. eine Bewegung tritt dann auf, wenn eine Materie, die in der Lage ist, eine bestimmte Form anzunehmen, diese Möglichkeit verwirklicht. Folglich ist eine Bewegung immer relativ zu einer bestimmten Form, und sie hört auf, wenn diese Form der Materie innewohnt.

A. unterschied drei Arten der Seele: Die *vegetative Seele* ist die Fähigkeit einer Pflanze, zu wachsen und sich fortzupflanzen; die *animalische Seele* ist die Fähigkeit des Lebewesens zu sinnlicher Wahrnehmung und Fortbewegung; die *intellektive Seele* ist die menschliche Fähigkeit, Begriffe zu erfassen und intellektive Operationen zu vollziehen, etwa Syllogismen zu bilden. Sinnliche Wahrnehmung oder Denken finden statt, wenn eine sinnliche oder eine intelligible Form, die zusammen mit Materie in einem Ding existiert, zu einer sinnlichen oder intelligiblen Form wird, die ohne Materie in einem Sinnesorgan oder im Denken existiert. Jedes Sinnesorgan kann ihm entsprechende Formen wahrnehmen, und die Formen, die gedacht werden, werden anhand von sinnlich wahrnehmbaren Formen erfasst, obwohl sie selbst nicht wahrgenommen werden. Bevor der Intellekt der Wirklichkeit nach erkennt, ist er ein Nichts von dem, was ist; als der Wirklichkeit nach erkennender Intellekt ist er dann mit dem gedachten Gegenstand identisch, wobei sich der Gegenstand durch Materielosigkeit auszeichnet.

b) Während die theoretische Philosophie allein nach Erkenntnis strebt, zielt seine in *Nikomachischer Ethik* und *Politik* behandelte praktische Philosophie auf Handlung ab. Beiden Werken ist die Auffassung gemein, dass alle menschlichen Aktivitäten um des Glücks willen geschehen. Im ersteren erklärt A. diesen Zweck als Aktivität im Einklang mit der Tugend. Tugend ist die Möglichkeit, unsere spezifisch menschlichen Fähigkeiten gut auszuüben. Wir üben intellektuelle Tugend in der Kontemplation und moralische Tugend, wenn wir uns für die unter den gegebenen Umständen beste Handlung entscheiden, d.h. die Handlung, die dem Bereich zwischen den Extremen zugehört: Es gilt, der richtigen Mitte gemäß zu agieren.

Der Staat ist die Sphäre zur Ausübung der Tugend. Im idealen Staat würde jeder Person die Aufgabe zugeteilt werden, bei der er ihre Fähigkeiten im größten Maß weiterentwickeln und ausüben könnte. Ein solcher Staat könnte eine Person oder eine geringe Anzahl von Leuten haben, die zu voll ausgebildeter moralischer Tugend fähig sind – ein Staat, in dem jeder moralisch tugendhaft wäre, ist unvorstellbar. Jene vollständig Tugendhaften sind geeignet zu herrschen; und abhängig von ihrer Anzahl wird der ideale Staat eine Monarchie oder eine Aristokratie sein.

c) A.s einziges Werk, das zur Gattung des Herstellbaren gehört, ist die *Poetik*; sie behandelt die Tragödie als paradigmatisches Resultat eines Herstellungsprozesses, besser geeignet als das epische Werk, weil sie vollständiger und einheitlicher ist. Im Idealfall imitiert eine Tragödie eine einzige Handlung einer noblen, aber mangelbehafteten Figur und ruft Mitleid und Furcht im Publikum hervor, dies zum Zweck der *Katharsis*, der Charakterreinigung. A. unterschied sechs Teile einer Tragodie. Von diesen ist die Handlung der wichtigste, denn sie ist die Seele, die den anderen Teilen Einheit verleiht.

Werke: Opera, hg. v. I. Bekker, 5 Bde., 1831–70, ND 1961–70. – W in dt. Übers., hg. v. H. Flashar, angelegt auf 20 Bde., 1966ff.

Lit.: D. Ross: A., 1923. – J. Owens: The Doctrine of Being is the Aristotelian »Metaphysics«, 1953. – G. Patzig: Die aristotelische Syllogistik, 1959. – W. Wieland: Die aristotelische Physik, 1967. – H. Flashar (Hg.): A., 1983. – E. Halper: One and Many in A.'s Metaphysics: The Central Books, 1989. – G. Picht: A.s De Anima, 1992. – M. Nussbaum / A. Rorty (Hg.): Essays on A.'s »De Anima«, 1992. – J. Barnes (Hg.): Cambridge Companion to A., 1995. – O. Höffe (Hg.): A. Die Nikomachische Ethik, 1995. – O. Höffe: A., 1996. – W. Kullmann: A. u. die moderne Wissenschaft, 1998. –

J. Lennox: A.'s Philosophy of Biology, 2001. – C. Rapp: A., 2001. – U. Wolf: A.s' »Nikomachische Ethik«, 2002. – W. Detel: A., 2005. – C. Shields: A., 2007. – E. Halper: One and Many in A.'s Metaphysics: Books Alpha–Delta, 2009.

*Edward Halper**

Antoine Arnauld

6.2.1612 Paris – 8.8.1694 Brüssel

1633 Studium der kath. Theologie (Thèse de Licence 1638) an der Sorbonne, Paris
1641 Priesterweihe
1643 Promotion u. Mitglied der Sorbonne, Paris
1655 Aberkennung des Doktortitels und Flucht zu den solitaires (Einsiedlern) von Port-Royal-des-Champs, nachdem er den 1653 vom Papst verurteilten *Augustinus* (1640/41) des Löwener Theologen u. Bischofs von Ypern, Cornelius Jansenius, verteidigt hatte
1679 Flucht in die Niederlande

A. – genannt *le Docteur* oder *le Grand A.* – war der führende Theologe des frz. Jansenismus. Diese im 17. Jh. von den Niederlanden und Frankreich ausgehende kath. Reformbewegung vertrat in konsequentem Rückgriff auf →Augustinus eine strenge Auffassung des christlichen Lebens und die Unverletzlichkeit des individuellen Gewissens. Wegen ihrer dezidierten Gegenposition zum verbreiteten jesuitischen Laxismus in der Moralauffassung der Häresie verdächtigt, wurde sie kirchlicher- wie staatlicherseits verfolgt. A. bekämpfte in zahlreichen Schriften die jesuitische Moralkasuistik und begegnete der päpstlichen Verurteilung von fünf angeblichen Sätzen aus Cornelius Jansenius' *Augustinus* (1640), indem er geistreich zwischen der *quaestio iuris* und der *quaestio facti* unterschied: Die fünf Sätze seien mit Recht als häretisch verurteilt worden, doch würden ihre Aussagen zu Unrecht Jansenius unterstellt (*Lettres à un duc et pair* [Briefe an einen

Herzog und Pair], 1655). A. lieferte auch das wichtigste Material für →Blaise Pascals geistvoll satirische *Lettres à un provincial* [Briefe an einen Freund in der Provinz], 1656/57), in denen dieser die Gesellschaft Jesu pauschal mit dem Laxismus identifizierte und in ihrer Glaubwürdigkeit schwer erschütterte.

A. übersetzte Werke Augustins ins Französische und repräsentierte wie kein anderer den frz. Augustinismus. Aus seinen mehr als 320 Schriften, in denen er sich mit nahezu allen zu seiner Zeit debattierten Fragen beschäftigte, ragt das gegen die Jesuiten polemisierende Werk *La morale pratique des jésuites* ([Die praktische Moral der Jesuiten] 8 Bde., 1669–95) heraus. Philosophisch in Probleme der Logik und des freien Willens (freier Wille und wirksame Gnade; Natur und Gnade) vertieft, setzte er sich v.a. mit →René Descartes' auf Evidenz und Ordnung beruhender Prinzipienlehre, mit →Nicolas Malebranches Occasionalismus (Gott ist alleinige Ursache von allem) und mit →Gottfried Wilhelm Leibniz' *Discours de Métaphysique* (1686) auseinander (Problem der Theodizee, Monadenlehre) und führte mit diesen Denkern einen umfangreichen Briefwechsel. A. schloss sich Descartes' Geist-Körper-Dualismus und teilweise dessen philosophischer Methode an. Durch ihn wurden cartesianische Theorien in den Lehrbüchern von Port-Royal rezipiert und gelangten so zu europ. Wirkung. Mit Claude Lancelot erarbeitete er eine *Grammaire générale et raisonnée* ([Allgemeine und logische Grammatik] 1660, ND hg. v. H. E. Brekle, 2 Bde. 1966), in der er die Grundlagen für die Kunst des Sprechens und die Gründe für das allen Sprachen Gemeinsame bzw. ihre prinzipiellen Unterschiede entwickelte. Mit Pierre Nicole verfasste A. *La logique ou l'art de penser* ([Die Logik oder die Kunst des Denkens] 1662), eine Anleitung zum logischen Denken, mit der die moderne Grammatik begründet wurde.

Werke: Œuvres philosophiques, 43 Teile in 38 Bdn., hg. v. G. Du Pac de Bellegard u. J. Hautefage, 1775–83, ND hg. u. eingel. v. E. J. Kremer u. D. Moreau, 6 Bde., 2003. – A. A. / P. Nicole: Die Logik oder die Kunst des Denkens, hg. v. C. Axelos, ²1994.

Lit.: J. Carreyre: A. A., in: Dictionnaire d'histoire et de géographie ecclésiastiques, begr. v. A. Baudrillart, Bd. 4, 1930, 447–84. – L. Verga: Il pensiero filosofico e scientifico di A. A., 2 Bde., 1972. – E. Jacques: Les années d'exile d'A. A., 1976. – M. Dominicy: La naissance de la grammaire moderne. Langage, logique et philosophie de Port-Royal, 1984. – A.-R. Ndiaye: La Philosophie d'A. A., 1991. – E. J. Kremer (Hg.): Interpreting A., 1996. – F. P. Adorno: A., 2005.

Manfred Weitlauff

Aurelius Augustinus (Hl.)

13.11.354 Thagaste (Souk Ahras, Algerien) – 28.8.430 Hippo Regius (Annaba, Algerien)

370 – ca. 373	Rhetorikstudium in Karthago
373	Hinwendung zur manichäischen Lehre (bis 383 manichäischer Laie)
373–83	Grammatiklehrer in Thagaste, Rhetoriklehrer in Karthago
384–86	Rhetorikprofessur am Kaiserhof in Mailand, Begegnung mit Bischof Ambrosius, Lektüre »Platonischer Bücher«
August 386	Bekehrungserlebnis, Rückzug nach Cassiciacum
24./25.4.387	(Osternacht) Taufe durch Ambrosius
Herbst 387	Tod der Mutter Monnica in Ostia, zuvor ›Vision von Ostia‹
Sommer 388	Gründung einer zönobitischen Gemeinschaft in Thagaste
Januar 391	Priesterweihe in Hippo Regius; Auseinandersetzung mit den Manichäern
um 396	Antritt des Bischofsamtes; Klostergründung
seit 404	Kampf gegen die Donatisten
411	Religionsgespräch von Karthago, Sieg gegen die Donatisten

seit ca. 411	Auseinandersetzung mit den Pelagianern (Pelagius, Julian von Aeclanum)
Mai oder Juni 430	Vandalen belagern Hippo

A. gehört – neben Ambrosius und Hieronymus – zu den drei herausragenden Kirchenlehrern der lat. westlichen Welt. In Rom und als Inhaber des Rhetoriklehrstuhls am kaiserlichen Hof in Mailand hatte er Kontakt zu Vertretern eines neuplatonisch fundierten Christentums. Als Bischof von Hippo und Kirchenpolitiker hielt er sich grundsätzlich an die biblische offenbarte »Wahrheit« und setzte damit die in der kath. Kirche vertretenen Lehren von der Schöpfung aus dem Nichts, der Menschwerdung Gottes, vom Kreuzestod und der Auferstehung Christi sowie des menschlichen Leibes, des doppelten Liebesgebots u.a. als Prämissen voraus. Gleichzeitig orientierte er sich immer auch an pagan-philosophischen, insbes. neuplatonischen Philosophemen. Sein Lehrsystem entwickelte er nicht zuletzt in der Auseinandersetzung mit Vertretern unterschiedlicher theologischer Positionen, v.a. dem manichäischen theologischen Dualismus, der donatistischen Lehre von der Gültigkeit bzw. Ungültigkeit der Taufe, der pelagianischen Vorstellung von Willensfreiheit und Selbstverantwortung des Menschen sowie Julians Bewertung der Sexualität in der Ehe.

In den Frühdialogen spricht A. der platonischen Philosophie die Funktion zu, durch intellektuelle Bildung die autoritativ vermittelte christliche Lehre nicht nur glauben, sondern auch verstehen zu können (*De ordine* [Über die Ordnung], 386). An den Anfang des Schaffens gehören auch die Schriften zu Sprachphilosophie (Semiotik) und Hermeneutik (*De dialectica* [Über Dialektik], 387; *De magistro* [Über den Lehrer], 388–91; *De doctrina Christiana* [Über die christliche Bildung], 396/97 u. 426/27), Erkenntnistheorie (Illuminationslehre in *De magistro*; Auseinandersetzung mit dem Skeptizismus und erstes Cogito-

Argument in *Contra Academicos*, 386) sowie Musik- und Zahlenlehre (*De musica*, 388–90): Beim Betrachten der die Schönheit im Körperlichen bewirkenden Zahlen richtet sich die Ratio auf Gott aus, dessen Providenz (Vorsehung) als Zahlenordnung interpretiert wird.

In den *Confessiones* ([Bekenntnisse] 397–400/01) entwickelt A. innerhalb der Genesis-Exegese seine Gedächtnislehre (Buch 10) und Zeittheorie (Buch 11): Die Memoria (das erinnernde Gedenken) ist der Ort, an den sich das denkende Ich zurückzieht, von wo aus es sich übersteigen kann und wo sich der Aufstieg zu Gott vollzieht. Zeit wird rein subjektimmanent als »Ausspannung« (*intentio*) des Geistes verstanden, der im Gedächtnis eingeprägte Zeiteinheiten misst. Erste Überlegungen zum menschlichen freien Willen und zur Theodizee-Frage stellt A. in *De libero arbitrio* (Der freie Wille) an (388 und 391). Später erklärt er das Böse neuplatonisch als Privation (Beraubung) des Guten: Das Böse ist genauso nichtseiend wie das Nichts, aus dem Gott die Welt geschaffen hat (*Confessiones* 7 und 12). Ursache ist der in dem freien Willen (*liberum arbitrium*) der Menschen miteinbegriffene böse Wille; er ist ihnen gegeben, weil sie aus dem Nichts geschaffen sind (*Contra Iulianum*, Gegen Julian). Das gute Handeln und den Willen zum Glauben ermöglicht ihnen nur die göttliche Gnade (*Ad Simplicianum* [An Simplician], 396/97). Gegen die pelagianische Position erklärt A. die Fallibilität (Fehlbarkeit) der menschlichen Natur mit dem Konzept der Erbsünde, die dem Menschen die Möglichkeit der ethischen Perfektionierung versagt.

In *De Genesi ad litteram* ([Über die Genesis – eine Auslegung Wort für Wort] 401/02–16) lässt A. Gott die Welt nach ewigen Prinzipien formen, die er im Traktat *De ideis* (*De diversis quaestionibus octoginta tribus* [Über 83 verschiedene Probleme], 46, 388–97) auch Ideen nennt, die im göttlichen Geist enthalten sind. In *De trinitate* ([Über die Dreieinheit] 399/400–19) legt er die nizänische Lehre der Konsubstantialität der drei göttlichen Personen (Gott-Vater, Gott-Sohn, Heiliger Geist) zugrunde und versucht sie mit der platonischen Vorstellung der Unwandelbarkeit und Unteilbarkeit des höchsten Gottes zu kombinieren. In *De civitate dei* ([Über den Gottesstaat] 413–26) entwickelt A. die Vorstellung einer Antithese zweier »Bürgerschaften«: der durch Gottes Gnade auserwählten Heiligen, die »auf Erden in der Fremde« oder im »himmlischen Vaterland« leben, und der gefallenen Engel sowie der Menschen, die dem Teufel dienen. Das menschliche Glück wird somit nicht durch ein Ereignis in der Zeit, wie z.B. Größe und Fall Roms, definiert, sondern allein durch die Zugehörigkeit der Menschen zu einer der beiden »civitates«. Dem Krieg weist A. als Ziel Gerechtigkeit und Frieden – auch der Besiegten – und damit eine Funktion in der göttlichen Strafordnung zu.

Werke: Verzeichnis der Textausgaben: C. Mayer (Hg.): A.-Lexikon, Bd. 2, 1996–2002, S. XI–XXX. – Bibliographie: C. Mayer (Hg.): Corpus Augustinianum Gissense 2, CD-ROM, [2]2004.

Lit.: T. Fuhrer: A., 2004. – A.-Handbuch, hg. v. V. H. Drecoll, 2007.

Therese Fuhrer

John L. Austin

26.3.1911 Lancaster (England) – 8.2.1960 Oxford (England)

1924	Studium der Klassischen Philologie in Shrewsbury
1929	Stipendium für Klassische Philologie in Oxford (Balliol College)
1933	Fellow des All Souls College, Oxford
1935	Tutor am Magdalen College, Oxford
1939–45	Tätigkeit beim brit. Geheimdienst
1947–59	Vorlesungen in Oxford, 1962 u.d.T. »Sense and Sensibilia« erschienen
1950	Übersetzung von →Gottlob Freges *Grundlagen der Arithmetik* ins Englische

1952	Ernennung zum White's Professor of Moral Philosophy in Oxford
1952–54	u. auch nach 1955 Vorlesungen in Oxford u. d. T. »Words and Deeds«
1955	Vorlesungen in Harvard, 1962 u. d. T. *How to Do Things with Words* (dt. *Zur Theorie der Sprechakte*, 1972) erschienen
1958	Vortrag »Performatif – Constatif« in Royaumont (Frz.-Engl. Kolloquium)
1958	Gastprofessor in Berkeley
1959	Vortrag zum Thema »Performatives« in Göteborg

A. gilt als Begründer der – zur Philosophie der Sprache zu rechnenden – Sprechakttheorie, er gilt aber auch als Begründer der Sprach-Philosophie (*linguistic philosophy*), einer Methode, die philosophische Probleme im Ausgang von normalsprachlichen Ausdrücken zu behandeln sucht: Die Umgangssprache hat nicht das letzte, aber das erste Wort. A. wird von Zeitgenossen als jemand beschrieben, der jeglichem vagen Sprechen abhold, der selbst sehr vorsichtig, dessen Rede äußerst präzise und der im Kreis seiner Kollegen respekteinflößend gewesen ist. A.s Diskussionsfreudigkeit zeigte sich v. a. in den Jahren zwischen 1936 und 1939 sowie nach dem Zweiten Weltkrieg in einem exklusiven, jeweils Samstag vormittags tagenden Gesprächszirkel.

A. trat zunächst als Kritiker der (von →Bertrand Russell und →Alfred Jules Ayer vertretenen) Sinnesdaten-Theorie der Wahrnehmung in Erscheinung (*Sense and Sensibilia* [Sinn und Sinneserfahrung], 1962). Schon die Alternative, ob wir Sinnesdaten oder materielle Gegenstände wahrnähmen, hielt er für verfehlt. Später entwickelte er eine Theorie der Handlung (»A Plea for Excuses«, in: J. L. A., *Philosophical Papers*, 1961, 175–204), die den Aspekt der *Verantwortung*, und eine Theorie der Ernsthaftigkeit (»Pretending«, ebd., 253–71), die sich auf Fälle *vorgeblichen* Agierens konzentriert. Beide Theorien können als Ergänzungen zur Theorie der performativen Äußerungen angesehen werden, die sich auf A.s wichtigste Entdeckung bezieht. Hervorstechendes Merkmal solcher Äußerungen ist: Sie können missglücken. Nach A.s Doktrin der Verunglückungsarten können sie in sechs Hinsichten missglücken. Recht verstanden, d.h. über A.s zögerliche Haltung hinausgehend, ergibt sich folgendes Bild: Es können Fehlberufungen oder Fehlanwendungen vorliegen, performative Äußerungen können inkorrekt (Trübung) oder unvollständig (Lücke) sein, Handlungsvoraussetzungen können vorgetäuscht werden (Dissimulation), Handlungskonsequenzen ausbleiben (Nichterfüllung). Die mit performativen Äußerungen, ob implizit (›Ich werde kommen‹) oder explizit (›Ich verspreche dir, dass ich kommen werde‹), vollzogenen Akte können auf unterschiedlichen Ebenen beschrieben werden: als »lokutionäre Akte« (sprachliche Äußerungen) sind sie konstitutiv für die Bedeutung (*meaning*) des Gesagten; als »illokutionäre Akte« (als Aufforderungen, Versprechen, Behauptungen, Entschuldigungen etc.) haben sie die Eigenschaft der illokutionären Kraft (*illocutionary force*); als »perlokutionäre Akte« umfassen sie mögliche Wirkungen (*effects*) des Gesagten. – Außer der auf →John R. Searle zurückgehenden Weiterentwicklung von A.s Sprechakttheorie bis hin zur Illokutionslogik ist folgenreich die dekonstruktive A. Lektüre →Jacques Derridas (»Signature Event Context«, in: J. D., *Limited Inc*, 1977, 1–22). Mit A.s *Philosophical Papers* (1961) setzt sich Geoffrey Warnock auseinander; eine auf A.s witzig-selbstironischen Denk- und Schreibstil abhebende Charakterisierung findet sich bei Shoshana Felman.

Lit.: J. R. Searle: Sprechakte, 1971. – J. R. Searle / D. Vanderveken: Foundations of Illocutionary Logic, 1985. – G. Warnock: J. L. A., 1989. – S. Felman: The Scandal of the Speaking Body, 2003. – E. Rolf: Der andere A., 2009.

Eckard Rolf

Avicenna (arab. Ibn Sīnā)
um 980 Afšāna bei Buchara (heute Usbekistan) – 1037 Hamadān (Iran)

um 994	Arzt des Samanidenherrschers Nūḥ b. Manṣūr in Buchara
um 998	Übernahme eines administrativen Amtes in Buchara
um 999–1012	in Diensten des Ma'mūniden Abū l-Ḥasan 'Alī b. Ma'mūn in Gurgānǧ (heute Turkmenistan)
1012–14	Reise nach Ǧurǧān am Kaspischen Meer
1014/15	Arzt in Diensten des Buyidenherrschers Maǧdaddawla Rustam in Ray (heute Teheran)
1015 – um 1024	Arzt u. Minister des Bruders Maǧdaddawlas, Šamsaddawla in Hamadān; gegen Ende dieser Periode Entfremdung vom Buyidenregime, Arrest in der Festung Fardaǧān nahe Hamadān
1024–37	in Diensten des Kakuyiden 'Alā'addawla in Isfahan

A. prägte als universaler Gelehrter das Geistesleben des ganzen islam. Mittelalters, beeinflusste christliche Philosophen wie →Thomas von Aquin und →Albertus Magnus und dominierte als Arzt die arab. und lat. Medizingeschichte bis an die Schwelle der Neuzeit. Seine Philosophie geht aus von der neuplatonischen Erklärung des Aristoteles und entwickelt in ihrer eigenständigen Metaphysik und in ihrer philosophischen Interpretation der islam. Religion, v. a. in Auseinandersetzung mit →al-Fārābī, Konzeptionen, die auch den Weg für mystisch-theosophische Strömungen in der islam.-iran. Geistesgeschichte eröffneten.

In seinem *K. aš-Šifā'* (Die Heilung), verfasst zwischen 1020 und 1027, seit dem 12. Jh. auch als *Sufficientia* ins Lateinische übersetzt, behandelte A. die philosophischen Wissenschaften – Logik, Physik, Mathematik, Metaphysik – in der Reihenfolge des aristotelischen Kanons und in bewusster Reform der aristotelischen Tradition. A.s letzte (und wegen ihrer knappen Darstellungsweise mehrfach kommentierte) philosophische Summa, das *K. al-Išārāt wa-t-tanbīhāt* (Die Hinweise und Mahnungen), enthält eine differenzierte Behandlung der Logik und im Schlussteil eine Beschreibung des Weges, der auf der Suche nach der Wahrheit zurückzulegen ist, sowie Reflexionen über die Methode der philosophischen Kommunikation.

Werke: K. aš-Šifāʾ, hg. v. I. Madkour [u.a.], 22 Bde., 1952–83, dt. Teilübers. v. M. Horten, 1907–09, frz. Teilübers. v. G. C. Anawati, 2 Bde., 1978/85. – *K. al-Išārāt wa-t-tanbīhāt*, hg. v. S. Dunyā, 3 Bde, 1957–60, frz. Übers. v. A.-M. Goichon, 1951. – J. L. Janssens, An annotated bibliography on Ibn Sīnā (1970–89), 1991; dasselbe, First Supplement (1990–94), 1999.

Lit.: D. Gutas: A. and the Aristotelian tradition, 1988. – M. Mahdi [u.a.]: A., in: Encyclopaedia Iranica, hg. v. E. Yarshater, Bd. 3, 1989, 66–110.

Hinrich Biesterfeldt

Alfred Jules Ayer

29.10.1910 London – 27.6.1989 London

1929–33	Studium der klass. Philologie u. Philosophie in Oxford u. Wien bei →Moritz Schlick
1933–40	Fellow in Oxford
1940–45	Kriegsdienst
1945/46	Fellow in Oxford
1946–59	Professor für Philosophie des Geistes u. Logik, London
1959–78	Professor für Logik, Oxford

A. gilt als Wegbereiter und Hauptvertreter des Logischen Empirismus in England. In der Tradition der Aufklärung stehend, bemühte er sich als regelmäßiger Gast von Rundfunksendungen auch um publikumswirksame Verbreitung philosophischen Denkens und beteiligte sich ebenso an der politischen Diskussion, etwa mit Stellungnahmen gegen Vietnam-Krieg und Rassendiskriminierung oder für die Gleichberechtigung Homosexueller und eine Reform des Abtreibungsrechts. A.s Stil war klar und pointiert, allerdings auch von Vereinfachungen und starken Polarisierungen gekennzeichnet.

In seinem bekanntesten Werk, *Language, Truth, and Logic* ([Sprache, Wahrheit und Logik] 1936), legte A. zentrale Thesen der Philosophie des Wiener Kreises dar und stellte sich in die Tradition des brit. Empirismus. Auf phänomenalistischer Grundlage entwickelte er einen konsequenten Verifikationismus (Forderung nach durchgängiger empirischer Überprüfbarkeit), den er zeitlebens ausarbeitete. A. bestritt die Möglichkeit synthetischer Erkenntnis a priori und lieferte eine empiristische Analyse der Bedeutung erkenntnistheoretischer Schlüsselbegriffe wie »Wissen«, »Wahrheit« und »Kausalität« (*The Problem of Knowledge* [Das Problem der Erkenntnis] 1956). Er verteidigte ein um kontextualistische Elemente ergänztes Verständnis von Wissen als wahrer, gerechtfertigter Überzeugung und die Humesche Auffassung von Kausalität als gewohnheitsmäßige Verbindung aufeinander folgender Ereignisse; den Wahrheitsbegriff hielt er zunächst für logisch überflüssig, lieferte später aber eine pragmatistische, verifikationistische Theorie (*Truth* [Wahrheit], 1953). In der Moralphilosophie vertrat er auf der Grundlage der Unterscheidung zwischen Sein und Sollen einen Emotivismus und die These der Vereinbarkeit von Determinismus und (Handlungs-)Freiheit (*Freedom and Morality* [Freiheit und Moral], 1984).

Werke: The Foundations of Empirical Knowledge, 1940. – The Concept of a Person and Other Essays, 1963. – The Origins of Pragmatism, 1968.

Lit.: T. Honderich: Essays on A. J. A., 1991. – L. E. Hahn (Hg.): The Philosophy of A. J. A., 1992. – B. Rogers: A. J. A.: A Life, 1999. – R. Martin: On A., 2000.

Michael Anacker

Franz Xaver von Baader

27.3.1765 München – 23.5.1841 München

1781–84	Medizinsudium in Ingolstadt u. Wien
1785	Dr. med. in Ingolstadt
1786–88	Assistenzarzt in München
1788–92	Studium der Bergwerkswissenschaften in Freiberg
1792–96	Aufenthalt in England u. Schottland
1796	Rückkehr nach München
1797	Bergrat
1807	Oberstbergrat
1822/23	Reise nach Riga
1824	Rückkehr von Berlin nach München
1826	Honorarprofessor für Religionsphilosophie in München
1838	Lehrverbot für religionsphilosophische Fragen

B. gilt als einer der bedeutendsten Theosophen, politischen Theoretiker und Philosophen der Neuzeit. Er wird dem Dt. Idealismus zugerechnet, stand mit Georg Wilhelm Friedrich Hegel und Friedrich Wilhelm Joseph Schelling in intensivem Austausch und betätigte sich als Erfinder, Bergbauingenieur und Arzt. Immer wieder nahm er in politischen Konflikten Stellung und gestaltete die Entstehung der Romantik entscheidend mit. Zudem lässt sich sein großer Einfluss auf die russ. Religionsphilosophie (u. a. auf Wladimir Solowjew und Nikolaj Berdjajew) nachweisen. Theologisch interessant ist v. a. seine ökumenische Gesinnung (Lehre vom anonymen Christentum).

B.s Philosophie zeichnet sich durch ihre spekulativ-theosophische Ausrichtung und die gnostische Prägung in der Rezeption →Jakob Böhmes aus (*Vorlesungen über spekulative Dogmatik*, 5 Hefte, 1828–38). Kernpunkte sind die Gedanken der organischen Gliederung, des Lebendigen, als des Vieleinen. Sie führen zu einer dynamischen Deutung des Lebens als Gestaltung, worin die Einzelteile (Regionen) relational miteinander verbunden sind und von einer trinitarischen Struktur allen Lebens zeugen. Über diese Lehre einer in Gott gründenden kosmischen Einheit wollte B. zu einer lebendigen und vernünftigen Naturauffassung gelangen und eine Neubegründung der christlichen Religion erreichen (*Vorlesungen über religiöse Philosophie* [1831/32], 1851).

Entscheidend war für B. das Wirken des göttlichen Eros im Weltorganismus: Ohne Affinität sind Ganzes, Welt und Gesellschaft nicht denkbar, erst die Liebe macht den Menschen frei. In seiner Anthropologie des denkenden Menschen als dreifacher Mitte (seiner selbst, der Welt und Gottes) betonte B. in einer Interpretation Böhmes die Unterscheidung von Mensch und Gott und die zentrale Stellung von Erkennen, Wollen und Wirken (*Fermenta cognitionis* [Fermente der Erkenntnis / Anregungen zum Erkennen], 6 Bde., 1822–25). Die in drei hierarchisch geordnete Regionen abgestufte Welt des Seins bildete das ontologische Fundament seiner christlich orientierten sozialphilosophischen Schriften, welche die Sozialreformen des 19. Jh.s entscheidend mitprägten. Grundlegend für diesen Ansatz waren u.a. psychologische und phänomenologische Erkenntnisse sowie eine Zeitkonzeption des Werdens, die Zeit als den im Menschen verinnerlichten Konflikt von Gut und Böse begreift. Nach dem Vorbild des Universums sind auch Gesellschaft und Staat als lebendige Organismen anzusehen, innerhalb derer der Mensch als Glied eines Ganzen erscheint und demzufolge sein Eigenleben stets in Einklang mit der Gemeinschaft bringen muss (*Vorlesungen über religiöse Societätsphilosophie* [1831/32], 1851).

Werke: SW, hg. v. F. Hoffmann [u.a.], 16 Bde., 1851–60, ND 1987.

Lit.: D. Baumgardt: F. v. B. u. die philosophische Romantik, 1927. – H. Spreckelmeyer: Die philosophische Deutung des Sündenfalls bei F. v. B., 1938. – K. Hemmerle: F. v. B.s philosophischer Gedanke der Schöpfung, 1963. – F. Hartl: F. v. B. Leben u. Werk, 1971. – F. Schumacher: Der Begriff der Zeit bei F. v. B. 1983. – R. J. Betanzos: F. v. B.s Philosophy of Love, 1998. – P. Koslowski: Philosophien der Offenbarung. Antiker Gnostizismus, F. v. B., Schelling, 2001.

Susan Gottlöber

Gaston Bachelard

27.6.1884 Bar-sur-Aube / Champagne (Frankreich) – 16.10.1962 Paris

1907–13	Postangestellter in Paris, nebenbei Studium an der Sorbonne, Paris
1914–19	Kriegsdienst
1919–30	Physik- u. Chemielehrer am Collège von Bar-sur-Aube
1922	Staatsexamen in Philosophie
1927	Promotion in Philosophie u. Wissenschaftsgeschichte
1930–40	Professor für Philosophie an der Faculté des Lettres in Dijon
1940–55	Professor für Geschichte u. Philosophie der Wissenschaften an der Sorbonne, Direktor des Institut d'Histoire des Sciences et des Techniques, Paris
1961	Grand Prix National des Lettres

B. gilt als Zentralfigur der frz. historischen Erkenntnistheorie des 20. Jh.s. Als Schüler von Abel Rey an der Sorbonne setzte er sich intensiv mit den umstürzenden Entwicklungen in der Physik und Chemie seiner Zeit auseinander und gelangte zu einer dynamischen Auffassung von Wissenschaft als einem unabschließbaren historischen Prozess. In dessen Zentrum steht die technische Erschließung von immer neuen Phänomenen (»Phänomenotechnik«), in der Instrumente eine entscheidende Rolle spielen. Die Wissenschaften gehen nicht von klaren und bestimmten Vorstellungen eines Subjektes aus, das einem ebenso deutlich erkennbaren Objekt gegenübersteht. Dieser cartesischen Vorstellung stellte B. eine »nicht-cartesische Epistemologie« entgegen. Die Wissenschaften setzen einen »epistemologischen Bruch« mit dem Alltagswissen voraus, das für die wissenschaftliche Erkenntnis ein »epistemologisches Hindernis« darstellt.

Klare wissenschaftliche Begriffe entstehen erst in einem Prozess permanenter Klarstellung. Keine dieser Klarstellungen kann aber als endgültig angesehen werden. Erkenntnissubjekt und -objekt sind in einen Vorgang dauernder gegenseitiger Instruktion eingebunden. Gewonnene Erkenntnisse stehen immer in der Gefahr, als etablierte Sichtweisen selbst zu einem epistemologischen Hindernis zu werden, das seinerseits wieder überwunden werden muss. Dies geschieht in kleinräumigen wissenschaftlichen Arbeitsbereichen, die B. als »Kulturen der Emergenz« ansprach. Eine Epistemologie, die auf der Höhe ihrer Zeit argumentieren will, muss sich auf diese Einheiten einlassen. Sie muss eine Philosophie des epistemologischen Details sein. B. plädierte für eine Erkenntnistheorie, die den Erkenntniserwerb als eine kulturelle und kollektive Formation begreift. So sind die einzelnen Bezirke der Wissensgewinnung grundsätzlich kollektiv konstituiert, indem sie von Gemeinschaften von Forschern getragen werden, die ihrem Wissen eine technisch manipulierbare Form geben. Anwendung ist damit dem modernen Wissen nicht äußerlich, sondern bestimmt vielmehr den Kern seiner begrifflichen Verfasstheit. Auf der gesellschaftlichen Ebene manifestiert sich die moderne Wissenschaft als ein weit gespanntes, sozial vermitteltes technisches Netzwerk.

B. stand auch im Austausch mit führenden Vertretern des Surrealismus und anderen Künstlern seiner Zeit wie Marc Chagall und Albert Flocon. In seinem gesamten Werk erforschte er nicht nur die wissenschaftliche, sondern auch die poetische und künstlerische Imagination als Formen der Erschließung des Neuen. – Die Grundzüge seiner historischen Epistemologie stellte B. in *Le nouvel esprit scientifique* ([Der neue wissenschaftliche Geist] 1934), *La formation de l'esprit scientifique* ([Die Bildung des wissenschaftlichen Geistes] 1938) und *La philosophie du non* ([Die Philosophie des Nein] 1940) dar. Der soziale Aspekt des Wissens wird besonders betont in *Le rationalisme appliqué* ([Der angewandte Rationalismus] 1949). Das bekannteste seiner poetologischen Werke ist *La poétique de l'espace* ([Die Poetik des Raumes] 1957).

Lit.: D. Lecourt: L'épistémologie historique de G. B., 1969. – M. Tiles: B.: Science and Objectivity, 1984. – C. Chimisso: G. B., Critic of Science and the Imagination, 2001. – J.-J. Wunenburger (Hg.): B. et l'épistémologie française, 2003.

Hans-Jörg Rheinberger

Francis Bacon

(Baron von Verulam, seit 1618; Viscount St. Alban, seit 1621)

22. 1. 1561 London – 9. 4. 1626 Highgate bei London

1573 Aufnahme in das Trinity College in Cambridge
1576 Einschreibung an der Londoner Juristenschule Gray's Inn
1582 Zulassung als Rechtsanwalt
1584 Sitz im Unterhaus, spätestens von da an Parlamentarier
1603 Zum Ritter geschlagen, Beginn der politischen Karriere unter König Jakob I.
1607 Zweiter Kronanwalt (Solicitor General)
1613 Erster Kronanwalt (Attorney General)
1617 Großsiegelbewahrer
1618 Lordkanzler (höchstes Staatsamt)
1621 Entlassung aus allen öffentlichen Ämtern u. Verurteilung wegen Korruption

B., Philosoph und Staatsmann, gilt als Begründer des modernen engl. Empirismus und Bahnbrecher für naturwissenschaftliches Denken. Einerseits als Theoretiker der empirischen Methode und Wissenschaftsorganisator gerühmt, zeigt er sich andererseits noch der Tradition mittelalterlicher Metaphysik und ihres Ideals sicherer Wesenserkenntnis verhaftet. Die höchste Aufgabe von Wissenschaft sah B. in fortschrittsorientierter Naturbeherrschung und in daraus resultierender zweckmäßiger Gestaltung des praktischen und kulturellen Lebens. Die von ihm anvisierte spektakuläre Ausweitung von Wissenschaften und Technik und die Hoffnung auf damit verbundene Erfindungen ließen ihn erwarten, dass menschliche Bedürfnisse umfassend und konfliktfrei befriedigt werden können. Politisch vertrat er eine absolutistische Staats- und Rechtstheorie als vermeintlich einzige Alternative zur Anarchie. Seine *History of the reign of Henry VII.* ([Geschichte der Herrschaft Heinrichs VII.] 1622) dokumentiert B.s historische Kenntnisse und Interessen. Seine Schriften wurden auch in literarischer Hinsicht wegen ihres Stils und ihrer Klarheit gerühmt.

B. folgte der Vision eines gewaltigen wissenschaftlich-technischen Aufschwungs durch forschungsorganisatorische Optimierung. Das entsprechende methodische und wissenschaftspolitische Programm bietet seine auf sechs Teile angelegte, bruchstückhaft gebliebene *Instauratio magna* (›Große Erneuerung‹). Der erste, vollständig ausgeführte Teil, *De dignitate et augmentis scientiarum* ([Über die Würde und die Fortschritte der Wissenschaften] 1623) – in ursprünglicher Fassung *The Advancement of Learning* ([Die Weiterentwicklung der Bildung] 1605) – enthält eine am Bild des Baumes orientierte hierarchische Einteilung der Wissenschaften und Künste. Der zweite, unvollständig gebliebene Teil, das *Novum organum* ([Neue Methode] 1620), sollte die unter der Bezeichnung *Organon* zusammengefassten logisch-wissenschaftstheoretischen Werke des → Aristoteles überbieten und ablösen. Der dritte Teil, unterteilt in *Historia naturalis et experimentalis* ([Beschreibung der Natur und des Experiments] 1622) und *Sylva sylvarum* ([Stoffsammlung der Stoffsammlungen] 1627) einschließlich der unvollendeten, das Spektrum wissenschaftlicher Möglichkeiten umreißenden Gesellschaftsutopie *Nova Atlantis* (Neu-Atlantis), stellt hauptsächlich eine Materialsammlung dar.

Den ausgeführten Teilen der *Instauratio magna* nach

sah B. die einzige verlässliche Erkenntnisquelle in der Erfahrung, d.h. in Beobachtung und Experiment. Von einer auf experimentähnliche Versuchsreihen gegründeten, methodisch fundierten empirischen Untersuchung, die Zufallserkenntnisse vermeiden und gegenläufige Erfahrungen sorgfältig analysieren sollte, erwartete er Aufschlüsse über die in Naturprozessen wirksamen Ursachen und Gesetzmäßigkeiten. Allerdings beschränkt sich der konstruktive Teil seiner Methodenlehre im Wesentlichen auf programmatische Ansätze. Ausgeführt sind lediglich Vorstellungen zur methodischen Gewinnung der Basis induktiver Argumente, die B. einem deduktiven Methodenideal vorzog, wie es paradigmatisch in der Syllogistik des Aristoteles vorliegt.

Einflussreich wurden seine an →Ciceros Typologie menschlicher Masken orientierten Untersuchungen zum Entstehen wissenschafts- und fortschrittshemmender Vorurteile oder Trugbilder (*idola*), von denen sich der Mensch befreien müsse. B. unterschied in seinem *Novum organum* vier Arten solcher Trugbilder: Die des Stammes (*idola tribus*), d.h. des Menschengeschlechts, wurzeln in der artspezifischen menschlichen Anlage zu teleologischem (auf das Ziel einer Entwicklung gerichtetem), v.a. anthropomorphem Denken; die der Höhle (*idola specus*) sind in Eigenarten bzw. Einstellungen des Individuums begründet; die des Marktes (*idola fori*) entstehen durch soziale Beziehungen, speziell durch sprachliche Kommunikation, welche durch verfehlte Assoziationen den Verstand irreführen kann; die des (Welt-)Theaters (*idola theatri*) sind durch weltanschauliche Systeme bzw. durch die tradierte Metaphysik bestimmt. Die Idolenlehre weist auf sprach- und metaphysikkritische Ansätze des 20. Jh.s voraus. B.s systematische Wissenschaftseinteilung beeinflusste entsprechende Schemata der von →Denis Diderot und Jean d'Alembert herausgegebenen *Encyclopédie* (28 Bde., 1751–1772) nachhaltig. Starke Beachtung fanden auch die erstmals 1597 und später in erweiterten Fassungen erschienenen *Essays*, die einem breiten Themenspektrum, u. a. der praktischen Philosophie, gewidmet sind.

Werke: Opera omnia, hg. v. J. B. Schönwetter, 1665. – The Works of F. B., hg. v. J. Spedding [u. a.], 14 Bde., 1857–74, ND 1961–63. – Essays: oder praktische und moralische Ratschläge, übers. u. hg. v. E. u. L. L. Schücking, 1998. – Über die Würde u. den Fortgang der Wissenschaften (= *Instauratio Magna* I), hg. v. J. H. Pfingsten, 1783, ND 1966. – Neues Organon (= *Instauratio magna* II), lat./dt., übers. v. R. Hoffmann u. G. Korf, hg. v. W. Krohn, 2 Bde., 1990. – Neu-Atlantis, hg. v. J. Heinisch, 1960.

Lit.: W. Frost: B. u. die Naturphilosophie, 1926. – M. Pentonen (Hg.): The Cambridge Companion to B., 1996. – W. Krohn: F. B., [2]2006.

Christoph Kann

Roger Bacon

um 1220 bei Ilchester/Somerset (England) – 1292 Oxford (England)

1230er Jahre Studium der Artes liberales (freien Künste) in Paris
1257 Eintritt in den Franziskanerorden
1260–66 Bedrängnis im Orden wegen unkonventioneller Ideen (u. a. Schreibverbot durch →Bonaventura)
1277–89 Haft; B. hält an seinen Überzeugungen fest

B. gilt als bedeutender Denker des Mittelalters und als einer der größten Naturforscher des Abendlandes. Beeinflusst wurde er von Robert Grosseteste, dem Aristotelismus und der arab. Philosophie. Berühmt sind seine Untersuchungen zur Optik; auch die Chemie verdankt B. einiges. Seine größten Verdienste erwarb er jedoch in der Wissenschaftstheorie. Obwohl sein Konzept einer *scientia experimentalis* noch nicht mit den Grundlagen der modernen Experimentalwissenschaft identisch war, trieb B. die Entwicklung in diese Richtung voran, indem er eigenständig Experimente durchführte und plante. Noch vor Leonardo da Vinci erging er sich in kühnen Spekulationen u. a. über Automaten, Flugzeuge, Unterseeboote und die Verlängerung des Lebens durch medizinische Forschung, die seiner Zeit weit voraus waren und insofern die Möglichkeiten und Grenzen eines Philosophen und Wissenschaftlers im 13. Jh. widerspiegeln. Wegen seiner vielfältigen Verdienste ehrten ihn seine Zeitgenossen mit dem Titel eines *Doctor mirabilis*, eines bewundernswerten Lehrers; aus heutiger Perspektive muss man in ihm einen Aufklärer sehen.

B. stellte seine eigentümlichen Gedanken sowohl weitläufig (*Opus majus* [Größeres Werk]) als auch zusammengefasst dar (*Opus minus*; *Opus tertium* [Kleineres Werk; Drittes Werk]). Diese Werke, die er 1266–68 als Denkschriften im Auftrag Papst Clemens' IV. verfasste, sollten als Einleitung zu einer umfassenden Enzyklopädie dienen, die er jedoch nie vollendete. Sein letztes Werk, das *Compendium studii theologiae* (1292), zeigt ihn als immer noch streitbaren Theologen.

B. setzte sich für die intensive Aneignung fremder Sprachen ein und forderte vertiefte Studien der Mathematik (*Opus majus* IV). Ihm ging es jedoch nicht um die Pflege der reinen Mathematik, vielmehr verwies er auf die Nützlichkeit der angewandten Mathematik für die Naturwissenschaften. Einer seiner ungewöhnlichsten Gedanken war seine Forderung nach der Mathematisierbarkeit der Wissenschaften. B. verkörperte insofern nicht die konservativen Tendenzen in der mittelalterlichen Philosophie, sondern verstärkte eher ihre progressiven Momente.

Werke: Opus majus, hg. v. H. Bridges, 2 Bde., 1897/1900, ND 1964.

Lit.: J. Hackett (Hg.): R. B. and the Sciences, 1997. – U. R. Jeck: R. B.: »Opus Majus«, in: K. Flasch (Hg.): Interpretationen. Hauptwerke der Philosophie: Mittelalter, 1998, 216–44. – K. Flasch: Das philosophische Denken im Mittelalter. Von Augustin zu Machiavelli, [2]2000, 401–08. – F. Finkenberg: Ancilla theologiae? Theologie u. Wissenschaften bei R. B., 2007.

Udo Reinhold Jeck

Michail (Aleksandrowitsch) Bakunin

30.5.1814 Prjamuchino (Russland) – 1.7.1876 Bern

1826–32	Studium an der Offiziersakademie in Sankt Petersburg
1834	Austritt aus der Armee; danach philosophische Studien in Moskau u. Berlin
1843–48	Reisen durch Europa, Bekanntschaft mit Pierre-Joseph Proudhon u. → Karl Marx
1849	Verurteilung zum Tode wegen aktiver Teilnahme am Dresdner Aufstand
1851	Auslieferung nach Russland, Verbannung nach Sibirien
1861	Flucht nach London, Beteiligung an der Vorbereitung des poln. Aufstands 1863
1864	Beitritt zur I. Internationale
1868	Gründung der anarchistischen Internationalen Allianz der sozialistischen Demokratie
1872	Ausschluss aus der Internationale auf Betreiben von Marx u. → Friedrich Engels

B. ist einer der führenden Theoretiker des Anarchismus. Seine philosophische Position wurzelt in der linkshegelianischen *Philosophie der Tat* (*Sobranie sočinenij i pisem*, 4 Bde., hg. v. J. Steklov, 1934–36, dt. hg. v. R. Beer, 1969), der er eine radikale Fassung gab: Die Negation der Wirklichkeit hat ein absolutes Recht gegenüber allen auf Zwang gegründeten sozialen Institutionen. Für die Charakterisierung seines antiautoritären Denkens verwandte B. den Begriff »Kollektivismus«. Nur eine »freie Assoziation« der Völker kann Freiheit und Gerechtigkeit garantieren. Jede Autorität wird als Unterdrückung des »spontanen Lebens« abgelehnt. Vor allem Staat und Religion bzw. Kirche bilden nach B. Machtstrukturen, die die Unfreiheit immer wieder hervorbringen und aus diesem

Grund durch eine Revolution abgeschafft werden müssen (*Dieu et l'état* [Gott und der Staat], 1871).

Werke: GW, 4 Bde., 1921–24, ND 1975. – Archives B., hg. v. A. Lehning [u. a.], bisher 7 Bde., 1961 ff.

Lit.: M. Nettlau: The life of M. B., 3 Bde., 1896–1900. – R. B. Saltman: The social and political thought of M. B., 1983. – W. v. Dooren: B. zur Einführung, 1985. – M. Grawitz: B. Ein Leben für die Freiheit, 1999.

Nikolaj Plotnikov

Roland Barthes

12.11.1915 Cherbourg (Frankreich) – 26.3.1980 Paris

1935–39	Studium der Klassischen Literatur an der Sorbonne, Paris
1940/41	Gymnasiallehrer u. Repetitor in Paris
1941–47	Rückfall einer Lungentuberkulose; zahlreiche Sanatoriumsaufenthalte
1948/49	Bibliothekarsgehilfe u. Lehrer am Institut Français in Bukarest sowie Lektor an der dortigen Universität
1949/50	Lektor an der Univ. Alexandria (Ägypten)
1950–52	Tätigkeit in der Direction Générale des Affaires Culturelles des frz. Außenministeriums, Paris
1952–59	Forscher in den Bereichen Lexikologie u. Soziologie am Centre National de la Recherche Scientifique, Paris
1960–62	Chef de travaux an der École Pratique des Hautes Études für Wirtschafts- u. Gesellschaftswissenschaften, Paris
seit 1962	Directeur d'études an der École Pratique des Hautes Études für den Bereich Soziologie der Zeichen, Symbole u. Repräsentationen
seit 1976	Lehrstuhl für Sémiologie littéraire am College de France, Paris

B. zählt zu den bekanntesten Vertretern des Strukturalismus, gehört jedoch mit seinen Arbeiten aus den 1970er Jahren neben →Michel Foucault und →Jacques Derrida ebenso zu den Wegbereitern des Poststrukturalismus. Er gilt als Mitbegründer einer Semiologie (Zeichenwissenschaft), die den Zeichenbegriff auf alle sozialen Phänomenbereiche ausdehnt. Aufgrund der thematischen Breite seiner Werke, die auf Theater, Mode, Alltagskultur, Fotografie und v. a. Literatur Bezug nehmen, lässt sich B. nur schwer einer bestimmten akademischen Disziplin zuordnen.

In seinen literaturwissenschaftlichen Publikationen der 1950er Jahre trat B. für eine neue Interpretationsmethode ein, die den Sinngehalt eines Textes nicht mehr auf die zu rekonstruierende Intention des Autors zurückführt. Stattdessen müsse eine Analyse der historischen und sozialen Form der Sprache und des Schreibens durchgeführt werden (*Le degré zéro de l'écriture* [Am Nullpunkt der Literatur], 1953). Ebenfalls in diese frühe Schaffensphase fallen die kulturwissenschaftlichen Studien *Mythologies* (1957), in denen B. anhand zahlreicher Phänomene des alltäglichen Lebens die ideologischen Botschaften der Massenkultur als moderne Mythen entlarvte. Mit der Veröffentlichung von *Élements de sémiologie* (1964) und dem umfangreichen Projekt *Systéme de la mode* ([Die Sprache der Mode] 1967) avancierte B. zu einem führenden Denker des Strukturalismus. Wie die Studie zur Mode zu zeigen versucht, lassen sich alle gesellschaftlichen Bereiche als Zeichensysteme beschreiben. Was jeweils als Mode angesehen wird und welche Bedeutung ihr zukommt, hängt von der internen Struktur dieses Systems ab.

Vermittelt durch die Arbeiten von Derrida, Julia Kristéva und →Jacques Lacan wandte sich B. Ende der 1960er Jahre einem eher poststrukturalistischen Denken zu, das jedes Sinngebilde als pluralen und unabschließbaren Verweisungszusammenhang von Zeichen betrachtet. Texte lassen sich demnach nicht mehr durch die Aufdeckung einer festen Struktur, sondern nur in Beziehung auf andere Texte interpretieren (»Intertextualität«), wie B. in der Publikation *S/Z* (1970) vorführte. B.s letzte Arbeitsphase ist durch stark aphoristische Werke gekennzeichnet. In *Le plaisier du texte* ([Die Lust am Text] 1973), *Roland Barthes par Roland Barthes* ([Roland Barthes über Roland Barthes] 1975) und dem Bestseller *Fragments d'un discours amoureux* ([Fragmente einer Sprache der Liebe] 1977) fand B. zu einer neuen Schreibweise, indem er theoretische Reflexionen mit Alltagsbeobachtungen und autobiographischen Versatzstücken verband.

Werke: Œuvres complètes, hg. v. É. Marty, 5 Bde., 2002.

Lit.: G. Röttger-Denker: R. B. zur Einführung, ^{2}1997. – O. Ette: R. B. Eine intellektuelle Biographie, 1998.

Dirk Quadflieg

Jean Baudrillard

27. oder 29.7.1929 Reims (Frankreich) – 6.3.2007 Paris

1958–66	Studium der Germanistik an der Sorbonne, Paris, u. der Philosophie u. Soziologie an der Univ. Paris-Nanterre
1966	Promotion in Soziologie mit *Le Système des Objets* ([Das System der Dinge] 1968)
1966–86	Assistent, Dozent für Soziologie in Paris-Nanterre
1986	Habilitation mit *L'autre par lui même* ([Das Andere selbst] 1986), später dort Professor
1986–90	Wissenschaftlicher Leiter des Institut de Recherche et d'information Socio-économique (IRIS) an der Univ. Paris-Dauphine
1990–2007	Publizistische Tätigkeiten u. Professur für Medien u. Kultur an der European Graduate School in Saas Fee (Schweiz)

B. wurde als einer der prominentesten frz. Vertreter postmodernen bzw. poststrukturalistischen Denkens weltweit bekannt. Neben seinem theoretischen Engagement für Soziologie und Medientheorie mischte sich B. als Journalist, Redakteur und Gesellschaftskritiker mit politischer Motivation in aktuelle Diskussionen ein. Dabei erregte sein essayistischer Schreibstil Anstoß, der streng naturwissenschaftliche Begrifflichkeiten als Analogien oder Metaphern zur »Analyse« sozialer Prozesse verwendet. B. vertrat die Meinung, dass im Zeitalter totaler Simulation nur noch assoziativ-absurdes Schreiben (»Pataphysik«) möglich sei.

Markiert ist B.s theoretisches Bemühen durch die Abwendung vom Marxismus seit den 1970er Jahren hin zu einer medientheoretisch unterfütterten Analyse und Kritik der Gesellschaft. So postulierte er das Verschwinden der Geschichte, das Ende der Politik und die Auflösung des Sozialen als Effekte einer von Bildern, Zeichen und Massenmedien dominierten Lebenswelt, die mit den traditionellen Kategorien von Philosophie und Soziologie nicht mehr zu begreifen sei. Demgegenüber führte er die Begriffe der Simulation, Virtualität und Hyperrealität ein, mit denen die neue Qualität der medial dominierten Gegenwart beschrieben werden soll. Jegliche (wissenschaftliche, philosophische etc.) Bezugnahme auf Realität sei nicht mehr möglich, da sich die Zeichen von dieser Realität im Laufe der Technisierung und Medialisierung im 20. Jh. abgekoppelt haben. Übrig blieben virtuelle, geschlossene Zeichenmodelle, die nichts mehr bezeichnen, sondern das Leben nur noch simulieren. Der moderne Mensch verschwinde dabei zwischen einer Vergangenheit, auf die er nicht mehr zurückkommen kann, und einer Zukunft, die nicht mehr stattfinden wird: Er ist selber ein bloßes Zeichen im Selbstreproduktionsprozess eines sich anonym bleibenden sozialen Systems.

Werke: L'échange symbolique et la mort, 1976. – Kool Killer ou l'insurrection par les signes, 1978. – L'an 2000 ne passera pas, in: Traverses 33/34 (1985), 8–16. – L'esprit du terrorisme, 2003.

Lit.: R. Bohn / D. Fuder (Hg.): B. Simulation u. Verführung, 1994. – F. Blask: B. zur Einführung, 1995. – P. Gente [u. a.] (Hg.): Philosophie u. Kunst. J. B., 2005.

Arnd Hoffmann

Bruno Bauer

6.9.1809 Eisenberg bei Gera – 15.4.1882 Rixdorf

1828–34	Studium der Ev. Theologie in Berlin
1834–38	Privatdozent für Religionsphilosophie u. Altes Testament in Berlin, seit 1839 in Bonn
1842	Entzug der Venia legendi (der Erlaubnis, Vorlesungen zu halten); Privatgelehrter in Rixdorf bei Berlin

B. trat als Theologe, Philosoph, Historiker und politischer Schriftsteller hervor und zählt zu den markantesten ›Linkshegelianern‹ des 19. Jh.s. Er hatte →Georg Wilhelm Friedrich Hegels Vorlesungen noch selbst gehört, strebte zunächst eine Erneuerung der Theologie auf Hegelscher Grundlage an, schwenkte aber dann in eine radikal-liberale Richtung. Dies führte seit 1838 zeitweise zur Freundschaft mit →Karl Marx, den B. habilitieren wollte, aber auch 1839 zu seiner Versetzung nach Bonn. B. gab sich zunehmend als Atheist zu erkennen und forderte den »Untergang der Theologie«, woraufhin ihm 1842 die Lehrbefugnis entzogen wurde. 1848 kurzzeitig politisch aktiv, verbrachte B. sein weiteres Leben als Privatgelehrter in Rixdorf.

B.s Philosophie kreist um den Begriff des Selbstbewusstseins, das sich auf dem Wege »reiner Kritik« selber finden muss. Überlieferung, Kirche und Staat, aber auch die »Masse« sind als Hemmnisse seiner freien Entfaltung radikal in Frage zu stellen (*Die ev. Landeskirche Preußens und die Wissenschaft*, 1840; *Kritik der ev. Geschichte der Synoptiker*, 3 Bde., 1841/42; *Geschichte der Politik, Kultur und Aufklärung des achtzehnten Jh.*, 3 Bde., 1843–45). Der Kern der Philosophie Hegels ist nach B. Atheismus (*Die Posaune des jüngsten Gerichts über Hegel den Atheisten und Antichristen*, 1841). Für die Zukunft erwartete er neben dem Verschwinden der Religion u.a. eine Zunahme der politischen Bedeutung Russlands (*Rußland und das Germanentum*, 1853). Im Alter vertrat B., der die Frage der Judenemanzipation zunächst als Problem der Emanzipation aller Menschen anzugehen versucht hatte (*Die Judenfrage*, 1843), judentumskritische bis judenfeindliche Positionen und kehrte zu teilweise konservativen Positionen zurück.

Lit.: K. Löwith: Von Hegel zu Nietzsche, 1941. – R. Waser: Autonomie des Selbstbewußtseins, 1994. – M. Tomba: Krise u. Kritik bei B. B., 2005.

Thomas Sören Hoffmann

Alexander Gottlieb Baumgarten

17.6.1714 Berlin – 26.5.1762 Frankfurt a.d.O.

1730–35 Studium der Theologie, Philologie u. Philosophie an der Univ. Halle
1735–40 Lehrtätigkeit (Philosophie u. Theologie) an der Univ. Halle
seit 1740 Professor für Philosophie an der Univ. Frankfurt a. d. O.
1742 Beginn seiner Vorlesung über Ästhetik
seit Beginn der 1750er Jahre fortschreitende Lungenerkrankung, Unterbrechungen der Lehrtätigkeit

B. ist der Begründer der philosophischen Disziplin der Ästhetik in Deutschland, deren Namen er prägte. Er ist nach →Christian Wolff einer der wichtigsten Vertreter der ›Leibniz-Wolffschen Schulphilosophie‹. Den Rationalismus dieser Schule und ihr Streben nach einem vollständigen System der Wissenschaften verband er mit einem intensiven Interesse für die Dichtkunst und das nicht-verstandesmäßige Denken. B.s Schriften und die populärere Fassung, die sein Schüler Georg Friedrich Meier seiner Lehre gab, lösten gleichzeitig mit dem Aufschwung der dt. Literatur Mitte des 18. Jh.s (u.a. durch Albrecht von Haller und Friedrich Gottlieb Klopstock) eine Welle ästhetischer Studien aus. Direkt beeinflusste er Ästhetiker wie →Moses Mendelssohn und →Johann Gottfried Herder. Auch →Immanuel Kant setzte sich intensiv mit B. auseinander, nicht zuletzt deshalb, weil B.s *Metaphysica* (1739) jahrzehntelang ein Standardlehrbuch an preuß. Universitäten war. Bis heute gilt B. als einer der Denker, die in der kontinentalen Tradition die einseitige cartesische Ausrichtung der Philosophie auf Verstand und Vernunft überwanden; seine Beschreibung der Tätigkeit der von den Sinnen ausgehenden »unteren Erkenntniskräfte« als vernunftanalog wird in verschiedenen Interpretationen immer wieder aufgegriffen.

B. konzipierte die Metaphysik als Grundlagenwissenschaft, in der allgemeinste Begriffe, um als Basis sicherer Erkenntnis dienen zu können, aus wenigen, unbezweifelbaren Prinzipien abgeleitet werden. Er lehnte sich dabei noch enger als Wolff an →Gottfried Wilhelm Leibniz an, dessen Monadenlehre er übernahm und dessen Theorie der Stufen der Erkenntnis er weiterentwickelte. Kennzeichnend für B.s Auffassung ist die Unterscheidung von sechs Teilvollkommenheiten der Erkenntnis: Reichtum, Größe, Wahrheit, Klarheit, Gewissheit und Leben bzw. Motivationskraft.

Schon in seiner Dissertation, *Meditationes philosophicae de nonnullis ad poema pertinentibus* ([Philosophische Betrachtungen über einige Bedingungen des Gedichts] 1735), nahm B. mit der Einführung des Begriffs der »extensiven Klarheit« eine wichtige Modifikation an Leibniz' eindimensionalem Konzept der Klarheit der Erkenntnis vor, die auch seine *Aesthetica* (2 Bde., 1750/58) prägte: Das Kunstwerk kann danach als sensitiv vollkommene Vorstellung beschrieben werden; große Vollkommenheit der Erkenntnis ist demnach nicht nur durch den Verstand erreichbar. Die sensitive Vollkommenheit des Kunstwerks ist seine Schönheit und hat die genannten sechs Dimensionen. Qualitäten wie das Erhabene und das Rührende in der Kunst werden unter die Begriffe der Größe und des Lebens der Erkenntnis gebracht und so in eine einheitliche und nach B.s Kriterien wissenschaftliche Ästhetik oder Philosophie der schönen Kunst integriert.

Auch B.s (kognitivistische) Ethik (*Ethica philosophica*, 1740) hängt vom metaphysischen Begriff der Vollkommenheit ab: Höchstes Gebot ist das der Selbstvervollkommnung. Das angemessene Streben nach dem Guten entsteht aus der richtigen Erkenntnis besonders des höchsten Gutes, nämlich Gottes. Bei der geforderten bestmöglichen Gotteserkenntnis und der Selbstvervollkommnung dient die Liste der sechs Teilvollkommenheiten der Erkenntnis als Leitfaden und soll helfen, die philosophische Erkenntnis lebendig und moralisch wirksam zu machen.

Werke: Meditationes philosophicae de nonnullis ad poema pertinentibus, übers. u. hg. v. H. Paetzold, 1983. – Aesthetica, übers. u. hg. v. D. Mirbach, 2 Bde., 2007. – Metaphysica, übers. u. hg. v. G. Gawlick u. L. Kreimendahl, 2009.

Lit.: G. F. Meier: A. G. B.s Leben, 1763. – U. Franke: Kunst als Erkenntnis, 1972. – H. R. Schweizer: Ästhetik als Philosophie der sinnlichen Erkenntnis, 1973. – A. Aichele / D. Mirbach (Hg.): A. G. B. Sinnliche Erkenntnis in der Philosophie des Rationalismus, 2008.

Armin Emmel / Werner Strube

Pierre Bayle

18.11.1647 Le Carla (Frankreich) – 28.12.1706 Rotterdam (Niederlande)

1668	Beginn des Studiums an der Akademie von Puylaurens
1669/70	Konversion zum Katholizismus; Studium u. Baccalaureus am Jesuitenkolleg von Toulouse
1670–74	Re-Konversion zum Protestantismus u. Emigration in die Schweiz; Studium in Genf, Hauslehrerstelle in Coppet
1674–76	Rückkehr nach Frankreich (Rouen, Paris)
1675–81	Professor für Philosophie u. Geschichte an der prot. Akademie von Sedan

1681–93 Professor für Philosophie u. Geschichte am Gymnasium (École illustre) in Rotterdam
1684–87 Journalist u. Redakteur der *Nouvelles de la République des Lettres*
1691 Beginn des Streits mit dem Theologen Pierre Jurieu

B. gilt als herausragender Vertreter der Frühaufklärung. Wegen seiner historisch argumentierenden religionsphilosophischen Schriften, in denen er für eine klare Trennung zwischen Staat und Kirche und für religiöse Toleranz eintrat, feindeten ihn sowohl Vertreter der kath. als auch der prot. Konfession als vermeintlichen Atheisten oder Deisten an. B.s *Critique générale de l'Histoire du calvinisme* ([Allgemeine Kritik der Geschichte des Calvinismus], 1682) wurde von der frz. Justiz verurteilt, seine *Nouvelles Lettres critiques* ([Neue kritische Briefe], 1685), in denen er die Religionspolitik König Ludwigs XIV. kritisierte, führten zur Inhaftierung seines Bruders, der in der Haft starb. B.s Hauptwerk, das *Dictionnaire historique et critique* ([Historisches und kritisches Wörterbuch] 1696, ^{2}1702), brachte ihm zusammen mit dem *Avis aux réfugiés* ([Mitteilung an die Flüchtlinge] 1690) eine Vorladung vor das Konsistorium der wallon. Kirche von Rotterdam ein. Die Bücher aus seiner letzten Lebensphase (*Continuation des Pensées diverses* [Fortsetzung der verschiedenen Gedanken], 2 Bde., 1704; *Réponse aux questions d'un provincial* [Antwort auf die Fragen eines Provinzbewohners], 5 Bde., 1704–07; *Entretiens de Maxime et de Thémiste* [Gespräche zwischen Maxime und Thémiste], 2 Bde., 1707) sind durch scharfe Polemiken gegen prot. Theologen gekennzeichnet.

B.s wichtigste Werke sind die *Pensées diverses sur la comète de 1680* (Verschiedene Gedanken über den Kometen von 1680) (1682) sowie deren Fortsetzungen *Addition* (1694) und *Continuation* (1704), in denen er das abgekartete Spiel zwischen Politik und Religion kritisierte und seine These vom tugendhaften Atheisten entwickelte. Im *Commentaire philosophique* ([Philosophischer Kommentar] 1686) verteidigte er das Prinzip von den Rechten des irrenden Gewissens. Auch in seinem *Dictionnaire* (Philosophisches Wörterbuch) stellte B. seine Gelehrsamkeit als Historiker in den Dienst der philosophischen und historischen Freiheit gegenüber religiösen Orthodoxien und betonte durchgängig das Vernunftprinzip. Hierdurch sowie durch das formale Prinzip, die Darstellung von Personen und Sachbegriffen aus allen Wissensbereichen mit ausführlichen historisch-kritischen Kommentaren zu versehen, wurde das *Dictionnaire* zu einem zentralen Referenzwerk für spätere Aufklärer.

Werke: Œuvres diverses, 4 Bde., 1727–31, ND 1965–82. – Dictionnaire historique et critique, 4 Bde., ^{5}1740; dt., übers. u. hg. v. J. Ch. Gottsched, 1741–44; dt. Auswahl, übers. u. hg. v. G. Gawlik u. L. Kreimendahl, 2 Bde., 2003/06. – Correspondance, hg. v. E. Labrousse u. A. McKenna, 1999. – Pour une histoire critique de la philosophie, hg. v. J.-M. Gros, 2001. – B. Témoin et conscience de son temps, hg. v. A. McKenna, 2001. – De la tolérance. Commentaire philosophique, hg. v. J.-M. Gros, 2006. – Pensées diverses sur la comète, hg. v. J. u. H. Bost, 2007.

Lit.: E. Labrousse: P. B., 2 Bde., 1963/64. – G. Paganini: Analisi della fede e critica della ragione nella filosofia di P. B., 1980. – T. M. Lennon: Reading B., 1999. – G. Mori: B. philosophe, 1999. – A. McKenna / G. Paganini (Hg.): P. B. dans la République des Lettres, 2004. – H. Bost: P. B., 2006.

*Hubert Bost**

Simone de Beauvoir

9.1.1908 Paris – 14.4.1986 Paris

1925–29 Philosophiestudium an der Sorbonne, Paris; Begegnung mit →Jean-Paul Sartre
1929 Agrégation (Staatsexamen)
1932–43 Beginn der Lebensgemeinschaft mit Sartre; Lehrerin für Philosophie in Rouen, dann in Paris

1943	Beurlaubung vom Lehramt
1945	Redaktionsmitglied der von Sartre neugegründeten Zeitschrift *Les Temps modernes*
1947	Aufenthalt in Amerika, Beginn einer intimen Beziehung zu dem Schriftsteller Nelson Algren
1954	Prix Goncourt für ihren Roman *Les Mandarins*
1952–56	Redaktion ihrer Memoiren; Reisen nach China, in die UdSSR u. nach Kuba
1971	Mitunterzeichnerin des *Manifest der 343* für eine Legalisierung der Abtreibung
1974	Präsidentin der Liga für Frauenrechte
1978	Großer österreich. Staatspreis für europ. Literatur
1983	dän. Sonning-Preis

B. gehört mit ihrem Lebensgefährten →Jean-Paul Sartre zu den Gründungsgestalten des frz. Existentialismus und ist eine Hauptfigur der Frauenbewegung. In Romanen, autobiographischen Schriften und zahlreichen Essays über die Lage der Frau und über das Alter eröffnete sie den Humanwissenschaften neue Perspektiven. Ihre von besonderem sozialen und politischen Engagement zeugenden philosophischen und literarischen Werke behandeln mit phänomenologischem Interesse v. a. die Begriffe der Freiheit und der Gleichheit.

Die Erfahrung des Zweiten Weltkriegs führte B. zu ihrer Theorie des ethischen und politischen Engagements. In ihrem Essay *Pyrrhus et Cinéas* (1944) untersuchte sie die Bedingungen ethischen Handelns. Der Mensch erlebt sich zunächst als ontologisch frei, entdeckt dann aber, dass er in der Faktizität gefangen ist, denn die ontologische, radikale Freiheit ist durch die Welt und die ebenfalls freien Anderen beschränkt. Der Mensch ist ein Dasein, das sich in der Transzendenz neu entwirft und die Faktizität dadurch verändert. Er ist ein Subjekt, das sich in dem Blick des Anderen als Objekt erlebt. Also muss er an die Anderen appellieren, um seine Projekte zu verwirklichen (*Pour une morale de l'ambiguïté* [Für eine Moral der Doppelsinnigkeit], 1947). Die Ethik des Handelns liegt also in der verantwortlichen Ausübung der Freiheit. In ihrem Roman *Les Mandarins* (1954) warf B. die Frage auf, ob die Wahrheit aus politischen Gründen verschleiert werden darf: Ist der Intellektuelle der Wahrheit absolut verpflichtet? Letzten Endes stellte B. die Ohnmacht der Intellektuellen fest.

Für ihre Analyse der gesellschaftlichen Stellung der Frau bediente sich B. der Subjekt-Objekt-Kategorie. Ihr berühmter Satz »Man wird nicht als Frau geboren, man wird es«, findet sich in dem Essay *Le Deuxième Sexe* ([Das andere Geschlecht] 1949), der ein Gründungsdokument für den modernen Feminismus wurde, gleichsam aber über diesen hinausging: Durch ihre phänomenologische Untersuchung der Geschlechterrollen nämlich begriff B. ›Geschlecht‹ darin nicht, wie für den Feminismus bis dahin üblich, als biologische (engl. *sex*), sondern als kulturell geformte Kategorie (engl. *gender*). Sie kann daher auch als Vorreiterin der *Gender*-Studien gelten.

Eine zentrale Stellung in B.s Werk nimmt auch das Problem des Alterns ein. In *Une mort très douce* ([Der sanfte Tod] 1964) beschrieb sie die letzten Momente im Leben ihrer Mutter und deckte die Misere älterer Menschen auf. Das Thema der Sexualität im Alter wird schonungslos geschildert und der Zusammenhang zwischen dem Verschwinden der Sexualität und der Entwertung des älteren Menschen aufgezeigt (*La Vieillesse* [Das Alter], 1970). Über den eigenen Alterungsprozess berichtete B. in ihrem letzten autobiographischen Werk (*Tout compte fait* [Alles in allem], 1972).

Lit.: D. Bair: S. d. B., 1990. – Y. B. Raynova / S. Moser (Hg.): S. d. B.: 50 Jahre nach dem *Anderen Geschlecht*, 2004. – I. Gleichauf: Sein wie keine Andere. S. d. B.: Schriftstellerin u. Philosophin, 2007. – M. Pelz: S. d. B.: Leben, Werk, Wirkung, 2007. – A. Schwarzer: S. d. B., 2007.

Virginie Pektaş

Walter Benjamin

15.7.1892 Berlin – 26.9.1940 (Freitod) Portbou/Katalonien (Spanien)

1912–19	Studium der Philosophie, Germanistik u. Kunstgeschichte in Freiburg i. Br., Berlin, München u. Bern; hier Bekanntschaft mit →Ernst Bloch u. Hugo Ball
1913	Paris-Reise
1915	Beginn der langjährigen Freundschaft mit dem Zionisten u. Religionsphilosophen Gershom Scholem
1919	Promotion in Bern bei Richard Herbertz; Rückkehr nach Berlin
1921	Zeitschriftenprojekt *Angelus Novus*
1923/24	Bekanntschaft mit Siegfried Kracauer, →Theodor W. Adorno, Asja Lacis u. Bertolt Brecht
1925	gescheiterter Habilitationsversuch in Frankfurt a. M.
1925/26	Reise nach Moskau
1930	Plan der Zeitschrift *Krise und Kritik*
1933	Emigration nach Paris
1934–38	Aufenthalte bei Brecht in Dänemark
1939	Internierung in einem Lager bei Nevers (Frankreich)
1940	Freitod nach einem vergeblichen Fluchtversuch nach Spanien

Der dt.-jüd. Philosoph, Kulturtheoretiker und -kritiker B. zählt zu den bedeutendsten deutschsprachigen Theoretikern und Autoren der ersten Hälfte des 20. Jh.s. und war ein wichtiger Ideengeber der neueren dt. Literaturwissenschaft. Nach seiner Wiederentdeckung in den 1960er Jahren vermittelt sein Werk bis heute vielfältige Impulse für Kultur- und Medientheorie, Kunstwissenschaft und Geschichtsphilosophie. Geprägt wurde B. v. a. vom Neukantianismus (→Heinrich Rickert) und der dt. Romantik. Er hatte erheblichen Einfluss auf die Entwicklung der *Frankfurter Schule* und der Kritischen Theorie.

Setzte sich B. in seiner Dissertation *Der Begriff der Kunstkritik in der dt. Romantik* (1920) mit erkenntnistheoretischen Grundlagen der Frühromantik und →Johann Gottlieb Fichtes Begriff der Reflexion auseinander, so beschäftigte er sich in den 1920er Jahren stärker mit der Ästhetik, z.B. in *Goethes Wahlverwandtschaften* (in: Neue Dt. Beiträge 2, 1925, H. 1 u. 2) und in seinem als Habilitationsschrift abgelehnten Werk *Ursprung des deutschen Trauerspiels* (1928). Die in diesen Schriften erkennbare antiidealistische Position, die gegen eine streng philosophische Systematik gerichtet war, vertrat B. seit Anfang der 1930er Jahre immer entschiedener und richtete sich mit seiner »Dialektik im Stillstand« gegen andere Konzeptionen von Dialektik – v.a. jene → Georg Wilhelm Friedrich Hegels. Zudem verwandte er die Theorie des dialektischen Materialismus, den er mit theologischen Motiven – besonders um den jüd. Messianismus – anreicherte. Dabei entwickelte B. eine spezifische Schreibweise, die sich des Aphorismus und des Kommentars, der autobiographischen Skizzen und Zitatenmontagen usw. bediente (*Einbahnstraße*, 1928; *Dt. Menschen. Eine Folge von Briefen*, 1936; *Berliner Kindheit um Neunzehnhundert*, 1950).

1935/36 verfasste B. im Pariser Exil seinen Aufsatz *Das Kunstwerk im Zeitalter seiner technischen Reproduzierbarkeit*, der als zentraler Text der modernen Kultur- und Medientheorie gilt. Darin argumentierte er gegen die »faschistische Ästhetisierung der Politik«, reflektierte entsprechend über neue Formen der Massenmedien und beschrieb dabei die geschichtlichen, sozialen und ästhetischen Prozesse, die mit der technischen Reproduzierbarkeit des Kunstwerks zusammenhängen. Seiner These zufolge verliere das Kunstwerk durch die Reproduktion seine »Aura«, bekomme Warencharakter und werde der Masse preisgegeben, die es sich jederzeit aneignen könne.

Als B.s Hauptwerk gelten die 1927 begonnenen, aber unvollendeten *Pariser Passagen*, mit denen er eine Geschichtsphilosophie des 19. Jh.s darzustellen beabsichtigte. Signifikanten Ausdruck fanden B.s geschichtsphilosophische Thesen in seiner letzten, den Historischen Materialismus neu interpretierenden Schrift *Über den Begriff der Geschichte* (1940). Sie richtet sich gegen die traditionelle Geschichtsauffassung bzw. die Fetischisierung des Fortschrittsbegriffs. Die Philosophie soll auf die »Trümmer der Geschichte« achten und das behandeln, was »verraten, unterdrückt und vergessen« wurde.

Werke: GS, hg. v. R. Tiedemann u. H. Schweppenhäuser, 17 Bde., 1972–99. – Gesammelte Briefe, hg. v. Adorno-Archiv, 6 Bde., 1995–2000.

Lit.: G. Scholem: W. B. u. sein Engel, 1972. – R. Tiedemann: Dialektik im Stillstand. Versuche zum Spätwerk W. B.s, 1983. – S. Kramer: W. B. zur Einführung, 2004. – T. Iremadze: W. B. Leben, Wirken, Aktualität, 2008.

Tengiz Iremadze

Jeremy Bentham

15.2.1748 Houndsditch/London – 6.7.1832 Westminster

1755–60	Besuch der Westminster School
1760–67	Rechtsstudium am Queen's College, Oxford
1769	Zulassung als Rechtsanwalt, Niederlassung in Lincoln's Inn, London
1785–88	Reise zu seinem Bruder Samuel nach Krichëv (Weißrussland)
1792	Tod des Vaters und finanzielle Unabhängigkeit; seitdem freier Schriftsteller in Westminster, London
1832	gemäß einer testamentarischen Verfügung wird B.s Körper präpariert u. ist heute im Univ. College, London, zu sehen

B. trat als Jurist sowie als reformerischer Rechts-, Sozial- und Moralphilosoph hervor. Er gilt als Begründer des Klassischen Utilitarismus und etablierte →Francis Hutchesons und Joseph Priestleys Prinzip »The greatest happiness of the greatest number« (›Das größtmögliche Glück für die größtmögliche Zahl [an Menschen]‹) als dessen zentralen Grundsatz. Er beinflusste u.a. →John Stuart Mill, Henry Sidgwick und andere philosophische *Radicals* entscheidend, die sein Denken weiter bekannt machten. B.s reformpolitische Überlegungen, zu denen auch sein Eintreten für Frauenrechte, Tierschutz und eine stärkere öffentliche Bildung zu zählen sind, wurden in ganz Europa und den USA aufgegriffen.

B.s Unterscheidung zwischen dem »Recht, wie es ist«, und dem »Recht, wie es sein sollte«, wurde zu einem Ausgangspunkt für die spätere Lehre des Rechtspositivismus. B. trat für die Ersetzung des bürgerlichen (*common law*) und des Gewohnheitsrechts (*customary law*) durch ein Regelsystem ein, das auf dem Grundsatz des Nutzens basieren sollte. In ausführlichen Schriften widmete er sich Problemen gerichtlicher Verfahren und Beweismittel und konzipierte eine Theorie von Strafe und Vergeltung, die den Prinzipien der Abschreckung, der Verhältnismäßigkeit des Strafmaßes und der sozialen Wiedereingliederung von Straftätern folgt. Im Rahmen einer Gefängnisreform entwarf B. das *Panopticon*, einen kreisförmigen Gefängnisbau, in dem das gute Verhalten der Inhaftierten dadurch hergestellt werden sollte, dass diese von einem zentralen Wachturm aus permanent beobachtet werden konnten. War B. zunächst ein Befürworter der brit. Mischverfassung, so radikalisierte sich sein Denken zunehmend und nahm Forderungen nach einer repräsentativen Demokratie und einer republikanischen Verfassung auf.

B.s erstes Hauptwerk, *Fragment on Government* ([Fragment über die Regierung] 1776), ist eine Auseinandersetzung mit dem Naturrecht und dem engl. Bürgerrecht. In *An Introduction to the Principles of Morals and Legislation* ([Eine Einführung in die Prinzipien der Moral und der Gesetzgebung] 1789) führte er das Prinzip des Nutzens näher aus, definierte das menschliche Streben nach Glück als Ausgangspunkt für menschliche Sittlichkeit und entwarf die Struktur eines vernunftbasierten Strafgesetzbuchs. Eine Kritik des brit. Regierungssystems enthält sein *Plan of Parliamentary Reform* ([Plan zu einer Parlamentsreform] 1817), den er in seinem Werk *Constitutional Code* ([Verfassung] 1830) zu dem Entwurf einer repräsentativen Demokratie weiter ausbaute. B.s anti-metaphysische und anti-religiöse Grundhaltung zeigt sich in seiner Argumentation gegen die Anglikanische Kirche (*Church-of-Englandism*, 1818) bzw. gegen die christliche Lehre allgemein (*Not Paul, but Jesus* [Nicht Paulus, sondern Jesus], 1823).

Werke: The Collected Works of J. B., hg. v. J. H. Burns [u. a.], angelegt auf 70 Bde., 1968 ff.

Lit.: R. Harrison: B., 1983. – G. J. Postema: B. and the Common Law Tradition, 1986. – J. Dinwiddy: B., 1989. – P. Schofield: Utility and Democracy: The political thought of J. B., 2006. – G. Kramer-McInnis: Der »Gesetzgeber der Welt«. J. B.s Grundlegung des klassischen Utilitarismus unter besonderer Berücksichtigung seiner Rechts- und Staatslehre, 2009.

*Philip Schofield**

Henri (Louis) Bergson

18. 10. 1859 Paris – 4. 1. 1941 Paris

1868–81	Besuch des Lycée Fontanes u. der École Normale supérieure, Paris
1881	Agrégation (Staatsexamen) in Philosophie
1881	Lehrer an Lycées in Angers, Clermont-Ferrand u. Paris
1898	Maître de conférences an der École Normale supérieure
1900–21	Professor am Collège de France, Paris
1914	Wahl in die Académie française (1918 Aufnahme), Aufnahme in die Ehrenlegion

B. gilt als herausragender Vertreter der sog. Lebensphilosophie und war international wirksam in Philosophie, Literatur und Kunst. Vor allem für sein Hauptwerk *L'évolution créatrice* ([Die schöpferische Entwicklung] 1907) erhielt er 1928 den Literaturnobelpreis für das Jahr 1927. Neben seinen akademischen Tätigkeiten widmete sich B. während des Ersten Weltkriegs auch der Politik und begleitete zwei frz. Delegationen in die USA, die dort um Unterstützung für Frankreich warben. 1922 übernahm er den Vorsitz der *Commission internationale de coopération intellectuelle* des Völkerbunds.

Im Zentrum von B.s Philosophie steht der Begriff der Zeit, gefasst als ›Dauer‹ (*durée*), als substantielle, unablässige, qualitative Veränderung des Werdens, die alles Lebendige, ja überhaupt alles Wirkliche durchmacht. Bereits in seiner Dissertation *Essai sur les données immédiates de la conscience* ([Abhandlung über die unmittelbaren Bewusstseinsgegebenheiten] 1889) zeigte er, die damalige psychologische Forschung kritisierend, den Gewinn der Entdeckung der »wahren Zeit« am Beispiel der Freiheit: Die traditionelle Problemstellung des Determinismusstreits (die Frage nach einem Subjekt, das zwischen festliegenden Möglichkeiten entscheidet) sei falsch formuliert und könne deswegen das Wesen der Freiheit nicht fassen. Diese bestehe – als seltener Akt – in der prozessualen Reifung einer unvorhersehbaren Entscheidung der gesamten Persönlichkeit.

In *Matière et mémoire* ([Materie und Gedächtnis] 1896) wandte sich B. unter Berücksichtigung der damaligen Hirnforschung und Psychopathologie der Verbindung von Geist und Materie zu. Das Gehirn dient als »Schaltzentrale«, die Wahrnehmungsdaten in Handlungsimpulse umsetzt, wobei bei höheren Lebewesen durch die höhere Komplexität des Nervensystems eine Auswahl zwischen Handlungsvarianten vorliegen kann. B. unterschied das motorische vom reinen bzw. spontanen Gedächtnis: Letzteres ist immateriell und bewahrt automatisch alles Erfahrene auf, ersteres baut im Gehirn Reaktions-, d.h. Handlungsautomatismen auf. Liegt für ein Wahrnehmungsdatum keine »automatische Wiedererkennung« (*re-*

connaissance automatique) vor, kommt es zur »aufmerksamen Wiedererkennung« (*reconnaissance attentive*), der Interpretation eines Wahrnehmungsdatums mit Hilfe einer immer umfänglicheren (und immer bewussteren) Suche im Gedächtnis. B. sprach von Bewusstseinsgraden (*degrés de conscience*), die hier deutlich werden. Er ließ Materie und Geist so nahe aneinander rücken, dass sich eine Kontinuität herausstellt und er sie später als Momente ein und desselben evolutiven Geschehens begreifen konnte.

In *L'évolution créatrice* (1907) untersuchte B. mit Bezug auf Biologie und Evolutionstheorie die Evolution des Lebendigen und den Zusammenhang von Erkenntnistheorie und Theorie des Lebens. Er entwarf mit dem *élan vital* ein Bild der inneren Kraft des Lebens, die in der Materie gegen deren Widerstand immer neue Lebensformen hervorbringt, und unterschied idealtypisch die Entwicklungslinien von Pflanze, Gliederfüßern und Wirbeltieren, die die geistigen Entwicklungsstufen Dumpfheit-Instinkt-Intelligenz prägen. Der Mensch verfügt neben der – immer praktisch gefassten – Intelligenz des *homo faber* über Intuition, das Vermögen des direkten, »sympathisierenden« Eintritts in die »Dauer« des *élan vital* zunächst der eigenen Person, aber auch des Lebens insgesamt. So wie die Intuition gegen die Intelligenz, muss sich auch das Leben gegen die Materie durchsetzen.

In *Les deux sources de la morale et de la religion* ([Die beiden Quellen der Moral und der Religion] 1932) wandte B. – in Auseinandersetzung mit den zeitgenössischen frz. Sozialwissenschaften – das Schema des Widerstreits auf Geschichte, Gesellschaft und Religion an: Geschlossene und offene Gesellschaften sowie Religion stehen als Idealtypen gegeneinander. Der Aufbruch aus der Geschlossenheit erfolgt durch Appelle einzelner Individuen (*appel du héros*); als besonders wirksam in der Durchsetzung des *élan vital* im religiös-gesellschaftlichen Kontext sah B. dabei die christlichen Mystiker.

In *Le rire* ([Das Lachen] 1900) beschrieb B. das Lachen, das dem Komischen folgt, als ein soziales Korrektiv zur Flexibilisierung erstarrten Lebens. *L'énergie spirituelle* ([Die geistige Energie] 1919) versammelt Aufsätze zum Bereich des Psychophysischen, stellt aber auch die Methode der Extrapolation von »Faktenlinien« (*lignes de faits*) zur Vorbereitung einer intuitiven Erkenntnis dar. In *Durée et simultanéité* ([Dauer und Simultaneität] 1922) setzte sich B. mit Albert Einsteins Relativitätstheorie auseinander. B.s letztes Buch, *La pensée et le mouvant* ([Das Denken und das schöpferische Werden] 1934), ist ein Methodenfragen und der Metaphysik gewidmetes Sammelwerk. In der darin enthaltenen *Introduction à la métaphysique* ([Einführung in die Metaphysik] zuerst 1903) entwickelte und reflektierte B. seine Methode, wissenschaftliche Erkenntnisse und Intuition als gemeinsame Quellen philosophischer Erkenntnis zu verwenden.

Werke: Œuvres, hg. v. A. Robinet, 1959. – Mélanges, hg. v. A. Robinet, 1972. – Correspondance, hg. v. A. Robinet, 2002. – Cours, hg. v. H. Hude, 4 Bde., 1990–2000. – P. A. Y. Gunter, H. B.: A Bibliography, 1986. – Kritische Ausgabe in Einzelbdn., hg. v. F. Worms, seit 2007.

Lit.: V. Jankélévitch: H. B., 1930. – G. Pflug: H. B. Quellen u. Grenzen einer induktiven Metaphysik, 1959. – G. Deleuze: Le bergsonisme, 1966. – P. Soulez / F. Worms: B. Biographie, 1997. – J.-L. Vieillard-Baron: B., 1991. – F. Worms: B. ou les deux sens de la vie, 2004. – A. François: B., 2008. – Annales bergsoniennes, seit 2002.

Matthias Vollet

George Berkeley

12.3.1685 Kilkenny (Irland) – 14.1.1753 Oxford (England)

1700–07 Studium am Trinity College, Dublin
1707–24 Fellow am Trinity College, Dublin
1710 Weihe zum Priester der Anglikan. Kirche

1713 Umzug nach London; Bekanntschaft mit Jonathan Swift, Joseph Addison, Richard Steele u. Alexander Pope
1713/14 u. 1716–21 ausgedehnte Europareisen; Bekanntschaft mit →Nicolas Malebranche
1722–28 Planung einer Collegegründung auf den Bermudas
1724–34 Dean von Londonderry, Irland
1728–31 Übersiedlung nach Newport/Rhode Island (USA): Vorbereitungen für das geplante College; Korrespondenz mit Samuel Johnson
1731 Scheitern des Bermudaprojekts; Rückkehr nach London
1734–52 Bischof von Cloyne (Irland)

B. zählt neben →John Locke und →David Hume zu den wichtigsten brit. Empiristen. Diese führen die menschliche Erkenntnis auf die Erfahrung zurück und leugnen die Existenz angeborener Ideen sowie angeborenen Wissens. B. ist insofern Idealist, als nach ihm nur geistige Wesen und deren Ideen existieren; er ist insofern Immaterialist, als es nach ihm keine vom Geist unabhängige Materie gibt. Wahrnehmbare Dinge sind für ihn Ideenbündel, deren Existenz in ihrem Wahrgenommenwerden besteht. Als Theologe vertritt B. orthodoxe Standpunkte gegen ›Freidenker‹. Seinen Bemühungen um die Verbesserungen der Lebensbedingungen in der armen, nordirischen Grafschaft Derry verdankt er den Spitznamen *the good bishop* (der gute Bischof). In seinem umfangreichen Werk widmet sich B. v. a. Themen, die heute der Erkenntnistheorie, der Ontologie oder Metaphysik, der Religionsphilosophie, den Kognitionswissenschaften, der Wissenschaftstheorie und der Philosophie der Mathematik zugerechnet werden.

Als B.s wichtigste philosophische Werke gelten heute *An Essay Towards a New Theory of Vision* ([Versuch einer neuen Theorie der Gesichtswahrnehmung] 1709), *A Treatise Concerning the Principles of Human Knowledge* ([Eine Abhandlung über die Prinzipien der menschlichen Erkenntnis] 1710) und *Three Dialogues between Hylas and*

Philonous ([Drei Dialoge zwischen Hylas und Philonous] 1713). Im *Essay* kritisiert B. die u.a. von →René Descartes vertretene geometrische Optik und entwickelt seine These von der Verschiedenheit der Objekte des Gesichts- und des Tastsinns. Das, was wir sehen, ist nach B. nicht notwendig mit dem verknüpft, was wir ertasten. Nur die Erfahrung lehrt uns, welche visuellen mit welchen haptischen Eindrücken einhergehen. In den *Principles* bestreitet B. die Existenz abstrakter Ideen und entwickelt sein berühmtes Prinzip *esse est percipi vel percipere* (›Sein ist Wahrgenommenwerden oder Wahrnehmen‹). Er kritisiert den Begriff einer materiellen Substanz und die Unterscheidung zwischen primären (z. B. Ausdehnung, Gestalt, Bewegung) und sekundären (z.B. Farbe, Geruch, Geschmack) Qualitäten, wie Locke sie vornahm. Schließlich antizipiert B. einen Teil der Kritik Humes am Kausalitätsbegriff und deutet das Naturgeschehen als Sprache Gottes. Von der schlechten Aufnahme der *Principles* enttäuscht, veröffentlichte B. mit den *Three Dialogues* eine – wie er hoffte – zugänglichere Darlegung seiner Philosophie in Dialogform. In diesen Dialogen versucht der Idealist Philonous den Materialisten Hylas von B.s Thesen zu überzeugen.

Werke: The Works, hg. v. A. A. Luce u. T. E. Jessop, 9 Bde., 1948–57.

Lit.: I. C. Tipton: B. The Philosophy of Immaterialism, 1974. – J. Dancy: B. An Introduction, 1987. – K. P. Winkler: B. An Interpretation, 1989. – A. Kulenkampff: Esse est Percipi. Untersuchungen zur Philosophie G. B.s, 2001. – K. Saporiti: Die Wirklichkeit der Dinge. Eine Untersuchung des Begriffs der Idee in der Philosophie G. B.s, 2006.

Katia Saporiti

(Sir) **Isaiah Berlin** (brit. Adel seit 1957)

6.6.1909 Riga (bis 1918 Russland, heute Lettland) – 5.11.1997 Oxford (England)

1921	Emigration nach England
1928–32	Studium der Geschichte, Philosophie, Politik u. Ökonomie in Oxford
1932–57	Dozent am New College, Fellow am All Souls College, Oxford
1940–45	u.a. Tätigkeit für den brit. Geheimdienst in New York u. Washington/DC
1957–67	Chichele Professor of Social and Political Theory, Oxford
1967–75	Präsident des Wolfson College, Oxford

B. war ein einflussreicher Ideenhistoriker mit den Schwerpunkten Aufklärung und Gegenaufklärung sowie einer der wichtigsten Vertreter des politischen Pluralismus und Liberalismus. Sein Werk besteht fast ausschließlich aus Aufsätzen und kann nur indirekt als Beitrag zur normativen politischen Theorie verstanden werden. Am einflussreichsten ist in dieser Hinsicht seine Oxforder Antrittsvorlesung *Two Concepts of Liberty* ([Zwei Begriffe von Freiheit] 1958).

B.s ideengeschichtliche Studien haben systematische Implikationen für mindestens drei zentrale Fragestellungen der politischen Philosophie. *Erstens* sind begriffliche, empirische, historische und normative Fragen B. zufolge nicht voneinander trennbar (*The Sense of Reality* [Der Realitätssinn], 1996; *The Proper Study of Mankind* [Das eigentliche Studium der Menschheit], 1997). Geschichte und Politik können nicht Gegenstände exakter Wissenschaften werden. Jede Vorstellung von Gesetzen in diesen Bereichen würde zudem unserem grundlegenden Selbstverständnis als freie und verantwortliche Akteure widersprechen. *Zweitens* muss die Moderne B. zufolge als Erbin der gegenläufigen Traditionen des aufklärerischen Liberalismus und der romantischen Gegenaufklärung verstanden werden. Dass Werte von Menschen geschaffen, nicht entdeckt werden und deshalb plural sind, ist nach B. die bleibende Einsicht der Romantik. Damit habe sie die zentrale Annahme des Rationalismus, dass es immer *eine* richtige Antwort auf Wertfragen gebe, aus den Angeln gehoben (*Against the Current* [Gegen den Strom], 1979; *The Crooked Timber of Humanity* [Das krumme Holz der Humanität], 1990; *Political Ideas in the Romantic Age* [Politische Ideen im romantischen Zeitalter], 2006). Der politische Perfektionismus, der auf der Grundlage objektiver Werte die bestmögliche Gesellschaftsform errichten zu können glaubt, erweise sich demnach als totalitäres Projekt, die Vorstellung eines harmonischen Systems der Werte als unzusammenhängende Utopie. Manche Werte sind notwendig und nicht nur zufällig unvereinbar – so lassen sich etwa Freiheit und Gleichheit niemals zugleich vollständig realisieren. Tragische Konflikte sind deshalb konstitutiv für die *conditio humana*. Sie müssen im konkreten Fall durch Kompromisse und Abwägungen ›gelöst‹ werden. Der Unterschied zwischen Pluralismus und Relativismus liegt darin, dass den verschiedenen Werten als Ausdruck authentischer menschlicher Selbstverwirklichung ein (objektiver) Eigenwert zukommt. *Drittens* verteidigte B. eine Konzeption negativer Freiheit (Freiheit von) gegen Konzeptionen der positiven Freiheit (Freiheit zu; *Four Essays on Liberty* [Vier Essays über Freiheit], 1969; *Freedom and Its Betraval* [Freiheit und ihr Verrat], 2002). Während letztere immer in der Gefahr steht, die Freiheit des Einzelnen der Verwirklichung der »menschlichen Natur«, »objektiver Werte« oder der »wahren Freiheit« zu opfern, besticht die Idee negativer Freiheit durch ihre Schlichtheit: Freiheit besteht in der Abwesenheit externer Hindernisse. Der Schutz der Handlungsfreiheit des Einzelnen vor Eingriffen (insbesondere des Staates) ist das Entscheidende. Der Grad der Freiheit bemisst sich an den für einen Akteur objektiv gegebenen Handlungsmöglichkeiten.

Umstritten ist, inwiefern B.s pluralistischer Liberalismus durch eine unaufgelöste Spannung zwischen dem Wertepluralismus, dem Ideal negativer Freiheit und dem Bedürfnis nach kultureller Anerkennung der eigenen Identität gekennzeichnet ist.

Lit.: A. Ryan (Hg.): The Idea of Freedom, 1979. – E. u. A. Margalit (Hg.): I. B., 1991. – C. Galipeau: I. B.s Liberalism, 1994. – J. Gray: B., 1995. – M. Ignatieff: I. B., 2000. – R. Dworkin / M. Lilla (Hg.): The Legacy of I. B., 2001. – G. Crowder: I. B., 2004.

Robin Celikates

Bessarion

2.6.1403 Trapezunt (heute Türkei) – 18.11.1472 Ravenna (Italien)

1423	Klostereintritt u. Annahme des Namens ›Bessarion‹ (Taufname ›Johannes‹) Studium in Trapezunt u. Konstantinopel
1431–37	Priester in Mystra/Peloponnes; Studium bei →(Georgios Gemistos) Plethon; enge Beziehungen zu den kaiserlichen Prinzen der Familie Palaiologos
1437	Erhebung zum Erzbischof von Nikaia/Kleinasien
1438/39	Sprecher der Unionspartei am Konzil von Ferrara-Florenz unter Kaiser Johannes VIII.
1439	Erhebung zum Kardinal durch Papst Eugen IV.; in Rom Engagement für die Union der Kirchen u. den Kreuzzug gegen die Türken
seit 1460	päpstlicher Gesandter in Italien, Frankreich u. Deutschland
1463	lat. Titularpatriarch von Konstantinopel

B. war der herausragende Vertreter der griech. Humanisten in Italien und erwarb sich große Verdienste um die Erhaltung der griech. Kultur. Er besaß mit über 900 Bänden – darunter 750 wertvollen griech. Handschriften – eine der größten Bibliotheken seiner Zeit. 1468 vermachte er sie der Republik Venedig, wo sie den Grundstock der Bibliothek von St. Markus bildete.

B.s umfangreiches Werk enthält theologische Schriften zur Verteidigung der Union der Kirchen (u.a. *Oratio dogmatica de unione* [Dogmatische Rede über die Union (der Kirchen)], 1439; *Encyclica ad Graecos* [Enzyklika an die Griechen (= die orthodoxen Byzantiner)], 1463), Reden, Briefe und Trostschreiben sowie Sammlungen von Exzerpten zu Schriften antiker Autoren. Als Philosoph trat er mit einer lat. Übersetzung der *Metaphysik* und einer Kurzfassung der *Physik* des → Aristoteles hervor. Unveröffentlicht blieb eine ausführliche »Rezension« der lat. Übersetzung der platonischen *Leges* durch Georgios von Trapezunt. Weiterhin übersetzte B. Xenophons *Memorabilia,* Demosthenes' *1. Olynthische Rede* und die *Rhetorica ad Herennium* ins Lateinische. Sein Hauptwerk ist die Schrift *Adversus calumniatorem Platonis* ([Gegen den Kritiker Platons] 1469), worin er – ähnlich wie → Thomas von Aquin – die platonische und die aristotelische Philosophie in den Dienst der christlichen Lehre stellt.

Lit.: L. Mohler: Kardinal B. als Theologe, Humanist u. Staatsmann, 3 Bde., 1923–42, ND 1967 [darin Ausg. d. Werke]. – Il Cardinale B. nel V centenario della morte (1472), 1974 [Ausstellungskatalog]. – G. Fiacciadori: B. e l' Umanesimo, 1994. – T. S. Hoffmann: Philosophie in Italien, 2007, 79–86. – J. Monfasani: B. Scholasticus, 2010.

Linos G. Benakis

Ernst Bloch

8.7.1885 Ludwigshafen am Rhein – 4.8.1977 Tübingen

1905–08 Studium der Philosophie, Musikwissenschaft u. Physik in München u. Würzburg
1908 Promotion u. Übersiedlung nach Berlin; Privatgelehrter u. Publizist; Kontakt zu zahlreichen führenden Intellektuellen
1917 Emigration in die Schweiz; Kontakte zu Anarchisten u. Dadaisten

1919	Wechsel nach München; seitdem zahlreiche Reisen
1933	Flucht in die Schweiz wegen Bedrohung als Jude u. Kommunist; Mitarbeit an Emigrationszeitschriften
1938–49	Emigration in die USA (US-Staatsbürger)
seit 1949	Professor für Philosophie an der Univ. Leipzig
1956	Zwangsemeritierung aus politischen Gründen
1961	Umzug in die Bundesrepublik; Gastprofessor an der Univ. Tübingen

Wie →Jean-Paul Sartre für Frankreich, so war B. der bedeutendste Vermittler von Existenzialismus und originaler Marxscher Lehre für den deutschsprachigen Raum. Bereits in *Geist der Utopie* (1918) klingen Problemsichten und Lösungsansätze an, wie sie später in →Martin Heideggers *Sein und Zeit* (1927) zu finden sind. Im Unterschied zu Heidegger behandelte B. seine Themen vergeschichtlichend, nicht bloß verzeitlichend. Seine besondere Leistung besteht in der Umwandlung des Utopiebegriffs von einer Bezeichnung für eine Literaturgattung zu einer Denkhaltung, verwurzelt in »utopischer Funktion« der objektiven Welt. B. riss nicht nur die utopischen Perspektiven auf die menschliche Kulturgeschichte auf, sondern auch die auf die Natur. Derart konnte er bei seiner Vergeschichtlichung, die er im Namen von →Georg Wilhelm Friedrich Hegel und →Karl Marx weitertrieb, die von eben dieser Vergeschichtlichung angegriffene Metaphysik retten in eine »Ontologie des Noch-nicht-Seins«.

B. schuf in fünf Bereichen international beachtete Ansätze: (1) Mit seiner utopischen Sicht des Rechts (*Naturrecht und menschliche Würde*, 1961) wandte er sich gegen alle Traditionen des positiven oder gar positivistischen Rechts und hielt an den Ideen des Naturrechts als im Sinn der Utopie werdenden Rechts fest. (2) In seiner Religionsphilosophie (*Atheismus im Christentum*, 1968) fasste er das Christentum als Vermenschlichung (Humanisierung/Anthropologisierung) Gottes auf. (3) In seiner Naturphilosophie (*Das Materialismusproblem*, 1972) sah er die Natur selber in ihren Veränderungen unterwegs zur Utopie. Aus diesem Grund schaffe sie ein Bedingungsfeld für die Utopie vom Menschen. B. steigerte die aristotelische Vorstellung einer Entelechie zu einer »Allianztechnik«, die er einer »Ausbeutungstechnik« gegenüberstellte. (4) B.s Erkenntnistheorie (*Experimentum Mundi*, 1975) versteht den hypothesengeleiteten Experimentalcharakter als Hauptcharakter des Erkennens (»Auszugsfiguren«) im Namen des Grundsatzes »Denken ist Überschreiten«, logisch ausgedrückt als »S ist noch nicht P«. (5) Seine Kunsttheorie, die zahlreiche seiner Schriften durchzieht, basiert auf dem Grundsatz einer »Ästhetik des Vor-Scheins«.

Mit seinem Hauptwerk, *Das Prinzip Hoffnung* (3 Bde., 1954–59), legte B. eine utopisch gesehene Kulturgeschichte vor. Dem »Prinzip Hoffnung« wird Kulturgeschichte auf allen Ebenen des menschlichen Lebens zum Erzeugen von Utopie, allerdings eingewickelt in Ideologie. Seine Zentralkategorie ist dabei das »Noch-nicht-Sein«, das Mögliche. B.s Behandlung des Religions- und Naturproblems löste in den 1960er und 1970er Jahren international heftige Debatten aus, in denen ihm vorgeworfen wurde, ein nachhaltiger Metaphysiker zu sein.

Werke: GA, 16 Bde. u. 1 Ergbd., 1959–77. – Vom Hazard zur Katastrophe. Politische Aufsätze 1933–1938, hg. v. V. Michels, 1972. – Ästhetik des Vor-Scheins, hg. v. G. Ueding, 1974. – Leipziger Vorlesungen zur Geschichte der Philosophie 1950–1956, hg. v. R. Römer u. B. Schmidt, 1985. – Kampf, nicht Krieg. Politische Schriften 1917–1919, hg. v. M. Korol, 1985. – Briefe 1903–1975, hg. v. K. Bloch, 2 Bde., 1985. – Logos der Materie. Aus dem Nachlass 1923–1949, hg. v. G. Cunico, 2000.

Lit.: S. Markun: E. B., 1977. – B. Schmidt: E. B., 1985. – P. Zudeick: Der Hintern des Teufels. E. B. – Leben u. Werk, 1985. – A. Münster: E. B. Eine Biographie, 2004. – D. Horster: E. B. Eine Einführung, 2005. – E.-B.-Zentrum (Hg.): B. Eine Bildmonographie, 2007.

Burghart Schmidt

Hans Blumenberg
13.7.1920 Lübeck – 28.3.1996 Altenberge bei Münster

1939	Abitur; als »Halbjude« verfolgt, kann B. anschließend nicht regulär studieren; bis 1945 zeitweise Zwangsarbeit u. Internierung
1945–47	Studium der Philosophie, Germanistik u. klassischen Philologie in Hamburg
1947	Promotion zum Dr. phil. in Kiel
1950	Habilitation in Kiel mit einer Studie zu →Edmund Husserls *Krisis*-Schrift
1958 ao.	Professor für Philosophie in Hamburg
1960–65 o.	Professor für Philosophie in Gießen
1965–70 o.	Professor in Bochum
1970–85 o.	Professor in Münster
1974	Kuno-Fischer-Preis der Univ. Heidelberg
1980	Sigmund-Freud-Preis der Dt. Akademie für Sprache u. Dichtung in Darmstadt

B. gilt als einer der bedeutendsten deutschsprachigen Philosophen und Autoren des 20. Jh.s. Sein Werk, das ein Spektrum von umfangreichen Studien bis zu Essays und kurzen Glossen abdeckt, hat sowohl in ideengeschichtlicher als auch in systematischer Hinsicht breit gewirkt. In deutlicher Distanz sowohl zu →Martin Heidegger und der philosophischen Hermeneutik →Hans-Georg Gadamers als auch zur Frankfurter Schule, steht er ohne Schulzusammenhang, solitär. Prägend blieb zeitlebens der Einfluss der Phänomenologie. Bedeutsam ist sein Engagement in der 1963 von ihm mitbegründeten Gruppe *Poetik und Hermeneutik*.

B.s frühes Hauptwerk *Die Legitimität der Neuzeit* (1966) nimmt die Moderne gegen den Verdacht ihrer Illegitimität in Schutz, indem sie das Paradigma neuzeitlicher Selbstbehauptung bis zu ihren Wurzeln in der Hochscholastik zurückverfolgt. Die Selbstbehauptung moderner Subjektivität erweist sich als Antwort auf den Ordnungsschwund, den der Occasionalismus (d.h. Gott ist alleinige Ursache von allem) darstellt: Wird Gottes Allmacht als so unbeschränkt gedacht, dass sie keine verlässliche Ordnung stiftet, so muss der Mensch selbst die Kontingenzen zu bewältigen suchen. Gegen Säkularisierungstheoretiker wie Carl Schmitt oder → Karl Löwith interpretierte B. die Moderne als echten Neuanfang, der sich zwar aus rhetorischen Gründen alten Vokabulars bedienen mag, dessen Bedeutung durch eine Immanentisierung (Verdiesseitigung) allen Utopien jedoch einen vollständig diesseitigen Sinn verleiht.

Zu den wirkungsmächtigsten Teilen seines Werkes zählen die Schriften zur »Metaphorologie«, die nach seiner Vorstellung die begriffsgeschichtliche Arbeit ergänzen und umranden soll (*Paradigmen zu einer Metaphorologie*, 1960). Zu B.s bleibenden Einsichten gehört, dass Metaphern nicht bloß die schmuckreiche Ausgestaltung eines begrifflich klarer ausdrückbaren Sinnes darstellen. Vielmehr ging B. von der welterschließenden Funktion von Metaphern aus. Dabei nehmen »absolute Metaphern«, die generell undarstellbare Totalitäten zur Anschauung zu bringen versuchen, eine Sonderstellung ein. In ideengeschichtlicher Perspektive erweisen sich Metaphern entsprechend als »Leitfossilien« bei der Rekonstruktion vergangener Weltbilder.

In *Arbeit am Mythos* (1979) argumentierte B. für eine Relativierung der klassischen Gegenüberstellung von Mythos und Logos. Auch Mythen ordnen Komplexität und produzieren jene »Bedeutsamkeit«, auf die der Mensch aus anthropologischen Gründen angewiesen ist. In anderen Arbeiten versuchte B. mit verwandten Argumenten den klassischen Opponenten der Philosophie, nämlich die Rhetorik, als zivilisierte Technik sprachlichen Ersatzhandelns auszuweisen. Rhetorik schafft durch Formalisierung Distanz zu den Gegenständen und zwischen den Menschen. Sie entspricht daher dem Menschen, zu dessen Wesen es gehört, Distanz und Verzögerung in naturwüchsige Prozesse hineinzutragen. B. teilte die Skepsis postmoderner Vernunftkritik, die die Selbstbeschreibung der klassischen Philosophie dekonstruiert, ohne jedoch Vernunft als bloße Ideologie zu verwerfen.

Werke: Die Genesis der kopernikanischen Welt, 1975. – Die Lesbarkeit der Welt, 1981. – Wirklichkeiten, in denen wir leben, 1981. – Lebenszeit u. Weltzeit, 1986. – Höhlenausgänge, 1989. – Ästhetische u. metaphorologische Schriften, 2001.

Lit.: F. J. Wetz: H. B. zur Einführung, 1993. – P. Stoellger: Metapher u. Lebenswelt. H. B.s Metaphorologie als Lebensweltthermeneutik u. ihr religionsphänomenologischer Horizont, 2000. – F. Heidenreich: Mensch u. Moderne bei H. B., 2005. – O. Müller: Sorge um die Vernunft. H. B.s phänomenologische Anthropologie, 2005.

Felix Heidenreich

Jean Bodin

um 1530 Angers (Frankreich) – 7.6.1596 Laon

1548	Reise nach Paris, Beginn des Jura-Studiums
seit 1550	Studium in Toulouse; später auch Dozent dort
1561	Rückkehr nach Paris
seit 1567	Tätigkeit als Staatsanwalt am Parlement de Paris
1570	Einkerkerung wegen Häresie
1574	möglicherweise Reise nach England im Gefolge seines Gönners, des Herzogs von Alençon
1577	Vertreter des Dritten Standes bei den Etats Géneraux in Blois
1587	Staatsanwalt in Laon, Treueid an den kath. Heinrich III.
1594	Parteinahme für den Hugenottenführer Heinrich IV., dennoch Verlust seiner Position als Staatsanwalt

B. gilt als Begründer der modernen Souveränitätslehre und ist einer der wichtigsten Theoretiker des Absolutismus. Mit einer kleinen Schrift über Handel und Geldpolitik wurde er zudem zum Vordenker einer modernen

Geldtheorie (*Reponse au paradoxe de M. de Malestroit* [Antwort auf das Paradox des Herrn von Malestroit], 1568). Verwirrung löste seine Schrift *De la démonomanie des sorciers* ([Über den Teufelswahn der Hexen] 1580) aus, in der er Hexen als Ursache aller politischen Übel bezichtigte und ihre gnadenlose Verfolgung forderte. In seiner Jugend als religiöser Neuerer und wohl Parteigänger der Hugenotten berüchtigt, bekannte sich B. in seinen Spätschriften zu einer Art Naturmystizismus, der sich mit mathematischen Spekulationen zu einer eigenwilligen Kosmologie verbindet. Umstritten ist bis heute B.s Autorschaft des religionsphilosophischen Werkes *Colloquium Heptaplomeres* ([Gespräch der fünf Weisen] um 1588).

B.s Hauptwerk ist die staatstheoretische Schrift *Les six livres de la République* ([Sechs Bücher über den Staat] 1576), in der er zentrale Thesen der aristotelischen Staatslehre aufnimmt und modifiziert bzw. verwirft. Insbesondere die Lehre vom Recht des Volkes (bzw. des Adels) auf Mitsprache bei der Wahl des Königs oder seiner Absetzung lehnte B. mit der Begründung ab, diese sei ein Widerspruch in sich und führe zu politischer Instabilität. Eine stabile und erfolgversprechende Verfassung sah er allein in der Monarchie, die er mit religiösen (Gleichsetzung von Gott und Fürst) wie naturrechtlichen Mitteln (Gleichsetzung von Familie und Staat) zu begründen suchte. Die Souveränität ist seiner Auffassung nach unteilbar und steht allein dem regierenden Fürsten zu; gleichzeitig ist sie aber nicht sein persönlicher Besitz, sondern untersteht den Gesetzen Gottes und der Natur sowie der Tradition, den *lois fondamentales*. Immerhin sollte die Regierungsgewalt Rücksicht auf die Rechte des Einzelnen an Eigentum und Freiheit nehmen. Hierin unterscheidet sich die rechtmäßige Fürstenherrschaft (*droit gouvernement*) von der illegitimen Herrschaft, der Tyrannei. Sie ist jedoch prinzipiell keiner Einschränkung durch positives Recht unterworfen, da sie selbst die höchste Machtposition einnimmt und deshalb alle positiven Gesetze von ihr ausgehen.

B. argumentierte durchgängig historisch. Die Geschichte ist für ihn Korrrektiv für unrealistische politische Postulate, etwa die Fünf-Reiche-Lehre luth. Gelehrter (*Methodus ad facilem historiarum cognitionem* [Methode zur leichteren Kenntnis der Geschichte], 1566). Allerdings zeigt sich gerade an seiner dämonologischen Schrift, dass das historische Argument nicht per se ›aufklärerisch‹ wirkt; hier dient es vielmehr zur Abwehr verfolgungskritischer Argumente. Ähnliches gilt im Hinblick auf religiöse Toleranz, für die sich B. ausspricht: Sie soll v.a. den inneren Frieden im Staat sichern, welcher aber auf eine religiöse Begründung nicht verzichten kann. Eine Trennung von Staat und Religion ist bei B. nicht angelegt, wohl aber eine Trennung von öffentlicher (*republique*) und Privatsphäre (*ménage*).

Werke: Œuvres philosophiques de J. B., hg. v. P. Mesnard, 1951. – Sechs Bücher über den Staat, hg. v. P. C. Mayer Tasch, 2 Bde., 1981/86. – R. Crahay [u.a.]: Bibliographie critique des œuvres anciennes de J. B., 1992. – M.-D. Couzinet: Bibliographie des écrivains français: J. B., 2001

Lit.: H. Denzer (Hg.): J. B., 1973. – J. H. Franklin: J. B. and the Rise of Absolutist Theory, 1973. – S. Goyard-Fabre: J. B. et le droit de la République, 1986. – M.-D. Couzinet: Histoire et méthode à la Renaissance. Une lecture de la Methodus de J. B., 1996. – P. C. Mayer Tasch: J. B., 2000. – C. Opitz-Belakhal: Das Universum des J. B. Staatsbildung, Macht u. Geschlecht im 16. Jh., 2005.

Claudia Opitz-Belakhal

Jakob Böhme

1575 Alt-Seidenberg bei Görlitz – 17.11.1624 Görlitz

1580–89	Lehr- u. Wanderjahre als Schuhmacher
1599	Bürgerrecht in Görlitz
1613	Nach Häresievorwurf kurze Inhaftierung, Buchbeschlagnahme u. Schreibverbot
1619	Garnhändler; zahlreiche geschäftliche Reisen
1621/23	Reisen nach Schlesien, Disputationen
1624	Gerichtsverfahren nach neuen Häresievorwürfen

B. gilt als Gründer der Theosophie (d.h. Gottesweisheit) in Deutschland. Neben der Bibel verarbeitete er Motive der mittelalterlichen Mystik, der jüd.-christlichen Kabbala und der Alchemie. Obwohl ihm oft die Wirrheit seines Denkens vorgeworfen wurde, übte seine Dialektik Einfluss auf den Dt. Idealismus aus.

B.s dialektische Grundidee ist die der absoluten göttlichen Einheit, die alle Gegensätze enthält. Gott ist der »Ungrund«, ein unterschiedsloses Nichts, das sich durch absolute Gegensätze offenbart. Es gibt kein Gutes ohne Böses, keine Finsternis ohne Licht. Der Kampf der Gegensätze ist die Quelle aller Entwicklung und Bewegung (*Aurora* oder Morgenröte im Aufgang, 1612). Zu diesem naturphilosophischen System kommt die theosophische bzw. kabbalistische Lehre der *Sephiroth* (der 10 Emanationen bzw. Ausflüsse aus Gott) hinzu (*Quaestiones theosophicae*, 1624). Diese Lehre deutete B. mit dem trinitarischen bzw. dialektischen Modell der sieben Qualitäten (das sind Eigenschaften) um, die innerhalb der zwei Prinzipien des Guten und des Bösen miteinander ringen. Die Gottheit wird erst durch das Zusammenspiel der Qualitäten (*Mysterium Magnum*, 1623). Letztlich trägt alles Lebendige die Signatur Gottes, so dass der Mensch selbst der Grund des Ungrundes ist (*De signatura rerum* oder Von der Geburt und Bezeichnung aller Wesen, 1622; *Clavis*, 1624).

Werke: Sämtliche Schriften, 1730, Neudr. in 11 Bdn., hg. v. A. Faust u. W.-E. Peuckert, 1955–61. – »Morgenröte« u. »De signatura rerum«, hg. v. F. van Ingen, 1997.

Lit.: H. Grunsky: J. B., 1956. – G. Bonheim: Zeichendeutung u. Natursprache. Ein Versuch über J. B., 1992. – F. Ferstl: J. B. – der erste dt. Philosoph, 2001. – V. Pektaş: Mystique et Philosophie. Grunt, abgrunt et Ungrund chez Maître Eckhart et J. B., 2006.

Virginie Pektaş

Anicius Manlius Severinus Boëthius

um 480 Rom – 524 (hingerichtet) Ager Calventianus bei Pavia

bis ca. 500	Schulausbildung u. Studium in Rom; philosophische Studien vermutlich in Alexandria bei dem Neuplatoniker Ammonius
seit ca. 500	literarisch-philosophische Tätigkeit
510	*Consul sine collega* (hohes Ehrenamt) unter dem Ostgotenkönig Theoderich
522	Ernennung zum ranghöchsten Minister (*Magister officiorum*) Theoderichs in Ravenna
523/24	Verdacht des Hochverrats, Gefangennahme u. Inhaftierung

B. ist der letzte bedeutende Autor der Antike in lat. Sprache. In der Tradition →Ciceros verstand er sich als Bewahrer der griech. Philosophie. Als Mitglied des stadtröm. Hochadels machte er unter dem (arianischen) Ostgotenkönig Theoderich eine glänzende Karriere bis hin zum höchsten Staatsamt, wurde aber später wegen Verdachts des Hochverrats hingerichtet und seit dem Mittelalter als christlicher Märtyrer vereinnahmt.

Auf der Grundlage von ihm überarbeiteter griech. Lehrbücher unterteilte B. die Disziplinen der ›Sieben Freien Künste‹ in eine Vierergruppe (*Quadrivium*: Arithmetik, Geometrie, Musiktheorie, Astronomie) und eine Dreiergruppe (*Trivium*: Dialektik, Grammatik, Rhetorik). Erhalten sind seine Einführungen in Arithmetik und Musik. Wie sein stilistisches und methodisches Vorbild Cicero vertrat er die Überzeugung einer Einheit der griech. Philosophie und plante, diese durch Übersetzung und Kommentierung sämtlicher Schriften →Platons und des →Aristoteles ins Lateinische zu untermauern. Von diesem Plan ausgeführt hat B. lediglich einen Teil: die Übersetzung und teilweise Kommentierung der meisten Schriften des aristotelischen *Organons* (log. Schriften). Die Kommentare (u. a. zur Einführung des →Porphyrius, zur Kategorienschrift und zu *De interpretatione*) sind z.T. in zwei Fassungen (für Anfänger und Fortgeschrittene) überliefert. Daneben verfasste B. fünf selbstständige Traktate zu logischen Spezialproblemen und fünf theologische Traktate (*opuscula sacra*), die (bis auf eine Ausnahme) durch das Zeugnis des jüngeren Zeitgenossen Cassiodor als echt bestätigt sind. Sicher datierbar ist nur der Kategorienkommentar (510).

B.s berühmteste Schrift ist die während der Haft entstandene *Consolatio Philosophiae* ([Trost der Philosophie] 524) in Form eines Dialogs zwischen der als Ärztin auftretenden Philosophie und dem ›Kranken‹ B. Im ersten Buch stellt die Philosophie die Diagnose aufgrund der Anamnese des Patienten. Das zweite Buch nimmt eine Entwertung der irdischen Güter (Reichtum, Ehre, Macht, Ruhm, Genuss) vor, v. a. unter Hinweis auf die Wechselhaftigkeit der Glücksgöttin Fortuna. Im dritten Buch wird die Thematik auf einer philosophisch anspruchsvolleren Ebene vertieft; in der Werkmitte steht ein großer platonischer Hymnus auf Gott als das höchste Gute (*summum bonum*). Das vierte Buch behandelt im Anschluss an Platon das Theodizeeproblem (›Woher kommt das Übel?‹), das fünfte das Spezialproblem der Vereinbarkeit von göttlicher Vorsehung und menschlicher Willensfreiheit. Das Fehlen spezifisch christlicher Elemente in einem Werk, das angesichts des drohenden Todesurteils verfasst wurde, macht B.s tiefe Verwurzelung in den antiken Traditionen deutlich.

Werke: De consolatione philosophiae. Opuscula theologica, hg. v. C. Moreschini, ^{2}2005 (frühere wichtige Ausgaben d. *Consolatio Philosophiae* hg. v. L. Bieler, 1957, ^{2}1984, u. v. K. Büchner, 1947, ^{3}1977).

Lit.: P. Courcelle: La consolation de Ph. dans la tradition littéraire, 1967. – J. Gruber: Kommentar zu B., »De Consolatione Philosophiae«, 1978, ^{2}2006. – H. Chadwick: B. The Consolations of Music, Logic, Theology, and Philosophy, 1981. – M. Gibson (Hg.): B. His Life, Thought and Influence, 1981. – M. Fuhrmann / J. Gruber (Hg.): B. Wege der Forschung, 1984. – R. Glei [u.a.] (Hg.): B. Christianus? Transformationen der Cons. Phil. im Mittelalter u. in der Frühen Neuzeit, 2009.

Reinhold F. Glei

Bernard Bolzano

5.10.1781 Prag – 18.12.1848 Prag

1796–1804	Studium der Philosophie, Mathematik, Physik u. kath. Theologie an der Karls-Univ. Prag
1805	Priesterweihe; Promotion zum Dr. phil.
1806 o.	Professor für kath. Religionslehre an der Karls-Univ. Prag
1819	Direktor der Königlich Böhm. Gesellschaft der Wissenschaften (KBGW)
1819	Amtsenthebung wegen angeblicher Irrlehren (seit 1820 in Kraft)
1828	B.s *Erbauungsreden für Akademiker* (1813) werden auf den päpstlichen Index gesetzt
1839	Indizierung seines *Lehrbuchs der Religionswissenschaft* (4 Bde., 1834)
1841/42	Geschäftsleiter der Philosophischen Sektion der KBGW
1841–45	Geschäftsleiter der Mathematischen Sektion der KBGW

1843	Direktor der KBGW
1845–48	Geschäftsleiter der Sektion für Philosophie u. reine Mathematik der KBGW

B. gilt wegen seiner grundlegenden Beiträge zur Mathematik (u.a. dem *Bolzano-Weierstraß-Satz*), Logik und Philosophie als einer der vielseitigsten und bedeutendsten Denker des 19. Jh.s. Durch seine öffentlichen *Erbauungsreden* (5 Bde., 1813, 1849–52) zu religiösen, moralischen und politischen Fragen wurde er zum Wortführer der Böhm. Aufklärung, die für soziale und politische Reformen eintrat und gegen Militarismus und Diskriminierung kämpfte. B.s philosophische Arbeiten zeigen ihn als scharfsinnigen Kritiker →Immanuel Kants und des Dt. Idealismus. Sein Hauptwerk, die *Wissenschaftslehre* (4 Bde., 1837, ^{2}1929–31, ND 1981), weist ihn als bedeutendsten Logiker zwischen →Gottfried Wilhelm Leibniz und →Gottlob Frege aus. Obwohl bedeutende Zeitgenossen wie Georg Cantor und →Charles S. Peirce B.s Werk schätzten, wurde dessen ganze Bedeutung erst im 20. Jh. erkannt.

In seinem Buch *Athanasia oder Gründe für die Unsterblichkeit der Seele* (1827, ^{2}1838, ND 1970) arbeitete B. eine an vorkantische Systeme (v.a. an Leibniz) anknüpfende Substanz-Metaphysik aus und entwickelte auf dieser Grundlage Argumente für die Unsterblichkeit der Seele. Sein *Lehrbuch der Religionswissenschaft* (4 Bde., 1834), das die »Wissenschaft von der vollkommensten Religion« begründen soll, enthält einen Abriss der natürlichen Religion, den Nachweis der Notwendigkeit einer göttlichen Offenbarung, eine wahrscheinlichkeitstheoretische Untersuchung der Wunder und eine systematische Darstellung der kath. Lehre. Ethik und Religionsphilosophie sind nach B. eng miteinander verbunden. Das oberste Sittengesetz besteht in der Forderung, das allgemeine Wohl, genauer: die Tugend und Glückseligkeit des Ganzen, bestmöglich zu fördern. Religiöse Lehren sind maßgeblich durch ihre moralische Zuträglichkeit gerechtfertigt.

B.s *Wissenschaftslehre* umfasst eine nicht-psychologische Grundlegung der Logik, deren Gegenstand objektive Wahrheiten und Vorstellungen an sich sind (Bd. 1–2), eine empiristische Erkenntnis- und Wissenschaftstheorie (Bd. 3) und eine Methodologie zur Abfassung nützlicher Lehrbücher (Bd. 4). Zu den bedeutenden Leistungen des Werks gehört die erste präzise Definition des semantischen Folgerungsbegriffs (»Ableitbarkeit«). B. beeinflusste u. a. →Edmund Husserl, Heinrich Scholz und einzelne Philosophen des Wiener Kreises, der Berliner Gesellschaft für wissenschaftliche Philosophie (Walter Dubislav) und der Lwów-Warschau Schule (Stanisław Leśniewski, →Alfred Tarski). Heute sieht man in ihm einen Vorläufer und Wegbereiter sowohl der Phänomenologie als auch der Analytischen Philosophie.

Werke: GA, hg. v. E. Winter [u. a.], angelegt auf 125 Bde., 1969ff.

Lit.: M. Textor: B.s Propositionalismus, 1996. – E. Morscher (Hg.): B. B.s geistiges Erbe für das 21. Jh., 1999. – A. Krause: B.s Metaphysik, 2004. – E. Morscher / O. Neumaier (Hg.): Beiträge zur B.-Forschung, seit 1992.

Oliver R. Scholz

Bonaventura (Hl. seit 1482)

1217 (1221?) Bagnorea (Bagnoreggio) bei Viterbo (Italien) –
15.7.1274 auf dem Konzil von Lyon (Frankreich)

um 1238	Reise nach Paris
1242	Magister Artium in Paris
1243/44	Eintritt in den Franziskanerorden u. Studium bei Alexander von Hales
1248	Übernahme eigener Lehraufgaben in Paris auf Geheiß des Ordensgenerals Johannes von Parma
1253/54	Magister der Theologie

1255	Universitätsausschluss wegen der Teilnahme am Mendikantenstreit
1257	Wiederaufnahme u. Anerkennung als Magister (zusammen mit →Thomas von Aquin)
2.2.1257	Wahl zum Ordensgeneral
1273	Ernennung zum Kardinalsbischof von Albano durch Papst Gregor X.
1482	Heiligsprechung durch Papst Sixtus IV.
1588	Proklamation zum Kirchenlehrer durch Papst Sixtus V. (Doctor seraphicus)

B. – Franziskanertheologe, Philosoph, Mystiker und Kirchenlehrer – gilt als zentrale Gestalt des älteren Augustinismus. Er studierte bei Alexander von Hales und entwickelte im Anschluss an Robert Grosseteste und Wilhelm von Auvergne eine Lichtmetaphysik. Seine Erkenntnistheorie kombiniert die aristotelische Theorie der Abstraktion (des Abstreifens von sinnlich Wahrnehmbarem) mit der augustinischen Illuminationslehre (also der Lehre von der Erleuchtung).

B. nahm aktiv an dem 1252 ausbrechenden, zwanzig Jahre währenden Streit zwischen der Professorenpartei der Pariser Universität und den Mendikantenorden (Bettelorden) teil und war zusammen mit seinem Mitbruder Johannes Peckham der bedeutendste Verteidiger des Franziskanerordens. Positives Resultat dieses Streits für die Mendikanten war die Bulle Papst Alexanders IV. (1255), durch die ihnen Lehrstühle an der Pariser Universität zugesprochen wurden. Sehr wichtig für den Franziskanerorden wurden B.s Generalstatuten, die die Franziskanerregel 1260 auf die veränderten Zeitverhältnisse hin aktualisierten.

B. verfasste seine wichtigsten Werke zwischen 1248 und 1273; in ihnen versuchte er, den Grundzug seiner Zeit – die Spannung zwischen dem traditionellen Augustinismus und dem dank der Kommentare des →Ibn Ruschd immer mehr an Einfluss gewinnenden Aristotelismus – zu überwinden. Die Einheit von Glauben und Vernunft suchte er wiederherzustellen, gab aber vom Glauben her eine systematisierte Darstellung unserer Erkenntnisse von der Welt und von Gott. Daher bildete die Philosophie für B. lediglich eine Vorstufe zur Theologie.

Da B. eine eigenständige Bedeutung der Philosophie bezweifelte, nimmt seine Erkenntnislehre ihren Ausgangspunkt von der Gewissheitsproblematik. Hierzu vertrat er zwei Grundsätze: Der erste zielt auf das Fundament jeder Erkenntnis, die Anspruch auf Gewissheit erhebt, der zweite auf das Fundament jeder Glaubenserkenntnis. Zwischen beiden Grundsätzen besteht ein Begründungsverhältnis, denn der Glaube an die Trinität als »das Fundament jeder Glaubenserkenntnis« ruht auf dem »Fundament aller gewissen Erkenntnis« (*Collationes de septem donis Spiritus Sancti* [Über die sieben Gaben des Heiligen Geistes], 1268): dass die Existenz Gottes eine unbezweifelbare Wahrheit ist. Sofern der Mensch (als vernunftbegabte Seele) Abbild Gottes ist, ist ihm die Erkenntnis dieser Wahrheit eingeboren. Diese Bildnatur des Menschen kann ihm helfen, zu Gott emporzusteigen und sich ihm zu einen. In dieser mystischen *unio* kommt er zur reinen Gotteserkenntnis und findet seine Glückseligkeit wieder, die er durch den Sündenfall verloren hat.

Um diese Glückseligkeit zu erlangen, muss der Mensch über drei Hauptstufen aufsteigen. Diese Stufen entsprechen drei Bereichen der Wirklichkeit: der Welt außer uns, in uns und über uns. Zuerst betrachtet der Mensch die Körperwelt, wo er überall Gottesspuren begegnet und selbst eine Spur (*vestigium*) Gottes ist. Auf der nächsten Stufe kehrt sich der Mensch von der Außenwelt ab und wendet sich sich selbst zu. Hier betrachtet er sich selbst in der Erkenntnis Gottes als dessen Bild (*imago*). Auf der letzten Stufe erfasst der Mensch Gott als absolutes Gut-Sein, als vollkommene Liebe und sich selbst als Ähnlichkeitsbild (*similitudo*) Gottes. Mit der Schau dieses absoluten Gut-Seins erreicht der Mensch seine Vollkommenheit und kann alle philosophische Verstandestätigkeit durch Erreichen des theologisch möglichen Zieles hinter sich lassen. Die Philosophie – so lässt sich abschließend konstatieren – ist für B. eher methodisch wichtig, weil die philosophischen Inhalte durch die der Theologie überhöht werden.

Werke: Opera omnia, 10 Bde., 1882–1902. – Pilgerbuch der Seele zu Gott / Die Zurückführung der Künste auf die Theologie, eingel., übers. u. erläut. v. J. Kaup, 1961. – Sechstagewerk, übers. u. eingel. v. W. Nyssen, 1964. – Vom Wissen Christi, lat.-dt., übers., komment. u. eingel. v. A. Speer, 1992.

Lit.: E. Gilson: Die Philosophie des hl. B., 1929. – J. Ratzinger: Die Geschichtstheologie des hl. B., 1959. – F. van Steenberghen: Die Philosophie im 13. Jh., 1977, 185–253. – R. Imbach: B.: *Collationes in Hexaëmeron*, in: Interpretationen. Hauptwerke der Philosophie: Mittelalter, hg. v. K. Flasch, 1998, 270–91. – A. Speer: B.: Die Gewissheit der Erkenntnis, in: Philosophen des Mittelalters, hg. v. T. Kobusch, 2000, 167–85.

Mamuka Beriaschwili

Pierre (Félix) Bourdieu

1.8.1930 Denguin (Frankreich) – 23.1.2002 Paris

1951–54	Philosophiestudium an der École normale supérieure (ENS) u. der Faculté des lettres, Paris
1954	Agrégation (Staatsexamen)
1960/61	Assistent Raymond Arons an der Sorbonne, Paris
1961–64	Maître de conférences an der Univ. Lille
1964–2001	Directeur d'études an der École des Hautes Études en Sciences Sociales (EHESS), Paris
1968	Gründung des Centre de sociologie européenne (CSE) an der EHESS
seit 1981	Professor für Soziologie am Collège de France, Paris

B. gilt als einer der international herausragenden und vielseitigsten Sozialtheoretiker der Gegenwart. Zentrale Bezugspunkte seines Denkens sind u.a. Marcel Mauss,

→Karl Marx, →Gaston Bachelard, Claude Lévi-Strauss, →Ludwig Wittgenstein, →Ernst Cassirer und Erwin Panofsky. Seine theoretischen und empirischen Forschungen erstrecken sich von der Sozialstruktur, Bildungsungleichheit, Wissenschaft, männlicher Herrschaft, symbolischer Gewalt bis hin zu kultur-, kunst-, religions-, intellektuellen- und erziehungssoziologischen Arbeiten. B. war dabei stets auf penible Selbstreflexion der eigenen Rolle als Soziologe bedacht. Den Status eines engagierten Intellektuellen erwarb er sich durch öffentliche Kritik zugunsten streikender Arbeiter, Arbeitsloser und anderer vom Neoliberalismus betroffener Gruppierungen.

Die Grundlage von B.s Soziologie bilden ethnologische Feldforschungen in Algerien. In Ablehnung einseitig subjektorientierter Ansätze entwickelt B. eine soziologische »Praxeologie«, die die sozialen Praktiken in den Mittelpunkt rückt. Vor dem Hintergrund objektiver gesellschaftlicher Strukturen und in Abhängigkeit von der jeweiligen Verteilung ökonomischen, sozialen, kulturellen, symbolischen Kapitals entwickeln die Subjekte bestimmte Dispositionen (unbewusste Denk-, Wahrnehmungs- und Verhaltensschemata), die B. als »Habitus« bezeichnete. In seinem Hauptwerk, *La distinction* ([Die Unterschiede] 1979), zeigte er, dass die durch den Habitus geprägten alltäglichen Gewohnheiten (Essen, Sprechen, Konsum etc.), Freizeitbeschäftigungen und ästhetischen Geschmacksurteile auf subtile und unbewusste Weise als Unterscheidungsmerkmale und Distinktionspraktiken eingesetzt werden, um sich von der jeweils niedrigeren Klasse symbolisch abzugrenzen. Ganz ähnlich funktioniert diese (relationale) Logik der Praktiken auch in anderen sozialen Feldern (Wissenschaft, Kunst, Bildung, Religion etc.), in denen es nach B. stets um (unbewusste) Abgrenzungspraktiken und soziale Kämpfe um Anerkennung und Positionsverbesserung geht.

Werke: Esquisse d'une théorie de la pratique, précédé de Trois études d'ethnologie kabyle, 1972. – Le Sens pratique, 1980. – La Misère du monde, 1993. – Les Règles de l'art. Genèse et structure du champ littéraire, 1992. – Raisons pratiques. Sur la théorie de l'action, 1994. – Méditations pascaliennes, 1997.

Lit.: E. Barlösius: P. B., 2006. – B. Rehbein: Die Soziologie P. B.s, 2006. – G. Fröhlich / B. Rehbein (Hg.): B.-Handbuch, 2008.

Stephan Moebius

Franz (Clemens) Brentano

16.1.1838 Marienberg bei Boppard am Rhein – 17.3.1917 Zürich

1856–62	Studium der Mathematik, Dichtung, Philosophie u. Theologie in München, Würzburg, Berlin u. Münster
1862	Promotion in Tübingen (*Von der mannigfachen Bedeutung des Seienden nach Aristoteles*)
1864	Weihe zum kath. Priester
1866	Habilitation in Würzburg (*Die Psychologie des Aristoteles*)
1872	Professur für Philosophie in Würzburg
1873	Ablehnung des päpstlichen Unfehlbarkeitsanspruchs, Aufgabe des Priesteramts u. Verzicht auf die Professur
1874	Professur für Philosophie in Wien
1879	Austritt aus der kath. Kirche
1880	Heirat und Verlust der Professur
1880–95	Privatdozent in Wien
1895–1915	Privatgelehrter in Italien
1915–17	Privatgelehrter in Zürich

B. gilt als Vorläufer der modernen logischen Sprachanalyse und der Philosophie des Geistes. Zudem war er von großer Bedeutung für die Phänomenologie und das Denken →Martin Heideggers. Als Begründer der Akt- oder Funktionenpsychologie übte er großen Einfluss auf seine Schüler Christian von Ehrenfels, Carl Stumpf, →Edmund Husserl, →Alexius Meinong, →Sigmund Freud oder →Rudolf Steiner aus. Sein Werk, das zu einem großen Teil erst postum veröffentlicht wurde, war von Beginn an bestimmt durch die Auseinandersetzung mit →Aristoteles und die Beschäftigung mit der Psychologie. Diese bildete für B. die Grundwissenschaft schlechthin, auf der die Philosophie erst aufgebaut werden kann (*Psychologie vom empirischen Standpunkt*, 1874; *Vom Ursprung sittlicher Erkenntnis*, 1889; *Untersuchungen zur Sinnespsychologie*, 1907; *Von der Klassifikation der psychischen Phänomene*, 1911; *Deskriptive Psychologie*, 1982).

B. forderte die Exaktheit der Naturwissenschaften als methodisches Ideal auch für die philosophische Forschung ein und trat als Gegner aller nicht auf Erkenntnissen im strengen, d.h. empirischen, Sinn aufbauenden idealistischen Denkweisen auf, etwa des Platonismus, der Scholastik, →Immanuel Kants oder des Dt. Idealismus. Wirklich und damit wirklich erkennbar (erfahrbar) sind nach B.s Auffassung allein rein gegenwärtige Ereignisse, Erlebnisse, Dinge und Tatsachen, die in wahren oder evidenten (d.i. unmittelbar einsichtigen und nachvollziehbaren) Urteilen fixiert als Bedingung von Wissenschaftlichkeit dienen können (*Kategorienlehre*, 1933; *Die Lehre vom richtigen Urteil*, 1956). Den Anfang aller Forschung muss daher die Wahrnehmung oder »Introspektion« der je eigenen psychischen Phänomene bilden. All diese Phänomene, die sich in basale Vorstellungen, Urteile und Gemütsbewegungen untergliedern lassen, sind durch das Wesensmerkmal der Intentionalität (d.i. Verweisen-auf, Bewusstsein von etwas) gekennzeichnet, deren Objekt jedoch nicht real zu existieren braucht, sondern auch bloß ›mental inexistent‹ sein kann (*Die Abkehr vom Nichtrealen*, 1966).

Drei wesentliche Unterschiede trennen nach B. psychische von physischen Phänomenen: (a) mentale Phänomene sind das ausschließliche Objekt innerer Perzeption, (b) sie treten immer als Einheiten auf, und (c) sie sind stets intentional auf ein Objekt gerichtet. Da mentale Akte keine Dauer haben, stellt sich die Frage, wie zeitlich ausgedehnte

Objekte erfasst werden können. Ein Objekt, auf das wir gerichtet sind, verschwindet nach dem unmittelbaren, originalen Akt nicht aus dem Bewusstsein, sondern wird – jenseits eines vollen Erinnerungsakts – in der Vergangenheitsform bewahrt (*proteraesthesis*). B. arbeitete außerdem an metaphysischen Fragen wie dem Verhältnis von Substanz und Akzidentien, von Ganzem und Teilen, von Raum, Zeit und Kontinuum oder der Existenz Gottes.

Werke: Werke, hg. v. O. Kraus [u. a.], 20 Bde., 1921–34, 1952–66.

Lit.: L. L. McAllister: The Philosophy of B., 1976. – B.-Studien, hg. v. W. Baumgartner [u. a.], 1988 ff. – J. M. Werle: F. B. u. die Zukunft der Philosophie, 1989. – B. Smith: Austrian Philosophy. The Legacy of F. B., 1994.

Dirk Cürsgen

Giordano Bruno

1548 Nola/Neapel (Italien) – 17. 2. 1600 (hingerichtet) Rom

1565–75 Eintritt in den Dominikanerorden in Neapel; Dr. theol.
1576–81 Verdacht der Häresie, Flucht nach Rom u. weiter nach Norditalien, Ablegung der Kutte, kurzer Aufenthalt in Genf, ordentlicher Lektor für Philosophie in Toulouse
1581/82 unterrichtet in Paris; Ernennung zum »königlichen Lektor« durch Heinrich III.
1583–85 Aufenthalt in London
1585–88 Rückkehr nach Paris, Übersiedlung nach Deutschland, Lehrtätigkeit an der Univ. Wittenberg
1588 Aufenthalt am Hof Kaiser Rudolfs II. in Prag
1588–90 Lehrtätigkeit an der Academia Julia in Helmstedt
1590/91 Aufenthalt in Frankfurt a. M. u. in der Schweiz
1591/92 Rückkehr nach Italien: Padua u. Venedig
1592–99 Einleitung des Inquisitionsverfahrens, Inhaftierung u. Anklage in Venedig u. Rom

B. zählt zu den wichtigsten Vertretern der Renaissance-Philosophie. Er griff vielfältige Theorien auf (z. B. den universellen Animismus →Marsilio Ficinos, die neue kusanische Ontologie, die kopernikanische Wende, →Bernardino Telesios Aristoteles-Kritik, die klassische Gedächtniskunst, den Lullismus, d.h. die sich auf →Raimundus Lullus berufende philosophische Richtung, und den antiken Atomismus) und erarbeitete eine in allen Bereichen originelle Philosophie, die zu einer »Erneuerung der Welt« führen sollte.

Für die Erkenntnislehre wirkte B. innovativ durch seine Behauptung der Ferne des Menschen von der Wahrheit und durch die Aufwertung der Eigenaktivität des menschlichen Geistes bzw. der Fähigkeit, ein Universum der Zeichen aufzubauen, das die schöpferische Kraft und den Verwandlungsprozess der Natur nachahmt und die strukturellen Ordnungen des Kosmos, wenn auch in »schattenhafter« Weise, wiedergibt (*De umbris idearum* [Über die Schatten der Ideen], 1582). In der Kosmologie stellte er dem endlichen aristotelisch-ptolemäischen ein unendliches und homogenes Universum gegenüber, das von einer unendlichen Abfolge von gleichwertigen Sonnensystemen gebildet wird (*La cena de le Ceneri* [Das Aschermittwochsmahl], 1584; *De l'infinito, universo e mondi* [Über das Unendliche, das Universum und die Welten], 1584). Als ontologische Grundlage dieser Kosmologie ging B. von einer einzigen unendlichen Substanz aus, die den Substanzbegriff →Baruch de Spinozas vorwegnahm: Sie entfaltet in der Natur das, was in ihrer Einheit und Fülle enthalten ist. Ihre beiden Momente sind *explicatio*, die Immanenz der Gottheit im Universum, und *complicatio*, die ontologische Prädominanz der Gottheit als Grund. Somit wird das unendliche Universum »das erhabene Ebenbild und Abbild« Gottes und sein wahrer Sohn (*De la causa, principio et uno* [Von der Ursache, dem Prinzip und dem Einen], 1584).

Von der Überzeugung ausgehend, dass eine Religion nach ihren Früchten beurteilt werden müsse, übte B. scharfe Kritik am Christentum, besonders an der Reformation, die er für die Religionskriege verantwortlich machte, und schlug eine politische und religiöse Reform der Gesellschaft vor, bei der die Religion in erster Linie die zivile Aufgabe erfüllt, das friedliche Zusammenleben und die Vaterlandsliebe zu fördern (*Spaccio de la bestia trionfante* [Die Vertreibung der triumphierenden Bestie], 1584). B. beschrieb auch die Reform des heroischen Individuums, nämlich die leidvolle »Jagd« auf die Gottheit, an deren Ende die philosophische Schau der Einheit der unendlichen Natur steht (*De gli eroici furori* [Von den heroischen Leidenschaften], 1585). In seinen letzten Werken erarbeitete er in der Physik einen Atomismus, der nicht rein materialistisch ist (*De triplici minimo et mensura* [Über das dreifache Kleinste und das Maß], 1591), und auf anthropologischer Ebene die Theorie des »Verbindens«. Diese hielt er besonders nützlich für Politiker, da sie lehre, wie man auf das Bewusstsein der Menschen einwirken könne, um ihre Zustimmung zu erhalten (*De vinculis in genere* [Über die Bande im Allgemeinen], 1590).

Werke: Opera Latine conscripta, hg. v. F. Fiorentino [u.a.], 3 Bde., 1879–91, ND 1962. – Dialoghi filosofici italiani, hg. v. M. Ciliberto, 2000.

Lit.: H. Blumenberg: Aspekte der Epochenschwelle: Cusaner u. Nolaner, 1976. – M. Ciliberto: G. B., 1990. – A. Wildgen: Das kosmische Gedächtnis. Kosmologie, Semiotik u. Gedächtnistheorie im Werke G. B.s, 1998. – P. R. Blum: G. B., 1999. – T. S. Hoffmann: Philosophie in Italien, 2007, 305–21.

Rita Sturlese

Martin Buber

8.2.1878 Wien – 13.6.1965 Jerusalem

1891–96 traditionelle jüd. Bildung in Lemberg (heute Lwiw, Ukraine)

1896–99 Studium der Germanistik, Kunstgeschichte, Philologie, Philosophie, Psychologie u. Psychotherapie in Wien, Leipzig, Zürich u. Berlin

1899	Anschluss an die zionistische Bewegung
1900	Umzug nach Berlin
seit 1902	Redakteur von *Die Welt. Zentralorgan der Zionistischen Bewegung*
1906–12	Herausgeber von *Die Gesellschaft. Sammlung Sozialpsychologischer Monographien*
1916	Umzug nach Heppenheim an der Bergstraße
1916–24	Herausgeber von *Der Jude. Eine Monatsschrift*
1924–33	Lehrbeauftragter, seit 1930 Honorarprofessor für Jüd. Religionswissenschaft u. Ethik an der Univ. Frankfurt a. M.
1926–30	Mitherausgeber der Vierteljahresschrift *Die Kreatur*
4.10.1933	»Beurlaubung« aus rassischen Gründen
1938	Emigration nach Palästina; Professor für Sozialphilosophie an der Hebräischen Univ. Jerusalem
1942	Mitbegründer der Ichud (›Einheit‹), einer Vereinigung für die Verständigung zwischen Juden u. Arabern
1949	Aufbau eines Seminars für Erwachsenenbildung in Jerusalem

B. zählt zu den bedeutendsten jüd. Philosophen des 20. Jh.s. Im Zentrum seines Schaffens stehen drei Schwerpunkte: die Darstellung des Chassidismus – einer jüd. Frömmigkeitsbewegung –, des dialogischen Prinzips und der Hl. Schrift. Den Hintergrund seiner Arbeit bildete seine Vision von einer kulturellen und geistigen Erneuerung des Judentums und Europas. B.s Ziel war eine »jüd. Renaissance«, in der die Assimilation und die Verdünnung der jüd. Kultur überwunden werden sollten.

Während B. in frühen Arbeiten (zusammengefasst in: *Die Erzählungen der Chassidim*, 1949) der mystischen Religiosität des Chassidismus eine wichtige Rolle für die geistige Erneuerung des Judentums zuschrieb, betonte er seit seinem Hauptwerk *Ich und Du* (1923) statt der Mystik das unmittelbare Zwiegespräch zwischen Gott und dem Menschen sowie zwischen dem Menschen und seinen Mitmenschen. Dieses dialogische Prinzip wandte er auf die Übersetzung der jüd. Hl. Schrift (*Tanach*) aus dem Hebräischen ins Deutsche an, die er mit seinem Freund

→Franz Rosenzweig 1926 begonnen hatte und nach dessen Tod 1929 bis 1962 allein weiterführte. B. verstand die Schrift als eine Stimme: Gott spricht zu uns und erbittet unsere Antwort. Man muss darum die Bibel nicht lesen, sondern ihr zuhören, damit das stimmende Wort Gottes übertragen wird. Dabei ist in B.s Verständnis Gottes Stimme nicht auf die Bibel begrenzt, sondern bringt sich in allen Facetten unseres alltäglichen Lebens zum Ausdruck. Gott kennt keinen Unterschied zwischen dem Heiligen und dem Profanen.

Nach *Ich und Du* entwickelte B. seine Phänomenologie des Du-Sagens als gegenseitigen Zuhörens und Vertrauens v.a. in den Bänden *Zwiesprache* (1930) und *Die Frage der Einzelnen* (1936) weiter. Im Gegenteil zur Ich-Es-Erkenntnis der Erscheinungswelt, wie er sie bei →Immanuel Kant und →Arthur Schopenhauer vorgedacht fand, oder der Welt der Gegenstände, die er als »Ich-Es-Haltung der Welt gegenüber« bezeichnete, besteht die Ich-Du-Beziehung nicht zwischen Subjekt und Objekt, sondern zwischen zwei Subjekten. Darüber hinaus ist diese dialogische Beziehung nicht bloß ein sprachlicher Akt, sondern vielmehr eine Haltung, mit der das jeweilige Gegenüber ebenso als autonomes Subjekt wahrgenommen wird wie das eigene Ich. B. stellte diese Haltung in der biblischen Auffassung des Glaubens fest und betonte, dass das hebräische Wort für Glaube *(emunah)* Vertrauen bedeutet. Wenn man den Anderen nicht als Objekt auffasst, sondern ihm als einem Du begegnet, tritt man in das wahre Leben ein. Deshalb bezeichnete B. sein Denken auch als »eine Ontologie des Zwischenmenschlichen«.

Werke: Werke, 3 Bde., 1962–64. – WA, hg. v. P. Mendes-Flohr u. Peter Schäfer, angelegt auf 21 Bde., 2000ff. – Briefwechsel aus sieben Jahrzehnten, hg. v. G. Schaeder, 3 Bde., 1972–75.

Lit.: H. Kohn: M. B. Sein Werk u. seine Zeit, [2]1961. – G. Schaeder: M. B.: Hebräischer Humanismus, 1966. – G. Wehr: M. B.: Leben,

Werk, Wirkung, 1991. – S. Wolf: M. B. zur Einführung, 1992. – H.-J. Werner: M. B., 1994. – M. Zank: New Perspectives on M. B., 2006. – M. Urban: Aesthetics of Renewal. M. B.'s Early Representation of Hasidism as Kulturkritik, 2008.

Paul Mendes-Flohr

Edmund Burke

12.1.1729 Dublin – 9.7.1797 Beaconsfield/Buckinghamshire (England)

1744–48	Literatur- u. Geschichtsstudium am Trinity College in Dublin
1750–55	Jurastudium in London (ohne Abschluss); journalistisch-literarische Arbeit
1759–64	Privatsekretär William Hamiltons, eines Beamten des engl. Irlandministeriums
1764	Gründungsmitglied des Londoner Literary Club
1765–82	Privatsekretär von Charles Watson-Wentworth, 2. Marquis of Rockingham, einem einflussreichen Whig-Politiker
1765–94	Abgeordneter des brit. Unterhauses, wichtige Reden über die brit. Herrschaft in Nordamerika, Indien u. Irland
seit 1769	führender Sprecher der Rockingham Whigs
1773	Reise nach Frankreich; Treffen mit →Denis Diderot u. Königin Marie-Antoinette
1791	öffentlicher Bruch mit Charles James Fox, dem New Whig, der die Frz. Revolution begrüßt

Der jüngere B. ist neben →Francis Hutcheson und →David Hume einer der Repräsentanten der empiristischen brit. Ästhetik. Seine Einteilung der ästhetischen Qualitäten in das Schöne und Erhabene, in Deutschland von →Moses Mendelssohn, →Immanuel Kant und Friedrich Schiller übernommen, wirkt bis heute nach. Seine Bestimmung des Begriffs des Schaudern erregenden Erhabenen hatte Einfluss nicht nur auf die ästhetische Theorie, sondern auch auf die romantische Literatur und Malerei, u.a.

auf die *Gothic Novel*, William Wordsworth, William Blake und Johann Heinrich Füßli. In seiner späteren Zeit war B. ein einflussreicher Politiker, in dessen Reden und Schriften geschichts- und staatsphilosophische Themen eine wichtige Rolle spielen. In England wurden vornehmlich die liberalen, in Deutschland die antirevolutionären Elemente seines politischen Denkens geschätzt. Mit seiner Verehrung des ›alten Guten‹ und seiner Hochschätzung kontinuierlicher Entwicklung trug er wesentlich zur Herausbildung der romantisch-konservativen Geisteshaltung und Geschichtsphilosophie bei.

In *A Philosophical Enquiry into the Origin of our Ideas of the Sublime and Beautiful* ([Eine philosophische Untersuchung über den Ursprung unserer Begriffe vom Erhabenen und Schönen] 1757) stellte B. auf sensualistisch-empiristischer Basis das Schöne dem Erhabenen gegenüber, und zwar hinsichtlich der fundierenden »natürlichen« Qualitäten sowie der physischen und psychischen Wirkung des betreffenden Objekts: Das schöne Objekt ist klein, glatt, allmählich-sich-ändernd usw.; es verursacht eine angenehme Erschlaffung des Nervensystems und zärtliche Zuneigung. Das erhabene Objekt hingegen ist riesig, rauh, plötzlich-sich-ändernd usw.; es verursacht übermäßige Nervenanspannung und angenehmes Schaudern (*delightful horror*). Rationalistische Schönheitsbestimmungen wie die, dass Schönheit eine Art der Zweckmäßigkeit oder der Vollkommenheit sei, wies B. ebenso zurück wie Longins Bestimmung des Erhabenen als eines höchsten Schönen.

B.s Geschichts- und Staatsphilosophie kommt besonders in den *Reflections on the Revolution in France* ([Betrachtungen über die Revolution in Frankreich] 1791) zur Sprache. Die brit. Geschichte wird von B. positiv bewertet: Sie sei ein kontinuierlicher Prozess des Fortschritts, zu dem wesentlich Monarchie, Adel und Klerus beigetragen hätten. Die brit. Staatsverfassung sei vorbildhaft mit ihrer *bal-*

ance of balances als der gegenseitigen Einschränkung der Mächte, die die Freiheit des Individuums bewahren helfe. Dem entspricht, dass B. den Staat als geschichtliche, nationale Gemeinschaft auffasste. Negativ bewertete er die Entwicklung in Frankreich: Die Verordnungen der frz. Nationalversammlung, etwa die Einziehung des Kirchenguts, hätten das Land ins Unglück gestürzt. Die Revolution sei gegen die von Gott gesetzte universale Ordnung gerichtet bzw. widernatürlich (*out of nature*). Sie zerstöre die Kontinuität zwischen Vergangenheit und Gegenwart sowie die Partnerschaft zwischen den Generationen. Dem entspricht, dass B. die Aufklärung und ihr ungeschichtlich-rationalistisches Modell des Staates entschieden ablehnte.

Werke: Collected Works, 8 Bde., 1854–89. – A Philosophical Enquiry into the Origin of our Ideas of the Sublime and Beautiful, hg. v. J. T. Boulton, 1958. – Vom Erhabenen u. Schönen, hg. v. W. Strube, 1980. – Reflections on the Revolution in France, hg. v. A. J. Grieve, 1971. – Betrachtungen über die frz. Revolution, hg. v. F. Gentz, 1836.

Lit.: S. Ayling: E. B. His Life and Opinions, 1988. – R. Zimmer: E. B. zur Einführung, 1995.

Werner Strube

Walter Burley

um 1274/75 Burley-in-Wharfedale (England) – nach 1344 England

vor 1301	Studium in Oxford
1301–09	Philosoph in Oxford
1309–26	Studium u. Lehre der Theologie in Paris
1327–41	Gesandter des engl. Königs u.a. am päpstlichen Hof in Avignon
seit 1334	Verfasser philosophischer Schriften

B. war ein eigenständig denkender scholastischer Philosoph. In zahlreichen Kommentaren zu den Schriften des →Aristoteles und in speziellen Abhandlungen entwickelte er seine z.T. innovativen Anschauungen, die während des 14. und 15. Jh.s intensiv diskutiert wurden. B.s Werk zeigt Einflüsse von →Albertus Magnus und arab. Philosophen.

B. wird die Autorschaft von etwa 50 Schriften zur Logik, zur Naturphilosophie und zur Debatte um das Universalienproblem zugeschrieben. Er vertrat einen gemäßigten ›Realismus‹ (die ›Universalien‹ existieren vor den Dingen, in ihnen und nach ihnen). Ausführlich polemisierte er gegen den Nominalismus des →Wilhelm von Ockham. Besonderes Interesse fanden seine Analysen der Prädikation, der logischen Funktion der Termini sowie der Vorgänge von Wechselwirkung und qualitativer Veränderung in der Natur.

Werke: Von der Reinheit der Kunst der Logik, lat.-dt., übers. v. P. Kunze, 1988. – Traktat über die Universalien, lat.-dt., hg. u. übers. v. H.-U. Wöhler, 1999.

Lit.: R. Wood: Studies on W. B. 1968–1988, in: Bulletin de philosophie médiévale 30 (1988), 233–50. – R. Schönberger / B. Kible (Hg.): Repertorium edierter Texte des Mittelalters, 1994, Nr. 13002–43. – G. Krieger: Studies on W. B. 1989–1997, in: Vivarium 37 (1999), H. 1, 94–100.

Hans-Ulrich Wöhler

Thomas Cajetan

20.2.1469 Gaeta (Italien) – 9./10.8.1534 Rom

1484 Eintritt in den Dominikanerorden
1508 Wahl zum Ordensgeneral
1517 Ernennung zum Kardinal durch Papst Leo X.
1518 Teilnahme am Reichstag in Augsburg als päpstlicher Legat, drängt in Verhandlungen Martin Luther vergeblich zum Widerruf

C. gilt als bedeutendster Theologe seiner Zeit und Begründer des Neuthomismus. Seine *Commentaria in Summam theologiae Thomae Aquinatis* (Kommentar zur *Sum-*

ma theologiae des Thomas Aquin) sind der offiziellen Thomas-Ausgabe (*Editio Leonina*, Bde. IV–XII, 1888–1906) beigegeben und bilden einen Grundtext der Neuscholastik. Im Hinblick auf die von ihm entwickelte Theorie der Analogie, die von nachhaltigem Einfluss auf den orthodoxen Schulthomismus war, wurde ihm auch der Beiname *Doctor analogiae* verliehen. C. scheiterte mit seinen zentralen kirchenpolitischen Anliegen, nämlich die Glaubensspaltung in Deutschland und die Loslösung der Kirche Englands zu verhindern.

C.s philosophisches Denken ist durch die kritische Auseinandersetzung mit dem sich auf →Johannes Duns Scotus beziehenden Scotismus und dem sich auf →Ibn Ruschd beziehenden Averroismus seiner Zeit vom Standpunkt des Thomismus aus geprägt. Gegen die univoke Verwendung des Seinsbegriffs durch die Scotisten richtete sich seine Schrift *De nominum analogia* ([Über die Analogie der Namen] 1498). Die Bezeichnung von ganz verschiedenen Washeiten (z.B. Schöpfer und Geschöpf) mit demselben Begriff »seiend« bringt deshalb eine innerliche Gemeinsamkeit dieser Washeiten zum Ausdruck, weil sie »proportional selbig«, also ähnlich in ihrem Verhältnis zu ihrem je eigenen Sein sind. In der Auseinandersetzung mit dem Averroismus hielt C. die Individualität und Unsterblichkeit der Seele zunächst für philosophisch beweisbar, änderte diese Ansicht jedoch in seinen Spätwerken.

Werke: In De anima, hg. v. P. I. Coquelle, 1938. – De nominum analogia, hg. v. B. Pinchard, 1987.

Lit.: B. Hallensleben: T. de Vio C., in: M. H. Jung / P. Walter (Hg.): Theologen des 16. Jh.s, 2002, 65–82. *Christof Krambrich*

Tommaso Campanella

5.9.1568 Stilo (Italien) – 21.5.1639 Paris

1582	Eintritt in den Konvent der Dominikaner in Placanica
1586–88	Dominikaner im Konvent von Nicastro u. 1588/89 in Cosenza
1589–92	Aufenthalt in Neapel
1592/93	Aufenthalte in Rom, Florenz, Padua u. Bologna; Anklagen wegen Häresieverdachts
1594–97	Verbot der Schriften u. Inhaftierung in Rom
1597–1626	lebt in Kalabrien; 1599 Teilnahme an der Vorbereitung einer Revolte gegen die Unterdrückung durch Spanien u. die Kirche; danach Verurteilung u. 27 Jahre Kerker in Neapel
1626–29	Verlegung ins Gefängnis der Inquisition nach Rom
1629	Rehabilitation
1632	Rückkehr nach Rom
1634	Flucht nach Frankreich

C. gehört zu den Exponenten jener ›Zwischenmoderne‹ des späten 16. Jh.s, eines kurzlebigen, aber vielstimmig artikulierten Universalismus als Antwort auf den Bankrott der vielen als steril erscheinenden scholastischen Synthese aus antiker aristotelischer (peripatetischer) Philosophie und christlicher Theologie, der aber nicht die Zukunft gehörte. Seine Philosophie ist ein eklektischer Universalismus aus erneuertem panpsychischen Naturalismus und deshalb ›natürlicher Religion‹, aus Rückgriffen auf die spekulative Empirie von Giambattista della Portas *Magia naturalis* (1558), auf →Pythagoras, auf die Hermetik und den Neoplatonismus, auf die Stoa sowie auf Astrologie und Messianismus. C. öffnete sich einerseits der jüd. Prophetie und sogar der Politik des Islam (der Türken), rezipierte den Heliozentrismus (nicht die Erde, sondern die Sonne steht im Zentrum des Kosmos) des →Nicolaus Copernicus und v.a. Galileo Galileis und zielte auf den Entwurf einer Enzyklopädie des Wissens und der Wissenschaften. Andererseits blieb er als kath. Zentralist dem Papsttum und seinem Orden als militanter Feind aller Aufspaltungen treu. Sein umfangreiches, unsystematisches Werk schließt auch Physiologie, Medizin und die *Artes liberales* ein.

Während in der späteren Schrift *De Gentilismo non retinendo* ([Über die notwendige Abkehr von der heidnischen Philosophie] 1609/10) die Auseinandersetzung mit dem ›heidnischen‹ →Aristoteles und die Nähe zum Platonismus besonders deutlich ist, markiert C.s erstes erhaltenes Buch, *Philosophia sensibus demonstrata* ([Philosophie, aus den Sinnen hergeleitet] 1591), dem der Bruch mit der scholastischen Schultradition vorausging, die lebenslange Grundlage seines Denkens: Die Natur erscheint demnach als Ort der Offenbarung Gottes (*sensus rerum*) und als Erkenntnis der Sinne (*sensus naturae*), die Welt als natürliches Lebewesen (*animal mundi*). Zwischen biblischer Offenbarung und Natur besteht nach C. kein Widerspruch. Hinzu tritt die stoische Geschichtstheologie vom *fatum naturae*, dem »Weltbrand«, und der zyklischen Wiederherstellung der Welt (*apokatástasis pánton*). In der Erkenntnistheorie findet sich, mit Berufung auf das sokratisch-augustinische »*Si fallor, sum*«, das Motiv des Erkennens als Existenzbekräftigung (*cognoscere est esse*), in dem man eine Vorwegnahme des methodischen Zweifels gesehen hat. Jedoch kann von einem cartesischen Erkenntnissubjekt bei C. keine Rede sein.

Sein ist in C.s Metaphysik bestimmt durch die *primalitates* – die Dimensionen *potentia* (Macht), *sapientia* (Weisheit) und *amor* (Liebe) –, die in personifizierter Form als »Fürsten« dem obersten Herrscher im Zentrum der Macht (*Sol* oder *Metaphysicus*) dienstbar sind. Die *primalitates* bilden auch die Grundlage der Staatsphilosophie in C.s »Sonnenstadt« (*Città del sole*, 1602, lat. 1623). Sie sind die Konstituentien der Natur wie auch der menschlichen Einrichtungen (Politik), und deshalb, weil sie unserer Seele eingeboren sind, können wir sie erkennen. Wahre Erkenntnis und wahres Wissen sind möglich, weil die Seele Teil der Natur ist. Der Gegensatz von Sein und Nichtsein ist das binäre (zweigeteilte) Wesen der Dinge in der geschaffenen Welt, während Gott allein das negationsfreie reine Sein zukommt.

Werke: Teologia, 30 Bde., 1936, 1955–80. – Opuscoli astrologici, hg. v. G. Ernst, 2003. – Lettere, hg. v. V. Spampanato, 1927. – Lettere 1595–1638, hg. v. G. Ernst, 2000. – Opere letterarie, hg. v. L. Bolzoni, 1977. – Articuli prophetales, hg. v. G. Ernst, 1976. – Metafisica, hg. v. G. di Napoli, 3 Bde., 1967. – Scritti letterari, hg. v. L. Firpo, 1954. – Opuscoli inediti, hg. v. L. Firpo, 1951. – La città del sole, ital./lat., hg. v. N. Bobbio, 1941. – Die Sonnenstadt, übers. v. J. Ferner, 2008. – Quod reminiscentur et convertentur universi fines terrae, hg. v. R. Amerio, 4 Bde., 1929–60. – De politica, hg. v. A. Cesaro, 2001. – L'ateismo trionfato [...] contra l'anticristianesimo macchiavellesco, hg. v. G. Ernst, 2 Bde., 2004.

Lit.: L. Amabile: Fra T. C., la sua congiura, i suoi processi e la sua pazzia, 3 Bde., 1882. – L. Amabile: Fra T. C. ne'castelli di Napoli, in Roma ed in Parigi, 2 Bde., 1887. – L. Firpo: Bibliografia degli scritti di T. C. Torino 1940. – R. Amerio: Il sistema teologico di T. C., 1972. – L. Firpo: Il supplizio di T. C. Narrazioni – Documenti – Verbali delle torture, 1985. – G. Ernst: Religione, ragione e natura. Ricerche su T. C. e il tardo Rinascimento, 1991. – J. M. Headley: T. C. and the Transformation of the World, 1997. – M. Palombo: La città del sole. Bibliografia delle edizioni (1623–2002), 2004. – Zeitschrift »Bruniana & Campanelliana«, hg. v. G. Ernst, 1996ff. [mit laufender Bibliographie].

Herbert Jaumann

Albert Camus

7.11.1913 Mondovi (Algerien) – 4.1.1960 (Autounfall) Villeblevin (Frankreich)

1930	Erkrankung an Tuberkulose
1933–36	Philosophiestudium an der Univ. Algier
1934	Mitglied der Kommunistischen Partei

1935	Gründer des Théâtre du travail
1936	Reise nach Europa
1937	Ausschluss aus der Kommunistischen Partei
1938	Reporter bei der Zeitung *Alger républicain*
1940	Umzug nach Paris; Reporter beim *Paris-Soir*
1943	Angestellter beim Verlag Gallimard
1942–46	Mitarbeiter, später Chefredakteur der Widerstandszeitung *Combat*
1946	Vortragsreisen in die USA u. nach Kanada
1956	Vermittlungsversuche im Algerienkrieg
1957	Nobelpreis für Literatur

C. – Schriftsteller und philosophischer Essayist – wird fälschlich als Repräsentant des Existentialismus angesehen. Selbst →Jean-Paul Sartre würdigte seinen Roman *L'étranger* ([Der Fremde] 1942) als ein für den Existentialismus wichtiges Werk. C.s Sicht der »Revolte« aber weicht von der existentialistischen Philosophie ab. Stattdessen ist für sein umfangreiches Werk die »Philosophie des Absurden« signifikant, die C. in philosophischen Essays vertrat und die sein literarisches und dramaturgisches Schaffen durchzieht. Es ist bemerkenswert, dass der Bruch der Freundschaft mit Sartre nach der Veröffentlichung des Romans *La peste* ([Die Pest] 1951) erfolgte. C. war ein Kritiker totalitärer Systeme und Vertreter eines atheistischen Humanismus, der sich selbst gegen die Etikettierung als Atheist sperrte. Sein unsystematisches Denken ist eher den frz. Moralisten zuzurechnen.

C. beschrieb das Absurde als bewusst gewordene Widersprüchlichkeit zwischen dem menschlichen Verlangen nach Gewissheit und der »Vernunftunzugänglichkeit der Welt«: »Das Absurde entsteht aus der Gegenüberstellung des Menschen, der fragt, und der Welt, die vernunftwidrig schweigt« (*L'étranger*). Daher betrachtete er es als etwas, das sowohl vom Menschen als auch von der Welt abhängt und »im Augenblick beider einziges Band« ist: »Das Absurde als der metaphysische Zustand des bewussten Menschen führt nicht zu Gott«, aber »es schließt Gott nicht aus«. »Alles ist erlaubt, heißt nicht, dass nichts verboten ist« (*Le mythe de Sisyphe* [Der Mythos von Sisyphos], 1942).

C. wählte die mythologische Gestalt des Sisyphos, der einen Felsen einen Berg hinaufrollen muss, der diesen immer wieder hinunterrollt, als Sinnbild für den »absurden Menschen«. C. verwarf sowohl den leiblichen Selbstmord als Konsequenz der Erfahrung des Absurden als auch jene Form der Flucht, die er im Sprung in das Religiöse oder in der Rückkehr zur Rationalität verwirklicht sah. Das Absurde war für C. Ausgangspunkt für eine »Revolte«, die sich auf ein Anderes richtet: Er unterschied zwischen einer »metaphysischen Revolte«, in der sich der Mensch gegen seine Lebensbedingungen und die Ziele der Schöpfung auflehnt, und einer »historischen Revolte«, welche die Utopie einer gerechten und humanen Gesellschaft als Endziel der Geschichte postuliert. Diesen Zustand sah C. als Möglichkeit, Freiheit und Wahrheit neu zu fassen und ein qualitativ bestimmtes Leben (*vivere le mieux*) durch ein möglichst intensives Leben (*vivere le plus*) zu ersetzen (*L'homme révolté* [Der Mensch in der Revolte], 1951).

Werke: Œuvres complètes, hg. v. R. Grenier, 9 Bde., 1978.

Lit.: A. G. H. Mikkawy: Philosophische Untersuchungen zum Begriff des Absurden u. der Revolte bei A. C., 1962. – Wege der dt. C.-Rezeption, hg. v. H. R. Schlette, 1975. – J. R. Hengelbrock: A. C. Welt u. Revolte, 1980. – E. Mairhofer: Hang u. Verhängnis. Der Gegensatz der beiden Thesen in C.s Früh- u. Spätphilosophie, 1990. – J. Hermet: A la rencontre d'A. C.: le dur chemin de la liberté, 1990. – R. Grenier: A. C. Soleil et ombre. Une biographie intellectuelle, 1991. – B. Sändig: A. C. Eine Einführung in Leben u. Werk, 1992, ND 2003.

Tamar Tsopurashvili

Martianus (Min[n]eus Felix) Capella
5. Jh. n. Chr. Karthago (Nordafrika)

Über den Neuplatoniker C. wissen wir nur, was er in seinem Werk über sich selbst sagt; auch die Lebenszeit ist ungewiss. Sicher sind sein bedeutender Einfluss auf das Bildungswesen des Mittelalters bis hin in die Frühe Neuzeit und das große Interesse an seiner Enzyklopädie *De nuptiis Philologiae et Mercurii* (Über die Hochzeit der Philologia und des Merkur) in dieser Zeit. Trotz der bemerkenswerten Verbreitung dieses Werks wurde C.s Leistung lange Zeit verkannt, sein Stil als schlecht und plagiatorisch abgetan. Die neuere Forschung erkennt C.s Werk dagegen – besonders in philosophischer Hinsicht – als tiefgreifend an.

C.s Enzyklopädie ist eine Beschreibung der sieben *artes liberales*, der ›freien Künste‹, in Form einer Satire im Stil des Menipp, die in eine mythologische Rahmenhandlung eingebettet ist. Die ersten beiden Bücher sind der Rahmenerzählung vorbehalten, in der der Gott Merkur auf Rat Apollos mit der sterblichen Philologia verheiratet wird und ihr die personifizierten sieben Künste zum Geschenk macht. Die restlichen sieben Bücher enthalten Reden der einzelnen *artes*: Die Bücher 3–5 behandeln das *Trivium*, also Grammatik, Dialektik und Rhetorik, die Bücher 6–9 das *Quadrivium*, also Geometrie, Arithmetik, Astronomie und Harmonielehre.

Besonders in der Rahmenhandlung zeigen sich der philosophische Gehalt der Schrift und die Bedeutung der Allegorie in der spätplatonischen Schule: Der Gott Merkur steht für den *Logos* in seiner doppelten Funktion als Sprache und Vernunft, während die Philologia die Liebe zur Vernunft verkörpert. Ihre Mutter ist Phronesis, die moralische Vollkommenheit als Grundlage ethischen Handelns. Merkur hingegen wird von Virtus begleitet, der moralischen Vollkommenheit schlechthin. Philologia personifiziert das Wissen, welches die Seele erwerben muss, um sich mit der göttlichen Vernunft, hier Merkur, zu vereinen.

C.s Werk bildet eine Fortführung und Erweiterung der Systematisierungen Augustins und Porphyrius'. Es genoss bei Philosophen wie Johannes Eriugena und Gottfried Wilhelm Leibniz hohes Ansehen – verständlicherweise, sind doch die *artes* als Dienerinnen der Philologia Dienerinnen des Wissens und zeichnen sich dadurch als Grundlage für die Philosophie aus.

Werke: De nuptiis Philologiae et Mercurii, hg. v. A. Dick, ²1925, ³1978; hg. v. J. Willis, 1983; engl. 1977; dt. 2005.

Lit.: I. Hadot: Arts libéraux et philosophie dans la pensée antique, 1984. – Dies.: Geschichte der Bildung, *artes liberales*, in: F. Graf (Hg.): Einleitung in die lat. Philologie, 1997, 17–34. – S. Grebe: M. C., ›De nuptiis Philologiae et Mercurii‹. Darstellung der Sieben Freien Künste u. ihrer Beziehungen zueinander, 1999. – M. Teeuwen: Harmony and the Music of the Spheres. The Ars Musica in Ninth-Century Commentaries on M. C., 2002.

Dominique Kappert

Rudolf Carnap

18.5.1891 (Wuppertal-)Ronsdorf – 14.9.1970 Los Angeles

1910–14	Studium der Philosophie, Mathematik u. Physik bei Bruno Bauch, →Heinrich Rickert u. →Gottlob Frege in Freiburg i. Br. u. Jena
1921	Promotion in Philosophie bei dem Neukantianer Bauch in Jena mit der Dissertation *Der Raum* (1921)
1931–35	Professor für Naturphilosophie an der Dt. Univ. Prag
1936	Emigration in die USA
1936–52	Professor für Philosophie an der Univ. Chicago
1954–61	Professor für Philosophie an der Univ. of California in Los Angeles

C. begann seine philosophische Karriere im Rahmen des Neukantianismus, wurde aber auch durch die Phänomenologie, den frz. Konventionalismus sowie durch →Gottlob Freges und →Bertrand Russells Logizismus geprägt. Entscheidend für seine Entwicklung aber war der logische Empirismus des Wiener Kreises, dem er sich 1925 anschloss und zu dessen führenden Denkern er bald zählte. Mit Otto Neurath, Hans Hahn und Philipp Frank gehörte er zum ›linken Flügel‹ des Wiener Kreises, der sich dem kritischen Programm einer umfassenden theoretischen und praktischen rationalen Bewältigung der Welt verpflichtet fühlte. Nach seiner Emigration wurde C. zu einem prominenten Vertreter der angelsächs. analytischen Philosophie und Wissenschaftstheorie.

Für C. hat die Philosophie nur in Form einer wissenschaftlichen Philosophie eine Berechtigung. Diese Wissenschaftsorientierung hatte eine kritische und eine konstruktive Seite. Kritisch war C.s Philosophie gegen jegliche Art von Metaphysik gerichtet. Kennzeichen einer metaphysischen These war für C., dass eine solche nicht in einer logisch präzisen Sprache (re)formulierbar war. Als wesentliche Aufgabe einer modernen wissenschaftlichen Philosophie betrachtete er daher die logische Analyse der Sprache. Seine bekanntesten metaphysikkritischen Arbeiten sind *Scheinprobleme* (1928) und *Überwindung der Metaphysik durch logische Analyse der Sprache* (1934). Die konstruktive Seite von C.s Philosophie manifestierte sich in zahlreichen Versuchen, für die Wissenschaften und die Philosophie geeignete Sprach- oder begriffliche Konstitutionssysteme zu entwerfen. Das erste große Projekt dieser Art, noch stark beeinflusst durch den Neukantianismus, war *Der Logische Aufbau der Welt* (1928). Hierin versuchte C., eine allgemeine Theorie von Konstitutionssystemen zu skizzieren, die als wissenschaftliche, metaphysikfreie Nachfolgedisziplin der traditionellen philosophischen Erkenntnistheorie dienen kann. In späteren Arbeiten gab er diese Anklänge an den Neukantianismus auf und betrachtete Wissenschaftsphilosophie strikt als Theorie der Wissenschaftssprache. Zunächst folgte er dabei einem syntaktischen Sprachverständnis (*Logische Syntax der Sprache*, 1934). Später wurden ihm – im Anschluss an →Alfred Tarski – semantische Aspekte der Wissenschaftssprache immer wichtiger (»Testability and Meaning«, in: *Philosophy of Science* 3, 1936, 419–71, u. 4, 1937, 1–40; *Introduction to Semantics,* 1942). In seinen letzten Jahren widmete C. den größten Teil seiner Arbeitskraft dem Aufbau einer induktiven Logik.

Werke: The Unity of Science, 1934. – Meaning and Necessity. A Study in Semantics and Modal Logic, 1947. – »Empiricism, Semantics and Ontology«, in: Revue internationale de philosophie 4, 1950, 20–40. – The Continuum of Inductive Methods, 1952. – Philosophical Foundations of Physics, hg. v. M. Gardner, 1966. – Mein Weg in die Philosophie, 1993 [Autobiographie].

Lit.: T. Mormann: R. C., 2000. – M. Friedman / R. Creath (Hg.): The Cambridge Companion to C., 2007.

Thomas Mormann

Ernst Cassirer

28.7.1874 Breslau – 13.4.1945 New York

1892–99 Studium u.a. der Philosophie, Mathematik u. Physik in Berlin, Leipzig, Heidelberg, München u. Marburg
1899 Promotion bei →Hermann Cohen u. →Paul Natorp in Marburg
1906 Habilitation in Berlin
1916–18 Arbeit im Berliner »Kriegspresseamt«
1919–33 Professor für Philosophie an der Univ. Hamburg (Rektor 1929/30)
1921–33 Mitglied der Kulturwissenschaftlichen Bibliothek Warburg, Hamburg
1933 Emigration nach Wien
1933–35 Dozent am All Soul's College in Oxford
1935–40 Professor an der Göteborg Högskolan
1939 schwed. Staatsbürger
1941–45 Professor an der Yale- u. Columbia-Univ.

C. zählt neben →Hermann Cohen und →Paul Natorp zu den wichtigsten Vertretern der neukantianischen »Marburger Schule«. Er gilt als bedeutender Kulturphilosoph und einer der letzten Universalgelehrten des 20. Jh.s. In seinen systematischen Schriften zog er auch Albert Einsteins Relativitätstheorie heran, um die Entwicklung der Moderne nachzuzeichnen. Während der Weimarer Republik erwies sich C., der zahlreiche verantwortliche Positionen in jüd. Institutionen innehatte, als engagierter Verteidiger der Demokratie.

C.s Denken basiert auf der Annahme, dass die Wirklichkeit nicht abgebildet und erfasst werden kann, sondern nur eine Annäherung an sie durch Symbole möglich ist. Dabei umfassen die vermittelnden Symbole ebenso die bloße sinnliche Wahrnehmung wie mathematische Formeln. So entstehen schließlich ganze »Symbol«-Welten, die C. »symbolische Formen« nannte (*Philosophie der symbolischen Formen*, 3 Bde., 1923–29). Zu ihnen gehören u. a. Ästhetik, Geschichte, Mythos, Religion, Sprache und die Naturwissenschaften. Eine Systematik der symbolischen Formen könnte Auskunft über die gesamte menschliche Kultur geben. Insofern strebte C. in seinem Werk eine umfassende Kulturphilosophie an. Nur durch eine »Kritik der Kultur« – in der Formulierung soll →Immanuel Kants Erbe einer »Kritik der Vernunft« sichtbar bleiben – lassen sich die immer komplexer werdenden, miteinander in Widerstreit stehenden symbolischen Formen zu einer Einheit zusammenfassen. Denn die »Kritik der Kultur« garantiert den Austausch im System der symbolischen Formen und hat gleichzeitig eine moderierende Funktion.

Ausgehend von den symbolischen Formen, widmete sich C. auch sprachphilosophischen Problemen, in deren Mittelpunkt die Frage nach dem Verhältnis von Zeichen und Sinn stand. Diese Ansätze machten ihn zu einem der ersten Strukturalisten. Auf dem Gebiet der Anthropologie

(*An Essay on Man* [Ein Versuch über den Menschen / Was ist der Mensch?], 1944) sah er den Menschen als das freie Wesen, das sich durch Symbole verständigt (*animal symbolicum*). In seiner politischen Philosophie (*The Myth of the State* [Vom Mythus des Staates], 1946) analysierte er den Nationalsozialismus als Wiederkehr des Mythos in der Gestalt einer neuen Machttechnik, die den zur Freiheit führenden Symbolisierungsprozess zerstört.

Werke: GW, hg. v. B. Recki, 26 Bde., 1998–2008. – Nachgelassene Manuskripte u. Texte, hg. v. K. C. Köhnke [u.a.], angelegt auf 18 Bde., 1995 ff.

Lit.: A. Graeser: E. C., 1994. – M. Ferrari: E. C., 2003. – G. Hartung: Das Maß des Menschen, 2003. – T. Meyer: E. C., 2007.

Thomas Meyer

Stanley Cavell

* 1.10.1926 Atlanta (USA)

1947	Abschluss eines Musikstudiums an der Univ. of California, Berkeley, mit dem B. A.
1961	Abschluss eines Philosophiestudiums in Harvard mit dem Ph. D.
1956–62	Assistant Professor of Philosophy in Berkeley
1962/63	Fellow am Institute for Advanced Study, Princeton
1963–97	Professor of Aesthetics and the General Theory of Value, Harvard
1970/71	Fellow am Center for the Humanities, Wesleyan Univ.
1986	Fellow am Institute for Advanced Studies, Hebrew Univ., Jerusalem

C. gilt als einer der herausragenden Vertreter des gegenwärtigen amerik. Denkens. Sein Werk überschreitet die Grenze zwischen analytischer und kontinentaler Philosophie. Als Kollege von →Hilary Putnam, Nelson Goodman und →Willard Van Orman Quine in Harvard zeichnete er sich v.a. dadurch aus, dass er →Ludwig Wittgenstein in ein neues Licht rückte (*New Wittgenstein*) und Ideen →Martin Heideggers sowie der amerik. Transzendentalisten (Henry Thoreau, Ralph Waldo Emerson) ausführlich aufgriff (*The Senses of Walden* [Der Sinn von Walden], 1972). Außerdem befasste er sich intensiv mit William Shakespeare und Studien zum Film und beeinflusste u.a. den amerik. Regisseur Terence Malick, der bei ihm in den 1960er Jahren Philosophie studierte.

C. beschäftigte sich seit seinem vermutlich einflussreichsten Buch, *The Claim of Reason: Wittgenstein, Skepticism, Morality, and Tragedy* ([Der Anspruch der Vernunft: Wittgenstein, Skeptizismus, Moral und Tragödie] 1979), v.a. mit dem Problem des Skeptizismus, den er im Anschluss an Wittgenstein und →John L. Austin als Ausdruck einer gescheiterten Alltäglichkeit versteht. C.s eigener Beitrag ist es, dass er die von ihm so genannte »Wahrheit des Skeptizismus« akzeptiert. Diese sieht er darin, dass unsere Einstellung zur Welt im Ganzen nicht die des objektiven Wissens sein könne. Unser alltägliches In-der-Welt-Sein ist nicht theoretisch, sondern verlässt sich wesentlich auf unser Mitsein mit Anderen. Wer, wie der Skeptiker, zweifelt, ob wir wissen können, wie die Welt ist, wirft C. zufolge kein rein theoretisches Problem auf, sondern drückt eine Einstellung zu seinen Mitmenschen aus. Sein scheinbar rein epistemologisches, also die Möglichkeiten der Erkenntnis betreffendes, Misstrauen entlarvt sich bei genauerem Hinsehen als eine misslungene Integration des Alltäglichen in seine Lebensführung.

C. interessierte sich für das Phänomen der Romantik, weil er in diesem das Eingeständnis erkannte, dass das Gewöhnliche eine Leistung ist, die vom Ungewöhnlichen, dem Monströsen und Unheimlichen, bedroht werde (*In Quest of the Ordinary: Lines of Skepticism and Romanticism* [Auf der Suche nach Gewöhnlichkeit: Themen der Romantik und des Skeptizismus], 1988). Der Skeptiker lasse sich vom Ungewöhnlichen faszinieren, anstatt eine Rückkehr in die Alltäglichkeit anzustreben und daran mitzuarbeiten, dass diese nicht aus dem Ruder gerät. C. untersuchte diesen Zusammenhang nicht nur auf der Ebene der theoretischen Philosophie, sondern insbesondere in seinen Schriften zur Ästhetik (*The World Viewed: Reflections on the Ontology of Film* [Die angeschaute Welt: Reflexionen über die Ontologie des Films], 1971; *Pursuits of Happiness: The Hollywood Comedy of Remarriage* [Dem Glück auf der Spur: Die Hollywood-Komödie der Wiederverheiratung], 1981; *Disowning Knowledge: In Six Plays of Shakespeare* [Die Enteignung des Wissens: Sechs Stücke von Shakespeare], 1987). Dabei wurde er auch von der Psychoanalyse beeinflusst, die ebenfalls in seinen Film-Studien zur Anwendung kommt.

Lit.: S. Mulhall (Hg.): The C. Reader, 1996. – W. Rothman (Hg.): C. on Film, 2006. – A. Korsmeier: Sprache erfahren: S. C.s Vision der Sprache, 2006. – M. Gabriel: Antike u. moderne Skepsis – Zur Einführung, 2008.

Markus Gabriel

(Avram) Noam Chomsky

* 7.12.1928 Philadelphia/Pennsylvania (USA)

1945–51	Studium in Pennsylvania, seit 1947 Linguistikstudium bei Zellig Harris
1951–55	Fellow an der Univ. Harvard
1953	Kibbuzaufenthalt in Israel
1955	Professor am Massachusetts Institute of Technology
1967	Verhaftung bei einer Demonstration gegen den Vietnamkrieg in Washington D.C.
1969	John Locke Lecturer, Univ. Oxford
1971	Bertrand Russell Memorial Lecturer, Univ. Cambridge
1979	Kant Lecturer, Univ. Stanford
1988	Kyoto-Preis
2004	Carl-von-Ossietzky-Preis

C. gilt als herausragender amerik. Vertreter der zeitgenössischen sprachanalytischen Philosophie und Linguistik. Die von C. in Analogie zu naturwissenschaftlicher Hypothesenbildung entwickelte Theorie einer generativen Transformationsgrammatik rekonstruiert das grammatische System der Sprache als eine Komponente des menschlichen Geistes. Sein Projekt einer »Universalen Grammatik« hat mit der Annahme einer angeborenen Sprachfähigkeit sowohl für das Rätsel des Spracherwerbs als auch für das Problem der Sprachvariation eine theoretische Erklärung geliefert, die als eine ›kognitive Revolution‹ angesehen wird. C.s Theorien haben auf andere kognitive Disziplinen, wie die Psycholinguistik, die Neuropsychologie, die Hirnforschung, die Philosophie, die Mathematik und die Theorie der Ästhetik, Einfluss genommen. Ebenso wie die Sprache sind für C. die Menschenrechte in der menschlichen Natur begründet. Sein politisches Engagement gegen alle Arten politischer und wirtschaftlicher Unterdrückung wurzelt in einem aufgeklärten Humanismus.

Die formalen Grundlagen seiner Theorie entwarf C. in dem Buch *Syntactic Structures* ([Syntaktische Strukturen] 1957). Das hier entwickelte Grammatikmodell ist eine Rekonstruktion der komplexen Fähigkeit des Muttersprachlers, unendlich viele Sätze als strukturierte sprachliche Einheiten zu produzieren und zu verstehen. Die grundlegende Funktion dieser Einheiten besteht in einer systematischen Zuordnung von Laut- und Bedeutungsstrukturen. Die »Standardtheorie«, die C. mit *Aspects of the Theory of Syntax* ([Aspekte der Syntax-Theorie] 1965) vorlegte, bezieht die beiden syntaktischen Repräsentationsebenen der Tiefen- und der Oberflächenstruktur aufeinander. Die Tiefenstruktur wird als jene Repräsentationsebene betrachtet, die die Bedeutung eines Satzes determiniert, während die Oberflächenstruktur die Lautgestalt eines Satzes bestimmt. Die Grammatik einer Sprache ist im Wesentlichen als ein Mechanismus anzusehen, der Laute und Bedeutungen auf systematische Weise miteinander in Verbindung setzt.

In der »Prinzipien- und Parametertheorie«, die C. in seinen *Lectures on Government and Binding* ([Vorlesungen über Rektion und Bindung] 1981) entwickelte, wird die Hypothese aufgegeben, dass die Beherrschung grammatischer Systeme aus dem Erwerb zunehmend komplexer Regeln resultiert. Die alternative Hypothese lautet demgegenüber, dass die genetisch determinierte Sprachfähigkeit ein invariantes System angeborener abstrakter Prinzipien darstellt, die jedoch gewisse Optionen, so genannte Parameter, offenlassen. Da sie in allen Sprachen gelten, nennt man diese universellen Prinzipien die »Universale Grammatik«. Durch die Konfrontation des Kindes mit seiner sprachlichen Umgebung erfahren die Optionen (Parameter) der universellen Prinzipien Spezifizierungen, die in einer einzelsprachlichen Grammatik resultieren. Die Besonderheiten einer bestimmten Grammatik werden somit nicht mehr als Variationen eines konstruktionsspezifischen Regelsystems analysiert, sondern als erfahrungsabhängige Spezifizierungen der von der »Universalen Grammatik« bereitgestellten Optionen.

Die »Minimalistische Theorie« (*The Minimalist Program,* 1995) versucht, die auf die Sprachfähigkeit bezogenen Prinzipien der »Universalen Grammatik« aus allgemeinen Prinzipien der kognitiven Organisation abzuleiten. Wenn die von der Grammatik produzierten Repräsentationen der Laut-Bedeutungskombinatorik einer artikulatorisch-perzeptuellen und einer konzeptuell-intentionalen Verarbeitung im menschlichen Geist unterliegen, dann müssen grammatische Prozesse durch Bedingungen beschränkt sein, die von grammatikexternen kognitiven Systemen vorgegeben sind und allgemeine Prinzipien der kognitiven Interaktion von Grammatik und anderen Komponenten des menschlichen Geistes betreffen. Da die grammatischen Repräsentationen als Instruktionen für die externen Systeme fungieren, lautet eine triviale Grundbedingung, dass sie von diesen interpretiert, d.h. »gelesen« werden können. Es geht daher nicht mehr primär um das Problem, welches die strukturellen und funktionalen Eigenschaften der Sprache sind, sondern auch darum, warum die Sprache genau diese Eigenschaften und keine anderen besitzt. C.s starke minimalistische These lautet, dass genau diese Eigenschaften der Sprache die »optimalen« Eigenschaften für die Erfüllung der sprachexternen kognitiven Anforderungen sind.

C.s politisches Engagement wurde von seinem intellektuellen jüd. Elternhaus geprägt und nahm durch die Auseinandersetzung mit dem Nationalsozialismus und unter dem Eindruck der Bombardierung Hiroshimas Kontur an. Im Gefolge seines langjährigen Engagements gegen den Vietnamkrieg (*At War with Asia* [Im Krieg mit Asien], 1971) setzte sich C. gegen Unterdrückung, illegitime Herrschaftsstrukturen, autoritäre Regime, gegen Ausbeutung und gegen die Auswüchse der Globalisierung ein (*American Power and the New Mandarins* [Amerikanische Macht und die Neuen Mandarine], 1969; *Hegemony or Survival. America's Quest for Global Dominance* [Hegemonie oder Überleben. Amerikas Streben nach globaler Vorherrschaft], 2003).

Lit.: R. F. Barsky: N. C., 1997. – G. Grewendorf: N. C., 2006.

Günther Grewendorf / Matthias Schulze-Bünte

Chrysipp

280/77 v. Chr. Soloi/Tarsus (Kleinasien) – 208/04 v. Chr.

C., Schüler des Kleanthes und Hörer →Zenons, war einer der führenden Stoiker. Er lebte seit 260 v.Chr. in Athen, wo er 232/31 v.Chr. nach Zenon und Kleanthes drittes Schuloberhaupt der Stoa wurde. Von seinen Schriften ist nur ein Bruchteil überliefert. C. trat insbesondere in der

Logik hervor, die er als Lehre von der Folgerichtigkeit des Denkens verstand. Seine Stärke zeigt sich v.a. im Scharfsinn bei Beweisen von Lehrsätzen.

Ausgehend von einfachen Aussagen, bildete C. mit umgangssprachlichen Elementen – wie ›nicht‹, ›und‹, ›oder‹, ›wenn-dann‹ – zusammengesetzte Aussagen, über deren Wahrheit oder Falschheit methodisch entschieden werden konnte. Darüber hinaus ging er axiomatisch vor. Fünf »unbewiesene«, aber evidente Schlüsse wurden als Axiome an den Anfang des Systems gestellt, um aus ihnen weitere Aussagen zu erschließen. Erstes Axiom war der *modus ponens*, der – als Abtrennungsregel – auch in der modernen Logik eine wichtige Rolle spielt. Der *modus ponens* lautet: wenn A, dann B; nun gilt A, also auch B. Das mit den Axiomen gewonnene beweisende Vorgehen stellte C. in den Dienst der Dialektik, der Wissenschaft vom guten Sich-Unterreden, vom Wahren und Falschen. Speziell gehörte das Aufdecken von Fang- oder Trugschlüssen zu ihren Aufgaben.

Seine Stärke in der Logik verwendete C. zu einem systematischen Aufbau der Philosophie. Im Anschluss an Zenon unterteilte er die Philosophie in Logik, Ethik und Physik, wobei jedoch die Rangfolge nicht eindeutig festgelegt war. Er bestand auf einem engen Zusammenhang zwischen Philosophie und Logik, denn nur mittels der streng logischen Betrachtung erschließt sich das Wesen der Dinge und der Welt. Aus diesem Grund fasste er die Logik nicht – wie →Aristoteles – als Instrument, sondern als Teil der Philosophie auf. Unterstrichen wurde der Zusammenhang von Philosophie und Logik durch die Betonung des – auf Aristoteles zurückgehenden – Zweiwertigkeitsprinzips: Eine Aussage ist entweder wahr oder falsch, ein Drittes ist nicht gegeben. Aus der Forderung der Gültigkeit des Zweiwertigkeitsprinzips für Aussagen *über die Zukunft* leitete C. die Herrschaft des Schicksals in der Geschichte ab.

In der Ethik stellte C. die Tugend als Bedingung für Glückseligkeit heraus. Die Tugend allein ist gut. Sie wird um ihrer selbst willen erstrebt, weil sie bereits Glückseligkeit bedeutet. Da das Sein dem Menschen als Selbstständiges, Anderes gegenübersteht, lassen sich praktische wie auch theoretische Ziele nur in Grenzen realisieren. Realisierbar ist letztlich nur die Tugend. Erkenntnistheoretisch schlägt sich die Selbstständigkeit des Seins darin nieder, dass die Natur oder die Welt sich einer begrifflichen, a priorischen Erfassung widersetzt. Beide sind lediglich auf dem Wege der Erfahrung zugänglich.

Die gegensätzlichen Elemente – Herrschaft des Schicksals und tugendhaftes Leben, das stets Freiheit voraussetzt – geraten bei C. nicht in einen unlösbaren Konflikt. Das Schicksal vollzieht sich bei ihm nicht mit unbedingter Notwendigkeit, denn der Mensch verfügt über einen freien Willen, durch den er die Möglichkeit besitzt, richtig oder falsch zu handeln. Lässt sich der Mensch von der Vernunft leiten, so kann er sein Selbst in der Ursachenkette des Schicksals behaupten.

Werke: Die Fragmente zur Dialektik der Stoiker, hg. v. K. Hülser, 4 Bde., 1987.

Lit.: M. Hossenfelder: Die Philosophie der Antike (= Geschichte der Philosophie, hg. v. W. Röd, Bd. 3), 1985.

Klaus J. Schmidt

Marcus Tullius Cicero

3.1.106 v.Chr. Arpinum – 7.12.43 v.Chr. (ermordet) bei Formiae

bis ca. 82	Schulausbildung u. Studium in Rom (Jurisprudenz, Rhetorik, Philosophie)
81/80	erstes Auftreten als Gerichtsredner
79–77	Bildungs- u. Studienreise nach Griechenland
75	Quästur in Lilybaeum (Sizilien)
70	Verres-Prozess, Durchbruch als ›erster Redner Roms‹
69	Ädilität

66	Prätur
63	Konsulat; Abwehr des politischen Umsturzversuchs Catilinas, Hinrichtung der Catilinarier
58/57	Verbannung; Exil in Griechenland
51–50	Statthalterschaft in Kilikien (Kleinasien)
49–47	auf Seiten der Pompeianer im Bürgerkrieg
Sept. 47	Begnadigung; Rückkehr nach Rom
44/43	letzter politischer Kampf (gegen Marcus Antonius)

C. gilt als größter Redner der Antike und als einer der bedeutendsten Autoren in lat. Sprache. Unter dem Einfluss griech. Bildung, aber auf sprachliche Eigenständigkeit bedacht, schuf er eine formvollendete lat. Kunstprosa, die bis in die Gegenwart auch auf die ›Volkssprachen‹ stilbildend wirkte. Erfolg erzielte C. trotz seiner Herkunft aus dem Ritterstand und ohne senatorische Vorfahren (*homo novus*) als Politiker: Er erreichte das höchste Staatsamt, wurde danach aber wegen seiner Niederschlagung der catilinarischen Verschwörung angefeindet und ins Exil getrieben. C. wurde 47 v.Chr. von Gaius Iulius Caesar begnadigt, jedoch später im Auftrag von dessen General Marcus Antonius, den C. bekämpfte (»Philippische Reden«), ermordet.

C.s erstes großes Werk ist der Dialog *De oratore* ([Über den Redner] 3 Bücher, 57–55), dessen zentrales Anliegen es ist, die Einheit von Philosophie und Rhetorik zu erweisen: Der allseitig gebildete Redner müsse jederzeit über jedes Thema *ornate et copiose* (›formvollendet und inhaltsreich‹) sprechen können. Analog verfocht C. in seinem wohl bedeutendsten, nicht vollständig erhaltenen Dialog über den Staat (*De re publica*, 55–51) die Einheit von Philosophie und praktischer Staatsführung: Maßstab und Norm des politischen Handelns ist die Philosophie, nicht der politische Erfolg. Zentrale These des staatstheoretischen Hauptwerks ist die Idealität der röm. Mischverfassung als Synthese aus den methodisch gegensätzlichen Staatsmodellen →Platons und des →Aristoteles. Parallel hierzu verfasste C. eine unvollendete Ergänzungsschrift über die idealen Gesetze (*De legibus*, ca. 52–51), in der er formal an Platons *Nomoi* anknüpfte, inhaltlich aber eigenständige Wege ging.

Unter Caesars Diktatur folgten rhetorische und philosophische Schriften, u.a. eine dem Marcus Iunius Brutus gewidmete Geschichte der röm. Beredsamkeit (*Brutus*, 46). C. entwickelte kein philosophisches System. Sein Plan war es, die griech. Philosophie seiner Zeit, d.h. insbesondere die Hauptlehren der hellenistischen Philosophenschulen, erstmals in lat. Sprache umfassend darzustellen. Dazu wählte er eine lebendige, der platonischen und (exoterischen, d.h. auf ein breiteres Publikum zielenden) aristotelischen Tradition verpflichtete Darstellung in Dialogform. C. begann mit einer (unvollständig erhaltenen) Trilogie: einem Protreptikos (*Hortensius*), der später →Augustinus beeinflusste, und einer Darstellung der skeptischen akademischen Erkenntnistheorie (*Academici libri* [Akademische Bücher], 45). Danach wandte er sich der Physik zu (Übersetzung von Platons *Timaeus* und Fragment eines kosmologischen Dialogs [*Figulus*?]), verlegte sich aber bald auf die Ethik: In *De finibus bonorum et malorum* ([Über das höchste Gut und größte Übel], 5 Bücher, 45) erörterte er die Grundsätze epikureischer, stoischer und peripatetisch-akademischer Ethik, in den *Tusculanae disputationes* ([Gespräche in Tusculum] 5 Bücher, 45) konkrete moralphilsophische Themen (Tod, Schmerz, Trauer, weitere Leidenschaften, Tugend als Heilmittel). Der nächste Themenkomplex umfasst Götterlehre, Weissagung und Vorsehung. In *De natura deorum* ([Über die Natur der Götter] 45) werden epikureische und stoische Götterlehre gleichermaßen als unhaltbar widerlegt, ohne dass eine eigene Theologie entwickelt würde. In *De divinatione* ([Über die Weissagung] 44) rechnet C. mit der Weissagungspraxis ab (›Selbsttäuschung oder betrügerische Erfindung‹), und in *De fato* ([Über das

Schicksal] 44) wird jede Art von Fremdbestimmung des menschlichen Schicksals (durch Götter oder durch die Macht des Zufalls) abgelehnt. Besonders in diesen drei letztgenannten Schriften tritt C.s skeptische Grundeinstellung deutlich hervor, die ihm den Ruf eines antiken Aufklärers eintrug. Sehr einflussreich war auch C.s letzte Schrift *De officiis* ([Über das pflichtgemäße Handeln] 44).

Werke: Opera quae supersunt omnia, Bibliotheca Teubneriana, 1911 ff.

Lit.: T. Zielinski: C. im Wandel der Jahrhunderte, 1897, ⁴1929, ND 1967. – W. Süss: C. Eine Einführung in seine philosophischen Schriften, 1966. – G. Gawlick / W. Görler: C., in: Grundriss der Geschichte der Philosophie, Die Philosophie der Antike, Bd. IV/2, begr. v. F. Ueberweg, hg. v. H. Flashar, 1994, 991–1168. – J. Leonhardt: C.s Kritik der Philosophenschulen, 1999. – W. Stroh: C. Redner, Staatsmann, Philosoph, 2008.

Reinhold F. Glei

Samuel Clarke

11.10.1675 Norwich (England) – 17.5.1729 London

1690–95	Studium der Theologie, Philosophie u. Naturwissenschaften in Cambridge
1698–1700	Kaplan in Norwich
1700–06	Rector of Drayton bei Norwich
1706–14	Hofprediger bei Queen Anne; Verlust dieses Amts, weil C. ein eindeutiges Bekenntnis zur Dreifaltigkeit vermeidet
1706–09	Rector of St Benet's, Paul's Wharf
1709–29	Rector of St James's, Westminster
1727	Ablehnung des angebotenen Amts als Leiter der königlichen Münze in der Nachfolge →Isaac Newtons

C. war der wichtigste Vertreter einer rationalistischen Theologie in England und galt nach →John Lockes Tod als führender engl. Philosoph. Sein theologisches Denken gründete darauf, dass Vernunft und christlicher Glaube nicht im Widerspruch stehen. Er betonte die Immaterialität und Unsterblichkeit der Seele und verteidigte die Willensfreiheit. Seine Schriften galten lange Zeit als gelungene Beweise für die Existenz Gottes und die Wahrheit der christlichen Offenbarung. Trotz seiner öffentlichen Ablehnung des Deismus warfen ihm orthodoxe Theologen vor, heimlich dem Deismus das Wort zu reden.

In *Demonstration of the being and attributes of God* ([Darlegung des Daseins und der Eigenschaften Gottes] 2 Bde., 1705/06) und *Verity and certitude of natural and revealed religion* ([Die Wahrheit und Gewissheit der natürlichen und offenbarten Religion] 1705) gab C. eine neue Begründung der natürlichen Theologie und wandte sich gegen Atheismus und Pantheismus. Sein *Discourse concerning the unchangeable obligation of natural religion* ([Diskurs über die unwandelbaren Pflichten der natürlichen Religion] 1708), in dem er die natürliche Moral auf neue Grundlagen stellte, richtete sich v. a. gegen →Baruch de Spinoza und →Thomas Hobbes. Als er gegen den ausdrücklichen Wunsch der Regierung in *Scripture-Doctrine of Trinity* ([Die Lehre von der Dreieinigkeit in der Heiligen Schrift] 1712) seine Analyse des Neuen Testaments mit dem Ergebnis veröffentlichte, dass »die Worte *Gott* und *der Vater*, nicht *Gott* und *die drei Personen* in der Schrift immer als Synonyma gebraucht werden«, kam es zu heftigen politischen und juristischen Auseinandersetzungen. Auf die Vorwürfe von →Gottfried Wilhelm Leibniz gegen Locke und →Isaac Newton antwortete C. in Absprache mit Newton. Dieser Briefwechsel (*A collection of papers [...] between Leibniz and Clarke*, 1717) ist die bedeutendste philosophische Streitschrift der neueren Zeit. Für die Durchsetzung der Physik Newtons waren C.s Anmerkungen zu seiner lat. Übersetzung (1697) der *Traité de Physique* von Jacques Rohault und seine lat. Übersetzung (1706) der Newtonschen *Opticks* von großer Bedeutung.

Werke: The Works in four Volumes, 1738, ND 1978. – Der Leibniz-C. Briefwechsel, übers. u. hg. v. V. Schüller, 1991.

Lit.: J. P. Ferguson: Dr. S. C. An 18th Century Heretic, 1976. – U. J. Ortner: Die Trinitätslehre S. C.s, 1996. – E. Vailati: Leibniz and C., 1997. – T. C. Pfizenmaier: The trinitarian theology of Dr. S. C., 1997.

Volkmar Schüller

Johann Clauberg

7.3.1622 Solingen – 8.2.1665 Duisburg

1640–44	Studium der Philosophie, ev. Theologie u. oriental. Sprachen am Gymnasium illustre in Bremen
1644–46	Studium der Theologie u. Philosophie; Promotion in beiden Fächern an der Univ. Groningen (Niederlande)
1646–48	einjähriges Studium an der hugenottischen Akademie in Saumnur (Frankreich), danach Aufenthalte in Paris u. London
April 1648	möglicherweise Besuch bei →René Descartes, bei dem das *Gespräch mit Burman* entstand
1648/49	Studium der cartesischen Philosophie zusammen mit Johann de Raey in Leiden
1649–51	o. Professor für Philosophie u. a.o. Professor für Theologie in Herborn
1652–54	Rektor des Gymnasiums in Duisburg
1655–65	Professor für Philosophie u. Theologie u. erster Rektor an der Akademie (Univ.) Duisburg

C. deutete und verteidigte in zahlreichen Schriften die Lehre →René Descartes' und galt lange Zeit als frühester Vertreter der cartesianischen Philosophie in Deutschland. Sein Name wurde auch mit dem Hinweis auf die angebliche Schöpfung des Ausdrucks *ontologia* (griech. ›Lehre vom Sein‹) als Fachbegriff in Verbindung gebracht. Diese Bewertungen sind von der neueren Forschung korrigiert worden. C. gilt heute als einer der *novatores* (der ›Neuerer‹) seiner Zeit, die versuchten, die ›neue‹ (cartesische) mit der ›alten‹ (zumeist der aristotelischen) Philosophie zu verbinden. C.s Anliegen war es darüber hinaus, die neue Philosophie mit der calvinistischen Theologie zu harmonisieren. Während seiner Lehrtätigkeit in Herborn kam es zum ersten Cartesianismus-Streit im deutschsprachigen Raum, der mit der Verfügung endete, dass allein die aristotelische und die sich auf →Petrus Ramus beziehende ramistische Philosophie (die C. ablehnte) separat oder in Verbindung zu lehren seien.

C. schätzte die nachfolgende Generation eines →Christian Wolff und →Gottfried Wilhelm Leibniz als Interpreten cartesischer Überlegungen zur *prima philosophia*. Zwar habe C. die Fehler der scholastischen Philosophie erkannt, aber nicht zu beheben vermocht (*Metaphysica de ente* [Metaphysik des Seienden], 1664). C.s Werke erlangten z.T. mehrere Auflagen, wurden mitunter kommentiert und in der universitären Lehre benutzt. Das gilt auch für seine beiden zunächst anonym erschienenen logischen Schriften, die *Logica contracta* ([Logik im Abriss] 1659) und die umfangreiche *Logica vetus et nova* ([Alte und neue Logik] 1654). Letztere bildet einen der beiden Traditionsstränge der Ausbildung einer *logica cartesiana*; den anderen repräsentiert die noch erfolgreichere *La logique ou l'art de penser* ([Die Logik oder die Kunst des Denkens] 1662).

C. zählte zu den Ersten, die der allgemeinen Hermeneutik (der Lehre vom Verstehen) zu einem systematisch begründeten Platz im Aufbau der Logik (der Erkenntnislehre) verhalfen. Zu seinen weiteren Besonderheiten gehört, dass er Anhänger der Föderaltheologie (bei der der Bund Gottes mit den Menschen im Mittelpunkt steht) des Hebraisten Johannes Coccejus (Coccejanismus) war, der C. auch in seinen hermeneutischen Auffassungen beeinflusste. Im Blick auf die cartesische Philosophie verdient C.s Versuch besondere Aufmerksamkeit (*Corporis et animae in homine Conjunctio plenius descripta* [Ausführliche Beschreibung der Verbindung von Körper und Seele beim

Menschen], 1664), das Problem der ›Einheit‹ und ›Beziehung‹ (*commercium*) der nach cartesischer Ansicht strikt getrennten ›Substanzen‹ *Geist* und *Körper* des Menschen zu lösen. Dabei nutzte er den in der Föderaltheologie zur Beschreibung der Beziehung zwischen Gott und den Menschen dienenden Ausdruck ›Bund‹ (*foedus*). Ausführlicher beschäftigte sich C. zudem mit den theoretischen Prinzipien der Etymologie sowie mit der dt. Sprache, v.a. hinsichtlich ihrer Tauglichkeit als Sprache des Philosophierens (*Ars etymologica teutonum* [Die etymologische Wissenschaft bei den Deutschen], 1663). C. dürfte schließlich als einer der Ersten der Ansicht gewesen sein, dass die philosophischen Ausdrücke vom sinnlich Wahrnehmbaren her (*a sensilibus ad intelligibilia*) gebildet seien.

Werke: Opera omnia philosophica, hg. v. J. T. Schalbruch, 2 Bde., 1691.

Lit.: F. Trevisani: Descartes in Germania. La ricezione del cartesianesimo nella Facoltà filosofica e medica di Duisburg 1652–1703, 1992. – T. Verbeek (Hg.): J. C. (1622–1665), 1999. – L. Danneberg: Logik u. Hermeneutik im 17. Jh., in: J. Schröder (Hg.): Theorie der Interpretation vom Humanismus bis zur Romantik, 2001, 75–131. – E. Papp: Dt. Etymologie im 17. Jh. J. C. ›Ars Etymologica Teutonum‹ 1663, in: S. J. Schierholz (Hg.): Die dt. Sprache der Gegenwart, 2001, 81–95. – J.-C. Gens (Hg.): La logique herméneutique du XVIIe siècle: J.-C. Dannhauer et J. C., 2006.

Lutz Danneberg

Hermann Cohen

4.7.1842 Coswig – 4.4.1918 Berlin

seit 1861	Philosophiestudium in Breslau
1865	Promotion in Halle
1873	Habilitation in Marburg (nach zwei vergeblichen Versuchen in Berlin)
1876–1912	Professor der Philosophie in Marburg
seit 1912	Vorlesungen an der Lehranstalt des Judentums in Berlin

Als einer der Begründer der ›Marburger Schule‹ wirkte C. in erster Linie durch die drei Schwerpunkte seines Schaffens – seine Kant-Rezeption bzw. Kant-Interpretation, seine Weiterführung derselben in einem eigenen System der Philosophie sowie seine Religionsphilosophie – auf dem Neukantianismus verpflichtete Denker des 20. Jh.s, wie →Ernst Cassirer, Albert Görland, →Nicolai Hartmann, Friedrich Albert Lange oder →Paul Natorp.

Unternahm C. in seinem ersten Hauptwerk, *Kants Theorie der Erfahrung* (1871), den Versuch, den kantischen Apriorismus auch im Hinblick auf die Anschauungsformen logisch zu fundieren und in die Wissenschaftserfahrung erkenntnistheoretisch einzubinden, so widmen sich die drei Teile seines *Systems der Philosophie* (*Logik der reinen Erkenntnis*, 1902; *Ethik des reinen Willens*, 1904; *Ästhetik des reinen Gefühls*, 1912) der Funktionsanalyse des reinen Bewusstseins als Bedingung der Möglichkeit gelingender Wissenschaft respektive eines logischen Idealismus, der auf einer begrifflich-mathematischen Wirklichkeitserfassung beruht. Bereits mit dem ästhetischen Profil des letzten der genannten Systemglieder, noch deutlicher jedoch mit seiner *Religion der Vernunft aus den Quellen des Judentums* (1919) ging C. über die Grenzen theoretischer Wissenschaftlichkeit hinaus, hielt aber am Ideal einer rein rationalen Epistemologie fest. Gerade mit seiner Religionsphilosophie gewann C. maßgeblichen Einfluss auf die Theologie →Franz Rosenzweigs.

Werke: Werke, hg. v. H. C.-Archiv Zürich, angelegt auf 16 Bde., 1977 ff.

Lit.: H. Holzhey: C. u. Natorp, 1986. – G. Edel: Von der Vernunftkritik zur Erkenntnislogik. Die Entwicklung der theoretischen Philosophie H. C.s, 1988.

Rebecca Paimann

Robin George Collingwood

22.2.1889 Gillhead, Cartmel Fell/Lancashire (England) – 9.1.1943 Coniston (England)

1908	Stipendium am University College, Oxford
1912	Mitglied u. Tutor der philosophischen Fakultät des Pembroke College, Oxford
1914–18	Tätigkeit für den Marinegeheimdienst
1927	Professor für Philosophie u. Röm. Geschichte in Oxford
1934	Wahl zum Mitglied der British Academy
1935–41	Waynflete Professor für Metaphysik am Magdalen College, Oxford

C. kommt eine hervorragende Stellung unter den brit. Intellektuellen des 20. Jh.s zu. Sein vielfältiges wissenschaftliches Werk umfasst Schriften zur Philosophie, Archäologie und zur Geschichte des röm. Britanniens. Zudem verfasste er Übersetzungen, eine Autobiographie und Reiseliteratur. In den späten 1930er Jahren vertrat C. eine antifaschistische Haltung und engagierte sich gegen die brit. *Appeasement*-Politik. Außerdem entwarf er eine liberale Werte-Theorie (*The New Leviathan or Man, Society, Civilization, and Barbarism* [Der Neue Leviathan oder Mensch, Gesellschaft, Zivilisation und Barbarei], 1942).

C.s Denken nahm seinen Ausgang von einer Kritik an der frühen Analytischen Philosophie, v. a. an deren Geschichtsvergessenheit und mangelnder lebenspraktischer Relevanz. Dabei hob er die Bedeutung von *absolute presuppositions* (›absoluten Präsuppositionen‹) hervor, Denkvoraussetzungen also, die z. T. unbewusst den Hintergrund für Haltungen und Handlungen darstellen (*An Essay on Metaphysics* [Ein Essay über Metaphysik], 1940). Zur Aufdeckung dieser Präsuppositionen sei die Analyse der (historischen) *constellations* (›Konstellationen‹) notwendige Voraussetzung, weswegen C. der hermeneutischen Rekonstruktion geschichtlicher Wirklichkeit große Bedeutung zumaß.

C.s geistiges Vermächtnis ist seine postum veröffentlichte, anti-positivistische Geschichtsphilosophie *The Idea of History* ([Die Idee der Geschichte] hg. v. T. M. Knox, 1946), deren anfänglicher Erfolg wohl das Verlangen nach neuen Ideen im Großbritannien der Nachkriegszeit und die wachsende Skepsis gegenüber konventionellen Weisheiten widerspiegelt. Seine maßvollen Kommentare boten eine neue theoretische Richtung und fochten in subtiler Weise einen gedankenlosen Empirismus an. Einerseits war seine Geschichtsphilosophie eine klare Provokation der traditionellen politischen Geschichtsschreibung in Großbritannien, die gegenüber tiefgreifender methodologischer Reflexion und Philosophie vielfach blind war; andererseits zeugt sein Werk von großem Respekt gegenüber der Vergangenheit.

In *The Idea of History* und in seiner *Autobiography* (1939) entwarf C. eine Reihe von Vorschlägen zum Geschichts- und zum Selbstverständnis der Historiker. Berühmt wurde seine Anregung, dass es die wesentliche Aufgabe eines Historikers sei, sich selbst in die Gedankenwelt eines historischen Akteurs hineinzuversetzen, damit die Historiographie auf der nachvollziehenden ›Vergegenwärtigung‹ (*re-enactment*) vergangener Ideen durch den Historiker gründen könne. Diese Anregung beeinflusste zahlreiche brit. Erziehungswissenschaftler und fand Eingang in den schulischen Unterricht. Vielfach übersehen wurde dabei, dass historische Vergegenwärtigung von C. nur als Modell für historische Denkpraxis gedacht war und nicht als philosophische Grundlage der Geschichtsbetrachtung *per se*. So sei ein *re-enactment* z.B. dann nicht möglich, wenn der Historiker zu einem Teil der Geschichte arbeitet, der ihm widerlich oder entsetzlich erscheint. Tatsächlich ist nach C. der Gegenstand der Geschichte die Selbstkenntnis des Historikers, dies in Verbindung mit einem Sinn dafür, *what man can do* (was für den Menschen machbar ist).

Lit.: D. Boucher: The Social and Political Thought of R. G. C., 1989. – R. A. Burchnall: Catalogue of the Papers of R. G. C., 1994. – W. H. Dray: History as Re-enactment: R. G. C.'s Idea of History, 1995. – P. Johnson: R. G. C. An Introduction, 1998. – G. D'Oro: C. and the Metaphysics of Experience, 2002.

*Hugo Frey**

Auguste Comte

19. 1. 1798 Montpellier (Frankreich) – 5. 9. 1857 Paris

1814–16	Studium an der École Polytechnique (ohne Abschluss)
1816/17	Privatlehrer für Mathematik in Paris
1817–24	Privatsekretär, Mitarbeiter u. Freund von Claude-Henri Comte de Saint-Simon in Paris
seit 1824	Privatgelehrter u. Schriftsteller in Paris
1826/27	Unterbringung in einer Pariser Nervenheilanstalt, Selbstmordversuch
seit 1829	Wiederaufnahme der Privatvorlesungen
1830	Gründer der Association Polytechnique zur Unterrichtung der Pariser Arbeiterschaft, bis zu seinem Austritt 1834 deren Vizepräsident
1832–51	Répétiteur d'analyse et de mécanique an der École Polytechnique
1837–51	Examinateur des Candidats an der École Polytechnique
1848	Gründung der Societé Positiviste

C. gilt als herausragender Repräsentant des (von ihm so genannten) »Positivismus« und als Begründer der wissenschaftlichen Soziologie. In Abwehr aller Metaphysik verstand er seine Wissenschaft als naturwissenschaftlich geprägte Beschreibung und Analyse von »reinen« Tatsachen. Seinem »Drei-Stadien-Gesetz« zufolge entwickelt sich das menschliche Wissen als historischer Fortschritt: von der theologischen Weltdeutung über die metaphysische Weltdeutung zur »positiven« Wissenschaft. Dieses Gesetz gilt besonders für die Entwicklungsgeschichte von Wissenschaften: Auch sie durchlaufen nach C. ein theologisches und metaphysisches Stadium, bevor sie zur vollen Positivität gelangen. Aus dieser hierarchischen Klassifikation ergeben sich für C. nicht nur klare Kriterien für den Fortschritt einzelner Wissenschaften, sie weist v.a. der Soziologie die Rolle als Schlussstein im System der Wissenschaften zu.

C.s Philosophie steht ganz im Zeichen von Aufklärung und naturwissenschaftlichem Wissenschaftsideal als Reaktion auf die sozialen Krisen in Frankreich nach 1789. C.s Schrift *Plan de traveaux scientifiques nécessaires pour réorganiser la societé* ([Plan notwendiger wissenschaftlicher Arbeiten für die Umgestaltung der Gesellschaft] 1822) gilt als grundlegendes Werk der Philosophie des Positivismus. Sein Hauptwerk ist die Druckfassung seiner Privatvorlesungen (*Cours de philosophie positive* [Abhandlung über die positive Philosophie], 6 Bde., 1830–42). Als Programmschrift seiner »Religion der Menschheit«, die an die Stelle des Katholizismus treten sollte, fungierte das *Système de politique positive, ou Traité de sociologie* ([System der positiven Politik oder Abhandlung über die Soziologie] 4 Bde., 1851–54).

Die Wirkungsgeschichte des C.schen Programms war erheblich. Seine Ideen hatten durch die Tätigkeit der positivistischen Kirche und des organisierten Positivismus großen Einfluss auf Einzelpersonen, weltanschaulich ausgerichtete Vereinigungen, Verbände und Parteien. Der organisierte Positivismus – v.a. einflussreich in Frankreich, England, Schweden und Italien – spielte bei den Staatsgründungen Brasiliens, der Türkei und Polens eine große Rolle, wo er dem Marxismus-Leninismus zeitweise den Rang als »Modernisierungsideologie« ablief.

Werke: Œuvres, 12 Bde., 1852–57, ND 1968–71. – Correspondence générale et confessions, hg. v. P. E. de Berrêdo Carneiro [u.a.], 8 Bde., 1973–90.

Lit.: M. Pickering: A. C. An Intellectual Biography, Bd. 1, 1993. – W. Fuchs-Heinritz: A. C. Einführung in Leben u. Werk, 1998. – G. Wagner: A. C. zur Einführung, 2001.

Dirk Kaesler

Étienne Bonnot de Condillac

30.9.1714 Grenoble (Frankreich) – 3.8.1780 bei Beaugency (Frankreich)

1727–33 Studium am Jesuitenkolleg in Lyon
1733–40 Studium am Priesterseminar Saint-Sulpice in Paris u. an der Sorbonne
1740 Priesterweihe
1758–67 Erzieher Ferdinands von Bourbon, des späteren Herzogs von Parma

C. gilt als Vertreter des Sensualismus. In Auseinandersetzung mit dem Empirismus →John Lockes und der Naturphilosophie →Isaac Newtons entwickelte er ein System, in dem alle Funktionen der Seele auf Sinnesempfindungen zurückgeführt werden. C.s sensualistische Version des Empirismus beeinflusste das Denken der *idéologues* (Antoine-Louis-Claude Destutt de Tracy, Pierre-Jean-Georges Cabanis).

In seinem *Essai sur l'origine des connaissances humaines* (Versuch über den Ursprung der menschlichen Erkenntnis) (1746) erklärte C. die Entstehung der Seelenfunktionen und konzentrierte sich dabei auf die kognitiven Seelenfunktionen. Den Willen, die Affekte, die personale Identität und den moralischen Charakter behandelte er im *Traité des sensations* ([Abhandlung über die Empfindungen] 1757). Indem sich C. des Gedankenexperiments einer Statue bediente, die einzelne Sinne nach und nach erwirbt, zeigte er die Bedeutung des Tastsinns, durch den der Mensch die Idee einer externen Welt gewinnt und alle anderen Sinne eine Anleitung erhalten. C. strebte ein wahres System der Metaphysik an (*Traité des systèmes* [Abhandlung über die Systeme], 1749). Im *Traité des animaux* ([Abhandlung über die Lebewesen] 1755) betonte er gegen →René Descartes und Georges-Louis Leclerc, Comte de Buffon, die Ähnlichkeit zwischen Tier und Mensch.

Seine sensualistische Methode wandte C. in *La logique* ([Die Logik] 1780) und *La langue des calculs* ([Die Sprache des Rechnens] 1789) auf Logik und Mathematik an. In *Le commerce et le gouvernement considérés relativement l'un à l'autre* ([Der Handel und die Regierung] 1775) verteidigte er die Idee einer konstitutionellen Monarchie. Aus seiner Tätigkeit als Erzieher des späteren Herzogs von Parma ging sein *Cours d'étude pour l'instruction du Prince de Parme* ([Studienkurs für die Erziehung des Prinzen von Parma] 13 Bde., 1769–73) hervor.

Werke: Œuvres philosophiques, hg. v. G. Le Roy, 3 Bde., 1947–51.

Lit.: G. Le Roy: La psychologie de C., 1937. – R. Lefèvre: C. ou la joie de vivre, 1966. – I. F. Knight: The Geometric Spirit. The Abbé de C. and the French Enlightenment, 1968.

Thomas Gil

Nicolaus Copernicus

19.2.1473 Thorn (heute Polen) – 24.5.1543 Frauenburg (heute Polen)

1491/92	Studium der artes liberales in Krakau (Polen)
1494–1500	Studium der Rechte in Bologna u. astronomische Studien als Mitarbeiter von Domenico Maria di Novara
1497	zusammen mit Domenico Beobachtung der Bedeckung des Sterns »Aldebaran« durch den Mond
1498	Aufnahme in das Ermländ. Domstift
1499	Magister Artium
1500	Gastvorlesungen u. Beobachtung einer Mondfinsternis in Rom
1501–03	Abschluss der juristischen u. philosophischen Studien in Padua 1503, Promotion zum Dr. iur. can. in Ferrara
1503–06	Medizinstudium in Padua
1506–12	Sekretär u. Leibarzt seines Onkels, des Bischofs Lucas Watzenrode, in Heilsberg
1516–21	Kapitularstatthalter in Allenstein
1531–39	ärztliche Tätigkeit

C. wurde durch sein Hauptwerk *De revolutionibus orbium coelestium* ([Über die Umschwünge der himmlischen Kugelschalen] 1543) zu einem der einflussreichsten Astronomen in der Geschichte der Wissenschaften. Nach ihm ist eine Wende der Wissenschaft benannt, die streng genommen nur die Astronomie betrifft. Die »copernicanische Wende« besteht in einem Rückgriff auf die antike Lehre von Aristarch, der eine Theorie der Bewegung der Sonne um die Erde gelehrt hatte. →Immanuel Kant (*Kritik der reinen Vernunft*, ²1787) übertrug die Bedeutung der »kopernikanischen Revolution« auf die Philosophie und maß ihr erkenntnistheoretische Bedeutung zu. Danach bezeichnet sie die transzendentale Einstellung, dass sich die Gegenstände nach unserer Erkenntnis richten und die »Bedingungen der Möglichkeit der Erfahrung überhaupt [...] zugleich Bedingungen der Möglichkeit der Gegenstände der Erfahrung« sind.

C. kann als typischer Universalgelehrter der Spätrenaissance angesehen werden: Als ausgebildeter Jurist zeigte er Organisationstalent bei der Verwaltung der Güter des Ermländ. Domkapitels und erstellte 1519 als preuß. Landtagsabgeordneter ein Gutachten für die Reform der Münzwährung. Darüber hinaus war er als Arzt erfolgreich und verfasste für seine Patienten astromedizinische Gesundheitsregeln (*Regimen sanitatis*). 1516 wurde er als renommierter Astronom vom Vorsitzenden der Kalenderkommission, Bischof Paulus von Middelburg, um ein Gutachten für die Kalenderreform gebeten.

Im ersten Entwurf seines Hauptwerks *De revolutionibus*, dem so genannten *Commentariolus*, der seit 1514 in mehreren Abschriften unter den Gelehrten Europas kursierte, vertrat C. folgende Hauptthesen (*Petitiones*) zu seinem neuen System: (1) Die Himmelsbewegungen haben keinen gemeinsamen Mittelpunkt; (2) die Erde ist nicht der Mittelpunkt der Welt; (3) die Weltmitte liegt vielmehr nahe der Sonne; (4) der Abstand zwischen Erde und

Fixsternhimmel ist unmessbar groß; (5) die Erde dreht sich täglich um ihre Achse, während der Fixsternhimmel unbeweglich bleibt und sich nur scheinbar um sie dreht; (6) ebenso bewegt sich die Sonne nur scheinbar, in Wirklichkeit bewegt sich die Erde einmal jährlich um die ruhende Sonne; und (7) die Relativbewegungen zwischen der Erde und den anderen Planeten reichen aus, um verschiedene Erscheinungen am Himmel (einfacher als zuvor) zu erklären.

Diese Grundgedanken arbeitete C. in *De revolutionibus* weiter aus. Hier findet sich eine beschreibende Darstellung des neuen Systems und dessen geometrisch-astronomische Beweisführung neben Tabellen der Sonnen-, Mond- und Planetenbewegungen und einer Liste der C. bekannten Fixsterne. C.s heliozentrische Theorie – die Lehre von der Sonne als Mittelpunkt unseres Planetensystems – konnte erst 1838 mit der Beobachtung der Fixsternparallaxe durch Friedrich Wilhelm Bessel bestätigt werden. C. zu Ehren nennt man das heliozentrische Weltbild darum auch *Copernicanisches Weltbild*. C. führte als Erster den Gedanken der relativen Bewegung von Himmelskörpern gegenüber einem Beobachter auf der Erde ein, da er erkannte, dass die sichtbaren Bewegungen der Planeten nicht ihren wirklichen Bewegungen entsprechen.

Werke: GA, 9 Bde., hg. v. H. M. Nobis [u. a.], 1974–2004.

Lit.: L. F. Prowe: N. C., 3 Bde., 1883/84. – T. S. Kuhn: The Copernican Revolution, 1957. – H. Baranowski: Bibliografia kopernikowska, 1509–1955, 1958. – H. Blumenberg: Die kopernikanische Wende, 1965. – F. Schmeidler: N. K., 1970. – Studia Copernicana, hg. v. d. Poln. Akademie der Wissenschaften, 1970 ff. – H. M. Nobis: Die Vorbereitung der copernicanischen Wende, in: Boethius 12 (1985), 265–95. – E. Zinner: Entstehung und Ausbreitung der copernicanischen Lehre, hg. u. ergänzt v. H. M. Nobis u. F. Schmeidler, 1987.

Heribert M. Nobis

Benedetto Croce

25.2.1866 Pescasseroli (Italien) – 20.11.1952 Neapel

1883–86	Studium an der Univ. La Sapienza in Rom
seit 1886	Privatgelehrter in Neapel
1895	Beginn einer intensiven Auseinandersetzung mit dem Marxismus
1903	Gründung der Zeitschrift *La Critica* (bis 1944)
1910	Senator
1920	Bildungsminister
1925	Manifest gegen den Faschismus
1944–47	Neubegründung u. Vorsitz der Liberalen Partei
1944	kurzzeitig Minister
1946	Mitglied der verfassunggebenden Versammlung; Ablehnung des Angebots, für eine Übergangszeit Präsident der Republik Italien zu werden
1948	erneut Senator

C. gilt als bedeutendster ital. Philosoph seit →Giambattista Vico. Er war auch Historiker und Politiker und erlangte als Repräsentant eines intellektuellen Antifaschismus in Italien nach 1945 höchstes Ansehen. Politisch dem Liberalismus verpflichtet, vertrat er philosophisch sehr nachhaltig die schöpferische Freiheit des menschlichen Geistes und beeinflusste damit v.a. das Geschichtsdenken und die Ästhetik stark. Obwohl C.s Denken in Italien heute seine zeitweise übermächtige Stellung verloren hat, wird es weiterhin diskutiert. In Deutschland rezipierte besonders der Romanist Karl Vossler den Ansatz seines Freundes und Briefpartners C. schon in der Weimarer Republik.

Zu C.s außerordentlich umfangreichem Gesamtwerk zählt eine Geschichte Neapels, eine Geschichte Italiens sowie eine Geschichte Europas im 19. Jh. im Geiste des Liberalismus; literaturwissenschaftliche Studien verfasste C. über Ludovico Ariost und William Shakespeare, Johann Wolfgang von Goethe und →Dante. Als Philosoph beschäftigte er sich intensiv mit Vico und →Georg Wilhelm Friedrich Hegel.

C. vertrat eine strikt idealistische und antinaturalistische Philosophie, der zufolge »Wirklichkeit« nur den Manifestationen des immerfort tätigen und sich erneuernden Geistes zukommt. Es gibt eigentlich nichts, das nicht Ausdrucksform dieses Geistes wäre. Unter dem Signum einer *Filosofia dello Spirito* (einer neuen ›Philosophie des Geistes‹) bestimmte er vier Grundformen des erkennenden und handelnden Geistes, nämlich eine ästhetische, logische, wirtschaftliche und ethische. Diesen von ihm herausgestellten Grundformen widmete er jeweils einflussreiche und in mehrere Sprachen übersetzte Werke, nämlich eine »Ästhetik«, »Logik« und »Philosophie der Ökonomie« / »Philosophie der Praxis«.

Im Sinne eines wahren geschichtlichen Denkens – eines *storicismo assoluto* (›absoluten Historismus‹) – wandte C. sich gegen »die traditionelle Vorstellung von der Philosophie, die ihren Blick himmelwärts richtet und vom Himmel die höchste Wahrheit empfängt und erwartet. Diese Trennung von Himmel und Erde, diese dualistische Auffassung von einer Wirklichkeit jenseits der Wirklichkeit« sei es, »was dieser Philosophie ihren eigenartigen Charakter verleiht, der immer der gleiche bleibt, wie man die transzendente Wirklichkeit nennen mag, Gott oder Materie, Idee oder Wille – jedesmal wird angenommen, daß unterhalb ihrer oder ihr gegenüber eine niedrigere oder rein phänomenale Wirklichkeit bestehe« (*Die Geschichte als Gedanke und Tat*, 1938). C.s hiergegen gerichteter Grundgedanke geschichtlicher Immanenz, seine völlige Historisierung der Wirklichkeit, geht auch über Hegel, an den seine Philosophie ansonsten in vielem anschließt, hinaus. Bis hierher sei das Bewusstsein gekommen, so habe dieser am Ende seiner Vorlesungen über die Philosophie der Geschichte bedeutet. Doch C. meinte: »Er hatte nicht das Recht, es zu sagen, denn seine Entwicklung ließ keine Fortsetzung zu« (*Theorie und Geschichte der Historiographie*, 1915).

Werke: Opere, 74 Bde., 1908–63. – Edizione nazionale delle opere, bisher 19 Bde., 1991 ff. – Gesammelte philosophische Schriften in dt. Übertragung, hg. v. H. Feist, 7 Bde., 1927–30. – L'eredità di C., hg. v. F. Tessitore, 1986. – Briefwechsel B. C. – K. Vossler, 1955.

Lit.: K. E. Lönne: B. C., 2002. – S. Dessi Schmid: Ernst Cassirer u. B. C. – Die Wiederentdeckung des Geistes, 2005.

Volker Steenblock

Dante Alighieri

Ende Mai 1265 Florenz – 13.9.1321 Ravenna

Mai 1274	erste Begegnung mit Beatrice († 1290)
1296	Mitglied des Rates der Hundert der Stadt Florenz
1297	Mitglied des Rates des Bürgermeisters
1300	Gesandter der Stadt in San Gimignano u. einer der sechs Prioren der Stadt
1301	erneut im Rat der Hundert; diplomatische Mission bei Papst Bonifaz VIII.
1302	erste Verurteilung durch die Stadt Florenz, Verbannung u. Verurteilung zum Tode
1306–09	Aufenthalte in Casentino, Lucca, Santa Croce del Corvo u. vielleicht in Paris
1310–13	Unterstützung von Kaiser Heinrich VII.
1315	neues Todesurteil
1316–18	Aufenthalt am Hofe des Can Grande della Scala in Verona

D. ist nicht nur der bedeutendste Dichter der ital. Sprache, sondern auch eine herausragende Figur des gesamten mittelalterlichen Geisteslebens, das er in seinem Schrifttum synthetisch zusammengefasst hat. Seine dichterische Leistung wird ergänzt durch seinen Beitrag zur ital. Sprache, deren Vereinheitlichung er theoretisch forderte und deren Vorbild er mit seiner Dichtung schuf. Seine aktive Teilnahme am politischen Geschehen in Florenz, wo er zur politischen Gruppierung der »Weißen Guelfen« gehörte (die Guelfen waren ursprünglich Anhänger der päpstlichen Richtung im Gegensatz zu den Ghibellinen, die die kaiserliche Politik vertraten), hatte Exil und Verurteilung zum Tode zur Folge. Seit 1310 setzte sich D. aktiv für die Sache Kaiser Heinrichs VII. ein, von dem er die Rettung Italiens erwartete. Die intensive politische Tätigkeit trug zur Entwicklung einer ausgeprägten und folgenreichen Lehre der Trennung von Kirche und Staat bei.

In seiner ersten, bereits im Exil entstandenen, explizit philosophischen Schrift, dem unabgeschlossenen Werk *Convivio* ([Gastmahl] 1304–07), berichtete D. nicht nur über seine mit dem Tod von Beatrice in Zusammenhang stehende Hinwendung zur Philosophie, sondern wollte gleichzeitig die Philosophie in der Volkssprache an ein nicht-universitäres Laienpublikum vermitteln. Die Frage der Volkssprache als Vehikel der Dichtung und des Wissens steht auch im Mittelpunkt der zweiten, im frühen Exil entstandenen Schrift *De vulgari eloquentia* ([Von der Beredsamkeit in der Volkssprache] um 1304), wo die Sprachfähigkeit als herausragende Eigenschaft des Menschen gerühmt wird. Die These des Primats der praktischen Vernunft findet nicht nur in der *Commedia* (später *Divina commedia* [Göttliche Komödie], 1307–20), die im Gewande der literarischen Form einer Jenseitsreise des Autors eine stark aristotelisch geprägte und im Sinne des Christentums erweiterte Ethik zu vermitteln beabsichtigt und zwar »zum Wohl der Welt, die schlecht lebt«, sondern auch im philosophischen Hauptwerk, der *Monarchia* (um 1310), eine ebenso originelle wie eigenständige Darstellung. In diesem politischen Traktat wird zum einen die Notwendigkeit einer die gesamte Menschheit einschließenden, kosmopolitischen Gemeinschaft aufgewiesen und zum anderen zugunsten der Loslösung der politischen Ordnung von den kirchlichen Institutionen argumentiert, wobei von D. die vom radikalen Aristotelismus geforderte Trennung von Philosophie und Theologie politisch ausgewertet wird.

Werke: Commedia, hg. v. G. Petrocchi, 4 Bde., 1966/67. – Monarchia, Studienausg., hg. v. R. Imbach u. C. Flüeler, 1989. – Philosophische Werke, hg. unter d. Leitung v. R. Imbach, 7 Bde., 1993–2007. – Convivio, hg. v. F. Brambilla Ageno, 3 Bde., 1995.

Lit.: E. Gilson: D. u. die Philosophie, 1953. – The D. Encyclopedia, hg. v. R. Lansing, 2000. – K. Stierle: Das große Meer des Sinns. Hermeneutische Erkundungen in D.s Commedia, 2007.

Ruedi Imbach

Charles (Robert) Darwin

12.2.1809 Shrewsbury (England) – 19.4.1882 Downe (England)

1825–27	Medizinstudium in Edinburgh (Schottland)
1828–31	Bachelor of Arts-Studium in Cambridge (England)
1831–36	Weltreise als unbezahlter Naturforscher auf dem Vermessungsschiff HMS »Beagle«
1837	Umzug nach London; Beginn der Notizbücher über den Artenwandel
1838	Beginn der Notizbücher über philosophische u. metaphysische Fragen
seit 1842	Privatgelehrter in Downe

D. galt bereits zu Lebzeiten als wissenschaftlicher Revolutionär und wurde mit →Nicolaus Copernicus, Galileo Galilei und →Isaac Newton verglichen. Geprägt wurde er durch eine den Idealen der Humanität und Aufklärung verpflichtete Familientradition. Bereits während seines Studiums befasste er sich mit philosophisch-naturwissenschaftlichen Grenzfragen und pflegte intensiven Kontakt zu Naturforschern und Gelehrten. Maßgeblich beeinflusst wurde er v.a. durch Alexander von Humboldts Reisebeschreibungen, John Herschels Wissenschaftsphilosophie, Charles Lyells revolutionäre Geologie, den Empirismus von →David Hume und →Adam Smith sowie das Bevölkerungsgesetz von Thomas R. Malthus. Eingehend beschäftigte er sich mit der *Natural Theology* (1802) von

William Paley (*argument from design*). Als wichtigstes Ereignis seines Lebens bezeichnete er seine Reise als Naturforscher auf dem Forschungsschiff »Beagle«.

D.s zentrales Anliegen war es, das *mystery of mysteries* (›Geheimnis der Geheimnisse‹) zu lüften und die Entstehung von Tier- und Pflanzenarten zu erklären. In seinem Hauptwerk *On the Origin of Species* ([Die Entstehung der Arten] 1859) wandte er sich gegen die biblische Vorstellung von der göttlichen Schöpfung jeder einzelnen Art und versuchte auf der Grundlage der Beobachtungen und Erfahrungen während seiner »Beagle«-Reise die »wahren Ursachen« (*verae causae*), d.h. die Naturgesetze der Artentstehung, aufzudecken. D. behauptete die Überlegenheit der Erklärungs- und Integrationsleistung von Evolutionsgesetzen gegenüber der Annahme singulärer Schöpfungsakte und wies die mit dieser Annahme verbundene Gottesvorstellung als zu einfach zurück. Seine »Theorie der Abstammung mit Veränderung durch Variation und natürliche Selektion« (*theory of descent with modification through variation and natural selection*) machte jedoch auch die Annahme Gottes als des Schöpfers solch raffinierter Gesetze verzichtbar.

D.s Theorie ist in mehrfacher Hinsicht philosophisch bedeutend: Sie erklärt die Möglichkeit der Entstehung von Zweckmäßigkeit und Anpassung im Lebendigen ohne Rückgriff auf aristotelische Finalursachen oder *intelligent design*. Das evolutionäre Kontinuitätsprinzip mit der Annahme des verwandtschaftlichen Zusammenhangs des Menschen mit allen Lebewesen hat Konsequenzen für unser Menschenbild und die Bestimmung des Verhältnisses zwischen Mensch und Tier: Der Mensch einschließlich seiner sozialen, moralischen und kognitiven Fähigkeiten gehörte von Anfang an zum intendierten Anwendungsbereich von D.s Theorie. Dennoch nimmt der Mensch nach D. eine Sonderstellung in der Natur ein, er ist für ihn das einzige *moralfähige Tier*. Auch vertritt D. *keinen* Sozialdarwinismus im Sinne einer rücksichtslosen Gestaltung sozialer Verhältnisse nach dem Prinzip des Überlebens der stärksten oder bestangepassten Individuen oder Gruppen (*survival of the fittest*). D.s Kriterium für moralischen Fortschritt wurzelt in der Idee der Humanität und schließt die Sorge um Kranke, Schwache und Tiere mit ein.

Werke: Pickering Masters, hg. v. P. H. Barrett u. R. B. Freeman, 29 Bde., 1986–89. – Life and Letters, hg. v. F. Darwin, 3 Bde., 1887. – Correspondence of C. D., hg. v. F. Burkhardt [u.a.], bisher 17 Bde., 1985 ff.

Lit.: E.-M. Engels: Erkenntnis als Anpassung?, 1989. – M. A. Di Gregorio / N. W. Gill (Hg.): D.s Marginalia, Bd. I, 1990. – A. Desmond [u.a.]: D., 1991, dt. 1994. – J. Browne: C. D., 2 Bde., 1995/2002. – J. Hodge / G. Radick (Hg.): The Cambridge Companion to D., 2003. – E.-M. Engels: C. D., 2007. – J. Voss: D.s Bilder, 2007. – E.-M. Engels / T. Glick (Hg.): The Reception of C. D. in Europe, 2008. – E.-M. Engels (Hg.): C. D. u. seine Wirkung, 2009.

Eve-Marie Engels

Donald (Herbert) Davidson

6. 3. 1917 Springfield/Mass. (USA) – 30. 8. 2003 Berkeley (USA)

1935–41	Studium der Philosophie, klassischen Philologie u. Literatur in Harvard
1942–45	Kriegsdienst
1951–67	Professor für Philosophie in Stanford
1967–70	Professor in Princeton
1970–76	Professor an der Rockefeller Univ., New York
1976–81	Professor an der Univ. Chicago
seit 1981	Professor in Berkeley
1991	Hegel-Preis der Stadt Stuttgart

D. gehört neben → Willard Van Orman Quine zu den einflussreichsten angloamerik. Philosophen des 20. Jh.s. Sein interpretationaler Ansatz stellt ein bedeutendes Bindeglied zwischen der hermeneutischen und der analytischen Tradition dar. D.s Bemühungen um eine einheitliche Theorie von Handlung und Erkenntnis machten ihn zu einem zentralen Gewährsmann der Wiederentdeckung und Weiterentwicklung des Pragmatismus. Insbesondere durch die Vermittlung →Richard Rortys beeinflusste er auch die aktuelle Literaturwissenschaft. D. entwickelte seine Philosophie fast ausschließlich in Aufsätzen, deren zentrale Themen aus der Handlungs-, Bedeutungs- und Erkenntnistheorie sowie der Philosophie des Geistes kommen. Er begründete seine Position konsequent aus der Beobachterperspektive.

In der Handlungstheorie betonte D., dass Absichten nicht nur Gründe für Handlungen, sondern auch deren bewirkende Ursachen sind: Die Identifikation einer Handlung als Handlung kann nur dann gelingen, wenn man weiß, um welche Handlung es sich handelt. Dies aber erfordert die Kenntnis der Absichten des Handelnden (»Actions, Reasons and Causes« [1963], in: D. D., *Essays on Actions and Events* [Essays über Handlung und Ereignis], 1980).

Als Bedeutungstheorie vertrat D. eine wahrheitskonditionale Semantik. Zunächst nutzte er →Alfred Tarskis Wahrheitstheorie, um auf ihrer Grundlage durch rekursive Definitionen den Begriff der Bedeutung für natürliche Sprachen formal zu klären (»Truth and Meaning« [1967], in: D. D., *Inquiries into Truth and Interpretation* [*Essays* über Wahrheit und Interpretation], 1984). In Anlehnung an Quines Theorie der radikalen Übersetzung entwickelte er ein Modell der radikalen Interpretation, das den formalen Ansatz um eine inhaltliche Ergänzung bereicherte (»Radical Interpretation« [1973], in: D. D., *Inquiries into Truth and Interpretation*, 1984).

In seiner Kritik an der Unterscheidung von begrifflichem Schema und außersprachlichem Inhalt nahm D.s Bedeutungstheorie eine spezielle erkenntnistheoretische Wende: Die einzige Möglichkeit, eine Äußerung als sprachlichen Ausdruck zu verstehen, besteht darin, ihren propositionalen Gehalt anzugeben. Dies ist aber nur dann möglich, wenn der Interpret weiß, unter welchen Bedingungen die Äußerung wahr sein könnte. Wahrheit wird damit zum entscheidenden Kriterium für Sprachlichkeit (»On the Very Idea of a Conceptual Scheme« [1974], in: D. D., *Inquiries into Truth and Interpretation*, 1984). In »A Coherence Theory of Truth and Knowledge« (in: D. D., *Subjective, Intersubjective, Objective*, 2001) vertrat er 1983 die Position, dass die Erklärung des Wahrheitsbegriffs im Rekurs auf epistemische Bindeglieder (wie etwa Sinnesdaten) aussichtslos sei: Lediglich Überzeugungen können Überzeugungen wahr machen. Die Kohärenz von Überzeugungen untereinander erzeugt aber keine Wahrheit, sondern ist allererst möglich vor dem Hintergrund, dass ein Großteil der infrage stehenden Überzeugungen wahr ist. Entsprechend, so D., bedingt Kohärenz eine Form der Korrespondenz der Überzeugungen mit der Welt, ohne mittelbare Konfrontation mit ihr zu fordern. Um über derartige Überzeugungen verfügen zu können, bedarf es nach D. dreier Formen des Wissens, die voneinander logisch unabhängig sind: Wissen (a) von den eigenen Überzeugungen, (b) von den Überzeugungen anderer und (c) über die mit den anderen geteilte Welt (»Three Varieties of Knowledge«, in: D. D., *Subjective, Intersubjective, Objective*, 2001).

Im Bereich der Philosophie des Geistes waren für D. Überzeugungen nicht lediglich mentale Zustände, sondern sie haben ihre notwendigen Bedingungen in objektiv ermittelbaren propositionalen Gehalten. Diese Auffassung ergänzte seinen »anomalen Monismus«, der keine mentalen Entitäten zulässt, aber auch eine gesetzmäßige Reduktion von Überzeugungen auf neurale Zustände ausschließt (»Mental Events« [1970], in: D. D., *Essays on Actions and Events* [Essays über Handlungen und Ereignisse], 1980).

Indem D. bei all diesen Themen nach der Bedingung der Möglichkeit fragte, vollzog er in der analytischen Philosophie eine transzendentalphilosophische Wende.

Werke: Problems of Rationality, 2004. – Truth, Language and History, 2005. – Truth and Predication, 2005.

Lit.: K. Glüer: D. D. zur Einführung, 1993. – L. E. Hahn (Hg.): The Philosophy of D. D., 1999. – E. Lepore / K. Ludwig: D. D. Meaning, Truth, Language, and Reality, 2005. – E. Lepore / K. Ludwig: D. D.s Truth-Theoretic Semantics, 2007.

Michael Anacker

Gilles Deleuze

18.1.1925 Paris – 4.11.1995 Paris

1944–48 Philosophiestudium an der Sorbonne, Paris, u. Agrégation (Staatsexamen)
1948–57 Philosophielehrer an Gymnasien in Amiens, Orléans u. Paris
1957–64 Assistent für Geschichte der Philosophie an der Sorbonne u. Mitarbeiter am Centre national de la recherche scientifique
1964–69 Lehrbeauftragter an der philosophischen Fakultät in Lyon
1968 Thèse d'Etat (Habilitation)
1969–87 Professor für Philosophie an der Reformuniv. Paris VIII

D. gilt als herausragender Vertreter der frz. Nachkriegsphilosophie. Von großer Bedeutung für ihn war v.a. die Begegnung mit →Michel Foucault und die Freundschaft mit dem Psychiater und Psychoanalytiker Félix Guattari. Mit ihm verfasste er einige seiner wichtigsten Bücher, u.a. den Band *L'Anti-Oedipe* ([Anti-Ödipus] 1972), der als philosophisches Manifest des anti-autoritären Denkens weit über das akademische Milieu hinaus Beachtung fand.

In der Nachfolge →Friedrich Nietzsches und unter

Aufnahme bestimmter Gedankenfiguren des Strukturalismus entwickelte D. ein Denken, das den Vorrang der Identität und des Widerspruchs zurückweist und die moderne Welt als Verkettung oder Anordnung (*agencement*) heterogener Elemente (Dinge, Zeichen, Lebewesen) beschreibt, die anders als in der Metaphysik auf keine erste Ursache oder ursprüngliche Bedeutung zurückzuführen sind. D. verwandelte die Philosophie in eine kasuistische (d. h. fallbezogene) Erkenntnisform, die die Menschendinge von der Seite der Akzidentien her zu analysieren erlaubt. Seine philosophische »Methode der Dramatisierung« ersetzt die platonische Frage nach dem Wesen der Dinge (›Was?‹) durch Fragen des Typs ›Wer?‹, ›Wieviel?‹, ›Wie?‹, ›Wo?‹ und ›Wann?‹. Selbst für einen Begriff wie ›Wahrheit‹ ist es nicht gleichgültig, ob es ein Philosoph, ein Wissenschaftler, ein Detektiv, ein Eifersüchtiger oder ein Richter ist, der sie festzustellen sucht.

Weil D. Philosophie von dem her begriff, was dem Denkenden zustößt und zu denken nötigt, konnte er sie nicht auf den Logos oder die Logik des Begriffs verkürzen. Ein Begriff entsteht vielmehr im Zusammenspiel bestimmter Denkformen, veränderter Seh- und Hörweisen sowie neuer Empfindungsweisen, so dass D. die philosophiehistorische Arbeit um die Erforschung alter und neuer Praktiken der Bilder und Zeichen (Malerei, Film) erweiterte.

Werke: Nietzsche et la philosophie, 1962. – Différence et répétition, 1968. – Cinéma, 2 Bde., 1983/85. – Qu'est-ce que la philosophie?, 1991 (mit F. Guattari).

Lit.: F. Balke: G. D., 1998. – M. Delanda: Intensive Science and Virtual Philosophy, 2002. – M. Rölli: G. D. Philosophie des transzendentalen Empirismus, 2003.

Friedrich Balke

Demokrit von Abdera
ca. 460 v. Chr. Abdera (Thrakien) – ca. 400 oder 380 v. Chr.

seit ca. 445 v. Chr. Studien bei dem Atomisten Leukipp, eventuell auch bei →Anaxagoras; vermutlich Kontakt mit dem Sophisten →Protagoras; umfassende Bildung; weite Reisen (eventuell nach Ägypten, Persien u. Babylonien); wahrscheinlich mehrere Aufenthalte in Athen

D. zählt zu den bedeutendsten Vertretern der klassischen griech. Philosophie. Er galt bereits in der Antike als Vertreter eines Materialismus. Während →Platon ihn ignorierte, zitierte ihn →Aristoteles mehr als 300 Mal. Auch →Epikur, →Lukrez und z.T. die Stoiker waren von D. beeinflusst. Für die christlichen Denker des Mittelalters war D.s Lehre von der Vielheit der Welten bzw. vom Leeren völlig unannehmbar. In der neuzeitlichen Wissenschaftstradition (etwa für →Pierre Bayle) gilt D. als Hauptvertreter des antiken Atomismus. Seit dem 17. Jh. wurde seine Naturphilosophie im Sinne einer antiken Vorgeschichte der neuen, modernen mechanistischen Physik rezipiert. Neuere Forschungen konnten belegen, dass D.s Interessen alle Bereiche der zeitgenössischen Wissenschaft umfassten.

Von D.s mehr als 70 Schriften ist keine vollständig erhalten. Sein Denken lässt sich allein aus Zitaten rekonstruieren, die folgende Theoreme erkennen lassen: D. verfasste anatomische Werke über den menschlichen Körper, dessen Teile und eine ›Säftelehre‹ sowie die diätische Schrift *Über die richtige Lebensweise*. Er entwickelte die These, dass die Struktur des Makrokosmos (Weltall) derjenigen des (menschlichen) Mikrokosmos entspricht. Als erster Grieche verfasste er eigenständige Werke über Zoologie und Botanik. Die Seele (*psyche*) hielt D. für das Prinzip des Lebens. Sie ist eine Ansammlung von kleinsten (sinnlich nicht wahrnehmbaren) Atomen, die sich beim Tod überall hin verstreuen. D. unterschied (wie nach ihm Aristoteles) strikt zwischen der Beschreibung eines Phänomens und seiner wissenschaftlichen (kausalen) Erklärung.

Im Zentrum der naturwissenschaftlichen Erklärung steht bei D. der Begriff des Atoms (griech. ›das Unteilbare‹). D. hielt die Atome für die kleinsten (seienden) Elemente (*stoicheia*) des gesamten Kosmos und nahm – im Widerspruch fast zur gesamten antiken Tradition – an, dass es einen leeren Raum gibt, in den hinein sie sich bewegen können. In seinen ethischen Schriften empfahl D. ein bescheidenes, maßvolles und gesetzestreues Leben, das sich am Ziel der täglichen Einübung der »guten Laune« orientiert; durch Trunkenheit, Fresslust und körperliche Exzesse richte man die eigene Seele zugrunde. Es sei besser, in der Demokratie arm, aber frei zu sein, als reich, aber sklavisch in einer Diktatur (*tyrannis*) zu leben. Da die gut regierte *polis* der beste Garant für ein gutes individuelles Leben ist, soll sich jeder Bürger v. a. um das politische Gemeinwohl kümmern.

Werke: Die Fragmente der Vorsokratiker II, griech./dt., hg. v. H. Diels u. W. Kranz, [17]1974, ND 2005, n. 68. – Die Vorsokratiker II, griech./dt., übers. u. erläut. v. J. Mansfeld, 1986, 230–345. – R. Löbl: D. Texte zu seiner Philosophie, 1989.

Lit.: W. K. C. Guthrie: A History of Greek Philosophy, Bd. 2, 1965, 382–506. – T. Cole: D. and the sources of Greek Anthropology, 1967. – T. Rütten: D., lachender Philosoph u. sanguinischer Melancholiker, 1992. – G. S. Kirk [u. a.]: Die vorsokratischen Philosophen. Einführung, Texte u. Kommentare, 1994. – S.-M. Nikolaou: Die Atomlehre D.s u. Platons Timaios, 1998. – M. F. Meyer: D. als Biologe, in: I. Althoff [u. a.] (Hg.): Antike Naturwissenschaft u. ihre Rezeption XIX, (2009), 31–46.

Martin F. Meyer

Jacques Derrida

15.7.1930 El Biar (Algerien) – 8.10.2004 Paris

1952–1954	Philosophiestudium an der École Normale Supérieure, Paris
1956/57	Studienaufenthalt an der Harvard Univ. (USA)
1957–59	Militärdienst in Algerien
1960–64	Wissenschaftlicher Assistent an der Sorbonne, Paris
1964–84	Professor für Geschichte der Philosophie an der École Normale Supérieure
1983	Gründungsdirektor des Collège International de Philosophie, Paris
1984–2004	Directeur d'études an der École des hautes études en sciences sociales, Paris
1986–2004	Professor an der Univ. of California, Irvine (USA)

D. ist einer der wichtigsten Vertreter der neueren frz. Philosophie, die, vom Begriff der *différance* (ein Kunstwort gegen die eigentliche Schreibung als différence, das gleichzeitig die Kraft des Unterscheidens und den Aufschub der Unterschiede bezeichnet) ausgehend, die westliche metaphysische Tradition einer radikalen Revision unterwarf. Sein Denken wurde von der Phänomenologie (→Edmund Husserl, →Martin Heidegger, →Emmanuel Lévinas), der Psychoanalyse →Sigmund Freuds, der Linguistik Ferdinand de Saussures sowie von moderner Literatur (Stéphane Mallarmé, James Joyce, Antonin Artaud, Maurice Blanchot) geprägt. Bekannt wurde D. v.a. durch das von ihm entwickelte Verfahren der Dekonstruktion, das verdeckte Widersprüche und Aporien in philosophischen, geisteswissenschaftlichen, literarischen und politischen Texten aufweist. Sein oft missverstandener Satz »Es gibt nichts außerhalb des Textes« wurde zur Parole des Postmodernismus. D.s Denken übte über die Philosophie hinaus großen Einfluss auf Humanwissenschaften (Literatur- und Medienwissenschaften, Kulturtheorie) und Kunsttheorie (Architektur) aus.

Nach D.s Auffassung, der damit eine These Heideggers aufgriff, gründet die Metaphysik des Westens auf dem Primat der Präsenz. Metaphysik denkt das Sein immer von der zeitlichen Gegenwart her. Dieses Bevorzugen der Präsenz leitet die Begriffsbildung sowohl der klassischen Philosophen als auch der modernen Theoretiker. D. demonstrierte dies durch minutiöse Lektüre von →Platon (*La dissémination* [Ausstreuung des Samens / Verbreitung], 1972), von →Aristoteles und →Georg Wilhelm Friedrich Hegel (*Marges de la philosophie* [Randgänge der Philosophie], 1972), von Husserl (*La voix et le phénomène* [Die Stimme und das Phänomen], 1967), von →Jean-Jacques Rousseau, de Saussure und Claude Lévi-Strauss (*De la grammatologie* [Über die Grammatologie], 1967). Diese dekonstruktiven Lektüren aber zeigen, dass die Präsenz immer schon von der Abwesenheit, vom Nicht-Gegenwärtigen, vom Tod vergiftet oder kontaminiert ist. Um diese Kontamination der Präsenz zu denken, führte D. »quasi-transzendentale« Begriffe ein wie das »Supplement« (die Ergänzung, die das zu Ergänzende erst hervorbringt), die »Urschrift« (die der Differenz zwischen der Rede des Anwesenden und der Schrift des Abwesenden vorausgeht) oder die *differánce* (*L'écriture et la différence* [Die Schrift und die Differenz], 1967). Er fügte dem transzendentalphilosophischen Ansatz, der nach den Bedingungen der Möglichkeit der Erfahrung fragt, die Frage nach den Bedingungen ihrer Unmöglichkeit zu. D.s Vorliebe für das Aporetische und das Paradoxale ist durch diese doppelte Fragestellung zu erklären, die auf das gleichzeitige Aufkommen und den Entzug des Sinns ausgerichtet bleibt.

In späteren Werken wie *Glas* ([Totenglocke] 1974) und *La carte postale de Socrate à Freud et au-delà* ([Die Postkarte von Sokrates bis Freud und jenseits] 1980) wird das spielerische, literarische Element prägender, das für D.s Texte allgemein charakteristisch ist; die üblichen Weisen der philosophischen Argumentation werden nicht nur argumentativ, sondern auch performativ, von innen heraus in Frage gestellt. Seit Ende der 1980er Jahre wandte sich D. zunehmend der Politik, Ethik und Religion zu und thematisierte das Problem des Anderen in Form der Beschäftigung mit Phänomenen wie Gabe, Vergebung, Freundschaft, Gerechtigkeit und Gastfreundschaft (*Du droit à la philosophie* [Vom Recht auf Philosophie], 1990). Die Aufmerksamkeit aber, die in diesen Erörterungen der Spannung zwischen der Singularität des Ereignisses und dem Prinzip der Wiederholbarkeit geschenkt wird, ist von der früheren Thematik der Differenzphilosophie motiviert.

Werke: P. Zeillinger: J. D. Bibliographie der frz., dt. u. engl. Werke, 2005.

Lit.: G. Bennington: J. D., 1991. – A. Haverkamp (Hg.): Gewalt u. Gerechtigkeit. D. – Benjamin, 1994. – H.-D. Gondek / B. Waldenfels (Hg.): Einsätze des Denkens. Zur Philosophie von J. D., 1997. – P. Engelmann: Postmoderne u. Dekonstruktion, [4]2004. – H. Kimmerle: D. zur Einführung, [6]2004.

Giga Zedania

René Descartes

31.3.1596 La Haye (Frankreich) – 11.2.1650 Stockholm

1604–12	Besuch des jesuitischen Collège Royal in La Flèche
1616	Baccalaureat u. Lizenziat der Rechte an der Fakultät zu Poitiers
1618/19	militärische Ausbildung in den Niederlanden
1620	Dienst als Freiwilliger in der Truppe des Herzogs Maximilian von Bayern
1622–28	Aufenthalte in Italien u. Frankreich
1628	Emigration in die Niederlande
1644–48	drei Reisen nach Frankreich
1649	Reise nach Stockholm auf Einladung der Königin Christine

D. gilt als Begründer der neuzeitlichen Philosophie. Obwohl er zunächst mit einer militärischen Laufbahn liebäugelte, wandte er sich dann mathematischen und physikalischen Problemen sowie medizinischen Neuerungen zu. Sein wichtigstes Anliegen war die radikale wissenschaftliche Erneuerung jeder Erkenntnis, eine *mathesis universalis*. D. gab den Naturwissenschaften die Form strenger methodischer und empirischer Untersuchungen. Angesichts der verheerenden Folgen des Dreißigjährigen Krieges (1618–48) sollten wissenschaftliche Klärungen zu praktischem Wissen führen, das die Menschen zu Herrschern über die Natur macht. Seinen Zeitgenossen war er v. a. im niederländ. Exil als erfolgreicher Mediziner bekannt. Noch heute erinnert die Bezeichnung »cartesisches Koordinatenkreuz« von y- (vertikal) und x-Achse (horizontal) an seine Entdeckung der analytischen Geometrie. Dieses System ermöglicht, geometrische Figuren durch Zahlenpaare darzustellen und sie algebraisch zu behandeln. D. kam auf den ebenso einfachen wie fruchtbaren Einfall, bekannte Größen mit Buchstaben aus dem Anfang des Alphabets – a, b, c – zu bezeichnen und unbekannte mit Buchstaben aus dem Ende – x, y, z. Seine Beiträge zur Optik und Herstellung von Linsen ermöglichten zahlreiche Verbesserungen. Vom heutigen Standpunkt aus waren jedoch v. a. seine erkenntnistheoretischen Schriften bahnbrechend. Unvollendet blieb sein Projekt einer rationalen Ethik.

Von seinen frühen Tagebuchnotizen (*Cogitationes privatae* [Persönliche Gedanken], 1619) bis hin zu seinem letzten Text über *Les Passions de l'âme* ([Die Leidenschaften der Seele] 1649) blieb D. einer Erkenntnis verpflichtet, die in sich klar und von anderem deutlich unterschieden ist (*clare et distincte*). Bloße Lehrmeinungen sind nach ihm wertlos. Dabei ging er davon aus, dass der gesunde Menschenverstand bestens verteilt ist, und setzte die für jedermann verständliche Argumentation gegen den scholastischen Aristotelismus und die ermüdenden Disputationen, die als Ziel nur Wahrscheinlichkeiten, nicht aber Wahrheit erreichen. Dieser Ehrgeiz, nichts von der Überlieferung zu übernehmen, auch wenn die Kirche dies verlangte, führte zu einer ständigen Bedrohung seines Lebens und damit zu einer unruhigen Exilantenexistenz.

Die Schrift, in der er seine naturwissenschaftlichen Innovationen der breiten Öffentlichkeit zugänglich machen wollte (*Le monde* [Die Welt], 1633, gedr. 1664), blieb zu seinen Lebzeiten ebenso wenig publiziert wie seine Abhandlung *De homine* ([Über den Menschen] 1632, gedr. 1662), die u.a. seine Automatentheorie des Körpers vorstellt. Einiges floss aus diesen Werken in den *Discours de la méthode* ([Abhandlung über die Methode] 1637) ein, den er auf Französisch und nicht wie üblich auf Lateinisch veröffentlichte, um auf diese Weise all jene anzusprechen, die sich von der natürlichen Vernunft leiten lassen wollen. Im Zentrum des *Discours* stehen Regeln zur Leitung der Erkenntnis, die D. in den *Regulae ad directionem ingenii* ([Regeln zur Ausrichtung der Erkenntniskraft] 1613–28) ausgearbeitet, aber nicht mehr veröffentlicht hat. Im Anhang folgen Ausführungen über Optik, Meteorologie und Geometrie, welche die wichtige Probe aufs Exempel der Methode darstellen.

Nach D. werden alle Quellen der Erkenntnis einer strengen Prüfung im Hinblick auf absolut sichere Erkenntnis unterworfen. Unberücksichtigt bleibt v.a. die sinnliche Wahrnehmung, die uns täuschen kann. Aber auch in Bezug auf die Logik können wir nicht sicher sein (*Meditationes de prima philosophia* [Meditationen über die Erste Philosophie], 1641). Ein betrügerischer Geist (*genius malignus*) hätte alles so einrichten können, dass wir uns jedes Mal irren, wenn wir sicher sind zu wissen. Erst die Gewissheit, dass ich bin, indem ich zweifle bzw. denke, liefert das ersehnte Fundament (*Ego sum, ego existo*, »Ich bin, ich existiere«). Der methodische Zweifel endet in der

Differenz von *res cogitans* (Denken) und *res extensa* (Ausgedehntes). Zwar setzen wir in unserer Erfahrung das Zusammenspiel dieser Substanzen voraus, aber in Bezug auf Erkenntnis bereitet die Weltlosigkeit der *res cogitans* Schwierigkeiten. Ein bewiesener Gott muss uns garantieren, dass unserem Erkennen tatsächlich Gegebenes entspricht. An diesem schwierigen Punkt entzündete sich in der Folgezeit die Kritik an D.s Philosophie. Darüber hinaus ist bis heute umstritten, ob D.s Erkenntnismethode Fluch des mechanischen Weltbildes oder Segen des wissenschaftlichen Fortschritts besagt, ohne dass damit die grundsätzliche Bedeutung D.s für die Entwicklung des modernen Denkens in Frage gestellt wird.

Werke: Œuvres, hg. v. C. Adam u. P. Tannery, 11 Bde., 1982–91. – Philosophische Schriften in einem Bd., übers. v. L. Gäbe [u.a.], eingel. v. R. Specht, 1966.

Lit.: K. Jaspers: D. u. die Philosophie, 1937. – D. Perler: R. D., 1998. – A. Kemmerling: Ideen des Ichs. Studien zu D.s Philosophie, ²2005. – R. Specht: R. D. mit Selbstzeugnissen u. Bilddokumenten, ¹⁰2006.

Käte Meyer-Drawe

John Dewey

20.10.1859 Burlington/Vermont (USA) – 1.6.1952 New York

1875–79	Studium der Naturwissenschaften und Philosophie an der Univ. of Vermont
1879–82	Tätigkeit als Lehrer
1882–84	Studium der Philosophie an der John Hopkins Univ., Baltimore
1884–94	Lehrtätigkeit an den Universitäten von Michigan u. Minnesota
1894	Ruf an die Univ. of Chicago
1895–1904	Schulexperiment Dewey-School (Elementarschule)
1904–30	Philosophieprofessor an der Columbia Univ., New York

1919/20 Vorlesungsreise nach Japan u. China
1924–28 Reisen in die Türkei, nach Mexiko u. in die Sowjetunion mit politischem u. schulreformerischem Hintergrund

D. gilt als herausragender Vertreter der amerik. Philosophie und zählt mit →Charles S. Peirce, →William James und →George H. Mead zu den Klassikern des Pragmatismus. Vom gefühlsbetonten Pietismus seiner Mutter, der Philosophie →Georg Wilhelm Friedrich Hegels, →Charles Darwins Evolutionstheorie und der experimentellen Methode der Naturwissenschaften gleichermaßen geprägt, ging es ihm zentral um das Wachstum menschlicher Erfahrungsmöglichkeiten. Diese Einstellung ließ ihn auch zu einem bedeutenden Schulreformer werden, der seit der Gründung seiner Laborschule die Entwicklung des Schulwesens in den USA und in vielen anderen Ländern förderte und kritisch begleitete. Als enthusiastischer Demokrat engagierte sich D. darüber hinaus in zahlreichen sozialreformerischen Projekten und wurde zu einem der bekanntesten Intellektuellen seines Landes.

D. ging als Pragmatist davon aus, dass das Erkennen vom Handeln her verstanden werden muss. Starren Gegensätzen, wie jenen von Leib und Seele, Natur und Kultur, Tatsachen und Werten, Mitteln und Zwecken, stand er deshalb generell kritisch gegenüber. Den Ausgangspunkt seines Denkens, den D. in seinem Aufsatz über den Reflexbogen (1896), d.h. über den organischen Zusammenhang von Reiz und Reaktion, erstmals klar darstellte, bildet die aktive Auseinandersetzung des Organismus mit seiner Umwelt. In weiteren Schriften (*Ethics* [Ethik], 1908; *How we think* [Wie wir denken], 1910, und v.a. *Democracy and Education* [Demokratie und Erziehung], 1916) entfaltete er dann eine Philosophie sozialer Prozesse der Wertentwicklung, die Demokratie, Wissenschaft, Moral und Erziehung als aufeinander verweisende Aspekte gelingender menschlicher Erfahrung sichtbar machen sollte.

In *Experience and Nature* ([Erfahrung und Natur] 1924) arbeitete er diesen Denkansatz zu einer naturalistischen Position aus, hielt aber ausdrücklich an der Realität menschlicher Wertungen und Sinngebungen fest. Parallel dazu gab D. auch dem philosophischen Denken eine neue Deutung, die nicht mehr die Erkenntnis des Seienden und die Suche nach Gewissheit, sondern die reflektierte Artikulation von Lebenserfahrung und die kontrollierte Erprobung von Handlungsmöglichkeiten ins Zentrum rückte (*Reconstruction in Philosophy* [Die Erneuerung der Philosophie], 1920; *The Quest for Certainty* [Die Suche nach Gewissheit], 1929). Mit *Art as Experience* (Kunst als Erfahrung) und der religionsphilosophischen Schrift *A Common Faith* ([Ein allgemeiner Glaube] beide 1934) stellte D. klar, dass es ihm nicht bloß um praktische Nützlichkeit im Alltag, sondern um die Ermöglichung von erfüllter Erfahrung ging, deren Sinn emphatisch in Kunst und Religion zum Ausdruck gebracht wird. Heute wird sein Denken v.a. in der Moral- und Erziehungsphilosophie, der Sozialtheorie und Naturphilosophie intensiv diskutiert, wo es zunehmend als Alternative zum starren Gegensatz von Naturalismus und Kulturalismus Interesse findet.

Werke: The Collected Works of J. D., hg. v. J. A. Boydston, 37 Bde., 1967–91, CD-Rom 1996. – The Correspondence of J. D., hg. v. L. Hickman, 3 CD-Roms, o.J.

Lit.: R. W. Westbrook: J. D. and American Democracy, 1991. – M. Suhr: J. D. zur Einführung, 1994. – R. D. Boisvert: J. D. Rethinking our Time, 1998. – H. Joas (Hg.): Philosophie der Demokratie. Beiträge zum Werk von J. D., 2000.

Matthias Jung

Denis Diderot

5.10.1713 Langres/Champagne (Frankreich) – 31.7.1784 Paris

1728–32 Studium der Artes liberales u. anschließendes Bohème-Leben als Hauslehrer, Übersetzer u. Schriftsteller in Paris
1746 Beginn der 20jährigen Arbeit am *Encyclopédie*-Projekt
1773/74 Aufenthalt in Den Haag u. in St. Petersburg bei Kaiserin Katharina II.

Seinen Zeitgenossen war D. in erster Linie als Herausgeber der *Encyclopédie ou Dictionnaire raisonné des sciences, des arts et des métiers* ([Enzyklopädie der Wissenschaften, Künste und Gewerbe] 17 Textbde., 1751–66; bis 1758 gemeinsam mit Jean Baptiste le Rond d'Alembert) bekannt. Sie sollte das gesamte – auch das technische und handwerkliche – Wissen der damaligen Zeit versammeln und einer möglichst breiten Öffentlichkeit zugänglich machen. Vor allem aber wurde die *Encyclopédie* zur Plattform aufklärerischer Ansichten und zum erfolgreichsten verlegerischen Großunternehmen des 18. Jh.s. Als einer der Wortführer der Aufklärer, der *philosophes*, war D. sowohl ein erster bürgerlicher Schriftsteller, der von seiner Arbeit lebte, als auch ein Intellektueller im heutigen Sinne. D.s ästhetisch, philosophisch und politisch radikalste Werke kursierten nur im Freundeskreis und in aufgeklärten elitären Zirkeln im In- und Ausland. Sie erschienen postum – manche, wie der Dialog-Roman *Le Neveu de Rameau* ([Rameaus Neffe] entstanden 1761–74, gedruckt 1891), nach einer abenteuerlichen Editionsgeschichte im späten 19. Jh., manche, wie die wichtigsten politischen Schriften, erst im 20. Jh.

Von antiken Autoren wie →Demokrit, →Epikur und →Lukrez geprägt, zeichnete sich D. bei einiger Nähe zu →Baruch de Spinoza und →Gottfried Wilhelm Leibniz durch seine entschiedene Abneigung gegen den »esprit de système«, gegen systematisches Denken und systematische Darstellung aus und bediente sich mit Vorliebe literarischer Genres wie des fiktiven Briefs oder Dialogs. Anfangs deistisch argumentierend, näherte er sich bald atheistischen und materialistischen Positionen, etwa in der *Lettre sur les aveugles à l'usage de ceux qui voient* ([Brief über die Blinden zum Gebrauch für die Sehenden] 1749), die ihm drei Monate Haft in Vincennes eintrug. D. wurde inspiriert durch den →John Locke weiterführenden Sensualismus →Étienne Bonnot de Condillacs, dem er eine biologistische Wendung gab, am konsequentesten im Dialog *Le rêve de D'Alembert* ([D'Alemberts Traum] entstanden seit 1769, gedruckt 1830): Dem delirierenden d'Alembert legte D. seine eigenen Spekulationen über eine lebendige, schöpferische, mit Sensibilität begabte Materie in den Mund, deren einzelne »Moleküle« sich vorübergehend zu individuellen Lebewesen ballen, die der Tod wieder in lebendige Materie auflöst, die neue Formen bildet. Auch die scheinbar unbelebte Natur ist Leben in Latenz, aus ihr entwickeln sich Pflanzen, Tiere, Menschen, Unwesen, lösen sich wieder auf, bilden die ewige »Kette der Lebewesen«. Um philosophische Fragestellungen kreisen auch D.s im strikteren Sinn literarische Werke, so etwa der Dialog-Roman *Jacques le fataliste et son maître* ([Jacques der Fatalist und sein Herr] entstanden ab 1765, gedruckt 1796) etwa um das Problem von Determinismus und freiem Willen.

Werke: Philosophische Schriften, hg. u. übersetzt v. T. Lücke, 2 Bde., 1961. – Ästhetische Schriften, hg. v. F. Bassenge, übersetzt v. F. B. u. T. Lücke, 2 Bde., 1967. – Œuvres complètes, hg. v. H. Dieckmann [u.a.], auf 33 Bde. angelegt, 1975ff. – Schriften zur Kunst, hg. v. P. Bexte, 2005. – Das erzählerische Gesamtwerk, hg. v. H. Hinterhäuser, übersetzt. v. H. H. u. J. Ihwe [u.a.], 4 Bde., 1966. – Briefe 1742–1781, hg. v. H. Hinterhäuser, übersetzt v. H. H. u. J. Borek, 1984.

Lit.: A. Wilson: D., 2 Bde., 1972. – É. de Fontenay: D. ou le matérialisme enchanté, 1981. – D. Brewer: The Discourse of Enlightenment in Eighteenth-Century France: D. and the Art of Philosophizing, 1993. – R.-R. Wuthenow: D. zur Einführung, 1994. – J. Borek: D. D., 2000.

Johanna Borek

Dietrich von Freiberg

zwischen 1240 u. 1250 Freiberg/Sachsen – um 1318/20

Ende 1250 – Ende 1260	Studium der Philosophie u. Theologie an dt. Dominikanerhochschulen
um 1271	Lektor am Konvent zu Freiberg
1272/73	bis Ende 1274 Studium der Theologie an der Univ. Paris
1280	Lektor in Trier
1281–93	Sententiar in Paris
1293–96	Provinzial der dt. Ordensprovinz der Dominikaner (7.9.1293: Wahl in Strausberg)
1294–96	zugleich Generalvikar der dt. Dominikaner
1296/97	Promotion zum Magister der Theologie in Paris
1297/98	Magister actu regens in Paris
1303	Teilnehmer am Provinzialkapitel von Koblenz
1304	Teilnehmer am Generalkapitel von Toulouse
1310	Teilnehmer am Generalkapitel von Piacenza

D. war ein bedeutender Repräsentant des Dominikanerordens im Mittelalter, indem er ihn entweder als Provinzial der gesamten dt. Ordensprovinz (*Teutonia*) leitete oder – Johannes Picardi von Lichtenberg war absolviert – die Ordensführung kommissarisch innehatte. Als Wissenschaftler stach D. hervor durch streng philosophieorientierte Forschung; sein methodisches Ideal manifestierte sich in der Intention, Konkordanz zwischen Autorität und Vernunftargument zu erzielen. Eine Autorität für D. war – neben →Aristoteles – →Proklus; daher gewann D. für Berthold von Moosburg, den Proklus-Kommentator par excellence im Mittelalter, selbst autoritativen Status. D.s Predigten sind bezeugt, aber – anders als im Falle →Eckharts von Hochheim – nicht erhalten. Den modernen Wissenschaftshistorikern ist D. aufgrund seiner nur geringfügig korrekturbedürftigen Regenbogentheorie unvergessen.

Kritisiert wurde D. schon im 13. Jh. wegen seiner unverwechselbar progressiven Intellekttheorie. Für D. war der Intellekt von Anbeginn an zentraler Gegenstand philosophischer Forschung. Durch den Intellekt ist der Mensch – so D. im Anschluss an Aristoteles – Mensch, wobei der Intellekt durch sein gewöhnliches Erkennen allen dem Menschen gegenüber inferioren Naturprozessen übergeordnet ist und durch eminenten Erkenntnisvollzug die göttliche Vernunft, sein Prinzip, als Objekt erkennen kann – freilich erst im glückseligen Leben nach diesem Erdenleben hier; die Bedingungen, die es ermöglichen, ewiges Glück zu erlangen, lassen sich jedoch schon jetzt argumentativ ermitteln. D. zeigt (*De origine rerum praedicamentalium* [Über den Ursprung der kategorial bestimmten Realität], kurz vor 1286), dass der Intellekt es ist, von dem die in der Definition angezeigte wesentliche Struktur des Naturgegenstandes erkennend begründet wird, da der Naturgegenstand zwischen seinem Wesen und sich selbst nicht zu unterscheiden vermag, wohl aber der Intellekt, für den dieses Unterscheiden Bewirken ist; D.s Innovation besteht in der These: Der Intellekt wird nicht von den Gegenständen affiziert (→Heinrich von Gent behauptete das Gegenteil), sondern ist selbst Wirkursache (*causa efficiens*) und darin Bewusstsein (*ens conceptionale* – ein Neologismus D.s), das weiß, dass es weiß und was es weiß, dadurch auf sich selbst zurückkommt und sich als Selbstbewusstsein gewinnt. Die Aufhebung zeitlich begrenzter Erkenntnis im ewigen Erkennen ist Glückseligkeit, die nach D. letztes erreichbares Ziel alles Erkennens sein muss, weil sonst eine Art von Kausalität, nämlich formale Ursächlichkeit, ungerechtfertigt funktionslos bliebe (*De visione beatifica* [Über die beseligende Schau], um 1290). – Auch für seine Theologie forderte D.

stets, dass nur das auf göttliches Wirken zurückgehe, was der Vernunft nicht widerspreche (*De cognitione entium separatorum* [Über die Erkenntnis bei körperlosen Wesen], um 1304). – Vernunftkonform war auch das Experiment, das D. zu seiner Regenbogentheorie führte (*De iride* [Über den Regenbogen], um 1311). – Trotz aller Progressivität konnte sich D. nicht dazu durchringen, der eminentesten Form menschlicher Vernunft die Prädikate ›ungeschaffen‹ und ›unerschaffbar‹ zuzuerkennen, um diese Vernunft gerechtfertigt sich im Ungeschaffenen bewegen zu lassen; dieses Resultat vernünftigen Nachdenkens über Vernunft erzielte erst Eckhart von Hochheim.

Werke: Opera Omnia, hg. v. B. Mojsisch [u. a.], 4 Bde., 1977–85.

Lit.: B. Mojsisch: Die Theorie des Intellekts bei D. v. F., 1977. – R. Imbach: »Gravis iactura verae doctrinae«. Prolegomena zu einer Interpretation der Schrift »De ente et essentia« D.s v. F. O. P., in: Freiburger Zeitschrift für Philosophie u. Theologie 26 (1979), 369–425. – A. de Libera: Introduction à la mystique Rhénane. D'Albert le Grand à Maître Eckhart, 1984. – L. Sturlese: Storia della filosofia tedesca nel medioevo. Il secolo XIII, 1996. – K. Flasch: D. v. F. Philosophie, Theologie, Naturforschung um 1300, 2007.

Burkhard Mojsisch

Wilhelm Dilthey

19.11.1833 (Wiesbaden-)Biebrich – 1.10.1911 Seis am Schlern (Südtirol)

1852–56	Studium der Theologie, Philosophie, Geschichte u. Philologie in Heidelberg u. Berlin
1856/57	Hilfslehrer am Frz. Gymnasium in Berlin
1857	Lehrer u. Adjunkt am Joachimsthalschen Gymnasium in Berlin
1857–66	Privatgelehrter u. freier Schriftsteller in Berlin
1864	Promotion u. Habilitation an der Univ. Berlin
1867/68	o. Professor an der Univ. Basel

1868–71 o. Professor an der Univ. Kiel
1871–82 o. Professor an der Univ. Breslau
1882–1905 Nachfolger Rudolf Hermann Lotzes in Berlin

D. gilt als bedeutender Philosoph der Geisteswissenschaften und als hervorragender Geisteshistoriker. Mit seiner beispielgebenden Schleiermacher-Biographie (*Leben Schleiermachers*, 2 Bde., 1870/1966), seiner *Jugendgeschichte Hegels* (1905), seinen Studien zur Anthropologie und Weltanschauung des 15. bis 17. Jh.s und seinen literarhistorischen Arbeiten (eine Auswahl in *Das Erlebnis und die Dichtung*, 1906) erzielte er große Wirkung. In seiner intellektuellen Entwicklung beeinflusst v.a. durch Friedrich Adolf Trendelenburg, das Werk →Friedrich Schleiermachers sowie seine Auseinandersetzung mit Empirismus und Positivismus, vertrat D. eine geschichtlich-hermeneutische Lebensphilosophie. Er begründete zudem eine deskriptive Psychologie (*Ideen über eine beschreibende und zergliedernde Psychologie*, 1894), arbeitete eine Weltanschauungslehre aus (*Die Typen der Weltanschauung und ihre Ausbildung in den metaphysischen Systemen*, 1911) und initiierte 1893/94 die Akademie-Ausgabe von →Immanuel Kants *Gesammelten Schriften*. Von großer Wirkung, u.a. auf →Martin Heidegger, war der *Briefwechsel zwischen W. D. und dem Grafen Paul Yorck v. Wartenburg* (hg. v. S. von der Schulenburg, 1923).

Im Mittelpunkt von D.s Philosophie steht sein Versuch einer umfassenden philosophischen Begründung der erkenntnistheoretischen und methodologischen Eigenständigkeit der Geisteswissenschaften, den er in Anlehnung an Kant als *Kritik der historischen Vernunft* bezeichnete. Realisieren wollte D. diese Grundlegung der Wissenschaften der geschichtlich-gesellschaftlichen Wirklichkeit, die ihre Ausgangspunkte im Leben (Erleben) und Verstehen besitzen, mit seinem Hauptwerk *Einleitung in die Geisteswissenschaften*, von dem 1883 der erste Band erschien. Die für den zweiten Band geplante eigentliche systematische

Grundlegung – bestehend aus Erkenntnistheorie, Logik und Methodologie der Geisteswissenschaften –, deren Ansätze er in mehreren Abhandlungen publizierte, konnte D. nicht vollenden. Auch ein zweiter Anlauf zu diesem Projekt, den D. seit 1904/05 unternahm, blieb mit der Schrift *Der Aufbau der geschichtlichen Welt in den Geisteswissenschaften* (1910) unvollendet. D. bestimmte hierin die Geisteswissenschaften durch den »Zusammenhang von Leben, Ausdruck und Verstehen« und grenzte sie dadurch eindeutig von den Naturwissenschaften ab. Als zentrale Begriffe der Geisteswissenschaften führte er den »objektiven Geist« und den »Wirkungszusammenhang« ein und wies der Hermeneutik im Zusammenhang von Theorie und Praxis der Geisteswissenschaften eine konstitutive Rolle zu.

Werke: GS, hg. v. B. Groethuysen [u.a.], 26 Bde., 1914–2006.

Lit.: O. F. Bollnow: D., 1936. – H. Johach: Handelnder Mensch u. objektiver Geist, 1974. – F. Rodi (Hg.): D.-Jahrbuch für Philosophie u. Geschichte der Geisteswissenschaften, 12 Bde., 1982–2000. – H.-U. Lessing: Die Idee einer Kritik der historischen Vernunft, 1984. – F. Rodi / H.-U. Lessing (Hg.): Materialien zur Philosophie W. D.s, 1984. – R. A. Makkreel: D.: Philosoph der Geisteswissenschaften, 1991. – F. Rodi: Das strukturierte Ganze, 2003.

Hans-Ulrich Lessing

Diogenes von Sinope

4. Jh. v. Chr.

Die historische Gestalt des D. ist durch eine anekdotische Überlieferung vollständig verdeckt. Danach wurde D. aus seiner Heimatstadt Sinope verbannt und war in Athen Schüler des →Antisthenes und jüngerer Zeitgenosse →Platons. Sein Anhänger Krates wurde Lehrer des Stoabegründers Zenon von Kition.

D. gilt als Prototyp des Kynikers. Ob er selbst Werke verfasst hat, ist zweifelhaft; die unter seinem Namen bei Diogenes Laertius verzeichneten Schriften wurden ihm schon in der Antike abgesprochen. Wie →Sokrates wurde er Hauptfigur eines spezifischen literarischen Genres, der kynischen Verbindung von Ernst und Scherz. Damit wurde er eine der populärsten Philosophengestalten. Die Stoa stellte ihn als Vorbild neben Sokrates und Zenon; in der Neuzeit beriefen sich kritische Moralisten und respektlose Aufklärer, intellektuelle Außenseiter und satirische Schriftsteller auf ihn.

Im Kynismus des D. gehen Motive der Sophistik, der Sokratik und der Komödie eine charakteristische Verbindung ein. D. praktizierte die sophistische Antithese von Gesetz und Natur (*nomos* und *physis*) und entwertete herrschende Konventionen durch seine Orientierung an der Natur. Er vollstreckte die sokratische Wende zur Ethik durch die Reduktion der Philosophie auf eine praktische Lebensform unter Zurückweisung allen nur theoretischen Wissens. Antisthenes folgend, praktizierte er die Autarkie des Weisen, der allein durch Tugend zur Glückseligkeit gelangt. Er erreichte die Selbstgenügsamkeit durch weitestgehende Reduktion der Bedürfnisse, deren Befriedigung auf einem animalischen Minimum er durch die Natur selber gewährleistet sah; kulturelle Verfeinerung der Bedürfnisbefriedigung galt ihm als Luxus, den er für gefährlich hielt, weil er abhängig mache.

Von der alten Komödie übernahm der Kynismus des D. den Spott und verschärfte die sokratische Ironie bis zum Sarkasmus; darin erreichte er – wie im tabulosen Bruch mit den Sitten – durchaus den Zynismus im modernen Sinne des Wortes; zynisch waren die unter dem Namen des D. kursierenden Tragödienparodien. Den Spott der alten Komödie richtete D. v.a. gegen Platon, dessen Ideen und politische Ambitionen er verhöhnte. Diese satirische Tendenz des Kynismus führten Menipp und Lukian fort.

Werke: Socratis et Socraticorum reliquiae, hg. v. G. Giannantoni, 1990, 2. Bd., 227–509, 4. Bd., 413–559 [Kommentar]. – Die Weisheit der Hunde, hg. v. G. Luck, 1997, 76–193.

Lit.: H. Niehues-Pröbsting: Der Kynismus des D. u. der Begriff des Zynismus, [2]1988. – M. Billerbeck (Hg.): Die Kyniker in der modernen Forschung, 1991. – R. Bracht Branham / M.-O. Goulet-Caze (Hg.): The Cynics, 1996.

Heinrich Niehues-Pröbsting

Émile Durkheim

15.4.1858 Épinal (Frankreich) – 15.11.1917 Paris

1879–82	Philosophiestudium an der École Normale Supérieure, Paris
1882–87	Gymnasiallehrer
1885/86	Studienaufenthalt an dt. Universitäten
1887	Lehrauftrag für Sozialwissenschaft, Bordeaux
1896	Professor für Soziologie, Bordeaux
1902	Berufung an die Sorbonne, Paris
1906	dort Professor für Erziehungswissenschaft, seit 1913 auch für Soziologie

D. gilt als einer der Gründerväter der Soziologie. Sein Werk ist bis heute von erheblichem Einfluss auf die theoretischen und methodologischen Forschungen dieser Disziplin. In kritischer Auseinandersetzung mit zentralen sozialwissenschaftlichen und philosophischen Strömungen schuf D. ein wissenschaftliches Werk, in dessen Zentrum drei Themen stehen: (1) Verbunden mit dem erfolgreichen Versuch, die Soziologie als eine eigenständige Disziplin institutionell zu verankern (1898 Gründung der *L'Année Sociologique*), befasste sich D. mit deren Grundlagen, um (2) in zeitdiagnostischer Absicht moderne, industriell geprägte Gesellschaften zu analysieren und damit (3) zur Lösung der Integrationsprobleme dieser Gesellschaften beizutragen.

Schon in seiner Dissertation über →Montesquieu (1892)

erörterte D. Prämissen der Soziologie. Dies führte er in *Les règles de la methode sociologique* ([Die Regeln der soziologischen Methode] 1895) weiter aus. Darin definierte er die Soziologie als Wissenschaft, die »soziale Tatbestände« zu ihrem Gegenstand habe. Dies sind allgemeine, verobjektivierte Institutionen, wie z.B. Moral- und Rechtsformen oder kollektive Vorstellungen. Ziel der Soziologie sei es, die Struktur wie den Wandel solcher Institutionen in einer antipsychologistischen und antiindividualistischen Weise nur durch Bezug auf soziale Faktoren kausal und funktional zu erklären.

In *De la division du travail social* ([Über die Teilung der sozialen Arbeit] 1893) befasste sich D. mit Prozessen sozialer Differenzierung und Integration. Leitend ist die Unterscheidung von »mechanischer und organischer Solidarität«. Segmentär organisierte Gesellschaften weisen eine geringe Arbeitsteilung und ein starkes Kollektivbewusstsein auf. Moderne Gesellschaften sind dagegen »organisch« integriert, hochgradig differenziert und individualisiert; sie weisen ein schwaches Kollektivbewusstsein auf. Dies führte D. zu der Krisendiagnose, dass die moderne Arbeitsteilung anomischen (d.h. zu abweichendem Handeln führenden) Charakters sei, da die Ausbildung funktional adäquater Kooperationsregeln und moralischer Systeme mit den Differenzierungsprozessen nicht Schritt gehalten habe. Diese Krisendiagnose führte er in seiner Studie über den Selbstmord (*Le Suicide*, 1897) fort und legte sie auch weiteren Untersuchungen zur politischen, pädagogischen und sozialen Restrukturierung der Gesellschaft zugrunde (*Éducation et sociologie* [Erziehung und Soziologie], 1922; *Le Socialisme* [Der Sozialismus], 1928; *Leçons de Sociologie* [Vorlesungen zur Soziologie (der Moral)], 1950).

In späteren Jahren wandte sich D. kulturellen Ordnungen zu. Dies gipfelte in der Analyse über *Les formes élémentaires de la vie religieuse* ([Die elementaren Formen des religiösen Lebens] 1912), in der er am Beispiel des austral. Totemismus allgemeine Formen von Religiosität zu bestimmen suchte. Viel diskutiert ist seine These, dass sich kollektive Klassifikationen von Dingen und Zuständen aus sozialen Ordnungen ableiten lassen, die sich die Menschen geben. Sie floss ein in seine erkenntnistheoretischen und wissenssoziologischen Schriften (*Schriften zur Soziologie der Erkenntnis*, 1987).

Lit.: S. Lukes: É. D. His Life and Work, 1973. – J. Alexander / P. Smith (Hg.): The Cambridge Companion to D., 2005.

Rainer Schützeichel

Eckhart von Hochheim

um 1260 vermutlich Hochheim oder Tambach bei Gotha/Thüringen – vor dem 30.4.1328 Köln oder Avignon

vor 1293	Eintritt in den Dominikanerorden, Studium der Artes liberales (d.h. der freien Künste), Naturphilosophie u. Theologie
1293/94	Sentenzenlektor in Paris, anschließend Prior des Erfurter Heimatklosters u. bis 1298 (?) Vikar von Thüringen
1302/03	Professor für Theologie in Paris
1303–11	Erster Provinzial der Ordensprovinz Saxonia
1307	Generalvikar der böhm. Ordensprovinz
1311–13	Professor für Theologie in Paris
1314, 1316, 1322	Reisen nach Straßburg oder ›Straßburger Zeit‹
1323 oder 1324	lector primarius am Generalstudium in Köln
seit 1326	Inquisitionsprozess gegen E.
1327	Appellation an den päpstlichen Stuhl, öffentliche *protestatio* u. Reise nach Avignon

E., einer der bedeutendsten Theologen und Philosophen des Mittelalters, galt lange Zeit als herausragender Vertreter der ›dt. Mystik‹. Man sah in seinen dt. Predigten das Zeugnis einer tiefen Religiosität, die sich auf die Einheit

Gottes mit dem Seelengrund des abgeschiedenen Menschen bezog. Ihre bis heute faszinierende Sprachkraft ließ E. als ›Mystiker‹ erscheinen, der auf gelehrte Weise religiöse Bewegungen kanalisierte, die nach einer unmittelbaren Gegenwart Gottes verlangten. Die jüngere Forschung revidierte dieses Bild. Die philosophische Forschung pocht heute darauf, sein lat. Werk ebenso einzubeziehen wie die philosophischen und theologischen Denktraditionen des Dominikanerordens. Sie sieht in E. einen Denker, der auf antiker, christlicher und arab. Philosophie aufbaut und die Einheit von Gott und der gereinigten Seele als Selbstvollzug der Vernunft beschreibt. Weil E. als Dominikaner, Theologieprofessor und Prediger v.a. Bibelkommentare und Predigten verfasste, wird zudem die theologische Provokation einer ›Göttlichkeit der Seele‹ hervorgehoben, die den gelassenen Menschen ganz aus dem göttlichen Willen heraus handeln lässt. Selbsterkenntnis gewinnt damit eine spirituelle Dimension. Literaturwissenschaftliche Forschungen verorten die dt. Predigten im Kontext der Schriftkultur mittelalterlicher Klöster. Deren Überlieferung bietet ein historisches Echo auf die Provokation, dass der gerechte und sich selbst gänzlich entäußerte Mensch in sich nicht einmal mehr Gott, sondern im Akt des Erkennens ein geistiges Einssein mit der höchsten Wahrheit findet. Der intellektuelle Akt der Befreiung ist also zugleich Öffnung der bloß gewordenen Vernunft auf das alles begründende Eine hin.

Mit seinem genuin zweisprachigen Werk erreichte E. spätestens in Köln über den gelehrten Klerus hinaus eine städtische Öffentlichkeit. In den frühen deutschsprachigen *Erfurter Reden*, die während seiner Zeit als Prior in Erfurt entstanden, entwickelte er die Grundzüge seiner Lehre und deutete den klösterlichen Gehorsam zu einer geistigen Abgeschiedenheit um, sich im Denken ganz für den Willen Gottes empfänglich zu machen. Nach dem ersten Pariser Magisterium 1302/03 begann er sein unvollendet gebliebenes *Opus tripartitum* (Das dreigeteilte Werk), in welchem er mit philosophischen Argumenten die Wahrheit der Schrift dadurch zu erweisen sucht, dass er Gott als das Sein bestimmt, an dem alle Geschöpfe teilhaben. Über das Teilhabe- oder Analogiemodell hinaus entwickelte er eine spezifische Univozitäts- und Einheitstheorie: Geistigen Prozessen ist die Struktur wechselseitiger Kausalität zu eigen, indem der Grund Begründetes begründet und Begründetes den Grund; überhöht werden diese Prozesse durch ein absolutes Prinzip, das Eine als Einheit, göttliches Wesen oder Ich.

Parallel zu den lat. Schriften entstand ein umfangreiches Corpus dt. Predigten, das nach liturgischen Gesichtspunkten angeordnet gewesen sein dürfte. Auch hierin zeigt sich E.s intellektueller Anspruch, die Integration des abgeschiedenen Menschen in den einen, geistigen Grund metaphysisch zu belegen. Doch hat der Ton der Predigten eine eigene Emphase. E. gestaltete die Predigt performativ um, damit die Rezipienten die Wahrheit, aus der er spricht, im Hören verstehen und ihrer in sich gewahr werden. Damit machte er die Überzeitlichkeit der Gottessohnschaft im Ereignis der Predigt aktuell. Die Materialien aus dem 1326 gegen E. eingeleiteten Inquisitionsprozess, der ungeachtet der vehementen Verteidigung E.s postum 1329 in einer Verurteilung von 28 Sätzen durch Papst Johannes XXII. in der Bulle *In agro dominico* endete, gelten heute als entscheidender Zugang zu E.s Denken.

Werke: Die dt. u. lat. Werke, hg. im Auftrage d. Dt. Forschungsgemeinschaft, 1936ff.

Lit.: B. Mojsisch: Meister E. Analogie, Univozität u. Einheit, 1983, engl. 2001. – O. Langer: Mystische Erfahrung u. spirituelle Theologie, 1987. – K. Ruh: Meister E. Theologe, Prediger, Mystiker, [2]1989. – B. Hasebrink: Formen inzitativer Rede bei Meister E., 1992. – A. M. Haas: Meister E. als normative Gestalt geistlichen Lebens, [2]1995. – F. Löser: Meister E. in Melk, 1999. – D. Mieth:

Meister E. Mystik u. Lebenskunst, 2004. – K. Flasch: Meister E. Die Geburt der »Dt. Mystik« aus dem Geist der arab. Philosophie, 2006. – L. Sturlese: Homo divinus, 2007.

Burkhard Hasebrink

Empedokles von Akragas

um 495 v. Chr. in Akragas/Sizilien (Italien) – um 435 v. Chr. wohl auf der Peloponnes (Griechenland)

um 445/444 v. Chr. Besuch der neu gegründeten Stadt Thurioi am Golf von Tarent (Italien)

Der aus einer vornehmen Familie stammende E. war als Philosoph, Politiker, Arzt, Dichter und Priester tätig. Unter den Vorsokratikern gilt er als Vorreiter der Rededemokratie und Erfinder der Rhetorik. E. genoss großes öffentliches Ansehen und soll sogar eine ihm von seinen Mitbürgern angebotene Königswürde ausgeschlagen haben. Später wurde er von politischen Gegnern ins Exil gezwungen. E.s vielfältige Tätigkeiten spiegeln die grundsätzlich praktische Ausrichtung seines systematisch orientierten Denkens wider, die seine Rezeption verschiedenartiger philosophischer Einflüsse prägte.

E. verband die Seinslehre der Eleaten – einer von →Xenophanes gegründeten Philosophenschule – mitsamt ihrer Voraussetzung eines ungewordenen, unzerstörbaren und unveränderlichen Prinzips mit Aspekten der hylozoistischen (also einer die Entstehung der Dinge aus einem Urstoff ableitenden) ionischen Naturphilosophie und erweiterte sie durch eine orphisch-pythagoreische Lebensdeutung. Als Momente des Naturgegenstandes sowie des menschlichen Lebens stellten Entstehen und Vergehen für E. in Wahrheit Einzelfälle von Mischung und Trennung dar. In seinen Hauptwerken, dem philosophischen Lehrgedicht ›Über die Natur‹ (*Peri physeôs*) und dem ›Reinigungslied‹ (*Katharmoi*), entwickelte E. seine Naturphilosophie und Ethik, die einander durchdringen und sich gegenseitig bedingen. Darin spricht er über die Kosmogonie und Kosmologie, die Astronomie, die Lebewesen, die Sinne und das Denken sowie die Seelenwanderung, das Sittengesetz und sittliche Vorschriften. Über die vier Bestandteile der Natur, d.h. die von ihm so genannten »Wurzeln« des Seins: Feuer, Wasser, Erde und Luft, hinaus hob E. die dualen Urkräfte der Anziehung, Liebe (*philotês*) oder Harmonie, und des Abstoßens, Streit (*neikos*) oder Hass, hervor. Allein durch die auf diese zwei Bewegungsprinzipien zurückgehende Vereinigung und Scheidung ist alles, was ist, entstanden bzw. dem Vergehen unterworfen.

Werke: M. R. Wright: E.: The Extant Fragments, 1981. – Die Fragmente der Vorsokratiker I, hg. v. H. Diels u. W. Kranz, ^{6}1951, ND 2004, n. 31. – Die Vorsokratiker II, griech./dt., übers. u. erläut. v. J. Mansfeld, 1986, 56–155. – A. Martin / O. Primavesi: *L'Empédocle de Strasbourg*, 1999.

Lit.: U. v. Wilamowitz-Moellendorff: Die Katharmoi des E., in: U. v. W.-M.: Kleine Schriften, Bd. 1, 1935, 473–531. – D. O'Brien: E.' Cosmic Cycle, 1969. – J. C. Lüth: Die Struktur des Wirklichen im Empedokleischen System »Über die Natur«, 1970. – W. Röd: Die Philosophie der Antike 1: Von Thales bis Demokrit (= Geschichte der Philosophie, hg. v. W. Röd, Bd. 1), ^{2}1988. – G. S. Kirk [u.a.]: Die vorsokratischen Philosophen. Einführung, Texte u. Kommentare, 1994. – S. Trépanier: E.: An Interpretation, 2004. – O. Primavesi: E., Physika I: eine Rekonstruktion des zentralen Gedankengangs, 2008.

Orrin F. Summerell

Friedrich Engels

28.11.1820 (Wuppertal-)Barmen – 5.8.1895 London

1837 Abgang vom Gymnasium, kaufmännische Ausbildung in der Firma des Vaters, seit 1838 in Bremen

1841/42 Militärdienst in Berlin; Besuch von Vorlesungen an der Univ. Berlin

1842–44 Beendigung der Ausbildung in Manchester
1844 Beginn der Zusammenarbeit mit →Karl Marx
1845 Umzug nach Brüssel, 1846 nach Paris
1847 Mitglied des Bundes der Kommunisten; Delegierter der Pariser Bundesgemeinde
1848 Übersiedlung nach Brüssel; stellv. Chefredakteur der *Neuen Rheinischen Zeitung* in Köln
1849 Beteiligung am bad.-pfälz. Aufstand; Flucht nach London
1850–69 Arbeit in der Firma »Ermen & Engels« in Manchester
1870 Umzug nach London
1870–72 Mitglied des Generalrats der Internationalen Arbeiter-Assoziation

E. ist bekannt als Freund, Förderer, Mitarbeiter und einflussreicher Kommentator von →Karl Marx, von dessen Hauptwerk, *Das Kapital*, er die Bände II und III 1885/94 edierte. Geprägt wurde er durch die rasante Entwicklung des Industriekapitalismus; philosophische Impulse empfing er von →Georg Wilhelm Friedrich Hegel, den Junghegelianern und →Ludwig Feuerbach. Kulturgeschichtlich interessant ist seine umfangreiche Korrespondenz mit Repräsentanten der dt. und internationalen Arbeiterbewegung.

E. beschäftigte sich früher noch als Marx mit ökonomischen Fragen: In *Umrisse zu einer Kritik der Nationalökonomie* (1843/44) stellte er die bisherige Nationalökonomie als Apologie des Privateigentums dar, das die Wurzel der gegenwärtigen Erniedrigung des Menschen sei; den Kapitalismus kritisierte er als bewusstlosen, von Naturgesetzen beherrschten Zustand, der überwunden werden könne, wenn die unermessliche Produktionskraft des Menschen in den Dienst der Verwirklichung einer menschlichen Gesellschaft genommen werde. Später versuchte E. aus dem Fortschritt der Produktion und der Entwicklung des Privateigentums historisch-materialistisch die Entstehung von Familie, Klassenherrschaft, Staat sowie der Unterdrückung der Frau herzuleiten (*Der Ursprung der Familie, des Privateigentums und des Staats*, 1884).

E. popularisierte die marxistische Philosophie und erweiterte die Dialektik zu einer »Wissenschaft des Gesamtzusammenhangs«. Dialektik bedeutet für ihn dabei einerseits dialektische Methode, die jedoch nicht nur auf die geschichtlich-gesellschaftliche Realität, sondern auch auf die Natur und das Denken anwendbar ist; andererseits legte E. eine Ontologisierung der Dialektik als Seins- und Entwicklungsgesetz nahe und unterschied die objektive Dialektik der Dinge der realen Welt in Natur und Geschichte von der subjektiven Dialektik des Denkens, die das Abbild der objektiven sei. Aus der Natur-, Gesellschafts- und Denkentwicklung abstrahierte er drei Hauptgesetze der Dialektik: das Gesetz des Umschlagens von Quantität in Qualität und umgekehrt, das Gesetz von der Durchdringung der Gegensätze (bzw. des ineinander Umschlagens derselben) und das Gesetz von der Negation der Negation (bzw. der Entwicklung durch den Widerspruch). In dem Moment, da Natur- und Geschichtswissenschaft die Dialektik in sich aufgenommen haben, werde Philosophie – außer als reine Lehre vom Denken und formelle Logik – überflüssig (*Anti-Dühring*, 1877; *Dialektik der Natur* [verfasst 1873–83], 1925; *Ludwig Feuerbach und der Ausgang der klassischen deutschen Philosophie*, 1888).

Werke: Marx-E.-Gesamt-Ausgabe (MEGA), hg. v. d. Internationalen Marx-E.-Stiftung, 114 Bde. in 4 Abt., 1975 ff. – Marx-E.-Werke (MEW), hg. v. Institut für Marxismus-Leninismus, 42 Bde., 1956–62.

Lit.: H. Fleischer: Marx u. E., 1970. – H.-P. Bleuel: F. E. Bürger u. Revolutionär, 1981. – P. Vranicki: Geschichte des Marxismus, 1983.

Peggy H. Breitenstein

Epiktet

ca. 55 Hierapolis (Phrygien) – ca. 135

Jugend als Sklave (von Epaphroditus)
Studium der Philosophie bei dem Stoiker Musonius Rufus
Freilassung
um 93 Vertreibung aller Philosophen aus Rom, dann aus Italien unter Ks. Domitian
Gründung einer Philosophenschule in Nicopolis (Griechenland)

E. galt als röm. →Sokrates und ist neben →Seneca und →Marc Aurel Hauptvertreter der röm. Stoa. In seiner Zeit beeinflusste er Marc Aurel und das Denken des frühen Christentums. Im Kontext des Neustoizismus wurde er in der frühen Neuzeit viel rezipiert. Auch die moderne Psychotherapie (z.B. die *Rational-Emotive-Therapie* von Albert Ellis) bezieht sich auf E.

Erhalten von E.s mündlich verbreiteter Philosophie ist die Hälfte der von Arrian aufgezeichneten Lehrgespräche (lat. *Dissertationes* bzw. griech. *Diatriben*) und ein *Handbüchlein der Moral* (*Encheiridion*). E. lehnte sich an die frühe Stoa (und Sokrates) an und betonte die ethische Ausrichtung und praktische Einübung der Philosophie. Zentral ist der *kanôn*, die Unterscheidung von Dingen, die in unserer Macht stehen, und solchen, die es nicht tun. Daher sollen wir uns nach E. auf drei Themen (*topoi*) konzentrieren: Die Kontrolle unserer (a) Begierden und Wünsche, (b) Urteile und (c) Handlungen. *Eudaimonie* (Glückseligkeit) hängt vom Denken und individuellen Entscheidungen (*prohaireseis*) ab. Gott ist für E. ein rationales Prinzip, das alles bestimmt, lenkt und in allem präsent ist.

Werke: Epicteti Dissertationes, hg. v. H. Schenkl, ²1916.

Lit.: B. L. Hijmans: Askesis. Notes on E.s Educations System, 1959. – M. Billerbeck: E. Vom Kynismus, 1978. – A. A. Long: E.: A Stoic and Socratic Guide to Life, 2002.

Marcel van Ackeren

Epikur

341 v. Chr. (Insel Samos als Athener Bürger) – 270 v. Chr. (Athen)

327–22 v. Chr.	Philosophiestudium, zunächst in Samos bei dem Platoniker Pamphilos, dann in Teos (Kleinasien) bei dem Demokriteer Nausiphanes
323–21 v. Chr.	Militärdienst in Athen; dort Hörer des Akademikers Xenokrates u. vermutlich Bekanntschaft mit anderen philosophischen Richtungen
321 v. Chr.	Rückkehr zu den Eltern nach Kolophon (Kleinasien); möglicherweise erneut Hörer bei Nausiphanes in Teos u. Tätigkeit als Elementarlehrer; allmählicher Ausbau eines eigenen philosophischen Systems
310–07 v. Chr.	Gründung einer eigenen Schule, zuerst in Mytilene (Insel Lesbos), dann in Lampsakos am Hellespont; Aufbau eines lebenslangen Anhänger- u. Sponsorenkreises
306 v. Chr.	Übersiedlung mit einem Großteil der Schüler nach Athen u. Fortführung der straff organisierten und doktrinär geleiteten Schule auf einem Gartengrundstück; daher die Bezeichnung der Schule als »der Garten« (*kepos*)

E. ist ein herausragender Vertreter des Hedonismus. Im allgemeinen Bewusstsein steht sein Name für uneingeschränkten Sinnengenuss. Das ist freilich ein Missverständnis, denn E. vertrat einen »negativen« Hedonismus, der Lust als Freisein von Unlust interpretiert. Zugleich ist E. einer der Hauptrepräsentanten der hellenistischen Philosophie, die die Klassik ablöste und deren kosmisches Weltbild durch einen konsequenten Individualismus ersetzte, so dass die individuelle Glückseligkeit zum Sinn des Daseins wurde. In der frühen Neuzeit fand E. v. a. auch als ein Hauptvertreter der antiken Atomphysik Beachtung.

E.s zahlreiche Werke sind bis auf drei kürzere Lehrbriefe, die zusammen einen knappen Abriss seiner Philosophie geben, und einige Fragmente verloren. Das Hauptwerk *Peri physeos* (Über die Natur) umfasste 37 Bücher und war vermutlich eine Gesamtdarstellung der Lehre, enthielt also außer Naturphilosophie auch Erkenntnistheorie und Ethik. Diese ist die beherrschende Disziplin, der alle übrige Wissenschaft zu dienen hat. E.s Philosophie ist wesentlich Glückslehre. Glück (*eudaimonia*) ist Lust, d.h. Freisein von Unlust. Unlust ist seelische oder körperliche Störung, also liegt das Glück in der Störungsfreiheit, der Ataraxie. Diese ist durch drei Faktoren bedroht: Furcht (vor Göttern und Tod), Begierde und Schmerz. Zum Glück führt demnach die Einsicht, dass die Götter sich um die Welt nicht kümmern und der Tod uns nicht betrifft, dass die notwendigen Begierden begrenzt sind und dass der Schmerz stets erträglich bleibt.

Diese Einsicht zu untermauern ist Zweck der Naturphilosophie. Dazu schien →Demokrits Atomismus besonders geeignet, weshalb E. ihn im Wesentlichen übernahm. Da alle Phänomene aus den nach strengen Kausalgesetzen verlaufenden Atombewegungen erklärbar sind, bleibt für ein Eingreifen der Götter kein Platz. Sie führen ein unbekümmertes Leben ›zwischen‹ den unendlich vielen Welten. Da die Seele sich im Tode in ihre Atome auflöst, nehmen wir ihn nicht mehr wahr. Auch die Grenzen von Begierde und Schmerz lassen sich nachweisen. Die Willensfreiheit wollte E. durch die Annahme retten, dass die Atome gelegentlich ohne Ursache von ihrer gesetzmäßigen Bahn um ein Minimum abweichen. Dem Materialismus entspricht eine sensualistische Erkenntnistheorie. Alle Erkenntnis stammt aus den Sinnen, die nicht täuschen können, weil sie sich absolut rezeptiv verhalten. Irrtum beruht auf Missdeutung durch die Vernunft.

Werke: Epicurea, hg. v. H. Usener, 1887, ND 1966. – Opere, hg. v. G. Arrighetti, ²1973.

Lit.: J. M. Rist: E. An Introduction, 1972. – M. Hossenfelder: E., ³2006.

Malte Hossenfelder

Erasmus (Desiderius) von Rotterdam

27./28.10.1469 (?) Rotterdam (Niederlande) – 11./12.7.1536 Basel

1487	Eintritt in das Kloster der Augustiner-Chorherren in Steyn bei Gouda
1493	Tätigkeit als Sekretär des Bischofs von Cambrai
1495–99	Studium der alten Sprachen am Collége Montaigu in Paris
1499–1514	Aufenthalte in England; Bekanntschaft mit dem engl. König, →Thomas Morus u. John Colet
1514–29	häufige Aufenthalte in Basel
1516	Kaiserlicher Rat
1517	Aufgabe des Klosterlebens nach päpstlichem Dispens
1519	Beginn der Korrespondenz mit Martin Luther u. der Vermittlungen zwischen Konservativen u. Lutheranern
1529	Umzug nach Freiburg i. Br.
1535	Rückübersiedlung nach Basel; Ablehnung der Kardinalswürde

Der Theologe und Philologe E. wird zuweilen auch als »Fürst der Humanisten« bezeichnet. Er kann als führender Kopf des europ. Humanismus betrachtet werden, der mit seinem Rückbezug auf antikes Gedankengut das mittelalterliche Weltbild durch ein neues, frühmodernes Zeitalter der Künste, Wissenschaft und Bildung ablöste. Als herausragender individualistischer Intellektueller kritisierte er die praktisch gelebte Frömmigkeit und Dogmatik der Kirche, analysierte die Verhältnisse seiner Epoche und nahm mit seiner ›Kath. Reformation‹ zentrale Aspekte der eigentlichen Reformation gedanklich vorweg. Wegen seiner Kirchenkritik wurde sein Werk zeitweise auf den Index verbotener Bücher gesetzt. Von seiner Bedeutung für das geistige Leben seiner Zeit zeugt seine über 2000 Briefe umfassende Korrespondenz mit namhaften Gelehrten in ganz Europa, der wegen ihrer stilistischen Brillanz auch literarischer Wert zukommt.

Von E.s hoher satirischer Kunst zeugt eines seiner berühmtesten Werke, die formal als Lehrrede aufgebaute, →Thomas Morus gewidmete Schrift *Encomium moriae* ([Lob der Torheit] 1509), in der er mit ironisch-distanzierter Perspektive die Lasterhaftigkeit seiner Zeit kritisierte. Mit pädagogischem Anspruch veröffentlichte E. das seinem Dienstherrn, dem späteren Kaiser Karl V., gewidmete Werk *Institutio Principis Christiani* ([Die Erziehung des christlichen Fürsten] 1516), einen Fürstenspiegel, der E.s politische Philosophie enthält. Seine ebenfalls 1516 herausgegebene kritische Edition der griech. Bibelübersetzung *Septuaginta*, der wiederentdeckte Manuskripte zugrunde liegen und die E. mit einer kommentierten lat. Übersetzung versah, diente Martin Luther als Grundlagentext für dessen Bibelübersetzung ins Deutsche. Mit Luthers Lehre beschäftigte sich E. in mehreren Schriften, u. a. in *De libero arbitrio* ([Vom freien Willen] 1524). Der Machtkampf um die Herrschaft in Italien bildete den historischen Hintergrund für E.s pazifistisches Werk *Querela Pacis* ([Die Klage des Friedens] 1517), das als sein Beitrag für eine geplante Friedenskonferenz in Cambrai gedacht war, die jedoch nicht zustande kam. Während seiner letzten Lebensjahre arbeitete er die bereits vor 1500 begonnene Schrift *Antibarbari* zu einer bis in die Aufklärung stark rezipierten Sammlung von 3260 kommentierten antiken Redewendungen und Sprichwörtern u. d. T. *Adagia* aus.

Werke: Ausgewählte Schriften in acht Bdn., hg. v. W. Welzig, 1967–75.

Lit.: J. Huizinga: E., 1924. – A. J. Gail: E. v. R., 1994. – U. Schultz: E. v. R. Der Fürst der Humanisten, 1998. – C. Christ-von Wedel: E. v. R. Anwalt eines neuzeitlichen Christentums, 2003. – E. Rummel: E., 2004. – K. Flasch: Kampfplätze der Philosophie. Große Kontroversen von Augustin bis Voltaire, 2008, 243–73.

Susanne Zeller

Euklid

3. Jh. v. Chr., lebte möglicherweise in Alexandria

In E.s Hauptwerk, den *Elementen* (*Stoicheia*), ist das Ergebnis der spätestens um 430 v. Chr. mit Hippokrates aus Chios einsetzenden Bemühungen der Griechen um eine axiomatisch-deduktive Begründung der Mathematik exemplarisch überliefert. Eigene Äußerungen zu dem wissenschaftstheoretischen Konzept, dem E. in den *Elementen* folgt, fehlen allerdings. Der Neuplatoniker →Proklus deutete E.s mathematische Praxis in seinem Kommentar zum I. Buch der *Elemente*. Er ist der *editio princeps* der *Elemente* (1533) beigegeben, so dass nicht nur das geometrische Wissen, sondern auch die zugehörige, inzwischen als aristotelisch-euklidische Axiomatik bezeichnete Begründungsmethode, von der man bis heute als von einem Vorgehen *more geometrico* (in der Art der Geometrie) spricht, bald nach der Erfindung des Buchdrucks weite Verbreitung fand. Als wichtigstes Indiz dafür, dass E. bemüht war, mit möglichst wenigen und dabei einfachen Prinzipien auszukommen, gilt, dass er in den *Elementen* bis zum Satz I.28 vermeidet, sein Parallelenpostulat als Prämisse zu benutzten. In seiner nicht überlieferten Schrift über Trugschlüsse dürfte er auf Scheinbeweise eingegangen sein, die beim Bemühen unterlaufen waren, dieses Postulat I.5, dem man wohl nur den Rang eines vorläufig zu den Prinzipien gezählten Lehrsatzes zubilligte, aus einfacheren Prämissen abzuleiten. Carl Friedrich Gauß (1815/16), János von Bólyai (1825) und Nikolai I. Lobatschewski (1826) erkannten, dass man das euklidische Parallelenpostulat durch andere Forderungen ersetzen und damit eine »nicht-euklidische Geometrie« begründen kann.

Die 13 Bücher der *Elemente* sind ein Sammelwerk, das drei Teilgebiete der Mathematik erfasst, nämlich ebene Geometrie (I–VI u. X), Stereometrie (XI–XIII) und eine

Zahlentheorie (VII–IX; dazu kommt die Anwendung der arithmetischen Proportionentheorie in der musiktheoretischen Schrift *Sectio canonis* [Teilung des Kanons]). In diese Bücher sind ältere Satzsysteme integriert, die nur in Einzelfällen namentlich bekannten Mathematikern zugeordnet werden können. Ob Teile der *Elemente* auf E. selbst zurückgehen oder ob er nur ihm vorliegendes Wissen zusammenfasste, ist umstritten. Die *Elemente* enthalten eine umfangreiche Sammlung von Sätzen, die bei der Deduktion von komplexeren Theoremen oder bei der Lösung schwieriger Aufgaben als Prämissen benutzt wurden. Beispiele für solch eine höhere Mathematik sind die Bücher X (Lehre von den komplexen inkommensurablen Größenpaaren), XII (Volumensätze) und XIII (Lehre von den fünf regulären Körpern) aus den *Elementen* und die *Data* (Lösung von Konstruktionsaufgaben). Dazu kommen E.s nur fragmentarisch überlieferte Schriften *Über die Teilung von (ebenen) Figuren (unter einschränkenden Bedingungen), Über Örter (von Punkten) auf Flächen* sowie die *Porismen*, (Ortsaufgaben). Ob E. auch eine Schrift über Kegelschnitte geschrieben hat, ist unsicher. Seine *Phaenomena* enthalten eine Darstellung der Sphärik, mit deren Hilfe man die Bezugssysteme an der rotierenden Himmelskugel mathematisch beschreiben kann. Sie wurde in der Spätantike wie die Strahlenoptik aus seiner *Optik* und seiner *Katoptrik* zur ›Kleinen Astronomie‹ gezählt, die als Einführung in die ›Große Astronomie‹ aus dem Almagest des Ptolemaeus diente.

Werke: Opera omnia, griech. hg. v. J. L. Heiberg u. H. Menge, 10 Bde., 1883–1916. – Elemente, dt. hrsg v. C. Thaer, 5 Bde., 1933–37. – Data, dt. hrsg v. C. Thaer, 1962. – Proklus Diadochus, Kommentar zum ersten Buch von Euklids »Elementen«, hg. v. L. Schönberger u. M. Steck, 1945.

Lit.: B. Artmann: E. The creation of mathematics, 1999. – J. Schönbeck: E., 2003. – I. Bulmer [u.a.]: E., in: C. C. Gillispie

(Hrsg): Dictionary of scientific biography IV, 1971, S. 414–37. – H.-J. Waschkies: Mathematische Schriftsteller, in: Grundriss der Geschichte der Philosophie, Die Philosophie der Antike, Bd. 2, begr. v. F. Ueberweg, hg. v. H. Flashar, 1998, S. 365–453.

Hans-Joachim Waschkies

Abû Naṣr Ibn Tarkhān al-**Fārābī**

869 oder 870 Fārāb/Turkistan (Transoxanien) – 950/51 Damaskus (Syrien)

Studium in Khorasan u. Baghdad
942 Wechsel nach Damaskus; Zwischenaufenthalt in Aleppo
um 948/49 Aufenthalt in Ägypten

F., ›der zweite Lehrer‹ (nach →Aristoteles) in der islam. Welt, trug wesentlich zur Kenntnis der Logik des Aristoteles im arab. Raum bei, indem er Einleitungen, Kommentare zu dessen Werken sowie selbstständige Schriften schrieb und dafür alexandrin. Kommentare und Einführungsschriften heranzog. F. verfaßte ferner Schriften zur Physik, Ethik und Politik sowie eine Monographie über *Die Aufzählung der Wissenschaften*, die im Mittelalter durch eine lat. Übersetzung bekannt wurde.

Die *Nikomachische Ethik* und das Buch *Über die Seele* des Aristoteles, der Aristoteles-Kommentar des →Alexander von Aphrodisias sowie platonische und neuplatonische Schriften inspirierten F. zu Werken über die Ethik des Einzelnen und dessen Aufgabe in der Gesellschaft, v. a. zu seinem Alterswerk *Die Prinzipien der Einsichten der Bürger des Musterstaates*. F. erklärte Religion als symbolische Wiedergabe philosophischer Wahrheit und begründete dies mit der aristotelischen Wechselbeziehung zwischen Wahrnehmung und Denken. Religion wird zum Instrument der Philosophie, die sich in ihr verwirklicht. Dieser originelle Gedanke mündet unter Zugrundelegung der platonischen Stufung der Gesellschaft in die These vom Regenten im Musterstaat, der gleichzeitig Prophet und Philosoph sein müsse. F. schuf so die Grundlagen für einen islam. Philosophiebegriff, nach dem Wissen religiöse Wahrheit ist, die sich im ethischen Handeln des Musterstaats manifestiert und die Rückkehr der Seele zu ihrem göttlichen Ursprung, die »Glückseligkeit« des Menschen im Jenseits anstrebt.

Werke: Alfārābīs philosophische Abhandlungen, hg. v. F. Dieterici, 1890, dt. Übers. v. F. Dieterici, 1892, ND 1976. – Al-F. on the Perfect State, hg. u. übers. v. R. Walzer, 1985. – al-Manṭiqiyāt li-l-F., hg. v. M. Taqī Dānešpažūh, 3 Bde., 1988–90. – F., al-A'māl al-falsafīya, hg. v. Ǧa'far Āl Yāsīn, 1992. – Obras filosófico-políticas, hg. u. ins Spanische übers. v. R. Ramon Guerrero, 1992.

Lit.: J. Parens: An Islamic Philosophy of Virtuous Religions, 2007. – H. Daiber: Al-F.s Aristoteles, in: A. Vrolijk / J. P. Hogendijk (Hg.): O ye Gentlemen. Arabic Studies on Science and Literary Culture, 2007, 99–112. – H. Daiber: Bibliography of Islamic Philosophy (and Supplement), 2 Bde., 1999/2007.

Hans Daiber

Adam Ferguson

20.6.1723 Logierait (Schottland) – 22.2.1816 St. Andrews (Schottland)

1738–42	Studium der Altphilologie, Logik, Natur- u. Moralphilosophie in St. Andrews
1743–45	Studium der Theologie u. Moralphilosophie in Edinburgh
1745	Ordination in Edinburgh
1745–54	Militärkaplan des 43. Highland-Regiments (Black Watch)
1754–56	Studium in Groningen u. Leipzig
1756	Tätigkeit als Sekretär von Andrew Fletcher of Saltoun, Lord Milton; Reise nach Holland
1758	Nachfolger →David Humes als Bibliothekar der Juristischen Fakultät in Edinburgh
1759–64	Professor für Naturphilosophie in Edinburgh

1764–85	Professor für Moralphilosophie u. Pneumatologie in Edinburgh
1766–80	Kirchenvorstand der Church of Scotland
1774/75	Reise nach Frankreich, Italien, Deutschland u. in die Schweiz
1778	Teilnahme an einer königlichen Kommission nach Philadelphia
1793/94	Reise nach Holland, Deutschland, Italien

F. gilt als Vertreter der schott. Aufklärung. Er ist insofern typischer Protagonist der Gruppe um →David Hume, →Adam Smith, John Millar u.a., als er seine Studien als Beiträge zu einer ›Wissenschaft vom Menschen‹ verstand, deren Programmatik v.a. auf Humes *Treatise* zurückging. F.s spezifisches Anliegen besteht in einer stark politisch-historischen Ausrichtung der Moralphilosophie. Als der einzige gälisch Sprechende unter den Gelehrten blieb er stets in kritischer Distanz zur engl. Hegemonialmacht. Sein Eintreten für eine Bürgermiliz, seine Unterstützung der moderaten Partei in der schott. Kirche und sein Kampf gegen Patronage, Korruption und Zensur weisen ihn als Verfechter eines republikanischen Bürgertugendideals aus. F. orientierte sein politisches Denken eng an der stoischen Philosophie. Er unterstützte die amerik. Unabhängigkeitsbewegung nicht, war aber überzeugter Anhänger der Frz. Revolution.

In seinem Hauptwerk, dem *Essay on the History of Civil Society* ([Abhandlung über die Geschichte der bürgerlichen Gesellschaft] 1767), stellt F., aufbauend auf anthropologischen Studien, eine systematische Entwicklungstheorie der Gesellschaft vor. Im Unterschied zu Vorgängerprojekten dieser Art ist in dieser Arbeit nicht ausschließlich das Individuum, sondern die Menschheit respektive die Gesellschaft Gegenstand der Untersuchung. In Abgrenzung von Vertragstheorien (→Thomas Hobbes, →Jean-Jacques Rousseau) führte F. für den Entwicklungsprozess der Gattung den Begriff ›Zivilisation‹ ein, den er in universalen anthropologischen Grundmustern (Selbsterhaltungsweisen) verankert sah. Die Erfahrung der ›Gleichzeitigkeit des Ungleichzeitigen‹ wird in F.s Modell in eine Stufentheorie der Gesellschaft übertragen, die dazu dient, Vorsprünge und Rückschritte in der ›Naturgeschichte der Menschheit‹ zu erklären. Als empirisches Material nutzte F. Reiseberichte und historische Fallbeispiele: etwa den Aufstieg und Niedergang Roms, dem er, wie sein Vorbild →Montesquieu, ein Werk widmete (*History of the Progress and Termination of the Roman Republic* [Geschichte des Fortgangs und Untergangs der Römischen Republik], 3 Bde., 1783).

Anders als F.s scheinbar unzeitgemäß moderne Gesellschaftstheorie gerieten seine zeitgenössisch (z.B. von Christian Garve) noch breit rezipierten Lehrbücher zur Moralphilosophie in Vergessenheit (*Institutes of Moral Philosophy* [Grundsätze der Moralphilosophie], 1769; *Principles of Moral and Political Science* [Prinzipien der Moral- und Politikwissenschaft], 1792). Bemerkenswert an diesen Arbeiten sind die methodischen Überlegungen zur Vermittlung von rationalen und empirischen Elementen in der ›Wissenschaft der Moral und des Politischen‹.

Werke: The Correspondence of A. F., hg. v. V. Merolle, 2 Bde., 1995. – The Manuscripts of A. F., hg. v. V. Merolle, 2006.

Lit.: D. Kettler: The Social and Political Thought of A. F., 1965. – E. Heath / V. Merolle (Hg.): A. F.: History, Progress and Human Nature, 2008.

Annette Meyer

Ludwig Feuerbach

28.4.1804 Landshut – 13.9.1872 Rechenberg

1823–28 Studium der Theologie, Philosophie, Botanik, Anatomie u. Physiologie in Heidelberg, Berlin u. Erlangen

1828 Beginn einer unbesoldeten Lehrtätigkeit als Privatdozent in Erlangen

1830	anonyme Veröffentlichung u. Verbot der Schrift *Gedanken über Tod und Unsterblichkeit*
1832	Abbruch der Vorlesungstätigkeit
1835	Wiederaufnahme der Lehre
1836	Rückzug von der Universität
1837–59	Leiter der Porzellanfabrik auf Schloss Bruckberg
1859	Bankrott, Übersiedlung nach Rechenberg

F. wird dem Junghegelianismus, hin und wieder auch dem Linkshegelianismus zugeordnet. Er zählt zu den herausragenden Philosophen des Vormärz und wurde v.a. durch seine Schrift *Das Wesen des Christentums* (1841) berühmt. Hierin setzt er →Georg Wilhelm Friedrich Hegels im absoluten Geist sich vollendendem System der Wissenschaften die These entgegen, daß der Mensch Gott geschaffen habe, also Gott ein Produkt des menschlichen Bewusstseins sei und nicht umgekehrt das Bewusstsein Resultat eines göttlichen Entschlusses. Dieser Ansatz wurde später von →Karl Marx und →Friedrich Engels kritisch rezipiert und weiterverarbeitet.

Am Anfang von F.s Werk stehen umfangreiche Studien zur *Geschichte der neueren Philosophie* (2 Bde., 1833/37) von →Giordano Bruno bis Hegel. Außerdem entstanden Monographien zu →Gottfried Wilhelm Leibniz (1837) und →Pierre Bayle (1838). 1839 löste sich F. mit seiner Schrift *Zur Kritik der Hegelschen Philosophie* von Hegel, den er schon 1828 in seinem Begleitbrief zur Dissertation wissen ließ, dass »die Vernunft im Christentum wohl noch nicht erlöst« sei. 1843 erschienen die *Grundsätze der Philosophie der Zukunft*, in denen F. die spekulative Philosophie Hegels als letztes Refugium der Theologie kritisierte und stattdessen eine praktische Wende der (letztlich theistischen) Philosophie zur Anthropologie forderte. Mit dieser Schrift wurde F. zum Wortführer des *realen Humanismus*, dessen Vertreter durch die Entmachtung der Kirchen einen gesellschaftlichen und (natur-)wissenschaftlichen Paradigmenwechsel erwarteten, infolge dessen Monarchie und Ständegesellschaft überwunden werden könnten.

Im Revolutionsjahr 1848 hielt F. in Heidelberg zwar außeruniversitäre, öffentliche Vorlesungen, übernahm aber trotz großer Popularität kein politisches Amt. F. stand wohl den Sozialdemokraten nahe, die 1872 sein Begräbnis ausrichteten, war aber kein Parteigänger. Er gehörte keiner philosophischen Schule an und gründete auch keine. Allerdings erlebte seine Philosophie zweimal eine Renaissance: In den 1920er Jahren legten Autoren wie →Martin Buber und →Karl Löwith existentialistische Interpretationen seiner Philosophie vor und entwickelten diese weiter. In den frühen 1970er Jahren nahm die Beschäftigung mit F. im Rahmen des von der Kritischen Theorie geweckten Interesses an Marx' Frühschriften und an den Junghegelianern insgesamt zu. In diesem Zusammenhang wurde besonders Marx' Kritik am »bloß anschauenden« Materialismus F.s untersucht. Heute wird F.s säkularer Humanismus v.a. in seiner regulativen Bedeutung für den multireligiösen Dialog der Weltgesellschaft diskutiert.

Werke: GW, hg. v. W. Schuffenhauer, 22 Bde., 1967–2008. – Werke in sechs Bdn., hg. v. E. Thies, 1975.

Lit.: A. Kohut: L. F. – Sein Leben u. Werk, 1909. – S. Rawidowicz: L. F.s Philosophie, 1931. – K. Löwith: Von Hegel zu Nietzsche, 1939. – A. Schmidt: Emanzipatorische Sinnlichkeit, 1973. – U. Reitemeyer: Philosophie der Leiblichkeit, 1988. – C. Weckwerth: L. F., 2002. – J. Winiger: L. F., Denker der Menschlichkeit, 2004. – U. Reitemeyer [u.a.] (Hg.): L. F. (1804–72), 2006.

Ursula Reitemeyer

Paul K. Feyerabend

13.1.1924 Wien – 11.2.1994 Genolier (Schweiz)

1946–51 Studium der Geschichte, Physik u. Astronomie in Wien
1955–58 Dozent in Bristol (England)

1958–90 Professor in Berkeley (USA) u. an anderen Universitäten
1980–90 Professor an der ETH Zürich

F. gehört zu den prägenden Figuren der Wissenschaftsphilosophie in der 2. Hälfte des 20. Jh.s. Er begann in der Tradition der Philosophie des Wiener Kreises, stand zeitweise der Philosophie →Karl Poppers nahe und entwickelte schließlich einen philosophischen Pluralismus.

In seinem Hauptwerk, *Against Method. Outline of an Anarchistic Theory of Knowledge* ([Wider den Methodenzwang. Skizze einer anarchistischen Erkenntnistheorie] 1975), plädierte F. dafür, die (Natur-)Wissenschaften nicht als ein Unternehmen zu verstehen, das die besondere Qualität seines Wissens dem strikten Befolgen absolut bindender Regeln verdankt, also einer (oder ›der‹) wissenschaftlichen Methode. Vielmehr operiere erfolgreiche Wissenschaft opportunistisch, also je nach Sachlage, nicht nach fixen Regeln. F.s Slogan »Anything goes« bringt dies ironisch auf den Punkt: Dies sei die einzige unumstößliche Regel für die Wissenschaft – weil ohne Gehalt. Entgegen dem verbreiteten Verständnis ist dies aber kein Aufruf zur Beliebigkeit in den Wissenschaften. Als politische Konsequenz forderte F. die stärkere staatliche Unterstützung auch nicht-wissenschaftlicher Wissensformen.

Werke: Ausgewählte Schriften, 2 Bde., 1978/81. – Erkenntnis für freie Menschen, 1979. – Wissenschaft als Kunst, 1984. – Irrwege der Vernunft, 1989. – Über Erkenntnis, 1992. – Die Torheit der Philosophen, 1995. – Zeitverschwendung, 1995. – Die Vernichtung der Vielfalt, 2005.

Lit.: H. P. Dürr (Hg.): Versuchungen, 2 Bde., 1980/81. – J. Preston: F., 1997. – D. Lamb [u.a.] (Hg.): The Worst Enemy of Science?, 1999. – E. Oberheim: F.s Philosophy, 2007.

Paul Hoyningen-Huene

Johann Gottlieb Fichte

19.5.1762 Rammenau – 29.1.1814 Berlin

1774–80	Besuch von Schulpforta
1780–84	Studium der Theologie u. Rechtswissenschaft in Jena
1784–92	Tätigkeit als Hauslehrer (u.a. in Zürich)
1791	Begegnung mit → Immanuel Kant in Königsberg
1794–99	Professor für Philosophie in Jena
1800	Übersiedlung nach Berlin anläßlich des ›Atheismusstreits‹
1805	Professor für Philosophie in Erlangen
1806/07	kriegsbedingte Flucht nach Königsberg u. Kopenhagen
1807	Rückkehr nach Berlin
1810	Dekan der Philosophischen Fakultät an der neu errichteten Univ. Berlin (Rektor 1811/12)
1813/14	Vorlesungstätigkeit in Berlin

F. ist einer der wichtigsten Vertreter der durch die Auseinandersetzung mit → Immanuel Kant angestoßenen Philosophie des ›Dt. Idealismus‹. In der von ihm in immer neuen Ausarbeitungen vorgelegten Wissenschaftslehre widmete er sich der Frage nach Wesen, Begründungsmöglichkeit und Systematik des Wissens. F.s zunächst auf die Thematik der Subjektivität (›Ich bin Ich‹) und später auf die Bedeutung des Absoluten für alles Erkennen und Handeln ausgerichtete Philosophie gewann seit 1794 immer größeren Einfluss auf das dt. Geistesleben und löste nach 1800 heftige Kontroversen aus – v.a. mit Christoph Gottfried Bardili, → Friedrich Heinrich Jacobi, Friedrich Nicolai, Karl Leonhard Reinhold und → Friedrich Wilhelm Joseph Schelling. Weitere Aufmerksamkeit erlangte F., bedingt durch einen markanten Rückgang an Veröffentlichungen, der seiner Produktivität gleichwohl in keiner Weise entsprach, durch sein politisches Engagement während des vierten Koalitionskrieges, das seinen Niederschlag vornehmlich in den *Reden an die deutsche Nation* (1808) fand. Seine Anregungen bei der Gestaltung des Aufbaus der neuen Berliner Universität – besonders hinsichtlich ihrer pädagogischen und politischen Zielsetzung –, erregten zwar Aufsehen, erlangten aber kaum Wirkmächtigkeit. F. verbreitete seine Philosophie in viel besuchten Vorlesungen und populären Schriften, z.B. durch die im Gefolge des Atheismusstreits 1799/1800 verfassten Texte, den *Sonnenklaren Bericht an das größere Publikum über das eigentliche Wesen der neuesten Philosophie* (1801) und zahlreiche Rezensionen. Kritische Rezeptionen von F.s Denken sind in den Werken seines Sohnes Immanuel Hermann Fichte, Friedrich Karl Forbergs, →Georg Wilhelm Friedrich Hegels, Karl Christian Friedrich Krauses, Emil Lasks, Friedrich Immanuel Niethammers, Johann Baptist Schads oder →Friedrich Schlegels erkennbar.

F.s Werke behandeln Untersuchungsgegenstände aus nahezu allen Teilbereichen der Philosophie (*Versuch einer Critik aller Offenbarung*, 1792; *Ueber die Bestimmung des Gelehrten*, 1794; *Grundlage des Naturrechts*, 1796; *System der Sittenlehre*, 1798; *Bestimmung des Menschen*, 1800; *Grundzüge des gegenwärtigen Zeitalters*, 1806; *Einzig mögliche Störung der akademischen Freiheit*, 1812; *System der Rechtslehre*, 1812; *Thatsachen des Bewusstseins*, 1813). Im Zusammenhang ergeben sie ein Gesamtgebäude des Denkens unter transzendentalen, idealistischen Vorzeichen. Grundlage und Mittelpunkt seines Philosophierens bildet allerdings F.s Wissenschaftslehre, deren Ausarbeitung sich über zwanzig Jahre mit fast ebenso vielen (gedruckten u. ungedruckten, von exoterischen Schriften bis hin zu Vorlesungsvorbereitungen oder propädeutischen Einleitungen reichenden) Texten zu dieser Fundamentaldisziplin erstreckte. Erst auf dem Boden seiner theoretischen Philosophie, und allein nach deren Prinzipien entwickelt, gewinnen auch seine anderen Überlegungen ihre wissenschaftliche Berechtigung und ihren wahrhaft systematischen Sinn.

Aus den mannigfachen Bearbeitungen der Wissenschaftslehre, die alle dem Ziel dienen, das Wesen des Wissens, des Erkennens und der Wahrheit zu ergründen, um dergestalt zu einer wissenschaftlichen Ansprüchen genügenden Philosophie zu gelangen, stechen besonders drei Texte hervor, die F.s Entwicklung repräsentativ widerspiegeln: die Wissenschaftslehren der Jahre 1794, 1804 (mit drei Versionen) und 1812. Sie steigen von den an der Struktur der Subjektivität orientierten Grundsätzen allen Wissens zum Absoluten in seiner Unbegreifbarkeit auf, das dennoch als geradezu logisch zwingender Grund allen Wissens gewusst werden kann und gedacht werden muss. So formuliert F. in den Anfangsparagraphen der *Grundlage der gesammten Wissenschaftslehre* (1794/95): 1. »Das Ich setzt ursprünglich schlechthin sein eigenes Seyn.« – 2. »Dem Ich wird schlechthin entgegengesetzt ein Nicht-Ich.« – 3. »Ich setze im Ich dem theilbaren Ich ein theilbares Nicht-Ich entgegen.« Die Texte zur Wissenschaftslehre vereinigen demnach ein logisches mit einem an der Ich-Form einerseits und der Absolutheitsspekulation andererseits orientiertes Wissen zu einem philosophischen Gesamtentwurf, der von der Phänomenologie des Singulären in seiner unendlichen Mannigfaltigkeit bis zum alles einschließenden Weltbegriff reicht und sich so seiner eigenen Totalität und Notwendigkeit versichert.

Werke: Nachgelassene Werke, hg. v. I. H. Fichte, 3 Bde., 1834/35, ND 1971. – SW, hg. v. I. H. Fichte, 8 Bde., 1845/46, ND 1971. – GA der Bayer. Akademie der Wissenschaften, angelegt auf 40 Bde., 1962 ff.

Lit.: K. Hammacher: Der transzendentale Gedanke, 1981. – J. Widmann: F. Einführung in seine Philosophie, 1982. – P. Baumanns: J. G. F., 1990. – W. Janke: Vom Bilde des Absoluten, 1993. – R. Paimann: Die Logik u. das Absolute, 2006.

Rebecca Paimann

Marsilio Ficino

19.10.1433 Figline Valdarno/Toskana (Italien) – 1.10.1499 Careggi bei Florenz (Italien)

1449–51	Studium der Philosophie u. Medizin in Florenz
1462/63	Gründung der Platonischen Akademie
1468	Abschluss der Übersetzung der Dialoge →Platons ins Lateinische
1473	Priesterweihe

F. kann als der eigentliche Begründer des Florentiner Neoplatonismus gelten. Schon früh von →Platon fasziniert, der infolge des Auftretens von →(Georgios Gemistos) Plethon als Antipode zu →Aristoteles neu im Gespräch war, wurde F. das Haupt der von Cosimo de' Medici ins Leben gerufenen Platonischen Akademie, der Berühmtheiten wie der Architekt Leon Battista Alberti, der Dichter Angelo Poliziano, der Arzt Leone Ebreo oder →Giovanni Pico della Mirandola angehörten. F. lieferte zugleich ein Beispiel für den »Synkretismus« der Renaissance: In seinem Werk als Denker, Kommentator und Übersetzer verschmelzen Platonismus und spätantike Hermetik, Pythagoreismus und Christentum zu einer originären, fruchtbaren Synthese.

F.s wichtigste Werke sind die Paraphrase zu Platons *Gastmahl* (*De amore sive in convivium Platonis* [Über die Liebe oder Reflexionen über das Gastmahl Platons], 1469), die eine umfassende, kosmogonische Metaphysik des Schönen enthält, und die *Theologia platonica de immortalitate animorum XVIII libris comprehensa* ([Die platonische Theologie über die Unsterblichkeit der Seelen, zusammengefasst in 18 Büchern] vollendet 1474), die v.a. dem Beweis für die Unsterblichkeit der Seele gewidmet ist, in der es aber auch um Fragen der Theologie, der Stellung des Menschen im Kosmos und (nicht zuletzt) der Erkenntnistheorie geht. Die letztere betreffend, bahnte F. neue, auch auf →Immanuel Kant vorausweisende Wege.

Werke: Opera omnia, 1576, ND 1983. – Théologie platonicienne de l'immortalité des âmes, hg. v. R. Marcel, 2 Bde., 1964–70. – Über die Liebe oder Platons Gastmahl, hg. v. P. R. Blum, ³1994.

Lit.: P. O. Kristeller: Die Philosophie des M. F., 1972. – W. Beierwaltes: M. F.s Theorie des Schönen im Kontext des Platonismus, 1980. – G. C. Garfagnini (Hg.): M. F. e il Ritorno di Platone. Studi e Documenti, 2 Bde., 1986. – M. Bloch / B. Mojsisch (Hg.): Potentiale des menschlichen Geistes: Freiheit u. Kreativität. Praktische Aspekte der Philosophie M. F.s (1433–1499), 2003. – T. S. Hoffmann: Philosophie in Italien, 2007, 87–105.

Thomas Sören Hoffmann

Michel Foucault

15.10.1926 Poitiers (Frankreich) – 25.6.1984 Paris

1946–51	Studium der Philosophie u. Psychologie in Paris, u.a. bei →Louis Althusser
1952–54	Assistent für Psychologie an der Univ. Lille
1955–59	Leiter der frz. Kulturinstitute in Uppsala, Warschau u. Hamburg
1960–65	Professor für Philosophie an der Univ. Clermont-Ferrand
1966–68	Professor für Philosophie an der Univ. Tunis
1968/69	Professor für Philosophie an der Reformuniv. Paris-Vincennes
1970–84	Professor für »Geschichte der Systeme des Denkens« am Collège de France, Paris

F. ist einer der weltweit einflussreichsten frz. Denker der zweiten Hälfte des 20. Jh.s. Er hat eine starke und anhaltende Rezeption in Philosophie, Literatur- und Kulturwissenschaften, in Politologie und Soziologie sowie bei den *Gender Studies* erfahren. F.s Arbeiten sind Gegenwartsanalysen, auch wenn sie oft über die Vergangenheit handeln. Seine »kritische Geschichte des Denkens« und v.a. seine Problematisierung der Ansprüche der Vernunft wurden und werden kontrovers diskutiert. Lange Zeit wurde F. dem Post- oder Neostrukturalismus zugerechnet, er gilt auch als Erneuerer der politischen Philosophie.

Im Zentrum von F.s Monumentalstudie *Folie et déraison. Histoire de la folie à l'âge classique* (1961; dt. *Wahnsinn und Gesellschaft. Eine Geschichte des Wahns im Zeitalter der Vernunft*, 1969) steht das Problem der Rationalität: Vernunft kann sich nach F. von der Unvernunft nicht abgrenzen, ohne ihre eigene Selbstverständlichkeit zu verlieren. F. problematisierte die Rolle und Funktion dessen, was als vernünftig gilt, in verschiedenen Epochen. Es gibt bei ihm keinen Fortschritt zum Besseren, nur eine Transformation der Rationalität. Die Befreiung der »Irren« aus den Kerkern um 1800 war für F. ein erster Schritt zur Medikalisierung, weil der »geistig Kranke« zum Gegenstand des ärztlichen Diskurses wurde. Diesen Diskurs analysierte F. auch in *Naissance de la clinique. Une archéologie du regard médical* (1963; dt. *Die Geburt der Klinik. Eine Archäologie des ärztlichen Blicks*, 1973) im Zusammenhang mit der Professionalisierung der Ärzte seit dem 18. Jh.

Weltbekannt wurde F. mit seiner wissenschaftshistorischen Arbeit *Les mots et les choses. Une archéologie des sciences humaines* (1966; dt. *Die Ordnung der Dinge. Eine Archäologie der Humanwissenschaften*, 1971). Er arbeitete darin verschiedene epistemologische Tableaus heraus, darunter das Denken in Repräsentationen, das ohne anthropologische Vertiefung ist, ohne »Wesen des Menschen«. F.s berühmte Passage über das »Verschwinden des Menschen« steht im Zusammenhang mit der aus dem 19. Jh. stammenden anthropologischen Denktradition, der er ein Ende prophezeite. F. setzte auf Räume des Denkens und darauf, dass Denken »anders« sein kann, dass es Alternativen zu »unserem« Wissen gibt. Dabei stützte er sich auf die Systeme des Sprechens, Benennens und Darstellens von Wissensinhalten. Aus diesem Grund ist seine archäologische Phase gleichbedeutend mit seiner diskursanalytischen Arbeit.

Diese Arbeit reflektierte er in *L'archéologie du savoir* (1969; dt. *Archäologie des Wissens*, 1973). Aussagen sind für F. Ereignisse, die als solche beschrieben werden müssen, also singuläre und in jedem Fall historische Vorkommnisse, die nicht so sehr als elementare Konstrukte einer Sprachphilosophie angesprochen, sondern in ihrem Auftauchen und in ihren wechselnden Verwendungszusammenhängen bestimmt werden müssen. Diskurs ist, was sich aus Aussagen zusammensetzt, d.h. in diesem Sinne, was »positivistisch« registriert werden muss. Die diskursanalytische Einstellung radikalisierte F. 1971 in seinem Werk *L'ordre du discours* (dt. *Die Ordnung des Diskurses*, 1974), in dem er auch die Rede der Philosophen, der Intellektuellen und der Schriftsteller vom »Willen zur Wahrheit« her verstanden wissen will. Es gibt für F. keinen objektiv wahren Diskurs, es gibt keinen Ort für die Philosophie, an dem sie von allen gesellschaftlichen Zwängen befreit wäre.

Die beiden folgenden Werke, *Surveiller et punir. La naissance de la prison* (1975; dt. *Überwachen und Strafen. Die Geburt des Gefängnisses*, 1976) und der erste Band der *Histoire de la sexualité* (Geschichte der Sexualität) *La volonté de savoir* (1976; dt. *Der Wille zum Wissen*, 1983), behandeln das Problem der Macht, die F. im weiten Bereich von Disziplinierungen und Selbstdisziplinierungen verortet. F.s immer konkrete Problematisierung von Macht zerstört die traditionell hierarchisch und statisch gedachte Verteilungsidee von Macht, die es erlaubte, von Instanzen der Macht zu sprechen und davon, dass man Macht ergreift, verliert, beansprucht, ausübt. Bei F. lassen sich Machteffekte in allen Bereichen sozialen und individuellen Verhaltens beobachten. Macht ist darum für F. beweglich und überall, auch kann sie nicht frontal angegriffen werden. In *Surveiller et punir* stellte er die »panoptische Struktur« der Gefängnisbauten heraus, die als Bestrafungs- und Disziplinierungsmaschinen analysiert werden müssen. Auch die ins Leben der Menschen eingreifende »Bio-Macht« ist abstrakt, anonym, allgegenwärtig.

F.s Spätphilosophie brachte einen Rückgang auf Modelle der Lebenskunst. Seine letzten Buchprojekte sind die beiden Folgebände der *Histoire de la sexualité*: Nachdem er in *La volonté de savoir* Sexualität noch negativ unter der Überschrift der »Repressionshypothese« behandelt hatte, wurde sie für ihn in *L'usage des plaisirs* (Der Gebrauch der Lüste) und *Le souci de soi* ([Die Sorge um sich] beides 1984) zu einem Bereich menschlichen Denkens, Fühlens und Verhaltens. F. entwickelte in Auseinandersetzung mit Texten der antiken Philosophie eine Ethik, die jenseits von Moral und Tugendlehre Gültigkeit beansprucht.

Werke: Dits et Ecrits, 4 Bde., 1994, dt. 2001–05.

Lit.: G. Deleuze: F., 1986, dt. 1987. – D. Eribon: M. F., 1989, dt. 1991. – D. Eribon: M. F. et ses contemporains, 1994, dt. 1998. U. J. Schneider: M. F., 2004. – P. Sarasin: M. F. zur Einführung, 2006. – M. Ruoff: F.-Lexikon, 2007.

Ulrich Johannes Schneider

Gottlob Frege

8.11.1848 Wismar – 26.7.1925 Bad Kleinen

1869–71	Studium der Mathematik, Physik, Chemie u. Philosophie in Jena
1871	Wechsel an die Univ. Göttingen
1873	Promotion in Mathematik
1874	Rückkehr nach Jena; Habilitation für Mathematik
1879	ao. Professor für Mathematik in Jena
1896–1918	Honorarprofessor in Jena

F. blieb zu Lebzeiten weitgehend unbekannt. Gleichwohl ist er der größte Logiker seit →Aristoteles und ein Begründer der Analytischen Philosophie. F. befruchtete die Philosophie in vierfacher Hinsicht: Er entwickelte (1) die moderne mathematische Logik, die zu einem unentbehrlichen Werkzeug der Analytischen Philosophie wurde. Dieses Werkzeug benutzte er (2), um die Philosophie der Mathematik dauerhaft zu revolutionieren. F.s Philosophische Logik lieferte (3) nicht nur eine durchschlagende Kritik des Psychologismus, sondern auch zentrale Grundprobleme und -begriffe der gegenwärtigen Sprachphilosophie. Schließlich bot seine philosophische Prosa (4) eine Vorlage dafür, wie komplizierte Probleme auf klare und tiefsinnige Weise angegangen werden können.

Laut F. sind mathematische Sätze zwar a priori, aber nicht – wie →Immanuel Kant dachte – synthetisch, sondern analytisch: Sie lassen sich aus rein logischen Axiomen und Definitionen ableiten. F.s Logizismus definiert die Begriffe der Mathematik durch logische Begriffe, wie den der Menge, und leitet ihre Sätze aus evidenten logischen Grundgesetzen ab. F.s *Begriffsschrift* (1879) liefert die erste vollständige Axiomatisierung des Aussagen- und Prädikatenkalküls. Der entscheidende Fortschritt gegenüber der syllogistischen Logik besteht darin, Sätze nicht mehr in Subjekt, Kopula und Prädikat zu analysieren, sondern in Funktion und Argument sowie in einer Quantoren-Variablen-Schreibweise, in der sich multiple Quantifizierungen darstellen lassen.

In den *Grundlagen der Arithmetik* (1884) definierte F. den mathematischen Grundbegriff der Kardinalzahl. Zahlaussagen wie ›Jupiter hat vier Monde‹ schreiben nicht einem Objekt eine Eigenschaft zu, sondern vielmehr dem Begriff ›Mond von Jupiter‹, nämlich die Eigenschaft, dass genau vier Dinge unter ihn fallen. Analog schreibt ›Gott existiert‹ nicht einem Gegenstand eine Eigenschaft zu, sondern einem Begriff, nämlich dem Begriff ›Gott‹, die Eigenschaft, von mindestens einem Gegenstand erfüllt zu werden. Existenz ist kein ›Merkmal‹ des Begriffs ›Gott‹, über das jener definiert werden könnte, weshalb der ontologische Gottesbeweis scheitert. Eine Kardinalzahl ist das, was zwei Mengen gemein haben, die von gleicher Mächtigkeit sind, d.h. dieselbe Anzahl von Elementen haben. Zahlen sind Mengen von gleichmächtigen Mengen: 0 ist z.B. die Menge aller Mengen, die keine Elemente enthalten, d.h. die Menge aller Mengen, die gleichmächtig sind, wie die Menge aller Dinge, die nicht mit sich selbst identisch sind.

In mehreren Aufsätzen widmete sich F. den semantischen Grundlagen seiner formalen Sprache. Begriffe sind Funktionen, welche Gegenstände auf einen von zwei ›Wahrheitswerten‹ abbilden: Der Begriff ›erobert Gallien‹ bildet z.B. Caesar auf den Wert ›das Wahre‹ und George W. Bush auf den Wert ›das Falsche‹ ab. Außerdem unterschied F. zwischen zwei Aspekten des logischen Gehalts von Ausdrücken: Die ›Bedeutung‹ ist der Gegenstand, für welchen der Ausdruck steht; sein ›Sinn‹ ist die ›Art des Gegebenseins‹ dieses Bezugsgegenstandes. Die Unterscheidung erklärt u.a., warum Identitätsaussagen, wie ›Der Morgenstern ist der Abendstern‹ (es handelt sich in beiden Fällen um dem Planeten Venus), informativ sind, dies im Gegensatz zum trivialen ›Der Morgenstern ist der Morgenstern‹.

Die Untersuchung *Grundgesetze der Arithmetik* (2 Bde., 1893/1903, ND 1998) sollte die Krönung von F.s Werk darstellen. Leider jedoch scheitert F.s Ableitung der Arithmetik aus der Logik an →Bertrand Russells Paradox der Menge aller Mengen, die sich selbst nicht als Element enthalten. Aufgrund dieses Schicksalsschlages verwarf F. den Logizismus, hielt aber an den Vorzügen seiner philosophischen Logik fest.

Werke: Logische Untersuchungen, hg. u. eingel. v. G. Patzig, 1966, [5]2003. – Kleine Schriften, hg. v. I. Angelelli, 1967, [2]1990, ND 2006. – Nachgelassene Schriften u. Wissenschaftlicher Briefwechsel, hg. v. H. Hermes [u.a.], 2 Bde., 1969/76, [2]1983. – Funktion. Begriff. Bedeutung, hg. u. eingel. v. M. Textor, 2007.

Lit.: J. Weiner: F. in Perspective, 1990. – A. Kenny: F., 1995.– M. Beaney / E. H. Reck (Hg.): G. F. Critical Assessments of Leading Philosophers, 4 Bde., 2005. – W. Künne: Die philosophische Logik G. F.s, 2009. – M. Textor: The Routledge Philosophy Guidebook on F. on Sense and Reference, 2010.

Hans-Johann Glock

Sigmund (Schlomo) Freud

6.5.1856 Freiberg/Mähren – 23.9.1938 London

1873–81	Medizinstudium in Wien
1882	Sekundararzt am Allgemeinen Krankenhaus in Wien
1885	Aufenthalt in Paris zum Studium hypnotischer Heilungen
1891	Eröffnung einer eigenen Praxis in Wien
1909	USA-Reise
1910	Gründung der Internationalen Psychoanalytischen Vereinigung
1938	Emigration nach Großbritannien

F. gilt als Begründer der Psychoanalyse. Durch seine Verbindung von klinischer Erfahrungswissenschaft und Kulturtheorie wurde er zu einem der wichtigsten Impulsgeber für die philosophische Anthropologie im 20. Jh. Seine Theorie reagierte auf den Verlust religiöser Gewissheit und die heuchlerische Sexualität des victorianischen Zeitalters. In F.s Denken artikulierte sich die tödliche Krise der europ. Moderne, die in der Urkatastrophe des Ersten Weltkriegs ihren deutlichsten Ausdruck fand. Die von ihm begründete Psychoanalyse galt zunächst der Heilung von durch sexuelle Tabus verursachten neurotischen Störungen; später wurde sie zu einer Theorie der gesamten modernen Kultur.

Im Gegenzug zu →René Descartes und der auf ihm fußenden Bewusstseinsphilosophie korrigierte F.s Konzeption des »Unbewussten« (*Das Unbewußte*, 1913) eine der Grundvoraussetzungen des abendländischen Denkens: dass sich menschliche Existenz durch eine bewusste Stellungnahme zum eigenen Leben auslegt. Dem entspricht in der ärztlichen Praxis eine auf die Versprachlichung von Träumen und Neurosen zielende Sprechkur, die Psychoanalyse (*Vorlesung zur Einführung in die Psychoanalyse*, 1917). Ihr liegt eine Theorie zugrunde, nach der alle menschliche Erfahrung dem Bewusstsein über (gelegentlich auch unverständliche) Symbole gegeben ist (*Die Traumdeutung*, 1900; *Zur Psychopathologie des Alltagslebens*, 1901). Ursache des Unverständlichwerdens der eigenen, als zwanghaft erfahrenen Handlungen sind gesellschaftliche Verbote und Tabus. Die Einsicht in die kausale Wirksamkeit undurchschauter psychischer Zwänge, die dem als »Es« benannten Bereich der Triebe zugeordnet sind, ermöglicht im besten Fall eine gelingende Auseinandersetzung mit der Realität: »Wo Es war, soll Ich werden!« (*Neue Folge der Vorlesungen zur Einführung in die Psychoanalyse*, 1932).

In seiner Kulturkritik (*Das Unbehagen in der Kultur*, 1932) teilte F. die Überzeugung von →Thomas Hobbes, dass Menschen zwar unabdingbar aufeinander angewiesen sind, sich aber gleichwohl begehrlich und d.h. auch immer feindselig gegenüberstehen, weswegen alle Kultur auf Repression beruht. Sie kann gleichwohl vernünftig geregelt werden. Ein auf Realitätsprüfung und Verzicht auf unmittelbares Ausleben von Trieben zielender »Fortschritt« in der Geistigkeit soll schließlich eine menschengerechte Kultur schaffen (*Der Mann Moses und die monotheistische Religion*, 1938).

Werke: GW, hg. v. Anna Freud [u.a.], 19 Bde., 1999.

Lit.: M. Schur: F. Living and Dying, 1972. – F. J. Sulloway: F. Biologist of the Mind. Beyond the Psychoanalytic Legend, 1979. – P. Gay: F. Eine Biographie für unsere Zeit, 1995. – E. Zaretsky: Secrets of the Soul. A Social and Cultural History of Psychoanalysis, 2004. – M. Brumlik: S. F. Der Denker des 20. Jh.s, 2006.

Micha Brumlik

Jakob Friedrich Fries

23.8.1773 Barby an der Elbe – 10.8.1843 Jena

1795–97	Studium der Rechtswissenschaften u. Philosophie in Leipzig u. Jena
1801	Promotion u. Habilitation im Fach Philosophie in Jena
1805 o.	Professor in Heidelberg
seit 1817 o.	Professor in Jena; Teilnahme am Wartburgfest, in der Folge Suspendierung
1824	Rehabilitierung, Professur allerdings nur für Physik
seit 1838	wieder öffentliche Vorlesungen in Philosophie

F. gilt als herausragender und universeller Vertreter und Fortbilder der kantischen Philosophie. Er wurde in der aus dem Pietismus hervorgegangenen Herrnhuter Brüdergemeine erzogen und ausgebildet. Seine liberalen politischen Überzeugungen und das daraus resultierende, zeitweilige Lehrverbot, brachten ihm später eine andauernde Schwächung seines philosophischen Einflusses ein. Philosophiegeschichtlich wirkte er v.a. über die erste *Friessche Schule* um Ernst Friedrich Apelt und über die *Neue Friessche Schule* um Leonard Nelson.

F.s Werk umfasst alle Teilgebiete der Philosophie, wobei eine ›anthropologische‹ (empirisch-psychologische) Umorientierung der kantischen Lehre im Mittelpunkt steht. Die idealistischen Systementwürfe seiner Zeit kritisierte er als Rückfall in die vorkantische Philosophie. In *Wissen, Glaube und Ahndung* (1805), das v.a. für die spätere Religionsphilosophie (u.a. Rudolf Otto) wichtig wurde, unterschied er – anknüpfend an →Immanuel Kants Vermögen »Verstand«, »Vernunft« und »Urteilskraft« – drei grundverschiedene menschliche Überzeugungssysteme: Das »Wissen« richtet sich auf die endlichen Gegenstände der reinen und der sinnlichen Anschauung und hat als genuinen Erkenntnisbereich die Wissenschaft. Der »Glaube« ist kein ›zweitklassiges‹, vermutungshaftes Wissen, sondern notwendige Vernunftüberzeugung, die sich auf die unendliche Welt der Ideen bezieht; hierher gehört die Religion. Die »Ahndung« schließlich vermittelt zwischen Wissen und Glauben, insbesondere in Gestalt einer (nur heuristisch und ästhetisch wirksamen) Teleologie.

F.s Hauptwerk *Neue oder anthropologische Kritik der Vernunft* (3 Bde., 1807; ²1829–31) folgt ebenfalls Kant, will aber eine anthropologische Aufklärung »aller philosophischen Grundwahrheiten« leisten, die F. bei Kant vermisste. Gegen Kants »transzendentales Vorurteil«, auch Erkenntnisse a priori noch als solche »beweisen« zu wollen, setzte er deren psychologische Aufweisung in der inneren Erfahrung. Der in diesem Zusammenhang bis heute oft erhobene Psychologismus-Vorwurf übersieht, dass es F. nur um einen Nachweis, nicht um eine Rechtfertigung von Erkenntnis a priori ging. Der *Kritische Rationalismus* (u. a. →Karl Popper, Hans Albert) griff verschiedene Argumentationen F.s aus diesem Kontext auf.

Besondere Bedeutung erlangte F. als Wissenschaftstheoretiker der Naturwissenschaften und als Philosoph der Mathematik. Neben seinen Logikwerken ist hier *Die mathematische Naturphilosophie, nach philosophischer Methode bearbeitet* (1822) hervorzuheben. Sie verbindet Kants Wissenschaftstheorie in methodologisch origineller Weise mit der nachkantischen Wissenschaftsentwicklung.

Werke: Sämtliche Schriften, hg. v. G. König u. L. Geldsetzer, (bisher) 29 Bde., 1967 ff.

Lit.: E. L. T. Henke: J. F. F., 1867, ²1937. – T. Glasmacher: F. – Apelt – Schleiden, Verzeichnis der Primär- u. Sekundärliteratur 1798–1988, 1989. – W. Hogrebe / K. Herrmann (Hg.): J. F. F. Philosoph, Naturwissenschaftler u. Mathematiker, 1999. – H. Pulte: Axiomatik u. Empirie, 2005. – T. van Zantwijk: Heuristik u. Wahrscheinlichkeit in der logischen Methodenlehre, 2009.

Helmut Pulte

Erich (Pinchas) Fromm

23.3.1900 Frankfurt am Main – 18.3.1980 Muralto (Schweiz)

1918	Jurastudium in Frankfurt
1919–22	Studium der Nationalökonomie, Philosophie u. Psychologie in Heidelberg; Promotion zum Dr. phil. bei Alfred Weber
1925–30	Psychiatrische Studien in München; Ausbildung zum Psychoanalytiker in Berlin
seit 1930	Tätigkeit als Psychotherapeut
1930–39	Mitglied des Instituts für Sozialforschung in Frankfurt am Main u. New York
1934	Emigration in die USA (Hauptwohnsitz New York)
1950	Übersiedlung nach Mexiko-City (1956–1973 Wohnsitz Cuernavaca)
1941–65	Professuren an Universitäten in USA u. Mexiko
1973–80	lebt in Muralto bei Locarno

Der Soziologe und Psychoanalytiker F. ist einer der Begründer einer psychoanalytischen Sozialpsychologie und zählt zu den bedeutendsten Humanisten des 20. Jh.s. Sein Interesse überstieg jedoch die Psychologie und eine marxistisch getönte Soziologie. Über seine psychoanalytischen und sozialpsychologischen Schriften hinaus veröffentlichte er Beiträge zur Geschichte, philosophischen Anthropologie, zur Aggressionsforschung, vergleichenden Kulturwissenschaft, Matriarchatsforschung, zu utopischen Gesellschaftsentwürfen, zur politischen Theorie und Praxis, zum Renaissance- und Aufklärungshumanismus, zur Religionskritik sowie zur jüdischen, (zen-)buddhistischen und christlichen Mystik. Wie ein roter Faden zieht sich durch sein gesamtes Werk der humanistische Glaube, dass im Menschen selbst sämtliche Voraussetzungen für ein gelingendes Leben liegen.

Aus einer jüdisch-orthodoxen Familie stammend, wandte F. die Psychoanalyse →Sigmund Freuds auf gesellschaftliche und kulturelle Phänomene an. Dabei erkannte er, dass nicht angeborene Triebe, sondern besondere menschliche Bedürfnisse für die psychischen Antriebskräfte verantwortlich sind. Anders als Freud sah F. den Menschen nicht als Triebwesen, sondern als Bezogenheitswesen (*The Art of Loving*, 1956, dt. *Die Kunst des Liebens*, 1956). Entscheidend ist die Art der Bezogenheit auf die äußere und innere Wirklichkeit. Diese manifestiert sich psychisch in produktiven oder nicht-produktiven Charakterorientierungen. Produktiv (oder am Sein orientiert) sind sie, wenn sie die angeborenen Entwicklungspotenziale von Vernunft und Liebe fördern, die den Menschen frei und unabhängig von Ichfremden Kräften machen; nicht-produktiv (oder am Haben orientiert) sind sie dann, wenn sie die Entwicklung dieser Potenziale behindern oder gar vereiteln (*To Have Or to Be?*, 1976, dt. *Haben oder Sein*, 1976).

F.s besonderes Interesse galt solchen Beziehungsarten (»Gesellschafts-Charakterorientierungen«), die für bestimmte Erfordernisse des Wirtschaftens und der Vergesellung erforderlich sind und meist zur Entfremdung des Menschen von seinen produktiven Potenzialen führen, so beim autoritären Charakter, bei dem sich alles um Herrschaft und Unterwürfigkeit dreht (*Escape from Freedom*, 1941, dt. *Die Furcht vor Freiheit*, 1941), und bei der Marketing-Orientierung, der es um den erfolgreichen Verkauf auch der eigenen Persönlichkeit geht (*Man for Himself*, 1947, dt. *Psychoanalyse und Ethik*, 1947). In den 1960er Jahren entdeckte F. die nekrophile Orientierung, bei der Menschen mehr vom Leblosen, Dinglichen und Berechenbaren angezogen werden als vom Lebendigen, Prozesshaften, Unberechenbaren und Kreativen (*The Heart of Man*, 1964, dt. *Die Seele des Menschen*, 1964; *The Anatomy of Human Destructiveness*, 1973, dt. *Anatomie der menschlichen Destruktivität*, 1973).

Werke: GA, hg. v. R. Funk, 12 Bde., 1999.

Lit.: R. Funk: E. F. Liebe zum Leben. Eine Bildbiografie, 1999. – J. Claßen (Hg.): Erziehung zwischen Haben u. Sein, 2002. – J. Hardeck: E. F., 2005. – R. Funk: E. F.s kleine Lebensschule, 2007.

Rainer Funk

Shlomo ben Jehuda Ibn Gabirol

um 1021 Malaga (Spanien) – um 1058 Valencia (Spanien)

G.s religiöse Gedichte in hebr. Sprache wurden einschließlich des theologischen Lehrgedichts *Die Königskrone* (*Keter Malkut*) in die jüd. Liturgie aufgenommen. Neben einem schmalen Traktat zur Ethik (*Die Verbesserung der Sitten*, 1045) bildet *Die Lebensquelle* (lat. *Fons Vitae*, hebr. *Meqor Hayyim* – auf Psalm 10, 11 anspielend) G.s Hauptwerk. Das Lehrgespräch ist rein philosophisch und religiös neutral. Es wurde von den lat. Scholastikern (u.a. Dominicus Gundissalinus, →Albertus Magnus, →Thomas von Aquin, →Bonaventura, →Eckhart von Hochheim) rezipiert, die G. für einen Muslim hielten.

G. vertrat einen von pseudo-empedokleischen und -aristotelischen Schriften (*Buch der fünf Substanzen*, *Theologie des Aristoteles* usw.) bzw. von der neupythagoreischen Zahlenmystik der Lauteren Brüder beinflussten Neuplatonismus. Materie und Form sind die Grundkategorien des Systems, das auch durch die Metapher des Lichts ausgedrückt wird. Höher als die Stufen des Seienden stehen der göttliche Wille, ferner Gott als der Eine. Beide sollten den Gegenstand späterer – nicht überlieferter – Werke darstellen.

Werke: Fons Vitae [arab. fast völlig verloren; lat. Übers., hg. v. C. Baeumker, 1892, ND 1995; hebr. Zusammenfassung v. Falqera, hg. v. R. Gatti, 2001]. – The Improvement of Moral Qualities [arab.-engl.], hg. v. S. Wise, 1901, ND 1966. – Selected religious poems of S. I. G. [hebr.-engl.], hg. v. I. Davidson, 1924. – Die Krone des Königtums [hebr.-dt.], hg. v. E. Goodman-Thau u. C. Correll, 1994. – J. Guttmann: Die Philosophie des S. I. G., 1889, ND 1979.

Lit.: D. Kaufmann: Studien über S. I. G., 1889, ND 1980. – J. Schlanger: La philosophie de S. I. G. Etude d'un néoplatonisme, 1968. – R. Loewe: I. G., 1989. – F. Brunner: Métaphysique d'I. G. et de la tradition néoplatonicienne, 1997.

Rémi Brague

Hans-Georg Gadamer

11.2.1900 Marburg – 13.3.2002 Heidelberg

1918	Studium der Germanistik, Geschichte, Kunstgeschichte u. Philosophie in Breslau
1919	Wechsel über München nach Marburg
1923	Begegnung mit → Martin Heidegger
1927	Staatsexamen im Fach ›Klassische Philologie‹ bei Paul Friedländer
1928/29	Habilitation bei Heidegger
1937	a.o. Professor in Marburg
1938	o. Professor in Leipzig (1946/47 erster Nachkriegsrektor)
1947–49	Professor für Philosophie in Frankfurt a.M.
1949–68	Professor für Philosophie in Heidelberg (Nachfolger von → Karl Jaspers)
1953	Gründung der Zeitschrift *Philosophische Rundschau* (mit Helmut Kuhn)

G. gilt als maßgeblicher Vertreter der philosophischen Hermeneutik im 20. Jh. Geprägt wurde er durch das Erlebnis des Ersten Weltkriegs und durch das Studium der Klassischen Philologie. Einflussreich waren auch seine Beschäftigung mit der Philosophie → Martin Heideggers und der Phänomenologie → Edmund Husserls sowie seine Auseinandersetzungen mit dem Marburger Neukantianismus, wie er von → Paul Natorp vertreten wurde. Mit seiner Habilitationsschrift *Platos dialektische Ethik* (1931) legte G. den Grundstein für seine philosophische Hermeneutik, die er in seinem Hauptwerk *Wahrheit und Methode* (1960) zusammenfasste.

G. verstand seine Hermeneutik als »Versuch einer Verständigung über das, was die Geisteswissenschaften über ihr methodisches Selbstbewusstsein hinaus in Wahrheit sind und was sie mit dem Ganzen unserer Welterfahrung verbindet« (*Wahrheit und Methode*, 1960). In ihr versuchte er, die Frage nach den Bedingungen der Möglichkeit des Verstehens mit Rekurs auf ein Vorverständnis zu begründen, das ein jegliches Verstehen trägt. Die Ansetzung des lebensweltlichen Vorverständnisses, die sich gegen den falschen Objektivismus eines vorurteilsfreien Sinnverstehens richtet, verband G.s Hermeneutik mit der weiterreichenden These, dass jedes Verstehen als ein über- oder transsubjektives Verstehen aufzufassen sei. Die in Verstehensvollzüge involvierten Subjekte erlitten das Verstehen eher, als dass sie es aktiv gestalteten, wobei diese Über- oder Transsubjektivität des Verstehens im Anschluss an Heidegger mit Rekurs auf die »ontologische Dimension der Sprache« begründet wird, deren Analyse die These von der »Universalität der Hermeneutik« plausibel machen soll. Diese ontologische Interpretation der Sprache stand im Zentrum der 1967–71 geführten Debatte über »Ideologiekritik und Hermeneutik«, bei der G. Karl-Otto Apel und →Jürgen Habermas gegenüberstanden. Eine 1981 mit →Jacques Derrida geführte Debatte kreiste um die Frage nach der Universalität des Verstehens.

Als praktische Philosophie vertritt die Hermeneutik nach G. die These von der Situiertheit der Vernunft in lebensweltlichen Kontexten. »Wo ›Praxis‹ der Gegenstand von ›Theorie‹ wird, und das ist der Fall der ›praktischen Philosophie‹, baut sich die ›Methode‹ der begrifflichen Analyse auf den Gemeinsamkeiten auf, die alle verbinden« (»Wertethik und praktische Philosophie«, in: *Gesammelte Werke*, Bd. 4, 1982). Diese mit der *phronesis*, der ›praktischen Klugheit‹, hervorgehobenen verbindenden und verbindlichen Gemeinsamkeiten einer Lebensform eröffnen und begrenzen nach G. die Möglichkeiten des sittlichen Handelns innerhalb einer partikularen Wir-Gemeinschaft. All unser Tun und Handeln steht im »Horizont der Polis und weitet damit unser Wählen des Tunlichen in das Ganze unseres äußeren gesellschaftlichen Seins« – aus diesem Grund erweist sich nach G. auch die Ethik als Teil der Politik. G.s praktische Philosophie, die an Heideggers »Hermeneutik der Faktizität« anschließt, ist dem kantischen Universalismus strikt entgegengesetzt, dem sie ein Überspringen der Lebenswelt vorwirft – ein Vorwurf, der jedoch von der universalistischen Gegenpartei immer wieder zurückgewiesen wird.

Werke: GW, 10 Bde., 1985–95. – Philosophische Lehrjahre. Eine Rückschau, 1995.

Lit.: J. Habermas: Hermeneutik u. Ideologiekritik, 1971. – R. Bubner [u. a] (Hg.): Hermeneutik u. Dialektik. Festschrift für H.-G. G., 2 Bde., 1979. – J. Grondin: H.-G. G. Eine Biographie, 1999. – U. Tietz: H.-G. G. zur Einführung, [3]2005. – G. Figal (Hg.): H.-G. G.: Wahrheit u. Methode, 2007.

Udo Tietz

Arnold Geulincx

Jan. 1624 (kath. getauft 31.1.1624) Antwerpen (Belgien) – Nov. 1669 Leiden (Niederlande)

1641–46	Studium der Philosophie u. kath. Theologie in Löwen
1646–58	Professor für Philosophie in Löwen
1658	Konversion zum Calvinismus, Dr. med. in Leiden
1659–69	Dozent, seit 1665 ao. Professor für Philosophie in Leiden

G. war ein bedeutender Vertreter des Cartesianismus und des Occasionalismus. Er bemühte sich um eine Systematisierung der cartesischen Philosophie, die er um eine Ethik ergänzte. Die Forschung hat auf Parallelen zu →Nicolas Malebranche, →Baruch de Spinoza und →Gottfried Wilhelm Leibniz hingewiesen und in ihm einen Vorläufer →Immanuel Kants gesehen.

Die als Wissenschaftstheorie verstandene Logik ist das Fundament des mit einem Tempel verglichenen Gebäudes der Philosophie (*Logica*, 1662; *Methodus inveniendi: argumenta* [Methode, Argumente zu finden], 1663). Auf den Säulen der Mathematik und Metaphysik erhebt sich als krönendes Dach die Ethik. Über →René Descartes hinausgehend, vertrat G. einen deterministisch geprägten Occasionalismus (Gott ist alleinige Ursache von allem) sowie eine auf dem Begriff der grundlegenden Ohnmacht basierende Anthropologie (ohne Kenntnis, wie etwas geschieht, können wir nichts bewirken) und Theorie der schwachen Vernunft: Sinne und Verstand führen zu keiner adäquaten Erkenntnis (*Metaphysica vera* [Wahre Metaphysik], 1691; *Opuscula philosophica* [Kleine philosophische Schriften], 1691). Die zentralen Motive sittlichen Handelns sind Selbsterkenntnis und Demut. Moralität und Freiheit erschließen sich in Liebe und Gehorsam gegenüber den Geboten der göttlich erleuchteten Vernunft (*Ethica*, 1665).

Werke: Opera philosophica, hg. v. J. P. N. Land, 3 Bde., 1891–93, ND 1965–68.

Lit.: J. P. N. Land: A. G. u. seine Philosophie, 1895. – J.-F. Battail: A. G., in: Grundriss der Geschichte der Philosophie, Die Philosophie des 17. Jh.s, Bd. 2, begr. v. F. Ueberweg, hg. v. J.-P. Schobinger, 1993, 375–97. – B. Rousset: G. entre Descartes et Spinoza, 1999.

Wolfgang Rother

Alan Gewirth

28.11.1912 New York City – 9.5.2004 Chicago (USA)

1930–36 Studium der Philosophie an der Columbia Univ. u. an der Cornell Univ.
1937–41 Assistent Richard McKeons u. Lehrtätigkeit an der Univ. Chicago
1942–46 Militärdienst in den USA
1948 Promotion an der Columbia Univ.
1947–97 Professor für Philosophie an der Univ. Chicago

G. wurde v.a. durch seinen Versuch bekannt, eine strenge Begründung der normativen Ethik zu leisten. Nach Vorarbeiten in einer Reihe von Aufsätzen, beginnend mit »Categorical Consistency in Ethics« (in: *The Philosophical*

Quarterly 17, 1967), arbeitete er die Konzeption in seinem Hauptwerk *Reason and Morality* ([Vernunft und Moral] 1978) aus. Dieses enthält auch die Grundzüge einer politischen Philosophie. G. entwickelte seine Theorie zu einer Sozial- und Wirtschaftsethik weiter (*The Community of Rights* [Rechtsgemeinschaft], 1996) und brachte sie mit der in der Antike wurzelnden Tradition einer Ethik des guten Lebens in Verbindung (*Self-Fulfillment* [Selbstverwirklichung], 1998). Zudem trat G. mit einflussreichen Aufsätzen zur Philosophie →René Descartes' und mit der Monographie *Marsilius of Padua and Medieval Political Philosophy* ([Marsilius von Padua und die mittelalterliche politische Philosophie] 1951) hervor. 1956 übersetzte er den *Defensor Pacis* des →Marsilius von Padua ins Englische.

G.s zentrales Anliegen war es zu zeigen, dass jeder Handelnde logisch genötigt ist, eine Sequenz von Urteilen anzuerkennen, an deren Ende ein gehaltvolles Moralprinzip steht. Er unterschied dabei zwischen »assertorischen« und »dialektischen Urteilen«. Erstere behaupten etwas mit Objektivitätsanspruch, letztere geben etwas wieder, was ein Urteilender meint. Dialektisch notwendige Urteile stellen notwendige Meinungen eines Urteilenden dar, die dieser nicht ohne Selbstwiderspruch bestreiten kann. Das dialektische Urteil »X ist der Meinung, dass Lust gut ist« kann wahr sein, auch wenn das korrespondierende assertorische Urteil »Lust ist gut« falsch ist oder wir unsicher sind, ob es wahr oder falsch ist. Handeln als freiwilliges und zweckgerichtetes Tun oder Lassen ist für einen Handelnden unhintergehbar. Man kann als Handlungsfähiger nicht bewusst nicht handeln. Zugleich ist Handeln Sinnbedingung jeder Norm. Wenn also alle Handlungsfähigen als mögliche Adressaten jedweder Norm bei Strafe eines Selbstwiderspruchs eine oberste Norm (»Moralprinzip«) anerkennen müssten, wäre diese für die Handelnden streng begründet.

G. entwickelte das Begründungsargument in drei Stufen: Er versuchte erstens darzulegen, dass jeder Handelnde seine Freiheit und die weiteren Voraussetzungen dafür, überhaupt (erfolgreich) handeln zu können, als notwendige Güter erachten muss. G.s zweites Begründungsargument, dass jeder Handelnde auf diese notwendigen Güter Rechtsansprüche erheben muss, ist sehr umstritten. Drittens versuchte G. zu zeigen, dass jeder Handelnde zu einer Verallgemeinerung der Rechtsansprüche genötigt ist und davon ausgehen muss, dass jeder Handelnde die gleichen Rechte auf die für Handeln konstitutiven Güter besitzt. Das Moralprinzip schreibt entsprechend vor, dass jeder Handelnde stets in Übereinstimmung mit den konstitutiven Rechten der von seinen Handlungen Betroffenen wie auch seiner selbst handeln soll.

Zwei Punkte verdienen besondere Beachtung. Zum einen unterschied G. zwischen direkten und indirekten Anwendungen des Moralprinzips. Direkt wird das Moralprinzip sogleich auf Handlungen bezogen. Indirekt rechtfertigt das Moralprinzip zunächst Institutionen, z.B. den Sozialstaat. Aus diesen erwachsen dann wiederum Forderungen an das Handeln. Zum anderen bot G. genaue Untersuchungen zur Struktur von Rechten (*Human Rights. Essays on Justification and Applications* [Menschenrechte. Aufsätze zu ihrer Begründung und Anwendung], 1982). Er stellte heraus, dass das Moralprinzip nicht nur negative Rechte (Rechte auf die Unterlassung von Handlungen), sondern auch positive Rechte (Rechte auf Hilfeleistung) begründet. Die Auseinandersetzung mit den Standardargumenten gegen positive Rechte dürfte neben der Begründung von Eigentumsrechten zu den wichtigsten Teilen von *The Community of Rights* gehören, obwohl offenbleiben muss, ob die dort unternommenen Versuche, diese positiven Rechte wirtschaftsethisch auszubuchstabieren, überzeugen.

Lit.: E. Regis (Hg.): G.'s Ethical Rationalism. Critical Essays with a Reply by A. G., 1984. – D. Beyleveld: The Dialectical Necessity of Morality. An Analysis and Defense of A. G.'s Argument to the Principle of Generic Consistency, 1991. – M. Boylan (Hg.): G., 1999. – K. Steigleder: Grundlegung der normativen Ethik. Der Ansatz von A. G., 1999. – E. Spence: Ethics Within Reason. A Neo-Gewirthean Approach, 2006.

Klaus Steigleder

André Glucksmann

* 19.6.1937 Boulogne-Billancourt bei Paris

1950	Eintritt in die Kommunistische Partei Frankreichs (KPF)
1956	nach der Niederschlagung des Ungarn-Aufstands Austritt aus der KPF
	Studium der Philosophie in Lyon u. an der École normale Supérieure, Saint-Cloud
1967	Promotion zum Dr. phil. u. Anstellung als Assistent Raymond Arons am Centre National de la Recherche Scientifique (CNRS), Paris
1968	Teilnahme an Pariser Mai-Demonstrationen, danach Konversion vom Maoisten zum Totalitarismuskritiker
	Lehre u. Forschung am CNRS zu Krieg u. Nuklearstrategien sowie zur Soziologie der gesellschaftlichen Krisen; Mitarbeit an verschiedenen europ. Zeitschriften
1989	Reisen durch Deutschland, Tschechien, Rumänien
Nov. 1991	Besuch des zerbombten Dubrovnik
1992–94	Reisen nach Sarajevo
2000	Reisen nach Tschetschenien

G.s Denken ist geprägt durch die familiäre Erfahrung von Verfolgung und Widerstand in der Zeit des Nationalsozialismus sowie eine grundsätzliche Kritik an den stalinistischen und faschistischen Regimes im 20. Jh. Neben Alain Finkielkraut und Bernard-Henri Lévy zählt der durch provokante Essays hervorgetretene G. zu den prominentesten Vertretern der *nouveaux philosophes*, der ›Neuen Philosophen‹, die die politische Linke und pazifistische Strömungen unter Ideologieverdacht stellten und verurteilten. Öffentlichkeitswirksamkeit erzielten auch seine bedenkenswerten Warnungen vor einem wiedererstarkenden Antisemitismus.

Bereits mit seiner von →Jacques Lacan und →Louis Althusser positiv aufgenommenen Dissertation *Discours de la guerre, théorie et stratégie* ([Diskurs über den Krieg, Theorie und Strategie] 1967) fand G. zu einem Grundthema seines Denkens: dem Krieg und dem politischen Einsatz von Gewalt. Nach seiner Abkehr vom revolutionären Pathos avancierte er zum Totalitarismuskritiker und setzte in historisch bedenklicher Weise nationalsozialistische Greueltaten mit Gewaltakten anderer Terrorregimes gleich. Dabei verwandte G. zur Identifikation gefährlicher Ideologien, die auch mit kriegerischen Mitteln zu bekämpfen seien, wechselnde Hypostasierungen, also Verdinglichungen eines rein gedanklichen Begriffs (›es gibt den Krieg, das Böse, den Hass, die Gewalt‹ usw.). Nicht nur in Frankreich wurde sein Band *La Cuisinière et le Mangeur d'Hommes. Réflexions sur L'état, le marxisme et les camps de concentration* ([Die Köchin und der Menschenfresser. Über die Beziehung zwischen Staat, Marxismus und Konzentrationslager] 1975), in dem er seine grundlegende Marxismuskritik präsentierte, viel und kontrovers rezipiert. In seinem Hauptwerk, *Les Maîtres penseurs* ([Die Meisterdenker] 1977), führte G. die Entstehung der totalitären Regimes des 20. Jh.s auf ein Denken zurück, dessen Wurzeln er bei →Karl Marx, →Georg Wilhelm Friedrich Hegel, →Johann Gottlieb Fichte und →Friedrich Nietzsche verortete. Seine Aufklärungskritik reichte dabei aber nicht an die rationalitätskritischen Erkenntnisse von →Max Horkheimer und →Theodor W. Adorno (*Dialektik der Aufklärung*, 1947) oder an die Diskursanalyse →Michel Foucaults heran.

Werke: Une rage d'enfant, 2006 [Autobiographie].

Lit.: J. Altwegg / A. Schmidt: A. G. oder Der Intellektuelle als anti-ideologischer Brandstifter, in: dies., Frz. Denker der Gegenwart,

²1988, 98–104. – Y. Bizeul: A. G.s Weg zum Leitintellektuellen. Aufstieg u. Fall, in: H. Bluhm / W. Reese-Schäfer (Hg.): Die Intellektuellen u. der Weltlauf. Schöpfer u. Missionare politischer Ideen in den USA, Asien u. Europa nach 1945, 2006, 171–93.

Egbert Witte

Kurt Gödel

28.4.1906 Brünn (heute Tschechien) – 14.1.1978 Princeton (USA)

1924–30	Studium der Physik, Philosophie u. Mathematik in Wien
1929/30	Promotion
1933–39	Habilitation; Privatdozent für Mathematik an der Univ. Wien
1940	Übersiedlung in die USA
Seit 1940	Lehrtätigkeit am Institut for Advanced Study (IAS) in Princeton, seit 1946 als Permanent Member, seit 1953 als Professor

G. gilt als einer der herausragenden Vertreter der mathematischen Logik. Ihr Anliegen ist der widerspruchsfreie Aufbau der Mathematik, das Herausarbeiten ihrer Eigenart, ihrer Schlussweisen, Möglichkeiten und Grenzen. In Auseinandersetzung mit David Hilberts axiomatischer Methode und dessen Forderung, in der Mathematik mit finiten (d.h. endlichen) Schlussweisen auszukommen, erzielte G. bahnbrechende Resultate.

Speziell das Problem der Vollständigkeit der formalen Logik, die Erwartung, dass jeder wahre Satz aus den Axiomen ableitbar sein muss, war nur für die Aussagenlogik gelöst. Der noch ausstehende Beweis der Vollständigkeit der Prädikatenlogik *erster* Stufe gelang G. 1929/30. Obwohl dieser Beweis in der Forschung gesucht wurde, nahm sich sein Erscheinen spektakulär aus.

Sprachlich vermag die Prädikatenlogik erster Stufe nur bedingt mathematische Theorien darzustellen. Von der *ausdrucksstärkeren* Prädikatenlogik *zweiter* Stufe zeigte

G. 1931: Arithmetik und Mengenlehre lassen sich zwar in der Sprache der Prädikatenlogik zweiter Stufe darstellen, doch ihre so formulierten Axiomensysteme sind *unvollständig*. Damit widerlegte er die unter Mathematikern bis zu diesem Zeitpunkt kaum angezweifelte Ansicht, dass »Axiome und Schlussregeln« einer hinreichend ausdrucksstarken formalen Theorie ausreichen, um all ihre fachlichen Fragen zu beantworten. Durch dieses herausragende Ereignis, das die logisch-mathematische Grundlagenforschung völlig unerwartet traf und sie in andere Bahnen lenkte, wurde der Beweis der Vollständigkeit an Bedeutung beträchtlich übertroffen.

G. entfaltete seine Einsicht der Unvollständigkeit genügend ausdrucksstarker Theorien in Abgrenzung zu Hilberts Metamathematik, einer Disziplin, die *außerhalb* der Mathematik *über* die Mathematik Feststellungen trifft. Im Gegensatz zu Hilbert integrierte G. die Metamathematik in das System durch »Gödelzahlen« sowie durch rekursive Definitionen (Definitionen, die auf veränderter Stufe auf sich selbst oder auf bereits Definiertes zurückgreifen). Metamathematische Ausdrücke waren so in arithmetische Ausdrücke übersetzbar. Auf dieser Basis konnte G. unter der Voraussetzung (einer verschärften Form) der Widerspruchsfreiheit der Arithmetik den Satz, der »seine eigene Unbeweisbarkeit behauptet«, als unentscheidbar nachweisen. Ferner erwies sich der Satz als *unbeweisbar*, aber *wahr*. Aus dem damit dargelegten ersten Unvollständigkeitssatz – nicht jeder wahre Satz einer genügend ausdrucksstarken Theorie, wie der Arithmetik, aber auch der Mengenlehre, ist beweisbar – folgerte G. den zweiten: Weder die Arithmetik noch die Mengenlehre vermag ihre Widerspruchsfreiheit mit ihren Mitteln zu beweisen. Mit den Unvollständigkeitssätzen wies G. nicht behebbare Grenzen des menschlichen Denkens auf. Auf dem Gebiet der Mengenlehre zeigte er 1935–40, dass mit den Axiomen der Mengenlehre – ihre Widerspruchsfreiheit vorausgesetzt – weder die Kontinuumshypothese (jede unendliche Teilmenge der reellen Zahlen ist entweder abzählbar oder von gleicher Mächtigkeit wie die Menge der reellen Zahlen) noch das Auswahlaxiom (zu jeder Klasse nichtleerer Mengen kann man aus jeder Menge dieser Klasse genau ein Element auswählen) widerlegbar sind.

G. verkehrte zwar im Wiener Kreis, gewann aber seine metaphysischen Überzeugungen u.a. von →Platon, →Gottfried Wilhelm Leibniz, →Immanuel Kant und →Edmund Husserl. Zu den Einsteinschen Feldgleichungen der Allgemeinen Relativitätstheorie ermittelte er weitere Lösungen. Sie ermöglichten es ihm als Erstem, rotierende Modelle des Universums zu liefern, die ihn zu einer Philosophie der Zeit führten. Im Bewusstsein, dass traditionelle Philosophie und formale Logik eine nicht trennbare Einheit bilden, präsentierte er einen neuen ontologischen Gottesbeweis.

Werke: Collected Works, hg. v. S. Feferman [u.a.], 5 Bde., 1986–2003.

Lit.: C. Smorynski: Self-Reference and Modal Logic, 1985. – G. S. Boolos / R. C. Jeffrey: Computability and Logic, 1987. – B. Buldt [u.a.]. Wahrheit u. Beweisbarkeit, 2 Bde., 2002. – K. J. Schmidt: Logik. Von Aristoteles zu G., in: B. Mojsisch / O. F. Summerell (Hg.): Die Philosophie in ihren Disziplinen, 2002, 65–87. – P. Yourgrau: G., Einstein u. die Folgen, 2005. – R. Goldstein: K. G., 2007.

Klaus J. Schmidt

Gorgias von Leontinoi

490–80 v.Chr. Leontinoi/Sizilien (Italien) – um 390 v.Chr.

G. war ein Schüler des →Empedokles. Er gilt als Vater der sophistischen Kunst, mit der er Ruhm und Reichtum erlangte. Anders als die traditionellen Erzieher Griechenlands stellte sich G. nicht als Wahrheitslehrer dar, sondern als geschickter sprachlich agierender Manipulator. Seine Kompetenz bestand darin, durch die Rede psychagogisch zu wirken, d. h. die Seelen zu lenken, und diese Kunst lehrend weiterzugeben. Die Forschung ist sich nicht einig, ob G. nur als Rhetoriktheoretiker oder auch als Philosoph zu betrachten ist. Sicher ist, dass er über philosophische Hintergründe verfügte und nachhaltig auf die Philosophiegeschichte gewirkt hat.

G.s philosophisch wichtigstes Werk ist die Schrift *Über das Nichtseiende* (*Über die Natur*), die auf drei der parmenideischen Philosophie entgegengesetzten Thesen basiert: 1. Nichts ist; 2. wenn etwas wäre, wäre es undenkbar; 3. wenn etwas existierte und denkbar wäre, wäre es nicht mitteilbar. In der *Lobrede für Helena* zeigt G. die notwendige Unschuld Helenas im Zusammenhang mit dem Trojanischen Krieg, die keine Verantwortung für ihr Handeln trägt, denn sie folgte Paris entweder aufgrund eines göttlichen Wunsches oder gezwungen bzw. überredet bzw. aus Liebe. Bei dem dritten Argument erklärt G., die Rede sei ein »großer Vermöger« (B11,8,17). Diese Aussage ist für sein ganzes Denken grundlegend. Auch in der *Verteidigung von Palamedes* geht es um einen Unschuldsbeweis, und zwar mit Hilfe der *reductio ad absurdum*. Es wird vielfältig gezeigt, wie dem Angeklagten überhaupt die Möglichkeit fehlte, Hochverrat zu begehen. Ferner wird auch hier betont, dass die Rede dem Zuhörer keine Wahrheit vermitteln kann.

Werke: Reden, Fragmente u. Testimonien, hg. u. übers. v. T. Buchheim, 1989.

Lit.: H. J. Newiger: Untersuchungen zu G.s Schrift über das Nichtseiende, 1973. – B. McComiskey: G. and the New Sophistic Rhetoric, 2002.

Laura Gianvittorio

Olympe de Gouges

7.5.1755 (Frankreich) Geburtsname Marie Gouze – 4.11.1793 (hingerichtet) Paris

1765	Heirat mit Louis-Yves Aubry (+ 1766)
1770	Umzug nach Paris; Umbenennung in O. de G.
seit 1778	Führung eines Salons, erste schriftstellerische Arbeiten
1792	Stellungnahme gegen die Hinrichtung König Ludwigs XVI.
1793	Parteinahme gegen die zentralistischen Bestrebungen der Revolutionsregierung

G., Autodidaktin und Verehrerin →Jean-Jacques Rousseaus, gilt als Begründerin des modernen Feminismus. Wurde bis dahin v.a. die Gleichwertigkeit der Frau mit dem Mann postuliert (*querelle des femmes*), so forderte G. erstmals explizit die bürgerliche Rechtsgleichheit von Frauen und Männern; angeregt wurde sie dazu von der öffentlichen Diskussion um die frz. Verfassung 1789–93 sowie von der revolutionären Frauenbewegung.

Mit ihrer *Déclaration des droits de la Femme et de la Citoyenne* ([Erklärung der Rechte der Frau und Bürgerin] 1791) stellte G. die Forderung nach gleichberechtigtem Einbezug von Frauen in das politische Projekt der Demokratie und machte gleichzeitig deutlich, dass das anthropozentrische Weltbild der Moderne in vieler Hinsicht ein androzentrisches (also ein auf Männer ausgerichtetes) ist. Einer allein auf den Mann bezogenen Realisation des während der Revolution emphatisch geforderten neuen Menschen (*l'homme nouveau*) wollte G. entgegensteuern. Ausgehend von einer Ächtung der Tyrannei als illegitimer Herrschaft – spätestens seit →Jean Bodin –, deklarierte sie die Missachtung der bürgerlichen Rechte der Frauen als Akt der Tyrannei und de-legitimierte so die neue Verfassung. Zudem stellte sie eine elementare Denkfigur der modernen politischen Theorie in Frage, indem sie die Grenzen zwischen öffentlichem Recht und Privatrecht durchbrach und für Fragen des Ehe- und Familienrechts einen »Gesellschaftsvertrag zwischen Mann und Frau« (*contract social*) forderte.

Werke: Œuvres, hg. v. B. Goult, 1986. – Ecrits politiques, hg. v. O. Blanc, 2 Bde., 1993.

Lit.: O. Blanc: O. de G., 1989. – F. Hassauer: Tribüne u. Schafott, O. de G. u. die Erklärung der Frauenrechte, in: I. Bubenik-Bauer [u. a.] (Hg.): Frauen in der Aufklärung, 1995, 25–42. – J. Scott: Only Paradoxes to Offer, French Feminists and the Rights of Man, 1996. – K. H. Burmeister: O. de G., Die Rechte der Frau (1791), 1999.

Claudia Opitz-Belakhal

Antonio Gramsci

22.1.1891 Ales (Sardinien) – 27.4.1937 Rom

seit 1911	Studium der Sprachwissenschaft in Turin
1919/20	Teilnahme an der Turiner Rätebewegung
1921	Mitbegründer der Kommunistischen Partei Italiens
1922/23	Aufenthalte in Moskau u. Wien
seit 1924	Parlamentsabgeordneter
1926	Verhaftung trotz parlamentarischer Immunität im Zuge der faschistischen Ausnahmegesetze
1928	Verurteilung zu über zwanzig Jahren Haft durch ein Sondergericht
April 1937	vorzeitige Entlassung aus Gesundheitsgründen

G. ist sicherlich nicht nur der originellste, sondern auch der bis heute einflussreichste nicht-orthodoxe marxistische Denker Italiens. Bereits der postum erschienene Briefband *Lettere dal carcere* ([Briefe aus dem Gefängnis] unter der Leitung v. P. Togliatti hg. v. F. Platone, 1947) und die erste Auswahlausgabe der im Gefängnis entstandenen Aufzeichnungen (*Quaderni del carcere* [Gefängnishefte], 6 Bde., unter der Leitung v. P. Togliatti hg. v. F. Platone, 1948–51) übten eine außerordentliche Wirkung auf die ital. Intelligenz der Nachkriegsjahrzehnte aus – keineswegs nur auf die Linke. → Benedetto Croce etwa reklamierte G. als intellektuelle und moralische Instanz für »alle Italiener«. Binnen kurzem wurde G. zur internationalen Galionsfigur für anti-dogmatische marxistische Strömungen innerhalb und außerhalb der kommunistischen Parteien. Diese Strömungen berufen sich auf ein Denken, das die Sphären des Politischen und des Kulturellen nicht trennt und mit Analysekategorien wie »Hegemonie«, »Subalternität«, »Alltagsverstand« (*senso comune*) oder »Zivilgesellschaft« (im Gegensatz zu den staatlich-politischen Institutionen) jenseits von Theoremen wie ›Basis‹ und ›Überbau‹ operiert. Erst die Gesamtausgabe der »Gefängnishefte« (*Quaderni del carcere*, hg. v. V. Gerratana, 4 Bde., 1975) aber zeigte auch G.s essayistische, fragmentarische Arbeitsweise und offenbarte ihre ganze theoretische Breite und intellektuelle Sprengkraft.

Entscheidende Zäsur in G.s Leben und Denken war seine Inhaftierung: Aus dem engagierten Intellektuellen, Journalisten und aktiven Politiker wurde der auf sich selbst zurückgeworfene, unter widrigsten Bedingungen lesende und schreibende politische Häftling. Mehrere Arbeitsvorhaben reduzierten sich bald auf zentrale Problemstellungen, die immer wieder aufgegriffen, in Frage gestellt, neu formuliert wurden. In verschiedenen Stadien der Ausarbeitung sind dies v. a. die Auseinandersetzung mit Croces Idealismus, eine Geschichte und Theorie der Intellektuellen sowie Überlegungen zu emanzipatorischen Potentialen populärer Literatur und Kultur. Zudem beschäftigte G. die von der Frage nach den Entstehungsbedingungen des Faschismus geleitete historische Analyse des Risorgimento – der Bewegung, die 1860 zur ital. Einheit führte – und die Interpretation der Süditalien-Frage als systematisches Ausbeutungsverhältnis des Südens durch den Norden. Mit diesem Thema lieferte er Bausteine für geopolitische, postkoloniale und kulturwissenschaftliche Theorieansätze, die u.a. Edward W. Said, Raymond Williams oder Stuart Hall in Berufung auf ihn weiterentwickelten.

Werke: Quaderni del carcere, hg. v. V. Gerratana, 4 Bde., 1975. – Lettere dal carcere, hg. v. A. A. Santucci, 2 Bde., 1996. – Edizione nazionale degli scritti di A. G., hg. v. G. Francioni [u.a.], 2007ff. – Briefe 1908–1926, hg. v. A. A. Santucci, übers. v. K. Bochmann, 1992. – Gefängnishefte, hg. u. übers. v. K. Bochmann [u.a.], 10 Bde., 1990–2002. – Gefängnisbriefe, hg. v. U. Apitzsch [u.a.], übers. v. E. Schweiger [u.a.], 2 Bde., 1995/2008.

Lit.: G. Fiori: Vita di A. G., 1966, dt. 1979. – N. Bobbio: Saggi su G., 1990. – J. Borek [u.a.] (Hg.): Kulturen des Widerstands. Texte zu A. G., 1993. – K. Crehan: G., Culture and Anthropology, 2002. – G. Baratta: Das dialogische Denken A. G.s, 2003. – I. Chambers (Hg.): Esercizi di potere. G., Said e il postcoloniale, 2006.

Johanna Borek

Gregor von Rimini

um 1305 Rimini (Italien) – Ende November 1358 Wien

1320–22	Grundstudium im Augustinerkloster Rimini
1323–29	Theologiestudium in Paris
1329–41	Lektor am Studium generale in Bologna, Padua u. Perugia
1338	Teilnahme am Generalkapitel in Siena
1341	Kandidat für das Bakkalaureat der Theologie in Paris
1342/43	Vorbereitung der Sentenzenlesung in Paris
1343/44	Lectura sententiarum
1345/46	Magisterpromotion; Magister regens in Paris
1347	Lektor am Studium generale in Padua
1351–57	Hauptlektor am Studium generale in Rimini
1357	Generalprior des Augustinerordens in Montpellier

Im Mittelpunkt von G.s Interesse stand die Erkenntnislehre. Er setzte sich v.a. mit nominalistischen Positionen auseinander. Mit der Bestimmung des *significatum totale conclusionis* (des bewusstseinsimmanenten, objektiven Inhalts der demonstrativen Erkenntnis) als Gegenstand der Wissenschaft setzte sich G. zum einen von →Wilhelm von Ockham ab, für den das mentale Urteil allein Gegenstand war, und zum anderen von thomistischen Vertretern, die eine real in der Außenwelt existierende Wesenheit annahmen. G. legte den aristotelischen Wissenschaftsbegriff auch an die Theologie an und gelangte so zu einer strengen Unterscheidung von der Philosophie, da diese von anderen Prinzipien und Erkenntnisgrundlagen ausgehe.

G.s Theologie ist von den antipelagianischen Schriften (d. h. von den Schriften gegen Pelagius, den Kontrahenten Augustins in der Gnadenlehre) des späten →Augustinus geprägt. In den Aussagen zur Anthropologie geht es um die Beschaffenheit der natürlichen Kräfte des Menschen im Hinblick auf sein ewiges Heil. G. fragte, ob der Mensch aus eigenen, natürlichen Kräften gut handeln kann, um seine Vollendung bei Gott zu erreichen. Im Namen Augustins sprach er dem Menschen diese Fähigkeit ab und verlangte einen Gnadenbeistand Gottes. Die Vertreter, die letzteres ablehnen, bezeichnete er als »moderne Pelagianer«.

Werke: Lectura super I et II Sententiarum, hg. v. A. D. Trapp [u. a.], 7 Bde., 1979–87.

Lit.: W. Eckermann: Wort u. Wirklichkeit, 1978. – H. A. Oberman (Hg.): G. v. R. Werk u. Wirkung bis zur Reformation, 1981. – F. Fiorentino: G. da R., Contingenza, futuro e scienza nel pensiero tardo-medievale, 2004. – P. Bermon: L'assentiment et son objet chez G. d. R., 2007.

Willigis Eckermann

Hugo Grotius

10.4.1583 Delft (Niederlande) – 28.8.1645 Rostock

1594–98	Studium der Philologie u. der Rechtswissenschaften in Leiden (Niederlande)
1598	Promotion zum Dr. iur. an der Univ. Orléans während einer Gesandtschaftsreise nach Frankreich
1599	Zulassung als Rechtsanwalt in Den Haag
1607	Ernennung zum Staatsanwalt am Gerichtshof von Holland u. Zeeland
1613	Syndikus der Stadt Rotterdam
1617	Mitglied der Gecommitteerden Raden der Provinz Holland
1618/19	Verhaftung u. Verurteilung zu lebenslänglicher Festungshaft wegen seiner Unterstützung der Staten van Holland gegen ihren Statthalter Prinz Moritz von Oranien
1621	Flucht aus der Haft u. Niederlassung in Paris
1631	Vergeblicher Versuch, nach Holland zurückzukehren
1632–34	Aufenthalt in Hamburg
1634–45	Diplomat in schwed. Diensten, Gesandter in Paris

Während G. als Politiker und Diplomat glücklos blieb, erwarb er sich als Dichter, Philologe, Historiker, Theologe und Jurist die Anerkennung seiner Zeitgenossen. Als theoretisch einflussreichstes Werk gelten bis heute die *Drei Bücher über das Recht des Krieges und des Friedens* (*De iure belli ac pacis libri tres*, 1625). Mit ihnen wollte G. ein theoretisches Instrument für die praktische Regulierung kriegerischer Auseinandersetzungen schaffen. Um auf der Ebene des Völkerrechts die Rechtmäßigkeit bzw. die Unrechtmäßigkeit kriegerischer Handlungen bestimmen zu können, entwickelte er eine umfassende allgemeine Rechtslehre, die sämtliche subjektiven Rechte und viele einzelne Rechtsinstitute beschreibt. Insofern handelt das Werk u.a. vom Eigentum, vom Staat, vom Strafrecht und von der rechtsschöpferischen Kraft der Verträge auf allen Ebenen des sozialen Lebens.

Grundlage seiner Rechtslehre ist das Naturrecht, das G. als ein »Gebot der Vernunft« auffasst, »welches anzeigt, dass einer Handlung wegen ihrer Übereinstimmung oder Nichtübereinstimmung mit der vernünftigen Natur selbst eine moralische Häßlichkeit oder eine moralische Notwendigkeit innewohnt, weshalb Gott als Schöpfer der Natur eine solche Handlung entweder geboten oder verboten hat«. Die Definition verbindet rationalistische mit voluntaristischen Momenten: Während die Vernunft als Erkenntnisgrund des Naturrechts selbstständig in der Lage ist, die naturrechtlichen Gebote nach Maßgabe der vernünftigen Natur des Menschen als Sozialwesen zu erkennen, ergibt sich der Verpflichtungsgrund des Naturrechts aus dem Willen Gottes, der die Natur des Menschen geschaffen hat und damit zugleich alles das gewollt hat, was dieser Natur zuträglich ist. Nach der Schöpfung bleibt das Naturrecht allerdings unveränderlich und ist selbst dem Einfluss Gottes entzogen. Denn Gott kann ebenso wenig bewirken, dass zweimal zwei nicht vier ist, wie er das Schlechte in Gutes verwandeln kann. Insofern behält das Naturrecht – wie G. in einer berühmten Formulierung festhält – auch dann seine Gültigkeit, wenn man die Existenz Gottes bestritte.

Obwohl G. in methodischer Hinsicht dem *a priori* erbrachten Beweis einer Naturrechtsnorm den Vorzug gibt, ist der *a posteriori* geführte Beweis materiell ertragreicher. Er beruht auf dem historisch feststellbaren allgemeinen Konsens aller gesitteten Völker. G. hält diesen Konsens deswegen für beweiskräftig, weil seine Allgemeinheit Indiz für eine richtige, sich aus der »Natur der Sache« ergebende Schlussfolgerung ist. Wegen der Unzahl von Quellen und Belegen wirkt G.s Hauptwerk zuweilen als Sammlung von Präzedenzfällen, ein Faktum, das im 18. Jh. regelmäßig kritisiert wurde, die intensive Rezeption als naturrechtliches Standardwerk allerdings nicht behinderte.

Werke: De Iure Belli ac Pacis libri tres, in quibus ius naturae et gentium, item iuris publici praecipua explicantur, hg. v. B. J. A. de Kanter-van Hettinga Tromp, 1939; annotationes novas addiderunt

R. Feenstra u. C. E. Persenaire, 1993. – Drei Bücher vom Recht des Krieges u. des Friedens, übers. u. eingel. v. W. Schätzel, 1951 [unzuverlässige Übers.].

Lit.: F. Grunert: Normbegründung u. politische Legitimität, 2000. – N. Konegen / P. Nitschke (Hg.): Staat bei H. G., 2005. – F. Mühlegger: H. G. Ein christlicher Humanist in politischer Verantwortung, 2007. – H. Nellen: Hugo de Groot. Een leven in strijd om de vrede 1583–1645, 2007. – B. Straumann: H. G. u. die Antike, 2007.

Frank Grunert

Jürgen Habermas

* 18. 6. 1929 Düsseldorf

1949–54	Studium der Philosophie, Geschichte, Psychologie, Literatur u. Wirtschaftswissenschaften in Göttingen, Zürich u. Bonn
1954	Promotion zum Dr. phil.
1956–59	Assistent Theodor W. Adornos in Frankfurt a. M.
1961	Habilitation in Marburg
1961–64	Professor für Philosophie in Heidelberg
1964–71	u. 1983–93 Professor für Philosophie u. Soziologie in Frankfurt a. M.
1971–81	Direktor des Max-Planck-Instituts in Starnberg
2001	Friedenspreis des dt. Buchhandels

H. gilt als der repräsentative Philosoph der Bundesrepublik Deutschland. Anknüpfend an →Max Horkheimers und →Theodor W. Adornos kritische Theorie entwickelte er eine eigenständige, philosophisch-sozialwissenschaftliche Theorie des kommunikativen Handelns. Der Vernunftgehalt der Kommunikation zeigt sich danach in der Akzeptanz und Einhaltung ihrer Grundbedingungen. Damit prozeduralisierte H. den traditionellen Vernunftanspruch und machte ihn einem nachmetaphysischen Denken zugänglich.

H.s erstes großes Thema war der Verfall der bürgerlichen Öffentlichkeit in einer Welt der Publizistik und Medienkommunikation (*Strukturwandel der Öffentlichkeit*, 1962). In seinem Hauptwerk, *Theorie des kommunikativen Handelns* (2 Bde., 1981), entwickelte er seine Grundidee, dass die ökomomische und bürokratische Systemrationalität zunehmend in lebensweltliche Bereiche eindringe, diese kolonisiere und so zu Sinn- und Freiheitsverlusten führe. Kommunikatives Handeln soll diesen Verlusten entgegenwirken, indem es Verständigungschancen in einem umfassenden und nicht beschränkten Sinn eröffnet. Diese Zielrichtung seiner Theorie beruht auf einer handlungstheoretischen Fundierung, die zwischen teleologischem (zielorientiertem), normativem und dramaturgischem Handeln unterscheidet und als übergreifende Form das kommunikative, verständigungsorientierte Handeln mit seinen Ansprüchen der Verständlichkeit, Wahrheit und normativen Richtigkeit annimmt.

In der mit Karl-Otto Apel entwickelten »Diskursethik« (*Moralbewußtsein und kommunikatives Handeln*, 1983; *Erläuterungen zur Diskursethik*, 1991) versuchte H. der politischen Ethik ein rationales Fundament durch die Überlegung zu geben, dass die Reflexion auf die Voraussetzungen zwischenmenschlicher Kommunikation es ermöglicht, jene wirklich unverzichtbaren Moralprinzipien zu identifizieren, die jedem menschlichen Zusammenleben zugrunde liegen müssen, nämlich die Anerkennung des Anderen, die Gewaltfreiheit der Kommunikation und die Bereitschaft zur Problemlösung und Normenbegründung durch freie und gleiche Diskurse.

Der Sammelband *Faktizität und Geltung* (1992) enthält H.s grundlegende politische Schriften. Das Diskursprinzip wird hier mit einer erweiterten Institutionentheorie verbunden. Konzentrische Belagerungsringe legen sich um den engeren Rahmen des politischen Systems durch die Öffentlichkeit, die Medien und Verbände, um diese dann wiederum die Zivilgesellschaft mit ihrer kommunikativen

Machtausübung und mit ihren oft schon halb privaten wechselnden Sprecherrollen. All dies wiederum ist eingebettet in den diffusen Gesamtkreis der »Lebenswelt«. H. ersetzte die klassische Metaphysik durch ein *Nachmetaphysisches Denken* (1988) in Form einer prozeduralen, d.h. statt inhaltlichen Rationalität. An die Stelle von Substanzbegriffen treten Funktionsbegriffe. In seiner Auseinandersetzung mit Kardinal Joseph Ratzinger (*Dialektik der Säkularisierung*, 2005) stieß H. eine wichtige Diskussion über die vernunftorientierten Momente von Religion an.

Werke: Kleine politische Schriften, 11 Bde., 1981–2008. – Der philosophische Diskurs der Moderne, 1985. – Die Einbeziehung des Anderen. Studien zur politischen Theorie, 1996. – Wahrheit u. Rechtfertigung, 1999.

Lit.: K.-O. Apel: Diskurs u. Verantwortung, 1988. – A. Honneth [u.a.] (Hg.): Zwischenbetrachtungen. Im Prozeß der Aufklärung, 1989. – W. Reese-Schäfer: J. H., [3]2001.

Walter Reese-Schäfer

Johann Georg Hamann

27.8.1730 Königsberg – 21.6.1788 Münster

1746–52	Studium der ev. Theologie, Rechtswissenschaft, Philosophie, Lat. Philologie u. der ›schönen Wissenschaften‹ (Dichtkunst, Redekunst u.ä.)
1752–56	Hofmeister in Livland u. Kurland
1756	Angestellter im Handelshaus Berens in Riga
1757/58	handelspolitische Mission nach London
1758	Lebenskrise u. Erweckung zum christlichen Schriftsteller
1763–65	Schreiber bei der Kriegs- u. Domänenkammer in Königsberg
1765–67	Anwaltskanzlist in Mitau u. Warschau
seit 1767	Dolmetscher, seit 1777 städtischer Packhofverwalter bei der Königsberger Zollverwaltung

1787 Reise nach Münster zum Kreis der Fürstin Amalie von Gallitzin; Besuch von →Friedrich Heinrich Jacobi in Pempelfort bei Düsseldorf

H. gilt als einflussreicher Kritiker des Rationalismus der Aufklärung. Er wirkte auf die Bewegungen des Sturm und Drang und der Romantik, auf →Johann Gottfried Herder, Johann Caspar Lavater, Johann Wolfgang Goethe und →Friedrich Wilhelm Joseph Schelling, später auf →Søren Kierkegaard und die Lebensphilosophie. Trotz schwieriger Lebensumstände gelang es ihm, sich eine umfassende Gelehrsamkeit anzueignen, die er in den Dienst seiner vielseitigen Schriftstellertätigkeit stellen konnte. Seit einer schweren Lebenskrise, die er durch Bibellektüre überwand, verstand sich H. als christlicher Autor in der Nachfolge Martin Luthers. In dieser Autorschaft fand er immer wieder Anlässe, sich mit maßgeblichen Zeittendenzen und ihren bedeutendsten Vertretern auseinanderzusetzen. Verbindendes Thema in H.s Denken ist das Verhältnis zwischen Philosophie und Glauben. Dabei bevorzugte H. die kleine Form (Briefe, Rezensionen, Pamphlete, kurze Traktate) und pflegte einen dichten, anspielungsreichen, oft ironisch-polemischen Stil.

Für seine Infragestellung der Privilegierung der menschlichen Vernunft und die gleichzeitige Aufwertung des Glaubens berief sich H. immer wieder auf den unwissenden →Sokrates (*Sokratische Denkwürdigkeiten*, 1759) und den Skeptiker →David Hume. In einen Brief vom 27.7.1759 fügte er die Übersetzung eines Absatzes aus dem Wunder-Kapitel von dessen Schrift *An Enquiry Concerning Human Understanding* (1748) ein. Zudem übersetzte er das Schlusskapitel des ersten Buchs von Humes Werk *A Treatise of Human Nature* (1739/40) und veröffentlichte es u. d. T. *Nachtgedanken eines Zweiflers* (in: *Königsberger gelehrte und politische Zeitung*, 5./12.7.1771), ohne den Text als Werk Humes zu kennzeichnen. 1780 übersetzte H.

Humes *Dialogues Concerning Natural Religion* (1779). Diese Übertragungen hatten großen Einfluss auf die geistesgeschichtliche Entwicklung in Deutschland. Auch →Immanuel Kants breite und vielfältige Hume-Rezeption ist stark durch H. beeinflusst.

H. führte einen ausgedehnten Briefwechsel u.a. mit Johann Gotthelf Lindner, Herder, →Moses Mendelssohn, →Friedrich Heinrich Jacobi, Lavater, Matthias Claudius, Friedrich Nicolai, Friedrich Carl von Moser und Kant. Seine postum veröffentlichten Schriften zu Kants *Kritik der reinen Vernunft* (1781, ²1787) – der Entwurf zu einer Rezension und die *Metakritik über den Purismus der reinen Vernunft* (1784) – gehören zu den berühmtesten frühen Reaktionen auf Kants Philosophie. In den Texten, deren Hauptgedanken durch Herder und Jacobi verbreitet wurden, beklagt H. die Trennung von Sinnlichkeit und Verstand. In der *Metakritik* kritisiert er drei Reinigungen der Philosophie, die Kant in seinem System auf die Spitze getrieben habe: erstens die »von aller Ueberlieferung, Tradition und Glauben«, zweitens die »von der Erfahrung und ihrer alltäglichen Induction« und drittens die von der Sprache.

Werke: SW, hg. v. J. Nadler, 6 Bde., 1949–57. – Briefwechsel, hg. v. W. Ziesemer u. A. Henkel, 7 Bde., 1955–79.

Lit.: E. Metzke: J. G. H.s Stellung in der Philosophie des 18. Jh.s, 1934. – S.-A. Joergensen: J. G. H., 1976. – R. Wild (Hg.): J. G. H., 1978. – O. Bayer: Vernunft ist Sprache: H.s Metakritik Kants, 2002.

Oliver R. Scholz

Han Fei

um 280 v. Chr. im Staat Han – 233 v. Chr. (ermordet) im Staat Qin

H. F. gilt als der wichtigste Theoretiker der Schule der Legisten (*Fajia*). Seine Theorien lieferten Qinshi Huangdi, dem ersten Kaiser der Qin-Dynastie, 221 v. Chr. die theoretischen Grundlagen für die Reichseinigung und für die Führung des zentralistischen Einheitsstaats. H. F.s Denken wirkte über das Ende des Legismus (d.h. einer Schule, in der die Anwendung von Gesetzen in Staat und Gesellschaft eine zentrale Rolle spielte) hinaus, indem Teile seiner Lehre in die Vorstellungen des Konfuzianismus eindrangen und das politische Denken und Handeln im kaiserlichen China beeinflussten.

H. F.s Lehren finden sich in dem vermutlich von Schülern zusammengestellten Werk *Han Feizi* (Meister Han Fei). H. F. behauptete eine prinzipiell schlechte Natur des Menschen und glaubte anders als die Konfuzianer, dass dieser nicht zum sittlich Guten erzogen werden könne. Er plädierte daher für die Unterdrückung der menschlichen Triebe mit Hilfe eines effizienten, alles kontrollierenden staatlichen Machtapparates. Als Mittel der Kontrolle galt ihm ein schriftlich fixierter Gesetzeskodex, dem alle Bewohner des Staates unterworfen sind. Im Ansatz finden sich hier Vorstellungen eines Gesetzesstaates und der Gleichheit vor dem Gesetz. Die höchste Stellung im Staat nimmt der Herrscher ein, dem ausgewählte Beamte zur Seite stehen, welche die Einhaltung der Gesetze überwachen. Seine Legitimation bildet nicht Sittlichkeit, sondern die Ausübung absoluter Macht und Autorität.

Werke: B. Burton: H. F. Tzu. Basic Writings, 1964. – W. Mögling: Die Kunst der Staatsführung. Die Schriften des Meisters H. F., 1994.

Lit.: Wu Geng: Die Staatslehre des H. F., 1978. – Wang Hsiao-po / L. S. Chang: The Philosophical Foundation of H. F.s Political Theory, 1986. – W. Mögling: Macht u. Gesetz in den Auffassungen des H. Feizi, Diss. 1987. – B. Lundahl: H. F. Zi: The Man and the Work, 1992.

Wolfgang Ommerborn

Nicolai Hartmann

20.2.1882 Riga (heute Lettland) – 9.10.1950 Göttingen

1902/03	Medizinstudium in Dorpat
1903–07	Studium der Philosophie u. klassischen Philologie in St. Petersburg, seit 1905 in Marburg; Promotion zum Dr. phil. bei →Hermann Cohen u. →Paul Natorp
1907/08	Gymnasiallehrer in St. Petersburg
1909	Habilitation in Marburg, anschließend dort Privatdozent, seit 1920 ao. Professor
1914–18	Teilnahme am Ersten Weltkrieg
1922	Nachfolger Natorps in Marburg
1925–30	Professor in Köln
1931–45	Ordinarius u. Rektor des philosophischen Seminars in Berlin
1945–50	Professor in Göttingen

H.s Denken wird gewöhnlich in erkenntnistheoretischer Einschätzung als *kritischer Realismus* bezeichnet, da Erkenntnis H.s Ansicht nach ein Erfassen von etwas ist, das vor ihr liegt und unabhängig von ihr vorhanden ist. H.s Ziel war die Begründung einer kritischen Ontologie. Er entwickelte seine Philosophie systemhaft, allerdings ohne eine prinzipielle Abschließbarkeit eines solchen Systems zu behaupten. Vielmehr favorisierte er ein »offenes« System, das sich in unaufhörlicher Korrespondenz mit den modernen Wissenschaften stets erneuern sollte. Hierzu schuf er v. a. eine vierbändige Ontologie, die eine Fundierung für dieses System bietet und auch speziellere ontologische Probleme erörtert (*Zur Grundlegung der Ontologie*, 1935; *Möglichkeit und Wirklichkeit*, 1938; *Der Aufbau der realen Welt*, 1940; *Philosophie der Natur*, 1950). Bedeutung gewann zudem seine *Ethik* (1926), eine Weiterentwicklung der »materialen Wertethik« →Max Schelers. Trotz des sprichwörtlich gewordenen *Scheler-Hartmannschen Wertehimmels* ist H.s Philosophie heute weitgehend vergessen.

Schon in H.s erstem Hauptwerk, *Grundzüge einer Me-*

taphysik der Erkenntnis (1921), zeigt sich die Anlage seines gesamten Systems. H. sah im »Ding an sich« im Unterschied zu → Immanuel Kant mehr als einen Begriff für die Begrenzung der Erkenntnis. Er verstand die Phänomene v. a. stets als *Erscheinungen eines Erscheinenden*, eines Ansichseins, das unberührt von allem Erkennen besteht. Auch das erkennende Bewusstsein ist nach H. ein Seiendes. Dieser Befund weist auf eine ebenso seiende Relation zwischen Erkennendem und Erkanntem bzw. Subjekt und Objekt hin, die H. mit einer Seinsrelation (einer Verflechtung von einem mit einem anderen Seienden) überlagert sah. Problematisch bleibt H.s Theorie in Bezug auf die Frage, wie ein Gegenstandsbild im erkennenden Bewusstsein strukturiert sein soll und wie überhaupt Kriterien denkbar sind, die den Grad der Angleichung an das Ding und seine Strukturen festlegen können.

In kritischer Bezugnahme auf → Georg Wilhelm Friedrich Hegel analysierte H. den Geist und stufte ihn vom Begriff des »personalen Geistes« bis zum »objektiven Geist« auf (*Das Problem des geistigen Seins*, 1933). Der Geist hat nach H. keine eigenständige, autarke Substanz, da er im Schichtenbau des Seins auf den Schichten des Anorganischen, des Organischen und des Psychischen »ruht«. Er vollendet sich niemals zur Absolutheit, sondern manifestiert sich eher linear in seiner Geschichte von Epoche zu Epoche in Form von Kunst, Religion, Literatur, Philosophie u. a. – und ganz konkret als Kulturgüter aller Art –, nämlich als »objektivierter Geist«.

Werke: Kleinere Schriften, 3 Bde., 1955–58.

Lit.: A. J. Buch (Hg.): N. H. 1882–1982, 1982. – M. Morgenstern: N. H. Grundlinien einer wissenschaftlich orientierten Philosophie, 1992. – M. Morgenstern: N. H. zur Einführung, 1997. – S. Rohm: Objektiver Geist u. Ontologie der Sprache. N. H. u. Hans-Georg Gadamer, 2008.

Sven Rohm

Georg Wilhelm Friedrich Hegel

27.8.1770 Stuttgart – 14.11.1831 Berlin

1788–93	Studium der Philosophie u. ev. Theologie in Tübingen
1793–97	Hauslehrer in Bern, seit 1800 in Frankfurt a.M.
1801	Habilitation in Jena, Privatdozentur
1805	Ernennung zum ao. Professor für Philosophie in Jena
1807	Redakteur der *Bamberger Zeitung*
1808–16	Rektor des Ägidiengymnasiums in Nürnberg
1816–18	Professor für Philosophie in Heidelberg
seit 1818	Professor für Philosophie in Berlin

H., der »Vollender des Dt. Idealismus«, gilt als der letzte große Systematiker der europ. Philosophie, deren zentrale – antike wie neuzeitliche – Impulse er in seinem Denken vereinigt. Nach dem Studium, das H. im Tübinger Stift mit Friedrich Hölderlin und →Friedrich Wilhelm Joseph Schelling zusammenbrachte, zunächst von →Immanuel Kant bestimmt, versuchte H. schon in der Hauslehrerzeit, die bei Kant verbliebenen »Dualismen« in ein neues, dynamisches Einheitskonzept hinein aufzulösen, für das ihm v.a. der Begriff des Lebens Pate stand. H. entdeckte hier eine immanent dialektische Struktur (das Einzelne ist im Leben mit dem Allgemeinen, der Teil mit dem Ganzen auf gewisse Weise identisch) und wollte fortan die Philosophie als lebendige Totalität, als sich selbst erzeugendes System des sich erkennenden Geistes entfalten. Dabei gelang es ihm, fernab von aller Schematik und ohne Rückfall in eine vorkritische Metaphysik, ein neues, umfassend inhaltsorientiertes Denken zu erschließen, das immer auch beanspruchen kann, die eigene »Zeit in Gedanken gefasst« zu sein. Schon im Nürnberger Schuldienst pädagogisch erfolgreich, hielt H. im letzten Lebensjahrzehnt in Berlin viel besuchte Vorlesungen zu allen Gebieten der Philosophie. Dass er dabei im allgemeinen Bewusstsein primär als Geschichtsphilosoph präsent blieb, bedeutete eine folgenschwere Vereinseitigung des Hegelbildes. Seine ›Schule‹ im engeren Sinne zerfiel im Streit um sein Erbe rasch in einen ›rechten‹ und ›linken‹ Flügel sowie eine ›mittlere‹ Richtung. Das hinderte nicht, dass H.s Denken im 19. und 20. Jh. bei immer auch vorhandenen Anfeindungen weltweit enorme Resonanz einschließlich zahlreicher mittelbarer Wirkungen fand.

H.s System liegt seit den drei Jenenser Systemzyklen (1803–06) in seiner klassischen Gliederung vor (Logik, hier noch neben der Metaphysik; Naturphilosophie; Geistphilosophie). Während H.s erstes großes Hauptwerk, die *Phänomenologie des Geistes* (1807), das Bewusstsein durch seine Spiegelung in idealtypischen Konstellationen der (Selbst-)Erkenntnis dazu befähigen soll, jenes Niveau zu erreichen, dessen die Philosophie als konsequentes Denken im Horizont der Totalität bedarf, setzt sein zweites Hauptwerk, die *Wissenschaft der Logik* (2 Bde., 1812/16), dieses Niveau als erreicht voraus. Es geht jetzt um eine umfassende Kritik jener Denkbestimmungen, deren wir uns im Erkennen i. d. R. ›naiv‹ bedienen. So denken wir auf das »Sein« oder das »Wesen« hin und erkennen uns nicht selbst als den aktiven »Begriff« in diesem Denken, d.h. nicht als Subjekt, das sich als Selbstbeziehung in den Erkenntnisrelationen konstituiert.

In der *Enzyklopädie der philosophischen Wissenschaften im Grundrisse* (1817, erweitert ²1827, ³1830) und den darauf gestützten Vorlesungen bearbeitete H. auch die übrigen Teile seines Systems. Die Naturphilosophie betrachtet die Stufen jener Erscheinungsformen von Einheit, deren die nichtgeistige Existenz fähig ist. H. führt hier von den abstrakten Größen Raum und Zeit über die Himmelsmechanik und die Physik der Körper durch die Chemie zur Organik, d.h. der äußeren Weise des Lebens. Dessen »innere« Beziehung auf sich ist der Geist, den H. als subjektiven, objektiven und absoluten Geist entfaltet: Der Weg geht hier vom Menschen über den Raum der Geschichte in die Reiche der Kunst, der Religion und der Wissenschaft.

Der Sphäre des »objektiven Geistes« ist dann auch H.s Rechtsphilosophie (*Grundlinien der Philosophie des Rechts oder Naturrecht und Staatswissenschaft im Grundrisse*, 1821) gewidmet. In ihr geht es um die Grundbegriffe des Rechts (Eigentum, Vertrag, Unrecht), um die Unterscheidung von Recht und Moral und um eine Phänomenologie des in Familie, bürgerlicher Gesellschaft und Staat schon gelebten, wirklichen und wirksamen Rechts. Das in höchster Instanz durch die Staaten verwirklichte Recht ist der Stoff des Dramas der Weltgeschichte, deren unumkehrbare Richtung H. im »Fortschritt im Bewusstsein der Freiheit« erblickte (*Vorlesungen über die Philosophie der Geschichte*, 1822–30/31, gedr. 1837). Das Dasein des absoluten Geistes in Kunst, Religion und Wissenschaft (Philosophie) hat dann zwar ebenfalls eine stets auch geschichtliche Seite, vergegenwärtigt aber ein zugleich übergeschichtliches Absolutes, das, wie H. in Aufnahme des christlichen Inkarnationsgedankens sagt, »schon bei uns sein will« und es auch ist. In der modernen Welt hat v. a. die Philosophie durch eine strenge, ganz auf die Sache gerichtete »Arbeit des Begriffs« an dieses Absolute zu erinnern, dessen Erkennen sie ist.

Werke: GW, hg. v. d. Nordrhein-Westfäl. Akademie der Wissenschaften, angelegt auf 32 Bde., 1968 ff. – Vorlesungen. Ausgewählte Nachschriften u. Manuskripte, hg. v. d. Mitarbeitern des Hegel-Archivs Bochum, bisher 17 Bde., 1983 ff. – Briefe von u. an Hegel, 4 Bde., 1969–81. – Werke in 20 Bdn., 1969–71.

Lit.: K. Fischer: H.s Leben, Werke u. Lehre, 2 Bde., 1901, ND 1963. – R. Kroner: Von Kant bis H., [3]1977. – H. F. Fulda: G. W. F. H., 2003. – W. Jaeschke: H.-Handbuch, 2003. – T. S. Hoffmann: G. W. F. H. Eine Propädeutik, 2004.

Thomas Sören Hoffmann

Martin Heidegger

26.9.1889 Meßkirch – 26.5.1976 Freiburg i.Br.

1909–13	Studium der kath. Theologie, Philosophie, Mathematik u. Physik in Freiburg i.Br.
1913	Promotion mit der Dissertation *Die Lehre vom Urteil im Psychologismus*
1915	Habilitation mit *Die Kategorien- und Bedeutungslehre des Duns Scotus*
1918–23	Privatdozent u. Assistent →Edmund Husserls in Freiburg i. Br.
1923–28	ao. Professor in Marburg
1928–52	Nachfolger Husserls in Freiburg i.Br.
1933/34	Rektor der Univ. Freiburg i.Br.; zeitweises Engagement für den Nationalsozialismus
1946–51	Lehrverbot
1951–58	Wiederaufnahme der Lehre

H. ist einer der herausragendsten Denker des 20. Jh.s, dessen Einfluss bis in heutige philosophische Diskurse reicht. H. knüpfte zu Beginn v.a. an →Wilhelm Dilthey, →Søren Kierkegaard und besonders →Edmund Husserl an, dessen transzendental orientierter Phänomenologie er eine hermeneutisch-geschichtliche Ausrichtung gab. Später vollzog sich in seinem Denken ein Wandel, den er selbst als »Kehre« bezeichnete. Diese Kehre geht u.a. auf die Auseinandersetzung mit →Friedrich Nietzsche, aber auch auf den zunehmenden Einfluss der Dichtung Friedrich Hölderlins zurück.

H.s denkerische Bemühung richtete sich darauf, vor dem Hintergrund einer von ihm diagnostizierten »Seinsvergessenheit« das »Sein des Seienden« zum Thema zu machen. So stellte er in seinem frühen Hauptwerk *Sein und Zeit* (1927) die Frage nach dem »Sinn von Sein«. »Sinn« meint dabei den Verstehenshorizont, der uns immer schon leitet, wenn wir in unserem alltäglichen Verhalten mit Seiendem umgehen und dabei ein Verständnis von dessen Sein haben.

Dabei unterscheiden sich Gebrauchsdinge, der Mensch, die Tiere, mathematische Gegenstände oder die Objekte naturwissenschaftlicher Vergegenständlichung voneinander in der Art ihres Seins. Indem der Mensch mit diesen Gegebenheiten umzugehen weiß, verfügt er über ein (vortheoretisches, vorontologisches) Seinsverständnis. Auf dieses gilt es zurückzugehen, wenn das Sein in seinen Ausprägungen erhellt werden soll. Da der Mensch (von H. als »Dasein« bezeichnet) jenes Seiende ist, das durch ein solches »Seinsverständnis« sich vor allen anderen Seienden auszeichnet, gilt es zunächst, die Seinsweise des Daseins (H. bezeichnet sie im Anschluss an Kierkegaard als »Existenz«) ins Auge zu fassen.

In diesem Sinne versuchte der frühe H., durch eine »Analytik der Existenz« zu einer »Fundamentalontologie« zu gelangen. Entscheidend ist, dass er die Existenz zunächst in ihrer Alltäglichkeit analysierte und sie in diesem Sinne als »In-der-Welt-sein« und als »Sorge« (Sorge um sich selbst, Fürsorge für andere, besorgenden Umgang mit »Zeug«) fasste. Der Mensch verliert sich zumeist an die Besorgbarkeiten der Welt und passt sich dem Durchschnitt (dem »Man«) an. Von dieser »Uneigentlichkeit« des Existierens hebt sich die »Eigentlichkeit« ab, die sich im »Vorlaufen zum Tode« ihrer Endlichkeit stellt und sich »wiederholend« mit ihrer »Gewesenheit« (ihrer Geschichte) auseinandersetzt. Dadurch offenbart sich die Existenz des Menschen als zeitlich, nämlich im Sinne der ekstatischen Erstrecktheit in Zukunft, Gewesenheit und Gegenwart (als »vorlaufend wiederholender Augenblick«). Diese ekstatische Zeitlichkeit, so meinte H., unterliege bestimmten Abwandlungen, je nachdem, mit welchem Seienden wir sorgend umgehen. In diesem Sinne hoffte er zeigen zu können, dass die Zeit (im Sinne der Zeitlichkeit des Daseins) sich als »Sinn« (Verstehenshorizont) von Sein aufweisen lasse. In der Durchführung dieses Vorhabens zeigten sich jedoch Schwierigkeiten, so dass trotz bahnbrechender Einsichten im Detail wohl von einem Scheitern des Ansatzes von *Sein und Zeit* gesprochen werden muss.

Dies führte zur »Kehre« in H.s Seinsdenken. Sie bedeutet ein Abrücken vom transzendentalen Begründungsschema, von dem Versuch, im Rekurs auf die Zeitlichkeitsstruktur des Daseins den Ermöglichungsgrund des Seinsverständnisses aufzudecken. Stattdessen fand H. nun zu seinem seinsgeschichtlichen »Ereignisdenken«. In ihm wird die Geschichte der Philosophie und damit des Abendlandes überhaupt als »geschickhaft« vom »Sein selbst« her »ereignete« begriffen. Diese Geschichte stellt sich für H. als Folge von Epochen dar, die ihre Bestimmung aus der Weise erfahren haben, wie Sein sich dem Menschen jeweils eröffnet und zugeschickt hat. Damit rückt das Sein in seiner »geschickhaften Wesung« ins Zentrum eines Denkens, das sich als »besinnliches Denken« sowohl vom »onto-theologischen« Begründungsdenken der Metaphysik als auch vom »planend-berechnenden« Denken der neuzeitlichen Wissenschaft und Technik abzuheben versucht.

Nach einem »Ersten Anfang« bei den frühen Griechen (→Anaximander, →Parmenides, →Heraklit), die mit den Grundworten *physis*, *dike*, *kalon* und *a-letheia* (d.h. Hervortreten in die Unverborgenheit, Gefügtheit, Glanz bzw. Schönheit und Unverborgenheit) dem Sein zu entsprechen versuchten, beginnt für H. mit →Platon die Metaphysik, die sich in verschiedenen, dem Geschick des Seins entsprechenden Abwandlungen bis zu →Georg Wilhelm Friedrich Hegel und Nietzsche durchhält, um sich dann in der Technik zu vollenden. H. begriff die Technik seinsgeschichtlich als »Gestell«, insofern Sein in ihr sich als bloßer »Bestand«, d.h. als Verfügbarkeit enthüllt für den auf »Bestellbarkeit« und »Stellen« (von Naturenergien und Rohstoffen) fixierten technischen Bemächtigungswillen. Während im Gestell die Sprache zum bloßen Informationsmittel wird, begreift das besinnliche Denken sie als

»Haus des Seins« und »Geläut der Stille«, auf deren »Zuspruch« es zu achten gilt: »Die Sprache spricht; der Mensch spricht, indem er der Sprache ent-spricht.« Zentral beim späten H. ist auch die Denkfigur des »Gevierts«, d.h. der Erschlossenheit von Welt im »Zueinander« der »vier Weltgegenden« von Himmel und Erde, Himmlischen und Sterblichen.

Werke: GA, hg. v. F.-W. v. Herrmann, angelegt auf 102 Bde., 1975 ff. – Hannah Arendt – M. H. Briefe 1925 bis 1975, hg. v. U. Ludz, 1998. – Ernst Jünger – M. H. Briefe 1949–1975, hg. v. G. Figal, 2008.

Lit.: R. Safranski: Ein Meister aus Deutschland. H. u. seine Zeit, 1994. – D. Barbaric (Hg.): H.s Spätwerk. Ereignis – Sage – Geviert, 2007. – H.-Studies, 1985 ff. – H.-Jahrbuch, 2004 ff.

Rainer Thurnher

Heinrich von Gent

1217 / vor 1240 vermutlich Gent (Belgien) – 29.6.1293 Tournai (Belgien)

seit 1260	Studium in Tournai
1267	Kanoniker in Tournai
1276–92	Magister der Theologie an der Univ. Paris
1277	im Umfeld der Kommission des Pariser Bischofs Stephan Templer, die zur Verurteilung der »Averroisten« an der Pariser Artistenfakultät führte
1277	Archidiakon in Brügge
1278	Archidiakon in Tournai

H. war einer der renommiertesten und meistdiskutierten Denker seiner Zeit. Bei guter Kenntnis der aristotelischen Theorien wollte er den tradierten Augustinismus v.a. mit ontologischen Anschauungen des → Avicenna modernisieren, um mit der aristotelisch-thomistischen Neuausrichtung der Philosophie und Theologie adäquat Schritt halten zu können.

H. verfasste das umfangreichste Quodlibetalienwerk (d.h. Disputationen zu frei gewählten Themen außerhalb der regulären Lehrtätigkeit) der Hochscholastik und verteidigte von einem voluntaristischen Standpunkt aus die Freiheitslehre der christlichen Anthropologie gegen Theorien kosmologischen Notwendigkeitsdenkens antik-paganer (d.h. antiker vor- und nicht-christlicher) sowie muslimischer Provenienz. Ausführlich und kompakt wie nirgend sonst in der Hochscholastik behandelt H.s unvollendete *Summa* (*Quaestiones ordinariae*) Fragen der theologischen Erkenntnislehre und Gotteslehre (dessen Beweisbarkeit, Eigenschaften, Trinitätslehre). Im Anschluss an →Ciceros *Academica* initiierte H. eine anti-skeptizistische Generaldebatte über Möglichkeiten menschlicher Erkenntnisgewissheit, die spätere erkenntnistheoretische Diskussionen befruchtete. Im Fokus stand dabei seine Lehre von Gott als dem Ersterkannten (*primum cognitum*) des menschlichen Intellekts.

Werke: Opera omnia, hg. v. R. Macken [u.a.], angelegt auf 38 Bde., 1979ff. – Summa quaestionum ordinariarum, hg. v. J. Badius, 2 Bde., 1520, ND 1953. – H. of G.s »Summa«. The Questions on God's Existence and Essence (Articles 21–24), lat.-engl., hg. v. J. Decorte u. R. J. Teske, 2005. – The Questions on God's Unity and Simplicity (Articles 25–30), lat.-engl., hg. v. R. J. Teske, 2006. – Quodlibeta, hg. v. J. Badius, 2 Bde., 1518, ND 1961.

Lit.: M. Laarmann: Deus, primum cognitum. Die Lehre von Gott als dem Ersterkannten des menschlichen Intellekts bei H. v. G., 1999. – G. Guldentops / C. Steel (Hg.): H. of G. and the Transformation of Scholastic Thought, 2003. – D. Perler: Zweifel u. Gewissheit. Skeptische Debatten im MA, 2006, 33–116. – J. Müller: Willensschwäche im Voluntarismus?, in: Archiv für Geschichte der Philosophie 89 (2007), 1–29. – G. Wilson (Hg.): Brill Companion to H. of G., (im Druck).

Matthias Laarmann

Heraklit

H.s Biographie ist nahezu unbekannt. Er stammte aus der griech. Kolonie Ephesus (Kleinasien) und schrieb um 500 v. Chr. Möglicherweise war er adelig und erhielt die Königswürde. Im Artemis-Tempel von Ephesus soll er seine Papyrus-Rolle niedergelegt haben.

H. ist nach den ionischen Naturphilosophen der einflussreichste vorsokratische Philosoph. Er galt wegen seiner bewusst schwer verständlichen, z.T. orakelhaften Sprache bereits in der Antike als rätselhaft, weswegen ihm auch der Beiname ›der Dunkle‹ gegeben wurde. Einflüsse seines Denkens finden sich u.a. in den Werken antiker Ärzte, der Stoiker, →Platons, →Aristoteles', →Friedrich Nietzsches und →Martin Heideggers.

Von H. erhalten sind 125 Fragmente, von denen 89 eventuell den ursprünglichen Wortlaut wiedergeben. In ihnen zeigt sich H. als höchst origineller und kritischer Denker, der alle Wissensansprüche und Methoden seiner Vorläufer und Zeitgenossen ablehnte. Eine zentrale Stellung nimmt der Begriff *logos* ein, mit dem nicht nur die Rede, sondern auch das Denken und v.a. ein kosmologisches Prinzip gemeint ist, das alles begründet, bestimmt und in allem präsent ist, so dass alles eines ist. Feuer ist der materiale Aspekt dieses *logos*. Stimmt der allgemeine *logos* des Menschen mit dem allgemeinen kosmischen *logos* überein, redet der Mensch wahr und kann wach und weise leben. Methodisch wertvoll ist für H. die Reflexion auf das eigene Denken und Sprechen und die Selbsterforschung. Sinnliche Wahrnehmung ist nur dann wertvoll, wenn der *logos* bereits erkannt ist. H. vertrat einen nichtempirischen Begriff von der Natur (*physis*). Die Natur jeder Sache kann in einem analysierenden *logos* erklärt werden.

H. beschrieb als erster die Seele (*psyche*) als zentrale Instanz des lebenden Menschen. Ihr kommt besondere kognitive Bedeutung zu, da sie mit dem feurigen *logos* in Verbindung steht. Mehrdeutig ist seine Lehre von der Harmonie und Einheit der Gegensätze. H. verstand darunter die wechselseitige Transformation von Gegensätzen oder auch deren Relativität. Gegensätze können sich ablösen oder auch kopräsent sein. Deshalb vermutete bereits →Aristoteles (*Metaphysik* IV 3), dass H. das Gesetz vom zu vermeidenden Widerspruch (etwas und sein Gegenteil können nicht gleichzeitig zutreffen) verletzt habe.

Die ›Flusslehre‹ (›Alles fließt‹; griech. *panta rhei*) ist vermutlich eine spätere Zuschreibung; H. nahm aber an, dass alles durch Wandel und Krieg als Strukturprinzipien bestimmt ist. Hinsichtlich praktischer Fragen argumentierte er eher intellektuell-asketisch als hedonistisch und plädierte für ein natürlich begründetes Gesetz. Auch scheint er die Herrschaft von Wissenden der Demokratie vorgezogen zu haben. H. ging es nicht um partielle Einsichten, sondern um eine holistische (ganzheitliche) Wirklichkeitssicht: Da der kosmische *logos* alles bestimmt und alles eins ist, ist ein Denken und Sprechen, das damit zusammenfällt, auch die Sicht der Dinge, die alles gleichermaßen richtig erfasst und die individuelle und kollektive Praxis leiten kann.

Werke: Die Fragmente der Vorsokratiker I, griech./dt., hg. v. H. Diels u. W. Kranz, 6 1951, ND 2004, n. 22. – Fragmente, hg. v. B. Snell, 9 1986.

Lit.: O. Gigon: Untersuchungen zu H., 1935. – G. S. Kirk: The Cosmic Fragments, 1954. – M. C. Nussbaum: Psyche in H., in: Phronesis 17 (1972), 1–16 u. 153–70. – C. Kahn: The Art and Thought of H., 1979. – A. Graeser: Interpretationen. Hauptwerke der Philosophie: Antike, 1992, 29–54. – M. van Ackeren: H., 2006.

Marcel van Ackeren

Johann Gottfried (von) Herder

(1801 Erhebung in den Adelsstand durch den bayer. Kurfürsten)
25.8.1744 Mohrungen/Ostpreußen – 18.12.1803 Weimar

1762	Medizin- u. Theologiestudium in Königsberg
1764–69	Hilfslehrer, Bibliothekar u. Pfarrer in Riga
1769	Seereise nach Frankreich
1770	Reisebegleiter des Erbprinzen von Holstein-Gottorp nach Straßburg
1771	Oberprediger u. Konsistorialrat in Bückeburg
1775	Superintendent der Grafschaft Schaumburg-Lippe
1776	Generalsuperintendent, Oberhofprediger, Oberkonsistorialrat, Weimarer Oberpfarrer u. Leiter des Schulwesens im Herzogtum Sachsen-Weimar-Eisenach
1787	Ehrenmitglied der Berliner Akademie der Wissenschaften
1788	Einrichtung eines Landschullehrerseminars; Reise nach Italien
1789	Vizepräsident des Oberkonsistoriums von Sachsen-Weimar-Eisenach
1803	Reise nach Böhmen u. Kursachsen

H. war ein führender Vertreter der dt. Aufklärung mit vielfältiger Wirkung auf die Geschichts- und Sprachphilosophie, Theologie, Anthropologie, politische und ästhetische Theorie. Seine sozialgeschichtliche Kulturbetrachtung entwickelte zudem innovative Gedanken zur Literaturwissenschaft, Volkskunde und vergleichenden Mythologie; ebenso sind Ansätze zu einer strukturalistischen Sprach- und Zeichenkonzeption zu erkennen. H.s gefühlsorientierte Wahrnehmungstheorie war u.a. von der engl. und frz. Frühaufklärung sowie von →Baruch de Spinoza und →Gottfried Wilhelm Leibniz geprägt. Befreundet mit →Johann Georg Hamann, Johann Wolfgang Goethe und Christoph Martin Wieland, entwickelte H. ein umfassendes Geschichts- und Kulturverständnis, das im zivilisatorischen Prozess die allmähliche Entfaltung eines Humanitätsideals zu erkennen glaubt. Er setzte sich in kirchenleitenden Ämtern für die evolutionäre Verbesserung der Bildung und der sozialen Lage der Unterschichten ein.

Auf der Grundlage einer historisierenden Philologie, Theologie und Geschichtsbetrachtung schuf H. eine naturphilosophisch fundierte Humanitätsphilosophie, die den Individualitätsgedanken mit der Hoffnung auf den Fortschritt von Menschlichkeit verbindet. H. entfaltete seine Gedanken von der historischen Entstehung der Sprache und den unterschiedlichen Volksgeistern (»Geist der Zeit«, »Gang Gottes über die Nationen«) in den Schriften *Über die neuere deutsche Literatur* (1767) und *Auch eine Geschichte der Philosophie der Menschheit* (1774). Nach H. vermittelt Sprache – das »Organ unserer Vernunft und gesellschaftlichen Tätigkeit« – einen Bildungsprozess, durch den Individualität entsteht (*Über den Ursprung der Sprache*, 1771; *Vom Erkennen und Empfinden der menschlichen Seele*, 1778).

H.s dynamischer Pantheismus versteht Gott als Urkraft, die in der Natur als »inniger Zusammenhang wirkender Kräfte« in Erscheinung tritt (*Gott, einige Gespräche*, 1787). Christlicher Glaube verwirklicht sich in der freien Religiosität des Einzelnen: »Religion ist [...] die freie Beziehung jedes Individuums aufs höchste Wesen« (*Liebe und Selbstheit*, 1781). In den Schriften *Älteste Urkunde des Menschengeschlechts* (2 Bde., 1774/76) und *Vom Geist der Hebräischen Poesie* (2 Bde., 1782/83) wird die Bibel durch eine einfühlsame, die poetische Ausgestaltung der Texte berücksichtigende Methode gedeutet. H.s von christlich-naturrechtlichen Vorstellungen geprägte Anthropologie und das dynamisch-zweckgerichtete Geschichtsdenken werden exemplarisch in den Schriften *Ideen zur Philosophie der Geschichte der Menschheit* (4 Teile, 1784–91) und *Briefe zu Beförderung der Humanität* (10 Sammlungen, 1793–97) erläutert. Unter dem Eindruck der Frz. Revolution politisierte sich H.s Humanitätsverständnis.

Aufklärung bedeutete für H. die zivilisatorische Entwicklung der Menschheit von ihren barbarischen Ursprüngen zur Sittlichkeit. Christentum, Humanität und Vernunft galten für den aufgeklärten Geistlichen als Einheit, Menschlichkeit als ein naturhistorisches Gesetz: »Humanität ist der Zweck der Menschen-Natur und Gott hat unserm Geschlecht mit diesem Zweck sein eigenes Schicksal in die Hände gegeben« (*Ideen zur Philosophie der Geschichte der Menschheit*, 15. Buch).

Der Kunsttheoretiker und Volksliedsammler H. war skeptisch gegenüber einer Ästhetik, die den Beitrag der unteren gesellschaftlichen Gruppen vernachlässigt (*Plastik*, 1778; *Volkslieder*, 1779). Er betonte die Wechselwirkung von Gesellschaft und Kultur und lehnte die Vorstellungen von einer Kunstautonomie ab. Die Schriften *Metakritik* (1799) und *Kalligone* (1800) bekämpften die Transzendentalphilosophie →Immanuel Kants und den frühen Dt. Idealismus.

H.s politische Philosophie verwarf den absolutistischen Staat als Zwangsanstalt, welche die demokratische Selbstverwaltung mündiger Bürger verhindert (*Urfassung der Humanitätsbriefe*, 1792). Für H. galten die liberalen Ideen →John Lockes und das brit. Verfassungssystem als politische Leitbilder. Die von ihm herausgegebene Zeitschrift *Adrastea* (1801–04) betonte die Bedeutung »wohlorganisierte(r) Institute«, »Verbindungen und Gesellschaften« für den modernen Staat.

Werke: SW, 33 Bde., hg. v. B. Suphan [u. a.], 1877–1913. – Briefe, Gesamtausgabe 1763–1803, 9 Bde., hg. v. d. Stiftung Weimarer Klassik / Goethe- und Schiller-Archiv, 1977–2001.

Lit.: R. Haym: H. nach seinem Leben u. seinen Werken dargestellt, 2 Bde., 1880/85, ND 1954. – H. D. Irmscher: J. G. H., 2001. – M. Zaremba: J. G. H. Prediger der Humanität, 2002. – M. Kessler / V. Leppin (Hg.): J. G. H. Aspekte seines Lebenswerkes, 2005.

Michael Zaremba

Hildegard von Bingen

1098 Bermersheim/Pfalz – 17.9.1179 Kloster Rupertsberg bei Bingen

1106	Einzug in das Kloster Disibodenberg/Nahe in die Klause Juttas von Spanheim
1112/15	Gelübde als Benediktinerin
1136	Magistra der Klause
1141	Lichterfahrung u. Schreibbeginn
1150	Gründerin u. Äbtissin des Klosters Rupertsberg bei Bingen
1158–70	Predigtreisen
1165	Gründerin des Klosters Eibingen bei Rüdesheim

In klösterlicher Wissenskultur ausgebildet, wurde H. als Mystikerin, Philosophin, Medizinerin, Biologin und Komponistin zur berühmtesten weiblichen Intellektuellen des Mittelalters. Von adeligen Verwandten geschützt, bewegte sich die Äbtissin zielsicher in brisanten Machtkonstellationen. Sie brachte ihre Erkenntnisse der Zeichen der Zeit gesellschaftlich ins Spiel und trug so zur Entwicklung abendländischer Kulturen bei.

Populär ist H. wegen ihrer Heilkunde und Musikschöpfungen, philosophisch bedeutsam wegen ihrer kosmologischen, anthropologischen und ethischen Schriften (Tugendlehre). Ihr Hauptwerk, der *Liber Scivias Lucis* ([Wisse die Wege des Lichtes] 1141–51), beschreibt, welche Handlungspotentiale das Wissen um die Verortung des Menschen in der Schöpfung (dynamische Verbundenheit von allem mit allem) freilegt. Der Mensch zeichnet sich für H. durch seine Verstandesgabe aus, die – entgegen dem scholastischen Diskurs – Mann und Frau gleichermaßen zuteil wird. H.s Wertschätzung des Lebens, das in Gott als »lebendiges Licht« seine Herkunft hat, führte zu einer visionären, leibfreundlichen Philosophie, die sich vom Geist »beflügelt« weiß.

Werke: GA in 8 Bdn., hg. v. M. R. Pfau, 1954ff. – Scivias. Wisse die Wege, übers. u. hg. v. W. Storch, 1991. – Das Buch vom Wirken Gottes/Liber divinorum operum, übers. u. hg. v. M. Heieck, 1998. – Im Feuer der Taube. Die Briefe, übers. u. hg. v. W. Storch, 1997.

Lit.: R. Pernoud: H. de Bingen, 1994. – H. M. Kastinger Riley: H. v. B., 1998. – V. Ranff: Verborgene Philosophie bei H. v. B., 2001.

Hildegund Keul

Thomas Hobbes

5.4.1588 Westport bei Malmesbury/Wiltshire (England) –
4.12.1679 Hardwick/Derbyshire (England)

1603–08 Studium in Oxford mit dem Bachelor-Abschluss
1608–28 Hauslehrer, später Sekretär bei William Cavendish, Earl of Devonshire
1610–14, 1629–31 u. 1634–36 Reisen auf dem Kontinent, meist im Dienst der Familie Devonshire; Bekanntschaft u.a. mit Galileo Galilei u. →Marin Mersenne, Korrespondenz mit →René Descartes
1640 Flucht vor dem engl. Bürgerkrieg nach Paris, dort zeitweilig Lehrer des späteren Königs Karl II.
1651 Rückkehr nach England, seit 1653 meistens beim Grafen von Devonshire
seit 1660 jährliche königliche Pension

Wie andere Philosophen seiner Zeit (→Francis Bacon, →René Descartes) distanzierte sich H. von der an den Universitäten herrschenden Lehre, v.a. dem Aristotelismus, und suchte nach einem neuen, sicheren Fundament für die Philosophie. Das Studium von →Euklids Geometrie verwies ihn auf die analytische Methode: Mit ihrer Hilfe versuchte H., auch Ethik und Politik auf allgemein anerkannten Prinzipien aufzubauen und apriorisch zu demonstrieren, dass alles Seiende in kleinste Bestandteile zerlegt und dann wieder zusammengesetzt werden kann. Durch logische Schlußfolgerung können wir so zu absolut gewissen Ergebnissen gelangen. Neben seinen Hauptwerken, den *Elements of Law Natural and Politic* ([Elemente der natürlichen und politischen Gesetze] 1640, vollständige Ausgabe erst 1889), den *Elementa philosophiae* – mit den Teilen *De corpore* ([Vom Körper] 1655), *De homine* ([Vom Menschen] 1658) und dem vor dem Hintergrund des Bürgerkriegs verfassten *De cive* ([Vom Bürger] 1642, endgültige Konzeption 1647) – sowie dem *Leviathan* (1651) übersetzte H. Werke von Homer und Thukydides und schrieb eine Zusammenfassung der *Rhetorik* des →Aristoteles, eine Geschichte des engl. Bürgerkriegs (*Behemoth or the Long Parliament* [Behemoth oder das Lange Parlament], 1679), Untersuchungen zur Kirchengeschichte sowie eine Autobiographie.

Alles Seiende, auch das Denken und die Gesellschaft, besteht für H. aus (materiellen) Körpern, die ständig in Bewegung sind, solange sie nicht an dieser Bewegung gehindert werden. Der Mensch ist ein Körper mit Empfindungen. Er wird durch Leidenschaften wie das Streben nach Macht und Vorteilen in Bewegung gehalten. Der Mensch ist kein, wie die traditionelle Lehre meinte, von Natur aus auf die Gesellschaft hin angelegtes Lebewesen, sondern lebt anfangs in einem (hypothetischen) Naturzustand, in dem er wie die anderen Menschen ein gleiches Recht auf alles hat und so in Konflikt mit diesen anderen Menschen gerät. Dieser Konflikt ist ein wenn auch nicht immer realer, so doch jederzeit drohender Kriegszustand. Es gelten nur die »natürlichen Gesetze« (die der rechten Vernunft), v.a. die, den Frieden zu suchen, ihn durch Übertragung auf eine staatliche Gewalt zu bewahren und geschlossene Verträge einzuhalten. Die Menschen schließen deshalb einen Gesellschaftsvertrag und beauftragen einen Einzelnen, den sie mit absoluter Macht ausstatten, für Frieden und Sicherheit zu sorgen.

Der Souverän, der Staat, besitzt eine *absoluta potestas* (Gewaltmonopol); dieses Monopol ist unteilbar. Ein Widerstandsrecht gegen den Staat kann es nicht geben, solange dieser seine Schutzpflicht für seine Bürger wahrnimmt (das Notwehr- und Selbstverteidigungsrecht kann dem Individuum aber nicht genommen werden; der Staat darf z.B. niemandem befehlen, sich zu töten, da er damit das Recht auf Selbsterhaltung verletzen würde). Der Staat besitzt die alleinige Kompetenz, Gesetze zu erlassen und auf ihre Einhaltung zu dringen; er überlässt die Rechtsfindung nicht den Juristen: *Auctoritas non veritas facit legem* (Ein Gesetzbericht auf autoritativem Erlass, nicht auf Wahrheit). Er führt auch die Oberaufsicht über die Religion und den Gottesdienst; die Religion muss um des inneren Friedens willen von den Gesetzen des Staates abhängen. Allerdings wacht der Staat nicht über das Gewissen der Bürger, und er will auch nicht das Reich Gottes auf Erden verwirklichen, denn dies liegt allein im Jenseits. Der Staat ist so ein »sterblicher Gott«, dessen alleinige Aufgabe es ist, das Leben, die Freiheit und das Eigentum der Bürger zu schützen, für Wohlstand, nicht aber für ihr darüber hinausgehendes Glück oder ihr (moralisch-religiöses) ›gutes‹ Leben zu sorgen.

Werke: The English Works, hg. v. W. Molesworth, 11 Bde., 1839–45, ND 1962. – Opera philosophica [lat. Werke], hg. v. W. Molesworth, 5 Bde., 1839–45, ND 1961. – Leviathan, hg. v. M. Oakeshott, 1947 u.ö., dt. hg. v. I. Fetscher, 1966.

Lit.: F. Tönnies: T. H. Leben u. Lehre, [3]1925, ND 1971. – L. Strauss: H.s politische Wissenschaft, 1965. – P. C. Mayer-Tasch: T. H. u. das Widerstandsrecht, 1965. – R. Koselleck / R. Schnur (Hg.): H.-Forschungen, 1969. – B. Willms: Der Weg des Leviathan, 1979. – U. Bernbach / K.-M. Kodalle (Hg.): Furcht u. Freiheit. Leviathan-Diskussion 300 Jahre nach T. H., 1982. – F. Tricaud: H., in: Grundriss der Geschichte der Philosophie. Die Philosophie des 17. Jh.s, Bd. 3: England, begr. v. F. Ueberweg, hg. v. J.-P. Schobinger, 1988, 91–117. – W. Kersting: T. H. Leviathan, 1996. – Qu. Skinner: Freiheit u. Pflicht. T. H.' politische Theorie, 2005.

Ulrich Dierse

Max Horkheimer

14. 2. 1895 Zuffenhausen bei Stuttgart – 7. 7. 1973 Nürnberg

1919–22	Studium der Nationalökonomie, Philosophie u. Psychologie in München, Frankfurt a. M. u. Freiburg i. Br.
1922	Promotion über →Immanuel Kants »Antinomienlehre« bei Hans Cornelius in Frankfurt a. M.
1925	Habilitation über Kants *Kritik der Urteilskraft*
1930	Ordinarius für Sozialphilosophie in Frankfurt a. M.
1931	Direktor des marxistisch ausgerichteten Instituts für Sozialforschung an der Univ. Frankfurt a. M.
1933	Flucht in die Schweiz
1934	Emigration in die USA
1934–49	Weiterführung des Institute for Social Research an der Columbia Univ. in New York u. in Kalifornien
1943–49	Direktor der Wissenschaftsabteilung des American Jewish Committee
1949–59	Professor an der Univ. Frankfurt a. M. (Rektor 1951–53)
1950–59	Direktor des wiedererrichteten Instituts für Sozialforschung
1954–59	Gastprofessor an der Univ. Chicago
1959–73	Rückzug nach Montagnola bei Lugano (Schweiz)

H. gilt als einer der Begründer der »Kritischen Theorie« oder »Frankfurter Schule«. Als Direktor des *Instituts für Sozialforschung* konzipierte er u. a. zusammen mit →Theodor W. Adorno, →Herbert Marcuse, →Erich Fromm, →Walter Benjamin und Friedrich Pollock interdisziplinär ausgerichtete Forschungsprojekte und gab die *Zeitschrift für Sozialforschung* heraus. In den 1960er Jahren artikulierte er seine gesellschaftskritischen Positionen in Presse- und Rundfunkbeiträgen und wurde zum populären Vordenker der Studentenbewegung.

H.s Gesellschaftstheorie lässt sich als Mischung aus pessimistischer Weltsicht (→Arthur Schopenhauer), kantischer Vernunftkritik und marxistischer Sozialphilosophie charakterisieren, die neben ihrem theoretischen Erkenntnisinteresse auch eine empirische Orientierung verfolgt.

Was H. als »kritische Theorie« formulierte, ist gleichzeitig Kritik am methodischen Positivismus und Abkehr von dem traditionellen Theorieverständnis, das die Geltung seiner Wissenschaftlichkeit gerade außerhalb der politischen und sozialen Wirklichkeiten sucht. Gegenüber der »traditionellen Theorie« wollte H. Kategorien wie Wahrheit, Freiheit und Glück in das Verständnis der wissenschaftlichen Theoriegenese einfließen lassen. Insoweit formiert das philosophische Interesse an der Möglichkeit einer gerechten Gesellschaft den normativ-utopischen Hintergrund der empirischen Sozialstudien (*Traditionelle und kritische Theorie*, 1937; *Autorität und Familie*, 1936).

H.s Werke sind schon seit den Frühschriften (*Dämmerung*, 1934) durch eine negative Grundstimmung gekennzeichnet, die in seinem Hauptwerk *Zur Kritik der instrumentellen Vernunft* (1947) und in der mit Adorno verfassten *Dialektik der Aufklärung* (1947), in denen H. die weltgeschichtlichen Ereignisse der 1940er Jahre einer radikalen Vernunftkritik unterzog, ihren sozial- und geschichtsphilosophischen Höhepunkt erreichte. Darüber hinaus markierte er trennscharf den Widerspruch des Vernunft- und Aufklärungsideals der kritischen Theorie gegenüber der von ihm diagnostizierten allumfassenden Herrschaft der instrumentellen Vernunft: einer rein technisch agierenden Vernunft, die nicht mehr nach einem die materielle bzw. positive Realität transzendierenden objektiven Zweck sucht, sondern nur noch die Mittel für subjektive austauschbare Zwecke bestimmt. Paradigmatisch steht für diesen Vernunftbegriff bei H. der wissenschaftliche Positivismus.

H.s Kritik an idealistischen und materialistischen Geschichts- und Fortschrittsphilosophien mündete in eine Verfallsgeschichte der abendländischen Vernunft, die versucht, die Instrumentalisierung der Vernunft zur totalen Herrschaft über die äußere und innere Natur historisch zu rekonstruieren. Dass der eigene Vernunftbegriff der kritischen Theorie sich in der so abgesteckten totalen »schlechten Wirklichkeit« selber in Widersprüche verwickelt und Probleme bei der Angabe positiver Normen vernünftigen Handelns hat, hängt u. a. mit der negativen Ausrichtung des Theorieansatzes zusammen. So kann die kritische Theorie im Verharren auf der Denkfigur der »bestimmten Negation« nur noch sagen, was falsch sei und was nicht sein soll. Damit sinkt aber die Hoffnung auf positiv bestimmbare Veränderungsprozesse in Gesellschaft und Natur auf den Nullpunkt. Dieser resignativen Einsicht folgend, formulierte H. in seinem Spätwerk die Hoffnung auf ein besseres Leben im Zeichen der *Sehnsucht nach dem ganz Anderen* (1970).

Werke: GS in 19 Bdn., hg. v. A. Schmidt u. G. Schmid Noerr, 1985–96.

Lit.: R. Wiggershaus: Die Frankfurter Schule, 1986. – A. Schmidt / N. Altwicker (Hg.): M. H. heute, 1986. – R. Wiggershaus: M. H. zur Einführung, 1998.

Arnd Hoffmann

Hugo von St. Viktor

wahrscheinlich um 1096 in Sachsen oder Flandern – 11. 2. 1141 Paris

1115/20 Ausbildung bei den regulierten Chorherren in St. Pankraz Hammersleben u. Eintritt in die Augustinerchorherrenabtei St. Viktor in Paris
1125 Lehrtätigkeit als Magister in St. Viktor
1133 Übernahme der Leitung der Studien

H. v. St. V. gilt aufgrund der Vielzahl seiner Werke und der darin enthaltenen Aussagen zu fast allen damaligen Wissensgebieten als Universalgelehrter, dessen Denken und Weltauffassung stark vom christlich-augustinischen Neuplatonismus geprägt war. Als Mitglied und späterer Magister des von seinem Lehrer Wilhelm von Champeaux gegründeten Chorherrenstifts St. Viktor war H. mitverantwortlich für den hervorragenden Ruf der Schule. Seine theologisch-philosophischen Lehren wirkten weit über das 12. Jh. hinaus.

Innerhalb der mittelalterlichen Wissenschaftslehre ist sein *Didascalicon de studio legendi* ([Unterweisung über das Studium des Lesens] um 1128) neben dem des Dominicus Gundissalinus ein Zeugnis für die von →Aristoteles unabhängige Wissenschaftseinteilung: Theoretische Philosophie, Praktische Philosophie, Mechanik und Logik, die, um die Bereiche Logik und Mechanik erweitert, neben seinem Schüler Richard von St. Viktor auch →Albertus Magnus und Robert Kilwardby übernommen haben.

Für H. zentral ist die Verwiesenheit des Menschen auf Gott. In seinem Hauptwerk *De sacramentis Christianae fidei* (Über die Sakramente des christlichen Glaubens) entwickelte er seine auf die Gotteserkenntnis zielende Theorie der drei Augen. Dieser zufolge verfügt der Mensch bedingt durch den Sündenfall über eine eingeschränkte Erkenntniskraft und kann die Existenz Gottes daher nur glauben, aber nicht wissen. So sei das Auge der Betrachtung (*oculus contemplationis*), mit dem der Mensch erkannte, was in und über ihm ist, vollständig erloschen; das geistige Auge (*oculus rationalis*) wurde getrübt, so dass Selbsterkenntnis nur fragmentarisch vorhanden ist. Von der Sünde unberührt blieb das fleischliche Auge (*oculus carnis*), mit dem der Mensch die Außenwelt erkennen kann, die ihn auf Gott als Ursprung und Ziel allen Seins verweist. Durch die Offenbarung als Heilshandeln Gottes in Christus (*opus restaurationis*) ist es dem Menschen mittels der vertrauensvollen Annahme des Glaubens und der Sakramente prinzipiell möglich, den Mangel des *oculus rationalis* auszugleichen; eine vollständige *restauratio* des Paradieszustands (*opus conditionis*) und damit die Schau Gottes ist jedoch nur als eschatologisches Geschehen möglich.

Die Verwiesenheit des Menschen auf den Schöpfer ist auch für H.s Wissenschaftsverständnis zentral. So ist die Wissenschaft, die sich rein auf die äußerliche Welt bezieht, weniger das Ziel des Studiums als vielmehr die Basis für die Einsicht in die Wahrheit (*sapientia*). Entsprechend verfolgte H. im *Didascalicon*, in dem das Programm der philosophisch-theologischen Ausbildung in der Schule von St. Viktor überliefert ist, neben dem Ziel der Darlegung der Wissenschaftsprinzipien die Aufhellung des einen Ursprungs der Wissenschaft (*philosophia theoretica*), die *reparatio* der Natur des Menschen innerhalb der *philosophia practica*, die sich mit den Normen des richtigen Verhaltens befasst, und die *philosophia mechanica*. Das Ziel der *reparatio* wird v. a. durch die Hinzunahme der sieben mechanischen Künste (Weberei, Technik, Handel, Landwirtschaft, Jagd, Medizin und Dramatik) in den Fächerkanon deutlich, nämlich die für die Minderung der irdischen Mühsal. Die *philosophia logica* als vierte Disziplin soll den Studenten vor Irrtümern und logischen Fehlschlüssen bewahren.

Werke: Opera omnia, in: Patrologia Latina, hg. v. J. P. Migne, Bd. 175–77, 1854. – Didascalicon de Studio Legendi, lat.-dt., hg. v. N. Brox [u. a.], 1997.

Lit.: P. Wolff: Die Viktoriner, Mystische Schriften, 1936. – H. R. Schlette: Die Nichtigkeit der Welt. Der philosophische Horizont des H. v. St. V., 1961. – J. Hofmeier: Die Trinitätslehre des H. v. St. V., 1963. – J. Ehlers: H. v. St. V. Studien zum Geschichtsdenken u. zur Geschichtsschreibung des 12. Jh.s, 1973. – K. Ruh: Geschichte der abendländ. Mystik, Bd. 1, 1990.

Svenja Hunz

Wilhelm von Humboldt

22. 6. 1767 Potsdam – 8. 4. 1835 Tegel

1788–90 Studium der Rechtswissenschaften, Geschichte, Philologie u. Philosophie in Göttingen

1789 Reisen nach Paris u. Weimar

1790	Referendar am Kammergericht in Berlin
1797–1801	lebt in Paris; Reisen nach Spanien u. ins Baskenland
1802–08	Preuß. Resident beim Päpstl. Stuhl in Rom
1809/10	Direktor der Sektion für Kultus u. Unterricht im preuß. Ministerium des Innern
1810	Ernennung zum preuß. Staatsminister u. Gesandten (u.a. in Wien seit 1810, beim Wiener Kongress 1814, bei den Friedensverhandlungen in Paris 1815, in der Territorialkommission in Frankfurt a.M. 1815 u. 1818, in England 1817/18)
1819	preuß. Minister für Ständische Angelegenheiten in Berlin
seit 1820	Privatgelehrter in Tegel

H. gilt als herausragender Repräsentant des Neuhumanismus in Deutschland. Geprägt wurde er durch das Erlebnis der Frz. Revolution, die Auseinandersetzung mit →Immanuel Kants Philosophie und seine Bekanntschaft mit Vertretern der Weimarer Klassik (u.a. Johann Wolfgang Goethe, Friedrich Schiller, →Johann Gottfried Herder) sowie durch sein Studium antiker Kultur und Philosophie. Verdienste erwarb H. bei der Einrichtung der Univ. Berlin (heute ›H.-Univ.‹) 1811 und der preuß. Gymnasialreform, die jeweils auf seine Vorschläge zurückgingen. Sein Briefwechsel mit seiner Frau gilt als Zeugnis für die Herausbildung einer spezifisch bürgerlichen Eheführung. Seine ebenfalls umfangreiche Korrespondenz mit führenden Künstlern, Politikern und Wissenschaftlern belegt H.s Einflussnahme auf das Geistesleben seiner Zeit.

H.s politische Philosophie steht mit ihrem Versuch, statt wie bis dahin nach der Herkunft des Staats nun nach dessen Zweck zu fragen, im Zeichen der Aufklärung. Der Staat soll nicht den Menschen zum Staatsbürger erziehen, sondern Sicherheit und Recht nach innen und außen als Voraussetzungen für eine freie Entfaltung seiner Bürger gemäß ihrer Individualität garantieren. Er wird zum organisatorischen Rahmen für die »Bildung« des Menschen: Damit das Individuum sich nach seinen Kräften bilden könne, müsse es frei von staatlicher Bevormundung sein (*Ideen über die Staatsverfassung, durch die neue französische Konstitution veranlaßt*, 1792; *Ideen zu einem Versuch, die Gränzen der Wirksamkeit des Staats zu bestimmen*, 1792).

H.s zentrales Anliegen, sein Bildungsideal, ist auch Grundlage seiner Geschichtsphilosophie. Seine Akademierede *Über die Aufgabe des Geschichtschreibers* (1821) bestimmt Geschichte als dialektisches Verhältnis zwischen einer Realität (den handelnden Individuen einer jeweiligen Epoche sowie den entsprechenden Geschehnissen) und einer ideellen Sphäre (den Ideen). »Das Geschäft des Geschichtschreibers [...] ist Darstellung des Strebens einer Idee, Daseyn in der Wirklichkeit zu gewinnen.« Aufgrund der Vorstellung, dass sich aus der historisch-empirischen Untersuchung geschichtlicher Wirklichkeiten eine »Ahnung« des Absoluten (von H. als »Weltregierung« bezeichnet) gewinnen lasse, wurde der Text zu einem Gründungsdokument des Historismus.

Als historische Realisierungen einer absoluten Idee begriff H. auch die Sprachen, die den Geist der Völker spiegelten (*Über die Verschiedenheit des menschlichen Sprachbaues und ihren Einfluß auf die geistige Entwicklung des Menschengeschlechts*, 1836). Seine Sprachphilosophie wurde zum Vorbild für Theorien, die Sprache nicht als rein semantisches System begreifen, sondern als generative geschichtsgestaltende Kraft (z. B. →Noam Chomsky).

Werke: GS, hg. v. d. Preuß. Akademie der Wissenschaften, 17 Bde., 1903–36, ND 1968. – W. u. Caroline v. H. in ihren Briefen, hg. v. A. v. Sydow, 7 Bde., 1906–16. – Der Briefwechsel zwischen Friedrich Schiller u. W. v. H., hg. v. S. Seidel, 2 Bde., 1962.

Lit.: E. Spranger: W. v. H. u. die Humanitätsidee, 1909. – S. A. Kaehler: H. u. der Staat, 1927. – T. Borsche: W. v. H., 1990. – P. R. Sweet: W. v. H., 2007. – M. Geier: Die Brüder H., 2009.

Stefan Jordan

David Hume

7.5.1711 (26.4.1711 nach altem Kalender) Edinburgh (Schottland) – 25.8.1776 Edinburgh

1723–25	Studium in Edinburgh, u.a. Griechisch, Logik, Metaphysik u. Naturwissenschaft
1725–34	Vorbereitung auf eine juristische Laufbahn auf dem Familiensitz Ninewells
1734	Scheitern des Versuchs, sich in Bristol in die Welt des Handels einweisen zu lassen
1734–37	private Studien in Reims u. La Flèche (Frankreich)
1739	Rückkehr nach Ninewells
1745	erfolglose Bewerbung um den Lehrstuhl für Moralphilosophie u. Philosophie des Geistes in Edinburgh; Tutor des geistig verwirrten Marquis von Annandale
1746–48	Reisen u.a. nach Wien u. Turin als Sekretär von General James St. Clair, einem entfernten Verwandten
1751	Umzug nach Edinburgh
1752	erfolglose Bewerbung um den Lehrstuhl für Logik in Glasgow
1751–57	Bibliothekar der Juristischen Fakultät in Edinburgh
1763–66	Sekretär des brit. Botschafters in Paris
1767–69	Unterstaatssekretär in London

H., dem eine akademische Position zeitlebens verwehrt blieb, gilt heute als einer der bedeutendsten englischsprachigen Philosophen. In seinen Schriften behandelte er beinahe alle die Philosophie des 18. Jh.s beherrschenden Themen (u.a. die Natur und die Fähigkeiten des menschlichen Verstands, Kausalbeziehungen und -erklärungen, Gott, den freien Willen, die Identität der Person sowie die Grundlagen moralischer und politischer Pflicht). Als letzter der drei großen brit. Empiristen nach →John Locke und →George Berkeley setzte sich H. mit der Forderung nach Theorien, die auf Beobachtungen und Experimenten basieren, von Philosophen wie →René Descartes, →Nicolas Malebranche, →Baruch de Spinoza und →Gottfried Wilhelm Leibniz ab, die zur Interpretation des Wahrgenommenen und für ihre Erklärung der Welt auf erfahrungsunabhängige Prinzipien zurückgriffen.

H. vertrat einen konsequenten philosophischen Naturalismus, dem zufolge der Mensch als Teil der Natur zu begreifen ist. Auch als soziales, fühlendes, denkendes und handelndes Wesen könne er wissenschaftlich untersucht und müsse nicht anhand apriorischer, metaphysischer Grundsätze erklärt werden. H.s gemäßigter Skeptizismus, der keine Urteilsenthaltung, sondern nur Bescheidenheit im Urteil forderte, ergab sich aus einer Einsicht in die Beschränkungen des menschlichen Verstands und der Erkenntnis, dass viele Operationen des Verstandes nicht rational begründet werden können. War H. zu Lebzeiten als Historiker (*The History of England, from the Invasion of Julius Caesar to the Revolution* [Die Geschichte Englands von der Invasion Julius Caesars bis zur Revolution], 6 Bde., 1754–62) anerkannter denn als Philosoph (wohl aufgrund seiner Kritik religiöser Doktrin), so kann die Wirkung seiner philosophischen Schriften auf die Nachwelt kaum überschätzt werden. Seine Moralphilosophie und Schriften zur Ökonomie beeinflussten →Adam Smith und →Jeremy Bentham. Sein Skeptizismus wurde zum Ausgangspunkt für→Immanuel Kant, sein Empirismus und Naturalismus prägten das Denken →Charles Darwins.

H.s wichtigste philosophische Werke sind *A Treatise of Human Understanding* ([Ein Traktat über den menschlichen Verstand] 1739/40), *An Enquiry concerning Human Understanding* ([Eine Untersuchung über den menschlichen Verstand] 1748), *An Enquiry concerning the Principles of Morals* ([Eine Untersuchung über die Prinzipien der Moral] 1751) und die postum erschienenen *Dialogues concerning Natural Religion* (Dialoge über natürliche Religion). Mit ihnen wollte H. eine »Wissenschaft vom Menschen« entwickeln – eine Art umfassende Theorie menschlicher Kognition, Emotion und Motivation –, die in allen Bereichen menschlichen Erkenntnisstrebens als

Grundlage dienen kann. Moralische Prinzipien ergeben sich nach H. aus unserem Vermögen, moralisch zu empfinden. Das moralische Empfinden wird durch ein Mitfühlen mit denen angeregt, die von den beurteilten Handlungen oder Charakterzügen betroffen sind. Tugenden und Laster sind für uns deshalb relevant, weil sie Gefühle wie Liebe, Stolz, Hass und Demut hervorbringen.

H. beobachtete, dass alle unsere Ideen (Vorstellungen und Begriffe) auf Eindrücke der Sinne zurückgehen. Unsere Erkenntnisse beruhen, sofern sie nicht bloß Beziehungen zwischen Ideen, sondern Tatsachen betreffen, auf Erfahrung. Denn sie verdanken sich der Einsicht in das Bestehen kausaler Beziehungen: Wir bemerken Kausalbeziehungen, indem wir beobachten, dass eine Art von Ereignis konstant auf eine andere Art von Ereignis folgt. Das Bestehen einer notwendigen Beziehung zwischen Ursache und Wirkung lässt sich indes nicht beobachten. Der Schluss von einer Ursache auf ihre Wirkung beruht auf dem gewohnheitsbedingten Übergang des Verstandes von einer Idee zur anderen und lässt sich rational nicht rechtfertigen. Eine solche Rechtfertigung müsste die Gleichförmigkeit des Naturgeschehens voraussetzen, die uns wiederum nur aus der Erfahrung bekannt sein kann. Sie müsste voraussetzen, was gezeigt werden soll: dass der Erfahrung entnommen werden kann, was notwendigerweise der Fall ist und damit auch in Zukunft der Fall sein wird.

Werke: The Clarendon Edition of the Works, hg. v. T. L. Beauchamp [u. a.], angelegt auf 8 Bde., 1998 ff.

Lit.: N. Kemp Smith: The Philosophy of D. H., 1941. – B. Stroud: H., 1977. – J. Kulenkampff: D. H., 1989. – G. Streminger: D. H.: Sein Leben u. sein Werk, 1994. – D. Owen: H.'s Reason, 1999.

Katia Saporiti

Edmund Husserl

8.4.1859 Proßnitz (heute Tschechien) – 27.4.1939 Freiburg i.Br.

1876–86	Studium der Physik, Mathematik u. Philosophie in Leipzig, Berlin, Wien, u.a. bei Wilhelm Wundt, Karl Weierstraß, Leopold Kronecker u. →Franz Brentano; Freundschaft mit Tomá G. Masaryk
1886–91	Habilitation bei Carl Stumpf, danach Privatdozent in Halle
1901–16	Professor in Göttingen; Bekanntschaft mit David Hilbert, →Wilhelm Dilthey u. →Paul Natorp; Entstehung eines Phänomenologen-Kreises
1916–28	Professor in Freiburg i.Br. als Nachfolger →Heinrich Rickerts; seine Assistenten sind →Edith Stein, →Martin Heidegger, Oskar Becker, Eugen Fink u. Ludwig Landgrebe
1928–35	Vortragsreisen nach Amsterdam, Paris, Berlin, Wien, Prag
1937/38	Zwangsbeurlaubung wegen seiner jüd. Herkunft, Entzug der Lehrbefugnis, erzwungener Wohnungswechsel

H. ist der Begründer einer neuartigen Philosophie, die sich als Phänomenologie, also als Lehre von den Phänomenen, versteht. Ihr geht es darum, gegenüber der Reduktion unserer Erfahrung auf natürliche Prozesse, historische Tatsachen, mathematische Formeln oder philosophische Systemansprüche das Eigenrecht der gelebten Erfahrung geltend zu machen. Das Augenmerk gilt den ›Sachen selbst‹, so wie sie sich uns zeigen. Was wir aus Erfahrung wissen, ist stets mehr als das, was wir über sie wissen. Diese Keimidee erzeugt eine Vielfalt von Sachanalysen und Zugangsweisen. Sie wirkt fort in der Existenzphilosophie und der Sozialphänomenologie. Phänomenologie bedeutet eine Bewegung, die von den Sachen selbst in Gang gehalten wird.

H.s Denken durchlief verschiedene Phasen, mit den *Logischen Untersuchungen* (2 Tle., 1900/01) als erstem

Durchbruchswerk. In Nähe zu →Gottlob Frege und →Franz Brentano entfaltete er eine Theorie der Bedeutung und der Intentionalität. Entscheidend ist der innere Bezug zwischen dem, *was* jeweils gemeint und gegeben ist, und der Art und Weise, *wie* dies geschieht. Die intentionale Analyse unterläuft den Gegensatz von physischer Außenwelt und psychischer Innenwelt. Sie eröffnet Wege zur Erfassung idealer Bedeutungseinheiten und Bedeutungsregeln, die der faktischen Erfahrung zugrunde liegen. Die Rückführung faktischer Gegebenheiten auf allgemeine Wesensstrukturen wurde später ›eidetische Reduktion‹ genannt.

H.s transzendentale Wende fand ihren systematischen Ausdruck im ersten Buch der *Ideen zu einer reinen Phänomenologie und phänomenologischen Philosophie* (1913). Die Vielfalt der Bedeutungen wird hier zurückgeführt auf spezifische Leistungen eines transzendentalen Bewusstseins, das sich in wechselnden Korrelationen von Akt und Gegenstand – von *Noesis* und *Noema* – bewegt. Die Dynamik perspektivisch begrenzter Intentionen bringt es mit sich, dass wir jeweils mehr meinen, als was wir aktuell erfahren. So führt jeder Sinn Horizonte möglichen Sinnes mit sich, die letzten Endes auf den umfassenden Welthorizont verweisen. Zur Erfassung des Sinn- und Wirklichkeitsbezugs bedarf es der Suspension des natürlichen Wirklichkeitsglaubens und einer entsprechenden Urteilsenthaltung. Dies ist Sache der phänomenologischen Reduktion oder *Epoché* (d.h. des Innehaltens).

H.s statische Anfänge vertieften sich in einer genetischen Phänomenologie, in der es um das Werden des Sinns und unser selbst ging, so in der *Formalen und transzendentalen Logik* (1929) und in den *Cartesianischen Meditationen* (frz. 1931, dt. 1950), die aus Pariser Vorlesungen von 1929 erwuchsen. Nun traten die passiven und affektiven Schichten der Erfahrung stärker hervor. Drei Motive entfalten eine besondere Wirkung: die Leiblichkeit, die uns in der Welt situiert; die Intersubjektivität, die uns mit der Fremdheit des Anderen konfrontiert; die Zeitlichkeit, in der sich unsere eigene Fremdheit kundtut. Eine Gegenwart, die in Form von Retentionen und Protentionen auf Vergangenes zurück- und auf Künftiges vorausgreift, ist niemals reine Gegenwart.

Die Schrift *Die Krisis der europäischen Wissenschaften und die transzendentale Phänomenologie* (1954, Teildr. Belgrad 1936) führte in H.s letzter Schaffensphase auf das Thema einer krisenhaften Geschichte. Im Mittelpunkt steht die Lebenswelt, die universale Strukturen aufweist, sich aber in Heim- und Fremdwelt und eine Vielfalt von Sonder- und Kulturwelten zerteilt. Der Rückgang auf die Lebenswelt vor und in aller Wissenschaft und auf Stiftungsereignisse – wie den Ursprung der Geometrie – dient als Heilmittel gegen den Sinnverlust einer sich selbst entfremdenden Kultur.

Werke: Husserliana. GW, aufgrund d. Nachlasses veröffentlicht v. H.-Archiv Leuven, 42 Bde., 1950–2008, dazu: Husserliana Materialien, 8 Bde., 2001–06. – Briefwechsel, hg. v. K. Schuhmann, 10 Bde., 1994. – Ausgewählte Texte, hg. v. K. Held, 2 Bde., ²1998/2000. – Arbeit an den Phänomenen. Ausgewählte Schriften, hg. v. B. Waldenfels, ²2003.

Lit.: H. L. Van Breda / J. Taminiaux (Hg.): E. H. 1859–1959, Recueil commémoratif, 1959. – H. Spiegelberg: The Phenomenological Movement, ³1982. – E. Ströker: E. H.s transzendentale Phänomenologie, 1987. – H. R. Sepp (Hg.): E. H. u. die phänomenologische Bewegung, Zeugnisse in Text u. Bild, 1988. – R. Bernet [u.a.]: E. H., Darstellung seines Denkens, 1989. – B. u. D. W. Smith (Hg.): The Cambridge Companion to H., 1995. – P. Prechtl: E. H. zur Einführung, ⁴2006. – D. Zahavi: H.'s. Phänomenologie, 2009.

Bernhard Waldenfels

Francis Hutcheson

8.8.1694 Drumalig (Irland) – 8.8.1746 Dublin

1710–17	Studium der Logik, Naturphilosophie u. Altphilologie, seit 1712 der Theologie in Glasgow
1718	Ordination in Dublin
1718–28	Lehrauftrag der Dissenters Academy in Dublin
seit 1730	Professor für Moralphilosophie an der Univ. Glasgow

H. gilt als Begründer der *Moral-Sense*-Philosophie und Vordenker der schott. Aufklärung. Seine Bedeutung liegt in der theoretischen Verknüpfung verschiedener Geistesströmungen seiner Zeit. Grundlegende Impulse seiner Arbeiten gingen von →Shaftesburys Kritik an →Thomas Hobbes aus, deren essayistischen Stil H. in ein philosophisches System überführen wollte. H.s harmonisches Weltbild einer rational durchdringbaren göttlichen Ordnung orientierte sich an stoischen Motiven, v.a. an →Cicero und →Marc Aurel, dessen *Meditationes* er für die Edition von Robert Foulis 1742 mitübersetzte. Seine Skepsis gegenüber naturrechtlichen Konstruktionen und die empirische Verankerung seiner Anthropologie verband sich eng mit →John Lockes Erkenntnistheorie.

H.s originärer philosophischer Beitrag besteht in einer methodischen Überblendung von Ästhetik, Anthropologie und Ethik. Schüler und zeitgenössische Rezipienten H.s, wie →David Hume, →Adam Smith und Thomas Reid, trugen auf je unterschiedliche Weise zur Fortführung dieser sensualistisch verankerten Moralphilosophie bei. Der harmonische Ausgleich zwischen Anthropologie und Gesellschaftslehre machte H. zu einem überzeugten Republikaner, dessen Wahlspruch *greatest happiness for the greatest number* (Das größtmögliche Glück für die größte Zahl [von Menschen]) von der amerik. Unabhängigkeitsbewegung aufgegriffen wurde. Gotthold Ephraim Lessings und Johann Heinrich Mercks frühe Übersetzungen ließen H. auch in Deutschland zu einem zentralen Referenzautor in der Moralphilosophie werden (→Immanuel Kant, →Friedrich Heinrich Jacobi, →Johann Gottfried Herder). H.s erstes Buch, *Inquiry into the Original of our Ideas of Beauty and Virtue* ([Untersuchung des Ursprungs unserer Vorstellungen von Schönheit und Tugend] 1725), war zugleich sein Hauptwerk, dessen Grundthesen sich in späteren Arbeiten weiterentwickelt finden. Die Fragmente zu einem *System of Moral Philosophy* (System der Moralphilosophie) wurden postum 1755 veröffentlicht.

Die Stoßrichtung der *Inquiry* galt Bernard Mandevilles Kritik an Shaftesbury und dessen positivem Menschenbild. Gegen Mandeville wandte H. ein, dass der Mensch durch das Prinzip der Liebe zu Gott und den Mitmenschen bestimmt sei. Er räumte zwar eine Ambivalenz des menschlichen Wesens ein, das aber durch einen *internal sense*, einen inneren Sinn, in der Lage sei, Schönes von Hässlichem zu unterscheiden. Dieses nach Harmonie strebende, ästhetische Empfinden wird im gesellschaftlichen Leben mit einem *moral sense* identifiziert, der es ermögliche, zwischen ethisch richtigem und falschem Handeln zu wählen. Folglich sei nicht das Eigeninteresse das beherrschende Motiv menschlichen Handelns, sondern die Liebe, die als harmonisches Prinzip auf die Tätigkeit des *moral sense* wirkt.

H. entwickelte seine politische Philosophie nicht im Rahmen einer Gesellschafts- oder Staatstheorie, sondern als logische Konsequenz der im Menschen angelegten Soziabilität (*De naturali hominum socialitate* [Über die Natur der menschlichen Gesellschaft], 1730). Er verwahrte sich gegen die Vorstellung eines vorpolitischen Naturzustandes, wie ihn Samuel Pufendorf oder Thomas Hobbes vertraten, und bediente sich nicht der Entgegensetzung von Barbarei und Zivilisation. Die Erfahrung der Menschheit zeige vielmehr eine Uniformität in der Gattung, deren natürliche Grundmuster der Soziabilität und Moralität die Organisation aller Gemeinwesen prägen. Die philosophische Herausforderung bestand für H. darin, das Prinzip der Liebe als Grundlage der Moral an die Empirie zurückzubinden. Die Ästhetik diente ihm als systematisches Bindeglied, um anthropologische Erkenntnisse und rationale Grundsätze zu einer empirisch fundierten Morallehre zu verknüpfen.

Werke: Collected Works, hg. v. B. Fabian, 7 Bde., 1969–71.

Lit.: W. R. Scott: F. H., 1900. – W. Leidhold: Ethik u. Politik bei F. H., 1985. – D. Carey: Locke, Shaftesbury, and H., 2006.

Annette Meyer

Ibn Ruschd

1126 Cordoba (Spanien) – 10.12.1198 Marrakesch (Marokko)

Studium der	islam. Rechtswissenschaften u. Theologie (*kalam*), der Medizin u. Philosophie
um 1169	Beginn der Protektion durch den Almohadenherrscher Abu Ya'qub Yusuf
seit 1169	Richter in Sevilla, später in Cordoba
1182	Leibarzt am Almohadenhof in Marrakesch, Ernennung zum Oberrichter von Cordoba
1196/97	Prozess wegen Missachtung religiöser Dogmen, Verbannung nach Lucena (bei Cordoba)
Anfang 1198	Rehabilitierung, Rückkehr an den Hof

I. R. – auch ›Averroes‹ genannt – erhielt im lat. Mittelalter den Beinamen »der grosse Kommentator (des →Aristoteles)«. Seine Kommentare zogen eine intensive Aristoteles-Rezeption nach sich und spalteten christliche Scholastiker und jüd. Gelehrte in »Averroisten« (u.a. →Siger von Brabant, Mose Narboni) und »Anti-Averroisten« (u.a. →Thomas von Aquin, Isaak Abrabanel). In der islam. Welt gilt I. R. als konsequentester und zugleich letzter Peripatetiker (Vertreter der aristotelischen Schule) sowie als herausragender Jurist, der dem Analogieschluss besondere Bedeutung beimaß. Seine Kritik an den logischen Schlussverfahren der islam. Theologen haben sich Gegner (u.a. Ibn Taymiyya [gest. 1328]) wie Anhänger seiner exegetischen Methoden (Mohammed al-Jabri [* 1936]) zu eigen gemacht.

Während I. R. in seinen frühen philosophischen Kompendien z.T. neuplatonisches Gedankengut lehrte, zeigte er sich in seinen späteren Kommentaren und seinen Schriften zur Verteidigung der Philosophie (*Tahafut at-Tahafut*, engl. *The Incoherence of the Incoherence*; *Fasl al-maqal*, engl. *On the Harmony of Religion and Philosophy*) als überzeugter Aristoteliker. Mit seiner Lehre von der Einheit des Intellekts, die häufig als Leugnung der individuellen Unsterblichkeit des Menschen gedeutet wurde, ging er über Aristoteles' Intellekttheorie hinaus: Die von der sinnlichen Wahrnehmung abstrahierten Ideen bilden den »materiellen« Intellekt, der mit Hilfe des himmlischen »aktiven« Intellekts das höchste Wissen, die »Allgemeinbegriffe«, erfasst. Dieser »materielle« Intellekt ist in allen Menschen gleich – eine einzige, ewige und unvergängliche Substanz (*Commentarium magnum in Aristotelis De Anima Libros*; *Tahafut*).

Die Offenbarungsschriften erachtete I. R. als notwendig, da ihre Hauptfunktion die Tugendlehre sei. Dem wiederholt gegen ihn erhobenen Vorwurf, er lehre zwei gegensätzliche Wahrheiten, kann sein Diktum von der Einheit der Wahrheit entgegengehalten werden, die – im Falle eines Widerspruchs zwischen religiösem Text und Vernunftschluss – durch allegorische Schriftexegese sichtbar werde (*Fasl; al-Kashf*, engl. *Averroes' Exposition of religious arguments*; *Tahafut*).

Werkverzeichnis: H. Daiber: Bibliography of Islamic Philosophy, 1999, Bd. 1, 449–68, Bd. 2, 231–62 [einschließlich Übersetzungen u. Studien].

Lit.: M.-R. Hayoun / A. de Libera: A. et l'averroïsme, 1991. – F. Niewöhner / L. Sturlese (Hg.): Averroismus im Mittelalter u. in der Renaissance, 1994. – R. Arnaldez: A. A Rationalist in Islam, 2000. – É. Fricauld: Le problème de la disgrâce d'Averroès, in: A. Bazzana [u. a.] (Hg.): A. et l'averroïsme, 2005.

Anke von Kügelgen

Isaak von Stella

um 1100 England – 1169 Frankreich

zwischen 1120 u. 1130 Studien in Frankreich
um 1145 Übernahme monastischer Verpflichtungen (möglicherweise im Kloster von Cîteau)
1147 Wahl zum Abt des Klosters von Stella (bei Poitiers)
1167 Klostergründung auf der Insel Ré (bei La Rochelle)

I. steht in der Tradition des christlichen Neuplatonismus. Sein Denken war geprägt von →Augustinus, Dionysius Pseudo-Areopagita, →Aristoteles – soweit bekannt – und der Schule von Chartres. Als authentische Werke dürfen eine Predigtsammlung, ein Brief über die Seele (*Epistola de anima*) und eine Abhandlung über die Messe (*De officio missae*) angesehen werden. Diese Schriften dokumentieren seine Absicht, die augustinische Erkenntnistheorie mit der aristotelischen philosophischen Psychologie, besonders der Abstraktionstheorie, zu kombinieren. Im Anschluss an Dionysius entwickelte I. eine Schöpfungslehre und eine negative Theologie. In seiner allgemeinen Metaphysik und philosophischen Psychologie bediente er sich methodisch neben der dialektischen (logischen) auch der symbolischen Analyse.

Höchst bemerkenswert für die Philosophie im 12. Jh. ist I.s Theorie der Seele. Er griff zwar auf das neuplatonische Modell vom Ab- und Aufstieg der Seele – wahrscheinlich im Rekurs auf Johannes Eriugena – zurück, verknüpfte es jedoch mit dem der hierarchisch geordneten fünf kosmischen

Elemente: So brachte er das *Empyreum* (das feurige Element) mit der Intelligenz (*intelligentia*) in Verbindung, den Äther (das Firmament) mit der Vernunft (*intellectus*), die Luft (*aer*) mit dem Verstand (*ratio*), das Wasser mit der Vorstellung (*imaginatio*) und die Erde mit der sinnlichen Wahrnehmung (*sensus*). Insofern plädierte er für eine Konkordanz der Hierarchie des Seins mit der des Wissens. Die Verbindung der Seele mit dem Körper bildet den Abschluss der »Goldenen Kette des Seins«, wobei diese Verbindung aus dem Übergang des niedrigsten Punktes im geistigen Bereich zum höchsten in der körperlichen Region resultiert. In diesem Zusammenhang schrieb er dem Körper – nicht, wie sonst üblich, dem Menschen als Ganzem – die Funktion des Mikrokosmos zu und reservierte für die Seele die des Bildes Gottes (*imago dei*). Die Seele ist somit diejenige Instanz, der aufgrund ihrer Mittelposition der platonisch-augustinische Aufruf zur Selbsterkenntnis dazu dient, die Einung mit dem Göttlichen zu ermöglichen.

Lit.: W. Meuser: Die Erkenntnislehre des I. v. S., 1934. – B. McGinn: The Golden Chain. A Study in the Theological Anthropology of I. of S., 1972.

*Markus Führer**

Friedrich Heinrich Jacobi

(seit 1813 Ritter v., bayer. Personaladel)

25.1.1743 Düsseldorf – 10.3.1819 München

1759–61	kaufmännische Lehre in Genf sowie Studium bei dem Schweizer Naturwissenschaftler Georges-Louis Le Sage; Bekanntschaft mit →Voltaire, Charles Bonnet u. Freunden →Jean-Jacques Rousseaus
seit 1764	kaufmännisch tätig in Düsseldorf
1772	Eintritt in kurpfälz. Dienste als Hofkammerrat
1773	Herausgabe des *Teutschen Merkur* mit Christoph Martin Wieland
1774	Freundschaft mit Johann Wolfgang Goethe

1779	Geheimrat für Zoll- u. Kommerzwesen in München
seit 1780	weitgehender Rückzug von seinen amtlichen Geschäften u. Leben als Privatgelehrter in Pempelfort
1780	Besuch bei Matthias Claudius, trifft Gotthold Ephraim Lessing in Wolfenbüttel u. Halberstadt bei Gleim (Gespräche über →Baruch de Spinoza)
1794	Flucht vor den frz. Revolutionstruppen nach Norddeutschland (Wandsbek, seit 1799 Eutin); dort Mittelpunkt des literarischen Kreises um Friedrich Gottlieb Klopstock, die Brüder Christian u. Friedrich Leopold Grafen zu Stolberg, Jens Baggesen, Johann Heinrich Voß u. den Kantianer Karl Leonhard Reinhold
1802	Ruhestand als Geheimer Rat
1805	Berufung an die Bayer. Akademie der Wissenschaften, München
1807–12	erster Präsident dieser erneuerten Akademie

J. trat als Philosoph, Wirtschaftsreformer und Kritiker der Frz. Revolution hervor. Zudem war er rein literarisch tätig. Seine Romane folgen in ihrer Komposition zeitgenössischen Mustern (→Jean-Jacques Rousseau, Samuel Richardson, Friedrich Blankenburg) und enthalten große philosophische Partien. Sie kreisen um die Themen Freundschaft und Liebe zwischen den Geschlechtern (*Woldemar,* 2 Tle. in 1 Bd., 1779) und die Dämonie des genialen, aber bindungslosen modernen Menschen (*Eduard Alwills Briefsammlung*, 1781). In kleineren Schriften interpretierte J., ausgehend von seiner wirtschaftlichen Reformtätigkeit, den Gesellschaftsvertrag zunächst physiokratisch (d.h. ausgehend von der natürlichen Produktivität des Bodens), dann nach der Freihandelslehre. Später entwickelte er, vornehmlich in Auseinandersetzung mit der Frz. Revolution, eine erste »Ideologiekritik«. Sein Briefwechsel im Dialog mit fast allen führenden Köpfen seiner Zeit, meist auch Ausgangspunkt seiner Schriften, enthält eine Geistesgeschichte der gesamten Epoche.

J.s Denken stieß aus pietistischer religiöser Erfahrung in frühester Jugend in Auseinandersetzung mit der (frz.)

Aufklärung auf die Grundfrage von Glauben und Wissen. Diese brach aber erst relativ spät in seinem 1785 veröffentlichten Briefwechsel mit →Moses Mendelssohn *Über die Lehre des Spinoza* durch, die den ›Pantheismusstreit‹ hervorrief, in den alle führenden Geister der Zeit eingriffen. Sie wurde Ursprung der Wiederentdeckung →Baruch de Spinozas und des *Spinozismus* als exemplarischer philosophischer Existenzform, die J. mit der Position des wissenschaftlichen Denkens gleichsetzte und später auch in dessen *Atheismusstreit* auf →Johann Gottlieb Fichtes Position als »umgekehrten Spinozismus« übertrug. Hierbei verabsolutierte er diese Position und kennzeichnete sie durch das Stichwort »Nihilismus« (*Sendschreiben an Fichte*, 1799). Seine Auseinandersetzung mit →Immanuel Kant stellte mit der »Ding-an-sich«-Problematik den Ausgangspunkt für den Dt. Idealismus dar. Gegen →Friedrich Wilhelm Joseph Schellings zwar teilweise missverstandenen evolutionären Gottesbegriff verteidigte J. den persönlichen Gott (*Von den göttlichen Dingen und ihrer Offenbarung*, 1811), was die Theologie bis heute stark beeinflusst hat.

Werke: GA der Werke, hg. v. K. Hammacher u. W. Jaeschke, 7 Bde., 1998–2007. – GA des Briefwechsels, begr. v. M. Brüggen u. S. Sudhof, bislang 5 Textbde. u. Komm.-Bde., 1981 ff. – Die Bibliothek F. H. J.s, hg. v. K. Wiedenmann, 2 Bde., 1989.

Lit.: O. Zirngiebl: F. H. J.s Leben, Dichten u. Denken, 1867. – O. F. Bollnow: Die Lebensphilosophie F. H. J.s, 1933.– G. Baum: Die Philosophie F. H. J.s, 1969. – K. Hammacher: Die Philosophie F. H. J.s, 1969. – K. Hammacher (Hg.): F. H. J.: Philosoph u. Literat der Goethezeit, 1971. – K. Hammacher / K. Christ: F. H. J. Katalog einer Ausstellung in Düsseldorf, 1985. – P.-P. Schneider: Die Denkbücher F. H. J.s, 1986. – K. Hammacher / H. Hirsch: Die Wirtschaftspolitik d. Philosophen J., 1993. – K. Hammacher (Hg.): Fichte u. J., 1998. – B. Sandkaulen: Grund u. Ursache. Die Vernunftkritik J.s, 2001.

Klaus Hammacher

William James

11.1.1842 New York – 26.8.1910 Chocorua / New Hampshire (USA)

1860	Schüler des Malers William Morris Hunt
1861–69	Studium der Chemie u. Medizin in Harvard, Leipzig u. Heidelberg; Abschluss als Medical Doctor in Harvard
1865/66	Teilnahme an einer Brasilienexpedition als Assistent des Zoologen u. Geologen Louis Agassiz
1872–76	Dozent, später Professor für Physiologie u. Anatomie in Harvard
1875	Gründung des ersten psychologischen Experimentallaboratoriums der USA u. Einführung von Psychologieseminaren in Harvard
1880	Professor für Philosophie in Harvard
1897	Titularprofessur für Philosophie u. Psychologie in Harvard
1900–09	Umfangreiche Vortrags- u. Lehrtätigkeit in den USA u. Europa, v.a. in England

J. gilt neben →Charles S. Peirce als Schöpfer der Philosophie des Pragmatismus. Außerdem ist er einer der Begründer der modernen Psychologie, die er in der Auseinandersetzung mit der philosophischen Tradition formte. Durch seine prägnanten Formulierungen wurde der Pragmatismus seit 1900 Gegenstand der ersten kontroversen transatlantischen philosophischen Debatte. Als glänzender, gut verständlicher Redner wusste J. ein breiteres Publikum zu fesseln. In Aufsätzen und Vorlesungen nahm er auch zu öffentlichen Fragen Stellung und beteiligte sich an den politischen Debatten seiner Zeit. J.s philosophisches und psychologisches Denken beeinflusste nicht nur Philosophen wie →Edmund Husserl und →Ludwig Wittgenstein, sondern auch das Werk seines Bruders, des Schriftstellers Henry James junior.

J.s psychologische Schriften, v.a. die *Principles of Psychology* ([Prinzipien der Psychologie] 2 Bde., 1890), und seine philosophischen Arbeiten (*The Will to Believe* [Der

Wille zum Glauben], 1897; *Pragmatism* [Pragmatismus], 1907; *A Pluralistic Universe* [Eine pluralistische Welt], 1909; *The Meaning of Truth* [Die Bedeutung der Wahrheit], 1909) verbinden die Tradition des dt. Idealismus und Spätidealismus mit der brit. Tradition des Empirismus auf fruchtbare und originelle Weise und illustrieren deren Erkenntnisse mit vielfältigen Erfahrungsberichten und experimentellen Befunden. Insbesondere beschäftigte J. die Frage, wie sich der individuelle, persönliche Sinn eines wissenschaftlichen oder philosophischen Problems charakterisieren lässt. Diesen individuellen Sinn suchte er jenseits der allgemeinen Bedeutungen, was ihn zum Pragmatismus und dem Versuch führte, die Bedeutung theoretischer Begriffe durch ihre praktischen Konsequenzen aufzuklären. Die unvollendete Spätphilosophie (*Essays in Radical Empiricism*, postum hg. v. R. B. Perry, 1912) entwickelte den »radikalen Empirismus« als Ontologie eines neutralen Monismus, der die Alternative zwischen Materialismus und Idealismus überwindet: Die Wirklichkeit wird zu einem neutralen Stoff, der weder Geist noch Materie ist, aber in jeder Erfahrung vorliegt. Moderne Philosophen, wie →Bertrand Russell und →Hilary Putnam, kamen dieser Position nahe. Wichtige Motive seines Denkens, wie das Problem der Kontinuität, griff J. in dem unvollendeten, postum veröffentlichten Werk *Some Problems of Philosophy* ([Einige Probleme der Philosophie] 1911) auf.

Werke: Works, hg. v. F. H. Burkhardt [u.a.], 19 Bde., 1975 ff.

Lit.: G. E. Myers: W. J.: His Life and Thought, 1986. – R. A. Putnam (Hg.): Companion to W. J., 1997. – K. Oehler (Hg.): W. J., Pragmatismus, 2000. – H. Pape: Der dramatische Reichtum der konkreten Welt. Der Ursprung des Pragmatismus im Denken von W. J. u. C. S. Peirce, 2002. – F. Krämer: Erfahrungsvielfalt u. Wirklichkeit. Zu W. J.s Realitätskonzeption, 2006.

Helmut Pape

Karl Jaspers

23.2.1883 Oldenburg – 26.2.1969 Basel

1901/02	Jurastudium in Heidelberg u. München
1902–08	Medizinstudium in Berlin, Göttingen u. Heidelberg
1909	Approbation zum Arzt
1909–15	Volontärassistent an der Psychiatrischen Klinik der Univ. Heidelberg
1913	Habilitation für Psychologie in Heidelberg
1916	ao. Professor für Psychologie, seit 1920 für Philosophie in Heidelberg
1922	Ordinarius für Philosophie in Heidelberg
1933	Ausschluss aus der Universitätsverwaltung durch die Nationalsozialisten
1937/38	Zwangspensionierung u. Publikationsverbot
1945	Amtswiedereinsetzung, 1. Senator der Univ. Heidelberg
1948–61	Ordinarius für Philosophie an der Univ. Basel
1958	Friedenspreis des Deutschen Buchhandels
1959	Erasmuspreis

Die für J. übliche philosophiegeschichtliche Zurechnung zur Existenzphilosophie greift zu kurz: Zum einen wurde J. von sehr unterschiedlichen philosophischen Traditionen beeinflusst, (a) etwa von der Tradition der Seinsmetaphysik im Gefolge von →Platon, →Plotin, →Friedrich Wilhelm Joseph Schelling und →Georg Wilhelm Friedrich Hegel, (b) von der Rationalismuskritik im Sinne →Friedrich Nietzsches und →Søren Kierkegaards sowie (c) von der Aufklärungsphilosophie und dem politischen Liberalismus, die über →Immanuel Kant und über Max Weber in sein Denken Eingang fanden; zum anderen veröffentlichte er nicht zuletzt auf der Grundlage seiner Erfahrungen als Mediziner/Psychiater, Psychologe und Philosoph zu Themen aus vielen Teildisziplinen der Philosophie.

Auf dem Gebiet der *Erkenntnis-* und *Wissenschaftstheorie* diskutierte J. die Verstehen-Erklären-Dichotomie und verfasste eines der ersten wissenschaftstheoretischen Werke in der Psychiatrie (*Allgemeine Psychopathologie*, 1913).

Darin erweitert er den Methodenkanon der Psychiatrie über gehirnphysiologische Forschungsansätze hinaus um phänomenologische Verfahren (→ Edmund Husserl) und die geisteswissenschaftliche Methode des Sinnverstehens (→ Wilhelm Dilthey). In der *Psychologie der Weltanschauungen* (1919) entwickelte er sein Konzept einer verstehenden Psychologie. Auch die Abgrenzung der Philosophie vom empirisch-analytischen Wissenschaftsverständnis und von der Religion war ein zentrales Thema J.s (*Einführung in die Philosophie*, 1953; *Kleine Schule des philosophischen Denkens*, 1965).

Für die *Philosophische Anthropologie* und die *Ethik* ist J.s Unterscheidung zwischen der objektiven, empirisch erforschbaren Dimension des Menschseins (der Mensch als Körper-, Verstandes- und Vernunftwesen) und der nichtempirischen Dimension (der Mensch als »Existenz«, unvertretbare Individualität und Freiheit) von Bedeutung. Das Verwirklichen der »Existenz« machte J. vom Durchleben von Grenzsituationen (Tod, Leiden, Kampf, Schuld) sowie der interpersonalen Kommunikation abhängig. Wenngleich er den Entwurf einer systematischen Ethik ablehnte, sind seine existenzphilosophischen Überlegungen von einem liberalen Ethos der Humanität geprägt. Dieses Ethos lässt sich auch als appellative Tugendethik explizieren (*Philosophie, Bd. II: Existenzerhellung*, 1936).

In der *Bildungs- oder Erziehungsphilosophie* thematisierte J. die Idee der Universität in der Tradition Kants und → Wilhelm von Humboldts, plädierte für Persönlichkeitsbildung und Werteerziehung und warnte vor der Fixierung auf eine bloß technisch-sachliche Fachausbildung (*Die Idee der Universität*, 1923, Neufassungen 1946, 1961).

Zur *Kultur-* und *Geschichtsphilosophie* trug J. die These von einer kulturellen Achsenzeit zwischen 800 und 200 v. Chr. bei (*Vom Ursprung und Ziel der Geschichte*, 1949), in der im Abendland, in Indien und in China voneinander unabhängige Ursprünge einer Weltkultur entstanden seien. In diesem Zusammenhang beschäftigte er sich auch mit asiat. Denkerpersönlichkeiten und Religionsgründern, wie Buddha, →Konfuzius und →Laozi (*Die großen Philosophen*, 1957).

In der *Religionsphilosophie* und *Metaphysik* sind J.s Konzeptionen der Transzendenz, des umgreifenden Seins und des philosophischen Glaubens oft diskutierte Gedanken. Mit der These von einer prinzipiell nicht objektivierbaren Transzendenz (absolutes Sein, umgreifendes Sein, Gott) bezog er eine Zwischenposition zwischen konfessionellem Theismus, Atheismus und Agnostizismus (*Der philosophische Glaube*, 1948; *Der philosophische Glaube angesichts der Offenbarung*, 1962).

Die Erfahrung des NS-Terrors – J.s Frau war jüd. Herkunft und deshalb stets in Gefahr, in ein Konzentrationslager deportiert zu werden – bildete nach 1945 die primäre Motivation für J., seine Existenzphilosophie zu einer *Philosophie der Vernunft* (*Von der Wahrheit*, 1947) und einer *politischen Philosophie* weiterzuentwickeln. In dieser Denkphase beschäftigte er sich mit politischen Fragen der Zeit, wie etwa der Schuldfrage des dt. Volks am Nationalsozialismus (*Die Schuldfrage*, 1946), den Gefahren des Totalitarismus und der Atombombe sowie mit der Möglichkeit einer weltweiten Kommunikation und einer Weltfriedensordnung (*Die Atombombe und die Zukunft des Menschen*, 1958). Er warnte auch vor der Entwicklung der Bundesrepublik Deutschland zu einer Parteienoligarchie (*Wohin treibt die Bundesrepublik?*, 1966).

Werke: Schicksal u. Wille. Autobiographische Schriften, 1967. – Philosophische Autobiographie, Neuausg. 1977.

Lit.: J. Hersch: K. J., 1980. – H. Saner: K. J., [12]2005. – K. Salamun: K. J., 2. erweiterte Aufl. 2006. – K. Salamun / G. J. Walters (Hg.): K. J.'s Philosophy: Expositions and Interpretations, 2008.

Kurt Salamun

Joane Petrizi

um 1100 Georgien

J. ist der bedeutendste und meistrezipierte georg. Philosoph des Mittelalters. Er widmete sich dem Neuplatonismus, v.a. der Philosophie des →Proklus, und übertrug die Schrift *De natura hominis* des Nemesius von Emesa ins Georgische. Besonders wichtig ist seine georg. Übersetzung und Kommentierung der *Elementatio theologica* des Proklus, die in engem Zusammenhang mit den byzantin. und lat. Proklus-Interpretationen des Nikolaus von Methone, Heinrich Bate von Mechelen und Berthold von Moosburg erforscht wird. Sie stellt durch ihre immanente Interpretation einen über Georgien hinaus (v.a. in Armenien) einflussreichen Rezeptionsversuch der proklischen Philosophie dar.

J. zeigt in seiner *Einleitung* zur *Elementatio theologica* die Intention dieses Buches an, nämlich »das vielbesprochene Eine« zu beweisen. Danach behandelt er kurz die Besonderheit des Einen, das nach seiner Ansicht mit keinem Seienden identisch ist. Das reine und echte Eine müsse gemäß den Regeln der Syllogismen untersucht und bewiesen werden. Dieses Eine ist nach J.s Exegese der entscheidende Begriff im ganzen Begründungsprozess des Wissens. Ohne die Beweisbarkeit dieses Prinzips gibt es keine unwiderlegbaren Sätze, und das gnoseologische (d.h. erkenntnistheoretische) Ziel bleibt unerreicht. Das Eine ist das Prinzip, das Wissen überhaupt erst ermöglicht. Einer der wichtigsten Aspekte der Philosophie J.s ist seine Erkenntnistheorie, in der er die produktive Kraft der (menschlichen) Vernunft betont, die letztlich die reale Setzung des Seienden als solchen vollzieht und dadurch zum bestimmenden Prinzip des Seins wird.

Werke: J. P., 2 Bde., 1937/40. – H.-C. Günther: Die Übersetzungen der »Elementatio Theologica« des Proklos u. ihre Bedeutung für den Proklostext, 2007 [Teilübers.]. – Kommentar zur »Elementatio theologica« des Proklos. Übers. aus dem Altgeorgischen, Anmerkungen, Indices u. Einleit. v. L. Alexidze u. L. Bergemann, 2009.

Lit.: T. Iremadze: Konzeptionen des Denkens im Neuplatonismus, 2004. – T. Iremadze: J. P., 2006. – G. Tevzadze: J. P., 2006.

Tengiz Iremadze

Johannes Buridan

1304/05 in der Picardie (Frankreich) – 11.10.1358, 1359 oder 1360

vor 1328	als Lehrer an der Pariser Artistenfakultät, deren Mitglied er zeitlebens blieb
1327/28 u. 1340	Rektor der Univ. Paris
	reiste wahrscheinlich zweimal an die Kurie nach Avignon

In der philosophisch-historischen Forschung standen zunächst J.s Naturphilosophie und Logik im Zentrum, zunehmend interessiert seine Ethik und Metaphysik. J.s Philosophie wird im Zusammenhang mit dem Nominalismus (d.h. des am Vorrang des Terminus bzw. Begriffs orientierten Verständnisses der Philosophie) gesehen. Das genaue Verständnis dieser Philosophie ist in ihrer grundsätzlichen Einschätzung allerdings strittig. Insbesondere in der englischsprachigen Forschung gilt J. in aktuell-zeitgenössischer Perspektive als Vertreter eines Naturalismus bzw. Reliabilismus (d.h. der das Denken im Abbildverhältnis zu der diesem vorgegebenen Realität verstehenden Auffassung) mit objektiv nachweisbaren Kriterien. Davon unterschieden ist die Sicht, die sich v.a. auf gerade für die grundsätzliche Einschätzung maßgebliche Äußerungen stützt. In dieser Perspektive vertritt J. ein Vernunft- und Subjektkonzept, das mit dem →Immanuel Kants im transzendentalen Verständnis der theoretischen und der praktischen Vernunft in zentralen Aspekten übereinstimmt bzw.

vergleichbar ist. Entsprechend der Differenz in Bezug auf das Verständnis von J.s Philosophie fällt auch die Beurteilung ihres Verhältnisses zu →Wilhelm von Ockham unterschiedlich aus: Gemäß der erstgenannten Auffassung unterscheiden sich die beiden Theoretiker in einzelnen Theoremen, während in der zuletzt angesprochenen Sichtweise J.s Position in prinzipieller Hinsicht von der Wilhelms differiert. Historisch ist J.s Philosophie gegenüber der Wilhelms in den Artisten-Fakultäten bis ins beginnende 16. Jh. von vorrangiger Wirkung.

Das mit *Buridans Esel* angesprochene Problem der Wahl zwischen zwei gleichwertigen Alternativen hat durchaus kennzeichnende Bedeutung hinsichtlich J.s Auffassung, der Topos selbst ist allerdings erst bei Schülern nachweisbar. Den Hauptteil seiner Werke machen die Kommentare zu den Hauptschriften des *Corpus Aristotelicum* aus.

Werke: In Metaphysicen Aristotelis quaestiones, 1518, ND 1964. – Quaestiones in Praedicamenta, hg. v. J. Schneider, 1983. – Quaestiones super decem libros Ethicorum Aristoteles, 1513, ND 1968. – Quaestiones super octo Physicorum libros Aristotelis, 1509, ND 1968. – Quaestiones super libros quattuor de caelo et mundo, hg. v. E. A. Moody, 1942. – Sophismata, hg. v. T. K. Scott, 1977. – Tractatus de suppositionibus, hg. v. M. E. Reina, in: Rivista critica di storia della filosofia 12 (1957), 175–208, 323–52.

Lit.: B. Michael: J. B., 2 Tle., Diss. Berlin 1985 [Werkverzeichnis]. – M. E. Reina: Hoc, hic et nunc, 2002. – G. Klima: J. B., in: J. E. Garcia / T. Noone (Hg.): A Companion to Philosophy in the Middle Ages, 2003, 340–48. – G. Krieger: Subjekt u. Metaphysik, 2003. – J. Zupko: J. B., 2003.

Gerhard Krieger

Johannes Duns Scotus

1265/66 Schottland – 8.11.1308 Köln

1291	Priesterweihe (als Franziskaner)
vor 1300–03	Baccalaureus an den Universitäten Oxford u. Paris
um 1304	Magister regens für Theologie an d. Univ. Paris

J. zählt neben →Thomas von Aquin zu den herausragenden Theologen und Philosophen des lat. Mittelalters. Von bleibender Bedeutung sind seine Positionen zum Zusammenhang von Erkenntniskritik und Metaphysik, zur Metaphysik als Transzendentalwissenschaft und Modallehre sowie zur Ethik als Theorie sittlicher Selbstbestimmung.

J.s Werke sind teils in abgeschlossener Fassung, teils im Zustand der Überarbeitung überliefert. Disputierend kommentierte er die aristotelischen Schriften *De anima, Praedicamenta*, *De interpretatione*, *De sophisticis elenchis*, die *Metaphysik* und die *Isagoge* des →Porphyrius. Sein auch philosophisch relevantes theologisches Hauptwerk ist die in drei Fassungen erhaltene Kommentierung der Sentenzensammlung des Petrus Lombardus. Der *Tractatus de primo principio* ([Traktat über das erste Prinzip] um 1305) und die *Quaestiones quodlibetales* ([Verschiedene Probleme] um 1306) befassen sich mit Fragen der Gotteslehre und der Metaphysik. Literarisch mit dem *Tractatus* verwandt sind die *Theoremata*, eine Satzsammlung zu philosophischen und theologischen Themen. Das Denken des J. zeichnet sich durch argumentative Strenge und eine bis ins Detail gehende Unterscheidungsgenauigkeit aus, die insbesondere zwischen der Sprach- und Sachebene zu differenzieren weiß. Geprägt durch die franziskanische Tradition, betonte J. die Bedeutung von Kontingenz, (willentlicher) Freiheit und Individualität. Er gehörte zur zweiten Generation der Aristoteles-Rezipienten im 13. Jh. und konnte daher schärfer als seine Vorgänger die Differenzen zwischen aristotelisch-arab. und christlicher Welt- und Daseinsdeutung herausarbeiten.

Werke: Opera omnia, hg. v. d. Commissio Scotistica, 1950ff. – Opera philosophica, hg. v. G. Etzkorn [u.a.], 4 Bde., 1997–2004.

Lit.: M. Dreyer / M. B. Ingham: J. D. S. zur Einführung, 2003. – M. B. Ingham / M. Dreyer: The Philosophical Vision of J. D. S., 2004. – L. Honnefelder: D. S., 2005. – M. B. Ingham: J. D. S., 2006.

Mechthild Dreyer

Johannes von Salisbury

1115/20 Old Sarum bei Salisbury (England) – 25.10.1180 Chartres (Frankreich)

1136–48	Studium in Paris, u.a. bei →Peter Abälard
1148	Priesterweihe; Verwaltungstätigkeit am Hof Erzbischofs von Canterbury, Theobald of Bec, u. seines Nachfolgers (seit 1162) Thomas Becket
1162/63	*Vita S. Anselmi*
1163	Exil in Frankreich nach der Parteinahme für Becket im Streit mit König Heinrich II.
1164	*Historia Pontificalis*
1171	Rückkehr mit Becket nach England
1176	Bischof von Chartres

J. v. S. zählt zu den führenden Philosophen des 12. Jh.s. Mit seinem Werk trug er zur Entwicklung der politischen und der Moralphilosophie bei. Zudem verfasste er Beiträge zur Bildungstheorie und beteiligte sich an den Diskussionen über die Universalien und andere metaphysische Fragen. Aus seinen zahlreichen Schriften ragen der *Policraticus* ([Der Staatsmann] 1156/57–59), der *Entheticus de Dogmate Philosophorum* (1154/55) – ein satirisches Lehrgedicht über Philosophen und Höflinge – und das *Metalogicon* ([Reflexionen über die Sprachlogik] 1159) heraus.

J. wird zuweilen als Vertreter des ›christlichen Humanismus‹ bezeichnet, da er der menschlichen Würde und – damit verbunden – der Würde der Natur einen hohen Wert zumaß: Beide sind verständlich und dem Menschen durch den Gebrauch seiner Vernunft zugänglich. Die von ihm angestrebte Vernunft ist ein umfassendes Wissen um die Vorgänge im Universum, in dem die Menschen die vornehmste (wenngleich noch immer von Mängeln behaftete, da gefallene) Schöpfung Gottes darstellen. Dennoch räumte J. ein, dass das Erlangen von Weisheit durch ernste Hindernisse erschwert werde. In seinen Schriften bekannte er sich immer wieder zum moderaten Skeptizismus →Ciceros und der Neuen Akademie und reklamierte, dass der menschliche Geist zu dürftig ausgestattet sei, um über Vieles Gewissheit zu erlangen. Das Beste, auf das wir hoffen könnten, sei eine nur wahrscheinliche Gewissheit, da diese immer der Neubewertung und Berichtigung unterliege.

Der *Policraticus* wendet diese generellen Prinzipien auf das Leben öffentlicher Persönlichkeiten an, wobei Herrscher ebenso wie deren Ratgeber und Höflinge einbezogen werden. J. präsentierte hier sowohl eine Theorie politischer Moral als auch einen einflussreichen Bericht über die angemessene Anordnung einer politischen Gemeinschaft, konzipiert in Analogie zum menschlichen Körper. Er befasste sich mit den Auswirkungen politischer Unordnung, die ihren Ausdruck in der Idee der Tyrannei findet, und bot Vorschläge, wie die hierdurch erzeugte Ungerechtigkeit angefochten werden könne. Er kam zu dem Schluss, dass der Mord an einem tyrannischen Herrscher nicht nur legitim, sondern sogar gerecht sein könne.

Im *Metalogicon* untersuchte J. die Beschaffenheit der Bildungsinhalte des 12. Jh.s, wobei er sein Augenmerk auf Rhetorik, Grammatik und Dialektik richtete. Auch steuerte er kurze Kommentare zu den Schriften des *Organon* von →Aristoteles bei – Schriften, die in der damaligen Zeit als Grundlage höherer Bildung dienten. Ferner analysierte er den Streit zwischen Philosophen und Theologen um das Wesen der Universalien. Seine eigene Position in dieser Auseinandersetzung dürfte als Form eines moderaten Realismus klassifiziert werden.

Werke: Entheticus Maior and Minor, hg. v. J. van Laarhoven, 3 Bde., 1987. – Metalogicon, hg. v. J. B. Hall u. K. S. B. Keats-Rohan, 1991. – Policraticus, hg. v. C. C. J. Webb, 2 Bde., 1909.

Lit.: H. Liebeschütz: Mediaeval Humanism in the Life and Writings of J. of S., [2]1969. – M. J. Wilks (Hg.): The World of J. of S., 1984. – C. J. Nederman: J. of S., 2005.

*Cary J. Nederman**

Immanuel Kant

22.4.1724 Königsberg – 12.2.1804 Königsberg

1740–46	Studium der Philosophie, Mathematik, Naturwissenschaften u. Theologie in Königsberg
1747–54	Hauslehrer in Ostpreußen
1755	Habilitation an der Univ. Königsberg; Privatdozent, zeitweise auch Unterbibliothekar
1770	o. Professor für Logik u. Metaphysik in Königsberg

K. zählt zu den wenigen Philosophen unbezweifelbar ersten Ranges. Aufgewachsen im Milieu des Rationalismus der Schule von →Christian Wolff, philosophierte er lange in dessen Rahmen, bis er – unter dem Einfluss des Empirismus →David Humes und der Freiheitsphilosophie →Jean-Jacques Rousseaus – eine eigenständige, kritische Philosophie entwickelte, die aus der Idee einer Kritik des menschlichen Vernunftvermögens zu einem neuen Verständnis von Aufgabe und Leistungskraft der Philosophie führte. Diese Philosophie überwand die Einseitigkeiten des herrschenden Rationalismus und Empirismus und brachte bis heute nahezu alle späteren Philosophen dazu, sich mit dem von ihr ausgehenden Anspruch auseinanderzusetzen.

Geleitet ist K.s kritische Philosophie von dem Gedanken, dass vor allen Aussagen über Gegenstände durch eine Analyse der Reichweite des menschlichen Vernunftvermögens sicherzustellen ist, inwieweit sich solche Aussagen aus der Beschaffenheit dieses Vermögens rechtfertigen lassen. Darin wies K. sowohl einen Dogmatismus zurück, der sich zu objektiven Aussagen ohne vorherige Kritik versteigt, wie einen Skeptizismus, der die Gewissheit derartiger Aussagen generell in Frage stellt. Die Analyse der subjektiven Bedingungen unserer Urteile über die Welt führt darüber hinaus auf eine Mehrzahl unterschiedlicher Vermögen mit jeweils unterschiedlichen Geltungsansprüchen. Theoretisches Erkennen, sittliches Handeln und ästhetische Beurteilung sind Formen menschlicher Weltorientierung, die weder aufeinander zurückgeführt noch in ihrer Verschiedenheit aus einem übergeordneten Begriff von Vernunft hergeleitet werden können. K. thematisierte diese Formen in seinen drei Kritiken je für sich, hielt aber zugleich daran fest, dass sie in ihrer Bedeutung für das menschliche Selbstverständnis zu einer Einheit zu bringen sind, die zu denken eine dem menschlichen Reflektieren aufgegebene Idee ist.

In der *Kritik der reinen Vernunft* (1781) erörterte K. die Grundlagen objektiver Erkenntnis. Er findet sie in einem Zusammenwirken zweier subjektiver Vermögen, der passiven Sinnlichkeit und des aktiven Verstandes, bei dem das Subjekt kraft erfahrungsunabhängiger Begriffe (Kategorien) ein in subjektiven Anschauungsformen (Raum und Zeit) sinnlich gegebenes Material nach bestimmten Regeln verbindet und darin Urteile über Gegenstände fällt, die der Zufälligkeit bloßen Wahrnehmens entzogen sind. K. leitete die Kategorien aus der Spontaneität des Selbstbewusstseins her (transzendentale Deduktion); sofern sie ihre Funktion allein darin haben, sinnlich gegebene Daten zu verbinden, ermöglichen sie eine sichere Erkenntnis bloß von Empirischem, nicht aber von Unbedingtem (Seele, Totalität, Gott). Die reine Vernunft ist kein Erkenntnisvermögen, hat mit ihren Ideen jedoch eine regulative Bedeutung für den Prozess einer Integration konkreter empirischer Erkenntnisse in ein Ganzes aller Erkenntnisse.

Eine konstitutive Bedeutung hat die reine Vernunft allein in sittlich-praktischer Hinsicht (*Grundlegung zur Metaphysik der Sitten*, 1785; *Kritik der praktischen Vernunft*, 1788) als Prinzip eines Sittengesetzes, das sich der Mensch selbst gibt (Autonomie) und dem als einem unbedingten Gebot er alle durch Sinnlichkeit motivierten Antriebskräfte unterwirft (kategorischer Imperativ). Bestimmungsgrund moralischen Handelns ist allein der gute Wille, der nicht an einer von ihm bewirkten Materie, sondern an der Unbedingtheit seines Antriebs gemessen wird. Ihr folgen zu können macht die Freiheit des Menschen aus, und ihr zu folgen bedeutet, in seinem Handeln den anderen Menschen in dessen Freiheit, die mit keinem vermeintlich guten Zweck verrechnet werden kann, anzuerkennen. Freiheit als Unbedingtheit ist theoretisch nicht beweisbar, hat aber ihre Evidenz im faktischen Bewusstsein moralischer Verpflichtung, was ein Grund dafür ist, Wissenschaft und Moralität strikt voneinander zu trennen.

Thema der *Kritik der Urteilskraft* (1790) ist die nichtsubsumierende, reflektierende Urteilskraft, die zu einem gegebenen Besonderen das mögliche Allgemeine allererst zu finden sucht. Sie gliedert sich in ein ästhetisch reflektierendes und ein teleologisch (zielgerichtet) reflektierendes Urteil; das erste hat das Schöne in Natur und Kunst zum Gegenstand, das zweite die organische Natur und darüber hinaus die Stellung des Menschen in dessen Sittlichkeit innerhalb der Natur. Beide Formen von Urteil haben eine apriorische Grundlage, die ihnen Allgemeingültigkeit verbürgt, welche aber nur von subjektiver Bedeutung ist. Sie erweitern nicht unsere theoretischen und praktischen Urteile in objektiver Hinsicht, sondern dienen der Selbstverständigung des Menschen über seine eigenen Vermögen. K. begründete damit die philosophische Ästhetik als autonome Disziplin und wies den Theorien der Geschichte und der Kultur einen eigenständigen Bereich zwischen Natur- und Moralphilosophie zu.

Während die Kritik der reflektierenden Urteilskraft sich in der bloßen Kritik menschlicher Vermögen erfüllt, ist die Kritik sowohl der theoretischen wie der praktischen Vernunft Vorbereitung für eine materiale Philosophie, welche im Hinblick auf empirische Sachverhalte die Leistungskraft der kritisch begründeten Prinzipien darzutun hat. Die Schrift *Metaphysische Anfangsgründe der Naturwissenschaft* (1786) zeigt dies für die damals gültige Physik →Isaac Newtons, während die *Metaphysik der Sitten* (1797) in einer Rechts- und einer Tugendlehre verdeutlicht, wie sich auch empirisch bedingte menschliche Neigungen und Bedürfnisse unter die Unbedingtheit der reinen praktischen Vernunft bringen lassen, jener Vernunft, die den Menschen als einen Selbstzweck versteht. Die Rechtslehre konzipiert auf der Basis eines Rechts auf individuelle Betätigung der eigenen Freiheit im Feld des Äußeren (Privatrecht) den Staat als Instanz der Sicherung dieses Rechts (öffentliches Recht). Den inneren Frieden kann der Staat allein als Rechtsstaat bewirken, und allein als dieser ist er zugleich die Bedingung allen zwischenstaatlichen Friedens (*Zum ewigen Frieden*, 1795). Separate Schriften zum Status der Religion (*Die Religion innerhalb der Grenzen der bloßen Vernunft*, 1793) und der Universität (*Der Streit der Fakultäten*, 1798) erörtern die kritische Funktion der Vernunft angesichts konkreter empirischer Verhältnisse und bringen darin das Programm der Aufklärung (berühmt wurde K.s kurze Schrift *Beantwortung der Frage: Was ist Aufklärung?*, 1784) zu einem Abschluss.

Werke: GS, hg. v. d. Berlin-Brandenburg. Akademie der Wissenschaften, bislang 29 Bde., 1900ff. – WA, hg. v. W. Weischedel, 6 Bde., 1956–64, ND in 12 Bdn., 1968.

Lit.: E. Cassirer: K.s Leben u. Lehre, 1921. – H. J. Paton: Der kategorische Imperativ, 1962. – W. Bartuschat: Zum systematischen Ort von K.s Kritik der Urteilskraft, 1972. – D. Henrich: Identität u. Objektivität, 1976. – W. Kersting: Wohlgeordnete Freiheit, 1984. – R. Wimmer: K.s kritische Religionsphilosophie, 1990. – R. Brandt: Universität zwischen Selbst- u. Fremdbestimmung, 2003. – K. Schmidt [u. a.] (Hg.): Die Aktualität K.s, 2005.

Wolfgang Bartuschat

Johannes Kepler

27.12.1571 Weil der Stadt – 15.11.1630 Regensburg

1589–94	Studium an der Artistenfakultät der Univ. Tübingen u. anschließendes Theologiestudium (nicht abgeschlossen)
1594–1600	Professor der Mathematik an der prot. Landschaftsschule in Graz
1600	Mitarbeiter des Astronomen Tycho Brahe in Prag
1601–30	Nachfolger Brahes als Kaiserlicher Mathematiker
1612–18	Mathematiker der Landschaft Österreich ob der Enns in Linz
1617–21	Reisen nach Württemberg zur Verteidigung der wegen Hexerei angeklagten Mutter Katharina
1626/27	Aufenthalt in Ulm (Druck der *Tabulae Rudolphinae*)
1628	Dienstmann Wallensteins in Sagan

K. wird aufgrund seiner drei »planetarischen Gesetze« als Begründer der modernen Astronomie angesehen. Seine Forschung ist mehr von den für die Wissenschaft der Neuzeit entscheidenden Gönnerschaftsstrukturen (Kaiser Rudolf II., Herwart von Hohenburg, Wallenstein) als von der Universitätsphilosophie geprägt. Inmitten der postreformatorischen Zeiten erfuhr er sowohl von kath. als auch von prot. Seite Intoleranz gegenüber seinen moralischen und religiösen Grundprinzipien, die auf Frieden und Harmonie beruhen. K.s umfangreiche Korrespondenz mit führenden zeitgenössischen Wissenschaftlern zeugt von seinen tiefgreifenden Ideen zu fast allen Bereichen und Denkrichtungen seiner Zeit.

K. sah Wissenschaft und Philosophie als untrennbar miteinander verbunden an. Sein umfassendes Werk schließt sowohl kurze technische Abhandlungen und astronomische Tafeln (etwa zur Ephemeridenrechnung) als auch anspruchsvolle philosophische Darstellungen zur Struktur des Kosmos und zum Wesen der menschlichen Seele ein. Für K. ist nichts Ergebnis des Zufalls: Vernunft, Kausalität und die Schönheit eines geordneten Kosmos, der sich primär quantitativ entfaltet und deshalb nach geometrischer Gesetzlichkeit zu erforschen ist, stehen immer im Mittelpunkt. Bestimmend ist seine frühe Übernahme des kopernikanischen Weltbildes, das er schon in seinem *Mysterium cosmographicum* ([Das Weltgeheimnis] 1596, 1621) verteidigte und durch seine ersten beiden Gesetze über die elliptischen Bahnen (*Astronomia nova* [Neue Astronomie], 1609) erweiterte. Entgegen der üblichen Vorstellung, nach der die Aufgabe der Astronomie allein in einer »Rettung der Phänomene« (*salvare apparentias*) mit fiktiven geometrischen Modellen gesehen wurde, trat K. (insbesondere in *Apologia Tychonis contra Ursum* [Verteidigung des Astronomen Tycho de Brahe], 1601) für einen epistemologischen Realismus ein, bei dem die physikalische Bedeutung der Hypothesen entscheidend ist. Indem K. in seinem dritten Gesetz der »Weltharmonik« (*Harmonices mundi libri V* [Weltharmonik. Buch V], 1619) die Quadrate der Umlaufszeiten der Planeten ins Verhältnis zu den Kuben ihrer mittleren Entfernungen zur Sonne setzte, überwand er die Grenze der zu seiner Zeit üblichen Astronomie und lieferte ein für das ganze Universum geltendes Weltgesetz. Neben der Astronomie leistete K. entscheidende Beiträge zur reinen Mathematik (Stereometrie und Theorie des Logarithmus) und v.a. zur Optik, wo er, ausgehend von seiner Lichtmetaphysik, u.a. als Erster die richtige Funktionsweise des Auges zu erklären vermochte (*Ad Vitellionem paralipomena* [Ergänzungen zu Witelo], 1604).

Werke: Opera omnia, hg. v. C. Frisch, 8 Bde., 1858–72. – GW, hg. im Auftrag d. Dt. Forschungsgemeinschaft u. d. Bayer. Akademie der Wissenschaften, bisher 21 Bde., 1937ff.

Lit.: W. Gerlach / M. List: J. K., ²1980. – M. Caspar: J. K., ⁴1995.

Daniel A. Di Liscia

Søren (Aabye) Kierkegaard

5.5.1813 Kopenhagen – 11.11.1855 Kopenhagen

1830–41	Studium der Philosophie u. Theologie an der Univ. Kopenhagen
1841	Verteidigung der Magisterabhandlung *Über den Begriff der Ironie*; Reise nach Berlin, u.a. um Friedrich Wilhelm Joseph Schelling zu hören
1845	›Corsaren-Streit‹ (publizistische Auseinandersetzung K.s mit Peder Ludvig Møller u. Meïr Aaron Goldschmidt), in dessen Folge K. in der Kopenhagener Öffentlichkeit verspottet wird
seit 1854	publizistischer Kampf gegen die dän. Staatskirche

K.s Werk kann als anti-spekulative Verteidigung des Glaubens unter den Bedingungen des 19. Jh.s gelesen werden. Analog zu → Karl Marx und → Ludwig Feuerbach insistierte K. darauf, dass mit der als scheinhaft erkannten Versöhnung von Christentum und Vernunft, der die Philosophie → Georg Wilhelm Friedrich Hegels und seiner rechtshegelianischen Schüler im ›Zeitalter der Reflexion‹ zum Sieg verholfen hatte, die genuin menschliche Lebenswirklichkeit – und d.h. hier: primär die ethisch-religiöse Wirklichkeit – eliminiert worden ist. K.s Ideen hatten weitreichende

Wirkungen: Angefangen von der ›Dialektischen Theologie‹ und ihrem Umfeld (Karl Barth, Emil Brunner, Rudolf Bultmann, Paul Tillich), über Existenzialontologie (→Martin Heidegger), Existenzphilosophie (→Karl Jaspers), Dialogphilosophie (→Martin Buber) und Sprachanalyse (→Ludwig Wittgenstein) bis hin zum Kritischen Marxismus (→Ernst Bloch), zur Frankfurter Schule (→Theodor W. Adorno) sowie zum postmodernen Dekonstruktivismus (→Jacques Derrida) beriefen sich maßgebliche Theoretiker wiederholt auf K.

K.s z.T. pseudonym veröffentlichtes Werk variiert vier Grundgedanken: Die ›Existenz‹ oder das spezifisch menschliche Dasein schließt erstens die Frage nach seiner eigenen unbedingten Berechtigung notwendig ein; es ist dadurch ethisch strukturiert und als solches Ausdruck einer undelegierbaren Aufgabe. In der Art und Weise, die genannte Frage zu stellen, verbirgt sich zweitens der faktische Anspruch auf eine in ihrer Rechtmäßigkeit bis auf weiteres zweifelhafte Beantwortung. Dieser Anspruch kann drittens nur im Medium des religiösen Glaubens mit Recht erhoben und auch nur so erfüllt werden. Die Möglichkeit der Erfüllung jenes Anspruchs basiert viertens auf der realen Möglichkeit paradoxer Sachverhalte.

Zu Punkt eins: Der Mensch ist laut K. ontologisch nicht als beharrende Substanz mit wechselnden Eigenschaften, sondern als Subjekt relationaler Vollzüge, genauer als Vollzugssubjekt einer Synthetisierung polar entgegengesetzter Relate (Endlichkeit/Unendlichkeit, Notwendigkeit/Möglichkeit, Zeitlichkeit/Ewigkeit) zu beschreiben (*Die Krankheit zum Tode*, 1849).

Zu Punkt zwei: Der formalontologische Befund (= Punkt eins) verbindet sich bei K. mit einer materialen Anthropologie, in der die Begriffe ›Freiheit‹, ›Angst‹, ›Verzweiflung‹ und ›Sünde‹ eine zentrale Rolle spielen: Mensch zu sein, bedeutet u.a., die eigene Freiheit im Sinne des Vermögens zum Guten und Bösen immer schon mit *der* Konsequenz vollzogen zu haben, dass sie durch eben diesen Vollzug – in der angst- und/oder verzweiflungsvermittelten Wahl des Bösen nämlich – bereits verspielt wurde (*Philosophische Brocken*, 1844; *Der Begriff Angst*, 1844).

Zu Punkt drei: Beantworten kann laut K. die mit dem Faktum der Existenz gegebene Frage streng genommen nur der, der sie auf sachgemäße Weise zu stellen vermag, nämlich als Frage nach der Sünde im Sinne derjenigen Entität, die ihre Beantwortung ebenso nötig wie für den Sünder als solchen de facto unmöglich macht. Da ferner der Glaube – und er allein – die Frage als eine immer schon, und zwar zutreffend beantwortete Frage stellt, vermag nur der sie richtig zu stellen, der sie bereits beantwortet hat. K. flankierte diesen Befund durch die Skizze einer Theorie der »Existenzstadien« (*Entweder/Oder*, 1843; *Studien auf des Lebens Weg*, 1845; *Unwissenschaftliche Nachschrift*, 1846): Danach ignoriert der auf reinen Lebensgenuss abzielende Ästhetiker die mit dem Faktum seiner Existenz gegebene Aufgabe. Der Ethiker missversteht sie, indem er sie irrtümlich als ein durch ihn selbst herzustellendes Gleichgewicht des Ästhetischen und Ethischen (paradigmatisch im Medium der Ehe) deutet. Der Gläubige im Sinne der vor- und außerchristlichen ›Religiosität A‹ scheitert an der dieser Religionsform eigentümlichen Aufgabe einer autonomen Realisierung absoluter Selbstvernichtung vor Gott als Vorbedingung zu ihrer Lösung. Erst der Christ sieht und löst die Aufgabe – freilich nicht aus eigener Kraft, sondern im Glauben als einer von Gott selbst gewährten Lösungsbedingung.

Zu Punkt vier: Die rationale Rechtfertigungsfähigkeit der genannten Theoriefiguren hat nach K. unvermeidliche, christlich jedoch durchaus begrüßenswerte Grenzen, insofern die Einsicht in Sinn und Geltung ihrer zentralen Bezugsbegriffe (Sünde, Glaube, Gottmensch) von der Anerkennung eben jener paradoxen Sachverhalte abhängt.

Werke: Skrifter, hg. v. S. K. Forskningscenteret, angelegt auf 55 Bde., 1997 ff. – Samlede Værker, hg. v. A. B. Drachmann [u. a.], 14 Bde., 1901–06. – Papirer, hg. v. N. Thulstrup, 16 Bde. (in 25 Teilbdn.), ²1968–78. – Breve og Aktstykker, hg. v. N. Thulstrup, 2 Bde., 1953/54. – GW, hg. v. E. Hirsch [u. a.], 26 Bde. in 36 Abt. u. Registerbd., 1950–69. – Dt.-S.-K.-Edition, hg. v. N. J. Cappelørn [u. a.], angelegt zunächst auf 11 Journal-Bde., 2005 ff. – Die Tagebücher, übers. u. hg. v. H. Gerdes, 5 Bde., 1962–74.

Lit.: E. Hirsch: K.-Studien, 2 Bde., 1930/33. – Th. W. Adorno: K., 1933. – K. Schäfer: Hermeneutische Ontologie in den Climacus-Schriften S. K.s, 1968. – A. Hannay: K., ²1993. – M. Theunissen: Der Begriff der Verzweiflung, 1993. – N. J. Cappelørn / H. Deuser (Hg.): K. Studies. Yearbook, 1996 ff. – J. Garff: S. K., 2004. – J. Stewart (Hg.): K. and his German Contemporaries, 2 Bde., 2007.

Heiko Schulz

al-Kindî

um 800 Kufa (Irak) – 866 vermutlich Baghdad

Studium in Kufa, Basra u. Baghdad
813–42 am Hofe des Kalifen al-Ma'mūn, seit 833 des Kalifen al-Mu'taṣim in Baghdad

K., der auch »Philosoph der Araber« genannt wird, regte die Übersetzung und Bearbeitung der naturwissenschaftlichen und philosophischen Werke des →Aristoteles, des →Proklus und →Plotin an. Er selbst soll 270 Werke zu zahlreichen philosophischen Disziplinen geschrieben haben, von denen jedoch nur wenige und teilweise ausschließlich in lat. Übersetzung erhalten sind.

K. verfasste auf der Grundlage der koranischen Gottes- und Schöpfungslehre eine teilweise erhaltene Abhandlung über Metaphysik (*Die erste Philosophie*), die unter dem Eindruck von Aristoteles' *Metaphysik* sowie Plotins *Enneaden* und Proklus' *Institutio theologica* das Wissen um die göttliche erste Ursache als Ziel philosophischer Erkenntnis in den Vordergrund stellt. Unter Rückgriff auf Johannes Philoponus versuchte er, die aristotelische Lehre von der Ewigkeit der Materie mit der Geschaffenheit der Welt aus dem Nichts und ihrer Endlichkeit zu harmonisieren. Die Vielheit der geschaffenen Dinge weist auf die Einzigkeit und Einheit der göttlichen Ursache. K. widmete sich daher naturwissenschaftlichen Fragen, die Aristoteles z.B. in seiner *Meteorologie*, in *De caelo* und in der *Physik* thematisiert hatte. Nach platonisch-neuplatonischem Vorbild und unter Einbeziehung von Interpretamenten der alexandrinischen Exegese von Aristoteles, *De anima* III 5 äußerte sich K. darüber hinaus mehrmals *Über die Seele* und schuf eine auch ins Lateinische übersetzte Monographie *Über den Intellekt*. Damit versuchte er eine Brücke zu schlagen zwischen dem göttlichen aktiven und dem menschlichen passiven Intellekt, wobei die menschliche Seele für ihn das einzige Instrument ist, das sich von den rationalen und metaphysischen Dingen ein »Abbild« formen kann und das sich im Streben nach zunehmendem Wissen um die erste Ursache sowie im »wahrheitsgetreuen Handeln« seinem göttlichen Ursprung annähert. K. ist ebenfalls Autor von großenteils verlorenen Abhandlungen zu einer stark individualistischen Ethik und zur Politik. Die islamisch-religiöse Komponente zeigt seine *Abhandlung zur Erklärung der Verehrung (Gottes) durch den am weitesten entfernten (Himmels)körper und dessen Gehorsam IHM gegenüber*, eine philosophische Auslegung von Sure 55,6, die K.s Eingeständnis impliziert, daß letzten Endes das prophetische, auf göttliche Eingebung beruhende Wissen dem philosophischen überlegen ist.

Werke: Rasā'il al-K. al-falsafīya, hg.v. M. 'Abd al-Hādī Abū Rīda, 2 Bde., 1950/53. – Œuvres philosophiques & scientifiques, Bd. 2: Métaphysique et cosmologie, hg. u. übers. v. R. Rashed u. J. Jolivet, 1998. – Die philosophischen Abhandlungen des Ja'qūb Ben Isḥāq Al-K., lat. Version hg. v. A. Nagy, 1897.

Lit.: G. N. Atiyeh: Al-K. The Philosopher of the Arabs, 1966. – J. Jolivet: L'intellect selon K., 1971. – A. L. Ivry: Al-K.s Metaphysics, 1974. – P. Adamson: Al-K., 2007. – H. Daiber: Bibliography of Islamic Philosophy (and) Supplement, 1999/2007.

Hans Daiber

Klemens von Alexandrien

um 150 Alexandrien oder Athen – ca. 212/13

Lehrjahre in Griechenland, Unteritalien, Syrien, Palästina, zuletzt als Schüler des vom Stoiker zum Christen gewordenen Pantainus in Alexandrien
seit etwa 180/90 Lehrer des Christentums in Alexandrien
202/03 Flucht aus Alexandrien (Christenverfolgung oder Streit mit dem Bischof); Berater Bischof Alexanders von Jerusalem

K. zählt zu den ersten Denkern, die das Christentum mit der paganen (nicht-christlichen) Bildung (v. a. Platonismus, teils auch Stoa und Aristotelismus) zu verbinden suchten. Sein *Protreptikos pros Hellenas* (Mahnrede an die Griechen) wirbt bei Gebildeten für die Anmeldung zur Taufe: Die Wahrheitsmomente der paganen Philosophie beruhen auf Gottes Einfluss, nur die Christen kennen die volle Wahrheit des göttlichen Logos. Der *Paidagogos* (Erzieher) ist die Fortsetzung und führt in die christliche Moral ein. K.s Hauptwerk *Stromateis* (Teppiche; dessen Buch I wurde nach 193 u. vor 211 verfasst) bietet eine bewusst zum Selbstsuchen provozierende Einübung in eine philosophisch-theologische Erkenntnis (Gnosis) und Askese. Dem unsagbaren Gott steht sein Sohn als Logos, intellektuelles Prinzip und Erzieher des Menschengeschlechts gegenüber. Ziel des Menschen ist die Vergöttlichung. Weitere Schriften des K. handeln von der Bibel und vom Reichtum oder bestehen aus Exzerpten.

Werke: Clemens Alexandrinus, hg. v. O. Stählin, L. Früchtel [u. a.], 3 Bde. u. Register-Bd., 1905–36 [griech. Text]. – Ausgewählte Schriften, dt. Übers. v. O. Stählin, 5 Bde., 1934–38.

Lit.: S. Lilla: C. of A. A Study in Christian Platonism and Gnosticism, 1971. – D. Wyrwa: Die christliche Platonaneignung in den Stromateis des C. v. A., 1983. – E. Osborn: C. of A., 2005.

Roland Kany

Konfuzius

um 551 v. Chr. Qufu im Staat Lu – um 479 v. Chr. Qufu im Staat Lu

Die Philosophie des K. hatte zu seinen Lebzeiten keinen Einfluss. Erst seit der Han-Zeit (206 v. Chr. – 220 n. Chr.) und durch die Begründung einer Schule des Konfuzianismus (*Rujia*), aus der zahlreiche namhafte Philosophen hervorgingen, fand sie umfassende Anerkennung. Als authentische Quelle der Lehren des K. gilt die kleine Schrift *Lunyu* (*Gespräche*), die Belehrungen und Dialoge mit Schülern und anderen Zeitgenossen enthält. K. befasste sich v. a. mit Fragen der Ethik, der Rolle des sittlichen Herrschers und der politischen und gesellschaftlichen Ordnung.

Im Mittelpunkt seines Denkens steht das Prinzip der Menschlichkeit (*Ren*). Prinzipiell bedeutet es, andere Menschen stets mit Respekt zu behandeln. Verbunden damit ist der Gedanke der Gegenseitigkeit (*Shu*). Was man selbst nicht erleiden will, so K., darf man auch anderen Menschen nicht zufügen. Prinzipien wie Menschlichkeit und Gegenseitigkeit sollen aber gemäß K. in der von den Riten (*Li*) bestimmten hierarchischen Gesellschaft der Ungleichen ausgleichend und harmonisierend wirken, um Ungerechtigkeit zu vermeiden. Rechtschaffenheit (*Yi*) stellt die Verwirklichung von Menschlichkeit im Handeln dar. K. forderte ein entsprechendes Verhalten v. a. vom Herrscher, beklagte aber, dass zu seiner Zeit Titel und das damit verbundene richtige Verhalten auseinanderklafften. Ziel der Kultivierung war für K. stets der Erwerb von Sittlichkeit und deren Anwendung in der Gemeinschaft. Heute gibt es in Kreisen v. a. konservativ orientierter chines. Gelehrter Bemühungen, den Konfuzianismus wieder zu reaktivieren. Die Resonanz in der breiteren Bevölkerung ist aber eher gering.

Werke: R. Wilhelm: Gespräche. Lunyü, 1910. – J. Legge: The Chinese Classics, Bd. 1: Confucian Analects, 1960.

Lit.: H. G. Creel: Confucius and the Chinese Way, 1960. – Liu Wu-chi: Confucius: His Life and Time, 1960. – H. Fingarette. Confucius – the Secular as Sacred, 1972. – H. Roetz: K., 1995. – G. Paul: K., 2001.

Wolfgang Ommerborn

Saul (Aaron) Kripke

* 13. 11. 1940 New York

seit 1958	Studium der Mathematik an der Harvard Univ.
1963	Mitglied der Society of Fellows der Harvard Univ.
1965/66	Dozent in Princeton
1966–68	Dozent in Harvard
1968	Associate Professor an der Rockefeller Univ., New York
1977–98	Professor für Philosophie an der Univ. Princeton

K. ist einer der wichtigsten analytischen Gegenwartsphilosophen. Seine Ideen prägen den Diskurs in der theoretischen Philosophie und bestimmen auf breiter Front das Philosophieverständnis heutiger analytischer Denker.

K.s Hauptwerk *Naming and Necessity* ([Name und Notwendigkeit] 1980) markiert einen Epocheneinschnitt. K. verteidigt in der Schrift eine radikal neue Konzeption sprachlichen Weltbezugs, klärt das Verhältnis von Notwendigkeit zu *a priori*-Wissen und entwickelt eine Theorie möglicher Welten zur Deutung modaler Rede (d.h. der Rede über Möglichkeit und Notwendigkeit). Seine Überlegungen führten zu einer Abwertung begrifflicher Reflexionen und zur Renaissance modaler Argumente in der Philosophie. Zudem belebten sie ein überwunden geglaubtes Verständnis von Philosophie neu. Traditionell galt es als ausgemacht, dass Philosophie auf Weltwissen in Form notwendiger Wahrheiten zielt. In der Folge K.s vertreten viele heutige Denker wieder diese Ansicht. Philosophen, so denken sie, ermitteln notwendige Wahrheiten über Wissen, Bedeutung, Bewusstsein, Existenz, Modalität etc.

In seinem Werk *Wittgenstein on Rules and Private Language* ([Wittgenstein über Regeln und Privatsprache] 1982) entwickelt K. eine lose von →Ludwig Wittgenstein inspirierte Position. K. zufolge legt keine Tatsache fest, ob ich einer bestimmten Regel oder einer verwandten Alternative folge. Diese bewusst skeptische Idee ist Ausgangspunkt der modernen Debatte um Regelfolgen in Sprechen und Handeln.

Lit.: G. W. Fitch: S. K., 2004. – C. Hughes: K. Names, Necessity, and Identity, 2006. – A. Ahmed: S. K., 2007.

Christian Nimtz

Thomas S. Kuhn

18.7.1922 Cincinnati (USA) – 17.6.1996 Cambridge/Massachusetts (USA)

1940–49 Physikstudium an der Harvard Univ.
1951–56 Assistenzprofessor für General Education u. Wissenschaftsgeschichte in Harvard
1956–64 Professor für Wissenschaftsgeschichte u. Philosophie in Berkeley

1964–79 Professor für Wissenschaftsgeschichte in Princeton
1979–92 Professor für Wissenschaftsphilosophie u. -geschichte am Massachusetts Institute of Technology (M.I.T.), Cambridge/Massachusetts

K. war einer der wichtigsten Wegbereiter für die Etablierung der Wissenschaftsgeschichte als akademischer Disziplin in den USA und für die Öffnung der Wissenschaftsphilosophie für die Wissenschaftsgeschichte. Ausgebildet als Physiker und Wissenschaftshistoriker, konfrontierte er das in den frühen 1960er Jahren dominierende Bild der Wissenschaft, das vom logischen Empirismus geprägt war, mit der Wissenschaftsgeschichte und kam zu dem Schluss, dass viele der von Philosophen aufgestellten Regeln der guten Wissenschaftsausübung in der Wissenschaftsgeschichte nicht eingehalten worden waren. Die von K. betonte Rolle wissenschaftlicher Gemeinschaften (*scientific communities*) führte zu einer grundsätzlichen Neuorientierung der Wissenschaftssoziologie.

Nachdem er bereits mit anderen Publikationen zu wissenschaftsgeschichtlichen Themen, v. a. mit *The Copernican Revolution* ([Die Kopernikanische Revolution] 1957), hervorgetreten war, wurde er nach dem Erscheinen von *The Structure of Scientific Revolutions* ([Die Struktur wissenschaftlicher Revolutionen] 1962) weltberühmt. Der Band stellt eine Theorie der Entwicklung naturwissenschaftlicher Grundlagendisziplinen vor, für die die Orientierung an »Paradigmen«, also beispielgebenden konkreten wissenschaftlichen Errungenschaften, bestimmend ist. In der »normalwissenschaftlichen« Phase wird das Potential der Paradigmen ausgebeutet, bis diese mit so vielen signifikanten »Anomalien« konfrontiert sind, dass diese Art der Wissenschaftsausübung nicht mehr möglich ist. Dann beginnt eine Phase »außerordentlicher« Wissenschaft, in der neue Paradigmen gesucht werden. Wenn sich dann ein neues Paradigma durchgesetzt hat, hat eine »wissenschaftliche Revolution« stattgefunden. Zwischen dem alten und dem neuen Paradigma besteht ein Verhältnis von »Inkommensurabilität«, das v. a. besagt, dass die zentralen Begriffe des neuen Paradigmas nicht in der Sprache des alten Paradigmas wiedergegeben werden können. Eine Konsequenz dieser begrifflichen Einschnitte in der Wissenschaftsentwicklung ist nach K., dass der wissenschaftliche Fortschritt nur in instrumenteller Hinsicht verstanden werden kann, nicht aber als ein kumulativer Prozess der Wahrheitsannäherung. So ist z. B. die Einsteinsche Gravitationstheorie der Newtonschen hinsichtlich ihrer Voraussageleistung überlegen, kann aber in ontologischer Hinsicht nicht als ein Schritt in Richtung auf ›die‹ wahre Theorie verstanden werden.

Neben Arbeiten zur Geschichte der Quantentheorie (*Sources for the History of Quantum Physics* [Quellen zur Geschichte der Quantenphysik], 1967; *Black Body Theory and the Quantum Discontinuity, 1894–1912* [Schwarzkörper-Theorie und die Quantendiskontinuität, 1894–1912], 1978) beschäftigte sich K. nach 1962 hauptsächlich mit der weiteren Ausarbeitung seiner Theorie (*Die Entstehung des Neuen*, 1977), die eine intensive kritische Diskussion ausgelöst hatte, anfänglich insbesondere durch die Anhänger der →Popper-Schule. Insbesondere bemühte er sich um eine sprachphilosophische Fundierung seiner kontroversen Inkommensurabilitätsthese (s. o.).

Lit.: I. Scheffler: Science and Subjectivity, 1967. – B. Barnes: T. K. and Social Science, 1982. – P. Hoyningen-Huene: Die Wissenschaftsphilosophie T. S. K.s, 1989. – P. Horwich (Hg.): World Changes, 1993. – A. Bird: T. K., 2000. – T. Nickles (Hg.): T. K., 2003. – H. Andersen [u. a.]: The Cognitive Structure of Scientific Revolutions, 2006.

Paul Hoyningen-Huene

Julien Offray de La Mettrie

19.12.1709 Saint-Malo (Frankreich) – 11.11.1750 (möglicherweise ermordet) Potsdam

1728–33	Medizinstudium in Paris
1733	Dr. med. in Reims
1733/34	Fortsetzung der medizinischen Studien in Leiden
1734–42	praktischer Arzt in Saint-Malo
1742–46	Leibarzt des Duc de Grammont in Paris, Teilnahme am österr. Erbfolgekrieg im Garderegiment des Herzogs
1746	Öffentliche Verurteilung u. Verbrennung seiner *Histoire naturelle de l'âme*
1746/47	Flucht nach Leiden (Niederlande)
1748	Flucht nach Berlin, Mitglied der Preuß. Akademie der Wissenschaften
1748–50	Arzt u. königlicher Vorleser in Potsdam

L. vertrat eine auf der Beobachtung und Erfahrung des Physiologen und Mediziners fundierte materialistische Philosophie mit einer für seine Zeit unerhörten Kühnheit und Konsequenz. Aber entgegen dem Klischee des 19. u. 20. Jh.s ist sein gegen →René Descartes' Dualismus von Leib/Seele oder Geist/Materie gerichteter Materialismus weniger mechanistisch als vielmehr dynamisch und vitalistisch. Leben, Geist, Vernunft und Seele bilden kein von der Physis verschiedenes Prinzip. Sie sind nur andere Namen für die lebendige, aktive Qualität der Materie, für ihre Irritabilität, d.h. die Reiz- und Bewegungsaktivität des Körpers selbst, die auch für unsere Empfindungen und Emotionen (Lust und Leiden) und schließlich auch für das Glück sorgt. Alles, was unsere Existenz ausmacht, resultiert aus der physischen Tätigkeit unseres Körpers, der sich selbst steuert und aus eigener Kraft am Leben erhält.

Nach der Publikation seiner Übersetzungen von Werken des Mediziners Herman Boerhaave und satirischen Angriffen auf die Scharlatanerie der Ärzte begann L. mit der *Histoire naturelle de l'âme* ([Naturgeschichte der Seele] 1745) seine Konzeption eines areligiösen, atheistischen Materialismus auszuarbeiten, die er in dem Werk *L'homme machine* ([Der Mensch eine Maschine] 1747) fortführte. Zentral für L.s Denken ist neben dem *Discours préliminaire* ([Einleitung/Vorrede] 1751) der auch u.d.T. *Anti-Sénèque, ou Le souverain bien* (Anti-Seneca oder Das Höchste Gut) bekannte *Discours sur le bonheur* ([Diskurs über das Glück] 1748), der heute als wichtigstes seiner Bücher gelten muss. Er bringt die antimetaphysische, antistoische und v.a. antinormativistische Orientierung von L.s Philosophie am deutlichsten zum Ausdruck: Die natürliche Organisation des Menschen, seine auf den Sinnen beruhenden Gefühle, Vernunft und Handeln kennen kein Gut/Böse bzw. Tugenden/Laster, sondern nur Lust/Unlust, Selbsterhaltung/Selbstbeschädigung, Glück/Unglück. Moralische Normen und Gesetze sind widernatürliche Vorurteile, v.a. das schlechte Gewissen nach der bösen Tat (*les remords*) ist für das Funktionieren der Gesellschaft und zumal für die große Masse unverzichtbar, es verdirbt aber das natürliche Glück, während der heitere Philosoph (hier ist L. schon ganz auf der Linie des psychoanalytischen Konzepts vom Über-Ich) solche Vorurteile durchschaut und als Arzt seiner selbst und von seinesgleichen das Leben zu genießen sucht. Alle Richter sollten eigentlich Ärzte sein, also Kenner der sinnlichen Organisation des Menschen, die in der Lage sind, die gesellschaftlich induzierten Normen ideologiekritisch als Vorurteile zu relativieren.

Werke: Œuvres philosophiques, 3 Bde., 1796, ND 1970. – Œuvres philosophiques, hg. v. F. Markovits, 2 Bde., 1987. – Histoire naturelle de l'âme, krit. hg. v. T. Verbeek, 1988. – L'homme machine, 1748, krit. hg. v. A. Vartanian, 1960, dt. Ausg. hg. v. B. A. Laska, 1985. – Discours sur le bonheur, 1748, krit hg. v. J. Falvey 1975; dt. Ausg. hg. v. B. A. Laska, 1985. – Discours préliminaire, 1751, krit. hg. v. A. Thomson, 1981, dt. Ausg. hg. v. B. A. Laska, 1987.

Lit.: U. P. Jauch: Jenseits der Maschine. Philosophie, Ironie u. Ästhetik bei J. O. de L., 1998. – B. Christensen: Ironie u. Skepsis. Das offene Wissenschafts- u. Weltverständnis bei J. O. de L., 1996. – M. Winter: Ende eines Traums. Blick zurück auf das utopische Zeitalter Europas, 1993. – P. Kondylis: Die Aufklärung im Rahmen des neuzeitlichen Rationalismus, 1981.

Herbert Jaumann

Jacques Lacan

13.4.1901 Paris – 9.9.1981 Paris

seit 1920	Medizinstudium in Paris
1927	Klinische Ausbildung zum Psychiater in Paris
1932	Promotion zum Dr. med.
1936	Psychoanalytische Inauguralarbeit
1953	Beginn der Seminare an der Klinik Sainte-Anne in Paris
1964	Fortsetzung der Seminare in der École Normale Supérieure; Gründung der École Française de Psychoanalyse, später École Freudienne de Paris (EFP)
1980	Auflösung der EFP, Gründung der Cause Freudienne
1981	Auflösung der Cause Freudienne, Neugründung als École de la Cause Freudienne

L. gilt als profiliertester Vertreter der frz. Psychoanalyse. Geprägt wurde er v. a. durch →Sigmund Freud, die Linguisten Ferdinand de Saussure und Roman Jakobson, den Anthropologen Claude Lévi-Strauss sowie die Philosophen →Platon, →Immanuel Kant, →Georg Wilhelm Friedrich Hegel und →Martin Heidegger. Bekanntheit erlangte L., indem er als praktizierender Psychoanalytiker sowie als Lehrer und Ausbilder in den von ihm gegründeten Schulen die Psychoanalyse als Fachwissenschaft zu etablieren half. Zudem prägte die umstrittene Lehre, die er 1951–80 unter dem Motto »Rückkehr zu Freud« in seinen Seminaren vortrug und erst seit 1966 verschriftlichte, poststrukturalistische Denkansätze, wie z.B. jene von →Jacques Derrida, Julia Kristéva und Luce Irigaray, weit über die eigene Disziplin hinaus. Heute gilt →Slavoj Žižek als bedeutendster Vertreter der L.schen Theorie. L.s Gesamtwerk lässt sich als Praktizierung eines subversiven Diskurses charakterisieren, der sich im Spiel von Querverweisen, Brüchen und Differenzen vor jeder Verfestigung und Identifizierung bewahren will.

Nach L. entwickelt sich das Ich im frühkindlichen »Spiegelstadium« (das Kind ist noch gar nicht in der Lage, sich als ganzheitliche, konturierte Person zu erfahren, doch sein Spiegelbild gaukelt ihm solches als klar umrissenes Bild bereits vor), das die Basis der Subjektivität bildet. Hier entsteht jene Vorstellung, »deren starre Struktur die ganze mentale Entwicklung eines Subjekts bestimmt und im Panzer einer entfremdeten Identität gipfelt«. Die Entfremdung besteht darin, dass das »Ich« (*moi*) nicht das »wahre Ich« (*je*) ist, da ersteres der Illusion von Einheit und Autonomie unterliegt, während letzteres seinen Platz im Unbewussten hat.

Das Subjekt bestimmt L. als ein begehrendes und auf den Anderen angewiesenes. Sein Begehren kann nie absolut gestillt werden, da hinter jeder Wunscherfüllung bereits eine neue lauert und dem begehrenden Subjekt letztlich kein Objekt genügt. Außerdem sei das Subjekt ein Wesen der Sprache und unterliege deren Gesetzmäßigkeiten. L.s zentrale These, »Das Unbewusste ist strukturiert wie eine Sprache«, zeigt auf, dass die von Freud entdeckten Mechanismen des Unbewussten (z.B. Verschiebung, Verdichtung), deren Wirkungen im Traum, im neurotischen Symptom oder im Witz zu finden sind, den Regeln der Sprache gehorchen. Das Subjekt des Unbewussten (*je*) kann nicht mit dem denkenden, reflektierenden Subjekt (*moi*) gleichgesetzt werden. Ziel der psychoanalytischen Kur ist demgemäß nicht die Stärkung des Ichs (*moi*), sondern ein Entbergen der Rede des Unbewussten, die Anerkennung des »wahren Subjekts« (*je*) und die Konfrontation mit der Wahrheit seines Begehrens.

Die Topologie des Psychischen zeigt sich nach L. in der Trias des »Realen«, »Imaginären« und »Symbolischen«, des so genannten Borromäischen Knotens. Das Reale bezeichnet die Erfahrung des Seins in seiner primären Undifferenziertheit. Das Imaginäre verweist auf die Dialektik zirkelhafter-narzisstischer Ich-Du Identifizierungen (z.B. Macht-Ohnmacht, Liebe-Hass, Herr-Knecht). Das Symbolische dagegen kennzeichnet den Ort der Sprache bzw. »des großen Anderen« (die gesellschaftliche Ordnung). Hier, in der Dimension des Symbolischen, ist im Sinne der Hegelschen Dialektik gegenseitige Anerkennung möglich, da das Wort des Einen *auch* und *zugleich* das Wort des Anderen ist und ein über die Zweipoligkeit dualer Ich-Du-Verhältnisse hinausreichendes drittes Moment – das Wir – ins Spiel kommt.

Werke: Écrits, 1966. – Schriften, hg. v. N. Haas u. H.-J. Metzger, 3 Bde., 1973–80. – Das Seminar, hg. v. J.-A. Miller, (Bde. I, II, III, IV, V, VII, VIII, XI, XX) angelegt auf 27 Bde., 1978ff.

Lit.: E. Roudinesco: J. L. Esquisse d'une vie, histoire d'un système de pensée, 1993. – D. Evans: Wörterbuch der L.schen Psychoanalyse, 2002. – G. Pagel: J. L. zur Einführung, [5]2002. – B. Fink: Eine klinische Einführung in die L.sche Psychoanalyse, 2005.

Gerda Pagel

Laozi

4./3. Jh. v. Chr.

Wer L. genau gewesen ist, kann nicht mehr eindeutig nachgewiesen werden. Zahlreiche Legenden ranken sich um seine Gestalt. Schon in den »Historischen Aufzeichnungen« (*Shiji*) aus dem 2. Jh. v. Chr. werden im Zusammenhang mit L. drei verschiedene Namen genannt. Allgemein gilt L. als Begründer des Daoismus, und ohne Zweifel bildet die mit seinem Namen verbundene Lehre eine der grundlegenden Bestandteile der daoistischen Philosophie. Während der Han-Zeit (206 v.Chr. – 220 n.Chr.) wurde L. innerhalb der sich im Daoismus herausbildenden religiösen Strömungen auch zu einer Gottheit erhoben, obwohl seine Lehre keinen religiösen Charakter aufweist, sondern die Abläufe in der Welt auf das Wirken natürlicher Prinzipien zurückführt.

L.s Philosophie ist in einem nach ihm benannten bzw. als *Daodejing* (Buch vom Weg und der Wirkkraft) bezeichneten Buch überliefert, das vermutlich aber mehrere Verfasser hatte. Im Mittelpunkt steht der Begriff *Dao* (Weg), der Ursprung und Grundlage der Welt meint und die Einheit und Harmonie aller Dinge verkörpert. Der Mensch soll dieses Prinzip erkennen und sein Denken und Handeln nach ihm ausrichten. Auf diese Weise findet er zu seinem eigentlichen natürlichen Wesen, seiner inneren Wirkkraft (*De*) zurück. Die innere Wirkkraft ist im Einzelnen die Widerspiegelung des universalen *Dao*. Die Verwirklichung des *Dao* stellt grundsätzlich eine Rückkehr zum Ursprünglichen, Natürlichen und Einfachen dar. Als Prinzip der Einheit vereint *Dao* alle dualistischen Prozesse und Dinge in der Welt. Auch wenn sich bei L. noch keine ausführlicheren Betrachtungen zu dem Begriffspaar *Yin* und *Yang* finden, ist seine Lehre von der Idee der komplementären Beziehung von Gegensätzen im kosmischen Geschehen geprägt. Das wird z.B. an den Gegenüberstellungen des Männlichen und Weiblichen deutlich, die als sich notwendig ergänzendes und eine Einheit bildendes Paar aufgefasst werden. L. beschrieb auch den idealen Staat, in dem *Dao* verwirklicht ist. Dieser ist klein und von Einfachheit geprägt. Ebenso wie das *Dao* wirkt der diese Gemeinschaft leitende weise Herrscher nach dem Prinzip des Nichthandelns (*Wuwei*). Er greift nicht durch Reglementierungen in gesellschaftliche Prozesse ein. Aber gerade deshalb entwickelt sich alles von selbst im Sinne des Natürlichen (*Ziran*).

Mit seiner Lehre trug L. auch Vorwürfe gegen die das Volk unterdrückenden Herrscher seiner Zeit vor. Nicht das Starke oder Harte obsiegt in der Welt, verkündete er, sondern grundsätzlich das Schwache und Weiche. Auch das Streben nach Verwirklichung sittlicher Normen, wie von den Konfuzianern gefordert, wird als falscher Weg zurückgewiesen. Diese Normen, so L., zwingen den Menschen, seine ursprüngliche Natürlichkeit aufzugeben. Sie machen aus ihm einen künstlichen Menschen. Die Formulierung sittlicher Prinzipien durch die von den Konfuzianern als Schöpfer der Zivilisation gepriesenen Herrscher der Vergangenheit wird darum als Anzeichen für das Abweichen vom *Dao* kritisiert.

Werke: R. Wilhelm: Laotse. Tao te king, 1921. – Chan Wing-tsit: The Way of Lao-tzu, 1963.

Lit.: H. Welch: Taoism: The Parting of the Way: Lao-tzu and the Taoist Movement, 1966. – P. J. Opitz: Lao-tzu. Die Ordnungsspekulationen im Tao-te-ching, 1967. – M. Kaltenmark: Lao-tzu u. der Taoismus, 1981. – F. C. Reiter: Lao-tzu zur Einführung, 1994. – L. Kohn / M. LaFargue (Hg.): Lao-tzu and the Tao-te-ching, 1998. – G. Wohlfart: Der philosophische Daoismus: Philosophische Untersuchungen u. komparative Studien mit besonderer Berücksichtigung des L., 2001.

Wolfgang Ommerborn

Gottfried Wilhelm Leibniz

1.7.1646 Leipzig – 14.11.1716 Hannover

1661–66	Studium der Jurisprudenz u. Philosophie an der Univ. Leipzig
1666/67	Dr. iur. an der Univ. Altdorf
1667–71	in Diensten des Mainzer Kurfürsten Johann Philipp von Schönborn; Revisionsrat am Oberappellationsgericht Mainz
1672–76	Aufenthalt in Paris, intensives Mathematikstudium, naturwissenschaftliche Forschungen; Kontakte u.a. zu →Antoine Arnauld, Christiaan Huygens

1676	Reise über London, Amsterdam u. Den Haag (Treffen mit →Baruch de Spinoza) nach Hannover
1676–1716	Bibliothekar der Herzöge von Braunschweig-Lüneburg (seit 1678 Hofrat)
1679–1702	Bossuet-Briefwechsel zur Kirchenunion
1687–90	Reisen durch Deutschland u. Italien; Rückkehr über Wien u. Prag
1691	Leiter der Bibliothek Wolfenbüttel
1698–1706	Diskussion mit dem Berliner Hofprediger Daniel Ernst Jablonski zur Union der prot. Kirchen
1700	Auswärtiges, korrespondierendes Mitglied der Académie des sciences in Paris; Gründung (u. Präsident) der Sozietät der Wissenschaften zu Berlin
1711/12	Treffen mit dem russ. Kaiser Peter; Ernennung zum Geheimen russ. Justizrat
1712–14	Aufenthalt in Wien, Treffen mit Prinz Eugen von Savoyen; Reichshofrat

L. ist neben →René Descartes, →Thomas Hobbes und →Baruch de Spinoza einer der bedeutendsten Vertreter des systematisch orientierten Rationalismus des 17. Jh.s. Er teilte mit diesen Autoren das Interesse, Geist bzw. Seele und Materie bzw. Körper in ein durch naturwissenschaftliche Thesen/Hypothesen gestütztes, konsistentes Verhältnis zueinander zu setzen. Seine Lösung dieses Problems, die Konstruktion eines psycho-physischen Parallelismus und einer »prästabilierten Harmonie« auf Basis eines starken Einheitsbegriffs (»Monade«), ist einzigartig.

L.s vielschichtige Begabung auch außerhalb der Philosophie wurde bereits zu Lebzeiten anerkannt, so etwa im Bereich der Rechtswissenschaft (*Nova methodus* [Neue Methode], 1684), Mathematik (Kalkül-Begriff, Entdeckung der Infinitesimalrechnung, Bau einer Rechenmaschine), Geschichtswissenschaft (*Accessiones historicae* [Historische Zugänge], 2 Tl., 1698; *Scriptores rerum Brunsvicensium* [Diejenigen, die zur Geschichte Braunschweigs geschrieben haben], 3 Tl., 1707–11; *Codex juris gentium* [Kodex des Völkerrechts], 1693; *Mantissa*, 1700 [Hg.]), Logik (Kalkülisierung, Weiterentwicklung der Begriffs-, Urteils- und Schlussformen unter Anwendung der analytischen Grundform der ›inesse‹-Struktur), Wissenschaftssoziologie (Akademie-Gründungen, Intensivierung der internationalen Vernetzung der Wissenschaften) und v. a. der Naturtheorie (Entwicklung einer physikalischen ›Dynamik‹, die im Nicht-Physikalischen fundiert ist; *Specimen dynamicum* [Beispiel der Dynamik], 1695).

L. sah die Grundstruktur jeder Einzelwissenschaft als spezifischen Ausdruck der Grundstruktur von Wissen überhaupt an und ging davon aus, dass alles wirklich Seiende eine strukturelle Gleichartigkeit zu allem anderen Seienden aufweist. Er trat für den Vernunftprimat und gegen einen Voluntarismus ein und reduzierte alles, was ist – also Seiendes und Denkgehalte –, auf Grundsätze, hinter die auch das höchste Sein (Gott) nicht zurück kann, da es jene nicht aussetzen kann. Diesen rational-logisch formulierbaren ›Sätzen‹ entsprechen jeweils Prinzipien (also im Sein tatsächlich wirkende Größen, die direkter Ausdruck der Intentionalität Gottes sind).

Obgleich L. mehrere Prinzipien logischer, ontologischer und kosmologischer Art formulierte (u. a. Gesetz der unendlichen Gradation, Infinitesimalkalkül, Prinzip des Besseren), stehen doch zwei ›große‹ Prinzipien im Vordergrund: 1) der Satz vom auszuschließenden Widerspruch (ausgeschlossenen Dritten), der in sich allerdings die Gültigkeit des Identitätsprinzips voraussetzt (A=A entspricht AB=A, AC=A etc., also als *inesse*-Relation) und 2) der Satz vom zureichenden Grunde (*principium rationis sufficientis*), d. h. für jedes x – sei es eine Aussage, sei es ein Seiendes – gibt es einen zureichenden Grund, warum es x und nicht vielmehr y (also non-x) ist. Weiterhin unterschied L. zwischen notwendigen Vernunftwahrheiten (*vérités nécessaires*), die immer wahr sind, und Tatsachenwahrheiten (*vérités du fait*), die nur unter bestimmten Bedingungen kontingent wahr sind. Die wirkliche Welt war für ihn ›kontingent‹, obwohl in ihr alles nach notwendigen mechanisch-dynamischen Gesetzen geschieht, weil sie einem göttlichen Setzungsakt entspringt. Sie ist so, wie sie ist, die beste aller möglichen Welten, weil in ihr die genannten Prinzipien gelten und weil sie aus der Intentionalität Gottes heraus ins Sein tritt.

Die Geltung der Prinzipien bündelt sich im Begriff und der diesem Begriff entsprechenden Seinsform ›individuelle Substanz‹ (*Discours de métaphysique* [Metaphysische Abhandlung], 1686; *Système nouveau de la nature* [Neues System der Natur], 1695; *Monadologie*, 1714): L. denkt sie als selbstständige Einheit (*unum per se*), als Spontaneitätskern, als ausschließlich durch externe Schöpfung entstanden, als wirkliches Sein. Ontologisch ist nur seiend, was eine solche individuelle Substanz ist, alles andere sind auflösbar-vergängliche Aggregate. Der Bezug zwischen den individuellen Substanzen wird von L. in jede einzelne Substanz hinein verlegt als deren interne Ausdifferenzierung der gesamten Seinskomplexität: die Monade wird verstanden als Spiegel des Universums.

Werke: Sämtliche Schriften u. Briefe, hg. v. d. Akademie der Wissenschaften zu Berlin, 1923ff. – Opuscules et fragments inédits, hg. v. L. Couturat, 1903. – Die Philosophischen Schriften, hg. v. C. I. Gerhardt, 7 Bde., 1875–90, ND 1965. – Die Mathematischen Schriften, hg. v. C. I. Gerhardt, 7 Bde., 1849–63, ND 1965. – Œuvres de L. publiées pour la première fois, hg. v. A. Foucher de Careil, 7 Bde., 1859–75. – Opera omnia, hrsg. v. L. Dutens, 6 Bde., 1768. – Textes inédits, hg. v. G. Grua, 2 Bde., 1948. – Schriften u. Briefe zur Geschichte, bearb., komm. u. hg. v. M.-L. Babin u. G. van den Heuvel, 2004.

Lit.: A. Gurwitsch: L., Philosophie des Panlogismus, 1974. – E. Kaehler: L.' Position der Rationalität, 1989. – N. Joley (Hg.): The Cambridge Companion to L., 1995. – D. Rutherford: L. and the Rational Order of Nature, 1995. – H. Busche: L.' Weg ins perspektivische Universum, 1997. – S. Lorenz: De Mundo Optimo. Studien zu L.' Theodizee u. ihrer Rezeption in Deutschland (1710–1791), 1997. –

T. Leinkauf: Systematische Transformation der Substanz: Einheit, Kraft, Geist, in: L. Kreimendahl (Hg.): Philosophen des 17. Jh.s, 1999, 198–221. – M. Liske: G. W. L., 2000. – C. Mercer: L.'s Metaphysics. Its Origins and Development, 2001.

Thomas Leinkauf

Lenin

(eigtl. Wladimir Iljitsch Uljanow) 22.4.1870 Simbirsk (Russland) – 21.1.1924 Gorki bei Moskau

1879–87	Jurastudium an der Univ. Kazan, Examen an der Univ. Sankt Petersburg
1895	Mitbegründer des Kampfbundes zur Befreiung der Arbeiterklasse; Verbannung nach Sibirien
1900	Exil in Westeuropa; Mitherausgeber der revolutionären Zeitung *Iskra*
1903	nach der Spaltung der Russ. Sozialdemokratischen Arbeiterpartei Leiter ihrer Mehrheitsfraktion (Bolschewiki)
1905	Rückkehr nach Russland, Befürwortung der Revolution gegen die zaristische Regierung; nach der Niederlage des Aufstandes erneutes Exil in Finnland u. der Schweiz
1912	Gründung der Zeitung *Prawda*; Verwandlung der Bolschewiki in eine selbstständige Kaderpartei
1914	Trennung von der europ. Sozialdemokratie u. Bildung einer linken Fraktion unter der Losung »Verwandlung des Weltkrieges in einen Bürgerkrieg«
1917	nach Beginn der russ. Februar-Revolution Rückkehr nach Russland u. Vorbereitung der Oktober-Revolution, die am 7.11.1917 (25.10.1917 nach dem julian. Kalender) gelingt; Wahl zum Vorsitzenden des Rats der Volkskommissare (erster Regierungschef)
1918	überlebt ein Attentat, das zum Auslöser des ›Roten Terrors‹ in Russland während des Bürgerkriegs wird
1919	Gründung der Kommunistischen Internationale zum Ziel der Vorbereitung einer Weltrevolution
1921	nach dem wirtschaftlichen Zusammenbruch Sowjetrusslands Einführung einer »Neuen Ökonomischen Politik«

Auf L. geht eine dogmatische Version des Marxismus zurück, die zur offiziellen Ideologie der kommunistischen Parteien in Russland und Europa erklärt wurde. In innerparteilichen Querelen setzte L. diese Version in Gestalt des »dialektischen und historischen Materialismus« durch (*Materialismus und Empiriokritizismus*, 1909), der als philosophische Grundlage einer revolutionären Praxis begriffen wurde. Im Gegensatz zur Marxschen Theorie der Revolution vertrat er die These, dass im Zeitalter des »Imperialismus« eine sozialistische Revolution auch in einem industriell nicht entwickelten Land möglich ist (*Imperialismus als höchstes Stadium des Kapitalismus*, 1917). Statt des Proletariats ist in einer solchen Revolution eine zentralistisch organisierte Partei die treibende Kraft. In der Theorie und Praxis des sozialistischen Staates führte diese Ansicht zur Konzeption einer Diktatur, an deren Machtspitze die kommunistische Partei steht (*Staat und Revolution*, 1917).

L.s theoretische Philosophie stellt eine Variante des Materialismus dar, die den Primat der Materie (des objektiven realen Seins) gegenüber dem Bewusstsein und die Erkenntnis als »Widerspiegelung der Außenwelt« bestimmt. Im Gegensatz dazu unterstellte L. in der politischen Philosophie die Praxis der ideologischen Führung durch eine Kaderpartei, die das »sozialistische Bewusstsein« in die Massen hineinträgt (*Was tun?*, 1902). Damit verfolgte er konsequent die marxistische These, dass die philosophische Theorie selbst eine Form der revolutionären Praxis ist.

Werke: Polnoe sobranie sočinenij, hg. v. Institut für Marxismus-Leninismus beim ZK der KPdSU, 55 Bde., [5]1958–65. – W, hg. v. Institut für Marxismus-Leninismus beim ZK der SED, 40 Bde. u. 2 Ergänzungsbde., 1955–71.

Lit.: G. Lukács: L. Studie über den Zusammenhang seiner Gedanken, 1924, ND 1967. – A. Pannekoek: L. als Philosoph, 1938, ND 1969. – L. Althusser: L. u. die Philosophie, 1974. – A. Schaefer: L.s Philosophieren. Eine Kritik seines Vermächtnisses, 1986. – N. Harding: L.s political thought, 1983. – D. Wolkogonow: L. Utopie u. Terror, 1994.

Nikolaj Plotnikov

Emmanuel Levinas

12.1.1906 Kaunas (Litauen) – 25.12.1995 Paris

1914	Flucht in die Ukraine bei Beginn des Ersten Weltkriegs
1923–29	Philosophiestudium in Straßburg u. Freiburg i. Br., u. a. bei →Edmund Husserl u. →Martin Heidegger
1930	Publikation der Thesis *Théorie de l'intuition dans la phénoménologie de Husserl* (Die Theorie der Anschauung in der Husserlschen Phänomenologie)
1930	frz. Staatsbürger
1939	Offizier in der frz. Armee
1940–45	Kriegsgefangenschaft
1947	Direktor der École Normale Israélite Orientale, Paris
1961	Publikation der Doctorat ès Lettres *Totalité et Infini*
1961	Professor für Philosophie in Poitiers (Frankreich)
1967	Professor für Philosophie in Paris-Nanterre
1973	Professor für Philosophie an der Sorbonne, Paris

Das Erlebnis der Russ. Revolution, beider Weltkriege und der Shoah (des Holocaust), der enge Verwandte L.s zum Opfer fielen, wurden zu Schlüsselerfahrungen in L.s Leben. Vor diesem Hintergrund schuf er eine originelle Philosophie, in der er Ansätze der Phänomenologie mit jüd. Denken verband. In ihrem Zentrum steht eine Pflichtethik, die die kantische Idee einer unbedingten Verpflichtung vom Anderen her erneuerte. Neuere Ansätze verbinden diese Philosophie mit konkreten Problematiken (Interkulturalität, *Gender*, Religion, Dialogphilosophie, Ökologie usw.).

In *Totalité et Infini* ([Totalität und Unendlichkeit] 1961) beschrieb L. die Aneignung des Anderen/Fremden als Geste der Philosophie, die nur durch Figuren des eminenten Unendlichen (→René Descartes' dritte Meditation, später das platonische Motiv der Idee des Guten jenseits des Seins) aufgebrochen werden kann, da diese Figuren einen Überschuss des *cogitatum* (des Gedachten) über das *cogito* (ich denke) darstellen. Mit diesem Unendlichen wird die Ontologie und Immanenz des Selben durchbrochen; das Selbe wird zum Anderen hin transzendiert und »erweckt«. Dieser formale »Überschuss« des Unendlichen über das Selbe wird nach L. konkretisiert im »Antlitz des Anderen«, der mich (den Selben) im »ethischen Widerstand« des »Du wirst mich nicht töten« meiner Macht beraubt und Frieden durch die Sprache des Anspruchs als Verpflichtung eröffnet. Mit dieser »ethischen Wende« radikalisierte L. →Edmund Husserls Phänomenologie und distanzierte sich von →Martin Heideggers Ontologie.

L. vertiefte diese Verpflichtung in *Autrement qu'être ou au-delà de l'essence* ([Jenseits des Seins oder anders als Sein geschieht] 1974)) als Stellvertretung des Ichs für den Anderen. Der unbedingte Charakter dieser Verantwortung zeigt sich in der Unausweichlichkeit eines Anspruchs, der keine Indifferenz duldet und der unserer Initiative vorausgeht. Durch diese Verantwortung und Gerechtigkeit sollen ontologische Identifizierungen (als Auslöschung des Anderen) unterbrochen werden. Das Ich verwandelte sich unter dem ethischen Anspruch des Anderen aus dem Nominativ usurpierender (besitzergreifender) Souveränität (→Blaise Pascal: Ich will meinen Platz an der Sonne nehmen) zum Dativ der Gabe (für den Anderen) und zum Akkusativ der Anklage des Anderen, der die Freiheit des Ichs in Frage stellt. Gleichzeitig wird eine politische Ordnung im Horizont des Dritten entworfen, welche die Singularität, Unvergleichlichkeit und Unverfügbarkeit des Anderen nicht aufhebt. In zahlreichen weiteren Werken soll dieser *Sinn* des Ethischen vor normativen Ethiken aufgezeigt werden, der in verschiedenen Dimensionen (Zeitlichkeit, Leiblichkeit, Transzendenz usw.) vertieft wird. In seinen teilweise durch die jüd. Tradition inspirierten Texten und seinen Talmudauslegungen akzentuierte L. das Verantwortungspostulat: In *Difficile liberté* ([Schwierige Freiheit] 1976) brachte er es mit den Schrecken der Shoa, in *De Dieu qui vient à l'idée* ([Wenn Gott ins Denken einfällt] 1982) mit der Idee unendlicher Verantwortung und in *Entre Nous* ([Zwischen uns] 1993) mit den Ideen von Gerechtigkeit und Vergebung in Zusammenhang.

Lit.: S. Strasser: Jenseits von Sein u. Zeit, 1978. – R. Bernasconi / S. Critchley (Hg.): Re-Reading L., 1991. – C. Chalier / M. Abensour (Hg.): Cahiers de L'Herne: E. L., 1991.– B. Waldenfels: Dt.-Frz. Gedankengänge, 1995. – W. Stegmaier: L., 2002.

Antje Kapust

Georg Christoph Lichtenberg

1.7.1742 Ober-Ramstadt bei Darmstadt – 24.2.1799 Göttingen

1763–67	Studium der Mathematik, Physik u. Astronomie in Göttingen
1767–70	Hofmeister, Reise nach England
seit 1770	ao., seit 1775 o. Professor in Göttingen
1774/75	zweite Englandreise
1788	Hofrat

Zu Lebzeiten war der Physiker L. dafür berühmt, dass er eine auf Erfahrung und Experimenten (an größtenteils selbst konstruierten Apparaten) basierende Naturwissenschaft betrieb. Er forschte v.a. auf dem Feld der Elektrizität, aber auch auf dem der Astronomie und Meteorologie. Bekannt wurde L. ferner mit geistreichen Aufsätzen zu Zeitfragen (u.a. gegen die Physiognomik Johann Caspar Lavaters) und als witziger Interpret der Kupferstiche von William Hogarth wie auch als Herausgeber und Autor des *Göttingischen Taschen Calenders*.

L.s Philosophie liegt v.a. in zahlreichen Eintragungen und Einfällen verschiedenster Art in seinen Notizheften (*Sudelbücher*) vor, von denen einige kurz nach seinem Tod veröffentlicht wurden (vollständige Ausgabe aller erhaltenen *Sudelbücher* 1968–71) und mit denen er zu einem der wichtigsten Vertreter der Literaturgattung des Aphorismus in dt. Sprache wurde. L. war skeptisch gegenüber der Universitätsphilosophie und bekannte sich zu den Zielen der Aufklärung (Selbstdenken, Ablehnung von Vorurteilen und von jeglicher Konformität), ohne diese jedoch unkritisch zu vertreten. Die Philosophie hat keine festen Inhalte, sondern stellt das Selbstverständliche in Frage, um so Neues zu entdecken. Viele von L.s Aufzeichnungen kreisen (bedingt auch durch die fortdauernde Selbstbeobachtung aufgrund seiner schwachen Konstitution) um die eigene Person und die paradoxe Situation, sich in der Erfahrung seiner selbst gewissermaßen zu verdoppeln, dabei sich seines Ichs zwar gewiss zu sein, sich aber letztlich nicht begreifen zu können. Allgemeine Aussagen über den Menschen sind auf das Individuum nicht unbedingt übertragbar. Eine »menschliche Philosophie« wird deshalb unterschiedliche Aussagen nebeneinander bestehen lassen. Auf ähnliche Weise sieht sich die Sprache vor dem Problem, immer einzelne Sachverhalte, diese aber mit allgemeinen Begriffen bezeichnen zu müssen, d.h. insofern unangemessen zu sein. Während sich die Sprache der Wissenschaft bemüht, rein und exakt zu sein, ist die natürliche, die gemeinhin gesprochene Sprache oft verständlicher und deshalb vorteilhafter. »Die Philosophie ist, wenn sie spricht, immer genötigt, die Sprache der Unphilosophie zu reden« (*Sudelbücher*, Heft H, Nr. 151).

Werke: Schriften u. Briefe, hg. v. W. Promies, 6 Bde., 1967–92. – GS. Hist.-krit. Ausgabe, hg. v. d. Akademie der Wissenschaften zu Göttingen, bisher 3 Bde., 2005ff. – Briefwechsel, hg. v. U. Joost u. A. Schöne, 6 Bde., 1983–2004.

Lit.. W. Promies: L. in Selbstzeugnissen u. Bilddokumenten, 1964. – F. H. Mautner: L. Geschichte seines Geistes, 1968. – H. Gockel: Individualisiertes Sprechen, 1973. – A. Schöne: Aufklärung aus dem Geist der Experimentalphysik. L.sche Konjunktive, 1982.

Ulrich Dierse

John Locke

29.8.1632 Wrington/Somerset (England) – 28.10.1704 Oates/Essex (England)

1652	Eintritt in das Christ Church College, Oxford, dem L. bis 1683 angehört
1665	Mitglied einer diplomatischen Gesandtschaft nach Brandenburg
1667–75	Berater u. Erzieher im Haus von Anthony Ashley Cooper, 1. Earl of Shaftesbury
1668	Mitglied der Royal Society
1670–75	verschiedene politische Ämter
1674	Bachelor in Medizin
1675–79	Reisen u. Aufenthalt in Südfrankreich
1679	Rückkehr nach England
1683–89	Flucht nach Holland, um der politischen Verfolgung wegen seiner Verbindung zu Shaftesbury zu entgehen
1689	Rückkehr nach England; Übernahme politischer Ämter
1691	Umzug nach Oates zu Sir Francis u. Lady Damaris Masham
1700	Rückzug aus dem öffentlichen Leben

Aus bescheidenen, puritanischen Verhältnissen stammend, wurde L. zu einem der wichtigsten Denker des 17. Jh.s. Zusammen mit →George Berkeley und →David Hume zählt er zu den bedeutendsten brit. Empiristen und wird heute als Begründer der modernen Erkenntnistheorie angesehen. Schon früh entwickelte L. neben seiner Beschäftigung mit der Philosophie naturwissenschaftliche Interessen, arbeitete mit Robert Boyle und dem Mediziner Thomas Sydenham zusammen und war später mit →Isaac Newton und William Molyneux befreundet. L.s Philosophie ist von der Auseinandersetzung mit der aristotelischen und scholastischen Tradition und den Lehren →René Descartes' ebenso geprägt wie von dem Versuch, an den Empirismus antiker Denker und an moderne Ideen anzuknüpfen, wie sie sich bei →Francis Bacon, →Thomas Hobbes und Pierre Gassendi finden.

L. begründete den empiristischen Grundgedanken neu, wonach sich Erkenntnis der Erfahrung verdankt, und entwickelte ihn zu einem umfassenden erkenntnistheoretischen System. Seiner Moralphilosophie zufolge ist Menschen nur die Einhaltung derjenigen Prinzipien abzuverlangen, deren Wahrheit bzw. Gültigkeit sie erkennen können. Jenseits dessen, was der Mensch wissen kann, ist dagegen insbesondere in Fragen des religiösen Glaubens Toleranz geboten. In der politischen Theorie ging es L. darum, legitime von illegitimen Funktionen des Staats und der Kirche zu unterscheiden. Entsprechend müssen die Machtbefugnisse der Kirche beschränkt sein. L. war nicht nur Philosoph und Gelehrter, sondern gelangte durch seine Verbindung zum 1. Earl of Shaftesbury auch in die Politik. Jahrelang bekleidete er hohe politische Ämter, in denen er mit Wirtschaft, Handel und Finanzen befasst war.

In seinem philosophischen Hauptwerk, *An Essay Concerning Human Understanding* ([Ein Versuch über den menschlichen Verstand] 1689), charakterisiert L. die Aufgabe des Philosophen als die eines Wegbereiters (natur-)wissenschaftlicher Erkenntnis. Diese Aufgabe besteht darin, die Natur und die Grenzen des menschlichen Verstands auszuloten und auf diese Weise die Quellen, den möglichen Umfang und das Wesen der Erkenntnis zu bestimmen. Im Zentrum von L.s Philosophie steht der Begriff der Idee. Alle unsere Ideen entstammen entweder unmittelbar der Erfahrung oder sind komplexe Ideen, die wir durch verschiedene geistige Operationen aus einfachen, in der Erfahrung gewonnenen Ideen bilden. Entschieden weist L. die Lehre von angeborenen Ideen und angeborenem Wissen zurück. Ideen repräsentieren ihre jeweiligen Ursachen. Aus der Natur des menschlichen Verstands ergeben sich Grenzen dessen, was wir über Gott, uns selbst, die Natur, Artefakte und Ideen wissen können. Während die Erkenntnisse der empirischen Wissenschaften immer nur Wahrscheinlichkeit für sich in Anspruch nehmen können und sich deshalb nicht als Wissen im strengen Sinn qualifizieren, ist Wissen im Bereich der Mathematik und der Moral möglich. Die Existenz Gottes als einer intelligenten ersten Ursache kann bewiesen und die Gültigkeit eines natürlichen Gesetzes eingesehen werden. Nach L. weiß der Mensch, dass die Befolgung bestimmter grundlegender moralischer Prinzipien dem Willen des Schöpfers entspricht. Darüber hinausgehende religiöse Überzeugungen sind bloße Meinungen, die niemandem aufgezwungen werden dürfen.

In der *Epistola de tolerantia* ([Brief über die Toleranz] 1689) zieht L. die politischen Konsequenzen aus seinen erkenntnistheoretischen Überlegungen. Glaube kann nicht befohlen werden und es ist nicht Sache einer Regierung, ihn einzufordern. Jeder hat das Recht und die Pflicht, auf seine Weise nach Erlösung zu streben. Wer anderen schadet, hat jedoch keinen Anspruch auf die Tolerierung seiner Überzeugungen.

L.s *Two Treatises of Government* ([Zwei Abhandlungen über die Regierung] 1690) gelten als Gründungsurkunde der modernen Demokratie: L. zufolge ist der Einzelne von Natur aus frei. Niemand hat das Recht, über andere zu herrschen. Um sich vor der Verletzung ihrer natürlichen Rechte durch andere zu schützen, gehen Menschen eine Art Vertrag ein, indem sie eine Regierung einsetzen, die das natürliche Gesetz durchsetzt. Aufgabe des Staates ist es, dafür zu sorgen, dass der Einzelne seine natürlichen Rechte wahrnehmen kann. Kommt eine Regierung dieser Aufgabe nicht nach, darf sie notfalls mit Gewalt abgesetzt werden.

Werke: The Clarendon Edition of the Works, hg. v. P. H. Nidditch [u. a.], angelegt auf mindestens 30 Bde., 1975ff.

Lit.: R. I. Aaron: J. L., [3]1971. – R. Specht: J. L., 1989. – M. Ayers: L., 2 Bde., 1991. – U. Thiel: J. L., [2]2000.

Katia Saporiti

Karl Löwith

8.1.1897 München – 24.5.1973 Heidelberg

1914	Kriegsfreiwilliger; Verwundung u. Gefangenschaft
1917	Studium der Philosophie u. Biologie in München
1919–22	Philosophiestudium bei →Edmund Husserl, beeinflusst durch →Martin Heidegger in Freiburg i. Br.
1923	Promotion über →Friedrich Nietzsche bei Moritz Geiger in München, danach Hauslehrer
1924–27	Wechsel zu Heidegger nach Marburg; Habilitation
1927–33	Dozententätigkeit in Marburg
1933	Emigration nach Italien
1936	Professur in Sendai (Japan)
1941	Dozent am Theologischen Seminar in Hartford (USA)
1949	Berufung als Professor an die New School for Social Research, New York
1952–64	Professur für Philosophie, Heidelberg

L. gilt als wichtiger Vertreter einer sozialphilosophisch fundierten Anthropologie sowie als maßgeblicher Interpret der neueren dt. Geistesgeschichte, deren Rekonstruktion sich für ihn besonders um die Diagnose ihrer Lage »nach Hegel« und um die im Geist der Skepsis vorgetragene Kritik einer rückhaltlosen Auslieferung des Menschen an die Geschichte drehte. Unter dem Eindruck des Nationalsozialismus verschärfte L. seine Kritik eines säkularisierten, verweltlichten Geschichtsdenkens, das schlechten Ersatz biete für ein nicht mehr zu erhoffendes Heilsgeschehen. Eine häufig als stoisch eingestufte Abwendung von der Geschichte führte in L.s Spätwerk zum Versuch der Rehabilitierung eines natürlichen Weltbegriffs.

Um kritische Distanz zu →Martin Heidegger bemüht, suchte L. den Menschen zunächst ontologisch in Strukturen des Zusammenlebens bzw. des Mitseins zu situieren. Dieser die Habilitationsschrift *Das Individuum in der Rolle des Mitmenschen* (1928) bestimmende Ansatz wurde im Spätwerk geradezu umgekehrt. Die Welt, in der der Mensch lebt, ist demnach keine von Anfang an und letztlich »soziale«

Welt, sondern gerade die kosmische Natur, die sich indifferent zu ihm verhält. Orientierung am Begriff der anschaulich erfahrbaren (nicht physikalisch konstruierten) Welt sollte entschädigen für eine katastrophal gescheiterte Geschichte, in der sich gewisse Machthaber zu Vollstreckern eines vermeintlichen Heilsgeschehens aufgeworfen haben, das den Sinn der menschlichen Gattung (oder einer Rasse) in einer unüberbietbaren Zukunft zu realisieren versprach.

In seinem bekanntesten Werk, *Weltgeschichte und Heilsgeschehen* (1953), entlarvte L. die theologischen Implikationen eines Geschichtsdenkens, das sich scheinbar als Religionsersatz präsentiert. Diese Diagnose war zuvor in einer Reihe von Schriften zur Geschichte der Philosophie vorbereitet worden, die sich u. a. mit →Ludwig Feuerbach, →Friedrich Nietzsche, Jacob Burckhardt und Max Weber befassen. Zu den wichtigsten Werken dieser mittleren Schaffensperiode zählen *Nietzsches Philosophie der ewigen Wiederkehr des Gleichen* (1935), *Jacob Burckhardt. Der Mensch inmitten der Geschichte* (1936) und *Von Hegel zu Nietzsche* (1941).

Das ganz im Zeichen der Rehabilitierung der natürlichen Welt stehende Spätwerk repräsentiert v. a. *Gott, Mensch und Welt in der Metaphysik von Descartes bis zu Nietzsche* (1961), in dem bereits der Einfluss Paul Valérys festzustellen ist, dem L. sein letztes, 1971 erschienenes Buch widmete. Postum erschien 1986 L.s 1940 verfasste autobiographische Bilanz *Mein Leben in Deutschland vor und nach 1933*, die zusammen mit den z. T. nach dem Zweiten Weltkrieg wieder aufgenommenen Auseinandersetzungen mit Carl Schmitt und Heidegger noch heute zu den scharfsinnigsten Äußerungen philosophischer Zeitkritik zählt.

Werke: Sämtliche Schriften, hg. v. K. Stichweh u. M. B. de Launay, 9 Bde., 1981–86.

Lit.: W. Ries: K. L., 1992. – B. Liebsch: Verzeitlichte Welt. Variationen über die Philosophie K. L.s, 1995.

Burkhard Liebsch

Niklas Luhmann

8.12.1927 Lüneburg – 6.11.1998 Oerlinghausen bei Bielefeld

1946–49	Studium der Rechtswissenschaften an der Univ. Freiburg i.Br.
1949–53	Referendarausbildung in Lüneburg
1954–62	Verwaltungsbeamter in Lüneburg
1960/61	Studium der Verwaltungswissenschaft an der Harvard Univ., Cambridge (USA)
1962–65	Referent am Forschungsinstitut der Hochschule für Verwaltungswissenschaften in Speyer
1965–68	Abteilungsleiter an der Sozialforschungsstelle der Univ. Münster in Dortmund
1966	Dr. sc. pol. u. Habilitation für Soziologie an der Univ. Münster
1968–93	o. Professor der Soziologie an der Univ. Bielefeld

L. ist der bedeutendste Vertreter der soziologischen Systemtheorie und zugleich einer der bekanntesten dt. Soziologen der Nachkriegszeit. Ursprünglich Jurist und Verwaltungsbeamter, lernte er 1960 während eines Studienaufenthalts an der Univ. Harvard Talcott Parsons kennen und begeisterte sich für dessen Entwurf einer Theorie sozialer Systeme. Bis zu seinem Lebensende arbeitete L. an seinem Projekt einer umfassenden Theorie der modernen Gesellschaft auf der Grundlage einer allgemeinen Systemtheorie. Einem größeren Publikum wurde er bekannt durch eine mit →Jürgen Habermas geführte Debatte um die Reichweite und Grenzen der soziologischen Systemtheorie (Jürgen Habermas / N.L., *Theorie der Gesellschaft oder Sozialtechnologie. Was leistet die Systemforschung?*, 1971). Berühmtheit erlangte auch der von ihm über Jahrzehnte angelegte ›Zettelkasten‹, ein umfangreiches Exzerpt- und Verweissystem, auf dessen Grundlage L. seine zahlreichen Werke verfasste.

L. überführte Erkenntnisse der philosophischen, biologischen und kybernetischen Systemtheorie in die Soziologie und transformierte die verschiedenen Einflüsse zu einer allgemeinen Theorie sozialer Systeme. Diese zeichnen sich durch ihr sinnhaftes Operieren aus, d.h. durch ihre Fähigkeit, aus einem Möglichkeitsüberschuß zu selektieren und nicht gewählte Möglichkeiten zu potentialisieren. Im Verlauf der theoretischen Entwicklung stellte L. die Bedeutung von Kommunikation als elementarer Einheit aller sozialen Systeme heraus. Zudem konzentrierte er sich zunehmend auf die Frage, wie es sozialen Systemen als selbstorganisierten Einheiten gelingt, ihre Identität in Abgrenzung zu ihrer Umwelt selbst zu erzeugen und aufrechtzuerhalten (*Soziale Systeme*, 1984).

Auf der Grundlage dieser allgemeinen Theorie des Sozialen galt L.s Werk v.a. der Entwicklung einer Theorie der modernen Gesellschaft. Das Gesellschaftssystem stellte für L. das umfassendste soziale System dar, in dem die zwei weiteren Typen sozialer Systeme – Interaktions- und Organisationssysteme – aufgehoben sind. In seiner Theorie der Gesellschaft kombinierte er Elemente der Kommunikations-, Evolutions- und Differenzierungstheorie. L. fragte nach der evolutionären Entwicklung verschiedener Formen der Systemdifferenzierung. Für die Moderne nahm er eine funktionale Differenzierung an, die durch die Binnendifferenzierung der Gesellschaft in funktionsorientierte Makrosysteme wie Politik, Recht, Wirtschaft oder Kunst geprägt ist. Anders als in vormodernen Formen der Differenzierung bilden diese Subsysteme keine Rangfolge, sondern operieren autonom (*Die Gesellschaft der Gesellschaft*, 1997). Parallel zu dieser soziologischen Beschreibung der Moderne erforschte L. die Selbstbeschreibung der modernen Gesellschaft in zahlreichen Studien zur historischen Semantik (*Gesellschaftsstruktur und Semantik*, 4 Bde., 1980–95).

Werke: Theorie der Gesellschaft, 9 Bde., 2002. – Soziologische Aufklärung, 6 Bde., 2005.

Lit.: H. Willke: Systemtheorie, 3 Bde., 1982–95. – G. Kneer / A. Nassehi: N. L. Theorie sozialer Systeme, 1994. – C. Baraldi [u.a.]: GLU. Glossar zu N. L. Theorie Sozialer Systeme, 1997. – R. Stichweh (Hg.): N. L. Wirkungen eines Theoretikers, 1999.

Sina Farzin

Georg (György) (von) Lukács

13.4.1885 Budapest – 4.6.1971 Budapest

1902	Studium der Nationalökonomie u. Rechtswissenschaften, später Literatur, Kunstgeschichte, Philosophie in Budapest
1907–10	Studium in Berlin u. Heidelberg bei →Georg Simmel, →Wilhelm Dilthey, Max Weber u. Emil Lask
1909/10	Promotion zum Dr. phil. in Budapest; Beginn der Freundschaft mit →Ernst Bloch; Reisen nach Italien u. Frankreich
1913–18	Mitarbeit beim »Sonntagskreis« in Budapest (mit Béla Balázs, Karl Mannheim, Arnold Hauser)
1918	Gescheiterter Habilitationsversuch in Heidelberg; Eintritt in die ungar. Kommunistische Partei
1919	(stellv.) Volkskommissar für Unterrichtswesen der ungar. Räterepublik
1920	Emigration nach Wien
seit 1930	Tätigkeit am Philosophischen Institut der Akademie der Wissenschaften in Moskau
1933–44	Emigration in die Sowjetunion
1945	Professur für Ästhetik u. Kulturwissenschaft in Budapest
1956	Minister für Volksbildung im Kabinett von Imre Nagy; Deportation nach Rumänien
seit 1957	Privatgelehrter

L. gilt als bedeutender Repräsentant undogmatischer marxistischer Philosophie. Geprägt durch Vorkriegszeit und Oktoberrevolution, die Auseinandersetzung mit Lebensphilosophie, Neukantianismus und Max Webers Soziologie, suchte er nach seiner vormarxistischen Essayphase eine Synthese hegelianischer und marxscher Denkmotive.

Dabei wurde er von Vertretern des Marxismus-Leninismus bekämpft und gleichzeitig als Initiator des »Westlichen Marxismus« begrüßt. L.s Arbeiten zur Literaturwissenschaft und Ästhetik wurden v. a. in sozialistischen Ländern Grundlage literaturwissenschaftlichen Studiums. In seinen letzten Lebensjahren arbeitete er an einer Ontologie des gesellschaftlichen Seins.

In *Die Seele und die Formen* (1911) erhob L. den Essay zu einer eigenen Kunstform zwischen Literatur, Ästhetik und Philosophie. Der Kritiker gilt ihm als Prototyp der Moderne. Nach der (u. a. für →Theodor W. Adorno und →Walter Benjamin) folgenreichen Aufwertung der essayistischen Form untersuchte L. in seiner *Theorie des Romans* (1916) die Hauptformen der großen Epik unter den Gesichtspunkten der Geschlossenheit (Totalität) und der Problematik der Gesamtkultur, konstatierte zunehmende Problematisierung und Verlust der »spontanen Seinstotalität« und bestimmte den Roman als »Ausdruck der transzendentalen Obdachlosigkeit« des Menschen. L.s Frühwerk beeindruckte Thomas Mann, Max Weber und →Ernst Bloch und wurde für die philosophisch und typologisch orientierten Geisteswissenschaften der 1920er Jahre, später für die kritische Literaturwissenschaft der 1960er Jahre bedeutend.

In seinem philosophischen Hauptwerk *Geschichte und Klassenbewusstsein* (1923) verstand L. die Praxisphilosophie von →Karl Marx als Gipfel neuzeitlichen Philosophierens. Der darin enthaltene Essay *Die Verdinglichung und das Bewusstsein des Proletariats* rückt das Phänomen des Warenfetischs in den Mittelpunkt. Es gebe kein Problem der modernen Gesellschaft, das nicht auf das Problem der Verdinglichung zurückzuführen sei. Neu war auch L.s Beschreibung der Philosophiegeschichte seit →René Descartes als dialektischer Bewegung von emanzipatorischer Subjektphilosophie zu Philosophie- und Wissenschaftsformen zwischen Positivismus und Irrationalismus.

In Auseinandersetzung mit Expressionismus, Proletkult und sozialistischem Realismus entwickelte L. sein Konzept des Realismus als schöpferische Methode, die er bei allen großen Autoren verwirklicht sieht. In seiner *Eigenart des Ästhetischen* (1963) und in *Zur Ontologie des gesellschaftlichen Seins* (2 Bde., 1984/86) erkundete er das Terrain des Alltagslebens als Basis aller höheren Objektivationsformen (Wissenschaft, Kunst). L. setzte →Martin Heideggers Existenzialontologie eine Sozialontologie entgegen, die das Paradigma der Arbeit entfaltet. Die Dialektik von Kausalität und Teleologie (Zielgerichtetheit) kulminiere in Formen von Entfremdung und Verdinglichung, die nur rätedemokratisch reduzierbar seien. Der antimoderne Impetus von L.s Realismusbegriff und die Kritik der dt. Ideengeschichte nach →Georg Wilhelm Friedrich Hegel in *Die Zerstörung der Vernunft* (1954) werden inzwischen oft skeptisch betrachtet.

Werke: Werke in 18 Bdn., 1962–2005. – Gelebtes Denken. Eine Autobiographie im Dialog, 1981. – Der Briefwechsel 1902–1917, hg. v. É. Fekete u. É. Karadi, 1981.

Lit.: M. Merleau-Ponty: Les aventures de la dialectique, 1955. – L. Goldmann: Recherches dialectiques, 1959. – W. Mittenzwei (Hg.): Dialog u. Kontroverse mit G. L., 1975. – A. Heller [u.a.]: Die Seele u. das Leben. Studien zum frühen L., 1977. – R. Dannemann: L. zur Einführung, 1997. – A. Honneth: Verdinglichung. Eine anerkennungstheoretische Studie, 2005. – R. Dannemann: G. L. u. 1968. Eine Spurensuche, 2008.

Rüdiger Dannemann

Lukrez

um 97 v.Chr. – um 55 v.Chr.

L. ist einer der berühmtesten röm. Vertreter der epikureischen Philosophie. Über sein Leben ist nichts bekannt; nach einer von christlicher Polemik gegen L. geprägten

Chronik des Kirchenlehrers Hieronymus sei L. durch einen Liebeszaubertrank wahnsinnig geworden und habe Suizid begangen. Verlässlich sind hingegen Informationen aus einem Brief →Ciceros an seinen Bruder Quintus aus dem Jahr 54 v. Chr., in dem er die dichterische Kunstfertigkeit des L. lobt.

Aller Wahrscheinlichkeit nach hat L. nur ein einziges Werk verfasst: Mit seinem aus sechs Büchern bestehenden, in Hexametern abgefassten Lehrgedicht *De rerum natura* (Über die natürliche Wirklichkeit) schuf er nicht nur das früheste bekannte Lehrgedicht in lat. Sprache, sondern auch die kohärenteste und konsequenteste Darstellung epikureischer Naturphilosophie in der röm. Literatur. Nach einer langen Zeit der Nichtbeachtung im Mittelalter wurde dem Gedicht erst in der Hochrenaissance wieder Aufmerksamkeit geschenkt. Im 17. Jh. diente es frz. Epikureern – wie Pierre Gassendi – als Grundlage ihres Denkens.

Mit geradezu leidenschaftlicher Emphase tritt L. in *De rerum natura* für eine Beseitigung jeglichen Aberglaubens und der nichtigen Angst vor dem Tod durch rationale Welterklärung ein. Dies geschieht im Horizont der zu einem großen Teil auf die Vorsokratiker →Demokrit und Leukipp zurückgehenden materialistisch-atomistischen Naturphilosophie. Buch I stellt den Zusammenhang der grundlegenden Prinzipien epikureischer Welterklärung dar, d. h. das Verhältnis zwischen körperlichen Atomen und einem absolut leer gedachten Raum. Die Zusammensetzung und die Bewegung verschieden geformter Atome als Ursachen aller Geschehnisse überhaupt sind Gegenstand von Buch II. In Buch III entfaltet L. die auf der Atomistik beruhende epikureische Lehre von der materiellen Seele. Buch IV handelt von der Theorie der Sinneswahrnehmung, des Denkens, Fühlens und Begehrens. Die Entstehung und das Vergehen der Welt, der Pflanzen, der Tiere sowie des Menschen und seiner Kultur stellt L. in

Buch V dar. Buch VI schließlich bietet die Erklärung einzelner Naturphänomene (etwa Gewitter, Krankheiten oder Erdbeben).

Werke: De rerum natura libri sex, hg. v. J. Martin, 51963. – De rerum natura, hg. v. H. Diels, 1923, dt. (›Von der Natur‹) 1924. – De Rerum Natura Libri Sex, hg. v. C. Bailey, 3 Bde., 1947. – De rerum natura. Welt aus Atomen, hg. v. K. Büchner, 1973.

Lit.: L. Rumpf: Naturerkenntnis u. Naturerfahrung. Zur Reflexion epikureischer Theorie bei L., 2003. – M. v. Albrecht: L. in der europ. Kultur, 2005.

Daniela Zumpf

Jean-François Lyotard

10.8.1924 Vincennes (Frankreich) – 21.4.1998 Paris

1950	Agrégation (Staatsexamen) in Philosophie
1952–59	Gymnasiallehrer in Algerien
1954–64	Mitglied der revolutionär gesinnten Gruppierung »Socialisme ou Barbarie«
1959–66	Maître assistant an der Sorbonne, Paris
1966–68	Maître assistant an der Univ. Paris X-Nanterre
1968–70	Chargé de recherches am Centre National de la Recherche Scientifique, Paris
1972–87	Maître de conférence, später Professor für Philosophie an der Univ. Paris VIII-Vincennes à Saint Denis
seit 1987	Professor an der Univ. of California, Irvine, u. der Emory Univ.

L. gehört zu den wichtigsten Denkern der frz. Nachkriegsphilosophie. Geprägt durch das Erlebnis des alger. Bürgerkriegs und die Debatten um eine Erneuerung sozialistischer Theorie in den 1950er Jahren sowie beteiligt an den Aktionen des Mai 1968, wurde er bekannt durch die philosophische Prägung des Begriffs ›Postmoderne‹. Sein bleibender philosophischer Beitrag besteht v.a. in der Konzeption eines Widerstreits der Diskurse, mit dem er in den 1980er Jahren eine lebhafte Kontroverse zwischen dt. und frz. Philosophie auslöste.

Bekannt wurde L. durch den Band *La condition postmoderne* ([Das postmoderne Wissen] 1979), in dem er diagnostizierte, dass die Wissenschaften und die Philosophie nicht nur wertfreie Wahrheiten produzieren, wie es ihrem eigenen Anspruch angemessen wäre, sondern auch Aussagen über normative gesellschaftliche Fragen transportieren. So ist etwa die Aufklärung als bloßes Interesse an der Wahrheit des Wirklichen an die geschichtsphilosophische Erwartung gebunden, dass unter Bedingungen einer gelungenen, vollendeten Aufklärung Gerechtigkeit herrschen könne. Diese den eigenen Anspruch begleitenden und überschreitenden Erwartungen nannte L. *meta-récits* (»Metaerzählungen«) und erklärte, dass in der »Postmoderne« (die er als philosophischen Begriff einführte) das Ende dieser großen Erzählungen (wie etwa des Marxismus) gekommen sei. Zu Unrecht wurde er daraufhin als Vertreter des *anything goes* und v.a. von dt. Philosophen (Manfred Frank, →Jürgen Habermas) als Gefahr für die Vernunft angesehen.

Korrigiert wurde dieser Eindruck durch L.s philosophisch bedeutenderes Werk *Le Différend* ([Der Widerstreit] 1983). Die zentrale Einsichten von →Ludwig Wittgenstein, →Immanuel Kant und →Emmanuel Lévinas aufgreifende These lautet hier, dass ein unauflöslicher Widerstreit von einem rational auflösbaren Widerspruch zu unterscheiden ist. Ein Widerstreit besteht dann, wenn zwei Diskursarten miteinander in Konflikt geraten, ohne dass eine übergeordnete Regel diesen Streit schlichten kann. In einem Widerstreit geschieht einer der Lebensformen Unrecht, weil sie sich nicht ineinander übersetzen lassen und so jede Entscheidung zugunsten der einen oder der anderen parteiisch sein muss. So lässt sich für L. etwa die Auffassung einer kulturellen Minderheit, nicht ›anerkannt‹ zu sein, nicht vollständig in der Sprache liberaler

Grundrechte wiedergeben. Auch wenn die Mitglieder der Minderheit alle bürgerlichen Rechte genießen, bleibt ein Rest, der in diesen Rechten nicht aufgeht. Da die Metaregel fehlt, diesen Widerstreit im Konsens zu lösen, ist es nach L. die Aufgabe des Philosophen und anderer Intellektueller, für diesen Widerstreit zu »zeugen«. Werkzeuge solcher Zeugnisse sind v.a. Kunst und Literatur, wie L. in späteren essayistischen Werken und seinem Buch über Kants *Kritik der Urteilskraft* illustriert (*L'inhumain. Causeries sur le temps* [Das Inhumane. Plaudereien über die Zeit], 1988; *Leçons sur l'analytique du sublime* [Vorlesungen über die Analytik des Erhabenen], 1991).

Werke: R. Clausjürgens: Bibliographie zum Gesamtwerk J.-F. L.s, in: J.-F. L.: Der Widerstreit, 1987, 309–23.

Lit.: W. Reese-Schäfer: L. zur Einführung, [3]1995.

Thomas Bedorf

Ernst Mach

18.2.1838 Chrlice bei Brünn (heute Tschechien) – 19.2.1916 Haar bei München

1855–60 Studium der Mathematik u. Naturwissenschaften an der Univ. Wien
1864–67 Professor für Mathematik u. (seit 1866) Physik an der Univ. Graz
1867–95 Professor für Experimentalphysik in Prag; Forschungsgegenstand: Sinnesphysiologie
1895–01 Professor auf dem eigens für ihn gegründeten Lehrstuhl für Philosophie, insbesondere Geschichte u. Theorie der induktiven Wissenschaften, an der Univ. Wien

M. sah sich selbst nicht als Philosoph, sondern als Naturforscher. Er gilt als Hauptvertreter des Empiriokritizismus und Vordenker sowie zentrale Integrationsfigur des Logischen Empirismus des Wiener Kreises, der sich zunächst *Verein Ernst Mach* nannte. Wegen seiner kritischen

Auseinandersetzung mit der Newtonschen Mechanik wird er vielfach als Wegbereiter der allgemeinen Relativitätstheorie und der Überwindung des Newtonschen Paradigmas in der Physik angesehen. Weitere Bedeutung für die Physik erlangten seine Forschungen *Über Erscheinungen an fliegenden Projektilen* (1898) und der experimentelle Nachweis des Dopplereffekts (d.h. der relativen Veränderung der Schallwellenlänge eines sich bewegenden Objekts). In der Psychologie vertrat M. einen sinnesphysiologischen Ansatz, der wesentlich zur Entwicklung der Gestalttheorie (Zusammenfassung einzelner Wahrnehmungssplitter zu Ganzen z.B. Bildern bzw. Gestalten) beitrug und Einfluss auf Burrhus F. Skinners Behaviorismus ausübte. Darüber hinaus war M. ein bedeutender Bildungsreformer und Volksaufklärer, entschiedener Anhänger der Aufklärung und stand der österr. Sozialdemokratie nahe.

M. betrieb Wissenschaftsgeschichte, um Rückschlüsse auf die zeitgenössische Forschung ziehen zu können. In seiner *Mechanik* (1883) kritisierte er →Isaac Newtons Konzeption eines absoluten Raumes, absoluter Bewegung und absoluter Zeit als überflüssige metaphysische Zutaten. Diese physikalischen Größen seien vielmehr als Verhältnisse der beobachtbaren Körper zueinander zu bestimmen. Indem er so →George Berkeleys Kritik an Abstraktionen und Allgemeinbegriffen aktualisierte, betonte er zugleich, dass die Grundlage der Physik keine metaphysische, sondern eine sinnesphysiologische sein muss.

In den *Antimetaphysischen Vorbemerkungen* zur *Analyse der Empfindungen* (1886) erfuhr dieses Denken seine Konkretisierung: Sowohl die Körper der Außenwelt als auch der eigene Leib und die Psyche sind als Elemente der Empfindungen zu verstehen, die in einer durchgängigen Beziehung zueinander stehen und voneinander vollständig abhängig sind. Die Aufteilung in Elemente des Ich und Elemente der Außenwelt ist in M.s psychophysischem Monismus lediglich eine nachträgliche, die durch das gewohnheitsmäßige, vulgäre Denken erzeugt wird. Er zog daraus die radikale Konsequenz: »Das Ich ist unrettbar«. Sein phänomenalistischer Ansatz soll aber nicht ontologisch verstanden werden, sondern lediglich instrumentell als fruchtbare Methodenreflexion der Naturforschung.

In *Erkenntnis und Irrtum* (1905) fasste M. die Methoden und Ziele der wissenschaftlichen Forschung als »Anpassung der Gedanken an die Tatsachen« und als »Anpassung der Gedanken aneinander«. Diese zweite Bestimmung ermöglicht es dem wissenschaftlichen Denken, sich von einer Orientierung an rein praktischen Zwecken zu emanzipieren und eigenständige Fragestellungen zu entwickeln. Dennoch ist wissenschaftliches Denken ein Produkt natürlicher Prozesse; die Entwicklung von primitiven tierischen Instinkten zu den Wissenschaften ist eine kontinuierliche Reihe, die sich vollständig in die von der Evolutionstheorie beschriebene Entwicklung des Lebendigen einpasst. Entsprechend muss sich auch das wissenschaftliche Denken nach ökonomischen Prinzipien richten. Denkökonomie und Anpassung der Gedanken aneinander sind aber ebenfalls nicht als metaphysische Prinzipien zu verstehen, sondern als Instrumente, mit denen der Mensch sich in seiner Umwelt orientiert.

Werke: Einleitung in die Helmholtz'sche Musiktheorie, 1866. – Optisch-akustische Versuche, 1872. – Die Mechanik in ihrer Entwickelung, 1883. – Die Analyse der Empfindungen u. das Verhältnis des Physischen zum Psychischen, 1886. – Die Principien der Wärmelehre, 1896. – Populär-wissenschaftliche Vorlesungen, 1896. – Erkenntnis u. Irrtum, 1905. – Die Prinzipien der physikalischen Optik, 1921.

Lit.: R. Haller / F. Stadler (Hg.): E. M. Werk u. Wirkung, 1988. – D. Hoffmann / H. Laitko (Hg.): E. M. Studien u. Dokumente zu Leben u. Werk, 1991.

Michael Anacker

Niccolò Machiavelli

3.5.1469 Florenz – 21.6.1527 Florenz

14.7.1498	Wahl zum Vorsteher der zweiten Kanzlei der Republik Florenz
1498–1512	diplomatische Missionen in Italien, Frankreich, Deutschland
1512	Absetzung nach der Rückkehr der Medici nach Florenz
1512–21	›Exil‹ auf dem Landgut in San Casciano u. schriftstellerische Tätigkeit; Annäherung an die Medici
1521	Beauftragung mit der Abfassung der *Istorie fiorentine* durch die Medici
1527	in Diensten der letzten Republik Florenz

M. wird von manchen als Begründer der neuzeitlichen Politiktheorie schlechthin betrachtet. Insbesondere sein erstes Hauptwerk *De principatibus / Il principe* ([Der Fürst] 1531) zählt zu den meistgedruckten Büchern der Weltliteratur. M. habe ›Realismus‹, ›Realpolitik‹ und den nach ihm benannten ›Machiavellismus‹ in die Politik eingeführt, er sei Begründer von Despotismus-Theorien gewesen. Diese Einschätzung baut im Wesentlichen auf wenigen Passagen aus dem *Principe* auf und wird M. als Person und Autor nicht gerecht. Denn zum einen war er Anhänger der republikanischen Regierungsform, was das Streben nach einem Klientelverhältnis bei den Medici nicht ausschloss. Zum anderen ist sein Werk nicht auf Politiktheorie beschränkt, er war auch Lyriker, Dramatiker und Kriegstheoretiker. Seine geschichtliche Wirkung entfaltete M. jedoch v.a. mit seinen politischen Schriften.

Seit dem 16. Jh. ist umstritten, ob und – wenn – welchen spezifischen, ›neuen‹ Beitrag M. zur politischen Philosophie geleistet hat. Unzweifelhaft speisen sich viele Elemente und manche wörtliche Passage aus den Werken antiker Philosophen und Historiker (Polybius, →Aristoteles, Livius u.v.a.). Gleichwohl wurde M. als neu und unerhört wahrgenommen – von ersten geistlichen Lesern wie Reginald Pole im 16. Jh. bis hin zu König Friedrich II. von Preußen im 18. Jh.

M. war kein deduktiver Systematiker und entwickelte kein philosophisches System. Charakteristisch für seine Philosophie ist vielmehr sein methodischer Anspruch, die Politik als eine an antiken Vorbildern geschulte Erfahrungswissenschaft zu begründen, den M. in seinem zweiten Hauptwerk, den *Discorsi sopra la prima deca di Tito Livio* ([Erörterungen über die erste Dekade von Titus Livius] 1532), formulierte. Ziel ist dabei eine Analyse gegenwärtiger und vergangener politischer Handlungssituationen, um hieraus Regelmäßigkeitsannahmen für Prognose und Planung zukünftiger ähnlicher Zusammenhänge liefern zu können. Die Geschichte – wie das Werk des Livius – war für M. Material ebenso empirischer Forschung wie der zu sezierende Körper für den Mediziner. Voraussetzung hierfür ist ein Geschichtsbild, das grundsätzlich die Gleichheit aller Zeiten und der anthropologischen Dispositionen voraussetzt. M.s Übernahme des Modells eines Verfassungswandelszyklus (*anakyklosis*), wie es Polybius entworfen hatte, ist dabei nur Ausdruck dieses Geschichtsbildes, nicht aber seine Essenz. Die Problematik, welchen Gültigkeitsgrad empirisch ermittelte ›Gesetze‹ (*regole*) haben, reflektierte M. unter der Frage, welchen Anteil *fortuna* (›Glück‹, ›Schicksal‹) an unseren Handlungen habe. Effekt dieser Methode ist ein funktionalistisches Denken, das im Bereich der politischen Praxis und der deliberativen (d.h. auf Entscheidungsfindungen zielenden) Rhetorik üblich, im Bereich von ›Politik‹ als normativem gelehrtem Diskurs aber etwas Neues war. M.s Form politisch-historischer Analyse führte zu provokanten Feststellungen über die Funktionalität von Grausamkeiten, zur funktionalen Äquivalenz von Schein und Sein – also zu dem, was heute ethisch und meist abwertend als ›Machiavellismus‹ bezeichnet wird.

Werke: Edizione nazionale delle opere, hg. v. F. Bausi [u.a.], 2001ff. – Opere, hg. v. C. Vivanti, 3 Bde., 1997–2005. – SW, hg. v. J. Ziegler, 8 Bde., 1832–41.

Lit.: J. G. A. Pocock: The Machiavellian Moment, 1975. – H. Münkler: M., 1982. – G. Procacci: M., 1995. – T. Ménissier: M., 2001. – D. Hoeges: N. M. Die Macht u. der Schein, 2000. – M. Vatter: Between Form and Event, 2000. – D. Hoeges: N. M. Dichter Poeta, 2006. – C. Zwierlein: Discorso u. Lex Dei, 2006.

Cornel Zwierlein

Nicolas Malebranche

6.8.1638 Paris – 13.10.1715 Paris

1654–56	Philosophiestudium am Pariser Collège de la Marche
1656–59	Theologiestudium an der Sorbonne (abgebrochen)
1660	Beitritt zur Kongregation der Oratorianer in Paris
1664	Priesterweihe
seit 1683	Streit mit →Antoine Arnauld über die Natur der Ideen u. der Gnade
1699	Ehrenmitglied der Académie Royal des Sciences

M. gilt als bedeutender, aber unorthodoxer Anhänger der cartesischen Philosophie im späten 17. u. frühen 18. Jh. Seine Abneigung gegen den Aristotelismus entfernte ihn von der akademischen Welt seiner Zeit. Im Pariser Oratorium wurde er insbesondere mit →Augustins Lehre vertraut. Nach begeisterter Lektüre der Schriften →René Descartes' 1664 suchte er seine beiden philosophischen Autoritäten zu einer Synthese zu bringen. Seine originellen Ergebnisse allerdings stießen bei anderen Descartes-Anhängern auf Widerstand. M. pflegte Briefkontakte mit vielen Gelehrten, u.a. mit →Gottfried Wilhelm Leibniz.

M.s philosophisches Hauptwerk ist seine Erstschrift *De la recherche de la vérité* ([Von der Suche nach der Wahrheit] 2 Bde., 1674/75), deren Ergebnisse er in seinen späteren Arbeiten (z.B. *Traité de la nature et de la grâce* [Abhandlung über die Natur und die Gnade], 1680; *Entretiens sur la métaphysique et sur la religion* [Unterhaltungen über Metaphysik und Religion], 1688) weiter entfaltete. Ausgangspunkt von M.s »Suche nach der Wahrheit« ist Augustins Gedanke der vollständigen Abhängigkeit aller Geschöpfe von Gott, der als einziger eine kausale Rolle in der Welt spiele. Da M. Descartes' dualistische Ontologie übernimmt, nach der Materie und Geist andersartige Substanzen sind, äußert sich die Gottesabhängigkeit der Geschöpfe aus seiner Sicht sowohl im Bereich des Naturmechanismus als auch in dem der menschlichen Erkenntnis. Dieser Überzeugung tragen einerseits M.s Occasionalismus, andererseits seine Ideentheorie Rechnung.

Der Occasionalismus beruht auf der These, dass Gott die einzige Ursache aller Naturereignisse ist. Denn: »Eine wahrhafte Ursache liegt erst dann vor, wenn der Geist zwischen ihr u. ihrer Wirkung eine notwendige Beziehung erkennt.« Eine solche Beziehung lässt sich aber nur bei Gott erkennen, denn allein angesichts seiner Allmacht ist es »ein Widerspruch, dass [...] was er will, nicht geschieht«. Alle endlichen Ursachen sind somit dem Occasionalismus zufolge nur »Gelegenheitsursachen«: Beim Vorliegen einer Kausalbeziehung zwischen zwei Ereignissen ist es Gott, der anlässlich des ersten (›Ursache‹) das zweite (›Wirkung‹) hervorbringt. Eine Folge des Occasionalismus ist die These, dass auch alle Kausalbeziehungen zwischen körperlichen u. mentalen Zuständen von Gott vermittelt sind.

Gott ist aus M.s Sicht nicht nur die direkte Ursache aller körperlichen und mentalen Zustände, sondern auch direkte Quelle aller Erkenntnis. Diese These ist der Kern von M.s Ideentheorie: Unser immaterieller Geist kann materielle Gegenstände nur mit Hilfe von ›Ideen‹ erkennen, die aber keine mentalen Zustände sind, sondern abstrakte Entitäten in Gott, d.h. ewige »Essenzen« der von Gott erschaffenen Gegenstände. Daher erkennen wir Gegenstände erst insofern, als wir deren Ideen in Gott erfassen: »Wir sehen alle Dinge in Gott«. Da aber der Geist laut M. passiv ist, erfassen wir die Ideen nur deshalb, weil Gott sie uns offenbart. Die Welt ist uns deshalb kognitiv zugänglich, weil Gott das ermöglicht.

Werke: Œuvres Complètes, hg. v. A. Robinet, 20 Bde., 1958–84.

Lit.: M. Gueroult: M., 3 Bde., 1955–59. – A. Robinet: Système et existence dans l'œuvre de M., 1965. – F. Alquié: Le cartésianisme de M., 1974. – D. Radner: M., 1978. – N. Jolley: The Light of the Soul, 1990. – S. Nadler (Hg.): The Cambridge Companion to M., 2000. – A. Pyle: M., 2003. – D. Moreau: M., 2004.

Paolo Rubini

Marc Aurel

26.4.121 Rom – 17.3.180 vermutlich Vindobona (Wien)

140	1. Konsulat
145	2. Konsulat
161	M. A. wird mit Lucius Verus Nachfolger seines Adoptivvaters, des Kaisers Pius
162–75	Parther- u. Markomannenkriege
169	Tod von Lucius Verus
175–80	weitere, auch politische Aufstände (Avidius Cassidus) u. Kriege

Der röm. Kaiser M. A. war der letzte bedeutende röm. Stoiker. →Niccolò Machiavelli und Edward Gibbon bezeichneten ihn trotz seiner Verfolgung der Christen als letzten der »fünf guten Kaiser«, für viele spätere Staatsmänner wie den preuß. König Friedrich II. und im 20. Jh. etwa Helmut Schmidt war er Vorbild. Von M. A.s umfassender Bildung, die er bei berühmten Lehrern erhielt, zeugt sein teilweise erhaltener Briefwechsel sowie sein philosophisches Werk, das 1578 erstmals ediert wurde und ihn bald zu einem der meistgelesenen Autoren der antiken Philosophie machte. Von der akademischen Forschung lange vernachlässigt, fand M. A. im Rahmen der Rehabilitierung der praktischen Philosophie und der philosophischen Lebenskunst, u.a. durch Pierre Hadot und →Michel Foucault, in letzter Zeit neues Interesse.

M. A.s *Selbstbetrachtungen* (*Ad se ipsum*) entstanden in seinem letzten Jahrzehnt und enthalten häufige Anspielungen auf das Alter und den nahen Tod ihres Verfassers. Ihre Form ist in der Antike einzigartig: Bei den *Selbstbetrachtungen* handelt es sich nicht um einen Traktat, sondern um 590 strukturlose Einträge, die später in 12 Bücher eingeteilt und betitelt wurden. Die ersten 17 Kapitel listen positive Eigenschaften auf, für die M. A. Familienmitglieder und Lehrer als Exempel dienten. Der Stil ist aphoristisch, die (griech.) Sprache eloquent, poetisch, z.T. in Wortwahl und Metaphorik originell, aber auch elliptisch (durch Auslassungen gekennzeichnet). Obwohl M. A. schulphilosophische Erörterungen vermied, verwendete er teilweise ein spezifisch philosophisches Vokabular. Er konzentrierte sich auf die lebenspraktische und therapeutische Bedeutung der stoischen Philosophie (bes. der Physik), die er durch das autobiographische Schreiben einüben wollte. Gegen →Epikurs Atomlehre nahm M. A. eine allumfassende Vernunft und Natur an, die in allem präsent ist und alles zu einem planvollen Ganzen zusammenfügt. Der Mensch ist Teil des Ganzen und darf sich in Denken, Fühlen und Handeln nicht von diesem lösen. Entsprechend betonte M. A. den Gemeinschaftsgedanken: Individuen sollten für das Ganze und gemeinsam agieren. Pflicht, soziale Verantwortung und Nachsicht gegenüber anderen werden wiederholt angemahnt. Der Tod ist kein Übel, sondern ein natürliches Phänomen, weil auch die Seele in Elemente aufgelöst wird, die dann wieder neu zusammengesetzt werden. Alles, auch der Ruhm, unterliegt Wandel und Veränderung und ist daher vergänglich und wertlos. Resignation und gleichmütiges Vertrauen auf die Vorsehung wechseln sich bei M. A. ab.

Werke: Ad se ipsum, hg. v. J. Dalfen, ²1987. – Wege zu sich selbst, griech./dt., hg. u. übers. v. V. R. Nickel, ²2001.

Lit.: A. R. Birley: M. A., 1968. – R. B. Rutherford: The Meditations of M. A., 1989. – P. Hadot: La citadelle intérieure. Introduction aux Pensées de M. A., 1996. – M. Foucault: L'Herméneutique du sujet (1981/82), 2001.

Marcel van Ackeren

Herbert Marcuse

19.7.1898 Berlin – 29.7.1979 Starnberg

1918–22	Studium der Germanistik, Philosophie u. Nationalökonomie in Berlin u. Freiburg i.Br.
1922	Promotion zum Dr. phil. an der Univ. Freiburg i.Br.
1922–28	Buchhändler in Berlin
1928–32	Fortsetzung des Studiums bei →Edmund Husserl u. →Martin Heidegger; ein Habilitationsprojekt bei Letzterem scheitert an politischen Differenzen u. dem aufkommenden Nationalsozialismus
1933	Mitarbeiter am Frankfurter Institut für Sozialforschung; Emigration über die Schweiz in die USA (amerik. Staatsbürger 1940)
1942–50	Tätigkeit am Office of War Information u. Office of Secret Services der US-Regierung in Washington
1954–69	Professor für Politikwissenschaft an der Brandeis Univ. in Waltham/Massachusetts u. der Univ. of California in San Diego; Gastvorträge u.a. in Frankfurt a.M. u. an der Freien Univ. Berlin

Der dt.-amerik. Sozialphilosoph M. zählt neben →Theodor W. Adorno und →Max Horkheimer zu den Begründern und bedeutendsten Vertretern der Kritischen Theorie. Er setzte sich produktiv mit dem Dt. Idealismus (v.a. →Friedrich Wilhelm Joseph Schelling und →Georg Wilhelm Friedrich Hegel), dem Marxismus und der Psychoanalyse →Sigmund Freuds auseinander und avancierte zum philosophischen Repräsentanten und Ideengeber der undogmatischen Linken in den USA und Westeuropa. M.s praktisches Engagement wurde von anderen Vertretern der Kritischen Theorie mit skeptischer Distanz verfolgt. Seine Analysen zur bürgerlich-kapitalistischen Industrie- und Wohlstandsgesellschaft inspirierten die 1968er Studentenbewegung. Als international bekannter Intellektueller engagierte sich M. vehement gegen den Krieg in Vietnam und unterstützte die Neuen Sozialen Bewegungen der 1970er Jahre, auf deren Akteure seine Philosophie großen Einfluss ausübte.

M.s Denken richtete sich gegen die Dominanz der instrumentellen, eindimensionalen Vernunft, d. h. einer allein nach dem ökonomischen Leistungsprinzip durchrationalisierten Welt. Seine kritische Gesellschaftstheorie macht – bei allen Diskontinuitäten – stets das Individuum zum Ausgangspunkt und Maßstab jeder Analyse. Es soll vom Zugriff autoritär-repressiver Staatlichkeit und vor Formen psycho-sozialer Kontrolle wie entfremdeter Lohnarbeit, massenmedialer Manipulation und falschen Bedürfnissen befreit werden.

In seinem ersten Hauptwerk, *Eros and Civilization* (1955; dt. *Triebstruktur und Gesellschaft*, 1957), unternahm M. den Versuch einer materialistischen Reformulierung der Psychoanalyse Freuds und betonte unter Rückgriff auf die ästhetischen Theorien Friedrich Schillers und →Immanuel Kants die Rolle von Phantasie, Lust und Spiel als Kräften, die das »Realitätsprinzip« (Freud) transzendieren. In seinem zweiten Hauptwerk, *One-Dimensional Man* (1964; dt. *Der eindimensionale Mensch*, 1967), ging er von zwei Werturteilen aus: 1. dass das menschliche Leben in der Gegenwart »lebenswert ist oder vielmehr lebenswert gemacht werden kann oder sollte« und 2. dass in der gegebenen Gesellschaft im Zuge des wissenschaftlich-technischen Fortschritts ein global befriedetes, gelungenes und glückliches menschliches Dasein möglich ist.

Vor diesem Hintergrund formulierte M. das Leitbild

einer gesellschaftlichen Alternative und eine Kritik am Faktischen, das eine »Große Weigerung« intendieren möchte und auf dem Entwurf einer neuen Anthropologie fußt. M.s emphatischer Subjektbegriff kulminiert im nicht unproblematischen Bild vom »neuen Menschen« (*Der Mensch in einer sozialisierten Welt*, 1966). Sein Aufsatz über »Repressive Toleranz« (1965) war stark umstritten und einflussreich zugleich, da er für unterdrückte Minderheiten ein »›Naturrecht‹ auf Widerstand« postulierte, das auch außergesetzliche Protestformen einschloss.

Werke: Schriften, 9 Bde., 1978–87. – Nachgelassene Schriften, hg. v. P.-E. Jansen, 6 Bde., 1998–2007.

Lit.: J. Habermas (Hg.): Antworten auf H. M., 1968. – H. Jansohn [u. a.]: H. M., 1988. – R. Behrens: Übersetzungen. Studien zu H. M., 2000. – H. Brunkhorst / G. Koch: H. M. Eine Einführung, 2005.

Robert Hodonyi

Marius Victorinus

zwischen 290 u. 300 in Afrika – um 386 Rom

M. V. war Rhetorikprofessor in Rom und einer der führenden Rhetoren seiner Zeit. Bedeutung erlangte er v. a. als Vermittler der griech. Philosophie. So übersetzte er die Werke der Neuplatoniker →Plotin und →Porphyrius (*Isagoge*) ins Lateinische und kommentierte →Aristoteles (*Kategorien* und *De interpretatione*) und →Cicero (*Topik* und *Rhetorik*). Der Schwerpunkt seines Werks, das u. a. Augustinus beeinflusste, liegt in den Gebieten von Rhetorik, Grammatik und Logik (*De definitionibus*, *De syllogismis hypotheticis*). Darüber hinaus verfasste er nach seiner Konversion zum Christentum nach 353 Abhandlungen gegen den Arianismus und den Manichäismus (*Adversus Arium*, *Ad Candidum*) sowie Pauluskommentare.

Gemäß den neuplatonischen Zentralternaren – Sein, Leben, Denken und Bleiben, Hervorgang, Rückwendung –, die M. V. auf die Trinität anwandte, deutete er Gott als unhintergehbare, transzendente Überfülle von Sein und Nichtsein, als Prinzip ohne Prinzip über Denken und Wahrheit, als reines Sein, reine Existenz und auch Nichtexistenz sowie als allmächtige Potenz. Keine konkrete Bestimmung ist von Gott aussagbar. Den mit dem Vater konsubstantialen Sohn/Logos begriff er als Leben, Erscheinungs- und Vermittlungsbewegung, Schöpfungswillen und -ort sowie Fülle der Ideen. Erst der Geist vollzieht und vollendet die formhafte Erkenntnis und das bestimmte Denken, indem er – als innere Copula (d.h. innere Verbindung) Gottes – die Rückwendung des Sohnes zum Vater bewerkstelligt. Jede Person realisiert für M. V. jedoch die göttliche Allheit, nur eben ihrer speziellen Seinsweise entsprechend. Den endlichen Dingen, in denen die göttliche Dreiheit (Gottvater, Heiliger Geist, Jesus Christus) anwesend ist, wird Gott nicht in seinem Wesen, sondern allein in seinen Wirkungen zugänglich.

Werke: Opera theologica, hg. v. A. Locher, 1976.

Lit.: P. Hadot: Porphyre et V., 1968. – P. Hadot: M. V., 1971. – M. Baltes: M. V., 2002.

Dirk Cürsgen

Marsilius von Inghen

um 1340 Nijmegen (Niederlande) – 20.8.1396 Heidelberg

1362–79 Magister der Pariser Artesfakultät
1366 Beginn des Theologiestudiums in Paris
1367 u. 1371 Rektor der Univ. Paris
1369 u. 1377/78 Botschafter der Univ. Paris am päpstlichen Hof
1382 Besuch in Nijmegen
1386 Gründungsrektor der Univ. Heidelberg
1386–96 Magister der Heidelberger Artesfakultät

1386–92 u. 1396 Rektor der Univ. Heidelberg
1389/90 Botschafter der Univ. Heidelberg am päpstlichen Hof
1396 Abschluss des Theologiestudiums in Heidelberg

M. v. I. ist einer der wichtigsten Vertreter des spätmittelalterlichen Nominalismus, der durch seine scharfen Analysen und klaren Darstellungen bereits zu Beginn seiner Karriere für volle Hörsäle sorgte und mit seinen Schriften über mehrere Generationen hinweg in breiten Kreisen große Wirkung erzielte. Sein Geschick als Unterhändler brachte ihm bedeutende akademische Ämter ein. Den Höhepunkt seiner praktischen Laufbahn bildete die Tätigkeit als Gründungsrektor der Universität Heidelberg. Philosophisch führte er die Ansätze des →Wilhelm von Ockham und →Johannes Buridan auf den Gebieten der Logik, Naturphilosophie und Metaphysik weiter. In seiner Theologie lassen sich Spuren des Denkens →Thomas von Aquins und →Bonaventuras aufweisen. M.s Schriften wurden bis in die Frühe Neuzeit immer wieder gedruckt und in der universitären Lehre eingesetzt. Autoren wie Leonardo da Vinci und Galileo Galilei nahmen Bezug auf seine Werke.

In seinen Kommentaren zu den logischen Schriften des →Aristoteles (*ars vetus* und *ars nova*) vertrat M. die These, dass es keine extramentalen (außerhalb des Geistes sich befindenden) Universalien gibt. Die Wirklichkeit besteht nur aus Individuen. Allgemeinheit ist lediglich eine Eigenschaft von bestimmten Worten und Begriffen, die besagt, dass diese auf mehrere Individuen verweisen können. Diese These führte er in seinem Kommentar zu den physischen Werken des Aristoteles und zur Metaphysik weiter aus. Mit Aristoteles ist M. der Meinung, dass die verschiedenen Wissenschaften nur vom Allgemeinen und vom Notwendigen handeln können, und zieht daraus den Schluss, dass der Gegenstand der jeweiligen Wissenschaften nicht die Dinge in der Wirklichkeit sein können, sondern nur die notwendigen und allgemeinen Sätze, die von diesen Dingen handeln. M. unterschied somit zwischen der Wirklichkeit und dem Sprechen über die Wirklichkeit. Diese Trennung spielte auch in seiner Theologie eine fundamentale Rolle. Die Tatsache, dass der Mensch unterschiedliche Prädikate wie ›gut‹ und ›weise‹ von Gott aussagt, bedeutet nicht, dass diesen Prädikaten auch unterschiedliche Realitäten in Gott entsprechen. M. hielt – wie Wilhelm von Ockham – streng an der göttlichen Einfachheit fest.

Werke: Treatises on the Properties of Terms, hg. v. E. P. Bos, 1983. – Quaestiones super quattuor libros Sententiarum, hg. v. M. Santos Noya, 2 Bde., 2000. – M. J. F. M. Hoenen: M. v. I. Bibliographie, in: Bulletin de Philosophie Médiévale 31 (1989), 150–67 u. 32 (1990), 191–95.

Lit.: M. J. F. M. Hoenen: M. of I. Divine Knowledge in Late Medieval Thought, 1993. – S. Wielgus (Hg.): M. v. I. Werk u. Wirkung, 1993. – M. J. F. M. Hoenen / P. J. J. M. Bakker (Hg.): Philosophie u. Theologie des ausgehenden Mittelalters, 2000. – M. E. Reina: Hoc Hic et Nunc. Buridano, M. di I. e la Conoscenza del Singolare, 2002.

Maarten J. F. M. Hoenen

Marsilius von Padua

um 1285/90 Padua (Italien) – vor dem 10.4.1343 München

Studium der Artes, Theologie u. Medizin, zuletzt an der Sorbonne, Paris
1312/13 Magister artium u. Rektor der Univ. Paris
1319/20 in Diensten ›ghibellinischer‹ Kommunen
1326 Flucht aus Paris an den Hof des dt. Herrschers Ludwig des Bayern
1327–30 Teilnahme an Ludwigs Zug nach Rom u. an dessen dortiger Kaiserkrönung
1327 Verurteilung als Ketzer durch Papst Johannes XXII. in Avignon
1328 Teilnahme an der Wahl des kaiserlichen Gegenpapstes Nikolaus (V.) in Rom

1328/29 kaiserlicher Vikar für geistliche Angelegenheiten in (Mailand u.) Rom
1330–43 Hofarzt u. Berater des Kaisers in München

M. übte als Arzt und Berater Kaiser Ludwigs des Bayern politischen Einfluss aus, etwa als er diesen in der Scheidungsaffäre der Gräfin von Tirol, Margarete »Maultasch«, 1342 beriet, wenngleich der Kaiser einen anderen Lösungsweg als den geratenen einschlug. Im 15 Jh. gaben seine Schriften dem Konziliarismus wichtige Stichworte. Im 20. Jh. avancierte M. aufgrund seiner von einer originellen Aristotelesinterpretation geprägten Staatstheorie zu einem ›Klassiker‹ der politischen Philosophie. Sein *Defensor pacis* ([Verteidiger des Friedens] 1324) wurde in zahlreiche moderne europ. Sprachen übersetzt und in vielen Monographien und Aufsätzen untersucht.

In seinem Hauptwerk, dem *Defensor pacis*, wies M. entschieden jeden weltlichen Herrschaftsanspruch der Kirche ab und analysierte mit aristotelischen Begriffen die verschiedenen Verfassungstypen seiner Zeit – das röm.-dt. Reich (*imperium*) ebenso wie das frz. Königreich (*regnum*) und die oberital. Kommunen (*civitates*) –, um der von ihm diagnostizierten »Krankheit« der politischen Systeme abzuhelfen. Politik ist und bleibt Gemeinschaftsaufgabe, nicht Herrschaft zur Unterdrückung der Sünde. Das Mängelwesen ›Mensch‹ entgeht ausschließlich im sozialen Verband der Not, die bereits aus äußerer Beanspruchung erwächst. Entsprechend müssen die Regeln gesellschaftlichen Zusammenlebens als »Gesetze« aus der zwingenden Gewalt (*potestas coactiva*) eines dazu kompetenten Gesetzgebers erlassen und durchgesetzt werden, um das Überleben der Gesamtheit zu sichern. Als Gesetzgeber wird von M. »allein die Gesamtheit der Bürger oder ihr wichtigerer Teil« identifiziert, die diese Kompetenz freilich an den Herrscher delegieren können. Der weltliche Gesetzgeber muss kirchlichen Weisungen und selbst göttlichem Recht durch ausdrückliche gesetzlich-formelle Übernahme allererst Geltung im Staatsleben verschaffen. An seinem Lebensende präzisierte M. (gegen →Wilhelm von Ockham) im *Defensor minor* (um 1340/43) seine Auffassungen über staatliche Hoheitsrechte: Rechtsherrschaft (*iurisdictio*) steht allein dem weltlichen Fürsten, nicht kirchlichen Prälaten zu.

Lit.: A. J. Gewirth: M. of P. and Medieval Political Philosophy. 1951. – C. Pincin: M., 1967. – C. Dolcini: Introduzione a M. da P., 1995. – C. J. Nederman: Community and Consent, 1995. – R. Battocchio: Ecclesiologia e politica in M. da P., 2005. – G. Garnett: M. of P. and »The Truth of History«, 2006. – G. Moreno-Riaño (Hg.): The World of M. of P., 2007. – J. Miethke: Politiktheorie im Mittelalter, ²2008.

Jürgen Miethke

Karl Marx

5.5.1818 Trier – 14.3.1883 London

1835–41 Studium der Jurisprudenz u. Philosophie in Bonn u. Berlin
1841 Promotion in Philosophie in Jena
1842/43 Redakteur der *Rheinischen Zeitung*
1843 Umzug nach Paris
1844 Beginn der Zusammenarbeit mit →Friedrich Engels
1845 Ausweisung aus Frankreich, Umzug nach Brüssel
1847 Mitglied des »Bundes der Kommunisten«
1848 Ausweisung aus Belgien; Chefredakteur der *Neuen Rheinischen Zeitung* in Köln
1849 Emigration nach London
1852–61 Korrespondent für amerik. u. europ. Zeitungen
1864–72 Mitglied des Generalrats der Internationalen Arbeiter-Assoziation

M. ist der bis heute politisch wirksamste Kritiker der kapitalistischen Gesellschaftsformation. Geprägt durch die Erfahrung der rasanten Entwicklung des Industriekapitalismus in Europa und ihrer sozialen Folgen, entwickelte er die Grundzüge seiner Philosophie v.a. in Auseinandersetzung mit →Georg Wilhelm Friedrich Hegel, den Junghegelianern und →Ludwig Feuerbach sowie mit der klassischen politischen Ökonomie von →Adam Smith bis David Ricardo. M. stand mit zahlreichen politisch engagierten Intellektuellen in Kontakt. Berühmt ist seine enge Freundschaft und Zusammenarbeit mit →Friedrich Engels.

In seiner Philosophie der Arbeit unterschied M. eine anthropologisch-physische und eine gesellschaftliche Seite der Arbeit; erstere konstituiert das Verhältnis des Menschen zur Natur, den notwendigen Stoffwechsel mit ihr, ist aber zugleich Vergegenständlichung des menschlichen Gattungswesens. Allerdings reproduzierten die Menschen in ihrer Arbeit auch deren konkrete, historisch gewordene, gesellschaftlich-ökonomische Bedingungen. Nach M. ist im Kapitalismus die Arbeit entfremdet, insofern das Verhältnis des Menschen zum Produkt, zur Tätigkeit, zur Natur, zur Gattung und zu seinen Mitmenschen entfremdet ist (*Ökonomisch-philosophische Manuskripte*, 1844; *Die deutsche Ideologie*, 1845/46; *Das Kapital*, Bd. 1, 1867).

M.s Geschichtsphilosophie ist einerseits geprägt von der Vorstellung der Geschichte als einer Abfolge von Klassenkämpfen, die im kämpferischen Gegensatz der Interessen von Proletariat und Bourgeoisie ihren Höhepunkt finden; andererseits kritisierte er die bisherige Geschichte als naturgesetzlich ablaufenden Prozess, in dem die fortschreitenden Produktivkräfte (v.a. Technik) in unlösbare Widersprüche geraten zu jeweils bestehenden Produktions- und Eigentumsverhältnissen (»Basis«) sowie entsprechenden gesellschaftlichen Bewusstseinsformen (»Überbau«), die folglich umgestaltet werden müssen. Auf diese Weise wird M. zufolge eine neue Stufe der Gesellschaftsformation erreicht (*Kommunistisches Manifest*, 1848; *Zur Kritik der politischen Ökonomie*, Vorwort, 1859).

M. betonte die Notwendigkeit einer Aufhebung der

Philosophie (als bloßer Interpretation) und ihre Transformation in Praxis (als Veränderung der Welt) (*Zur Kritik der Hegelschen Rechtsphilosophie*, 1844; *Thesen über Feuerbach*, 1845). Seine eigene Philosophie wird letztlich zur Kritik der politischen Ökonomie, die sowohl eine Kritik der theoretischen Fundamente der gleichnamigen bürgerlichen Wissenschaft (heute Volkswirtschaftslehre) als auch – durch Nachweis von deren destruktivem Wesen – eine Kritik der kapitalistischen Produktionsweise und Gesellschaftsformation (*Das Kapital*, 3 Bde., 1867–94) zu sein beansprucht.

Werke: M.-Engels-GA (MEGA), hg. v. d. Internationalen M.-Engels-Stiftung, 114 Bde. in 4 Abteilungen, 1975ff. – M.-Engels-Werke (MEW), hg. v. Institut für Marxismus-Leninismus, 42 Bde., 1956–62.

Lit.: A. Arndt: K. M. Versuch über den Zusammenhang seiner Theorie, 1985. – G. Labica (Hg.): Kritisches Wörterbuch des Marxismus, 8 Bde., 1983–89. – M. Heinrich: Kritik der politischen Ökonomie, [2]2004.

Peggy H. Breitenstein

George Herbert Mead

27.2.1863 South Hadley/Massachusetts (USA) – 26.4.1931 Chicago (USA)

1879–83	Studium am Oberlin College; anschließend Berufstätigkeit als Lehrer u. Vermessungsingenieur
1887	Philosophiestudium an der Harvard Univ.
1888/89	Studium in Leipzig (u.a. bei Wilhelm Wundt) u. Berlin (u.a. bei →Wilhelm Dilthey)
1891–94	Dozent an der Univ. Michigan
seit 1894	Professor für Philosophie u. Sozialpsychologie an der Univ. Chicago

M. zählt zu den wichtigsten Vertretern der Philosophie des amerik. Pragmatismus. In kritischer Auseinandersetzung mit der durch seinen Lehrer Josiah Royce vermittelten Philosophie →Georg Wilhelm Friedrich Hegels, der Evolutionstheorie →Charles Darwins und der behavioristischen Psychologie bzw. ihrer Kritik durch seinen Kollegen und Freund →John Dewey versuchte M., die traditionellen philosophischen Fragen nach der Genese des (reflexiven) menschlichen Bewusstseins (bzw. des »Selbst«) durch Rückbezug auf die Sozialität des Menschen und seine Teilnahme an symbolisch vermittelten Interaktions- und Kommunikationsprozessen zu erklären. Dadurch wurde M. einer der Gründerväter der Soziologie und der soziologischen Sozialpsychologie, wo sein theoretischer Einfluss noch heute kaum zu überschätzen ist. Insbesondere die Positionen des Symbolischen Interaktionismus und der pragmatistischen Soziologie beziehen sich auf M.s Werk als einer Art Gründungsdokument.

M. veröffentlichte zu Lebzeiten keine Monographie. Sein Hauptwerk *Mind, Self, and Society from the Standpoint of a Social Behaviorist* ([Geist, Identität und Gesellschaft vom Standpunkt eines Sozial-Behavioristen] postum hg. v. Charles W. Morris, 1934) beruht auf Vorlesungsmitschriften. Im Zentrum steht die Frage, wie sich ein »Selbst« (im Sinne eines reflexiven Bewusstseins) entwickeln kann. M. betonte die besondere Funktion von Symbolen als wesentlichen Medien der menschlichen Kommunikation, die es erlauben, die Perspektive des Anderen zu erfassen und eine reflexive Haltung zu sich selbst zu gewinnen. Symbole, wie die Sprache, weisen nach M. im Unterschied zu den rein behavioralen Gesten tierischer Kommunikation signifikante, gemeinsame Bedeutungen auf, die eine Perspektivenübernahme (*taking the role of the other*) möglich machen und es erlauben, auf dem Wege der Vorwegnahme der Reaktion der Anderen eine selbstreflexive Einstellung zu entwickeln. Die verschiedenen funktionalen Einheiten eines solchen »Selbst« bezeichnete M. als das *I* und das *Me*. Das *I* ist jene funktionale Einheit, die in einer spontanen und kreativen Weise bestimmte Verhaltensantriebe und Handlungsmöglichkeiten entwirft; das *Me* ist jene Instanz, die die Dispositionen des *I* unter Rekurs auf soziale Regeln kontrolliert.

M. ergänzte diese Untersuchungen durch Überlegungen zur ontogenetischen (d.h. jeweils individuellen) Entwicklung des »Selbst« im Kontext von Interaktionspraktiken, die unterschiedliche Normengeneralisierungen aufweisen. In den ebenfalls postum edierten Aufsatzsammlungen *The Philosophy of the Present* ([Die Philosophie der Gegenwart] hg. v. Arthur E. Murphy, 1932) und *The Philosophy of the Act* ([Die Philosophie der Handlung] hg. v. Charles W. Morris u.a., 1938) vertiefte M. eine Reihe unterschiedlicher Punkte seiner Philosophie und Sozialpsychologie. Von besonderem Einfluss sind seine Anregungen zu einer »Philosophie der Ereignisse« und der »Emergenz von Neuem«.

Lit.: H. Joas: Praktische Intersubjektivitat, 1989. – H. Wenzel: G. H. M. zur Einführung, 1990. – M. Aboulafia (Hg.): Philosophy, Social Theory, and the Thought of G. H. M., 1991. – F. Carreira Da Silva: G. H. M. A Critical Introduction, 2007.

Rainer Schützeichel

Mechthild von Magdeburg

um 1207/08 bei Magdeburg – 1282/94 Kloster Helfta/Eisleben

seit 1230 Begine in Magdeburg
seit 1270 Lehrmeisterin im Kloster Helfta

M. war eine treibende Kraft der Armutsbewegung im 13. Jh. Die Theologin, Philosophin, Poetin und Begine adliger Herkunft reflektierte die tiefgreifenden Umbrüche ihrer Zeit, fragte nach geistlichen Ressourcen in Erfahrungen von Armut, riskierte kritische Worte gegenüber (kirchen-) politisch Mächtigen und besang das Geheimnis des

Lebens, das dem überall lauernden Tod widersteht. Ihre Poesie der Gottesminne (Gottesliebe) brachte der dt. Sprache einen Entwicklungsschub und gilt heute als Weltliteratur. Nachhaltigen Einfluss übte sie auf Gertrud von Helfta und auf → Eckhart von Hochheim aus.

M.s Werk *Das fließende Licht der Gottheit* (nach 1250) ist ein theologisch-philosophisches Meisterwerk mit Weisheitssprüchen, Abhandlungen, Visionen, Gebeten und Gedichten. An den Grenzen der Sprache fragt es nach der Ohnmacht des Wortes und der Sprachmacht des Verschwiegenen. Beliebte Gesprächspartnerin ist »Frau Weisheit«, die die pragmatische Bedeutung und den Machtgehalt von Erkenntnissen herausstellt. »Die Dummheit findet an sich selbst Behagen, die Weisheit kann nie genug erfragen«. Die im 19. Jh. erfolgte Einordnung des Werks als Mystik hat seinen Ausschluss aus dem philosophischen Diskurs begünstigt; eine grundlegende Erschließung seiner Bedeutung für die gegenwärtige Philosophie steht noch aus.

Werke: Das fließende Licht der Gottheit. Mittelhochdt./neuhochdt., hg. v. G. Vollmann-Profe, 2003.

Lit.: A. Haas: Mystik als Aussage, 1996. – S. Wendel: Mystik als subjekttheoretische Herausforderung, 2002. – H. Keul: Verschwiegene Gottesrede, 2004. – H. Keul: M. v. M., 2007. – C. B. Lee: A Poststructural Reading of M. v. M. and Meister Eckhart, 2008.

Hildegund Keul

Alexius Meinong (Ritter von Handschuchsheim)

17.7.1853 Lemberg (Österreich, heute Lviv, Ukraine) –
27.11.1920 Graz (Österreich)

1870–74 Geschichtsstudium an der Univ. Wien; Dr. phil. mit einer Arbeit *Zur Geschichte Arnold's von Brescia*

1878 Habilitation mit der Schrift *Hume-Studien I. Zur Geschichte und Kritik des modernen Nominalismus* (gedr. 1877) bei → Franz Brentano in Wien

seit 1882	Extraordinarius (seit 1889 o. Prof.) für Philosophie an der Univ. Graz
1894	Gründer des ersten experimentalpsychologischen Laboratoriums in der österr. Monarchie
1897	Gründer des philosophischen Seminars der Univ. Graz

Der Philosoph und Psychologe M. wurde durch seine »Gegenstandstheorie« (in: *Untersuchungen zur Gegenstandstheorie und Psychologie*, hg. v. A. M., 1904) bekannt. Er lieferte auch eigene Ansätze zu Wert- und Erkenntnistheorie und initiierte die experimentelle Psychologie auf Österreichs akademischem Boden. M. war das Haupt der *Grazer Schule* und Lehrer u.a. von Alois Höfler, Christian von Ehrenfels, Stephan Witasek, Ernst Mally, Vittorio Benussi, Franz Weber, Joseph Marx und Fritz Heider. Geprägt wurde er durch →Franz Brentano und den Brit. Empirismus. Obwohl M. die fundamentale Rolle der Psychologie in der Philosophie stets anerkannte, wurde er immer mehr zum entschiedenen Gegner des Psychologismus (also der Ansicht, dass logische und erkenntnistheoretische Fragen mittels empirisch-psychologischer Untersuchungen zu beantworten sind). →Bertrand Russell war zunächst von M. angetan, wandte sich aber seit 1904/05 von dessen Gegenstandstheorie und philosophischer Psychologie ab. Seine Kritik an M.s Konzeption von nicht-seienden Gegenständen (z.B. der goldene Berg, das runde Viereck) führte in der Fachwelt einerseits zu äußerst negativen Einschätzungen von M. (»Meinongs Dschungel«, William Kneale, 1949), war aber andererseits Anlass für die Entwicklung ›meinongianischer Logiken und Semantiken‹ als ernst zu nehmender Denkalternativen zu den Standard-Logiksystemen von →Gottlob Frege und Russell.

M. modifizierte Brentanos deskriptive Psychologie (v.a. die Lehre von der Gerichtetheit, Intentionalität, des Psychischen). Alle Erlebnisse haben i.d.R. etwas zum Gegenstand, wobei es den Gegenstand auch dann gibt, wenn das, worauf man sich bezieht, gar nicht existiert. Unabhängig vom Sein des Gegenstands könne man Wahres über diesen Gegenstand urteilen, wie etwa, dass das runde Viereck rund ist. M.s Gegenstandstheorie ist eine Art von maximal umfassender Ontologie, die auch Nicht-Existierendes einbezieht. Die grundlegenden Erlebnisweisen (Vorstellen, Denken, Fühlen, Begehren) erlauben uns, verschiedene Gegenstandsarten zu erfassen: z.B. Objekte beim Vorstellen, Sachverhalte (»Objektive«) beim Denken. Als philosophisch fruchtbringend, etwa in der Semantik und Ästhetik, erwies sich M.s Ansicht, das Denken könne ernsthaft (als Urteilen) und phantasiehaft (als Annehmen) sein (*Ueber Annahmen*, 1902, 2., umgearb. Aufl. 1910). M.s Theorie der »Gegenstände höherer Ordnung« als Ganzheiten, die auf Bestandstücken gründen, aber auf diese nicht reduzierbar sind, trug wesentlich zur Entwicklung der Gestalttheorie bei (»Über Gegenstände höherer Ordnung und deren Verhältnis zur inneren Wahrnehmung«, in: *Zeitschrift für Psychologie und Physiologie der Sinnesorgane* 21, 1899). In seiner Werttheorie (*Psychologisch-ethische Untersuchungen zur Werth-Theorie*, 1894) vertrat M. zunächst einen Subjektivismus (Gefühle konstituieren Werte) und später (bereits mit »Für die Psychologie und gegen den Psychologismus in der allgemeinen Werttheorie«, in: *Logos* 3, 1912) einen Objektivismus (Gefühle dienen dem Erfassen von Werten).

Werke: GA, hg. v. R. Haller [u.a.], 7 Bde. u. 1 Ergbd., 1968–78. – Philosophenbriefe. Aus der wissenschaftlichen Korrespondenz von A. M., hg. v. R. Kindinger, 1965.

Lit.: J. N. Findlay: M.'s Theory of Objects (and Values), 1933, [2]1963. – R. Haller (Hg.): Jenseits von Sein u. Nichtsein, 1972. – R. Grossmann: M., 1974. – R. Haller (Hg.): M. u. die Gegenstandstheorie, 1995. – E. Dölling: »Wahrheit suchen u. Wahrheit bekennen.« A. M.: Skizze seines Lebens, 1999. – J. C. Marek: A. M., in: The Stanford Encyclopedia of Philosophy (http://plato.stanford.edu/entries/meinong/).

Johann Christian Marek

Moses Mendelssohn

6.9.1729 Dessau – 4.1.1786 Berlin

seit 1739	Talmudstudium beim Dessauer Rabbiner David Fränkel
1743	Übersiedlung nach Berlin
1754	Tätigkeit als Buchhalter einer Berliner Seidenmanufaktur
seit 1761	Leitung der Manufaktur
1771	Wahl zum Mitglied der Königlichen Akademie der Wissenschaften, die aber von König Friedrich II. nicht bestätigt wird

M. zählt zu den führenden Vertretern der dt. Aufklärungsphilosophie und gilt als ein Begründer der jüd. Aufklärung Haskalah. Er trat u.a. als Literaturkritiker und Übersetzer aus dem Französischen (→Jean-Jacques Rousseau), Englischen (→Anthony Earl of Shaftesbury), Hebräischen (Pentateuch, Psalmen, →Moses Maimonides) und Griechischen hervor (hier besonders durch seine Umarbeitung des Platonischen *Phaidon* zu *Phaedon, oder über die Unsterblichkeit der Seele in drey Gesprächen*, 1767). In seinen eigenen Werken vertrat M. im Anschluss an →Gottfried Wilhelm Leibniz und →Christian Wolff den Standpunkt einer dezidiert auf Offenbarung verzichtenden, also reinen Vernunftphilosophie. Mit seinem Werk erlangte er die Aufmerksamkeit bedeutender Zeitgenossen, mit denen er z.T. auch in persönlichem Kontakt stand – so etwa mit Thomas Abbt, Matthias Claudius, →Johann Georg Hamann, →Friedrich Heinrich Jacobi, →Immanuel Kant, Johann Caspar Lavater, Gotthold Ephraim Lessing oder Friedrich Nicolai.

Im Rahmen seiner lebenslangen Auseinandersetzung mit dem Wissens- und Wissenschaftsbegriff formulierte M. die These, dass metaphysische Wahrheiten dieselbe Gewissheit, nicht jedoch dieselbe formale Fasslichkeit aufweisen wie mathematische Wahrheiten (*Abhandlung über die Evidenz in Metaphysischen Wissenschaften*, 1764). Hieraus resultierte auch seine Beschäftigung mit der Thematik der

Unsterblichkeit der Seele, die er ohne Rekurs auf Offenbarungsbestände zu erweisen versuchte. Damit hielt er seinen Rationalitätsanspruch auch auf diesem Gebiet aufrecht. M. transformierte die Argumente aus dem *Phaidon* in eine rationale Psychologie, auf die später Kant als Paradigma zurückgriff, um zugleich ihr Scheitern zu demonstrieren.

M.s Ästhetik (*Über die Empfindungen*, 1755; »Betrachtungen über das Erhabene und das Naive in den schönen Wissenschaften«, in: *Bibliothek der schönen Wissenschaften u. der freyen Künste* 2,2, 1758) integrierte einerseits Theoreme der Schulphilosophie (→Alexander Gottlieb Baumgarten, →Edmund Burke, Johann Georg Sulzer) und nahm andererseits Gedanken der idealistisch-transzendentalphilosophischen Schönheitsmetaphysik (Kant, Friedrich Schiller) vorweg, indem sie ein interesseloses Wohlgefallen im Gefühl des Schönen ebenso wie die Erziehung des Menschen durch die Ästhetik postulierte. Das Verhältnis von Religion und Staat steht im Zentrum von M.s *Jerusalem, oder über religiöse Macht und Judenthum* (1783): Der Staat hat jenseits seiner Zwangsrechte die Gewissensfreiheit des Einzelnen und religiöse Toleranz zu gewährleisten; Staat und Kirche sind streng voneinander zu trennen, was das Bestehen einer religiösen Pluralität als Endzweck der göttlichen Vorsehung impliziert. Durch seine Darstellung des Judentums als natürlicher Vernunftreligion prägte M. das Bild desselben bei den Intellektuellen des ausgehenden 18. und des frühen 19. Jh.s nachhaltig (z.B. bei Hamann, Kant, →Georg Wilhelm Friedrich Hegel, →Karl Marx oder Honoré Gabriel Comte de Mirabeau). Das Ende des M.schen Schaffens ist durch den sog. Spinoza- oder Pantheismusstreit mit Jacobi bestimmt, der durch Differenzen hinsichtlich des Verhältnisses von Gott und Welt sowie Vernunft und Glaube gekennzeichnet ist und mithin das Thema von natürlicher vs. geoffenbarter Religion erneut aufnimmt (*Morgenstunden, oder Vorlesungen über das Daseyn Gottes*, 1785).

Werke: GS, Jubiläumsausgabe, 25 in 37 Bdn., 1929–38 u. 1971 ff.

Lit.: A. Altmann: M. M. A Biographical Study, 1973. – A. Altmann: Die trostvolle Aufklärung. Studien zur Metaphysik u. politischen Theorie M. M.s, 1982. – D. Bourel: M. M., Begründer des modernen Judentums, 2007. – S. Tree: M. M., 2007. – S. Feiner: M. M. Ein jüd. Denker in der Zeit der Aufklärung, 2008.

Rebecca Paimann

Menzius

um 372 v. Chr. im Staat Zou – um 289 v. Chr.

Als Lehrer und Fürstenberater fand M. zu Lebzeiten wenig Aufmerksamkeit. Erst seit der Song-Dynastie (960–1279) wurde er nach →Konfuzius als zweithöchster Weiser des Konfuzianismus verehrt. Das Buch *Mengzi* (Meister Meng) enthält Aufzeichnungen der Gespräche des M. mit Schülern, Fürsten und anderen Personen. M. geht von dem Grundsatz aus, dass die Natur des Menschen gut ist. Der Einzelne trägt die sittlichen Prinzipien von Anfang an als Potential in sich und ist fähig, höchste Tugendhaftigkeit zu erlangen. Die Realisierung des darin eingeschlossenen, inhärenten Guten fordert er v. a. für den Herrscher, der dem Weg des wahren Königs (*Wangdao*) folgen solle und dessen Regierung sich an der Politik der Menschlichkeit (*Renzheng*) zu orientieren habe. Im Zentrum der Politik der Menschlichkeit steht die altruistische Sorge um das Wohlergehen des Volkes.

Das Wissen, um das es in der Lehre des M. geht, ist v. a. ethisches Wissen und Wissen um die richtige Ordnung in Staat und Gesellschaft. Der Weg zu diesem Wissen ist ein sittlicher Kultivierungsprozess, dessen Grundlagen die Lehren der Weisen des Altertums bilden. Der von Lernen geprägte Erkenntnisweg liegt in der Verantwortung des Einzelnen. Das Ziel ist aber keine individuelle Erleuchtung, vielmehr muss das erlangte Wissen praktisch angewandt werden, um Weisheit in vollendeter Form zu verwirklichen.

Werke: J. Legge: The Chinese Classics, Bd. 2: The Works of M., 1960. – R. Wilhelm: Mong Dsi, 1982.

Lit.: C. Yuan: La Philosophie morale et politique de M., 1927. – A. F. Verwilghen: M. The Man and His Ideas, 1967. – F. Jullien: François, Fonder la morale: Dialogue de M. avec un philosophe des lumières, 1995. – Shun Kwong-loi: M. and Early Chinese Thought, 1997. – Liu Xiusheng: M., Hume and the Foundations of Ethics, 2002. – Liu Xiusheng / P. J. Ivanhoe (Hg.): Essays on the Moral Philosophy of M., 2002.

Wolfgang Ommerborn

Maurice Merleau-Ponty

14.3.1908 Rochefort sur Mer (Frankreich) – 3.5.1961 Paris

1926–30	Philosophiestudium in Paris
1931–39	Gymnasiallehrer in Beauvais, Chartres u. Paris
1945	Promotion u. Beginn der Universitätslaufbahn in Lyon
1946–55	Gründer u. Mitarbeiter der Zeitschrift *Les Temps modernes*
1949–52	Professor für Kinderpsychologie u. Pädagogik an der Sorbonne, Paris
1952	Professor am Collège de France
1955	Bruch mit →Jean-Paul Sartre u. →Simone de Beauvoir

M.-P. gilt als einer der wichtigsten Vertreter der Phänomenologie in Frankreich. Seine herausragende Leistung besteht in der lebenslangen Befragung der Potentiale der leiblichen Wahrnehmung. Insbesondere für die um dieses Thema zentrierten Disziplinen (u.a. Ästhetik, Medientheorie, Theater, Architektur) wird ihm ungebrochene Relevanz zugesprochen. Spuren hinterließ er auch in feministischen Debatten, in der Technik- und der Umweltphilosophie sowie in gegenwärtigen Diskussionen um Neuroethik und Spiegelneurone.

In *La structure du comportement* ([Die Struktur des Verhaltens] 1942) transzendierte M.-P. den Dualismus von Subjekt und Objekt, Bewusstsein und Natur, Geist und Körper mit Hilfe des Verhaltensbegriffs. ›Verhalten‹ wird im Sinne einer leiblichen Vermittlungssphäre als Bedeutung tragende und verkörperte Gestalt des Handelnden ausgelegt, und zwar im Rekurs auf die Gestalttheorie, die medizinische Anthropologie und Psychoanalyse. In der *Phénoménologie de la perception* ([Phänomenologie der Wahrnehmung] 1945) überwand er die Opposition von Realismus und Idealismus, Empirismus und Rationalismus mit Hilfe des Wahrnehmungsbegriffs. Eine leiblich verfasste Wahrnehmung eröffnet nach M.-P. den Zugang zu allen Erfahrungsfeldern und verknüpft Immanenz und Transzendenz, Faktizität und Bedeutung, Kraft und Sinn. In der brillanten Revision des Cartesianismus in *L'œuil et l'esprit* ([Das Auge und der Geist] 1961) wandte M.-P. diesen Wahrnehmungsbegriff auf Fragen der Bildlichkeit und Kunst an. Die Symbolsysteme des Menschen sind daher von einem »Paradox des Ausdrucks« durchzogen, das etwas sichtbar macht, indem es nicht ein Innen veräußerlicht (→Jean-Paul Sartre) oder einen »Urtext« manifestiert (Repräsentation), sondern als Paradox eine Ausdrucksfigur erst im Akt ins Leben ruft (*La Prose du Monde* [Die Prosa der Welt] 1969). Die von der strukturalen Linguistik inspirierten Prinzipien der »kohärenten Verformung« oder der Abweichung (im Kontrast zum klassischen Primat der Ähnlichkeit) spielen in seinem Werk eine große Rolle. Diese Arbeit des Ausdrucks wird in *Humanisme et terreur* ([Humanismus und Terror] 1947) sowie in *Les aventures de la dialectique* ([Die Abenteuer der Dialektik] 1955) politisch und geschichtsphilosophisch reflektiert. Als Frage nach einer erweiterten Rationalität reformulierte M.-P. sie in *Sens et non-Sens* ([Sinn und Nicht-Sinn] 1948) und *Signes* ([Zeichen] 1960). In seinem Spätwerk *Le visible et l'invisible* ([Das Sichtbare und das Unsichtbare] 1964) verknüpfte er eine Ontologie des Sehens mit der Phänomenologie von Lebenswelt und Sein und konzipierte »Wahrheit« in Anlehnung an den griechischen Buchstaben »Chi« (Überkreuzung) in der Figur der Reversibilität (Chiasmus) und in Abgrenzung gegenüber der Adäquations-, der Korrespondenz- und Kohärenztheorie. Die Überkreuzung der Pole (Sichtbares und Unsichtbares, Immanenz und Transzendenz usw.) bildet eine dritte Figur jenseits der Dualismen von Subjekt und Objekt, Sein und Nichts, Identität und Differenz. Diese »Ontologie des Fleisches«, die in Abweichung klassischer Ontologien des Monismus, des Dualismus, der Dialektik, des Finalismus und der Existenz entwickelt wird, trägt als »Scharnier« die Dimensionen des Seins, die sich in den jeweiligen Inkarnationen von Sinn verdichten.

Lit.: J. O'Neill: Perception, Expression, History, 1970. – B. Waldenfels: Phänomenologie in Frankreich, 1998. – R. Giuliani (Hg.): M.-P. u. die Kulturwissenschaften, 2000. – A. Kapust: Berührung ohne Berührung, 2001.

Antje Kapust

Marin Mersenne

8.9.1588 Sountière bei Bourg d'Oizé (Frankreich) – 1.9.1648 Paris

vor 1604	Ausbildung am Collège Le Mans
1604–09	Zögling am neu gegründeten Jesuitenkolleg La Flèche (Naturwissenschaften u. Theologie)
1609–11	Studium der Philosophie u. Altphilologie am Pariser Collège Royale de France; Besuch theologischer Vorlesungen an der Sorbonne
1611	Magister Artium in Philosophie an der Sorbonne; Eintritt in den Franziskanerorden der Paulaner in Nevers
1612	Priesterweihe
1614–18	Dozent für Theologie u. Philosophie am Minimenkloster St-François de Paule bei Nevers
1619	Rückkehr nach Paris in das Kloster l'Annonciade
1628–30	ausgedehnte Reisen nach Holland u. in Mitteleuropa
seit 1640	Aufenthalte in Italien u. Frankreich

Das Werk des Philosophen, Theologen, Mathematikers, Naturwissenschaftlers und Musiktheoretikers M., dessen höchstes Erkenntnisziel in dem Erweis der Existenz Gottes liegt, steht am Übergang von der Scholastik zum frühneuzeitlichen Mechanismus. M. war eng befreundet mit Pierre Gassendi und stand in – oftmals persönlichem – Austausch mit vielen bedeutenden Gelehrten Europas, u.a. seit 1625 mit →René Descartes, dessen Schriften und Lehre er zu verbreiten suchte. Zudem setzte er sich für die Publikation von →Thomas Hobbes' *De Cive* (Vom Bürger) sowie der Werke François de La Mothe le Vayers ein und trat als Übersetzer von Werken →Euklids und des Apollonius hervor. M. übte scharfe Kritik an Alchimie, Astrologie und Hexerei bzw. einem pantheistischen Animismus, wie ihn →Pietro Pomponazzi, Paracelsus und Robert Fludd vertraten, und wirkte an der Gründung der Pariser *Académie Royale des Sciences* mit. Zu M.s Lebzeiten nur wenig anerkannt, erfahren seine Leistungen seit dem 20. Jh. eine hohe wissenschaftsgeschichtliche Wertschätzung.

In seinem *Genesis*-Kommentar *Quaestiones celeberrimae in Genesim* ([Die bekanntesten Fragen der Genesis] 1623) und seinem dialogisch angelegten Werk *L'impiété des déistes* ([Die Gottlosigkeit der Deisten] 2 Bde., 1624) bekämpfte M. die natürliche Religion der Libertins (d.h. der Freidenker) mit philosophisch-theologischen Argumenten (u.a. in Form einer Rechtfertigung der Verurteilung →Giordano Brunos). Um 1625 wandte er sich gegen die aufkommenden Rosenkreuzer: In *La vérité des sciences* ([Die Wahrheit der Wissenschaften] 1625) spielt ein christlicher Philosoph skeptische und alchimistische Argumente gegeneinander aus zugunsten einer Restitution der Philosophie (1. Buch). An die Stelle der *missio religiosa* (d.h. der religiösen Sendung) trat bei M. seitdem ein Bekenntnis zu →Aristoteles: Wissenschaft, Philosophie und Theologie können wieder in fruchtbaren gegenseitigen Austausch treten. Epistemologisch bzw. in Bezug auf die Erkenntnisfähigkeiten des Menschen konfrontiert das Werk mathematische Evidenz mit Skepsis.

Die metaphysische Dimension von M.s musiktheoretischer *Harmonie universelle* ([Universelle Harmonie] 2 Bde., 1636/37) besteht in der Rechtfertigung einer von der Identifikation von geometrischem Geist und Aristokratie getragenen monarchistischen Theokratie, deren sinnliche Erschließung musikalisch funktioniert. Bis heute fungiert das Werk als instrumentenkundliche Referenz (Schall-Akustik). M.s *Les Mécaniques de Galilée, avec plusieurs additions rares et nouvelles* ([Galileis Arbeiten zur Mechanik, mit mehreren seltenen und neuen Zusätzen] 1634) und *Les nouvelles pensées de Galilée* ([Die neuen Gedanken Galileis] 1639) machten die frz. Leserschaft mit den Theorien Galileo Galileis bekannt, dessen *Discorsi* M. 1639 ins Französische übertrug. Die *Cogitata physico-mathematica* ([Physikalisch-mathematische Gedanken] 1644) feiern einen experimentellen komparatistischen Empirismus, wie ihn bes. Galilei, Gilles Personne de Roberval und Descartes vertraten, nämlich als einzige adäquate Form szientifischen Wahrheitswissens. Wegen der hierin enthaltenen Liste von Primzahlen nennt man heute eine Zahl der Form $2^n - 1$ *Mersenne-Zahl.* Im Speziellen bezeichnet man mit $M_n = 2^n - 1$ die n-te M.-Zahl. Die Primzahlen unter den M.-Zahlen werden *Mersenne-Primzahlen* genannt.

Werke: Correspondance, hg. v. C. de Waard [u.a.], 17 Bde., 1932–88. – L'impiété des déistes, athées et libertins de ce temps, 2 Bde., 1624, ND 1975, 2005. – La vérité des sciences: contre les s(c)eptiques ou Pyrrhoniens, 1625, ND 1969, hg. u. komm. v. D. Descotes, 2003. – Universae Geometriae Synopsis, 1626, Neuausg. 1644. – Questions physico-mathematiques, 1635, ND 2006. – Harmonie universelle, contenant la théorie et la pratique de la musique, 2 Bde., 1636/37, ND 1963. – Ballistica et Acontismologia, 1644. – Tractatus mechanicus theoreticus et practicus, 1644. – L'optique et la catoptrique, 1651.

Lit.: A. Beaulieu: M., le grand minime, 1995. – I. Negwer: Laute u. Theorbe in M. M.s Harmonie universelle. Zur Aufführungspraxis frühbarocker Musik in Frankreich, 2000. – R. Raphael: Galileo's ›Discorsi‹ and M.'s ›Nouvelles pensées‹: M. as a reader of Galilean ›experience‹, in: Nuncius 23 (2008), 7–36.

Holger Glinka

Adolf Meyer-Abich (bis 1938 Meyer)

14.11.1893 Emden – 3.3.1971 Hamburg

1913–17 Studium der Philosophie u. Biologie in Göttingen u. Jena
1917–28 Bibliothekar u. Bibliotheksrat in Göttingen, Kiel u. Hamburg
1929–32 Professor für Philosophie u. theoretische Biologie in Santiago de Chile
1930–37 u.a. apl. Prof. an der Univ. Hamburg
1935–43 Mit-Direktor der Stiftung für theoretische Biologie in Leiden (Niederlande)
1946–58 Professor an der Univ. Hamburg

M.-A. war einer der bedeutendsten Vertreter des holistischen (ganzheitlichen) Denkens in der theoretischen Biologie und Naturphilosophie. Er leistete u.a. als Mitgründer u. Herausgeber der ersten Zeitschrift für theoretische Biologie sowie Mathematik und Logik der Biologie, *Acta Biotheoretica* (seit 1935), einen wichtigen Beitrag zur Stärkung der theoretischen Biologie gegenüber der reinen Tatsachenforschung. Darüber hinaus machte er mit seinen Übersetzungen bemerkenswerte Arbeiten der englischsprachigen ganzheitlichen Tradition in Deutschland bekannt. In diesem Zusammenhang war er der Einzige, der den von Jan Christiaan Smuts (*Holism and Evolution*, 1926) eingeführten Begriff ›Holismus‹ für seine Ganzheitslehre übernahm.

Das holistische Erkenntnisideal beschränkt M.-A. nicht nur auf Organismen, die im Ganzen mehr sind als die Summe ihrer Teile, sondern dehnt es auf die gesamte Natur aus. Deshalb können die Einzelwissenschaften jeweils nur Ausschnitte der gesamten Naturgesetzlichkeit erkennbar machen. Diese Ausschnitte bzw. Bereiche (das Räumliche, Mechanische, Makro-/Mikrophysische, Organische, Psychische, Soziologische und Historische) weisen in hierarchischer Anordnung eine Sublimierung des Komplexitätsgrades auf. Dabei zeigt die nächsthöhere Ebene neue »Urphänomene«, d.h. neue Qualitäten/Eigenschaften mit eigener Gesetzlichkeit, die nicht summativ aus denen der nächstunteren Ebene resultieren (Kontingenzen). Die Gesetze und Prinzipien der Einzelwissenschaften sind deshalb autonom und nicht auf Gesetze und Prinzipien einer anderen Einzelwissenschaft reduzierbar. So lassen sich z.B. die biologischen Phänomene nicht allein durch physikalische Gesetze und Theorien erklären.

M.-A. sah das entscheidende Problem für ein forschungsleitendes Erkenntnisideal, das im Sinne einer »Philosophie der gesamten Wirklichkeit« die Grenzen zwischen den Einzelwissenschaften überwinden muss und damit erst einen Rahmen zur Erklärung aller Naturphänomene bieten kann, darin, einen Wegweiser zur Suche nach logischen, mathematischen und historischen Theorien in Form von Brückenaxiomen zu finden, um die »Brüche« zwischen den Kontingenzen zu überbrücken. Dies sollte sein Prinzip der holistischen Simplifikation leisten. Innerhalb dieses Prinzips stellt das »ganzheitliche Aufgehobensein« der weniger komplexen Bereiche in den komplexeren Bereichen eine Ableitungsbeziehung dar, die eine Simplifikation (Vereinfachung) durch eine Qualitätsminderung (Elimination der Urphänomene) ermöglicht. So kann z.B. aus dem Begriff der biologischen Zeit (Entwicklungszeit eines Organismus) durch holistische Simplifikation der Begriff der physikalischen Zeit abgeleitet werden (*Naturphilosophie auf neuen Wegen*, 1948).

Werke: Logik der Morphologie im Rahmen einer Logik der gesamten Biologie, 1926. – Ideen u. Ideale der biologischen Erkenntnis, 1934. – Krisenepochen u. Wendepunkte des biologischen Denkens, 1935. – Der Ursprung des Lebens oder die Entstehung des Anorganischen, 1945. – Biologie der Goethezeit, 1949. – Geistesgeschichtliche Grundlagen der Biologie, 1963. – The historico-philosophical background of the modern evolution-biology, 1964. – Alexander von Humboldt, 1967. – Atlantische Existenz [Autobiogr.], in: B. Sticker (Hg.): Wege zur Wissenschaftsgeschichte, 1969, 39–74 [Werkverzeichnis]. – Die Vollendung der Morphologie Goethes durch Alexander von Humboldt. Ein Beitrag zur Naturwissenschaft der Goethezeit, 1970.

Lit.: E. Burchards: In einem Gelehrtenleben spiegelt sich Universitätsgeschichte. A. M.-A.: Leben für die Wissenschaft – Wissenschaft für das Leben, in: Uni HH 25,2 (1994), 52–58. – A. Harrington: Die Suche nach Ganzheit. Die Geschichte biologisch-psychologischer Ganzheitslehren: Vom Kaiserreich bis zur New-Age-Bewegung, 2002.

Uwe Hunz

John Stuart Mill

20.5.1806 London – 8.5.1873 Avignon (Frankreich)

1820	Gasthörer an der Univ. Montpellier (Frankreich), Aufenthalt in Toulouse mit prägenden Naturerfahrungen
1822	Gründung der Utilitarian Society in London
1823–58	Eintritt in die British East India Company, Aufstieg zum Vorstandsmitglied
1825	Gründung der London Debating Society
1858	Reise durch Europa, bei der seine Ehefrau in Avignon stirbt; seitdem halbjährliche Aufenthalte in Avignon
1865–68	Lord Rector der Univ. St. Andrews (Schottland) u. Abgeordneter im Londoner Unterhaus

M. wurde bereits von seinen Zeitgenossen als einer der wichtigsten Denker Englands geschätzt und gilt neben →Jeremy Bentham als Begründer des Utilitarismus sowie als führender Theoretiker des ökonomischen Liberalismus im 19. Jh. Geprägt durch Bentham und seinen Vater James Mill, der ihn zu einem perfekten rationalen Intellektuellen erziehen wollte, ging es ihm um die systematische Erfassung des Empirismus, Positivismus und Utilitarismus. Später wandte sich M. der Frage des Glücks und besonders der Freiheit des Einzelnen zu. Nach M. differenziert sich Glück nicht nur quantitativ, sondern auch qualitativ. Dabei sind geistige Freuden höher einzuschätzen. Er untersuchte die komplexen Wechselwirkungen zwischen Individuum und Gesellschaft. Hierin liegt seine größte Leistung, die in der umfassenden Bearbeitung des Freiheitsprinzips noch heute Bestand hat. Als liberaler Abgeordneter im Londoner Unterhaus trat er entschieden für die Rechte der Frauen ein. M. prägte mit seinem utilitaristischen Prinzip der Nützlichkeit nicht nur die Philosophie, sondern insbesondere auch die Wirtschaftswissenschaften. Er gehört zu den Vordenkern liberalen Denkens und Handelns und bekannte sich zum Konzept des freien Marktes.

In seiner Schrift *A System of Logic* ([System der Logik] 1843) ging M. von der Rolle der Erfahrung und der Bedeutung der Induktion aus, die er positivistisch als Grundlage des Erkennens definierte. Fortgesetzt wurde dieses Denken in *Utilitarianism* ([Utilitarismus] 1863), in der er den utilitaristischen Grundsatz des größten Glücks der größten Zahl von Menschen in einer Gemeinschaft weiter entwickelte. Moralisch gutes Handeln befördert das Glück des Einzelnen und das Wohl der Gesellschaft.

In den *Principles of Political Economy* ([Prinzipien der Politischen Ökonomie] 1848) kommentierte M. die Rolle und Funktion des Marktes, wobei er die Wirkung regulierender Eingriffe in den Markt analysierte und seine Darstellung an utilitaristischen Prinzipien orientierte; sein Buch wurde in der Nachfolge von →Adam Smiths *An Inquiry into the Nature and Causes of the Wealth of Nations* ([Eine Untersuchung über Natur und Ursachen des Reichtums der Völker] 1776) zum ökonomischen Standardlehrbuch an engl. Universitäten und bestimmte das Wirtschaftsdenken. In *On Liberty* ([Über die Freiheit]

1859) entwickelte M. das Wechselverhältnis zwischen dem legitimen Interesse der Gesellschaft und dem Verhalten des Einzelnen vor dem Hintergrund des Freiheitsprinzips und des Schutzgedankens. Das Glück des Individuums bleibt dabei im Ermessen eines jeden Einzelnen; Eingriffe des Staates und der Gesellschaft sind so zu regulieren, dass die Freiheit des Einzelnen möglichst geschützt wird. Staatliche Einschränkungen sind nur legitim zum Schutz anderer vor Schaden.

Werke: GS, hg. v. J. M. Robson, 33 Bde., 1981.

Lit.: I. W. Mueller: J. S. M. and French Thought, 1956. – J. M. Robson: The Improvement of Mankind, 1968. – S. Hollander: The Economics of J. S. M., 2 Bde., 1985. – W. Thomas: M., 1985. – P. Ulrich: J. S. M., 2006.

Helen Winter

Mo Di

ca. 486 v. Chr. im Staat Song oder Lu – um 376 v. Chr.

M. D. soll eine Zeit lang Minister eines Staates gewesen sein. Vermutlich zog er von Fürstenhof zu Fürstenhof, um seinen Rat anzubieten. Er begründete die Schule der Moisten (*Mojia*), die während der Han-Zeit (206 v. Chr. – 220 n. Chr.) unterging, und äußerte heftige Kritik am Konfuzianismus, von dem er aber auch beeinflusst wurde.

M. D.s Lehren finden sich in dem Buch *Mozi* (*Meister Mo*). Er ist davon überzeugt, dass der Zustand der Unordnung zu seiner Zeit seine Ursache im Ignorieren des Prinzips der Allgemeinen Liebe (*Jianai*) hat. Wenn der Einzelne die Menschen liebt, werde er auch wiedergeliebt. Allgemeine Liebe bildet die Grundlage des gegenseitigen Nutzens. Wer anderen Nutzen bringe, werde auch Nutzen empfangen. Nutzen bedeutet für M. D. immer auch Nutzen für die Allgemeinheit. Der Nutzen des Einzelnen müsse grundsätzlich mit dem der Gemeinschaft übereinstimmen. Damit verbunden kritisiert er das Verhalten der Fürsten, das von machtpolitischem Egoismus bestimmt sei. Gleichwohl ist ein Herrscher nötig, um Ordnung zu gewährleisten. Der gemäß M. D.s Ansicht weise Herrscher folgt dabei dem Willen des Himmels (*Tianming*). Der Himmel stellt für ihn in der Tradition der alten Himmelsreligion eine Gottheit dar, die strafend und belohnend in die Geschehnisse der Welt eingreift. M. D.s Kritik richtet sich auch gegen den verschwenderischen Lebensstil der Herrschenden, der dem Prinzip des gegenseitigen Nutzens widerspricht, das zwischen Herrscher und Volk herrschen sollte. Zudem geißelt er die aufwendigen Ritualvorschriften der Konfuzianer und weist die Künste als überflüssig zurück, weil sie die Menschen von der Arbeit ablenken und somit dem ökonomischem Nutzen der Gesellschaft schaden.

Werke: Mei Yi-Pao: The Ethical and Political Works of M., 1929. – H. Schmidt-Glintzer: Mo Ti, 1975.

Lit.: F. Greisser: Mo Ti. Der Künder der allgemeinen Menschenliebe, 1947. – A. David-Neel: En Chine: L'amour universel et l'individualisme intégral, les maîtres Mo-tsé et Yang-tchou, 1970.

Wolfgang Ommerborn

Michel (Eyquem) de Montaigne

28.2.1533 Schloss Montaigne bei Bordeaux (Frankreich) –
13.9.1592 Schloss Montaigne

1556–70 Parlamentsrat in Bordeaux
1571 Aufgabe der öffentlichen Ämter, Rückzug auf Schloss Montaigne
1580/81 Reise durch Frankreich, die Eidgenossenschaft, Süddeutschland, Österreich u. Italien nach Rom
1582–85 Bürgermeister von Bordeaux

1583/84 Unterhändler zwischen dem frz. König u. Heinrich von Navarra (dem späteren Heinrich IV.)
1588 Diplomatische Reise nach Paris, Gefangennahme durch Vertreter der kath. Liga

M. gilt als Späthumanist, Begründer der Tradition der frz. Moralisten und Erfinder der Gattung des Essays. Sein Denken wurde durch die Auseinandersetzung mit hellenist. Philosophenschulen geprägt. Insbesondere durch seine Beschäftigung mit der durch Sextus Empiricus überlieferten pyrrhonischen Skepsis wurde M. ein Wegbereiter der neuzeitlichen Philosophie. Sein Werk, das viele Motive des neuzeitlichen politischen und moralischen Liberalismus – wie Gedankenfreiheit, Toleranz, moralische Autonomie – vorwegnimmt, ist durch die frz. Konfessionskriege geprägt, in denen sich der bekennende Katholik als Politiker, Diplomat und Denker für eine politische Lösung der konfessionellen Konflikte einsetzte.

1569 fertigte M. eine Übersetzung der *Theologia naturalis* (1484) von Raimundus Sebundus an. Die darin aufgestellte hierarchische Seinsordnung, insbesondere die Sonderstellung des Menschen, trägt sein Hauptwerk, die *Essais* (3 Bde., 1580–95), Schicht für Schicht ab. Die *Essais* bestehen aus über 100 Einzeltexten. Dabei variieren Themen und Umfang beträchtlich. Ausdrücklich aus der Perspektive eines historischen Einzelsubjekts erforschte M. Selbst-, Welt- und Fremdverhältnisse. Dieser Perspektive angemessen ist die skeptische Methode, die M. v. a. der Erforschung moralischer Fragen diente. Die dreizehn Essays des dritten Buches (v. a. *De L'Experience* [Über Erfahrung]) vereinen am besten den subjektiv-skeptischen und den moralischen Ansatz. Der Essay *Apologie de Raimond Sebond*, oft als fideistischer (d. h. an der Glaubensgewissheit orientierter) Text verstanden, trug entscheidend zur Verbreitung der Skepsis bei, indem er antike skeptische Argumente reformuliert und die kognitive Begrenztheit des Menschen sowie dessen Ähnlichkeit mit den Tieren betont. Die Entdeckung der Neuen Welt und neue kosmologische Theorien akzentuieren die Kontingenz, Relativität und Pluralität von politisch-moralischen Lebensformen und wissenschaftlichen Theorien.

Ausdrückliches Ziel der *Essais* ist die Erziehung zu Toleranz und freier Urteilsbildung. Ausgangspunkt der Toleranzbegründung ist eine Skepsis, die die Geltung von Ideologien beschränkt und zu einem Leben der Selbsterforschung führt, das jedem möglich sein soll. Toleranz gründet in der Einsicht in unsere Verletzbarkeit und in einem Leben der Selbsterforschung. Der Essay *De la Cruauté* (Über Grausamkeit), in dem M. die Grausamkeit als das »äußerste aller Laster« beschreibt, verschiebt den moralischen Fokus von der Selbstbeherrschung auf die Handlungsfolgen für empfindungsfähige Lebewesen. Mitgefühl tritt an die Stelle der Selbstbeherrschung. Für den Skeptiker erweisen sich Lebensformen und deren moralische Leitvorstellungen als Ergebnisse lokaler Gewohnheiten und Praktiken. Demzufolge stellen moralische Leitvorstellungen keine göttlichen oder natürlichen Satzungen dar. Die Leitvorstellungen und Lebensform, die sich bei jemandem ausprägen, sind subjektiv, aber nicht subjektivistisch, denn sie können sich von den Bedingungen, in denen sich Menschen gewöhnlich finden, und der menschlichen Natur nicht weit entfernen.

Werke: Œuvres complètes, hg. v. A. Thibaudet u. M. Rat, 1962. – Essais, hg. v. P. Villey u. V.-L. Saulnier, 3 Bde., 1965. – Versuche nebst des Verfassers Leben, übers. v. J. D. Tietz, 1992.

Lit.: H. Friedrich: M., 1949. – D. Frame: M. A Biography, 1965. – P. Burke: M. 1981. – J. Starobinski: M. 1982. – A. Tournon: M., la glose et l'essai, 1983. – G. Nakam: M. et son temps, 1993. – I. Maclean: M. philosophe, 1996. – P. Desan (Hg.): Dictionnaire de M., 2004. – U. Langer (Hg.): The Cambridge Companion to M., 2005.

Markus Wild

Charles-Louis de Secondat, Baron de la Bréde et de Montesquieu

getauft 16.1.1689 Schloss La Bréde bei Bordeaux (Frankreich) – 10.2.1755 Paris

1705–08	Jurastudium in Bordeaux
1709–13	Rechtsanwalt in Paris
1716–26	Président à mortier (Vorsitzender Richter) am Parlement (Obergericht) von Bordeaux
1718	Direktor der Académie des Sciences von Bordeaux (Mitglied seit 1716)
1717–26	Mehrere Aufenthalte in Paris
1726	Aufnahme in die Académie Française, Paris
1728–31	Reise nach Österreich, Ungarn, Italien, Deutschland, Holland u. England; längerer Aufenthalt in London u. Aufnahme in die Royal Society
1731	Rückkehr nach Bordeaux
1746	Aufnahme in die Preuß. Akademie der Wissenschaften, Berlin

M. gehört zu den Schlüsselfiguren der frz. Aufklärung, deren Werk schon im 18. Jh. europaweit Beachtung fand und eine bis in die Gegenwart reichende Wirkungsgeschichte entfaltete. Er gilt als Vater der für die modernen Verfassungen zentralen Gewaltenteilungslehre (d.h. die strikte Trennung zwischen Gesetze beschließenden, Gesetze anwendenden und Gesetze ausführenden Kräfte), als Begründer der modernen Sozialwissenschaften, als Kultur- und Geschichtsphilosoph sowie als Klassiker der frz. Literatur des 18. Jh.s und entzieht sich daher eindimensionalen wirkungsgeschichtlichen Vereinnahmungen. M. verband den Habitus des aufgeklärten Intellektuellen mit der Lebensweise eines Vertreters des hohen Amtsadels. In seine sehr modern anmutenden soziologisch-anthropologischen Welterklärungen mischten sich in Gestalt seiner Ansichten über die Rolle der *corps intermédiaires*, der ›Zwischengewalten‹, in der nicht-despotischen Monarchie oder seiner Ausführungen über die Geschichte Frankreichs in den letzten Kapiteln seines Hauptwerks *De l'esprit des lois* ([Über den Geist der Gesetze] 1748) typische Denkmuster der Absolutismuskritik des Amtsadels. M. formulierte das Prinzip der Gewaltenteilung auch nicht im Sinne einer Verfassungsdoktrin, sondern wurde zum Begründer dieser Lehre erst im Rückblick in den Verfassungsdebatten in Nordamerika und in der Frz. Revolution. Seine synchronanalytische Aufnahme der Weltkulturen lag quer zu der sich zeitgleich in der frz. Aufklärung entwickelnden diachron-normativen Geschichtsphilosophie und wies kulturrelativistischen Denkansätzen den Weg.

M. begründete seinen Ruhm als Aufklärer mit dem 1721 anonym veröffentlichten Briefroman *Lettres Persanes* (Persische Briefe). In 161 thematisch sehr unterschiedlichen ›Persischen Briefen‹ berichten die fiktiven pers. Reisenden Usbek und Rica über ihre Wahrnehmungen von Europa und namentlich von Frankreich zu Beginn des 18. Jh.s. Die scheinbare Naivität ihres Blicks wird dabei zur Metapher für die von der Aufklärung geforderte Vorurteilslosigkeit. Mit scharfem Sinn für Widersprüche und die Hintergründigkeit des Selbstverständlichen hielt M. der frz. Gesellschaft einen kritischen Spiegel vor. In Usbeks Harem in Persien spielt sich derweil ein Drama um Freiheit, Selbstbestimmung und Menschenwürde der Frau ab, das unter diesem Genderaspekt gelesen werden kann, darüber hinaus aber eine Allegorie auf den Despotismus darstellt. Zum Bestseller wurden die Briefe durch M.s Fähigkeit, eine marktgerechte Präsentation in der Form des damals populären fiktiven Reiseberichts mit elegant geschriebenen historischen, soziologischen und anthropologischen Analysen auf höchstem Niveau zu verbinden.

In seinen *Considérations sur les causes de la grandeur des Romains et de leur décadence* ([Betrachtungen über die Ursachen von Größe und Untergang der Römer] 1734) präsentierte sich M. als Historiker und Geschichtsphilosoph in staatstheoretischer Absicht. Er verschränkte dabei Interpretamente des angelsächs. *civic humanism* über die Gefährdung der Republik mit der umfassenderen zivilisationsgeschichtlichen Frage nach den Ursachen des Zusammenbruchs der röm. Hochkultur und trug seine Kritik diesmal v. a. an den politischen Verhältnissen seiner Zeit im Medium der historischen Analyse vor.

Den Höhepunkt in M.s philosophisch-literarischem Schaffen stellte sein Hauptwerk über den ›Geist der Gesetze‹ dar. M. lieferte auf der Grundlage eines breiten Spektrums von Quellen und aus eigenen Reiseeindrücken heraus eine empirisch-analytische Aufnahme vergangener und gegenwärtiger Kulturformationen, deren geographische, klimatische, anthropologische und strukturgeschichtliche Bedingtheit er thematisch geordnet herausarbeitete. Dabei ging es nicht um normative Vermessungen entlang der Richtschnur der Vernünftigkeit, sondern darum, die Gegebenheiten vernünftig zu erklären. M. umriss damit einen zivilisationsgeschichtlichen Historismus, dessen strukturell konservatives Argumentationspotential weder von den Aufklärern noch von ihren Gegnern erkannt wurde. Stattdessen wurde M.s Analyse der Gewaltenteilung (in die exekutive, legislative und judikative Gewalt) als Mittel der Freiheitssicherung zu einem in der amerik. Verfassung erstmals umgesetzten Axiom des modernen Verfassungsstaats.

Werke: Œuvres complètes, hg. v. E. Laboulaye, 7 Bde., 1875–79, ND 1972. – Œuvres complètes, hg. v. M. A. Masson, 3 Bde., 1950–55.

Lit.: R. Shackleton: M. A critical Biography, 1961. – J. Ehrard: M., 1972. – E. Mass: Zur Professionalisierung der Literatur in der Aufklärung: M. u. die Leser des »Esprit des lois«, in: Wolfenbütteler Studien zur Aufklärung 3 (1976), 377–418. – E. Mass: Literatur u. Zensur in der frühen Aufklärung: Produktion, Distribution u. Rezeption der »Lettres persanes«, 1981. – L. Desgraves: M., 1986. – L. Desgraves: Répertoire des ouvrages et des articles sur M., 1988. – V. de Senarclens: M., historien de Rome, 2003.

Günther Lottes

(Sir) **Thomas Morus** (brit. Adel seit 1521; Hl. seit 1935)

7.2.1478 London – 9.7.1535 (hingerichtet) London

1492–94	Studien der Artes liberales (d.h. der sieben freien Künste) u. der Theologie in Oxford
1496–99	Juristenausbildung in London
1499	Beginn der lebenslangen Freundschaft mit →Erasmus von Rotterdam
1499–1504	Rechtsanwalt in London; humanistische Studien bei William Grocyn u. Thomas Linacre
1510	Mitglied des Parlaments, erneut 1523 als *Speaker* des Unterhauses
1510–19	Under-Sheriff von London, Unterricht an Lincoln's Inn
1515	Mitglied einer diplomatischen Delegation in Flandern, danach Mitglied des Rates u. Sekretär König Heinrichs VIII.
1520	Begleiter Heinrichs VIII. nach Calais u. Brügge, Teilnahme an den Friedensverhandlungen mit Franz I. in Frankreich 1527
1529–32	Lord Chancellor
1532	Rücktritt, weil er die staatskirchliche Suprematie (Oberhoheit) des Königs über den engl. Klerus u. die Kirche ablehnt
1534	Verweigerung des Suprematseids auf den König als Oberhaupt der Kirche; Gefangennahme u. Verurteilung zum Tode

M. zählt als politischer Kopf und Humanist zu den führenden Gestalten wie →Erasmus von Rotterdam, John Colet, Thomas Cranmer und Juan Luis Vives, die alle mit England verbunden waren. Der Jurist, Philologe und Poet war an der Lebensform der mönchischen Askese (Orden der Kartäuser) ebenso interessiert wie an antik-christlicher Philosophie und den *studia humanitatis*. Sein entschiedenes Engagement für die Autorität der Papstkirche machte ihn zu einer wichtigen Stimme im Streit mit der luth. und der engl. Reformation. M. trat als Verfasser politischer, theologischer, kontemplativ-religiöser und humanistischer Werke hervor (*Responsio ad Lutherum* [Erwiderung an Luther], 1523; *Dialogue concerning heresies* [Dialog über Häresien], 1529) und übersetzte Gianfrancesco Picos Vita von dessen Onkel → Giovanni Pico della Mirandola (*Life of John Picus*, 1510). In seinen späten Schriften wandte er sich gegen die Suprematspolitik König Heinrichs VIII. und widmete sich frommen Betrachtungen (*Tristitia Christi* [Trauer Christi], 1534).

M.s bekanntestes Werk ist der neulat. philosophisch-politische Traktat *Utopia* (1516), der durch die Lukianübersetzung (1517) und das Encomium moriae (*Laus stultitiae* [Lob der Torheit], 1509/10) des Erasmus geprägt wurde und dessen Titel der politischen Theorie- und Phantasiegattung der »utopischen Literatur« den Namen gab. Im ersten Buch von *Utopia* diskutieren M. selbst, sein Freund Petrus Aegidius (Pieter Gillis aus Antwerpen, an den die Vorrede gerichtet ist) und ein gewisser Raphael Hythlodeus, ein fremder Gast, der sich als Gefährte des Seefahrers Amerigo Vespucci vorstellt, über Absichten und Chancen der Politikberatung. Im zweiten Buch berichtet Hythlodeus ausführlich von dem idealen Staatswesen, das er bei seinem Aufenthalt auf der Insel Utopia (griech. ›Nicht-Ort‹, ›Nirgendwo‹) kennengelernt habe. Das erste Buch enthält eine ernste Kritik gegenwärtiger politischer Verhältnisse, das zweite eine fiktive Alternative zu diesen mit einem ironischen Subtext, der mit Negationen spielt und sich auf die ernsthafte Vorwegnahme eines Perfektionsmodells nicht festlegen lässt. Meist wurde nur die zweite Perspektive rezipiert, der Traum vom idealen, platonisch-kommunistischen Gemeinwesen, in dem alle Probleme gelöst und kollektives Glück durch Vernunft und Ausschluss von Zufälligem auf ewig gesichert ist. Schon die erste dt. Übersetzung des Basler Juristen Claudius Cantiuncula (1524), die nur das zweite Buch enthält, schränkt die Rolle der *Utopia* als Prototyp der Gattung ein, wie auch das Spiel mit Paradoxen, das kaum ein späteres Werk dieser Literaturgattung wieder erreicht hat. M.s *History of King Richard III* ([Geschichte König Richards III.] 1518), aus der auch William Shakespeare geschöpft hat, stellt Ursachen und Folgen von Gewaltherrschaft ohne Vernunft dar; sie ist das drastische Gegenstück zur *Utopia*.

Werke: The Yale Edition of the Complete Works of St. T. M., hg. v. R. S. Sylvester [u.a.], 15 Bde., 1963–97. – Opera omnia latina, 1689, ND 1963.

Lit.: J. H. Hexter: M.s »Utopia«. The Biography of an Idea, ²1965. – R. J. Schoeck: The Achievement of T. M. Aspects of his Life and Works, 1976. – W. Voßkamp (Hg.): Utopieforschung. Interdisziplinäre Studien zur neuzeitlichen Utopie, 1982. – U. Baumann / H. P. Heinrich (Hg.): T. M. Humanistische Schriften, 1986. – J. B. Trapp: Erasmus, Colet and M. The Early Tudor Humanists and their Books, 1991. – J. Monti: The Kings's Good Servant But God's First. The Life and Writings of Saint T. M., 1997. – H. P. Heinrich: T. M., ⁴1998. – D. Herz: T. M. zur Einführung, 1999.

Herbert Jaumann

Moses Maimonides

30.3.1135 (1138?) Córdoba (Spanien) – 13.12.1204 Fustat (Alt-Kairo, Ägypten)

1148	Flucht vor der islam. Erneuerungsbewegung der Almohaden aus Córdoba
seit 1159/60	in Fez (Marokko)
seit 1165	Emigration nach Akko (Palästina), Besuch der heiligen Stätten in Jerusalem u. Hebron; Arzt u. Oberhaupt der jüd. Gemeinde in Fustat

M. gilt aufgrund seines (arab. geschriebenen) Kommentars (1168) zur *Mischna*, dem grundlegenden Rechtskodex für das rabbinische Judentum, und seiner hebr. *Mischneh To-*

rah (1178) als führende Rechtsautorität des jüd. Mittelalters. Eine Reihe medizinischer Werke – darunter seine *Aphorismen*, sein Kommentar zu den *Aphorismen* des Hippokrates und sein *Regimen sanitatis* für den ältesten Sohn des Kalifen Saladin – belegt seinen Rang als Arzt. Sein Ruhm als Philosoph beruht auf dem philosophisch-theologischen Werk *Die Führung der Unschlüssigen*, arab. verfasst in Kairo zwischen 1180 und 1190. Das christliche Mittelalter lernte das Werk durch die anonyme lat. Übersetzung *Dux seu Director dubitantium* (13. Jh.), die frühe Neuzeit durch die Übersetzung des Johannes Buxtorff *Doctor perplexorum* (1629) kennen. Die des Arabischen nicht mächtigen Juden lasen das Werk in der von M. autorisierten hebr. Übersetzung des Samuel ibn Tibbon (um 1165–1232). Der Druck von 1742 stellte die Gründungsurkunde der jüd. Aufklärung (Haskala) seit →Moses Mendelssohn dar.

M.s *Führung der Unschlüssigen* richtete sich an die gebildete jüd. Gemeinde, die mit dem Gegensatz zwischen der absoluten Einheit und Transzendenz Gottes und seiner Verwirklichung in den vielfältigen Formen der Schöpfung einerseits und, auf einer anderen Ebene, den scheinbar konträren Instanzen der aristotelischen Philosophie und des jüd. Religionsgesetzes andererseits konfrontiert war. In den drei Teilen seines Werkes widmete sich M. den Themen ›Gott‹, ›Welt‹ und ›Gesetz‹. Gottes Eigenschaften bzw. Attribute (›lebendig‹, ›mächtig‹, ›allwissend‹ usw.), wie sie in der Bibel geschildert werden, sind – im Lichte früherer analoger Diskussionen in der islam. Religionsphilosophie – als lediglich vom Menschen erfasste Wirkungen Gottes zu verstehen. Alles, was von Gott ausgesagt werden kann, ist seine Einheit, die weitere Attribute geradezu ausschließt. Die alte Frage, ob die Welt schon »seit ewig« besteht oder durch Gott erschaffen worden ist, beantwortete M. im letzteren Sinne: Da die aristotelische Physik nur für diese Welt gilt und allgemein die Philosophie dort ihre Grenze findet, wo strikte Beweise fehlen, galt für ihn das Modell der Torah, also die »Schöpfung in der Zeit«. Die Pflichten des Menschen werden durch das religiöse Gesetz bestimmt; jedoch geschieht nach M. die richtige Erfüllung dieser Pflichten nicht um des Gesetzes willen, sondern in der Nachahmung des Wirkens Gottes in der Welt, wie sie Moses in seiner *imitatio Dei* vorgelebt hat.

Werke: Mishneh Torah, engl. Übers. der 14 Bücher unter dem Titel »The Code of M.« [mit Ausnahme des noch ausstehenden ersten Buches »Book of Knowledge«] in der Yale Judaica Series, 1949ff., Introduction v. I. Twersky, 1982. – Dalālat al-Ḥā'irīn, engl. Übers. v. S. Pines, 2 Bde., 1963.

Lit.: I. Twersky (Hg.): A M. reader, 1972. – S. Pines / Y. Yovel (Hg.): M. and Philosophy, 1986. – F. Niewöhner: M. Aufklärung u. Toleranz im Mittelalter, 1988. – H. A. Davidson: M. The man and his works, 2005. – C. H. Manekin: On M., 2005.

Hinrich Biesterfeldt

Paul Natorp

24.1.1854 Düsseldorf – 17.8.1924 Marburg

1871–76	Studium der Musik, Geschichte, klassischen Philologie u. Philosophie in Berlin, Bonn u. Straßburg
1876	Promotion in Straßburg bei Ernst Laas
1881	Habilitation in Marburg bei →Hermann Cohen
1885	Extraordinarius für Philosophie in Marburg
1893–1922	dort Ordinarius für Philosophie u. Pädagogik

Zusammen mit →Hermann Cohen, dessen Kant-Interpretationen ihn dazu veranlassten, sein Wirkungsfeld in Marburg zu suchen, gilt N. als einer der Begründer und wirkungsmächtiger Vertreter der ›Marburger Schule‹ des Neukantianismus. Bemühte sich N. zunächst mit erkenntnistheoretischem Interesse um das Verhältnis von Logik und Wissenschaft vor dem Hintergrund einer metaphysischen Ideenlehre, so wandte er sich in seinem späteren Werk der praktischen Philosophie, der Pädagogik und der philosophischen Systematik zu. Kennzeichnend für sein Gesamtwerk war seine von Johann Heinrich Pestalozzi beeinflusste Erziehungslehre (*Pestalozzi. Leben und Lehre*, 1909), die er mit ethischen Reflexionen verband.

In seiner *Sozialpädagogik* (1899) legte N. eine Theorie der Willenserziehung auf der Grundlage der Gemeinschaft vor. Individualentwicklung und Gemeinschaftsbildung werden parallelisiert, indem sie dem Begriff des Sollens unterworfen sind. Dieser fordert den Primat des Bewusstseinsgesetzes, um dadurch die universale Geltung der Philosophie in ihrem Normativität und Faktizität vereinigenden Wesen zu demonstrieren. Die Verbindung dieser Form der Idealität des Bewusstseinsgesetzes mit dem Platonismus auf der einen und dem Kantianismus auf der anderen Seite unternahm N. in *Platos Ideenlehre* (1903), wo er eine Deduktion des Seins aus der als Methode sowie als relationsförmiges Grundgesetz alles Logischen verstandenen Idee durchführte. Die Verknüpfung von Logik, Wissenschaft und transzendentaler Ideenlehre bestimmt auch N.s Einführung in den kritischen Idealismus in seiner für den Neukantianismus programmatischen Schrift *Philosophie. Ihr Problem und ihre Probleme* (1911). Seins- und Sollenslogik werden hier derart miteinander ins Verhältnis gesetzt, dass eine Erkenntnisgrundlegung geleistet werden kann – eine Zielsetzung, der sich bereits *Die logischen Grundlagen der exakten Wissenschaften* (1910) verschrieben hatten.

Im Gefolge seiner Forschungen zum Bewusstsein und zur Aufklärung in der Wissenschaft bezog N. immer stärker die Rolle der Subjektivität und damit die Stellung der praktischen Philosophie, der Religionsphilosophie und der Pädagogik in sein Denken ein (*Philosophie und Pädagogik*, 1909; *Die allgemeine Psychologie nach kritischer Methode*, 1912; *Vorlesungen über praktische Philosophie*,

1925). In der 1958 postum erschienenen *Philosophischen Systematik* wandte sich N. im Anschluss an die praktischen Aspekte der Philosophie, die bis hin zu Fragen der Unterrichtsgestaltung oder des Bildungswesens reichen, wieder verstärkt logischen bzw. metaphysischen Spekulationen zu, die als durch den Begriff des Herstellens (*Poiesis*) geleitete Einheitsreflexion zusammengefasst werden können und – wie auch seine Platon-Deutung – nachhaltigen Einfluss auf die Entwicklung →Martin Heideggers hatten. Häufig wird besonders dieser theoretische Neuansatz N.s als Selbstüberwindung des Neukantianismus interpretiert.

Lit.: H. Schneider: Die Einheit als Grundprinzip der Philosophie P. N.s, 1936. – J. Ruhloff: P. N.s Grundlegung der Pädogogik, 1966. – H.-L. Ollig: Der Neukantianismus, 1979. – H. Holzhey: Cohen u. N., 1986.

Rebecca Paimann

Isaac Newton

25.12.1642 (Julianischer Kalender) bzw. 4.1.1643 (Gregorianischer Kalender) Woolsthorp/Lincolnshire (England) – 20.3.1727 (Julianischer Kalender) bzw. 31.3.1727 (Gregorianischer Kalender) Kensington bei London

1661–68	Studium verschiedener Fächer, u.a. Mathematik u. Philosophie, in Cambridge (England)
1669	Nachfolger Isaac Barrows auf dem Lucasian chair für Mathematik in Cambridge
seit 1690	Vertreter Cambridges im Parlament
seit 1696	Leiter der Königlichen Münze (Master of the Mint)
seit 1703	Präsident der Royal Society

N. ist einer der wichtigsten Physiker und Mathematiker der Neuzeit. Sein wissenschaftliches Werk und seine Ausführungen zur Methodologie und Naturphilosophie beeinflussten auch die Philosophie wesentlich: Im 18. Jh. wurde die *Newtonian Philosophy* zum Synonym für aufgeklärte wissenschaftliche Vernunft schlechthin und fand zahlreiche Anhänger, auch außerhalb der Naturwissenschaften. Bis zum ausgehenden 19. Jh. galt N.s Physik im Verbund mit N.s Erkenntnistheorie und Methodologie als das Paradigma des wissenschaftlichen Empirismus überhaupt. Nach eingehender Untersuchung seiner Verbindungen zu Neuplatonismus, hermetischer Tradition und Alchemie im 20. Jh. wird N. heute nicht so sehr als allein dem modernen Empirismus verpflichtet gesehen, sondern als Denker, der unterschiedliche Strömungen der Geistesgeschichte aufgriff.

N. entwickelte seine philosophischen Anschauungen hauptsächlich in Auseinandersetzung mit →Aristoteles und →René Descartes. Gegen die rationalistische Tradition vertritt er in den *Principia* (1687) ein empiristisches Programm, das Experiment und Induktion als alleinige Methoden zur Gewinnung allgemeiner und sicherer Naturerkenntnis auszeichnet und zugleich durch die Erfahrung nicht prüfbare, metaphysische Voraussetzungen verbietet. Mit seinem berühmten Diktum *Hypotheses non fingo* (»Hypothesen erdichte ich nicht«) kritisierte er sowohl die »Erdichtung« naturphilosophischer Systeme auf der Grundlage vermeintlicher Denknotwendigkeiten des Rationalismus als auch die »okkulten Qualitäten« (d.h. die verborgenen Materieeigenschaften) der Scholastik. Gegen die Nahwirkungstheorien des älteren Mechanismus führte er eine in die Ferne wirkende Gravitationskraft ein. Allgemein wies N. Kräfte als bloß mathematische Größe aus; letztlich verstand er sie aber als unverzichtbare, ontologisch fundierte Erklärungsentitäten. Auch in seiner Raum-Zeit-Theorie überschritt er die empiristische Programmatik, indem er einen »absoluten« Raum und eine »absolute« Zeit zu nicht in der Erfahrung begründeten, gleichwohl erklärungsrelevanten Grundbegriffen seiner

Physik erhob. →Immanuel Kant versuchte später, die N.sche mathematische Physik transzendentalphilosophisch zu fundieren und sie so in ihren wichtigsten Teilen als apriorisches (vor jeglicher Erfahrung liegendes) Wissen über die Natur auszuweisen. Obwohl dieser Versuch eher in der Philosophie Anklang fand, wurden N.s mathematische Prinzipien bis Ende des 19. Jh.s auch in den Naturwissenschaften weitestgehend als unfehlbare und streng allgemeine Naturgesetze verstanden. N. selber hatte sie in den *Principia* als solche vorgestellt und – nach dem Vorbild →Euklids – seinem Werk als Axiome vorangestellt.

N.s zweites Hauptwerk, *Opticks* (1704, [4]1730, ND 1952), folgt nicht diesem traditionellen, axiomatisch-deduktiven Aufbau, sondern ist eine Experimentalphysik modernen Stils. Philosophisch relevant sind hier v. a. die *Queries* (Fragen) am Ende des Werks. Sie geben Aufschlüsse über N.s atomistische Materietheorie, seine Methodologie mit ihrem Wechselspiel »analytisch-regressiver« und »synthetisch-progressiver« Verfahren und seine einflussreiche Physikotheologie (d.h. den Versuch, aus vermeintlichen Naturzwecken auf eine oberste, zwecksetzende Ursache und deren Eigenschaften zu schließen). In seinen mathematischen Schriften, die zum größeren Teil erst postum veröffentlicht wurden, begründete N. neben →Gottfried Wilhelm Leibniz u.a. die moderne Infinitesimalrechnung und leitete damit die zweite, auch für die Philosophie der Mathematik äußerst fruchtbare ›Grundlagenkrise‹ in der Geschichte der Mathematik ein.

Werke: Philosophiae Naturalis Principia Mathematica, 1687, [2]1713, [3]1726, neu hg. v. A. Koyré u. I. B. Cohen, 1972. – Unpublished Scientific Papers, hg. v. A. R. u. M. B. Hall, 1962. – The Correspondence of I. N. (1661–1727), hg. v. H. W. Turnbull [u.a.], 7 Bde., 1959–77. – The Mathematical Works, hg. v. D. T. Whiteside, 2 Bde., 1964/67. – The Mathematical Papers, hg. v. D. T. Whiteside, 8 Bde., 1967–81. – The Optical Papers, hg. v. A. Shapiro, Bd. 1, 1984.

Lit.: A. Koyré: N.ian Studies, 1965. – R. S. Westfall: Force in N.'s Physics, 1971. – B. J. T. Dobbs: The Foundations of N.'s Alchemy, 1975. – E. McMullin: N. on matter and activity, 1977. – I. B. Cohen: The N.ian Revolution, 1980. – R. S. Westfall: Never at Rest. A Biography of I. N., 1980. – I. Schneider: I. N., 1988. – A. E. Shapiro: Fits, Passions, and Paroxysms, 1993. – H. Pulte: Axiomatik u. Empirie, 2005.

Helmut Pulte

Friedrich Nietzsche

15.10.1844 Röcken/Sachsen – 25.8.1900 Weimar

1864/65	Studium der ev. Theologie u. klassischen Philologie in Bonn
1865–67	Fortsetzung des Studiums der Philologie in Leipzig; Bekanntschaft mit Friedrich Ritschl u. Erwin Rohde
1867/68	Militärdienst in Naumburg; Beginn der Freundschaft mit Richard Wagner
1869	Erteilung des Doktorgrades ohne Prüfung in Leipzig; ao. Professor für griech. Sprache u. Literatur an der Univ. Basel
1870	Teilnahme am Dt.-Frz. Krieg
1876	krankheitsbedingte Suspendierung vom Lehramt
1878	Bruch mit Wagner
1879	Aufgabe des Lehramts wegen zunehmender Kopf- u. Augenbeschwerden
1881/82	Bekanntschaft mit Lou Andreas-Salomé
1889	psychischer Zusammenbruch in Turin; N. lebt unter der Vormundschaft seiner Mutter in Jena u. Naumburg
1894	Gründung des N.-Archivs in Naumburg durch Nietzsches Schwester Elisabeth Förster-Nietzsche
1897	Tod der Mutter; Übersiedlung zur Schwester nach Weimar

N.s Denken hat mit philosophischen und kulturkritischen Schriften und Dichtungen weit über Philosophie und Literatur hinaus auf verschiedene Bereiche der Geisteskultur (u. a. Geschichtswissenschaft, Kunst und Kunstgeschichte,

Medientheorie) großen Einfluss ausgeübt. Sein Werk entbehrt einer strengen Systematik; er wählte oft den Aphorismus als Ausdrucksform des Gedankens. Wurde sein früher Denkstil durch das Studium der antiken Kultur bzw. Philologie und Philosophie sowie durch die positive Rezeption der Werke →Arthur Schopenhauers und Richard Wagners geprägt, so zeichnet sich sein Spätwerk durch die Kritik dieser Denker aus. N. bezeichnete Wagner später sogar als seine frühere Krankheit (*Der Fall Wagner*, 1888; *Nietzsche contra Wagner*, 1895). Von großer Bedeutung ist seine Korrespondenz und Auseinandersetzung mit seinen Zeitgenossen, Freunden und Verlegern.

Mit seinem ersten großen Werk, *Die Geburt der Tragödie aus dem Geiste der Musik* (1872), wollte N. die griech. Kultur philosophisch neu deuten, indem er das »Apollinische« (»Traum«) und »Dionysische« (»Rausch«) – ihre zwei wichtigen Triebe – als ausschlaggebend für ihre Entzifferung herausstellte. Durch den Kampf dieser zwei Prinzipien sei in der griech. Kultur die Tragödie entstanden. Das Apollinische ist Prinzip und Macht des Begrenzten, das Dionysische dagegen wird mit dem Rausch verglichen. Der apollinische Mensch ist Künstler, der dionysische selber Kunstwerk. Die Duplizität dieser Aspekte ist Bedingung aller Kunst. N. deutete die Musik metaphysisch als höchste Art der Kunst, die den Willen – als das Prinzip der Welt – darstellt.

N.s spätere Schriften wie *Die fröhliche Wissenschaft* (1882), *Jenseits von Gut und Böse* (1886) und *Zur Genealogie der Moral* (1887) nahmen ihren Ausgang von Konzepten des Nihilismus und vom »Tod des Gottes«. In ihnen löste sich N. von seinen Lehrern Schopenhauer und Wagner und entwarf eine eigenständige Philosophie, in der den Ideen der ewigen Wiederkunft des Gleichen, des Willens zur Macht, der Fremdenliebe und v. a. des Übermenschen eine Schlüsselrolle zukam. Alle diese Ideen verband N. eindrucksvoll in *Also sprach Zarathustra* (1883–85). Sie wurzeln in der Philosophie der Vergangenheit, sei es bei den Sophisten oder den Aufklärungsdenkern des 18. Jh.s, jedoch reagierte N. mit ihnen auf die Tendenzen des zeitgenössischen Denkens: Er diagnostizierte prägnant die verbreitete Ideen- und Hoffnungslosigkeit seiner Zeit und stellte Ideale zu deren Überwindung heraus.

In *Ecce homo* (1888) bezeichnete N. den Ewigen-Wiederkunfts-Gedanken als »die höchste Formel der Bejahung, die überhaupt erreicht werden kann«. Jedes Lebendige zeigt seinen Willen zur Macht, indem es durch eine Art Selbsterhaltungstrieb motiviert ist. Der Wille zur Macht äußert sich nicht nur auf politischem und wirtschaftlichem Gebiet, sondern auch im Denk- und Erkenntnisstreben des Menschen. Nach N.s Ansicht gibt es kein *einziges* Ziel für die Menschheit. Durch seine Theorie von verschiedenartigen Zielen destruierte er die Moral als solche und plädierte für den Primat unterschiedlicher Zielsetzungen und Zugänge. Daher ist N. als Philosoph des Individualismus bezeichnet worden; der progressive Charakter seiner Lehre liegt v.a. in der radikalen Favorisierung dieses Prinzips. N. ist ein Philosoph des *Ich*. Der einzelne Mensch – dem nach N.s Ansicht in erster Linie die *reale* Existenz zugesprochen wird – ist auf Grund einer Stellung im Kosmos in der Lage, seinen Interessen und Zwecken gemäß zu handeln und hiermit die Welt auf seine Weise einzurichten. Begriffe wie ›Menschheit‹, ›Staat‹, ›Nächstenliebe‹, ›Gutes und Böses‹ verloren bei N. ihre traditionelle Bedeutung und galten ihm als Fiktionen. Durch ihre Aufhebung wird das traditionelle Konzept des Sollens aufgegeben. In Gestalt des Übermenschen, der das Prinzip des Willens zur Macht zur Grundlage seiner Tätigkeit wählt, stellte N. ein neues Prinzip des Sollens auf. Dieses Sollen verkörpert das echte Ziel bzw. das Ideal des Menschseins, denn es zielt auf die Gestaltung des künftigen Menschen ab. Dieses Sollen könnte man als das Wollen des Übermenschen auffassen. Der Übermensch als das

Ich wird als radikaler Gegensatz des Nicht-Ich aufgefasst, was eine Utopie darstellt.

Werke: Kritische GA, hg. v. G. Colli u. M. Montinari, angelegt auf 50 Bde., 1967ff. – Kritische Briefausgabe, hg. v. G. Colli u. M. Montinari, 24 Bde., 1975–2004.

Lit.: M. Heidegger: N., 2 Bde., 1961. – W. Müller-Lauter: N. Seine Philosophie der Gegensätze u. die Gegensätze seiner Philosophie, 1971. – F. Kaulbach: N.s Idee einer Experimentalphilosophie, 1980. – M. Montinari: N. lesen, 1982. – P. Sloterdijk: Der Denker auf der Bühne. N.s Materialismus, 1986. – G. Colli: Nach N., 1993. – W. Stegmaier: N.s Genealogie der Moral. Werkinterpretation, 1994. – G. Figal: N. Eine philosophische Einführung, 1999. – H. Ottmann: N.-Handbuch, 2000. – T. Iremadze: F. N., 2006.

Tengiz Iremadze

Nikolaus von Kues

1401 Kues an der Mosel – 11.8.1464 Todi/Umbrien (Italien)

1416–23	Studium der Artes in Heidelberg u. des Kirchenrechts in Padua
1425	Heymericus de Campo führt ihn in die Schriften des →Albertus Magnus ein; Entdeckung der Plautus-Komödien
1430/31	Teilnahme am Baseler Konzil als gemäßigter Konziliarist
1437	Wechsel auf die Papstseite
1437/38	Reise nach Konstantinopel
1438–48	Reise als päpstlicher Legat durch Deutschland
1450	Erhebung zum Kardinal von S. Pietro in Vincoli
1452	Antritt des Bischofsamts in Brixen (verliehen 1450)
1458	Kurienkardinal/Generalvikar von Rom
1460	Vertreibung aus seinem Bistum durch Herzog Sigmund von Tirol
1463	scheitert als Reformer in Orvieto

Der Rechtsgelehrte, Kirchenreformer und philosophisch ambitionierte Theologe N. gilt als markanter Gelehrter der 1. Hälfte des 15. Jh.s. Er verknüpfte die Intellekt- und Einheitstheorie albertistischer Proklusrezeption mit dem dynamischen Teleologismus (Zielgerichtetheit) des →Aristoteles neu und beabsichtigte, in Absetzung von der Universitätsscholastik und in originärer Synthese über den dort herrschenden Aristotelismus und die autoritätenbestimmte Distinktionsmethode (d.h. Unterscheidungswissenschaft) hinauszugelangen. N. begründete eine Universalwissenschaft, die oberhalb des Satzes vom auszuschließenden Widerspruch in der Vernunft alle Gegensätze von ihrer Einheit her denkt und deren Korrelationen in der Welt immer präziser erforscht. Gerade dem Laien (*idiota*) gelinge das. Das Konzept vom sich reflektierenden, schöpferischen Intellekt ist nahe am Anthropozentrismus (der Mensch steht im Zentrum aller Überlegungen) des ital. Frühhumanismus. N.s Ansätze zur Kirchenreform und zur Toleranz der Religionen blieben erfolglos. Sein Werk wurde von →Giordano Bruno rezipiert.

N. wandte sich neben Schriften zur Kirchen- und Reichsreform (*De concordantia catholica*, seit 1433) den Grundsätzen einer erkenntniskritischen Methode zu, die Metaphysik, Kosmologie und Intellektlehre einbezieht. Einsetzend mit *De docta ignorantia* ([Über das wissende Nichtwissen] 1438–40), werden zwei Lehren leitend, nämlich erstens die Lehre vom Zusammenfall der Entgegengesetzten (*coincidentia oppositorum*): Das diskursive Verstandesvermögen schaut in einer nicht ergreifenden Weise die Unendlichkeit der absoluten Größe, die keinen Gegensatz kennt, mit der das Kleinste zusammenfällt, und zweitens die Lehre vom Wissen des Nichtwissens (*docta ignorantia*): Die Vernunft erfasst die Wahrheit niemals so genau, »dass sie nicht ins Unendliche immer genauer erfasst werden könnte. Je gründlicher wir in diesem Nichtwissen wissend sind, desto mehr rücken wir an die Wahrheit selbst heran«. Entgegen der Tradition ist Gott nicht nur Größtes, sondern auch Kleinstes, indem seine unbegrenzte Einheit alles mögliche Sein umfasst. Als gegensatzlose Koinzidenz-Andersheit begründet er alles Begrenzte und ist zugleich in jedem präsent. Gott ist nicht das Ungewusste; von seiner Andersheit ist auf nichtwissende Weise zu wissen. Im Universum existieren nach N. nur Relationen von Kleinem und Großem, keine absoluten Größen; die bewegte Erde ruht nicht in der Weltmitte, sie ist ein Stern unter Sternen, irdische und Himmelsphysik sind nicht voneinander getrennt, doch ist dies noch nicht im Sinne des Kopernikanismus gedacht.

Seit *De coniecturis* ([Über Mutmaßungen] um 1442/43) erweiterte N. seine Philosophie des übergegensätzlich-negativen Einheitsgrundes um die Dimension des göttlichen Intellekts. In dessen Mitteilungsstufen entspricht die intellektive Struktur der Welt den Möglichkeiten menschlichen Erkennens auf der Sinnes-, Verstandes- und Vernunftebene. Eingeübt wird ein Vernunftverfahren, in dem das Einheitsprinzip als negativ Sehbares vorausgesetzt ist; mutmaßendes Erkennen der Vernunft korrigiert das Unterscheidungsdenken des Verstandes unter Einsatz des Koinzidenzprinzips; über diesem steht die transzendierte Erkenntnisweise als divinales (göttliches) Wissen. Gottes Andersheit ist in diesem als reine Negation zu begreifen, die gewusst wird, wenn dessen Einheit erfasst ist als Negation von Affirmation (Annahme) *und* Negation (Verneinung), von Affirmation *oder* Negation und der reinen *Affirmation*. Gott ist kein Einheits-Sein im Sinne der Tradition mehr, sondern als Negation allen Seins alles begründend. Er ist absolutes »Können-Ist« (*Trialogus de possest*, 1460) oder das »Nicht-Andere« (*De non-aliud*, 1462), in dem er sich selbst und alles Andere definiert, nicht-anders zu sein. Gott ist als gegensatzloser Gegensatz zu allem Gegensätzlichen nicht neben, sondern in den Dingen, als absolut möglichkeitsbegründender Intellekt in der alles vermögenden Vernunft des Menschen. Die so geadelte Vernunft erhebt den Menschen zum zweiten Gott (*De beryllo* [Über den Beryll], 1457). Gott zu erkennen ist Gottes Selbsterkennen. Über den begriffsschöpferischen Menschen kann sich Gott zudem in seiner Schöpfung in zeichenhaftem Verweis zeigen (*Compendium*, 1463; *De apice theoriae* [Über den Gipfel der spekulativen Philosophie], 1464), denn Gottes Weisheit »wohnt in den höchsten Höhen« und »ruft auf den Straßen« (*Idiota de sapientia* [Der Laie über die Weisheit], 1450). Unbegrenztes Erkennen ist weltbestimmtes Erfassen und Setzen des Begrenzungsmaßes; es gipfelt im Wissen um das allein vernunfthaft erschließbare Wesen der Dinge, das durch notwendig aufeinander bezogene Gegensätze hindurch als Idee im göttlichen Intellekt negativ gesehen wird (der Stein ist in Gott Prinzip als Nicht-Stein). Naturbezüge zu erkunden heißt Relationen immer präziser messen (*Idiota de staticis experimentis* [Der Laie über Versuche mit der Waage], 1450) oder in geometrischer Näherungsmethode die Kreiszahl ermitteln (*Quadratura circuli* [Die Quadratur des Kreises], 1450).

Werke: Opera omnia, hg. v. d. Heidelberger Akademie der Wissenschaften, 22 Bde., 1932 ff. – Cusanus-Texte, hg. v. ders., 5 Bde., 1929 ff. – Schriften in dt. Übers., hg. v. ders., 19 Bde., 1936 ff. – Philosophisch-theologische Schriften, übers. v. D. u. W. Dupré, 3 Bde., ²1989.

Lit.: B. Mojsisch: N. v. K: *De coniecturis*, in: K. Flasch (Hg.): Interpretationen. Hauptwerke der Philosophie: Mittelalter, 1998, 470–89. – K. Flasch: N. v. K. Geschichte einer Entwicklung, ²2001. – T. Leinkauf: N. C. Eine Einführung, 2006. – N. Winkler: N. v. K. zur Einführung, ²2009.

Norbert Winkler

Nikolaus (von) Oresme

um 1322 in der Normandie (Frankreich) – 11.7.1382 Lisieux (Frankreich)

um 1342	Magister der Pariser Artesfakultät
1356	Dr. theol., Paris
1356	Leiter des Pariser Collège de Navarre
1377	Bischof von Lisieux

N. übte als vielseitiger Autor über den engen Kreis der Universität hinaus auch auf das politische Leben in Frankreich Einfluss aus. Große Aufmerksamkeit erfuhren seine naturwissenschaftlichen Theorien, die entscheidend über →Aristoteles hinausgehen und die die ältere Forschung dazu gebracht haben, in N. einen Vordenker der modernen Physik zu sehen.

Durch seine auf Wunsch König Karls V. angefertigte frz. Übersetzung der Ethik, der Politik und der Wirtschaftslehre des Aristoteles sowie seinen frz. Kommentar zur aristotelischen Schrift *De caelo et mundo* trug N. grundlegend zur Entwicklung einer philosophischen Terminologie in der Volkssprache bei. In letzterer Schrift behandelte er u.a. das Problem, ob sich der Himmel um die Erde dreht oder umgekehrt. In *De moneta* (Über Münzstätten) beschäftigte er sich ausführlich mit Fragen des Geldes. Dabei stand v.a. das Problem der damals von den Fürsten oft praktizierten Geldabwertung, die er kritisierte, im Mittelpunkt seines Interesses.

Werke: Le livre de ethiques d'Aristote, hg. v. A. D. Menut, 1940. – The De Moneta of Nicholas Oresme and English mint documents, hg. v. C. Johnson, 1956. – Le livre de yconomique d'Aristote, hg. v. A. D. Menut, 1957. – Le livre du ciel et du monde, hg. v. A. D. Menut u. A. J. Denomy, 1968. – Le livre de politiques d'Aristote, hg. v. A. D. Menut, 1970.

Lit.: S. Lusignan: Parler vulgairement. Les intellectuels et la langue française aux XIIIe et XIVe siècles, 1986. – J. Quillet (Hg.): Autour de N. O., 1990. – E. Sylla / M. McVaugh (Hg.): Texts and Contexts in Ancient and Medieval Science, 1997. – W. J. Courtenay: The Early Career of N. O., in: Isis 91, 2000, 542–48. – S. Caroti / J. Celeyrette (Hg.): Quia inter doctores est magna dissensio, 2004.

Maarten J. F. M. Hoenen

Schalwa Nuzubidse

14.12.1888 Parzchanaqanevi bei Kutaisi (Georgien) – 16.1.1969 Tiflis (Georgien)

1906–10	Studium an der Univ. St. Petersburg
1911/12	Lehrer am Gymnasium im Bezirk Kubani; wissenschaftliche Aufenthalte an dt. Universitäten
1917	Rückkehr nach St. Petersburg
1918	Mitgründer der Staatlichen Univ. Tiflis u. der Philosophischen Gesellschaft Joane Petrizi
1925–30	Aufenthalte in Berlin
1928	Professor in Tiflis, zeitweilig in Heidelberg
1938–39	Inhaftierung aus politischen Gründen
1944	Mitglied der Akademie der Wissenschaften Georgiens
1946–49	wiss. Mitarbeiter am Philosophischen Institut Tiflis
1953	Entlassung aus Akademie u. Universität
1960	Rehabilitation

N. gilt als einer der bedeutendsten georg. Philosophen. Geprägt von →Bernard Bolzano und Emil Lask, entwarf er eine *Aletheiologie* (Wahrheitslehre) als philosophische Disziplin. Wichtig sind auch seine Studien zur Geschichte des Denkens, v.a. zum Neuplatonismus und dessen Rezeption. N.s Theorie einer Renaissance im Osten, die Thesen Jacob Burckhardts kritisierte, wurde über Georgien hinaus rezipiert. Verdienste erwarb er sich auch als Übersetzer altgeorg. Poesie ins Russische.

N.s Versuch, neue Rahmenbedingungen des Philosophierens zu entwerfen, dokumentiert seine originelle Lehre vom *Aletheiologischen Realismus*, mit der er die Gegensätzlichkeit zwischen Sein und Denken durch die Etablierung des Aletheiologischen als eines Zwischenreichs zu überwinden sucht. Durch präzise Untersuchung der Erkenntnisnatur wird nach N. dem Denken die Möglichkeit eröffnet, sich dem bisher bestimmenden Einfluss der psychischen Eigenschaften des Menschen zu entziehen. N. warf hiermit die Frage nach der Möglichkeit einer Überwindung des ›Anthropologismus‹ auf. Nach N.s Auffassung gab es in der Philosophie schon immer Versuche, die Wahrheit so zu verstehen, dass man von den psychischen Einflüssen des Menschen möglichst abstrahieren solle und reine Erkenntnisse gewinnen könne. Diese Bemühungen trugen aber einen fragmentarischen Charakter. Deswegen konnte sich auch keine systematische Darstellung des ›wahren Erkenntnisprozesses‹ entwickeln. Die von N. auch als »Erste Philosophie« bezeichnete *Aletheiologie* verfolgt die Intention, die fragmentarischen Gedanken zur Natur des Aletheiologischen zu sammeln und für die Konstruktion neuer Gedankengänge zu nutzen.

Werke: GS, hg. v. der Akademie der Wissenschaften Georgiens, 9 Bde., 1973–85.

Lit.: S. Chidascheli: S. N., 1969. – A. Losev: Die Ästhetik der Renaissance, 1978. – K. Nuzubidse: S. N., 1988. – G. Tevzadze: S. N., 2003. – T. Iremadze: Der Aletheiologische Realismus. S. N. u. seine neuen Denkansätze, 2008.

Tengiz Iremadze / Giorgi Kheoshvili / Lali Zakaradze

José Ortega y Gasset

9.5.1883 Madrid – 18.10.1955 Madrid

1897–1904	Philosophiestudium in Bilbao u. Madrid
1904	Promotion; anschließendes Weiterstudium bei Otto Immisch in Leipzig, →Georg Simmel in Berlin u. →Hermann Cohen u. →Paul Natorp in Marburg
1908–10	Professor für Logik, Psychologie u. Ethik an der Pädagogischen Hochschule Madrid
1910–36	Ordinarius für Metaphysik an der Univ. Madrid
1912	erneuter Aufenthalt in Deutschland; journalistische Tätigkeit für *El Imparcial* und *El Sol*
1923	Gründung der Zeitschrift *Revista de Occidente*; Kritik an der span. Monarchie u. Unterstützung der Republik
1936–45	Exil in Frankreich, Holland, Argentinien u. Portugal

1945 Rückkehr nach Spanien; universitäres Lehrverbot u. freie Vortragstätigkeit im In- u. Ausland
1951 Begegnung mit →Martin Heidegger bei den Darmstädter Gesprächen

O. gilt als Meister des Genres ›Essay‹ und erfreute sich zu seinen Lebzeiten über Spanien hinaus großer Bekanntheit. Seine populären philosophischen, politischen und historischen Schriften sind häufig Zusammenstellungen seiner z. T. neu bearbeiteten Zeitungsartikel. Zu seinen Themen gehörten u. a. Reflexionen über die politischen und soziologischen Konstellationen der modernen Welt (*Meditationen des Don Quijote*, 1914; *Die Aufgabe unserer Zeit*, 1923; *La rebelión de las masas* [Der Aufstand der Massen], 1929) sowie geschichtsphilosophische Studien über *Das Wesen geschichtlicher Krisen* (1943) oder über die Frage ›Gibt es ein europäisches Kulturbewusstsein?‹ (*Europ. Kultur und europ. Völker*, 1954). Für die akademische Philosophie bestimmt ist nur die postum erschienene Abhandlung *Der Begriff der Idee bei Leibniz* (1958). Der von O. vertretene Ratio-Vitalismus nahm viele Aspekte des Existentialismus vorweg.

O. kritisierte die exklusive Ausrichtung der westlichen Kultur auf die physiko-mathematische Vernunft und die moderne Technik, die Macht über die Natur ausübt, aber nicht das Leben der Menschen hinterfragt. Er hielt sowohl die subjektive (das ›Ich‹ ohne Dinge) als auch die realistische Haltung (die Dinge als unabhängig vom ›Ich‹) für unzureichend. Das ›Ich‹ bilde mit dem ihm Gegebenen eine untrennbare Einheit. Es verwirkliche sich an einem bestimmten Ort und zu einer konkreten Zeit als ›historische‹ und nicht als ›reine‹ Vernunft. Der Mensch hat für O. keine Natur, sondern eine individuelle Geschichte, eine Biographie. Die Vernunft lässt sich nicht auf eine biologische Funktion zur Selbsterhaltung reduzieren. Vielmehr müsse die Philosophie vom historischen Menschen ausgehen. Der Einzelne erhalte die Grundlagen für seine Überzeugungen und Meinungen von der Gemeinschaft; er werde zur Person durch seine Entscheidungen, die auf seine Umgebung wirkten. Indem sich das Individuum für O. um seine physische und soziale Umwelt sorgt und Liebes- und Freundschaftsbeziehungen zu einem ›Du‹ herstellt, erfindet es sich selbst, schafft gesellschaftliche Normen und wird zum ›Ich‹. O. betrachtete die moderne Welt, in der die unpersönlichen Massen ohne Humanismus und ohne Geschichtstradition die Macht ausüben, als Barbarei. Seine Ideen – besonders zum Problem der Erziehung – wurden daher auch als elitär oder aristokratisch kritisiert.

Werke: Obras completas, 9 Bde., 1962–65.

Lit.: J. Marías: J. O. y G. u. die Idee der lebendigen Vernunft, 1952. – A. Guy: O. y G. ou la raison vital et historique, 1969. – F. Jung-Lindemann: Zur Rezeption des Werkes von J. O. y G. in den deutschsprachigen Ländern, 2001.

Francisco Sánchez-Blanco

Parmenides

um 540 v. Chr. Elea/Magna Graecia (Süditalien) – um 480 v. Chr.

Der vorsokratische Denker P. gilt als Haupt der von →Xenophanes gegründeten *Eleatischen Schule*. Nach antikem Zeugnis war er im öffentlichen Leben tätig. Seine der Überlieferung zufolge einzige Schrift ist ein Gedicht in Hexametern, das aus einem Proömium (Einleitungsgesang) und zwei Abschnitten über die Wahrheit (*alêtheia*) bzw. die Meinung (*doxa*) besteht. Die darin artikulierte absolute Unterscheidung zwischen Sein und Schein, die an den fundamental-alternativen Prädikaten ›ist‹ und ›ist nicht‹ festgemacht wird, wurde ebenso zu einem Leitmotiv abendländischen Denkens wie die in ihr implizierte Korrelationalität von Ontologie (Lehre vom Sein) und Logik bzw. von Erkenntnis- und Sprachtheorie.

Jenseits der alltäglichen Lebenserfahrung verspricht der Einleitungsgesang des Lehrgedichts definitive Einsicht sowohl in das Wirklich-Wahre als auch in das bloß Scheinbare. Im ersten Hauptteil stellt P. das, was ist, also das Wirklich-Wahre, als ein ungeschaffenes, unzerstörbares, unveränderliches Ganzes dar: Es ist ein ewig Geschlossen-Zusammenhängendes, ein Vollkommenes, das ›der Masse einer wohlgerundeten Kugel‹ gleicht. Im – weniger umfangreich überlieferten – zweiten Hauptteil behandelt P. vorwiegend die Kosmologie; dabei entlarvt er die trügerische Ordnung der im Raum und in der Zeit verstreuten Erscheinungswelt mitsamt deren grenzenloser Vielheit als das, was prinzipiell nicht ist. Seine Botschaft lautet: Allein der Weg des Seins ist für das Denken begehbar, nicht die Weglosigkeit des Nicht-Seins oder gar der Irrweg derjenigen, die Sein und Nicht-Sein auf der einen Seite für dasselbe und auf der anderen Seite nicht für dasselbe halten. Denn nach P. ist das Wirklich-Wahre bzw. das Sein, und zwar aufgrund seiner ihm inhärenten Gesetzmäßigkeit, nicht nur durch die Vernunft (*logos*) zu begreifen. Es ist vielmehr mit ihr wesentlich identisch und insofern der alleinige Inhalt jeglicher Aussage und Erkenntnis. Im Kontrast dazu kann das Scheinbare bzw. das Nicht-Sein – dies wegen seiner Selbstwidersprüchlichkeit – weder erkannt noch ausgesagt werden; ihm ist nicht nur die sinnliche Wahrnehmung, sondern auch der irrende Verstand ausgeliefert, welcher Nicht-Seiendes vom Seienden nur inadäquat unterscheidet.

Werke: Die Fragmente der Vorsokratiker I, hg. v. H. Diels u. W. Kranz, [6]1951, ND 2004, n. 28. – Die Vorsokratiker I, griech./dt., übers. u. erläut. v. J. Mansfeld, 1983, 284–333.

Lit.: J. Mansfeld: Die Offenbarung des P. u. die menschliche Welt, 1964. – K. Bormann: P. Untersuchungen zu den Fragmenten, 1971. – J. Jantzen: P. Zum Verhältnis von Sprache u. Wirklichkeit, 1976. – J. Barnes: P. and the Eleatic One, in: Archiv für Geschichte der

Philosophie 61 (1979), 1–21. – W. Röd: Die Philosophie der Antike 1: Von Thales bis Demokrit (= Geschichte der Philosophie, hg. v. W. Röd, Bd. 1), ²1988. – G. S. Kirk [u. a.]: Die vorsokratischen Philosophen. Einführung, Texte u. Kommentare, 1994. – P. K. Curd: The Legacy of P.: Eleatic Monism and Later Presocratic Thought, 1998.

Orrin F. Summerell

Blaise Pascal

19.6.1623 Clermont-Ferrand (Frankreich) – 19.8.1662 Paris

1639–48	lebt in Rouen (Frankreich)
1642	Konstruktion einer Rechenmaschine
1647	Misslungenes Gespräch mit →René Descartes
23.11.1654	Erweckungserlebnis
1655	Umzug nach Port Royal
1659	andauernde Erkrankung

P. ist der berühmteste Denker der frz. Klassik. Er dachte theologische und philosophische, mathematische und physikalische Fragen in eins und verschränkte sie so mit dem Schicksal seiner eigenen Person, dass sein Leben zum Zeugnis seiner Ideen wurde. P. war eine äußerst sensible Natur und oszillierte zwischen weltlicher Wissenschaft und geistlichem Gehorsam. Nach seinem Erweckungserlebnis zog er sich aus der Öffentlichkeit zurück, die gleichwohl ihre Anziehungskraft für ihn behielt. Er kasteite sich bis zum Fanatismus und war in seiner Polemik maßlos.

In seinem *Essai pour les coniques* ([Versuch über die Kegelschnitte] 1640) formulierte P. den »Pascalschen Satz«: Die drei Schnittpunkte der drei paarigen Gegenseiten eines Sechssehnenecks bei einem Kegelschnitt liegen auf einer Geraden. Innerhalb seiner Studien zur *Arithmetik* (1665) ragt die Abhandlung über das nach ihm benannte Dreieck heraus, das zur Veranschaulichung der Binomialkoeffizienten dient:

1
1 1
1 2 1
1 3 3 1
1 4 6 4 1

Mit Hilfe dieser Tafel entdeckte P. die Kombinationstheorie, die Berechnung der Potenzsummen und die Auflösung verschiedener Probleme der Spieltheorie. In der Schrift zu den Zykloiden (*Lettres de Dettonville* [Briefe von Dettonville], 1658/59) führte P. die Berechnung krummliniger Flächen auf eine unendliche Anzahl unendlich kleiner Rechtecke zurück. In seinen Abhandlungen zur Physik, bei denen er strikt zwischen metaphysischen Sätzen und Experimenten unterschied, entwickelte er seine Theorie des Vakuums.

In den Gnadenstreit innerhalb der kath. Theologie griff P. mit den *Lettres Provinciales* ([Briefe in die Provinz] 1656/57) ein und vertrat mit den Jansenisten, den Anhängern von Cornelius Jansenius, gegenüber den Jesuiten die Auffassung, dass auch die Vernunft durch die Erbsünde geschädigt sei. Die Briefe wurden zu einem Klassiker der frz. Stilistik und trugen – gegen den Willen des Verfassers – zu einer Schwächung der theologischen Position des Katholizismus in der Neuzeit bei. Seit seiner Bekehrung arbeitete P. an der Verteidigung der christlichen Religion, den späteren *Pensées* (Gedanken), deren Entwurf etwa 800 bis 1000 Fragmente umfasst. Sie sollte zunächst die anthropologische Position des Menschen darstellen, der zwischen dem sündigen Anspruch der Vernunft und seiner Gottebenbildlichkeit ausgespannt war, um dann die Unterwerfung der Vernunft unter die als einzigartig charakterisierte christliche Offenbarung plausibel zu machen.

Die Theologie der *Pensées* geht von der überwältigenden Existenz Gottes aus und besteht aus vier miteinander dialektisch verwobenen Bereichen. Der höchste Bereich ist von Gott begnadet und hat so an der göttlichen Liebe teil. Es ist der Bereich der Größe des Menschen, die in seiner spirituellen Empfängnisbereitschaft besteht. Der untere Bereich des Herzens, der der Selbstliebe, teilt zwar mit dem Bereich des begnadeten Herzens die Affektivität, aber die Affekte der unbegnadeten Liebe sind Selbstgerechtigkeit und Schläue. Ein solches Herz fällt ohne Gottes Gnade dem Verderben anheim. Gleichgültig gegen alles Heil ist der dritte Bereich der menschlichen Fähigkeiten, die Wissenschaften, v. a. Mathematik und Logik. Zwar kann der Geist der Geometrie Wahrheiten erkennen, denn er umfasst die Logik, aber für das einzig Notwendige, für das in Liebe geschenkte Heil der Seele, ist Mathematik gleichgültig. Das gilt auch für den vierten Bereich, die äußere, physikalische Welt. In der strikten Trennung der einzelnen Bereiche liegt der Grund für die Möglichkeit der wissenschaftlichen Autonomie von P.s physikalischen und mathematischen Studien. Sie sind in ihrem Bereich sämtlich richtig, aber sie sind heillos, weil sie das Herz von seinem liebenden und geliebten Herrn abhalten.

Werke: Œuvres, hg. v. L. Brunschvicg [u. a.], 14 Bde., 1904–14. – Œuvres complètes, hg. v. L. Lafuma, 1963. – Œuvres complètes, hg. v. J. Mesnard, angelegt auf 7 Bde., 1964 ff. – Œuvres complètes, hg. v. M. Le Guern, 2 Bde., 1998/2000. – P. im Kontext, frz./lat.-dt. Parallelausg. auf CD-ROM, übers. v. U. Kunzmann, 2003.

Lit.: L. Goldmann: Le Dieu caché. Etude sur la vision tragique dans les Pensées de P. et dans le théâtre de Racine, 1955. – J. Mesnard: P. L'homme et l'œuvre, [5]1967 (1951). – A. McKenna: De P. à Voltaire. Le rôle des Pensées de P. dans l'histoire des idées entre 1670 et 1743, 2 Bde., 1990. – J. Mesnard: B. P. in: Frankreich und Niederlande, hg. v. J.-P. Schobinger (= Grundriss der Geschichte der Philosophie. Die Philosophie des 17. Jh.s, Bd. 2, begr. v. F. Ueberweg), 1993, 2. Teilbd., 529–70. – P. Sellier: P. et Saint Augustin, 1995. – W. Schmidt-Biggemann: B. P., 1999.

Wilhelm Schmidt-Biggemann

Jan Patočka

1.6.1907 Turnov (Böhmen) – 13.3.1977 (nach anhaltenden Polizeiverhören) Prag

1925–27	Studium der Philosophie, Slawistik u. Romanistik an der Karls-Univ. Prag, 1928/29 Stipendiat an der Sorbonne
1931	Promotion in Prag über den Begriff der Evidenz
1932/33	Humboldt-Stipendiat in Berlin u. Freiburg i. Br.
1936	Habilitation in Prag über »Die natürliche Welt als philosophisches Problem« (tschech. 1936)
1939–44	Gymnasiallehrer
1945–49	Lehrtätigkeit an der Karls-Univ. Prag
1950–54	Entlassung aus der Fakultät aus politischen Gründen; Forschung an der Masaryk-Bibliothek
1954–58	Mitarbeit an der Comenius-Ausgabe der Akademie der Wissenschaften
1958–65	Bibliothekar an der Akademie; Studien u.a. zu →Aristoteles u. →Bernard Bolzano; Hegel-Übersetzungen
1964	zweite Habilitation über *Aristoteles, seine Vorläufer und seine Erben* (tschech. 1963)
1966–68	Gastprofessur in Mainz; Vorträge in Köln u. Freiburg i. Br.
1968–72	o. Professor für Philosophie an der Karls-Univ. Prag; Zwangsemeritierung aus politischen Gründen
1977	Mitbegründer u. Sprecher der »Charta 77«

P. gilt als bedeutendster tschech. Philosoph des 20. Jh.s und war einer der innovativsten Vertreter der zweiten Generation von Phänomenologen nach →Edmund Husserl und →Martin Heidegger. Er verband phänomenologisches Denken in neuer Weise mit Fragen der Politik, Geschichte und Kultur. Mit kurzen Unterbrechungen bestand für P. in der kommunistischen Tschechoslowakei Lehr- und Publikationsverbot. Dennoch wurde er zu einer intellektuellen und moralischen Autorität, v.a. nach 1972, durch seine Untergrundseminare und sein Engagement als Bürgerrechtler.

P.s gesamtes Werk ist der Idee Europas verpflichtet. In seiner Frühzeit von Husserls Lebenswelttheorie und Heideggers Daseinsanalytik nachhaltig beeinflusst, entwickelte P. eigenständige phänomenologische Ansätze (v. a. das an Aristoteles' *kinesis*-Begriff anknüpfende Konzept der »Bewegung der menschlichen Existenz«, nach dem sich die »Grundmöglichkeiten des Menschen« in drei Bewegungen verwirklichen: in der »Verankerung«, in der »Selbstverlängerung« und im »Durchbruch«) und legte in späteren Studien geschichtsphilosophische Reflexionen über Ursprung, Genese und Bestimmung Europas vor. Daneben verfasste er Untersuchungen zur europ. Ideengeschichte von der Antike bis zur Gegenwart, insbesondere zu (früh-)neuzeitlichen Strömungen in Mitteleuropa.

In den *Ketzerischen Essais zur Philosophie der Geschichte* – geschrieben in den letzten Lebensjahren – fand P.s Denken seinen prägnantesten Ausdruck. P. radikalisiert hier das Konzept der Lebensbewegungen und öffnet damit zwei Schlüsselbegriffe des phänomenologischen Denkens – Husserls »Lebenswelt« und Heideggers »Dasein« – auf ihre geschichtliche und praktisch-politische Dimension hin. Der Geburtsort Europas ist für ihn die griech. *polis*, die den Abschied vom Mythos und den Beginn von Geschichte im emphatischen Sinne markiert, d.h. der konstituierende Einschnitt, mit dem Handeln in Freiheit und Denken in Wahrheit – Politik und Philosophie – anheben. Dass Freiheit und Wahrheit nicht als Besitz, sondern nur als Aufgabe zu verstehen sind, macht Europa zu einem stets gefährdeten und niemals abschließbaren Projekt. Zugleich wohnt ihm eine Ambivalenz und Dynamik inne, die im technischen Rationalismus gipfelt: Die Katastrophen des 20. Jh.s – Weltkriege, Imperialismus und Totalitarismus – sind der Idee Europas nicht äußerlich, auch sie entspringen ihrer inneren Logik.

Werke: Sebrane spisy, hg. v. I. Chvatík u. P. Kouba, angelegt auf 25 Bde., 1996ff. – Ausgewählte Schriften, hrsg v. K. Nellen [u.a.], 5 Bde., 1987–92. – Texte, Dokumente, Bibliographie, hg. v. L. Hagedorn u. H. R. Sepp, 1999. – Andere Wege in die Moderne. Studien zur europ. Ideengeschichte von der Renaissance bis zur Romantik, hg. v. L. Hagedorn, 2006. – Ketzerische Essays zur Philosophie der Geschichte, Neuausg. 2009.

Lit.: E. Kohak: J. P.: Philosophy and Selected Writings, 1989. – L. Hagedorn / H. R. Sepp (Hg.): Andere Wege in die Moderne. Forschungsbeiträge zu P.s Genealogie der Neuzeit, 2006. – M. Crépon: Altérités de l'Europe, 2006. – L. Hagedorn / M. Staudigl (Hg.): Über Zivilisation u. Differenz. Beiträge zu einer politischen Phänomenologie Europas, 2007. – F. Karfík: Unendlichwerden durch die Endlichkeit. Eine Lektüre der Philosophie J. P.s, 2008.

Klaus Nellen

Francesco Patrizi

25.4.1529 Insel Cres (Kroatien) – 7.2.1597 Rom

1542–44 Kaufmannslehre in Venedig
1547–54 Studium der Medizin, später der Philosophie in Padua
1555–57 lebt auf Cres
1561–68 Aufenthalt auf Zypern, zuerst im Dienste des venezian. Grafen Giorgio Contarini, später im Dienste des zyprian. Erzbischofs Filippo Mocenigo
1577–92 unterrichtet platonische Philosophie an der Univ. Ferrara
1592–97 Professor an der Univ. Sapienza in Rom

P. ist der bedeutendste kroat. Denker der Renaissance. Sein Werk umfasst unterschiedlichste Wissensbereiche von meteorologischen und astronomischen Themen bis zu geschichtsphilosophischen und poetologischen Theorien. Durch die innovative Transformation des neuplatonischen Denkens entwickelte P. eine eigene Philosophie der Natur, die im Gegensatz zur aristotelischen Weltanschauung stand und sein Werk auf den Index der durch die Kirche verbotenen Bücher brachte. P. verdankt man die Vermittlung der hermetisch-chaldäischen Tradition. Rezipiert wurde er u.a. von →Marin Mersenne, →Thomas Hobbes und Henry More.

Neben den unter platonischem Einfluss entwickelten utopischen Themen *La città felice* ([Die glückliche Stadt] 1553), in denen P. die Bedingungen der allgemeinen Zufriedenheit und des Glücks thematisierte, besprach er v.a. in *Della historia dieci dialoghi* ([Über die Geschichte. Zehn Dialoge] 1560) geschichtsphilosophische Fragen unter dem Aspekt des veritativen (d.h. wahrhaften) und teleologischen (zielgerichteten) Prozesses bzw. des gesellschaftlichen Nutzens. Im Gegensatz zum aristotelischen Konzept der *Mimesis* (Abbildung) profilierte P. seinen im Anschluss an →Platon konzipierten kreativen *Furor*-Begriff (d.h. Begeisterungs-Begriff) als Quelle der Dichtkunst (*Della poetica*, 1586). In P.s wichtigstem Werk, *Nova de universis philosophia* ([Neue Philosophie über die allgemeinen Prinzipien] 1591), kommt die onto-theologische Verfassung seiner neuen Philosophie zum Ausdruck, v.a. in dem Bemühen, die Erkenntnis der Ganzheit des Seienden (*universitas*) aus ihrem ersten Erkenntnis- und Anfangsgrund (*unomnia*) abzuleiten. Der Anfangsgrund wird zuerst als physikalisches, kosmologisches und theologisches Lichtprinzip dargestellt, ferner als Prinzip des Seins im Sinne des neuplatonischen Einen erläutert und schließlich als trinitarischer Gottes- und Schöpfungsbegriff weitergedacht. Besonders beachtenswert sind P.s Theorie der Seele (*Panpsychia*) und seine Kosmologie.

Werke: Discussiones peripateticae, 4 Bde., 1581, ND hg. v. Z. Pandžić, 1999. – Nova de universis philosophia, kroat.-lat. Ausg. 1979.

Lit.: C. Vasoli: F. P. da Cherso, 1989. – T. Leinkauf: Il neoplatonismo di F. P., 1990. – M. Girardi-Karulin, in: J. Zovko (Hg.): Kroat. Philosophie im europ. Kontext, 2003, 43–67. – T. S. Hoffmann: Philosophie in Italien, 2007, 293–304.

Jure Zovko

Charles Sanders Peirce

10.9.1839 Cambridge/Massachusetts (USA) – 19.4.1914 Milford/Pennsylvania (USA)

1859–63	Chemiestudium an der Univ. Havard
1859–91	Mitarbeiter der amerik. Vermessungs- u. Küstenschutzbehörde United States Coast and Geodectic Survey
1862	Beginn der lebenslangen Freundschaft mit →William James
1865	Vorlesungen über Logik an der Univ. Harvard
1875	Repräsentant der USA auf der internationalen geodätischen Konferenz in Paris
1879–84	Dozent für Logik an der Johns-Hopkins-Univ., Baltimore
1898	Vorlesungen über *Reasoning and the Logic of Things* am Lowell-Institute in Cambridge
1903	Vorlesungen über Logik am Lowell-Institut in Cambridge u. Vorlesungen über Pragmatismus an der Univ. Harvard

P. begründete mit →William James die Philosophie des Pragmatismus und gilt neben Ferdinand de Saussure als Stammvater der Semiotik (Lehre vom Zeichen). In der formalen Logik sind seine Arbeiten grundlegend für die Graphen- und Relationenlogik. Aus seiner Relationenalgebra entwickelte sich die moderne mathematische Verbandstheorie (*lattice theory*). P. arbeitete experimentell und theoretisch in einer Vielzahl von Wissenschaften (u.a. Philosophie, Astrophysik, Mathematik, Geodäsie [Erdvermessung]). Zudem war er als beratender chemischer Ingenieur und Erfinder außeruniversitär tätig. P.s Werk umfasst ca. 800 Publikationen sowie ca. 12000 Lexikonartikel. Obwohl er mehrere Buchmanuskripte über Erkenntnistheorie, Logik und Mathematik vollendete, veröffentlichte er nur eine einzige Monographie: Die *Photometric Researches* ([Photometrische Untersuchungen], 1878) erkunden die Form der Galaxis, zu der unser Sonnensystem gehört, und basieren auf eigenen Beobachtungen.

P.s philosophische Entwicklung markieren Aufsatzserien, deren erste 1868 in den *Proceedings* (Berichtsbänden) der *American Academy of Arts and Sciences* erschien. Zu diesen vier Texten zählen die *Questions Concerning Certain Faculties Claimed for Men* (Fragen hinsichtlich bestimmter Vermögen, die für den Menschen in Anspruch genommen werden), in denen er die Semiotik als Alternative zur Erkenntnistheorie →René Descartes' entwickelte, und *On a New List of the Categories* (Eine neue Liste der Kategorien), in denen eine erste Fassung seiner Kategorientheorie enthalten ist, die nur drei komplementäre und elementare Begriffstypen unterscheidet. Die Grundlagen für die Philosophie des Pragmatismus schuf P. 1877/78 in einer wissenschaftstheoretischen Artikelserie für die Zeitschrift *Popular Science*, v. a. in den Aufsätzen *The Fixation of Belief* (Die Festigung der Überzeugung) und *How to Make our Ideas Clear* (Wie unsere Ideen zu klären sind). Der Pragmatismus schlägt vor, theoretische Begriffe durch ihre praktischen Konsequenzen zu klären. 1890–93 entwarf er in fünf Aufsätzen, die er in *The Monist* veröffentlichte, eine evolutionäre Metaphysik und Kosmologie, welche die Evolution des Kosmos durch die Entwicklung von Naturgesetzen aus Zufallszuständen beschreibt.

Seit 1900 entwickelte P. in Aufsätzen und Vorlesungen eine mittels seiner späten Semiotik und graphischen Logik reformulierte Neufassung des Pragmatismus, die er *Pragmaticism* nannte, um sie von anderen Ansätzen abzugrenzen. Die Methode des P.schen Philosophierens besteht darin, mathematische Begriffe und Prinzipien kreativ auf spezielle Themenbereiche zu übertragen. Dies ist die Aufgabe der Kategorientheorie. Sie unterscheidet drei aufeinander aufbauende relationale Typen von Begriffen: Sie strukturieren die begrifflichen Zusammenhänge jedes Themengebiets.

Werke: Collected Papers, hg. v. C. Hartshorne [u.a.], 8 Bde., 1931–58. – Writings, hg. v. Peirce Edition Project, angelegt auf 30 Bde., 1982ff. – Semiotische Schriften, hg. v. C. Kloesel u. H. Pape, 3 Bde., 1986–93. – Naturordnung u. Zeichenprozeß. Schriften über Semiotik u. Naturphilosophie, hg. v. H. Pape, 1991.

Lit.: C. Hookway: P., 1985. – H. Pape: Der dramatische Reichtum der konkreten Welt. Der Ursprung des Pragmatismus im Denken von William James u. C. S. P., 2002. – C. Misak (Hg.): Cambridge Companion to P., 2004. – H. Pape: P. zur Einführung, 2004. – F. Stjernfelt: »Diagrammatology«, 2007.

Helmut Pape

Peter Abälard

um 1079 Le Pallet/Bretagne (Frankreich) – 21.4.1142 Chalon-sur-Saône (Frankreich)

um 1100	Studium in Paris bei Wilhelm von Champeaux
um 1103	Gründung einer eigenen Schule in Melun, später in Corbeil, danach in Paris
um 1113	Studium in Laon; Leiter der Domschule Notre-Dame, Paris
um 1115	Liebesbeziehung zu u. Eheschließung mit Heloise
1117	Entmannung; wird Mönch in St. Denis
1121	Verurteilung seines Buchs *Theologia summi boni* beim Konzil von Soissons
um 1126	Abt von St. Gildas in der Bretagne
um 1132	Lehrtätigkeit in Paris (Mont Ste-Geneviève)
1140	Verurteilung beim Konzil von Sens; Übersiedlung nach Cluny

P. ist der herausragende Vertreter der Tradition von Logik und Philosophie im lat. Mittelalter vor der Blütezeit der Universitäten Paris und Oxford. Obwohl ihm als Quellentexte der antiken Philosophie nur ein Teil der Logik des →Aristoteles mit den Traktaten und Kommentaren von →Boëthius, →Platons *Timaeus* sowie einiges von →Seneca und →Cicero zur Verfügung standen, konnte er die Logik revolutionieren und eine gewagte Metaphysik und Ethik ausarbeiten. Seine Religionsphilosophie stellte ein radikales, vernunftgeleitetes Überdenken der christlichen Lehre dar, das Bernhard von Clairvaux zum Widerspruch reizte, der daraufhin P.s Verurteilung erreichte.

In seiner *Dialectica* (um 1105–15) entdeckte P. die Aussagenlogik wieder, die den Stoikern bekannt, Boëthius jedoch unverständlich geblieben war. P. erklärte die Folgerung in ›wenn … dann‹-Sätzen als Beziehung zwischen dem Aussagegehalt (*dictum*) des *Antezedens*, des Vordersatzes, und dem des *Sukzedens*, des Nachsatzes. Zudem sah P. die Negation als aussagenlogische Operation an. Er entfaltete umfassend die allgemeinen Bedingungen, unter denen eine Aussage das logische *Konsequens*, die logische Folgerung, einer anderen darstellt. Dabei betonte er, dass das *Antezedens* das *Konsequens zwingend* zur Folge haben müsse. Aufgrund seiner Kenntnisse in der Aussagenlogik konnte er auch andere Bereiche der Logik – wie Modallogik und epistemische Aussagen – klarer entfalten.

Eine reifere Ausarbeitung seiner Metaphysik und Semantik findet sich in P.s *Logica ingredientibus* ([Die Logik ›Für Anfänger‹] um 1119), in seinen Kommentaren zur *Isagoge* des → Porphyrius sowie zu den *Categoriae* und zu *De interpretatione* des Aristoteles. Nach P.s Auffassung existiert nur Einzelnes, seien es einzelne Substanzen (z.B. Platon, dieses Pferd, jener Stein) oder seien es einzelne Akzidentien (z.B. das besondere Weiß-Sein, durch das etwas weiß ist). P. zeigte, dass Sätze wie ›Sokrates ist ein Lebewesen‹ Bedeutung haben, obwohl es kein *universale* (Allgemeines) gibt, das universal ist, ohne dieses oder jenes Lebewesen zu sein.

In der *Theologia summi boni* ([Theologie des höchsten Guten] 1121) bot P. eine Interpretation der Trinität als Macht, Weisheit und Liebe Gottes. Er versuchte zu zeigen, dass es nicht inkonsequent sei, den Vater, den Sohn und den Heiligen Geist für *einen* Gott zu halten, obwohl die Personen nicht absolut identisch seien. Aus der Überarbeitung dieses Werkes entstand die *Theologia Christiana* ([Christliche Theologie] um 1126), in der er diese Argumente ausbaute und eine Lobrede auf die Philosophen der griech. und röm. Antike anstimmte, die er für Christen vor Christi Geburt hielt. Die kürzere *Theologia scholarium* ([Theologie ›Für den Schulgebrauch‹] um 1133) entwickelt Erkenntnisse über die Attribute Gottes, indem P. ausführlich argumentierte, dass Gott nicht mehr bzw. nichts anderes tun könne als das, was er tue.

In den *Collationes* (Predigten) bzw. dem ›Dialog zwischen einem Philosophen, einem Juden und einem Christen‹ (um 1130) ließ P. einen Juden eine einfühlsame Darstellung der Leiden der Juden im christlichen Europa vortragen, versuchte aber durch den Philosophen zu zeigen, dass das Alte Gesetz dem, was die Menschen durch ihre angeborene Vernunft – nämlich das Naturrecht – ohnehin wissen, nichts hinzufügt. Im Dialog mit dem Christen trägt der Philosoph eine der wenigen positiven Einschätzungen der epikureischen Lehre vor, die in einem mittelalterlichen Text zu finden ist, und entwickelt eine Theorie der Tugenden, die auch der Christ akzeptiert. Der Christ kann jedoch durch vernünftige Argumente ohne Rückgriff auf die Offenbarung den Philosophen zwingen, seine (stoische) Ansicht, dass die Tugend das höchste Gut für die Menschen darstelle, aufzugeben und stattdessen zu akzeptieren, dass dies in ihrer Liebe zu Gott bestehe.

In *Scito te ipsum* (Erkenne dich selbst) bzw. in der *Ethica* (um 1138) entwickelte P. die bündigste Darstellung seiner Moralphilosophie. Dabei müssen aber in einigen Punkten auch die *Sententiae Petri Abaelardi* (um 1133/1134), eine berichtigte Mitschrift seiner Vorlesungen, herangezogen werden. Nach P. besteht die Sünde allein in der Missachtung Gottes. Obwohl die Schuld der moralisch Handelnden an ihren *Glauben*, dass sie gegen Gottes Gesetz verstoßen haben, gebunden ist, mied P. den ethischen Subjektivismus, indem er auf der Universalität des Naturgesetzes bestand. Jeder Erwachsene – mit Ausnahme der geistig Gestörten – erfasst von Natur aus die grundlegenden moralischen Gebote und weiß, dass er, indem er dagegen verstößt, Gott missachtet.

Werke: Philosophische Schriften, hg. v. B. Geyer, 4 Tle., 1919–33. – Opera theologica, hg. v. E. M. Buytaert [u. a.], 6 Bde., 1969–2006. – Dialectica, hg. v. L. M. de Rijk, 1956, ND 1970. – Theologia summi boni. Tractatus de unitate et trinitate divina, lat./dt., übers. u. hg. v. U. Niggli, 1988. – Collationes, hg. v. J. Marenbon u. G. Orlandi, 2001.

Lit.: M. Clanchy: A., A Medieval Life, 1997. – J. Marenbon: The Philosophy of P. A., 1997. – M. Perkams: Liebe als Zentralbegriff der Ethik nach P. A., 2001. – J. Brower / K. Guilfoy (Hg.): The Cambridge Companion to A., 2004.

*John Marenbon**

Peter von Ailly

1350 Compiègne (Frankreich) – 9. 8. 1420 vermutlich Avignon (Frankreich)

1363–68	Studium der Artes am Kolleg von Navarra in Paris
1368	Magister Artium
1368–81	Studium der Theologie in Paris; Promotion zum Dr. theol.
1384	Rektor des Kollegs von Navarra
1389	Kanzler der Univ. Paris, Beichtvater des frz. Königs
1394	Schatzmeister der königlichen Hauskapelle
1395	Ernennung zum Bischof von Puy-en-Velay
1396	Ernennung zum Bischof von Cambrai
1411	Ernennung zum Kardinal von San Crisogono
1413	Ernennung zum Legaten für Deutschland
1414–18	Teilnahme am Konzil von Konstanz

P. gehört zu den herausragenden Persönlichkeiten der nominalistischen Denkrichtung und wird als solcher im Edikt König Ludwigs XI. gegen die Nominalisten 1474 namentlich aufgeführt. Er schrieb zahlreiche Abhandlungen zu verschiedensten Wissensgebieten. Martin Luther wurde in seiner Abendmahlslehre maßgeblich von der diesbezüglichen Diskussion im 4. Buch von P.s Sentenzenkommentar *Quaestiones super quattuor libros Sententiarum* ([Quaestionen über die vier Bücher der Sentenzen] 1376/77) beeinflusst. Christoph Kolumbus diente P.s geographisches Werk *Imago mundi* ([Das Abbild der Welt] 1410) als entscheidende Quelle für die Planung seiner ersten Amerikafahrt. →Nikolaus von Kues benutzte für seine Abhandlung *De correctione kalendarii* (1436) P.s *Exhortatio super kalendarii correctione* ([Ermahnung zur Kalenderreform] 1411), und →Johannes Kepler bezog sich in *De stella nova in pede Serpentarii* (1606) ausdrücklich auf P.s astrologische Schriften (1414).

P.s philosophische Werke gehören zu seinen frühen Schriften, verfasst während seiner Tätigkeit am Kolleg von Navarra. In seinen *Conceptus* (verfasst um 1368–75) behandelte er die gedachten, gesprochenen und geschriebenen Termini, legte seine Zeichentheorie vor, besprach den Signifikationsbegriff und entwickelte Ansätze zu seiner Theorie der mentalen Sprache und ihrer Kategorien. Die *Insolubilia* ([Unlösbare Sätze] verfasst um 1372–75) behandeln die im 14. Jh. lebhaft diskutierte logische Fragestellung nach der formalen und sprachtheoretischen Behandlung von Sätzen und Satzbedeutungen sowie »unlösbarer« Sätze, die unseren heutigen logischen Antinomien entsprechen. Die *Destructiones modorum significandi* ([Widerlegungen der Bezeichnungsarten] verfasst um 1377–1388) setzen sich mit den erkenntnistheoretischen und semiotischen Grundlagen der Lehre von den Bezeichnungsarten (*modi significandi*) auseinander. Der *Tractatus exponibilium* ([Abhandlung über erklärungsbedürftige Sätze] verfasst um 1384–88) ist ein systematisches Lehrbuch, das die Studenten der Logik mit einem sprachlogischen Teilgebiet der *Parva logicalia* bekannt machen soll. P.s *Tractatus de anima* ([Abhandlung über die Seele] verfasst um

1377–81) umfasst das Gesamtgebiet der mittelalterlichen Psychologie, d.h. die Definition der Seele und die Seelenvermögen, angefangen von Fortpflanzung und Stoffwechsel (*anima vegetativa*) über Sinneswahrnehmung und Gefühl (*anima sensitiva*) bis hin zu Denken und Wollen (*anima intellectiva*). Der *Tractatus super De consolatione philosophiae Boethii* ([Abhandlung über den Trost der Philosophie des Boëthius] verfasst um 1377–81) ist ein Quaestionenkommentar zum Werk des →Boëthius.

Werke: P. V. Spade: P. of A.: Concepts and Insolubles. An Annotated Translation, 1980. – Destructiones modorum significandi, hg. u. mit einer Einleitung u. Registern versehen v. L. Kaczmarek, 1994.

Lit.: M. Chappuis [u.a.]: Die philosophischen Schriften des P. v. A. Authentizität u. Chronologie, in: Freiburger Zeitschrift für Philosophie u. Theologie 33 (1986), 593–615. – O. Pluta: Die philosophische Psychologie des P. v. A. Ein Beitrag zur Geschichte der Philosophie des späten Mittelalters, 1987 [mit vollständiger Edition des *Tractatus de anima*]. – M. Chappuis: Le Traité de P. d'A. sur la Consolation de Boèce, Qu. 1, 1993 [mit Teiledition d. *Tractatus super De consolatione philosophiae Boethii*].

Olaf Pluta

Francesco Petrarca

20.7.1304 Arezzo (Italien) – 18.7.1374 Arquà bei Padua (Italien)

1316–26	Studium der Rechte in Montpellier (bis 1320) u. Bologna
1327	Begegnung mit der zeitlebens dichterisch verehrten (verheirateten) »Laura«
1328/29	Empfang der niederen geistlichen Weihen
1333	Reise nach Köln
1337	Ansiedlung in Vaucluse bei Avignon (Frankreich)
1341	Dichterkrönung auf dem Kapitol in Rom
1353	Übersiedlung nach Mailand, später nach Padua

Als Verfasser des *Canzoniere* einer der bedeutendsten Lyriker der Weltliteratur, kann in P. – nicht zuletzt wegen seiner Bemühungen um griech. Sprach- und Quellenkenntnisse – zugleich ein früher Begründer des europ. Humanismus gesehen werden; ebenso ist er ein v.a. von →Augustinus inspirierter eigenständiger Denker. Ist ihm oft eine Scharnierfunktion zwischen Mittelalter und Neuzeit zuerkannt worden, dürfte dafür wichtiger als die gern angeführte Entdeckung eines neuen Naturgefühls (Besteigung des Mont Ventoux 1336) das Erwachen einer sich als Prinzip verstehenden Subjektivität im Sinne eines sich selbst in seinem Weltverhältnis reflektierenden, immer auch zerrissenen Bewusstseins sein. Wirkungsgeschichtlich ist P. zudem als Historiker (z.B. durch seine Neuausgabe der Werke des Titus Livius) wie auch als Verfasser zahlreicher Briefe moralischen Inhalts von Bedeutung.

Aus P.s philosophischen Schriften ragt das als Dialog mit Augustinus gestaltete *Secretum* (*De secreto conflictu curarum mearum liber* [Buch vom geheimen Kampf meiner Sorgen]) heraus, eine Art geheimes Seelentagebuch, das P. über Jahre geführt hat. Thema ist hier nicht zuletzt die Abrechnung mit der Eitelkeit jener Scheinwelten, in denen der Lyriker P. einst selbst gelebt hatte. Erwähnung verdient ferner der moralisch-philosophische Traktat *De remediis utriusque fortunae* (Von den Heilmitteln gegen Glück und Unglück), in dem es um die Bezwingung unserer schwankenden Lebensumstände und v.a. der uns beherrschenden negativen und positiven Affekte durch die Vernunft geht. In *De vita solitaria* (Vom einsamen Leben) entfaltet P. das humanistische Ideal eines von allen äußeren Zwecken unabhängigen Studiums in Freiheit und Einsamkeit, in der z.T. polemischen Schrift *De ipsius et multorum ignorantia* ([Über die eigene und vieler anderer Unwissenheit] 1367/70) den für ihn charakteristischen Philosophiebegriff: In Anknüpfung an Auseinandersetzungen mit Paduaner Aristotelikern bekämpft P. das scholastische Philosophieren überhaupt, gegen das er das sokratische Wissen des Nichtwissens wie auch →Platon, →Cicero und Augustinus als Autoritäten ins Feld führt.

Nachdrücklich vertritt er hier den Anspruch eines offenen, ›existentiellen‹ Philosophierens, das grundsätzlich nicht so sehr bei den Lehren der Schulen als vielmehr bei den das wache Bewusstsein unausweichlich bedrängenden Fragen ansetzt.

Werke: Edizione Nazionale delle Opere, hg. v. M. Feo [u. a.], angelegt auf 20 Bde., 1926 ff. – Opera quae extant omnia, 3 Bde., 1554, ND 1965. – Aufrufe zur Errettung Italiens u. des Erdkreises. Ausgewählte Briefe, lat./dt., hg. v. B. Widmer, 2001. – Das einsame Leben: Über das Leben in Abgeschiedenheit / Mein Geheimnis, hg. v. F. J. Wetz, aus dem Lateinischen v. F. Hausmann, 2004. – Secretum meum. Mein Geheimnis, lat./dt., hg. u. mit einem Nachw. versehen v. G. Regn u. B. Huss, 2005.

Lit.: F. Schalk (Hg.): P. 1304–1374. Beiträge zu Werk u. Wirkung, 1975. – A. Buck (Hg.): P., 1976. – E. Kessler: P. u. die Geschichte, 1978. – K. Stierle: F. P. Ein Intellektueller im Europa des 14. Jh.s, 2003. – T. S. Hoffmann: Philosophie in Italien, 2007, 205–15.

Thomas Sören Hoffmann

Petrus Hispanus

13. Jh.

P. erwarb Bekanntheit als Autor von zwei zwischen 1230 und 1245 verfassten Handbüchern zur Logik (*Tractatus*; *Syncategoreumata* [Abhandlung; Zusatzkategorien]), doch herrscht seit dem Mittelalter Unklarheit über seine Identität: Laut einer Überlieferung soll P. mit dem portugies. Priester Petrus Juliani (um 1205–77) identisch sein, der 1276 als Johannes XXI. zum Papst gewählt wurde. Heute nimmt man eher an, dass P. Mitglied des Dominikanerordens war.

P. ist ein Vertreter des ontologischen Realismus. Jedes Nennwort bezeichnet nach seiner Auffassung eine universale Natur und kann auf alles verweisen, was an dieser Natur teilhat. In der Aussage ›Ein Mensch ist ein Lebewesen‹ bedeutet das Zeitwort ›ist‹ eine Einheit (*compositio*) der

Extreme (des ›Subjekts‹ und ›Prädikats‹) ›Mensch‹ und ›Lebewesen‹; solche Aussagen drücken ein ›Sein in gewissem Sinne‹ aus (*esse quodammodo*). Wenn das Subjekt sich auf etwas wirklich Existierendes bezieht (ein Einzelding oder eine universale Natur), dann bezieht sich die *compositio* auf ein ›Sein im absoluten Sinne‹ (*esse simpliciter*), z. B. in ›Ein Mensch ist ein Lebewesen‹. Wenn hingegen das Subjekt auf eine fiktionale Entität verweist, z. B. in ›Eine Chimäre ist ein nicht Seiendes‹, dann ist die dazugehörige *compositio* nur ein ›Sein in gewissem Sinne‹ (*esse quodammodo*).

Ein Ausdruck wie ›Ein Mensch ist ein Lebewesen‹ ist für P. notwendigerweise wahr, auch wenn es im Augenblick der Erörterung keine Menschen geben sollte. Die Notwendigkeit von Aussagen beruht nämlich auf der Notwendigkeit des Seienden, über das gesprochen wird (auf dessen universaler Natur). Notwendigkeit gibt es in den Beziehungen zwischen bestimmten Begriffen (wie z. B. *genera* und *species*) und zwischen mathematischen Entitäten. In einer logischen Argumentation soll man zwischen dem (zeitlosen) notwendigen Sein und dem momentanen Sein unterscheiden: Die Argumentation ›Ein Mensch ist notwendigerweise ein Vernunftwesen, deshalb ist → Sokrates (eben ein Mensch) notwendigerweise ein Vernunftwesen‹ ist ungültig wegen des unerlaubten Wechsels vom notwendigen auf das momentane Sein. P. zufolge bezieht sich Notwendigkeit immer auf einen notwendigen Sachverhalt in der Wirklichkeit, d. h. auf etwas, ›das der Fall ist‹ und immer der Fall sein muss.

P.s Auffassung über die zu seiner Zeit berühmte Frage ›ob aus dem Unmöglichen alles Beliebige folgt‹ (*utrum ex impossibili sequatur quidlibet*) beruht auf seiner Analyse von ›unmöglich‹. Unmöglichkeit kann auf zweierlei Weise verstanden werden, nämlich erstens als absolute Unmöglichkeit, was gleichbedeutend ist mit Nicht-Sein, oder zweitens als unmöglicher Sachverhalt, wie in der Aussage ›Ein Mensch ist ein Esel‹. Aus letzterer Aussage kann man zwar nicht alles, aber doch etwas schließen, z.B. ›Ein Mensch ist ein sinnliches Wesen‹. Aus einer absoluten Unmöglichkeit (einem innerlichen Gegensatz), wie in der Aussage ›Du weißt, dass du ein Stein bist‹, kann nichts abgeleitet werden. Aus etwas Unmöglichem kann nur etwas folgen, wenn es ein Etwas (*res*) ist und nicht ein Nichts.

Werke: Tractatus called afterwards Summule logicales, hg. v. L. M. de Rijk, 1972. – Treatise on Syncategorematic Words, hg. v. L. M. de Rijk, übers. v. J. Spruyt, 1992.

Lit.: J. Spruyt: Peter of Spain on Composition and Negation, 1989.

Joke Spruyt

Petrus Iohannis Olivi

1247/48 Sérignan/Languedoc (Frankreich) – 1298 Narbonne (Frankreich)

1259/60	Eintritt in den Franziskanerorden
1267–72	Studium in Paris, danach Lektor in Südfrankreich
1283	Verurteilung durch den Orden
1287	Rehabilitierung
1287–89	Lektor in Florenz

Obwohl P. die Philosophie als irrelevant für ein christliches Leben hielt, widmete er ihr einen Großteil seines Werks. So finden sich bei ihm Lehren, die später für den Nominalismus typisch wurden. Als augustinisch geprägter Franziskaner wandte er sich gegen →Aristoteles, obwohl er selbst aristotelische Elemente (Hylemorphismus, d.h. die Lehre von der universellen Anwendbarkeit des Materie-Form-Unterschiedes) verwendete.

Im *Tractatus de verbo* ([Versuch über die Wörter] ca. 1281–87) setzte P. das mentale Wort mit dem Erkenntnisakt gleich und nahm so die *Intellectio*-Theorie →Wilhelm von Ockhams vorweg. Die Psychologie der *Sentenzen-*

quaestionen (ca. 1272–95) ist gegen die des →Thomas von Aquin und des →Aristoteles gerichtet: Der Intellekt ist nicht Form des Körpers, sondern mit dem Körper nur über den Umweg einer spirituellen Materie verbunden, an der auch die sinnlichen Seelenvermögen teilhaben (*colligantia potentiarum*). P. kritisierte die aristotelische *Species*-Theorie (d.h. die Lehre, dass Erkenntnis repräsentierender Mittlerinstanzen bedarf) und betonte die Aktivität der Erkenntnis, die keiner erkenntnistheoretischen Mittlerentitäten bedarf (*Aspectus*-Lehre). In der *Impugnatio quorundam articulorum Arnaldi Galliardi* ([Widerlegung gewisser Artikel des Arnaud Gaillard] 1282) und in den *Sentenzenquaestionen* findet sich eine neuzeitlich anmutende Lehre der Subjektivität: Selbsterkenntnis des denkenden Subjekts ist die sicherste Erkenntnis überhaupt, sie begleitet alle seine geistigen Akte. In seiner vom Voluntarismus (der Lehre, nach der der Wille das Entscheidende ist) geprägten Freiheitslehre bewies P. die menschliche Willensfreiheit mit Hilfe der Affektenlehre: Gäbe es keine Freiheit, gäbe es auch keine Affekte – wie Zorn –, die den freien Willen ihrer Gegenstände voraussetzen.

Werke: Quaestiones in secundum librum sententiarum, hg. v. B. Jansen, 3 Bde., 1922–26. – Quaestiones de incarnatione et redemptione. Quaestiones de virtutibus, hg. v. A. Emmen u. E. Stadter, 1981. – Quaestiones logicales, hg. v. S. Brown, in: Traditio 42 (1986), 335–88. – Tractatus de verbo, hg. v. R. Pasnau, in: Franciscan Studies 53 (1993), 121–53. – Quodlibeta quinque, hg. v. S. Defraia, 2002. – Quaestiones ex Summa super IV sententiarum, hg. v. P. Maranesi, 2004.

Lit.: B. Jansen: Die Erkenntnislehre O.s, 1921. – E. Bettoni: Le dottrine filosofiche di P. di G. O., 1959. – D. Burr: The Persecution of P. O., in: Transactions of the American Philosophical Society 66 (1976), 3–98. – F.-X. Putallaz: La connaissance de soi au XIIIe siècle, 1991. – F.-X. Putallaz: Insolente liberté, 1995. – S. Piron: Parcours d'un intellectuel franciscain, 1999.

Christian Rode

Philon von Alexandrien

um 30 – 10 v. Chr. Alexandrien – wohl nicht vor 50 n. Chr.

39/40 Leiter einer Gesandtschaft der Juden von Alexandrien in Rom bei Kaiser Caligula

Der griechischsprachige P. gehörte der jüd. Oberschicht seiner Heimatstadt an. Er verband den Glauben der jüd. Bibel (in griech. Übersetzung) mit der paganen (d. h. heidnischen) Philosophie Alexandriens und griff stoische, gelegentlich (pseudo-)aristotelische, v. a. aber mittelplatonische Gedanken und Termini auf. Ob er als selbstständiger Philosoph oder nur als Rezipient der Philosophie anzusehen ist, bleibt umstritten. Das antike Judentum scheint P.s Schriften kaum rezipiert zu haben, weil es wenig später die Produktion griech. Texte einstellte; das fortan entstehende rabbinische Schrifttum verhielt sich gegenüber der hellenistischen Kultur reservierter. Doch viele christliche Autoren der Antike, wie → Klemens von Alexandrien, Origenes und Ambrosius, studierten P.s Werke und setzten seine Synthese von Bibelauslegung und Philosophie fort.

P.s Werke sind überwiegend erhalten geblieben, die meisten im vollständigen griech. Original, einige nur in altarmen. Übersetzung oder in griech. oder lat. Fragmenten. Sein Hauptwerk war ein großer allegorischer Kommentar zum Buch Genesis (davon sind erhalten u. a. *Nomon hieron allegoria I/III* [Allegorische Erklärung der heiligen Gesetze], *Peri ton Cherubim* [Über die Cherubim]). Zudem verfasste er eine Serie von Fragen und Antworten zu den Büchern Genesis und Exodus (armen. und lat. teils erhalten) sowie einen Pentateuch-Kommentar in Gestalt thematischer Essays (u. a. *Peri tes kata Moysea kosmopoiias* [Über die Weltschöpfung nach Mose], *Peri Abraam* [Über Abraham]). Schließlich schuf P. teils nicht primär bibelexegetische Abhandlungen, u. a. ein stoisch geprägtes Werk über das Wirken der Vorsehung Gottes trotz der Unvollkommenheit der Welt (*Peri pronoias* [Über die Vorsehung]; armen. erhalten) und, falls echt, eine Darstellung der Theorien *Über die Ewigkeit der Welt* (*Peri aphtharsias kosmu*).

Grundlegend ist P.s (mittelplatonische) Betonung der absoluten Transzendenz Gottes, die sich nur durch »Kräfte« (*dynameis*), besonders den Logos und die Weisheit sowie Engel, der Schöpfung vermitteln kann. Die biblischen Patriarchen stellte P. als weise Moralisten dar. Im Wortlaut der Bibel fand er die volle Wahrheit der Philosophie eingehüllt. Ziel des Menschen ist der glückselige Aufstieg seiner Seele zu Gott.

Werke: Opera quae supersunt, hg. v. L. Cohn [u.a.], 6 Bde. u. 2 Indices-Halb-Bde. v. J. Leisegang, 1896–1930, ND 1962/63 [nur griech. Texte]. – Die Werke in dt. Übers., hg. v. L. Cohn [u.a.], Bd. 1–6, 1909–38, ²1962, Bd. 7, 1964. – Les Œuvres de P. d'A., hg. v. R. Arnaldez [u.a.], 36 Bde., 1961–92 [zweisprachige, knapp kommentierte Ausgabe einschließlich der nur armenisch erhaltenen Werke]. – P. of A. Commentary Series, hg. v. G. E. Sterling u. D. T. Runia, 2001 ff. [Kommentare zu den Werken]. – P. Borgen [u.a.]: The P. Index. A complete Greek word index to the writings of P. of A., 2000.

Lit.: I. Heinemann: P.s griech. u. jüd. Bildung, 1932. – J. Dillon: The Middle Platonists, ²1996, 139–83. – F. Alesse (Hg.): P. of A. and Post-Aristotelian Philosophy, 2008. – F. Calabi: God's Acting, Man's Acting. Tradition and Philosophy in P. of A., 2008.

Roland Kany

Giovanni Pico della Mirandola

24.2.1463 Mirandola bei Modena (Italien) – 17.11.1494 (vermutlich ermordet) Florenz

1477/78 Studium des Kirchenrechts in Bologna
1478–83 Studium der Philosophie in Ferrara u. Padua, der Logik u. Mathematik in Pavia
1484 Aufenthalt in Florenz, Eintritt in die Platonische Akademie

1485 Studium an der Sorbonne in Paris
1486/87 in Florenz, Arezzo, Perugia u. Rom
1488 Haft in Lyon, nach drei Monaten nach Florenz entlassen

Der unkonventionelle, geniale und umtriebige P. gilt als Wunderkind der Renaissancephilosophie schlechthin. Aus einem nordital. Grafengeschlecht stammend, war er zunächst für die geistliche Laufbahn bestimmt, wandte sich aber früh der Philosophie und Literatur zu. Seine Studien machten ihn zunächst mit dem immer auch heterodoxen (d.h. vielfach unorthodox-»weltlichen«) ital. Aristotelismus, den humanistischen Bestrebungen sowie mit Logik und Mathematik vertraut. 1484 trat er in Verbindung zur Platonischen Akademie in Florenz, mit deren Oberhaupt, →Marsilio Ficino, ihn bald persönliche Freundschaft verband. Rastlos um die Erweiterung seines Horizonts bemüht, schloss P. auch weiterhin alles ihm erreichbare Wissen in seine Studien ein, darunter die spätantike Hermetik, die arab. Aristoteleskommentatoren, die jüd. Kabbala und die Tradition der *magia naturalis* (experimentelle Naturphilosophie). 1486 publizierte P. sein Wissen zusammengefasst in 900 Thesen (*Conclusiones philosophicae, cabalisticae et theologicae*) und lud zu deren Diskussion Gelehrte aus ganz Europa ein; Ziel und Zweck dieser Disputation, die für 1487 geplant war, sollte der Nachweis der Vereinbarkeit aller philosophischen Hauptschulen und ein darauf zu gründender »Friedensschluss« der Philosophen sein (P. erhielt wegen dieses Projektes den Beinamen *princeps concordiae*, ›Eintrachtsfürst‹). Zu dem geplanten ›Weltkongress‹ kam es jedoch nicht, weil eine päpstliche Kommission 13 der 900 Thesen P.s als mit der kath. Lehre (z.B. über die Eucharistie) nicht vereinbar beanstandete. Als P. die 900 Thesen in einer *Apologia* 1487 dennoch verteidigte, wurden sie insgesamt verboten und P. auf Drängen des Papstes inhaftiert (1493 rehabilitiert). Auf Intervention ital. Fürsten wieder in Freiheit, lebte P. fortan unter dem persönlichen Schutz Lorenzo de' Medicis in

Florenz, wo er sich u.a. mit dem Nachweis der Vereinbarkeit von platonischer und aristotelischer Philosophie, aber auch mit religiös-theologischen Studien oder der Zurückweisung der Astrologie befasste. Von dem später als Häretiker hingerichteten Bußprediger Girolamo Savonarola zeitweise fasziniert, entsprach P. gleichwohl dessen Wunsch nicht, Dominikaner zu werden. P. wurde vermutlich Opfer eines Giftmords. Seine zahlreichen Schriften, zu Lebzeiten vielfach unveröffentlicht, gab P.s Neffe, der Philosoph Gianfrancesco Pico, heraus.

P.s Schriften bieten das unvergleichliche Zeugnis eines zwanglos auf die große Synthese gerichteten Denkens, das für alle Art Sinngehalt offen ist und dabei auf eine rückhaltlos freiheitliche Anthropologie verweist. Eingang in die Annalen der Philosophie fand P. v.a. mit seiner (später so benannten) *Oratio de hominis dignitate* (Rede über die Würde des Menschen), die als Eröffnungsansprache für den Gelehrtenkongress in Rom gedacht war und postum 1496 publiziert wurde. Mit dem Begriff der Würde griff P. ein Thema aus der patristisch-humanistischen Tradition auf und bot im ersten Teil eine in der Geistesgeschichte einzigartige Schilderung des Menschen als eines Freiheitswesens: Von Gott nicht auf eine bestimmte Natur festgelegt, ist der Mensch für P. »in die Mitte der Welt« gestellt und kann aus freiem Willen bestimmen, ob er »ins Tierische entarten« oder den Engeln, ja dem Göttlichen selbst ähnlich sein möchte. Diese Freiheit berge für uns die Aufgabe, sich nach der größtmöglichen Seinsfülle auszustrecken; hier aber helfe uns die Philosophie, deren Loblied der zweite Teil bietet. Im dritten Teil rechtfertigte P. seinen Kongress und dessen hochgesteckte Ziele.

Die 900 Thesen fassen zunächst synkretistisch das Lehrgut aller P. erreichbaren Traditionen zusammen und kombinieren es mit eigenen, z.T. paradoxen Thesen P.s, der sich hier u.a. als Leser des →Nikolaus von Kues erweist. Ein thematischer Schwerpunkt liegt auf der Erkenntnislehre, in der P. eine teilweise neue Autonomie der (reflexiven) Vernunft vertrat. – Im *Heptaplus* ([Siebentagewerk] 1489), einem mystisch-allegorischen Kommentar zur biblischen Schöpfungsgeschichte, kehrt die Lehre von der Sonderstellung des Menschen wieder, der die Naturen der göttlichen, himmlischen und irdischen Welt in sich einschließt und Gottes Repräsentant (*statua*) auf Erden ist. In *De ente et uno* ([Über das Seiende und das Eine] 1492) ging es P. um das Verhältnis von aristotelischer und platonischer Philosophie.

Werke: Opera omnia, 1572, ND 1971.

Lit.: P. O. Kristeller: Acht Philosophen der ital. Renaissance, 1986. – H. Reinhardt: Freiheit zu Gott. Der Grundgedanke des Systematikers G. P. d. M., 1989. – T. S. Hoffmann: Philosophie in Italien, 2007, 107–33.

Thomas Sören Hoffmann

Platon

427 v. Chr. Athen – 347 v. Chr. Athen

seit 407 v. Chr.	Schüler des →Sokrates
399 v. Chr.	Hinrichtung des Sokrates; Reise nach Megara zu →Euklid
389 v. Chr.	Reise nach Syrakus/Sizilien, vielleicht auch nach Ägypten u. Kyrene
387 v. Chr.	Gründung der Akademie, einer philosophischen Schule im Hain des Akademos vor den Toren Athens
367 v. Chr.	Zweite Sizilische Reise
361 v. Chr.	Dritte Sizilische Reise (P. versuchte auf seinen drei sizilischen Reisen vergeblich, die Tyrannen Dionysos I. u. Dionysos II. für die Philosophie u. seine Vorstellungen vom besten Staat zu gewinnen)

P. entwarf im Anschluss an Sokrates und in Auseinandersetzung v. a. mit →Heraklit, →Parmenides und der Sophistik ein Philosophiekonzept, das für die weitere Entwicklung der Philosophie bestimmend wurde. Dieses Konzept legte den Akzent nicht auf lehrhaft zu vermittelnde Inhalte des Denkens, sondern auf das Denken selbst, auf den sich im inneren wie im äußeren Dialog entfaltenden Denkprozess: Im Wechselspiel von Rede und Gegenrede (Dialektik) sollte es zur Einsicht in die eigene Unwissenheit kommen und zur »Geburt« dessen, was jeder an Wissen schon immer latent in sich trägt (entsprechend der Maieutik oder ›Hebammenkunst‹, die das Wissen, das in jedem schlummert, nur noch zutage fördern braucht). P. entwickelte nicht nur die Grundlinien dessen, was fortan unter Philosophie verstanden wurde, sondern legte auch die Grundlagen für eine Reihe wissenschaftlicher Disziplinen, so für die Sprachwissenschaft, die Erkenntnistheorie, Logik und Rhetorik.

P.s schriftstellerisches Werk umfasst 34 Dialoge, ferner 13 Briefe, von denen jedoch nur wenige als echt gelten. Unter den heute von vielen als authentisch betrachteten Briefen ist bes. der *Siebte Brief* wichtig, weil er nicht nur einige biografisch bedeutsame Details, sondern auch eine Reihe in philosophischer Hinsicht aufschlussreicher Bemerkungen enthält. So finden sich etwa in diesem Brief der Hinweis auf die »Schwäche des Logos«, die wahre Natur der Dinge zu erkennen (vgl. 343a), und die Behauptung, der Kern der platonischen Philosophie sei niemals einer Schrift anvertraut worden (vgl. 341c–d). Es sind solche Hinweise im veröffentlichten Werk P.s, aber auch antike Zeugnisse von Vorlesungen P.s *Über das Gute*, die vermuten lassen, dass es neben den in schriftlicher Form vorliegenden Dialogen und Briefen eine innerakademische Lehre gab, die nur mündlich weitergegeben wurde.

P.s schriftstellerische Schaffensperiode umfasst mehr als fünfzig Jahre. Sie begann wohl bald nach seiner Begegnung mit Sokrates (407 v. Chr.) und endete erst kurz vor seinem Tod mit den abschließenden Arbeiten an dem zweibändigen Werk über die *Gesetze,* das allerdings erst postum von seinem Schüler Philippos aus Opus veröffentlicht wurde. Eine exakte Datierung der einzelnen Dialoge ist nicht möglich, und auch die Versuche, aufgrund sprachstatistischer und inhaltlicher wie thematischer Kriterien eine relative Chronologie der platonischen Dialoge zu ermitteln, haben zu keinen allgemein anerkannten Ergebnissen geführt. Üblicherweise geht man heute jedoch im Großen und Ganzen davon aus, dass sich P.s Dialoge in drei Gruppen einteilen lassen, in *frühe* Werke; hierzu zählen *Kriton, Apologie, Laches, Protagoras, Charmides, Euthyphron, Gorgias, Menon,* in *mittlere* Werke, wie *Phaidon, Symposion, Politeia, Phaidros*, und in späte Schriften, zu denen in aller Regel *Theaitetos, Sophistes, Timaios, Philebos* und die *Nomoi* gezählt werden. Eine solche relative Chronologie der platonischen Dialoge steht nicht nur für eine bestimmte zeitliche Abfolge der Dialoge, sondern sie lässt zugleich eine Entwicklung des philosophischen Denkens P.s erkennen. So behandeln die in der Frühphase entstandenen Dialoge meist ethische Probleme, etwa die Frage nach der »Tapferkeit« (*Laches*), der »Frömmigkeit« (*Euthyphron*) oder das Problem der »Einheit der Tugenden« (*Protagoras*), während in den Dialogen der mittleren Periode das gesamte Spektrum philosophischer Probleme thematisiert wird, die Ideenlehre, der Dualismus von Körper und Seele, die Fragen nach dem gerechten Staat und dem glücklichen Leben. Es sind v. a. die Dialoge der mittleren Schaffensperiode, die das Bild der platonischen Philosophie durch die Jahrhunderte geprägt haben. In den Werken der Spätphase schließlich befasst sich P. verstärkt mit erkenntnistheoretischen Fragen, mit der Natur des Wissens und der Dialektik, der Umsetzung politisch-pädagogischer Konzepte und mit naturphilosophischen und kosmologischen Problemen.

P.s Philosophie versteht sich, wie v. a. *Phaidon, Symposion* und *Politeia* zeigen, als Streben nach dem Schönen, Wahren und Guten. Grundlage seiner philosophischen

Lehre ist der Dualismus von Körper und Seele, Ding und Idee, Wahrnehmung und Denken sowie Meinung und Wissen. Es besteht für P. eine natürliche Tendenz, nicht haltzumachen bei dem, was durch die Sinne vermittelt wird, sondern weiterzufragen nach dem Urbild, das Grund und Ziel des sinnlich Erscheinenden ist. Die Gründe für diese Tendenz erklärt die platonische Anamnesis- bzw. Wiedererinnerungslehre, von der zum ersten Mal im *Menon* die Rede ist und die dann später im *Symposion* und *Phaidros* weiterentwickelt wird: Beim Anblick eines konkreten Einzelnen erinnert sich die Seele an dessen ideale Form, die sie geschaut hat, bevor sie in einem Körper (wieder)geboren wurde. Die Seele realisiert im Erkenntnisakt, dass das in der Wahrnehmung gegebene abbildhafte Einzelne in seinem Mangel ein vollkommenes Allgemeines (Urbild, Muster, Gattung, Idee) voraussetzt, das nicht aus der Erfahrung stammen kann, sondern von dem sie – wenn auch i.d.R. unbewusst – immer schon Kenntnis hat.

In diesem Sinne ist für P. Erkenntnis immer vermittelte Erkenntnis oder, wie es im *Phaidon* heißt, eine »zweitbeste Fahrt«: Was die Dinge ihrem Wesen nach sind, lässt sich danach nicht unmittelbar (d.h. in diesem Kontext: über die Sinne) entscheiden, sondern zeigt sich allein im Denken (*logos*), genauer: im Rückgriff auf allgemeine Formen des Denkens, an der das jeweilige Einzelne und Individuelle teilhat. P. entwickelt seine Auffassung von der »zweitbesten Fahrt« im Zusammenhang mit einer biografischen Notiz, nach der Sokrates zunächst bei → Anaxagoras nach philosophischer Orientierung gesucht, sich dann aber enttäuscht abgewandt habe, weil Anaxagoras ein Konzept der direkten Erkenntnis vertreten habe (vgl. Phd. 97b–99d). Doch nicht nur gegen Anaxagoras richtet sich P.s Kritik im *Phaidon,* sondern gegen einen großen Teil der »alten« Philosophen, die glaubten, über die Sinne einen unmittelbaren Weg zur Erkenntnis empirischer Objekte zu besitzen. Was auf die Erkenntnis empirischer Inhalte zutrifft, gilt allerdings auch für das Erfassen der allgemeinen Formen, der Ideen. Auch sie werden nicht unmittelbar erkannt, gleichsam in einem intuitiven Akt »geschaut«, sondern in einem diskursiven Prozess des Denkens, des inneren Dialogs der Seele mit sich selbst (Tht. 189e–190a), »entdeckt« und begriffen. Das Ermitteln der Ideen und die Einsicht in die Beziehungen zwischen den Ideen gehören zu den wesentlichen Aufgaben der Dialektik, der Hauptmethode der platonischen Philosophie, genauer: der *Dihairesis*, eines begrifflichen Bestimmungsverfahrens, das P. in seinem Spätwerk entwickelt und das über die Teilung von Begriffen zur Definition von Ideen und letztlich auch Gegenständen zu gelangen sucht.

Charakteristisch für P. ist die Verschränkung von theoretischer und praktischer Philosophie. Moralisches Fehlverhalten hat danach seinen Ursprung i. d. R. in fehlendem Wissen oder falschem Denken. Der Philosophie muss es deshalb um eine Korrektur des Denkens und um die Aufhebung von bloßem Scheinwissen gehen. P.s Überzeugung vom Primat der theoretischen Vernunft bildet die Basis seines Bildungs- und Erziehungsmodells: In einem langwierigen, über Stufen verlaufenden Prozess soll die Seele denken lernen, indem sie die Fesseln des Körpers abstreift und sich dem erfahrungstranszendenten wesentlichen Sein zuwendet. Ziel der philosophischen Erziehung, die über die Aufklärung des Denkens den ganzen Menschen umformen soll, ist ein Leben, das sich am Denken und an der Idee des Guten orientiert. Gerade das *Höhlengleichnis* macht deutlich, dass P.s Denken um das Problem des guten Lebens kreist. Doch zeigt sein Hauptwerk, der *Staat*, dass es letztlich nicht um die individuelle Gerechtigkeit und das Glück des Einzelnen geht, sondern um die Gerechtigkeit und die Verwirklichung der Idee des Guten innerhalb einer *Polis*, einer staatlich verfassten Gemeinschaft. »Gerecht« ist für P. ein ständisch gegliederter Staat, in dem jeder seine spezifische Aufgabe zu erfüllen hat und an dessen Spitze philosophisch geschulte Männer (oder Frauen) stehen, die bei der auf Zeit übernommenen Regierung das Wohl des gesamten Staats im Auge haben, das Gemeinwohl, nicht das eigene Glück und die persönliche Macht.

P.s letzte Schriften befassen sich mit naturphilosophischen, kosmologischen und pädagogisch-politischen Fragen. Probleme der empirischen Welt und die Frage nach der Realisierung politischer Konzepte treten in den Vordergrund. Zu den bedeutendsten Dialogen der Spätphase des platonischen Denkens gehört der *Timaios,* einer der meist gelesenen, aber auch schwierigsten Werke P.s. Er ist kein im modernen Verständnis naturwissenschaftlicher, sondern ein (natur-)philosophischer Text, dem es v.a. darum geht, die Welt als eine Ordnung, als einen Kosmos zu beschreiben, in dem alles seinen spezifischen Ort hat. Grundlegend für das Kosmos-Konzept ist der Dualismus von Körper und Seele, von Ding und Idee: der (sichtbare) Kosmos, der seine Existenz der Güte Gottes verdankt (29d–30b), ist ein Abbild des Ideenkosmos, die beide als »Lebewesen« verstanden werden. In den *Nomoi,* dem großen Alterswerk P.s, wird erneut die Frage nach dem gerechten Staat aufgeworfen, doch anders als in der *Politeia* sollen in diesem Staat nicht die Philosophie, sondern die *Gesetze* herrschen. Im Staat der *Nomoi* ist jeder Lebensbereich durch Gesetze und Vorschriften geregelt, und jeder Gesetzesverstoß wird mit z.T. drastischen Strafen geahndet. Gott ist das Maß, an dem sich alles in P.s *Nomoi* zu orientieren hat, und die Gesetze gelten als göttlich inspiriert (713c–e; 762e), gleichsam als Ausdruck göttlicher Vernunft. In diesem Sinne haben die Gesetze die Rolle übernommen, die in den frühen und mittleren Dialogen P.s dem *logos* zukam. Diese Akzentverschiebung zeigt, dass P.s Vertrauen in die Kraft der Vernunft im Alter abgenommen hat; dennoch gibt es nur wenige Philosophen, die in ähnlicher Weise wie P. die Bedeutung der Vernunft und des Denkens für jede Form von menschlicher Praxis betont und die Kultur des Abendlandes so stark und nachhaltig geprägt haben.

Werke: Opera, hg. v. J. Burnet, 5 Bde., 1899–1907. – W in acht Bdn., griech./dt., hg. v. G. Eigler [u.a.], 1970–81. – P.s Höhlengleichnis, griech./dt., Einl. v. B. Mojsisch, hg. v. R. Rehn, 2005.

Lit.: K. Gaiser: P.s Ungeschriebene Lehre, [2]1968. – T. Kobusch / B. Mojsisch (Hg.): P. Seine Dialoge in der Sicht neuer Forschungen, 1996. – G. Böhme: P.s theoretische Philosophie, 2000. – O. Höffe (Hg.): Politeia, [2]2005. – B. Zehnpfennig: P. zur Einführung, [3]2005. – M. Erler: P., 2006. – M. Erler: Kleines Werklexikon P., 2007. – C. Horn [u.a.] (Hg.): P. Handbuch. Leben – Werk – Wirkung, 2009.

Rudolf Rehn

Helmuth Plessner

4.9.1892 Wiesbaden – 12.6.1985 Göttingen

1910–16	Studium der Zoologie u. Philosophie in Freiburg i.Br., Berlin, Heidelberg u. Göttingen
1916	Promotion zum Dr. phil. an der Univ. Erlangen
1920	Habilitation für Philosophie, Privatdozent, seit 1926 ao. Professor in Köln
Frühjahr 1933	Entlassung wegen seines jüd. Vaters; Emigration in die Türkei (Istanbul)
1934	Einladung an die Univ. Groningen (Niederlande)
1936	Fellow, seit 1939 Professor für Soziologie in Groningen
1943	Entlassung aus rassischen Gründen durch den »Reichskommissar für die besetzten niederländ. Gebiete«
1945	Wiederernennung in Groningen
1946	Ordinarius für Philosophie in Groningen
1951–62	Ordinarius für Soziologie in Göttingen (Rektor 1960/61)
1962/63	Theodor-Heuss-Professor an der New School for Social Research, New York
1965–72	Lehrauftrag für Philosophie an der Univ. Zürich

P. gilt zusammen mit →Max Scheler als Begründer der modernen philosophischen Anthropologie. Beeinflusst wurde seine philosophische Entwicklung v.a. durch sein

Studium der Zoologie und seine Erfahrung des Exils. P. gewann beachtlichen Einfluss auf die dt. Nachkriegssoziologie; sein Denken wurde seit den späten 1980er Jahren wiederentdeckt und erlebt eine Renaissance.

Im Zentrum von P.s Werk steht die Konzeption einer philosophischen Biologie, einer »Logik der lebendigen Form«, die in einer nicht-spekulativen philosophischen Anthropologie gipfelt (*Die Stufen des Organischen und der Mensch*, 1928). Mit ihr unternahm es P., das naturhaft-geistige Doppelwesen Mensch aus *einer* Perspektive heraus zu begreifen, um so den cartesianischen Dualismus von *res extensa* (ausgedehnte Welt) und *res cogitans* (geistige Welt) zu beseitigen. Leitfaden seiner Biologie ist der Begriff der »Positionalität«, der das nach Organisationsstufe je spezifische Verhältnis organischen Seins zu seiner Grenze bezeichnet. Der Mensch ist durch eine »exzentrische Positionalität« ausgezeichnet und besitzt die Fähigkeit der Reflexivität. Die Denkfigur der Exzentrizität diente P. u.a. zur Interpretation spezifisch menschlicher Phänomene, wie *Lachen und Weinen* (1941). Sie fand auch bei der Behandlung der Rollenproblematik Eingang in seine soziologische Theoriebildung.

Darüber hinaus leistete P. mit seinen Monographien *Grenzen der Gemeinschaft* (1924) und *Macht und menschliche Natur* (1931) wichtige Beiträge zur politischen Philosophie. Großen Einfluss erzielte auch seine geistesgeschichtliche Untersuchung der Vorgeschichte des Nationalsozialismus, die 1935 im niederländ. Exil u.d.T. *Das Schicksal deutschen Geistes im Ausgang seiner bürgerlichen Epoche* erschien und nach dem Krieg als *Die verspätete Nation* (1959) eine Neuauflage erfuhr.

Werke: GS, hg. v. G. Dux [u.a.], 10 Bde., 1980–85. – Politik. Anthropologie. Philosophie, hg. v. S. Giammusso u. H.-U. Lessing, 2001. – Elemente der Metaphysik, hg. v. H.-U. Lessing, 2002.

Lit.: S. Pietrowicz: H. P., 1992. – G. Arlt: Anthropologie u. Politik, 1996. – H.-U. Lessing: Hermeneutik der Sinne, 1998. – H. Kämpf:

H. P.: Eine Einführung, 2001. – T. Kubitza: Identität. Verkörperung. Bildung, 2005. – C. Dietze: Nachgeholtes Leben, 2006. – O. Mitscherlich: Natur u. Geschichte, 2007.

Hans-Ulrich Lessing

(Georgios Gemistos) **Plethon**

um 1360 Konstantinopel (heute Istanbul, Türkei) – 1452 Mystras/Peloponnes (Griechenland)

1393	Übersiedlung nach Mystras; Ratgeber der dortigen Despoten
1438/39	Mitglied der byzantin. Delegation Kaiser Johannes' VIII. u. Teilnahme am Konzil von Ferrara-Florenz

P., der als Richter und Berater der kaiserlichen Familie in Mystras fungierte, stellt die letzte große byzantin. Philosophenpersönlichkeit vor dem Fall des Reichs dar. Wegen seiner an die platonische Philosophie anknüpfenden Positionen wurde er in Italien (wo →Bessarion zeitweise zu seinen Schülern zählte) – auch als ›zweiter →Platon‹ geschätzt. P.s Denken wirkte nachhaltig auf die Philosophie der Renaissance, v. a. auf die Vertreter der Platonischen Akademie in Florenz.

In seinem nur fragmentarisch erhaltenen und bis heute höchst unterschiedlich interpretierten Hauptwerk *Nómon syngraphé* ([Gesetzschreibung] hg. v. P. Alexandre, 1858) entwickelte P. auf platonischer Grundlage eine umstrittene neuheidnische Religion zur Stärkung des nationalen Bewusstseins. Die Religion basierte u. a. auf der Vorstellung von der Unsterblichkeit der Seele, die P. auch in seiner Rede zum Tode der Kleope Malatesta (*Monodia epi tē basilide Kleope*, hg. v. S. Lampros, 1926) entfaltete. Obwohl P. am Konzil von Ferrara-Florenz über die Union der Kirchen teilnahm, lehnte er diese Union innerlich ab, wie sein Traktat ›Über den Ausgang des Hl. Geistes‹ und eine Abhandlung über die Synode (beide unveröffentlicht) belegen. P.s bekanntestes Werk ist die Schrift *Peri ōn Aristo-*

telis pros Platona diaferetai ([Über den Unterschied zwischen Platon und Aristoteles] 1439, ediert 1540), die 1574 in lat. Übersetzung als *De differentiis* erschien. Sie enthält eine Verteidigung der platonischen Lehren gegen den Aristotelismus – v.a. gegen die *Mesotes*-Lehre, d.h. die Lehre von der (richtigen) Mitte – und wurde später von P. durch die gegen seinen Widersacher, den Konstantinopler Patriarchen Gennadios II. Scholarios, gerichtete Streitschrift *Contra Scholarii pro Aristotele obiectiones* ([Widerlegung der Einwände des Scholarios (gegen Platon und) für Aristoteles] hg. v. W. Gass, 1844) ergänzt.

Werke: Le »De Differentiis«, hrsg v. B. Lagarde, in: Byzantion 43 (1973), 312–43. – Traité des vertus, griech./frz., hg. v. B. Tambrun-Krasker, 1987. – Contra Scholarii pro Aristotele obiectiones, hg. v. E. V. Maltese, Bibliotheca Teubneriana, 1988. – Opuscula de Historia Graeca, hg. v. E. V. Maltese, Bibliotheca Teubneriana, 1989. – Magika logia tôn apo Zoroastrou magôn, G. G. P.s Exêgêsis eis ta auta logia. Oracles chaldaïques, griech./frz., hg. v. B. Tambrun-Krasker, 1995. – Traité des lois, griech./frz., hg. v. B. Tambrun-Krasker, [in Vorbereitung].

Lit.: F. Masai: P. et le platonisme de Mistra, 1956. – C. M. Woodhouse: G. P. The Last of the Hellenes, 1986. – L. G. Benakis / Ch. Baloglou (Hg.): Proceedings of the International Congress on P. and his Time, 2003.

Linos G. Benakis

Plotin

204 Lykopolis (Ägypten)? – 270 Minturnae/Kampanien (Italien)

232–43	Philosophiestudium beim Platoniker Ammonius in Alexandria
243	Teilnahme am Perserkrieg als Begleiter des röm. Kaisers Gordian III.
244/45	Übersiedlung nach Rom, Aufnahme eigener Lehrtätigkeit
seit 254	Abfassung seiner Schriften
268	Erkrankung, Umzug auf ein Landgut bei Minturnae

P. war der Begründer des Neuplatonismus. Seine Hauptleistung besteht in einer Deutung der Platonischen Philosophie, die er auf metaphysische Prinzipien bezog und systematisch erschloss. Dabei berücksichtigte er Ansätze des →Aristoteles, der Vorsokratiker (→Parmenides, →Heraklit, →Empedokles, →Anaxagoras) sowie der hellenistischen und kaiserzeitlichen Schulen (Stoa, Epikureismus, Skeptizismus). P. strebte eine umfassende Verbindung ihrer Einsichten an, die →Platons Vorbild zur Geltung bringen und platonkritische Einwände zurückweisen sollte.

P.s Konzeption ist wesentlich differenzierter als die seiner mittelplatonischen Vorläufer (z. B. Numenius). Im Hintergrund steht die indirekte Überlieferung der Platonischen Prinzipien des Einen und der unbestimmten Zweiheit, die sich zugleich als Pythagoreismus versteht und auf die Alte Akademie zurückgeht (Speusipp, Xenokrates). Erst P. verhalf dieser älteren Platondeutung zu breiter und anhaltender Wirkung. Wieviel er seinem Lehrer Ammonius verdankte, ist schwer zu entscheiden. Spätere Neuplatoniker betrachteten ihn als wegweisenden Erneuerer des Platonismus. Die Bezeichnung ›Neuplatonismus‹ tauchte erst im 18. Jh. auf.

Etwa dreißig Jahre nach P.s Tod teilte P.s Schüler →Porphyrius dessen Schriften in sechs Neunergruppen und gab sie unter dem Titel *Enneaden* (griech. *ennea* = ›neun‹) heraus. In dieser Ausgabe blieben die Schriften vollständig erhalten. Um seine Einteilung zu ermöglichen, musste Porphyrius längere Schriften aufteilen und fragwürdige Zuordnungen vornehmen. Obwohl P. in der Sache systematisch dachte, passt diese äußere Systematisierung nicht gut zu seinem meditativen Schreibstil. Man muss deshalb beachten, dass sie ebenso wenig von ihm selbst stammt wie die Einzeltitel seiner Schriften.

Die sechs *Enneaden* behandeln metaphysische Stufen, die in der Erkenntnis zu durchlaufen sind. Sie beziehen den handelnden Menschen (I) und den bewegten Kosmos (II, III) auf die Seele (IV), den Geist (V) und das jenseitige Eine (VI). Denn von diesen Prinzipien, die man seit Porphyrius oft »Hypostasen« nennt, hängt das Bewegte ab. Leitend ist die Überzeugung, dass alles nur ist und gedacht werden kann, weil es Eines ist. Bewegte Körper gibt es demnach nur so lange, wie sie von der unsterblichen Seele in ihrer Einheit gehalten werden. Der Geist steht über der Seele, da er von den Körpern vollständig getrennt ist und die von der Seele angestrebte Einheit von Denken und Sein schon verwirklicht hat. Doch die höchste Einheit besitzt das Eine, das jenseits von Sein und Denken angesiedelt ist und keine innere Differenz aufweist. Einen guten Einblick in diese Konzeption gibt die *Enneade* V 1 [10] »Über die drei ursprünglichen Hypostasen«.

Werke: Plotini Opera, 3 Bde., hg. v. P. Henry u. H.-R. Schwyzer, Editio maior, 1951–73, Editio minor 1964–82. – P.s Schriften, 6 Bde., übersetzt v. R. Harder, fortgeführt v. R. Beutler u. W. Theiler, 1956–71.

Lit.: K. H. Volkmann-Schluck: P. als Interpret der Ontologie Platos, ³1966. – J. M. Rist: P. The Road to Reality, 1967. – C. Zintzen (Hg.): Die Philosophie des Neuplatonismus, 1977. – D. J. O'Meara: P. An Introduction to the Enneads, 1995. – L. P. Gerson (Hg.): The Cambridge Companion to P., 1996. – M. Fattal (Hg.): Études sur P., 2000. – J. Halfwassen: P. u. der Neuplatonismus, 2004.

Walter Mesch

Pietro Pomponazzi

16.9.1462 Mantua (Italien) – 18.5.1525 Bologna (Italien)

seit 1484	Studium der Philosophie u. Medizin in Padua
1487	Promotion zum Magister Artium
1488–96	Professor an der Univ. Padua
1495	Promotion zum Dr. med.
1496–99	Logiklehrer am Hof des Alberto Pio in Ferrara

1499–1509 Professor an der Univ. Padua
1509/10 Professor an der Univ. Ferrara
1511–25 Professor an der Univ. Bologna
1516–19 Streit über die Unsterblichkeit der Seele

P. gilt als prominenter Vertreter des ital. Renaissance-Aristotelismus. In Padua lernte er als Student ein naturalistisches Verständnis der peripatetischen Lehre (d.h. der Lehre der aristotelischen Schule) kennen, das insbesondere durch →Ibn Ruschds (Averroes') Deutung geprägt war. Als Professor der Naturphilosophie in Padua und Bologna kommentierte er vom Pult zahlreiche Werke des →Aristoteles; seine Vorlesungen fanden großen Beifall bei den Studenten, deren Mitschriften teilweise überliefert sind. Bekannt ist P. v.a. für die heftige Debatte, die seine philosophischen Ansichten über die Unsterblichkeit der Seele auslösten.

P.s Aristotelismus zeichnet sich durch die Radikalität seines methodischen Ansatzes aus, die aristotelische Lehre gemäß ihren immanenten Prinzipien auszulegen, ohne Kompromisse mit fremdartigen, v. a. platonisch-christlichen Ansichten einzugehen. Dies zeigt sich exemplarisch bei P.s Beantwortung der Frage, ob Aristoteles die rationale Seele des Menschen als unsterblich betrachtete. In *De immortalitate animae* ([Über die Unsterblichkeit der Seele] 1516) weist er sämtliche Deutungen der aristotelischen Psychologie zurück, die die rationale Seele für unsterblich erklärt haben. Dagegen hält P. fest, die rationale Seele sei als »Form des Körpers« vom Körper funktional abhängig, da laut Aristoteles ihre wesentliche Tätigkeit – das Erkennen – nicht ohne sinnliche Vorstellungen möglich sei. Demnach könne sie auch nicht »schlechthin unsterblich« sein, wohl aber »in gewisser Hinsicht«, nämlich sofern sie trotz ihrer ›Vorstellungsgebundenheit‹ das Allgemeine erkenne.

Die methodische Radikalität von P.s Aristotelismus drückt sich auch in seiner Überzeugung aus, sämtliche erfahrbaren Ereignisse könnten nach den Prinzipien der aristotelischen Naturphilosophie restlos erklärt werden. Diesem naturalistischen Anspruch sucht P. vorwiegend in *De incantationibus* ([Über Verzauberungen] 1520) Rechnung zu tragen, indem er unter der Annahme, dass der gesamte Weltlauf durch die Himmelsbewegungen umfassend determiniert sei, ausführlich zeigt, wie sich auch scheinbar übernatürliche Phänomene, wie Zaubereien und Wunder, als reine Naturprozesse beschreiben lassen. In *De fato* ([Über das Schicksal] 1520) setzt sich P. schließlich – im Hinblick auf die Frage nach der menschlichen Freiheit – mit den deterministischen Folgen seines Aristotelismus auseinander.

Werke: De naturalium effectuum causis sive De incantationibus, 1567, ND 1970. – De fato, de libero arbitrio et de praedestinatione, hg. v. R. Lemay, 1957. – Corsi inediti dell'insegnamento padovano, hg. v. A. Poppi, 2 Bde., 1966/70. – Abhandlung über die Unsterblichkeit d. Seele, lat.-dt., hg. u. eingel. v. B. Mojsisch, 1990. – Expositio super primo et secundo De partibus animalium, hg. v. S. Perfetti, 2004.

Lit.: B. Nardi: Studi su P. P., 1965. – P. O. Kristeller: Acht Philosophen der ital. Renaissance, 1986. – M. Pine: P. P. Radical Philosopher of the Renaissance, 1986. – O. Pluta: Kritiker der Unsterblichkeitsdoktrin in Mittelalter u. Renaissance, 1986. – C. Lohr: Latin Aristotle Commentaries. Renaissance Authors, 1988. – T. S. Hoffmann: Philosophie in Italien, 2007, 143–61.

Paolo Rubini

(Sir) **Karl Raimund Popper** (engl. Adel seit 1965)

28.7.1902 Wien – 17.9.1994 Croydon bei London

1922–25	Reifeprüfung, Ausbildung zum Tischler
1925–28	Studium am Pädagogischen Institut in Wien
1928	Promotion zum Dr. phil. bei Karl Bühler
1930–35	Hauptschullehrer in Wien
1937–45	Dozent am Canterbury College d. Univ. of New Zealand
1949–69	Professor für Logik u. wissenschaftliche Methode an der London School of Economics

P. gilt als Begründer des Kritischen Rationalismus. Er trat durch Beiträge zur Wissenschafts- und Erkenntnistheorie sowie zur Politischen und Geschichtsphilosophie hervor. Die Wurzeln seines Denkens liegen in der kritischen Auseinandersetzung mit dem Wiener Kreis und dem Logischen Empirismus (u.a. →Moritz Schlick, →Rudolf Carnap, Herbert Feigl). Politisch und persönlich prägten ihn die Erfahrung von Antisemitismus und autoritärem Staatssystem. Seine Wissenschaftstheorie wirkte weit über die Philosophie hinaus in viele Einzelwissenschaften hinein.

In seinem wissenschaftstheoretischen Hauptwerk, *Die Logik der Forschung* (1934), widersprach P. der Auffassung, dass Wissenschaft auf Induktionsschlüssen beruhe. Wissenschaftler könnten ihre Theorien nicht aus Beobachtungen ableiten und experimentell als gültig ausweisen (verifizieren). Stattdessen entwickelten sie Hypothesen, um deren Geltung in Beobachtungen und Versuchen zu überprüfen. Maßgeblich ist für P. dabei das Falsifizierungsprinzip: Eine Hypothese hat dann Bestand und Anspruch auf allgemeine Akzeptanz, wenn die Versuche scheitern, sie durch Experimente zu widerlegen (zu falsifizieren). In diesem deduktiven Wissenschaftsmodell hat aber keine Theorie einen Exklusivanspruch darauf, wahr zu sein, denn zum einen gibt es keine Methode, experimentellen Irrtum auszuschließen (deshalb können Theorien immer nur vorläufige Gültigkeit beanspruchen); zum anderen können auch andere Theorien nicht-falsifizierbar sein. Gleichwohl widersprach P. idealistischen und subjektivistischen Auffassungen und hielt am Ziel einer Wahrheitserkenntnis fest, indem er die Formulierung von Wahrscheinlichkeitsaussagen einforderte. P. trat im »Positivismusstreit« 1961 neben Hans Albert als Vertreter des Kritischen Rationalismus gegen →Theodor W. Adorno, →Jürgen Habermas und andere Anhänger der Kritischen Theorie auf und verteidigte sein Falsifizierungstheorem gegen den Vorwurf, dass seine Theorie Werturteile nicht beachte, es aber keine wertfreien Erfahrungstatsachen gebe.

P.s Hauptwerk zur Politischen Philosophie, *The Open Society and Its Enemies* ([Die offene Gesellschaft und ihre Feinde] 2 Bde., 1945), entstand unter dem unmittelbaren Eindruck der faschistischen Herrschaften in Europa. Die zentrale Frage sei nicht: »Wer soll herrschen?«, sondern: »Wie können wir politische Institutionen so organisieren, dass es schlechten oder inkompetenten Herrschern unmöglich ist, allzu großen Schaden anzurichten?«. In der Demokratie sah P. die bestmögliche Antwort auf die zweite Frage. Der größte Vorteil der Demokratie sei nicht eine »unkontrollierte« Volkssouveränität, sondern eine offene Gesellschaft, in der die Macht durch Freiheitsrechte und Gewaltenteilung beherrschbar bleibe.

Diesen Gedanken setzte P. geschichtsphilosophisch fort und veröffentlichte 1957 *The Poverty of Historicism* (Das Elend des Historizismus). Hierin setzte er sich mit den deterministischen Gesellschaftsmodellen von →Georg Wilhelm Friedrich Hegel und →Karl Marx auseinander, nach denen die Geschichte inneren Notwendigkeiten folgt. P. erteilte den utopischen Qualitäten dieser Modelle und der Vorhersagbarkeit historischer Prozesse überhaupt eine Absage. Er plädierte für eine offene Zukunft, da die geschichtliche Entwicklung von der Entwicklung menschlichen Wissens und deren Folgen abhänge, die aber nicht vorhersagbar seien.

Werke: K. P. Lesebuch, hg. v. D. Miller, 1995. – M. Lube: K. R. P., Bibliographie 1925–2004, 2005.

Lit.: Th. W. Adorno [u. a.]: Der Positivismusstreit in der dt. Soziologie, 1969. – E. Döring: K. R. P., Einführung in Leben u. Werk, 1987. – L. Schäfer: K. P., 1988. – J. A. Alt: K. R. P., 1992. – M. Geier: K. P. 1994. – M. Morgenstern / R. Zimmer: K. P., 2002.

*Alan Musgrave**

Porphyrius von Tyros
234 Tyros – um 305 Rom

Studium bei Longinus in Athen
seit 263 Schüler →Plotins in Rom
seit 270 Nachfolger Plotins in dessen Schule

P. zählt neben Iamblichus, →Proklus und Damaskius zu den bedeutendsten Vertretern des Neuplatonismus nach →Plotin. Er beeinflusste die lat. Neuplatoniker (→Marius Victorinus, →Augustinus, →Boëthius) und war Lehrer des Iamblichus. Sein Werk umfasst (größtenteils verlorene) Kommentare zu →Platon, →Aristoteles und Plotin, eine Vita Plotins, eine Plotinparaphrase (*Aphormai pros ta noeta* [Sätze, die zum Intelligiblen führen]), metaphysische Traktate, religionsphilosophische Schriften sowie Texte zu Homer. Besonders hervorzuheben sind seine Schrift gegen die Christen, seine wirkungsmächtige Einführung (*Isagoge* [Einleitung in die Kategorien]) und sein Kommentar zu den *Kategorien* des Aristoteles, seine der allegorischen Methode verpflichtete Exegese der ›Nymphengrotte‹ aus der *Odyssee* und der ihm zugeschriebene Kommentar zu Platons *Parmenides*.

Die *Isagoge* arbeitet die für das Kategorienverständnis nötige Lehre von den fünf Prädikabilien (Gattung, Art, Differenz, Proprium, Akzidens) aus und wirft das Universalienproblem auf. In seiner Metaphysik deutete P. das absolute Eine als völlig bestimmungsloses Sein, das jenseits alles Seienden steht, so dass die Relation von Einheit und Vielheit von der ontologischen Differenz bestimmt wird. Der reine Seinsakt ist auch das erste und konstitutive Moment des Intellekts, wodurch die Kluft zwischen Absolutem und Denken überwunden werden soll.

Lit.: P. Hadot: P. et Victorinus, 1968. – G. Girgenti: Il pensiero forte di P., 1996. – G. Bechtle: The Anonymous Commentary on

Plato's Parmenides, 1999. – A. Smith: Porphyrian Studies since 1913, in: Aufstieg u. Niedergang der Röm. Welt II 36,2, hg. v. W. Haase, 1987, 717–73.

Dirk Cürsgen

Proklus Diadochus

8.2.412 Konstantinopel – 17.4.485 Athen

Jugend in Xanthos (Lykien)
Studium in Beirut, Alexandria (bei Olympiodor) u. seit 430 in Athen (bei Plutarch u. Syrian)
um 440 nach dem Tod Syrians Leiter der Akademie in Athen

P. gilt als bedeutendster Denker des späten Neuplatonismus. Er gab diesem eine systematische Form und übte damit großen Einfluss auf die Philosophie des Mittelalters und der Renaissance sowie auf dt. Philosophen der Aufklärung und des Idealismus aus. P.s Œuvre umfasst Kommentare zu →Platon, →Aristoteles und →Euklid sowie metaphysische Abhandlungen. Seine Hauptwerke sind die handbuchartigen *Elemente der Theologie*, der Gesamtentwurf der *Platonischen Theologie* und der Kommentar zu Platons *Parmenides*.

P. gab dem neuplatonischen Ansatz die Form eines ausdifferenzierten Baus von Wirklichkeitsstufen, anhebend mit dem transzendenten Einen über die Henaden und das seiende Eine (*intellectus*) bis hin zur Seele und der physischen Natur. Dabei untergliederte er all diese Ebenen in sich noch weiter. Sein System ist von dialektisch-triadischen Strukturen, einem umfassenden Vermittlungsdenken, einer apophatischen (unsagbaren) Theologie (mit der Negation aller Negationen bezüglich des Absoluten), zyklischen Figuren und einer weitestmöglich harmonisierenden Integration früherer Philosophien und Theologien gekennzeichnet. Das neuplatonische Grundproblem des Verhältnisses von Einheit und Vielheit wird so von ihm auf ganz eigene Weise durchgearbeitet.

Werke: P. Philosophi Platonici Opera, hg. v. V. Cousin, ²1864. – P. D. in Platonis rem publicam commentarii, hg. v. W. Kroll, 2 Bde., 1899/1901. – P. D. in Platonis Timaeum commentarii, hg. v. E. Diehl, 3 Bde., 1903–06.

Lit.: W. Beierwaltes: P., ²1979. – J. Trouillard: La mystagogie de P., 1982. – D. Cürsgen: Henologie u. Ontologie. Die metaphysische Prinzipienlehre des späten Neuplatonismus, 2007.

Dirk Cürsgen

Protagoras von Abdera

* um 490 v. Chr. Abdera

444/43 v. Chr. mit Perikles Verfasser der Gesetze für Thurioi
420–10 v. Chr. Anklage wegen Asebie (Gottlosigkeit)

P. gilt als Erfinder des Streitgesprächs und als Erster, der aus seinem rhetorischen Können einen Beruf machte. Von seinen Schriften sind nur Fragmente durch indirekte Überlieferung erhalten; die Nachrichten über ihn sind tendenziös. Die hohe Anzahl der P. zugeschriebenen Titel lässt vermuten, dass die Quellen Werkbestandteile als selbstständige Werke bezeichnen.

→Platon nennt P.s Hauptschrift *Wahrheit*. Sie fängt mit dem sogenannten *Homo-mensura*-Satz an: »(Der) Mensch ist Maß aller Dinge, der seienden, dass sie sind, der nicht-seienden, dass sie nicht sind«. Relativistisch gedeutet, hängen Existenz und Beschaffenheit der Dinge von der menschlichen Wahrnehmung ab. Da keine Wahrnehmung durch eine andere widerlegbar ist, kann man P.s Einstellung als infallibilistisch betrachten. Die parmenideische Kritik an der Erscheinung und die Ausgrenzung des Nichtseins werden widerlegt. Dem epistemischen Relativismus entspricht der theologische Agnostizismus: »Über die Götter kann ich weder wissen, dass sie sind, noch auch, dass sie nicht sind, noch auch, wie sie aussehen; denn vieles hindert (ein solches) Wissen, die Unsichtbarkeit und die Knappheit des menschlichen Lebens« (B4).

Aufgrund des Fragments B3 (»Unterweisung bedarf der Anlage und Übung«) versteht man P. als einen der ersten pädagogischen Theoretiker. In den *Entgegengesetzten Argumenten* zeigte er sein dialektisches Verfahren: Über jedes Thema kann man zwei gegenteilige Meinungen vertreten. Die Feststellung, man könne »aus der schwächeren Rede die stärkere machen« (B6), ist also keineswegs als Spitzfindigkeit anzusehen.

Werke: Die Fragmente der Vorsokratiker II, griech./dt., hg. v. H. Diels u. W. Kranz, [16]1972, ND 2005, n. 80.

Lit.: J. de Romilly: Les grands sophistes dans l'Athènes de Périclès, 1988. – Mi-Kyoung Lee: Epistemology after P., 2005.

Laura Gianvittorio

Michael Psellos

1018 Konstantinopel (heute Istanbul, Türkei) – nach 1078 Konstantinopel

1041	Schreiber am kaiserlichen Gericht in Konstantinopel
1043	Privatsekretär Kaiser Konstantins IX. u. seiner Nachfolger; Richter
um 1054	Ablegung des Taufnamens ›Konstantinos‹ u. Annahme des Ordensnamens ›Michael‹; Konflikt mit dem kaiserlichen Hof u. Verbannung in das Kloster des bithynischen Olymps in Kleinasien
1055	Wiederaufnahme seiner Ämter

P. zählt zu den bedeutendsten Polyhistoren (Universalgelehrten) in Byzanz und verfügte über ausgezeichnete Kenntnisse der antiken (philosophischen) Literatur. Er war Literat, Jurist, Mediziner und Staatsmann. Zugleich zog er als Lehrer der Philosophie und der Wissenschaften zahlreiche Schüler an und wurde von Kaiser Konstantin IX. als

Erster in Byzanz mit dem Ehrentitel *Konsul der Philosophen* ausgezeichnet. Als Geschichtsschreiber trat P. durch sein voluminöses Hauptwerk, die *Chronographia* (verfasst 1063–77), hervor, in dem er die Geschichte des byzantin. Reichs von 976–1077 beschrieb. Kulturhistorisch aufschlussreich ist seine umfangreiche Korrespondenz, anhand derer die Umrisse der byzantin. Philosophie deutlich werden. Aus ihr ragt v.a. ein um 1064 geschriebener Brief an P.s Freund und Kollegen im ›Gymnasium‹, Johannes Xiphilinos, heraus, der als eine Art ›Manifest des christlichen Humanismus‹ in Byzanz angesehen werden kann. P. war ein Bewunderer → Platons und des → Aristoteles, zu denen er aber eine kritische Distanz wahrte, u.a. indem er am Primat des christlichen Dogmas festhielt. P.s Kommentare der aristotelischen Schriften *De interpretatione* (verfasst vor 1060; ediert 1503) und zur Physik (verfasst um 1070; ediert in lat. Übersetzung 1554) wurden von den Philosophen der Renaissance intensiv rezipiert.

Werke: Chronographie ou Histoire d'un Siècle de Byzance (976–1077), übers. u. hg. v. É. Renauld, 2 Bde., 1926/28, krit., griech./ital. Ausgabe, hg. v. D. Del Corno [u.a.], 2 Bde., 1984. – Didaskalia pantodape / De omnifaria doctrina, hg. v. L. G. Westerink, 1948. – Theologica, hg. v. P. Gautier, Bibliotheca Teubneriana, 1989. – Le opere dei demoni, hg. v. P. Pizzari, 1989. – Philosophica minora, hg. v. J. Duffy u. D. O'Meara, 2 Bde., Bibliotheca Teubneriana, 1989/92. – Syntomos kai safestate exçgesis eis ten Physiken akroasin tou Aristotelous [Kommentar zur Physik des Aristoteles], hg. v. L. G. Benakis, 2008.

Lit.: E. Pietsch: Die »Chronographia« des M. P.: Kaisergeschichte, Autobiographie u. Apologie, 2005. – P. Moore: Iter Psellianum. A detailed listing of manuscripts sources for all works attributed to M. P., 2005 [mit Bibliographie]. – C. Barber / D. Jenkins (Hg.): Reading M. P., 2006.

Linos G. Benakis

Hilary Putnam

* 31.7.1926 Chicago/Illinois (USA)

1944–51	Studium der Mathematik, Philosophie u. Logik an der Univ. of Pennsylvania, in Harvard u. an der Univ. of California
1951	Promotion zum Ph. D. bei Hans Reichenbach
1952/53	Dozent an der Northwestern Univ. Chicago
1953–60	Assistant Professor in Princeton
1961–65	Professor für Wissenschaftsphilosophie am Massachusetts Institute of Technology (MIT)
1965–76	Professor für Philosophie in Harvard
1976–95	Walter Beverly Pearson Professor für Mathematik u. mathematische Logik in Harvard
1995–2000	Cogan Univ. Professor in Harvard

P. gilt als herausragender Vertreter der (sprach-)analytisch ausgerichteten theoretischen Gegenwartsphilosophie. Zunächst im Ausgang von und in kritischer Auseinandersetzung mit seinen beiden ›Lehrern‹ Hans Reichenbach und →Rudolf Carnap sowie v.a. mit (dem späten) →Ludwig Wittgenstein und →Willard Van Orman Quine lieferte er zahlreiche, vielschichtige und fruchtbare Beiträge zu zentralen Problemen der Wissenschaftsphilosophie, der Philosophie des Geistes und der Sprachphilosophie.

Bereits in den 1960er Jahren entwickelte P. in einer Reihe von Aufsätzen (u.a. *Minds and Machines* [Geist und Maschine], 1960; *The Nature of Mental States* [Die Natur *mentaler* Zustände], 1967) Positionen, die lange Zeit den paradigmatischen Rahmen u.a. der Philosophie des Geistes bildeten. In expliziter Analogie zur ursprünglich im Zuge der Entfaltung des Konzepts der Turing-Maschinen (eines Modells zur Bildung einer Klasse berechenbarer Funktionen) gewonnenen Einsicht, dass stets auch auf materiell differenten Rechnern (*Hardware*) derselbe Algorithmus (*Software*) implementiert werden kann, entwickelte P. die These multipler Realisierbarkeit und den hiermit verbundenen Funktionalismus mentaler Zustände.

Einen wichtigen Beitrag zur Sprachphilosophie und zur Problematisierung des eigenen Funktionalismus stellt P.s semantischer Externalismus dar: Seine einflussreichen Gedankenexperimente in einem *Twin-Earth-Szenario* (*The Meaning of »Meaning«* [Die Bedeutung von »Bedeutung«], 1975) führten ihn zu der Auffassung, dass mentalen Zuständen allein weder im individuellen noch im funktionalen Sinn Bedeutung zukommt, da Referenz immer auch irreduzibel externe Determinanten aufweist.

Besondere Bedeutung insbesondere für die Wissenschaftsphilosophie gewann P.s ›modelltheoretisches Argument‹ (*Models and Reality* [Modelle und Wirklichkeit], 1977). Unter Verwendung von technisch avancierten Begriffsbildungen und Theoremen der mathematischen Modelltheorie suchte P. zu zeigen, dass die semantische Dimension theoretischer Terme nicht sinnvoll im Rahmen einer modellinvarianten Interpretation fixierbar ist. Dies führt ihn dazu, seinen früheren ›wissenschaftlichen‹ (nun folgerichtig als ›metaphysisch‹ abgewerteten) Realismus zugunsten eines ›internen Realismus‹ aufzugeben, der die ontologische Unterbestimmtheit von Theorien berücksichtigt, indem theoretische Terme prinzipiell nur noch modellrelativ interpretiert werden (*Reason, Truth and History* [Vernunft, Wahrheit und Geschichte], 1981). Das hier explizit werdende Ringen um einen kohärenten realistischen Standpunkt bildet eine einigende Klammer, welche die disparaten Phasen und verschiedenen Gegenstandsbereiche von P.s Werk verbindet – von den frühen Arbeiten zur Mathematischen Logik bis zur Hinwendung zum Pragmatismus und einem ›direkten Realismus‹ des *common sense* in seinen späten Monographien.

Werke: Philosophical Papers, 3 Bde., 1975–83. – The many Faces of Realism, 1987. – Representation and Reality, 1988. – Realism with a Human Face, 1990. – Pragmatism. An Open Question, 1995. – The Threefold Cord. Mind, Body, and World, 1999.

Lit.: G. Boolos (Hg.): Meaning and Method. Essays in Honor of H. P., 1990. – A. Burri: H. P., 1994. – P. Clark [u. a.] (Hg.): Reading P., 1995. – M. Willaschek [u. a.] (Hg.): P. u. die Tradition des Pragmatismus, 2002. – Y. Ben-Menahem (Hg.): H. P., 2005.

Carsten Seck

Pythagoras von Samos

um 570 v. Chr. Insel Samos (Griechenland) – um 497/96 v. Chr. Metapont bei Kroton (Süditalien)

um 555–32 v. Chr.	vermutlich Studium der ›milesischen Naturphilosophen‹ (→Thales, →Anaximander, →Anaximenes)
um 532–30 v. Chr.	Flucht aus Samos wegen der Tyrannenherrschaft des Polykrates nach Ägypten (eventuell Besuch bei Pharao Amasis)
um 530 v. Chr.	Übersiedlung nach Kroton; Gründung einer philosophischen ›Schule‹

P. war bereits im klassischen Altertum berühmt. In der Spätantike wurde er geradezu mystisch verehrt; um sein Leben rankten sich wunderbare Legenden. Grund für diesen Ruhm waren zunächst weniger seine mathematischen Leistungen als seine Lehre von der Unsterblichkeit der Seele, mit der er der griech. Psychologie und Ethik wichtige Impulse gab. Der bekannte, erst bei →Proklus nach P. benannte mathematische Lehrsatz $a^2 + b^2 = c^2$ ist in seiner Anwendung bereits in Babylon belegt. P.s besondere Leistung bestand darin, hierfür zuerst (rein geometrische) Beweise vorgelegt zu haben. Vorbild für viele antike Philosophen wurde P. v. a. durch die Gründung seiner ›Schule‹, einer Art philosophischer Lebensgemeinschaft, der auch Frauen angehörten. Die Gemeinschaft teilte sich in Hörer und Wissende, ernährte sich fleischlos, sonderte sich von den übrigen Bürgern ab und lebte nach eigenen Regeln, etwa dem Grundsatz »Freunden ist alles gemeinsam«. Berühmte Schüler P.s waren Ärzte wie Alkmaion und Philolaus. Auch →Empedokles, →Platon und später die Neuplatoniker waren stark von P. beeinflusst.

P. hat selbst nichts geschrieben; seine Gedanken sind nur indirekt überliefert. Seine bedeutendste Lehre ist die (vielleicht orientalisch inspirierte) Reininkarnationstheorie: Nach dem Tod geht die Seele in einen anderen Körper (eines Menschen oder Tieres) ein. Dies hat zwei wichtige Konsequenzen: Erstens kommt es für den Menschen bereits zu Lebzeiten darauf an, die Seele ›rein‹ (d.h. unbefleckt) zu halten, z.B. indem er kein Unrecht tut oder Tierfleisch isst. Zweitens war hiermit die These der »Homogenität« aller Lebewesen ausgesprochen, d.h. der (vorher keineswegs selbstverständliche) Gedanke, dass Menschen und Tiere durch das Prinzip ihrer Beseeltheit stammesverwandt sind. Leitgedanke von P.s Naturphilosophie war der Satz »Alles entspricht der Zahl«. Die Pythagoreer unterschieden als Erste die geraden von den ungeraden Zahlen. Sie entdeckten die Harmonieverhältnisse (Oktaven, Quinten, Quarten), in der Astronomie die »Sphären« einzelner Himmelskörper. Vermutlich behauptete P. als Erster die Kugelgestalt der Erde.

Werke: Die Fragmente der Vorsokratiker I, griech./dt., hg. v. H. Diels u. W. Kranz, [17]1974, ND 2004, n. 14. – Die Vorsokratiker I, griech./dt., übers. u. erläut. v. J. Mansfeld, 1983, 98–203.

Lit.: W. Burkert: Weisheit u. Wissenschaft. Studien zu P., Philolaos u. Platon, 1962. – W. K. C. Guthrie: A History of Greek Philosophy, Bd. 1, 1962. – B. L. van der Waerden: Die Pythagoreer. Religiöse Bruderschaft u. Schule der Wissenschaft, 1979. – W. H. Pleger: Die Vorsokratiker, 1991, 72–87. – G. S. Kirk [u.a.]: Die vorsokratischen Philosophen. Einführung, Texte u. Kommentare, 1994. – H. Niehues-Pröbsting: Die antike Philosophie. Schrift, Schule, Lebensform, 2004.

Martin F. Meyer

Willard Van Orman Quine
25.6.1908 Akron/Ohio (USA) – 25.12.2000 Boston (USA)

1926–30	Studium am Oberlin College, Ohio, mit Schwerpunkt Philosophie u. Logik
1930	Studium an der Harvard Univ., Promotion bei →Alfred North Whitehead 1932
1932/33	Europareise, Treffen u.a. mit →Rudolf Carnap u. →Alfred Tarski
1940	Assistant Professor in Harvard
1948	o. Professor in Harvard

Q. zählt zu den herausragenden Vertretern der Analytischen Philosophie und entwarf einen ebenso radikalen wie konsequenten Empirismus. Moderate Empiristen wie →David Hume oder →Rudolf Carnap unterscheiden zwischen empirischem Tatsachenwissen (wie wir es etwa in der Physik finden) und *a priori*-Wissen von Bedeutungswahrheiten (wie es ihnen zufolge in Logik, Mathematik und Philosophie zu finden ist). Diese Unterscheidung erlaubt ihnen, die Ausnahmestellung von Logik und Mathematik zu erklären, die Philosophie von den empirischen Wissenschaften abzugrenzen und zugleich dem empiristischen Grundsatz ›Alles Weltwissen beruht auf Erfahrung‹ anzuhängen. In seinem wegweisenden Aufsatz »Two Dogmas of Empiricism« von 1951 (in: W. V. O. Q., *From a Logical Point of View. 9 Philosophical Essays*, 1953) wies Q. die Unterscheidung zwischen Welt- und Bedeutungswissen entschieden zurück. Ihm zufolge ist der moderate Empirismus inkohärent; ein haltbarer Empirismus muss *alles* Wissen als Erfahrungswissen begreifen. Mathematik und Logik genießen keine Sonderstellung. Ihre Ergebnisse sind allein durch ihren Beitrag zu unserem wissenschaftlichen Erklärungserfolg gerechtfertigt und angesichts von Misserfolgen genauso revidierbar wie die Ergebnisse der Physik.

In Q.s Empirismus ist kein Platz für Fragen nach der

Grundstruktur der Realität. Traditionelle Ontologie fragt aber genau danach. In »On What There Is« (in: *Review of Metaphysics* 2, 1948/49) deutete Q. die Grundfrage der Ontologie ›Was gibt es eigentlich?‹ um. Dies sei keine Frage über die Welt an sich, sondern eine Frage danach, auf welche Existenzannahmen der Verfechter einer Theorie festgelegt sei. Ontologie wird damit zu einer Dimension der Theoriewahl. Zwei empirisch gleich gute Theorien, die der Welt verschiedene Tiefenstrukturen zuschreiben, sind laut Q. beide richtig.

Q.s Hauptwerk, *Word and Object* ([Wort und Gegenstand] 1960), unterwirft die an →Gottlob Frege anknüpfende Sprachphilosophie einer empiristischen Fundamentalkritik. Zwei Bedeutungstheorien für eine Sprache, die mit allem beobachtbaren Sprecherverhalten gleich gut vereinbar sind, sind beide richtig. Aber Sprecherverhalten genügt stets ganz verschiedenen Bedeutungstheorien. Also gibt es meist keine Tatsachen darüber, was unsere Ausdrücke bedeuten. Mit dieser Idee der Unbestimmtheit von Übersetzung und Bedeutung formuliert Q. eine vieldiskutierte bedeutungsskeptische These, die anders als seine Unterscheidung von Welt- und Bedeutungswissen allerdings nur wenige Philosophen überzeugte.

Mit seiner Kritik der Unterscheidung von Welt- und Bedeutungswissen wies Q. auch die Idee zurück, die Philosophie genieße eine Sonderstellung unter den Wissenschaften. Laut Q. ist Philosophie eine letztlich empirische Disziplin neben anderen. Viele Gegenwartsphilosophen folgen ihm in dieser als ›Naturalismus‹ bezeichneten Auffassung. Q. zufolge ist Philosophie keine Grundlagendisziplin, die als erste Philosophie die Erkenntnisansprüche der anderen Wissenschaften zu rechtfertigen hat. Philosophische Forschung muss sich ganz im Gegenteil wesentlich auf naturwissenschaftliche Ergebnisse und Methoden stützen, um ernsthaft an der Theoriebildung über die Welt teilnehmen zu können.

Werke: Methods of Logic, 1951. – Ontological Relativity and Other Essays, 1969. – Philosophy of Logic, 1970. – The Roots of Reference, 1973. – The Ways of the Paradox, 1976. – Theories and Things, 1981. – Pursuit of Truth, 1992. – From Stimulus to Science, 1995.

Lit.: L. E. Hahn / P. A. Schilpp (Hg.): The Philosophy of W. V. O. Q., ³1988. – G. Keil: Q. zur Einführung, 2002. – H.-J. Glock: Q. and Davidson on Language, Thought and Reality, 2003.

Christian Nimtz

Raimundus Lullus

um 1232/33 Mallorca (heute Spanien) – 1316 entweder in Tunis (heute Tunesien) oder während der Schiffsreise nach Mallorca

Hofbeamter	Jakobs I. von Aragón u. Jakobs II. von Mallorca
um 1263	Erweckungserlebnis/Bekehrung u. Verkauf seiner Besitztümer
um 1263/65	Pilgerfahrten nach Santiago de Compostela u. Rocamadour
1265–74	Studien der Philosophie, Medizin, der arab. Sprache u. muslim. Theologie auf Mallorca
1274–87	Gründung einer Sprachschule im Kloster Miramar, Mallorca
1287	erster Romaufenthalt
1288/89	Besuch in Paris
1293/94	Reise nach Tunis (Gespräche mit muslim. Theologen)
1294–96	Versuche in Neapel, Rom u. Anagni, die Päpste für seine Ziele zu gewinnen
1296/97	Aufenthalt in Montpellier
1297–99	Besuch in Paris
1299/1300	Predigttätigkeit in Synagogen u. Moscheen in Barcelona u. Mallorca
1301/02	Reise nach Zypern (Versuch, die Mongolen für das Christentum zu gewinnen, Kontakt zu den Templern)
1303–05	lebt in Genua u. Montpellier
1305/06	Aufenthalte in Barcelona, Montpellier u. Lyon
1307	Reise nach Bugia, Nordafrika (Konfrontation mit muslim. Theologen)

1308/09	Aufenthalte in Montpellier, Genua, Marseilles, Avignon
1309/10	Besuch in Paris
1311	Teilnahme am Konzil von Vienne (Dekret zur Begründung von Sprachschulen)
1311–13	lebt in Montpellier u. Mallorca
1313/14	Aufenthalt in Messina
1314/15	Aufenthalt in Tunis

R. zählt zu den führenden Köpfen der katalan. Wiederbelebung der Philosophie im 13. Jh. Nachdem er 1263 eine Vision hatte, widmete er sein Leben der Bekehrung der Muslime und dem Kampf gegen die angeblichen Irrtümer der Andersgläubigen. Zudem bemühte er sich, geistliche und weltliche Herrscher zur Gründung von Klöstern zu bewegen, in denen Missionare Arabisch und andere Sprachen nicht-christlicher Völker erlernen konnten. Zu diesen Zwecken verfasste er etwa 250 philosophische und theologische Werke (auch in arab. Sprache) und unternahm weite Reisen zu Päpsten und Königen. Im Laufe der Zeit bestimmte der Kampf gegen die Averroisten in Paris zunehmend R.s Denken. Dieses wurde aber in der Renaissance u.a. von →Nikolaus von Kues, →Giordano Bruno, Athanasius Kircher und →Gottfried Wilhelm Leibniz intensiv rezipiert.

Während die mittelalterliche Scholastik die Disziplinen der Philosophie und der christlichen Theologie als aristotelische Wissenschaften (*scientiae*) begriff, nahm R. die aristotelischen Künste (*artes*) als Muster, um – analog zur mittelalterlichen Medizin – eine Methode der schöpferischen Produktion zu schaffen. Dabei verstand er die *ars lulliana* nicht als abstrakte Wissenschaft der Syllogismen, die von *axiomata* (wie in einer aristotelischen *scientia*) als Ansatzpunkten ausgeht. Stattdessen verwendete R. einfache Begriffe von universeller Gültigkeit (z. B. *bonitas*, *magnitudo*, *duratio*; ›Güte‹, ›Größe‹, ›Dauer‹) als Anfänge erfolgreicher Produktion. R.s *ars* sollte auf konkrete, individuelle Dinge anwendbar sein. R. verstand seine Idee aber als utopisches Limit. Sie beschreibt einen transzendentalen Modus der Produktion, die die göttliche Schöpfung nachahmt. Die fundamentalen Begriffe müssen als aktiv und ewig nach Unendlichkeit strebend verstanden werden. Seine *ars* sollte nicht nur Beweise – gültig auch für die Gottheit – liefern, sondern auch die Eintracht unter den Religionen fördern.

Werke: Opera, hg. v. I. Salzinger, 8 Bde., 1721–42, ND hg. v. F. Stegmüller, 1965. – Opera Latina, hg. v. F. Stegmüller [u.a.], 32 Bde. u. 1 Supplementbd., 1959–2007. – Obres, hg. v. S. Galmes [u.a.], 21 Bde., 1906–50.

Lit.: E. Colomer, Nikolaus von Kues u. R. L., 1941. – E. W. Platzeck, R. L.: Sein Leben, seine Werke, die Grundlagen seines Denkens, 2 Bde., 1962/64. – J. N. Hillgarth, R. L. and Lullism in Fourteenth-Century France, 1971. – L. Sala Molins, La philosophie de l'amour chez R. L., 1974. – R. Brummer, Biographia lulliana. R.-L.-Schrifttum 1870–1971, 1976. – J. Gayà Estelrich, La teoria luliana de los correlativos, 1979. – D. Urvoy, Penser l'Islam. Les présupposés islamique de l'Art de L., 1980. – S. Garcias Palou, R. L. y el Islam, 1981. – M. D. Johnston, The Spiritual Logic of R. L., 1987. – A. Bonner, The Art and Logic of R. L.: A User's Guide, 2007. – A. C. Mayer, Drei Religionen, ein Gott? R. L.s interreligiöse Diskussion der Eigenschaften Gottes, 2008.

Charles Lohr

Petrus Ramus

1515 Cuts/Picardie (Frankreich) – 26.8.1572 (in der Bartholomäusnacht ermordet) Paris

1527–36	Philosophiestudium am Collège de Navarre, Paris
1536–72	Lehrtätigkeit an verschiedenen Pariser Kollegien
1562	Konversion zum Calvinismus
1568–70	Besuch reformierter Städte (u.a. Basel, Zürich, Heidelberg, Genf, Lausanne)

R. war ein führender, platonisch inspirierter humanistischer Kritiker der aristotelischen Scholastik sowohl in ihrer philosophischen Theorie als auch in ihrer curricularen Praxis. Sein didaktisch-methodisches Reformprogramm – berühmt ist die dichotomisch-tabellarische Darstellungsweise – löste eine bis weit ins 17. Jh. reichende Flutwelle ramistischer Lehrbücher aus und beeinflusste nachhaltig den Philosophieunterricht an den prot. Universitäten der frühen Neuzeit.

R.s kritisches Programm findet seinen plakativen Ausdruck in der Magisterthese von 1536, dass alle Lehren des →Aristoteles falsch seien. Der Frontalangriff auf die aristotelische Philosophie (*Aristotelicae Animadversiones* [Kritische Bemerkungen zu Aristoteles], 1543) wurde flankiert von der Entwicklung einer neuen, »natürlichen«, sich an der Ordnung der Dinge orientierenden und auf die Wissenschaftspraxis anwendbaren Logik, Rhetorik und Methodenlehre (*Dialecticae institutiones* [Grundsätze der Dialektik], 1543). Seine Forderung nach einer mathematischen Astronomie ohne Hypothesen (*Prooemium mathematicum* [Einführung in die Mathematik], 1567; *Scholae mathematicae* [Mathematische Untersuchungen], 1569) wurde von →Johannes Kepler aufgenommen.

Werke: Dialecticae institutiones (1543) [und] Aristotelicae animadversiones (1543), ND hg. v. W. Risse, 1964. – Scholae in liberales artes, 1559, ND hg. v. W. J. Ong, 1970. – Scholae physicae, 1565, ND (Ausg. 1583) 1967. – Scholae metaphysicae, 1566, ND (Ausg. 1583) 1974. – Scholae mathematicae, 1569, Microfiche 1990. – De religione christiana, 1576, ND 1969.

Lit.: C. Waddington: R. Sa vie, ses écrits et ses opinions, 1855, ND 1969. – R. Hooykaas: Humanisme, science et réforme, 1958. – W. J. Ong: R., Method, and the Decay of Dialogue, 1958, ND 2004. – N. Bruyère: Méthode et dialectique dans l'œuvre de La Ramée, 1984. – G. Oldrini: La disputa del metodo nel Rinascimento, 1997. – M. Feingold / J. S. Freedman / W. Rother (Hg.): The Influence of P. R., 2001.

Wolfgang Rother

John (Bordley Borden) Rawls

21.2.1921 Baltimore/Maryland (USA) – 24.11.2002 Lexington/ Massachusetts (USA)

1939–43	Studium an den Universitäten Princeton u. Cornell mit Schwerpunkt Philosophie
1943–46	Teilnahme am Zweiten Weltkrieg
1946–50	Fortsetzung des Studiums, Promotion an der Univ. Princeton
1952	Fulbright-Stipendiat am Christchurch College in Oxford
1952–59	Assistant Professor u. Associate Professor für Philosophie an der Cornell Univ. u. am Massachusetts Institute of Technology
1962–79	Professor für Philosophie an der Univ. Harvard
seit 1979	James-Bryant-Conant-Professor in Harvard
1999	National Humanities Medal

Der Philosoph und Politikwissenschaftler R. gilt aufgrund seines Entwurfs einer Theorie der Gerechtigkeit als Neubegründer der politischen Philosophie im angloamerik. und europ. Sprachraum. Seine Konzeption des Liberalismus hat die öffentliche Diskussion wesentlich beeinflusst und belebt. Weltweite Bedeutung als Vertragstheoretiker erlangte R. durch seine Konzeption eines gerechten und vernünftigen Gesellschaftsvertrages (*A Theory of Justice* [Eine Theorie der Gerechtigkeit], 1971), die er als Gegenentwurf zum Utilitarismus und im Anschluss an klassische Autoren wie →John Locke, →Jean-Jacques Rousseau und v. a. →Immanuel Kant entwarf. Eine wichtige Grundidee prägt R.s Gerechtigkeitstheorie: Gerechtfertigte und objektive Prinzipien der Gerechtigkeit sind identisch mit den Prinzipien, die sich freie und rationale, nur an ihren eigenen Interessen ausgerichtete, aber kooperierende Personen geben würden, wenn sie in einen ursprünglichen Zustand der Freiheit und Gleichheit versetzt wären, in dem sie keine Kenntnisse über die eigene gesellschaftliche Position, das Geschlecht, Alter usw. hätten. In diesem Gedankenexperiment, von R. *Veil of Ignorance* (Schleier des Nichtwissens) genannt, ist es den Gesellschaftsmitgliedern möglich, in einer freien Verfassungswahl die Form, Grundstruktur, Normen und Regeln ihrer zukünftigen Gesellschaft selbst zu bestimmen, die am ehesten den Grundsätzen einer Verteilungsgerechtigkeit einer liberalen, demokratischen Gesellschaft entsprechen.

Spätere Werke (*Die Idee des politischen Liberalismus. Aufsätze 1978–1989*, hg. v. W. Hinsch, 1992; *Political Liberalism* [Politischer Liberalismus], 1993; *Justice as Fairness. A Restatement* [Gerechtigkeit als Fairness. Eine Neuformulierung], 2001) sind Revisionen von R.s Grundentwurf. In *The Law of Peoples* ([Das Gesetz der Völker] 1999) entwickelte er seine Gerechtigkeitstheorie zu einer politischen Konzeption weiter, die die Inhalte des Rechts der Völker bestimmen und sich auf die Grundsätze des internationalen Rechts und der internationalen Übereinkommen beziehen soll.

Lit.: T. W. Pogge: J. R., 1994. – O. Höffe (Hg.): Eine Theorie der Gerechtigkeit, 1998. – W. Kersting: J. R. zur Einführung. Neufassung, 2001. – S. Freeman (Hg.): The Cambridge Companion to J. R., 2003.

Christina Schües

Johannes Reuchlin

29.1.1455 Pforzheim – 30.6.1522 Stuttgart

1470–82 Studium der sprachlich-mathematischen Grundlagenfächer u. der Rechtswissenschaft in Freiburg i. Br., Paris, Basel, Orléans, Poitiers u. Tübingen
1482, 1490 u. 1498 Italienreisen
1483–96 Rats-, Richter- u. Anwaltstätigkeit in Stuttgart
1496–99 kurpfälz. Rat u. Prinzenerzieher in Heidelberg
1499 Rückkehr nach Stuttgart
1502–13 Richter des Schwäb. Bundes in Tübingen

1510 Gutachten zur jüd. Literatur u. Beginn des Judenbücherstreits
1520–22 Professor für Griechisch u. Hebräisch in Ingolstadt u. Tübingen

R. gilt neben → Erasmus von Rotterdam als herausragender Vertreter des dt. Renaissance-Humanismus. Er unterhielt mit führenden Gelehrten einen ausgedehnten Briefwechsel, verfasste zwei lat. Komödien und übersetzte antike und mittelalterliche Werke aus dem Griechischen und Hebräischen; sein Lehrbuch *De rudimentis Hebraicis* ([Grundlagen des Hebräischen] 1506) war bahnbrechend für die philologische Erschließung des Alten Testaments. Dem Florentiner Neuplatonismus (→ Marsilio Ficino, → Giovanni Pico della Mirandola) verdankte R. entscheidende Anregungen für seine intensive Beschäftigung mit der griech. Philosophie und jüd. Mystik (Kabbala). Besonderen Ruhm erwarb er sich durch sein nachdrückliches Eintreten für die von der Verbrennung bedrohte jüd. Literatur.

R.s philosophische Dialoge *De verbo mirifico* ([Das wundertätige Wort] 1494) und *De arte cabalistica* ([Die Kunst der Kabbala] 1517) münden in der Konzeption einer symbolischen Philosophie, in der griech. Denken, jüd. Kabbala und christliche Theologie zur Deckung gebracht werden sollen. Sein besonderes Augenmerk galt der strukturellen und historischen Verwandtschaft von Pythagoreismus und Kabbala, deren numerologische Spekulationen, hermeneutische Verfahren und sprachmagische Vorstellungen für den Wahrheitsanspruch der christlichen Dogmen fruchtbar gemacht werden. Wirkliches Wissen beruht für R. in letzter Instanz immer auf göttlicher Offenbarung; da Gott sich aber ursprünglich in hebräischer Sprache offenbart habe, seien die alten Überlieferungen der Juden auch in philosophischer Hinsicht besonders hoch einzuschätzen. Die gesamte abendländische Philosophie steht gemäß R. auf einem jüd.-kabbalistischen Fundament.

Werke: SW, hg. v. W.-W. Ehlers [u.a.], bisher 2 Bde., 1996ff. – Briefwechsel, hg. v. M. Dall'Asta u. G. Dörner, bisher 3 Bde., 1999ff.

Lit.: L. Geiger: J. R. Sein Leben u. seine Werke, 1871, ND 1964. – J. R. (1455–1522), hg. u. erw. v. H. Kling u. S. Rhein, [2]1994. – H.-R. Schwab: J. R. Deutschlands erster Humanist, 1998. – C. Zika: R. u. die okkulte Tradition der Renaissance, 1998. – U. R. Jeck: Platonica Orientalia. Aufdeckung einer philosophischen Tradition, 2004.

Matthias Dall'Asta

Heinrich Rickert

25.5.1863 Danzig – 25.7.1936 Heidelberg

seit 1884	Studium der Kunstgeschichte, Geschichte, Physiologie, Poetik u. Philosophie (u.a. bei Friedrich Paulsen) in Berlin, seit 1885 zudem Studium der Nationalökonomie u. Physiologie in Straßburg (u.a. bei →Wilhelm Windelband)
1888	Promotion bei Windelband mit *Zur Lehre von der Definition*
1891	Habilitation bei Alois Riehl an der Univ. Freiburg i. Br. mit der Habilitationsschrift *Der Gegenstand der Erkenntnis*
1894	ao., 1896 o. Professor in Freiburg i. Br.
1916–32	Nachfolger Windelbands an der Univ. Heidelberg

R. zählt zu den bedeutendsten Vertretern des Neukantianismus (Südwestdt. Schule). R. ging es um das Verständnis des Weltganzen, das Verhältnis von Zeit und Ewigkeit. Seine bevorzugten Themen waren Erkenntnis, Wert, Kultur, Anthropologie und Geschichte. Er führte das Werk seines Lehrers →Wilhelm Windelband fort, indem er die Wertphilosophie ins Zentrum seines Denkens rückte und weiter ausarbeitete. Zu Lebzeiten heftig umstritten, geriet er später – im Gegensatz zu den Vertretern der neukantianischen Marburger Schule (→Hermann Cohen, →Ernst

Cassirer) – weitgehend in Vergessenheit und wurde erst vor wenigen Jahren wiederentdeckt.

R.s philosophisches Denken greift anders als dasjenige Windelbands auch auf die ältere Philosophie zurück (*Allgemeine Grundlegung der Philosophie*, 1921; *Der Gegenstand der Erkenntnis*, 1928). So gelangte er zu seinem weiten Begriff der Philosophie und zu seiner kritischen Distanz gegenüber den Strömungen seiner Zeit (*Die Philosophie des Lebens*, 1920). In seinem späten Werk *Grundprobleme der Philosophie* (1934) fasste er seine großen Themen »Methodologie«, »Ontologie« und »Anthropologie« zusammen.

Ein zentraler Ausgangspunkt für R. war das Problem des Historismus als (Werte-)Relativismus, also der Relativierung alles Seins und Sollens im Zeichen seiner Geschichtlichkeit. Hatte Windelband für die Lösung dieses Problems noch eine disziplinäre Trennung zwischen »nomothetischen«, gesetzbildenden, Naturwissenschaften und »idiographischen«, das Einzelne in seiner jeweiligen historischen Gewordenheit beschreibenden Geisteswissenschaften vorgeschlagen, so verlagerte R. diese Trennung in das Gebiet der Erkenntnistheorie und Methodik. R. zufolge lassen sich Formen einer »generalisierenden« Methode von »individualisierenden« Ansätzen unterscheiden (*Die Grenzen der naturwissenschaftlichen Begriffsbildung. Eine logische Einleitung in die historischen Wissenschaften*, 1896, 3. u. 4. erw. Aufl. 1921).

Bedeutsam für die Wertephilosophie etwa Max Webers wurde R.s Differenzierung zwischen »wertenden« und »wertbeziehenden Verfahren« (*Kulturwissenschaft und Naturwissenschaft*, 1899, 2. erw. Aufl. 1910). R. sprach den Werten einen Wirklichkeitsstatus ab; ihr Wesen bestehe in ihrer Geltung. Dementsprechend können Werte durch den Nachweis ihrer Historizität nicht prinzipiell in Frage gestellt, sondern nur hinsichtlich ihrer Geltung untersucht werden. Aufgabe der Philosophie, die R. als

Theorie des Kulturlebens verstand, sei es, ein soziales Wertesystem zu entwickeln, das durch seine praktische Anwendung – das Handeln der Menschen – Geltung erhalte.

Werke: SW, hg. v. R. A. Bast, angelegt auf 16 Bde. [in Vorbereitung].

Lit.: H. Seidel: Wert u. Wirklichkeit in der Philosophie H. R.s, 1968. – P.-U. Merz-Benz: Max Weber u. H. R., 1990. – A. C. Zijderveld: R.s Relevance, 2006.

Giorgi Sibaschwili

Paul Ricœur

27.2.1913 Valence (Frankreich) – 20.5.2005 Châtenay-Malabry bei Paris

1933–35	Studium der Literaturwissenschaft u. Philosophie in Rennes u. an der Sorbonne, Paris
1935–39	Lehrer in Colmar u. Lorient
1940–45	dt. Kriegsgefangenschaft
1946–48	Lehrer in Chambon-sur-Lignon
seit 1948	Lehrstuhl für Geschichte der Philosophie an der Univ. Straßburg
seit 1957	Lehrstuhl für Philosophie an der Sorbonne
1966	Wechsel an die Univ. Nanterre
1970	Wechsel an die Univ. Löwen (Belgien)
1973–80	Lehrstuhl in Nanterre u. 1973–92 an der Univ. Chicago

R. ist einer der Hauptvertreter hermeneutischer Philosophie in Frankreich. Mit seiner Übersetzung von →Edmund Husserls *Ideen I* (1950) und eigenen Werken trug er maßgeblich zur Verbreitung der Phänomenologie in Frankreich bei. Prägend für R. waren neben Husserl und →Martin Heidegger die frz. Traditionen des Personalismus (Emmanuel Mounier) sowie der Reflexions- (Jean Nabert) und Existenzphilosophie (Gabriel Marcel, Karl Jaspers). R. entwickelte seine Hermeneutik im Dialog mit

Psychoanalyse, Linguistik, Literatur- und Geschichtswissenschaft. Dabei setzte er sich mit der analytischen Sprachphilosophie ebenso auseinander wie mit Strukturalismus und Poststrukturalismus. Als Protestant beschäftigte er sich zeitlebens mit Fragen der Theologie und der Bibelhermeneutik. Schon als Student in der Bewegung des »christlichen Sozialismus« engagiert, nahm er immer wieder Stellung zu ethischen und politischen Fragen.

Im ersten Band seines frühen Hauptwerks, *Philosophie de la volonté* (1950), entwarf R. eine Phänomenologie des Willens. Dabei charakterisierte er die menschliche Freiheit in ihrer Beschränkung durch das »Unwillentliche« als eine endliche, »bloß menschliche Freiheit«. Im 1960 erschienenen zweiten Band stellte er zunächst die »Fehlbarkeit« des Menschen heraus und lieferte dann eine hermeneutische Interpretation der Symbole und Mythen vom Ursprung des Bösen. Diese rekonstruktive Hermeneutik konfrontierte er in *De l'interprétation. Essai sur Freud* ([Die Interpretation. Ein Versuch über Freud] 1965) mit der Freudschen »Hermeneutik des Verdachts«.

In den 1970er Jahren entwickelte R. eine am Modell des Textes orientierte, hermeneutische Phänomenologie, die die sinnbildende, welterschließende Kraft der Sprache erforscht. So zeigte er in *La métaphore vive* ([Die lebendige Metapher] 1975), wie die metaphorische Rede durch »semantische Innovation« eine »Neubeschreibung der Wirklichkeit« bewirken kann. In *Temps et récit* ([Zeit und Erzählung] 3 Bde., 1983–85) vertrat er die These, dass die Zeit erst durch das Erzählen den spezifischen Sinn menschlicher Zeit erhält. Dabei kann die narrative »Konfiguration« zu einer »Refiguration« der Erfahrung des Lesers führen.

In der Folge traten ethische und sozialphilosophische Überlegungen in den Vordergrund. Ausgehend vom Begriff der »narrativen Identität« entwickelte R. in *Soi-même comme un autre* ([Das Selbst als ein Anderer] 1990) eine Hermeneutik der Selbstauslegung, dic in eine Ethik des selbstverantwortlichen Handelns mündet. In *La mémoire, l'histoire, l'oubli* ([Gedächtnis, Geschichte, Vergessen] 2000) legte er eine Phänomenologie des Gedächtnisses vor und begründete die Erkenntnistheorie der Geschichtswissenschaft in einer hermeneutischen Ontologie der »Geschichtlichkeit«. In *Parcours de la reconnaissance* ([Wege der Anerkennung] 2004) arbeitete er eine philosophische Anthropologie des »fähigen Menschen« aus, nach der das soziale Verhältnis auf wechselseitige Anerkennung angelegt ist.

Lit.: J. Mattern: R. zur Einführung, 1996. – J. Greisch: P. R. L'itinérance du sens, 2001. – M. Revault d'Allonnes / F. Azouvi (Hg.): P. R., 2004. – F. Dosse: P. R. Les sens d'une vie (1913–2005), 2008.

Andris Breitling

Richard Rorty

4.10.1931 New York – 8.6.2007 Palo Alto (USA)

1946–56	Philosophiestudium in Chicago u. Yale
1962–82	Professor für Philosophie, Princeton
1983–98	Professor für Humanities, Univ. of Virginia, Charlottesville
1998–2007	Professor für Comparative Literature, Stanford

Nach einem raschen Aufstieg als Vertreter der sprachanalytischen Philosophie in Princeton wurde R. zu einem ihrer führenden Kritiker (*The Linguistic Turn* [Die linguistische/sprachkritische Wende], hg. v. R. R., 1967). Er orientierte sich immer stärker an geisteswissenschaftlich-humanistischen Methoden und Inhalten. Die Deutung der Realität durch herausragende Schriftsteller (*strong poets*) schien ihm der philosophischen Reflexion weit überlegen. In der politischen Philosophie entwickelte er einen an →John Dewey orientierten progressiven Linkspragmatismus. R. entstammte der Welt der New York *Intellectuals*, einer unabhängigen, antistalinistischen und antitotalitären Linken, die sich zunehmend mit dem Gesellschaftssystem (nicht der politischen Führung) der USA als Land der Meinungsfreiheit und der sozialen Aufstiegsmöglichkeiten identifizierte. Er selbst argumentierte weniger universalistisch, aber dafür stärker kontextorientiert als →Jürgen Habermas, zugleich aber auch weniger kühl-ironisch als →Michel Foucault, und betonte daher stärker Elemente menschlicher Solidarität im Sinne einer Idee sozialer Demokratie.

In seinem philosophischen Hauptwerk, *Philosophy and the Mirror of Nature* ([Philosophie und der Spiegel der Natur] 1979), rechnete R. mit der Suche nach Fundamenten hinter der bloßen Erscheinungswelt ab. Diese Suche sei der Versuch, den leer gewordenen Platz neu zu füllen, den zuvor religiöse Gewissheiten eingenommen hätten. R. widersprach der Annahme einer hinter allen Erscheinungen liegenden Wahrheit und ging stattdessen von wechselnden, mehr oder weniger pragmatisch passenden Beschreibungsversuchen der Wirklichkeit aus. In seiner politischen Philosophie (*Contingency, Irony, and Solidarity* [Kontingenz, Ironie und Solidarität], 1989) behauptete er die Zufälligkeit des Selbst, der Sprache und des Gemeinwesens. Es gebe nichts Festes, auf das man sich stützen könnte. Stattdessen setzte er im Sinne seiner »literarischen Wende« auf die literarisch einprägsamen Kritiken von Schriftstellern wie George Orwell oder Vladimir Nabokov an Grausamkeiten und menschenverachtenden Verhaltensweisen. Diese könnten unsere Sensibilität für Ungerechtigkeit schärfen und so Formen politischer Solidarität gegen jedwede Form von Unterdrückung ermöglichen. In *Achieving Our Country. Leftist Thought in Twentieth Century America* ([Stolz auf unser Land. Die amerikanische Linke und der Patriotismus] 1997) erzählte er die Geschichte der kritischen amerik. Linken als Geschichte der Inklusion in diese Gesellschaft. Dcn angesichts seiner Kritik an philosophischen Wahrheitsansprüchen naheliegenden Einwand des Relativismus beantwortete er in *Truth and Progress* ([Wahrheit und Fortschritt] 1997) mit dem Hinweis, Wahrheitsvorstellungen sollten ersetzt werden durch Fortschritt. Diesen allerdings begriff er nicht als ein von der Menschheit anzusteuerndes bestimmtes Ziel, sondern als Erweiterung der Möglichkeiten für immer mehr Menschen. Erkenntnisfortschritt laufe dann letztlich nicht auf eine einheitliche Konvergenz des Wissens hinaus, sondern auf ein Wuchern immer neuer Entdeckungen in den verschiedensten Richtungen. R. versuchte, die Wissenschaft als eine Art produktive, kreative Kunst zu begreifen.

Lit.: R. Brandom (Hg.): R. and His Critics, 2000. – D. Auer: Politisierte Demokratie. R. R.s politischer Antiessentialismus, 2003. – W. Reese-Schäfer: R. R. zur Einführung, 2006. – N. Gross: R. R. The Making of an American Philosopher, 2008.

Walter Reese-Schäfer

Franz Rosenzweig

25.12.1886 Kassel – 10.12.1929 Frankfurt a.M.

1905–07 Medizinstudium in Göttingen, München u. Freiburg i. Br.
1907–12 Studium der Geschichte u. Philosophie in Berlin u. Freiburg i. Br.
1912 Promotion zum Dr. phil. mit der Dissertation *Hegel und der Staat* (2 Bde., 1920) bei Friedrich Meinecke in Freiburg i. Br.
Sommer 1912 Militärdienst in Darmstadt
1913 nach dem »Leipziger Nachtgespräch« mit Eugen Rosenstock-Huessy kurzzeitiges Vorhaben, zum ev. Glauben zu konvertieren, dann aber Entscheidung, Jude zu bleiben

1913/14	Studium an der Hochschule für die Wissenschaft des Judentums in Berlin; Bekanntschaft mit → Hermann Cohen
1914–18	freiwillige Kriegsteilnahme
1920	Veranstaltung jüd. Kurse in Kassel; Übersiedlung nach Frankfurt a. M. u. Gründung des »Freien Jüdischen Lehrhauses«
1922	Erkrankung des motorischen Nervensystems; Erholungsaufenthalt in Königstein/Taunus; Verlust der Schreibfähigkeit
1923	Verlust der Sprachfähigkeit; Weiterarbeit mit Spezialschreibmaschine u. Diktat

Zusammen mit seinem Freund → Martin Buber gilt R. als einer der herausragenden dt.-jüd. Religionsphilosophen im 20. Jh. Nach anfänglichen Glaubenszweifeln entwickelte er sich zu einem tief religiösen Juden. Er wurde so zum Vorbild für die geistige Renaissance des dt. Judentums während der Weimarer Republik, die in dem von ihm gegründeten und anfänglich geleiteten *Freien Jüdischen Lehrhaus* in Frankfurt a. M. ein Zentrum und Symbol fand. R. trat auch als Übersetzer hebräischer Texte hervor. So veröffentlichte er 1924 die dt. Fassung der *Sechzig Hymnen und Gedichte des Jehuda Halevi* und arbeitete 1926–29 mit Buber an der Übersetzung der jüd. Hl. Schrift (*Tanach*).

R.s Theologie gründet auf einem Offenbarungsglauben und plädiert für ein Verständnis der Offenbarung als »Tatsache«. R. betonte die zentrale Bedeutung von Schöpfung und Erlösung und gab damit Kategorien Gewicht, die im modernen religiösen Denken – sowohl des Judentums als auch des Christentums – wenig beachtet oder dichterisch verbrämt worden waren und lediglich als Metaphern ohne eigentlichen theologischen Gehalt fungiert hatten. In der Beschäftigung mit ›Schöpfung‹ und ›Erlösung‹ erfahre der Mensch nicht allein Gottes gnädige Zuwendung zur Welt, sondern auch etwas über die Eigenart und Bedeutung der Existenz. Kennzeichnend für R.s Religionsphilosophie ist seine Konzeption eines dialogischen Verhältnisses zwischen Religion und Philosophie, da diese sich historisch voneinander weg entwickelt hätten, sich aber gegenseitig ergänzen könnten. Sie zielt auf einen neuen Bund zwischen Glauben und Wissen ab, die R. als notwendige Voraussetzungen für wahre Erkenntnis bezeichnete. In diesem Zusammenhang stellte er Synagoge und Kirche als gleichbedeutende Bundespartner dar, als »Arbeiter am gleichen Werk« Gottes.

In seinem Hauptwerk *Der Stern der Erlösung* (1921), das er während des Krieges geschrieben hatte, entwarf R. in Auseinandersetzung mit der Philosophie des Idealismus ein »neues Denken«, das sich auf die Existenz des Anderen bezieht, mit dem man spricht. Der »Unterschied zwischen altem und neuem, logischem und grammatischem Denken liegt nicht in laut und leise, sondern im Bedürfen des andern und, was dasselbe ist, im Ernstnehmen der Zeit; denken heißt hier für niemanden denken und zu niemandem sprechen [...], sprechen aber heißt zu jemandem sprechen und für jemanden denken; und dieser Jemand ist immer ein ganz bestimmter Jemand und hat nicht bloß Ohren wie die Allgemeinheit [des alten Denkens], sondern auch einen Mund« (»Das neue Denken«, in: F. R., *Der Mensch und sein Werk*, Bd. 3, 1982).

Werke: Der Mensch u. sein Werk. GS, 4 Bde. in 6 Teilbdn., 1976–84. – L. A. Anckaert / B. Casper: F. R., A Primary and Secondary Bibliography, 1990.

Lit.: W. Schmied-Kowarzik: F. R. Existentielles Denken u. gelebte Bewährung, 1991. – N. N. Glatzer (Hg.): F. R. His life and thought (1953), Neuausg. mit einem Vorwort v. P. Mendes-Flohr, 1998. – W. Schmied-Kowarzik (Hg.): F. R.s »neues Denken«. Internationaler Kongress Kassel 2004, 2 Bde., 2006.

Paul Mendes-Flohr

Jean-Jacques Rousseau

28.6.1712 Genf (Schweiz) – 2.7.1778 Ermenonville (Frankreich)

1724	Beginn einer Lehre als Gerichtsschreiber, später als Graveur
1728	Konversion zum Katholizismus
1730	*Vagabondage* als Musiker u. Musiklehrer durch Frankreich u. die Schweiz
1731	erster Aufenthalt in Paris
1740	Hauslehrer der Familie de Mably in Lyon
1743	Sekretär des frz. Botschafters in Venedig
1744	Rückkehr nach Paris; Bekanntschaft mit Étienne Bonnot de Condillac, Freundschaft mit →Denis Diderot
1746–51	Sekretär der Familie Dupin-Franceuil
1754	Rückkehr zum Calvinismus u. Wiedererlangung des Genfer Bürgerrechts; Tätigkeit als Notenkopist
1757/58	Bruch mit den Enzyklopädisten
1762	Verurteilung einiger seiner Werke durch das Pariser Parlament; Flucht in die Schweiz
1766	Flucht nach England; Einladung von →David Hume u. baldige Entfremdung von ihm; deutliche Zeichen von Paranoia
1767	Rückkehr nach Frankreich

R. ist einer der bedeutendsten und einflußreichsten Philosophen und Literaten der Aufklärung. Seine Bildung verschaffte er sich fast gänzlich autodidaktisch. Stark vom calvinistischen Protestantismus geprägt, vertrat er von seinen philosophischen Anfängen an eine zivilisationskritische Position, die zu zentralen Auffassungen seiner Zeitgenossen (besonders zu Voltaire und den Enzyklopädisten, also den Beiträgern zur *Encyclopédie ou Dictionnaire raisonné des sciences, des arts et des métiers*, hg. v. Denis Diderot u. Jean Baptiste le Rond d'Alembert, 28 Bde., 1751–72) in Gegensatz stand. R.s Hauptleistung liegt auf dem Gebiet der politischen Philosophie, die er durch seine Vertragstheorie bis heute mitprägte. Große Wirkung ging von seinen erziehungstheoretischen Schriften aus, die u.a.

die Reformpädagogik des 20. Jh.s beeinflussten. R.s Pathos der unverfälschten Natur und der unverdorbenen Seelenkräfte begründete die Literaturrichtung der Empfindsamkeit mit. Mit seiner scharfen Kritik der modernen Gesellschaft und Zivilisation setzte er ein teils revolutionäres, teils rückwärtsgewandtes Denkmodell in die Welt und beeinflusste maßgeblich die Kulturkritik der Jahrhunderte nach ihm. Außerdem komponierte er, besonders in seiner Jugend, auch Musikstücke, schrieb Komödien und Opern und entwickelte ein neues Notensystem, das sich aber nicht durchsetzte.

Schon in seinem ersten, von der Akademie von Dijon 1750 preisgekrönten *Discours sur les sciences et les arts* (Abhandlung über die Wissenschaften und die Künste) nahm R. eine eigenwillige und für ihn in der Folge charakteristische Position ein. Entgegen der optimistischen Meinung hielt er den Fortschritt von Wissenschaft und Künsten für eine Geschichte des Verfalls der ursprünglich guten menschlichen Natur. Die gesellschaftliche Lebensweise ist seit ihrem historischen Anfang immer mehr gekünstelt und verlogen. Luxus und Laster sind Produkte dieses Abfalls von der Natur. In seinem zweiten Discours (*Discours sur l'origine et les fondements de l'inégalité parmi les hommes* [Abhandlung über den Ursprung und die Grundlagen der Ungleichheit unter den Menschen], 1755) entwickelte er im Anschluss an den ersten Discours in Umrissen eine Gesellschafts- und Geschichtsphilosophie und legte seine Lehre von dem primär vereinzelt lebenden Naturmenschen und von dessen Entwicklung zur Zivilisation dar. Der entscheidende Schritt zum Gesellschaftszustand und zur Ungleichheit der Menschen ist die Erfindung des Privateigentums, das den Kern der Zivilisation, aber auch der Sittenverderbnis bildet. Der Satz ›Zurück zur Natur‹ stammt nicht von R., der vielmehr den Naturzustand für unwiederbringlich hielt.

R.s politische Philosophie hat ihr Zentrum in der Lehre

vom Gesellschaftsvertrag. Im zweiten Discours vertrat R. die Theorie, dass der durch das ungleiche Eigentum geschaffene Konflikt in einem Vertrag geschlichtet wird, der das Gewaltverhältnis verrechtlicht und das Urübel nicht beseitigt. In seiner berühmten Schrift *Du contrat social* ([Vom Gesellschaftsvertrag] 1762) konstruierte er demgegenüber eine Lehre von der Volkssouveränität, die durch den »allgemeinen Willen« (*volonté générale*) konstituiert wird, in dem sich alle untereinander gleichen Einzelwillen ein gemeinsames Gesetz geben. Der Einzelne gehorcht also einem Souverän, der er selbst ist. Dieser Gedanke wirkte in →Immanuel Kants praktischer Philosophie nach und beeinflusst bis heute die moderne Demokratietheorie.

Ein weiteres wesentliches Element der Philosophie R.s ist seine Erziehungstheorie, die er in den stilistisch sehr unterschiedlichen Romanen *Julie ou la Nouvelle Héloïse* ([Julie oder Die neue Heloise] 1761) und *Émile ou De l'éducation* ([Émile oder über die Erziehung] 1762) entwickelte. Kinder sind für R. Erben des guten Naturzustandes, den es wo immer möglich zu erhalten gilt, indem sie von der Gesellschaft und ihren verderblichen Einflüssen lange ferngehalten werden. Die in der Welt notwendigen Kenntnisse und Fähigkeiten sollen Kinder durch eigenen unreglementierten Umgang mit den Gegenständen erlernen. Dennoch soll der Erzieher diesen scheinbar autonomen Prozess bis ins Einzelne lenken.

Werke: Œuvres complètes, hg. v. G. Gagnebin u. M. Raymond, 5 Bde., 1959–95. – Kulturkritische u. politische Schriften in zwei Bdn., hg. v. M. Fontius, 1989. – Émile oder über die Erziehung, hg. v. M. Rang, 1986.

Lit.: E. Cassirer: Das Problem J.-J. R., 1970. – R. Brandt: R.s Philosophie der Gesellschaft, 1973. – G. Mensching: J.-J. R. zur Einführung, 2003.

Günther Mensching

Bertrand Russell

18. 5. 1872 Chepstow (England) – 2. 2. 1970 Penrhyndendraeth (Wales)

1890–94	Studium der Mathematik u. Philosophie in Cambridge
1895–1901	Fellow am Trinity College in Cambridge
1898	Abkehr vom brit. Idealismus
1900	Begegnung mit Giuseppe Peano auf dem Internationalen Mathematikerkongress in Paris
1911	Erste Begegnung mit →Ludwig Wittgenstein
1917	Verbüßung einer Gefängnisstrafe wegen Beleidigung der US-amerik. Armee
1927–34	Leiter des Schulprojektes »Beacon Hill«
1950	Nobelpreis für Literatur

R. stammte aus einer Familie des engl. Hochadels. Neben →Gottlob Frege, →Ludwig Wittgenstein und George E. Moore gilt er als ein Begründer der analytischen Philosophie des 20. Jh.s. Sein Einfluss auf die angelsächs. Philosophie ist bis heute immens. In der analytischen Philosophie gibt es in der Erkenntnistheorie, Sprachphilosophie, Semantik oder philosophischen Logik kaum eine größere Debatte, die nicht implizit durch R. entscheidend beeinflusst worden wäre. Neben seinen philosophischen und wissenschaftlichen Arbeiten entfaltete er v. a. in seinen späteren Lebensjahren eine ausgedehnte journalistische und feuilletonistische Tätigkeit, in der er sich mit politischen, religiösen, gesellschaftlichen und kulturellen Problemen seiner Zeit auseinandersetzte. Zu den bekanntesten Arbeiten dieser Periode zählen der Essay *Why I am not a Christian* ([Warum ich kein Christ bin] 1927) und das Buch *Marriage and Morals* ([Ehe und Moral] 1929), für das er 1950 den Nobelpreis für Literatur erhielt. Im Ersten Weltkrieg war er als überzeugter Pazifist vehementer Gegner der Teilnahme Großbritanniens am Krieg. Im Alter engagierte er sich in der Anti-Atomwaffen- und der Friedensbewegung und beteiligte sich 1966 an der Gründung des *Internationalen Tribunals gegen Kriegsverbrechen der USA und ihrer Verbündeten in Vietnam.*

R. kam über die Mathematik zur Philosophie. Entscheidend für seine philosophische Entwicklung war seine Begegnung mit der von Giuseppe Peano entwickelten mathematischen Logik. Sicheres Wissen glaubte R. am ehesten in den Einzelwissenschaften zu finden, nicht in der traditionellen Philosophie. In diesem Sinne war er Anhänger einer an den Wissenschaften orientierten Philosophie. Genauer lässt sich seine Auffassung als logischer Konstruktivismus charakterisieren. R. glaubte, die moderne Logik werde das Rückgrat der Philosophie der Zukunft bilden, ähnlich wie die Mathematik den theoretischen Kern der modernen Physik und der anderen exakten Naturwissenschaften ausmache. Den umfassenden Versuch, sein logizistisches Programm zu verwirklichen, bilden die zusammen mit →Alfred North Whitehead verfassten *Principia Mathematica* (3 Bde., 1910–1913), die als grundlegendes Werk der Logik und mathematischen Grundlagenforschung des 20. Jh.s gelten. In Verallgemeinerung dieses Ansatzes wollte R. später in *Our Knowledge of the External World* ([Unser Wissen von der Außenwelt] 1914) und anderen Werken (*The Analysis of Mind* [Die Analyse des Geistes], 1921; *The Analysis of Matter* [Die Analyse der Materie], 1927) zeigen, dass auch die Begriffe der empirischen Wissenschaften als logische Konstruktionen aufgefasst werden könnten. In der »obersten Maxime des wissenschaftlichen Philosophierens« drückte er diesen logischen Konstruktivismus so aus: »Wherever possible, logical constructions are to be substituted for inferred entities.« Dieses Programm hatte großen Einfluss auf die Philosophie des Logischen Empirismus und verwandter Strömungen, v.a. auf die frühe Philosophie →Rudolf Carnaps.

Werke: The Autobiography of B. R., 3 Bde., 1967–69.

Lit.: R. Monk: B. R., 2 Bde., 1997/2001. – N. Griffin (Hg.): The Cambridge Companion to B. R., 2003. – T. Mormann: B. R., 2007.

Thomas Mormann

Gilbert Ryle

19.8.1900 Brighton/Sussex (England) – 6.10.1976 Whitby (England)

1919–24	Studium der Klassischen Philologie, Alten Geschichte, Staatswissenschaft, Nationalökonomie u. Philosophie am Queen's College in Oxford
seit 1924	Dozent am Christ Church College in Oxford
1939–45	Offizier bei den Welsh Guards im Nachrichtendienst
1945	Vorsitzender der Aristotelian Society
seit 1945	Fellow des Magdalen College u. Wayneflete Professor for Metaphysical Philosophy in Oxford
1948–71	Herausgeber der Zeitschrift *Mind*
1968	Emeritierung

R. gilt – neben dem späten →Ludwig Wittgenstein und →John L. Austin – als Hauptvertreter der Philosophie der normalen Sprache (*ordinary language philosophy*). Seine Arbeiten verbindet ein starkes Interesse an der Klärung der Natur und an der Methode des Philosophierens: Was macht ein philosophisches Problem aus, und auf welche Weise ist es zu lösen? Wie entstehen begriffliche Verwirrungen und philosophischer Unsinn? Diese Fragen beschäftigten R. von seinen frühen Aufsätzen (»Systematically Misleading Expressions«, in: *Proceedings of the Aristotelian Society* 32, 1932; »Categories«, ebd. 38, 1938) bis hin zu den unter dem Titel *Dilemmas* (1954) veröffentlichten *Tarner Lectures*, die er 1953 in Cambridge hielt. Auch seine Untersuchungen zu großen Philosophen, allen voran →Platon, stehen in Verbindung zu dem metaphilosophischen Leitmotiv. Mit seinem Hauptwerk, *The Concept of Mind* ([Der Begriff des Geistes] 1949), wurde R. zu einem der Begründer der modernen Philosophie des Geistes.

Philosophische Verwirrung und der daraus resultierende Unsinn entstehen nach R. aus ›Kategorienfehlern‹. Die Ausdrücke unserer Sprache gehören verschiedenen logischen Typen oder Kategorien an. Derjenige, der über einen Gegenstand der Kategorie X so redet, als gehöre er der Kategorie Y an, begeht den Fehler der Kategorienverwechslung. Was für eine Art Ding etwas ist, zeigt sich an den sprachlichen Regeln, also daran, was man über es sagen kann, ohne Unsinn zu reden.

The Concept of Mind sollte die entwickelte Methode an einem Beispiel erproben; R. wählte das Körper-Geist-Problem. Seiner Diagnose zufolge beruht das cartesianische Bild des Dualismus einer geistigen Innenwelt und einer äußeren Körpermaschine auf einem ganzen Bündel von Kategorienfehlern, insbesondere der Verwechslung von Dispositionen und Ereignissen. In Detailuntersuchungen zum Wissen und Können, Wollen, Fühlen, Vorstellen und Denken rekonstruierte R. die »logische Geographie« der Begriffe, die wir zur Beschreibung und Bewertung geistiger Fähigkeiten und Leistungen verwenden. Psychologische Aussagen sind typischerweise nicht Berichte über im Inneren verborgene Ereignisse und Vorgänge, sondern Zuschreibungen von intersubjektiv zugänglichen Verhaltensdispositionen.

Werke: Plato's Progress, 1966. – Collected Papers, 2 Bde., 1971. – On Thinking, hg. v. K. Kolenda, 1979. – Aspects of the Philosophy of Mind, hg. v. R. Meyer, 1993.

Lit.: O. P. Wood / G. Pitcher (Hg.): R. A Collection of Critical Essays, 1971. – E. v. Savigny: Die Philosophie der normalen Sprache, 1969, [3]1993. – W. Lyons: G. R. An Introduction to His Philosophy, 1980.

Oliver R. Scholz

Coluccio Salutati

26. 2. 1331 Stignano/Toskana (Italien) – 4. 5. 1406 Florenz

1341–50 Protégé des Adelsgeschlechts Pepoli in Bologna
1351–75 lebt in Stignano u. anderen ital. Städten als Notar, Sekretär u. Beamter; 1368–70 privater Zuarbeiter Francesco

	Brunis in Rom; 1370/71 Kanzler der Ältesten von Lucca; vor 1375 in ungeklärter Funktion im Ufficio delle Tratte in Florenz
19./21.4.1375	Cancelliere Dettatore (Vorsteher der Kanzlei der Republik Florenz)
1375–1406	Kanzler der Republik Florenz

S. war der erste Humanist in der Kanzlei der Republik Florenz; ihm folgten u.a. Leonardo Bruni, Poggio Bracciolini, Marcello Virgilio, →Niccolò Machiavelli und Donato Giannotti. Sein Hauptwerk sind nicht die Einzeltraktate, sondern die privaten und die im Auftrag der Republik verfassten ›Staatsbriefe‹, die schon zeitgenössisch wegen ihres ciceronianischen Lateins im *stilus rhetoricus* und der in ihnen zum Ausdruck kommenden antik-klassischen Gelehrsamkeit viel gerühmt und kopiert wurden. S. korrespondierte mit dem von ihm bewunderten →Francesco Petrarca, der ihn zur humanistischen Briefstellerei anregte. 1392 entdeckte er die bis dahin unbekannten Privatbriefe →Ciceros (*Ad familiares*). Durch seine Berufung des Manuel Chrysoloras als Griechischlehrer in das *studio* von Florenz 1398 legte er den Grundstein zur spezifisch florentin. Kultur der Neuaneignung griech. Philosophie, die unter Bruni, →Marsilio Ficino und Angelo Poliziano ihren Höhepunkt erreichte.

S.s Philosophie ist von der Auseinandersetzung zwischen christlicher und antikisierend-säkularer Ethik geprägt. In *De saeculo et religione* ([Vom Weltleben und der Religion] 1381/82) pries er die noch eher traditionell tugendhafte und ratio-geleitete Askese. Dagegen räumte er in *De fato et fortuna* ([Über Schicksal und Glück] 1396/97) den antiken Mächten des Schicksals und des Glücks sowie der astrologischen Lehre vom Einfluss der Gestirne auf Charaktere und Handlungen erheblichen Raum ein, sah aber all dieses Geschehen als der ewigen Präsenz der göttlichen Vorsehung unterworfen an. Dem klugen Menschen kommt nach S. aufgrund seines freien

Willens erheblicher Handlungsspielraum bis hin zur Zähmung des Sterneneinflusses zu. In *De nobilitate legum et medicinae* ([Von der Höherwertigkeit des Rechts gegenüber der Medizin] 1399) sprach S. dem Recht die höhere Dignität gegenüber der Medizin als Wissenschaft zu – auch dies aufgrund der ethischen Höherwertigkeit: Recht trägt mehr zur Erhaltung der Werte und der Gesamtgesellschaft bei, nicht nur zur Erhaltung der biologischen *physis* Einzelner. S.s Ethik zeigte v. a. in Hinblick auf den Ausbau der petrarkistischen *amicitia*-Rhetorik ihre Eigenart: In vielen Briefen wird ein von der christlichen *caritas* gelöster, auf die Gemeinsamkeit der Antikenverehrung bezogener Freundschaftskult zwischen denen konstruiert, die rückblickend als ›Humanisten‹ bezeichnet wurden.

S.s politische Philosophie lässt sich aus seinen Briefen und aus dem Traktat über den Tyrannen (*De tyranno*, 1400) ablesen, der den Übergang der röm. Republik zur Monarchie zum Gegenstand hat und als vom Zeitgeschehen weitgehend losgelöste Reflexion über Staatsformen und -veränderungen gesehen werden muss. Als Kanzler der Republik Florenz verteidigte er hingegen in den Staatsbriefen die republikanischen Tugendideale gegen die Tyrannei der Florenz bedrohenden Visconti und präfigurierte damit Brunis spätere Konzeptionen.

Werke: Epistolario, hg. v. F. Novati, 4 Bde., 1891–1905. – De tyranno, hg. v. F. Ercole, 1942. – Staatsbriefe, hg. v. H. Langkabel, 1981. – De fato et fortuna, hg. v. C. Bianca, 1985. – De nobilitate legum et medicinae, übers. u. hg. v. P. M. Schenkel u. E. Keßler, 1990.

Lit.: A. v. Martin: C. S., 1916. – B. Ullman: The Humanism of C. S., 1963. – E. Keßler: Das Problem des frühen Humanismus, 1968. – A. Petrucci: C. S., 1972. – J. Lindhardt: Rhetor, Poeta, Historicus, 1979. – R. G. Witt: Hercules at the Crossroads, 1983. – R. G. Witt: In the footsteps of the Ancients, 2000.

Cornel Zwierlein

Jean-Paul Sartre

21.6.1905 Paris – 15.4.1980 Paris

1923–29	Philosophiestudium an der École Normale Supérieure, Paris
1928	Bekanntschaft mit →Simone de Beauvoir
1929	Agrégation (Staatsexamen)
1931–34	Philosophielehrer in Le Hâvre; Lebensgemeinschaft mit de Beauvoir
1934	Stipendiat am Institut Français, Berlin
1934–39	Philosophieprofessor in Le Hâvre u. Paris
1939–41	Kriegsdienst in einer Sanitätsgruppe; Gefangenschaft u. Flucht
1941–44	Philosophielehrer in Paris; Aktivitäten in der frz. Résistance
1945	Chefredakteur der Zeitschrift *Les temps modernes*, Organ der frz. Existentialisten; Beurlaubung vom Lehramt
1956	Reise in die UdSSR u. nach China
1964	Ablehnung des Nobelpreises für Literatur aus politischen u. philosophischen Gründen
1968	Teilnahme an den Pariser Studentenunruhen; danach Rückzug aus dem öffentlichen Leben

S. ist die zentrale Gründungsfigur des frz. atheistischen Existentialismus. Wegen seines politischen Engagements, das auch nach dem Bruch mit der kommunistischen Partei materialistisch-marxistischen Ansichten verpflichtet blieb, wurde er zu einer der umstrittensten Persönlichkeiten der Nachkriegszeit. Weil sich S. nicht nur in seinem philosophischen Werk, das in Idealismus, Phänomenologie und Marxismus wurzelt, sondern auch in erfolgreichen literarischen Schriften mit ontologischem und ethischem Interesse Themen wie ›Selbstbewusstsein‹, ›Freiheit‹ und ›Engagement‹ zuwandte, wurde ihm vorgeworfen, die Literatur politisch zu missbrauchen. Auf diese Vorwürfe reagierte er mit seiner rhetorischen Frage nach dem Sinn des Schreibens (*Qu'est-ce que la littérature?* [Was ist Literatur?], 1947).

In seinem philosophischen Hauptwerk, *L'être et le néant* ([Das Sein und das Nichts] 1943), definierte S. das Bewusstsein als Intentionalität und als Nichtung zugleich. Durch den Akt der Negation begründet es seine Freiheit und wird zum Selbstbewusstsein. S. unterschied zwischen dem sich noch nicht bewussten und in der Faktizität des Lebens gefangenen An-sich-sein und dem Für-sich-sein, das das An-sich-sein in der Transzendenz negiert und sich somit selbst bewusst wird. Zugleich sind wir auch »für die Anderen«, in deren Blick wir uns selbst als Objekte erleben. Wir erkennen: »die Hölle, das sind die anderen«, wie er in seinem Theaterstück *Huis clos* ([Geschlossene Gesellschaft] 1944) schrieb. Diese Entfremdung durch die Anderen steht der Authentizität bzw. der Aufrichtigkeit eines selbstbewussten Tuns gegenüber.

Da die Existenz der Essenz (also das Sein dem Wesen) vorausgeht, gibt es keinen Determinismus, nach dem wir uns richten könnten: Wir sind dazu verurteilt, frei zu sein (*L'existentialisme est un humanisme* [Der Existentialismus ist ein Humanismus], 1945). Wer dies verkennt, belügt sich selbst. Die Erfahrung der Sinnlosigkeit des Lebens ruft existentielle Gefühle hervor: Angst, Langeweile und Ekel, den S. bereits 1938 in seinem Roman *La nausée* (Der Ekel) als existientielle Erfahrung dargestellt hatte. Die Erkenntnis, dass Gott nicht existiert, bringt eine Loslösung von jedweden Moralvorstellungen hervor: Wir allein tref fen Entscheidungen und fügen dadurch auch anderen Schmerzen zu (*Le diable et le bon dieu* [Der Teufel und der liebe Gott], [Theaterstück] 1951).

Für S. war die Freiheit etwas Dramatisches, weil sie ontologisch widersprüchlich ist. Wir sind in der Faktizität gefangen und doch Akteure der Geschichte, wie S. im Zeichen der Folterungen während des Algerienkriegs in seinem Theaterstück *Les séquestrés d'Altona* ([Die Eingeschlossenen von Altona] 1959) zeigte. Er entwickelte so eine Geschichtsphilosophie der historischen Notwendigkeit, opferte ihr jedoch die individuelle Freiheit nicht (*Critique de la raison dialectique* [Kritik der dialektischen Vernunft], 2 Bde., 1960/85). Zwar determinieren wirtschaftliche Faktoren die sozial-politische Wirklichkeit, doch können diese Bedingungen geändert werden. Aus dieser »progressiv-regressiven Methode« der Analyse schloss S., dass der Mensch, den die Geschichte gemacht hat, doch derjenige ist, der die Geschichte macht (*Questions de methode* [Eine Frage der Methode], [1956] 1967).

Werke: Œuvres romanesques, 5 Bde., 1965. – Théâtre complet, hg. v. M. Contat u. J. Deguy, 2005. – Schriften zur Literatur, 8 Bde., 1986. – Autobiographische Schriften, Briefe, Tagebücher, 6 Bde., 1988. – Theaterstücke, 9 Bde. u. ein Beiheft, 1991. – Philosophische Schriften, 4 Bde., 1994. – Romane u. Erzählungen, 4 Bde., 1998.

Lit.: A. Cohen-Solal: S. 1905–1980, 2002. – D. Bertholet: S., 2004. – P. Kampits: J.-P. S., 2004. – M. Suhr: S. zur Einführung, [2]2004. – D. Wildenburg: J.-P. S., 2004.

Virginie Pektaş

Max (Ferdinand) Scheler

22.8.1874 München – 19.5.1928 Frankfurt a. M.

1894/95–97	Studium der Philosophie, Psychologie, Medizin u. Nationalökonomie an den Univ. München, Berlin u. Jena
1897	Promotion zum Dr. phil. bei Rudolf Eucken in Jena
1900	Habilitation in Jena; Übertritt vom Judentum zum Katholizismus; Rezeption der Philosophie →Henri Bergsons
1900–05	Privatdozent in Jena
1902	Begegnung mit →Edmund Husserl
1906–10	Umhabilitation an die Univ. München
1910	Entlassung wegen »mit der Würde eines Hochschullehrers unvereinbaren Verhaltens«
1910–18	publizistische Tätigkeiten

1919	Professor für Philosophie u. Soziologie an der Univ. Köln; Mit-Direktor des Kölner Instituts für Sozialforschung
1923	Distanzierung von der kath. Kirche
1928	Berufung an die Univ. Frankfurt a. M.

S. gilt mit → Edmund Husserl und → Martin Heidegger als Begründer einer phänomenologisch fundierten Philosophie. Seine Entwicklung durchlief drei Phasen, zuerst den Neuidealismus Rudolf Euckens (bis ca. 1906), dann eine Verbindung von Lebensphilosophie (→ Wilhelm Dilthey, → Friedrich Nietzsche, → Henri Bergson), Phänomenologie und kath. orientierter Weltanschauung, bevor sie schließlich seit 1923 in eine philosophische Anthropologie mündete, die in eine Metaphysik der in der Weltgeschichte sich realisierenden Gottheit eingebettet ist.

S.s in Husserls *Jahrbuch* 1913/16 erschienenes Hauptwerk *Der Formalismus in der Ethik und die materiale Wertethik* ist eine nicht streng systematisch durchgeführte Grundlegung der Ethik, die auf Erkenntnistheorie, Werttheorie und Sozialphilosophie aufbaut. Erkenntnistheoretisch beruhen die Ausführungen auf der »phänomenologischen Einstellung«, durch die evident erfasste Sinngehalte der empirischen Erfahrungen durch eine »eidetische Reduktion« (d.h. eine Rückführung auf das unveränderliche Wesen) auf eine systematische Ordnung von apriorischen Wesenheiten zurückgeführt werden. Durch das ontologische Verständnis dieser Ordnung grenzte S. sich von Husserls transzendentaler Phänomenologie ab.

Als »material« verstand S. seine Wertethik deshalb, weil sie entgegen der rein formalen Pflichtethik → Immanuel Kants das sittliche Sollen an eine Hierarchie von sinnlich-nützlichen, seelischen, geistigen und religiösen Werten bindet. Die jeweils religiös, kulturell und gesellschaftlich-geschichtlich geprägten Wertordnungen werden als Aktualisierungen einer in der menschlichen Persönlichkeit erlebbaren, absoluten Wertrangordnung begriffen, die sich im Lauf der Menschheitsgeschichte progressiv ausgestaltet. Die personalistische Wertethik ist eingebunden in eine Sozialphilosophie, die das Du dem Ich vorordnet. Die vier prinzipiell unterscheidbaren Sozialformen (amorphe Masse, traditionale Gemeinschaft, zweckrationale Gesellschaft, geistige Gesamtperson) gründen letztlich auf dem Prinzip der christlichen Solidarität, das Mensch, Gott und Welt verbindet.

In *Vom Ewigen im Menschen* (1921), dem letzten Werk der mittleren, kath. geprägten Periode, entwickelte S. die Grundzüge einer Religionsphilosophie, die die Aktarten analysiert, durch die sich der Mensch der absoluten Person Gottes zuwendet und seiner Liebe, Allmacht und Gerechtigkeit gewahr wird. Christliche Philosophie und Religion seien prinzipiell unabhängig voneinander, entwickeln sich nichtsdestoweniger »konform« miteinander. Keine ist durch die andere ersetzbar oder widerlegbar.

In seiner letzten Schaffensperiode entwarf S. seit 1923 eine Metaphysik, die auf der Grundlage des Forschungsstandes der positiven Wissenschaften sowie der phänomenologisch freigelegten Wesenszusammenhänge eine Gesamtanschauung der realen und geistigen Welt zu gewinnen sucht. In *Die Wissensformen und die Gesellschaft* (1926) entwickelte er eine Wissens- und Kultursoziologie der obersten Wissensformen (Herrschaftswissen der positiven Wissenschaften, Bildungswissen der Philosophie, Erlösungswissen der Religionen), die durch die Wechselwirkung zwischen Real- und Idealfaktoren unterschiedliche Weltanschauungen zulassen, aber in unserem Zeitalter auf einen Ausgleich aller Gegensätze hinwirken.

War S.s Philosophie in der mittleren Periode auf die absolute Person Gottes ausgerichtet, so in der letzten Periode auf das Selbstverständnis des Menschen. In *Die Stellung des Menschen im Kosmos* (1928) zeigte S., dass der Mensch an allen Seinsbereichen teilhat und dadurch im Kosmos eine Schlüsselstellung einnimmt (»Mikrokosmos«). Durch alle Seinsbereiche hindurch wirkt sich der Urgegensatz von Leben und Geist aus, in den das Absolute auseinander gerissen ist. Die Bestimmung des Menschen besteht darin, diesen chaotischen Urgegensatz in eine harmonische Ordnung zu überführen. Dadurch wird er zum Mitgestalter des Weltgeschehens, in dem sich Leben vergeistigt und Geist verlebendigt. Der Geist ist dabei auf die Energie seines Gegenprinzips, des Lebens, angewiesen. Ohne die aus dem Lebensdrang sublimierte Energie ist er ohnmächtig.

Werke: GW, hg. v. Maria Scheler u. M. S. Frings, 15 Bde., 1954–97.

Lit.: W. Mader: M. S. in Selbstzeugnissen u. Bilddokumenten, [2]1995. – M. S. Frings: The Mind of M. S., 1997. – W. Henckmann: M. S., 1998.

Wolfhart Henckmann

Friedrich Wilhelm Joseph (von) Schelling

(bayer. Personaladel 1812)

27.1.1775 Leonberg – 20.8.1854 Bad Ragaz (Schweiz)

1790–95	Theologiestudium im Tübinger Stift, Freundschaft mit Friedrich Hölderlin u. ›Georg Wilhelm Friedrich Hegel
1795/96	Hofmeister bei den Baronen von Riedesel in Stuttgart u. Leipzig
1796–98	Studium der Mathematik, Naturwissenschaften u. Medizin in Leipzig
1798–1803	ao. Professor für Philosophie in Jena
1803–06	Ordinarius in Würzburg
seit 1806	Generalsekretär der Akademie der bildenden Künste in München
1810	Privatvorlesungen in Stuttgart
1820–26	Honorarprofessor in Erlangen
1827	Berufung an die Univ. München
1833	Ritter der frz. Ehrenlegion, Korrespondierendes Mitglied der Pariser Akademie der Wissenschaften
1841	Berufung an die Univ. Berlin

S. ist einer der bekanntesten Vertreter des Dt. Idealismus. Er hatte großen Einfluss auf die Generation der Romantiker und gab mit seiner Naturphilosophie der Medizin und Naturwissenschaft seiner Zeit wichtige Impulse. S. gilt als Wegbereiter der elektromagnetischen Feldtheorie, weil er zu der philosophisch begründeten Auffassung kam, Magnetismus und Elektrizität seien Ausdruck derselben physikalischen Kraft. 1811/12 entbrannte zwischen ihm und →Friedrich Heinrich Jacobi eine polemische Kontroverse über Religionsphilosophie, in der sich S. gegen den Vorwurf verteidigte, seine Philosophie, nach der sich Gott in der Natur offenbare, sei pantheistisch und damit quasi atheistisch. Bedeutenden Einfluss gewann S. auf Ludwig I. von Bayern, dessen Sohn, den späteren König Maximilian II. Joseph, er in Philosophie unterrichtete.

Bereits in Tübingen setzte sich S. intensiv mit der antiken Philosophie (→Platon) und mit →Immanuel Kant auseinander. Die Beschäftigung mit der Philosophie →Johann Gottlieb Fichtes führte zu zwei Grundlegungsschriften, *Über die Möglichkeit einer Philosophie überhaupt* (1794) und *Vom Ich als Prinzip der Philosophie* (1795). Noch vor 1800 schuf S. eine eigenständige Naturphilosophie. In dynamischen Stufen (»Potenzen«) entwickelt sich danach das Absolute in der Natur aus einem unbewusst schöpferischen bis hin zu einem bewussten geistigen Sein. Eine zentrale Rolle gewann der Begriff des Organismus für S., etwa in den *Ideen zu einer Philosophie der Natur* (1797), in *Von der Weltseele, eine Hypothese der höheren Physik zur Erklärung des allgemeinen Organismus* (1798) und in *Erster Entwurf eines Systems der Naturphilosophie* (1799).

Von größtem Einfluss insbesondere auf die entstehende Romantik war S.s *System des transcendentalen Idealismus* (1800). Es enthält einen theoretischen und einen praktischen Teil, eine Teleologie (Lehre vom Ziel) sowie eine Lehre von der Kunst. Im Gegensatz zu Fichtes Wissenschaftslehre integrierte S. Religion und Geschichte in das

System. Zudem wertete er die Bedeutung der Kunst enorm auf: Sie vollendet die Philosophie – ein Gedanke, der auch in S.s Vorlesungen zur *Philosophie der Kunst* (1802) wiederzufinden ist. In der Identitätsphilosophie versuchte S., Naturphilosophie und Transzendentalphilosophie durch ein einziges Prinzip zu begründen. Hierzu zählen Schriften wie *Darstellung meines Systems der Philosophie* (1801), *Bruno oder über das göttliche und natürliche Prinzip der Dinge* (1802) und *System der gesamten Philosophie und der Naturphilosophie insbesondere* (1804).

Mit der Schrift *Über das Wesen der menschlichen Freiheit* (1809) wird allgemein der Beginn der Spätphilosophie S.s angesetzt. In dieser Zeit verfasste S. monumentale Vorlesungen und Entwürfe, von denen er aber nur wenig veröffentlichte. In seiner Spätphilosophie stellte S. die Frage nach dem Ursprung des Bösen und begriff das Irrationale als Bedingung der Existenz überhaupt. In Gott als absoluter Identität ist ein dunkler Grund seiner Existenz, die Natur in Gott; die Schöpfung ist die Selbstoffenbarung Gottes. Der dunkle Grund Gottes zeigt sich in der Regellosigkeit und Irrationalität, die tief in der Existenz der Welt verankert sind. Dessen Gegenprinzip ist die Vernunft. Im Menschen sind beide Prinzipien vereinigt, sie können allerdings getrennt werden, was nach S. die Möglichkeit des Guten und Bösen ergibt. Seit 1810 arbeitete er an den *Weltaltern*, in denen er die Geschichte der Selbstoffenbarung Gottes in der Welt darstellen wollte. Die Schöpfung wird hier als Personalisierung Gottes in Geschichte und Natur verstanden. S.s Ansätze führten schließlich zur *Philosophie der Mythologie* (seit 1821) und zur *Philosophie der Offenbarung* (seit 1831/32). Letztere bezeichnete er als Begründung der positiven Philosophie. Jene Philosophie, die den Grund in der Vernunft selbst sucht, ist zwar notwendig, muss aber durch eine positive Philosophie überschritten werden, die in der Einsicht eines unvordenklichen Seins gründet.

Werke: SW, hg. v. K. F. A. Schelling, 14 Bde., 1856–61. – Hist.-Krit. Ausg., hg. v. W. G. Jacobs [u. a.], angelegt auf 80 Bde., 1976 ff. – Die Weltalter. Fragmente, hg. v. M. Schröter, 1964. – Urfassung der Philosophie der Offenbarung, hg. v. W. E. Ehrhardt, 2004.

Lit.: X. Tilliette (Hg.): S. im Spiegel seiner Zeitgenossen, 3 Bde., 1974–88. – J.-F. Courtine: Extase de la raison, 1990. – F. Moiso: Vita, natura, libertà, 1990. – H. M. Baumgartner / H. Korten: F. W. J. S., 1996. – F. J. Wetz: F. W. J. S. zur Einführung, 1996. – H. J. Sandkühler (Hg.): F. W. J. S., 1998. – C. Asmuth [u. a.]: S., 2000. – M. Boenke: S., 2001. – X. Tilliette: S. Biographie, 2004. – M. Gabriel: Der Mensch im Mythos. Untersuchungen über Ontotheologie, Anthropologie u. Selbstbewusstseinsgeschichte in S.s »Philosophie der Mythologie«, 2006.

Christoph Asmuth

(Carl Wilhelm) Friedrich (von) Schlegel

(seit 1815 österr. Adel)

10. 3. 1772 Hannover – 12. 1. 1829 Dresden

1788/89	Kaufmannslehre in Leipzig
1790–94	Studium der Rechtswissenschaft in Göttingen sowie der Philosophie u. Geschichte in Leipzig
1796	Umzug nach Jena; Bildung des Frühromantikerkreises
1797	Übersiedlung nach Berlin, Freundschaft mit →Friedrich Schleiermacher, Bekanntschaft mit Ludwig Tieck
1799–1801	Aufenthalt in Jena, Höhepunkt der Jenenser Romantik
1802/03	lebt in Paris; Gründung der Zeitschrift *Europa*
1804	Umsiedlung nach Köln, Privatvorlesungen für die Brüder Boisserée
1808	Konversion zum Katholizismus; Umzug nach Wien
1809	Anstellung als Sekretär der Hof- u. Staatskanzlei
1814	Teilnahme am Wiener Kongress
1815–18	österr. Legationsrat am Bundestag in Frankfurt a. M.
1819	Begleiter von Kaiser Franz I. auf seiner Italienreise
1820	Gründung des Wiener Romantikerkreises (Adam Müller, →Franz Xaver von Baader, Zacharias Werner, Carl Ludwig Haller)

S. gilt als einflussreichster Theoretiker der Jenenser Romantik, die das geistige Leben der Moderne um 1800 im Bereich der Literatur, Philosophie und Politik stark beeinflusste. In Anschluss an →Johann Gottfried Herder, Condorcet und →Immanuel Kant entwickelte er eine eigene Konzeption der progressiven Geschichtsphilosophie mit dem Ziel, Grundprinzipien des Republikanismus, wie Freiheit und Gleichheit, mit der Idee der Demokratie zu verbinden (*Versuch ueber den Begriff des Republikanismus*, 1796). Seit seiner Konversion zum kath. Glauben bemühte sich S., die für den Idealismus charakteristische Ohnmacht des Individuums durch die in der Religion fundierte positive Philosophie zu überwinden. In der Spätphase seines Lebens trat er als konservativer Denker auf und versuchte, die lebendige Wahrheit des Glaubens gegen die abstrakte Argumentation der Philosophie zu verteidigen.

In seinem essayistisch-aphoristischen Frühwerk, das S. v.a. in der von ihm und seinem Bruder August Wilhelm gegründeten Zeitschrift *Athenaeum* (1798–1800) veröffentlichte, versuchte er mit Hilfe der ironisch-kritischen Skepsis gegen die systematische Vereinheitlichung der Philosophie vorzugehen und das Fragment als Grundform des Philosophierens aufzufassen. Im Unterschied zu Kant, der als Grundbestimmung der Natur die *creatio continua* ansah, entwickelte S. seine These von der unvollendeten Welt und verstand es als poietische Bestimmung des Menschen, an der Vollendung derselben zu arbeiten (*Transcendentalphilosophie* [1800/01], gedr. in: *Neue philosophische Schriften*, hrsg v. J. Körner, 1935, 115–219).

S. forderte eine Historisierung des Transzendentalen. Dies schloss die Einbeziehung von Grundfragen der praktischen Philosophie aus dem Bereich von Moral, Politik, Recht und Kultur ein, weil »der Mensch nur unter Menschen leben« kann. Deshalb stand nicht das reine, absolute Ich im Sinne der »Tathandlung« im Mittelpunkt seines Interesses, sondern das endliche Ich als Individuum mit seiner Geschichtlichkeit und Kontingenz. Dabei bewertete er die Relevanz der Philosophie vom Standpunkt ihrer »Annäherung zur Humanität« (*Ueber die Philosophie. An Dorothea*, 1799). Die Kernfrage nach der Bedingung der Möglichkeit des Verstehens lässt sich nach S. nur in einer philosophischen Kritik aufarbeiten, die nach dem Prinzip verfährt, dass das Klassische kritisiert und das Transzendentale historisiert werden. Im Gegensatz zu Kant und →Johann Gottlieb Fichte behauptete S., dass Verstehen keine abstrakte, sondern eine integrative Tätigkeit ist, deren Zweck die Erweiterung und Vertiefung menschlicher Bildung und die Kultivierung der eigenen Urteilsfähigkeit bleibt (*Lessings Gedanken und Meinungen*, 1804).

Als Kernbegriff der S.schen kritischen Philosophie fungiert das innovative Philosophem »Wechselerweis« (auch »Wechselgrundsatz«, »Wechselbegriff«), das er seit der ersten Erwähnung in der *Woldemar*-Rezension (1796; *Charakteristiken und Kritiken*, 1801) bis zum Ausklang der frühromantischen Periode gebrauchte, um sich von der Grundsatzphilosophie Reinhold-Fichte'scher Prägung zu distanzieren. Demgegenüber zielt er auf die Ausarbeitung einer universellen Enzyklopädie, die er als eine Philosophie der Wissenschaften und Künste konzipierte. Von →Platon übernahm S. die kritisch-dialektische Methode, mit der er eine Widerlegung der Irrtümer und eine gemeinschaftliche Konstruktion der Wahrheit zu bewerkstelligen beabsichtigte.

Seit dem Übertritt zum Katholizismus versuchte S., eine Lebensphilosophie auszuarbeiten, deren Intention es ist, die bestehende Kluft zwischen der literarisch-philosophischen Welt und der praktischen Wirklichkeit zu überwinden (*Ueber die Weisheit und Sprache der Inder*, 1808). Hierbei widmete er sich der Realität in ihrer Faktizität der vielfältig gestalteten Sphären von Sittlichkeit, Religion, Kunst und Kultur. Gott als zentraler Begriff der Lebensphilosophie wird nicht mehr als das höchste, abstrakte Seiende im Sinne der *causa prima* (erste Ursache) und *ultima ratio* (letzter Grund) verstanden, sondern fungiert primär als Quelle des Lebens und Denkens (*Philosophie des Lebens*, 1828). Die Sprache als das Göttliche in uns erweist sich als »Faden der Erinnerung und Überlieferung«, der die gegenseitige Kommunikation unter Menschen ermöglicht (*Philosophie der Sprache und des Wortes*, 1830).

Werke: Kritische F.-S.-Ausgabe, hg. v. E. Behler, 35 Bde., 1958 ff. – Studienausgabe, hg. v. E. Behler, 6 Bde., 1988. – Schriften zur kritischen Philosophie, hg. u. eingel. v. A. Arndt u. J. Zovko, 2007.

Lit.: W. Benjamin: Der Begriff der Kunstkritik in der dt. Romantik, 1920. – J. Zovko: Verstehen u. Nichtverstehen bei F. S. Zur Entstehung u. Bedeutung seiner hermeneutischen Kritik, 1990. – B. Frischmann: Vom transzendentalen zum frühromantischen Idealismus. J. G. Fichte u. S., 2005.

Jure Zovko

Friedrich (Daniel Ernst) Schleiermacher

21.11.1768 Breslau – 12.2.1834 Berlin

1783–87	Erziehung u. Ausbildung durch die Herrnhuter Brüdergemeine
1787–90	Studium der Theologie, Philosophie u. Philologie in Halle
1790–96	Hauslehrer, Lehrer u. Hilfsprediger
1796–1802	Prediger an der Charité in Berlin
1802–04	Hofprediger (Stolp, Pommern)
1804–07	ao. Professor für Theologie an der Univ. Halle
1808	Beteiligung am Widerstand gegen Napoléon
1810	Berufung ins Kultusministerium (1814 auf Betreiben der Konservativen entlassen), o. Professor für Theologie an der neuen Univ. Berlin, Aufnahme in die Preuß. Akademie der Wissenschaften
1813	Teilnahme an der preuß. Erhebung gegen die frz. Besatzung

seit 1819 Widerstand gegen die Einmischung des Königs in die Kirche; S. wird als Revolutionär verdächtigt u. bespitzelt

S., der sich im Spannungsfeld zwischen Pietismus und Aufklärungsphilosophie früh einen eigenen Denkweg suchte, ist sowohl ein Philosoph der Romantik als auch des Dt. Idealismus. Wie kaum ein anderer hat er in mehreren Gebieten wichtige Anstöße gegeben. In der prot. Theologie gilt er als Erneuerer der Dogmatik, als »→Kant der Theologie« (so →Wilhelm Dilthey), der Religion und Wissenschaft zwar trennte, aber ihre Vereinbarkeit erstrebte. In der Philosophie des 20. Jh.s wurde er besonders als Religionsphilosoph und später als Hermeneutiker wahrgenommen. S.s Forschungen zur Geschichte der Philosophie – besonders zu →Heraklit und →Platon – übten großen Einfluss auch auf die Philologie aus. Seine nicht vollendete Platon-Übersetzung (1804–28), ein Plan seines Freundes →Friedrich Schlegel, wurde zur klassischen dt. Werkausgabe. Während man ihn im 20. Jh. als Begründer der Pädagogik als autonomer Erziehungswissenschaft entdeckte, wurde zugleich deren Verklammerung mit seiner philosophischen Ethik herausgestellt. Diese Ethik steht in engem Zusammenhang mit der preuß. Reformpolitik, an der er mitwirkte: Er betrieb mit →Wilhelm von Humboldt die Reform der Universitäten und der Schulen. Mit dem Zweifel an dogmatischen Systemen brachte man S. als Denker des Individuellen verstärkt Interesse entgegen, das bei ihm allerdings nur der Gegenpol zum Universellen oder Allgemeinen ist.

S.s erstes Buch, *Über die Religion. Reden an die Gebildeten unter ihren Verächtern* (1799), das Hauptdokument romantischen Religionsdenkens, versteht unter Religion »Anschauung und Gefühl des Universums« bzw. des Unendlichen. Es gewann dadurch bleibende Bedeutung, dass es die nun weit gefasste Religiosität erstmals von Metaphysik und Moral vollständig abgrenzte. Seine spätere

Bestimmung der Religion als »Gefühl schlechthinniger Abhängigkeit« in seiner Dogmatik *Der christliche Glaube* (2 Bde., 1821/22, ²1830/31) wurde zu der am meisten diskutierten Religionsauffassung der Folgezeit. Auf seinen *Grundlinien zu einer Kritik der bisherigen Sittenlehre* (1803) aufbauend, entwickelte er in seinen Vorlesungen seit 1804/05 eine philosophische Ethik, deren Grundgedanken er in den Abhandlungen der Akademie publizierte (*Kritische GA* I.11). Diese Ethik integriert Tugend-, Pflichten- und Güterlehre zu einem System, wobei das Zentrum – die Güterlehre – Kulturphilosophie und Sozialethik verknüpft. Diese Ethik stellt eine Theorie der sittlichen Gemeinschaften oder der Sittlichkeit dar, welche das Sittliche im Ausgleich von Sozialität und Individualität sieht und damit den Kantischen Gegensatz von Freiheit und Natur, Pflicht und Neigung zu überbrücken sucht. Als Basis des ethischen oder Kulturprozesses nennt S. zwei Handlungsweisen gegenüber der Natur, nämlich die Bildung von Zeichen für Mitteilung und Selbstdarstellung (das »Symbolisieren«) und die »Anbildung« oder Umformung der Natur für praktische Zwecke (das »Organisieren«). Mit den sich entfaltenden Kulturformen, die alle der Humanisierung der Natur und der menschlichen Welt gelten, sind in seinem Systemrahmen die Geisteswissenschaften verknüpft, die sie reflektieren und fördern, also Religionsphilosophie, Hermeneutik und Ästhetik, Pädagogik und Staatslehre.

Da für S. die Philosophie immer auch auf die Erfahrung verwiesen ist, trägt sein offener Systemrahmen dem Wissenschaftsprozess Rechnung, den er sich als fortgehende Durchdringung von spekulativem (apriorischem) und empirischem Wissen dachte. ›Philosophie‹ umfasst bei ihm im engeren Sinne Dialektik, Physik und Ethik sowie die davon abhängigen Disziplinen, im weiteren Sinne aber das ganze Feld des Wissens. Die Grundlage allen Denkens und Wissens entfaltet seine *Dialektik*, die er seit 1811 in seinen Vorlesungen vortrug. Sie verbindet mit Blick auf Platon Metaphysik und Logik und ist sowohl eine Theorie des Wissens als auch eine Methodenlehre für die Wissensproduktion. Wachstum und Geltung des Wissens bedürfen der Kommunikation und realisieren sich deshalb nur in der »Erkenntnisgemeinschaft«. S. vertrat einen erkenntnistheoretischen Realismus: Alles Wissen sei auf das Wissen von der Welt eingeschränkt, wurzele aber in dem absoluten Grund des Seins und Denkens, d.h. in Gott, der die »Grenze« alles Denkens markiere und nur im Gefühl präsent sei.

Werke: SW, 3 Abt., 31 Bde., 1843–64. – Kritische GA, hg. v. H.-J. Birkner [u.a.], 5 Abt., 1980ff. – Aus S.s Leben. In Briefen, hg. v. L. Jonas u. W. Dilthey, 4 Bde., 1860–63.

Lit.: W. Dilthey: Leben S.s (GS 13 u. 14), 1966/70. – G. Scholtz: Die Philosophie S.s, 1984. – K. Nowak: S., [2]2002.

Gunter Scholtz

Moritz Schlick

14.4.1882 Berlin – 22.6.1936 (von einem ehemaligen Studenten erschossen) Wien

1900–04	Studium der Naturwissenschaften u. Mathematik in Heidelberg, Lausanne u. Berlin; Promotion in Physik bei Max Planck
1905–07	naturwissenschaftliche Studien in Göttingen, Heidelberg u. Berlin
1907–09	Psychologiestudium in Zürich
1911	Habilitation in Philosophie an der Univ. Rostock mit der Arbeit *Das Wesen der Wahrheit nach der modernen Logik*
1921	ao. Professor in Rostock, seit Oktober o. Professor in Kiel
1922	Professor für Naturphilosophie an der Univ. Wien
1924	Organisation eines Diskussionszirkels (›Schlickzirkel‹), der später als ›Wiener Kreis‹ bekannt wurde

S. kann als ein Denker im Übergang von der traditionellen zur analytischen Philosophie charakterisiert werden. Die Aufgabe der Philosophie sah er in der Erläuterung der Ergebnisse der Wissenschaften und der Anpassung der überkommenen philosophischen Begriffe an die wissenschaftliche Forschung. S. ist in der Philosophiegeschichte in erster Linie als Begründer und akademischer Repräsentant des ›Wiener Kreises‹ bekannt geworden. Einen Namen machte er sich jedoch zunächst als führender philosophischer Interpret der Relativitätstheorie. Seine frühe naturalistische Erkenntnistheorie nahm ihren Ausgang von →Immanuel Kant, lehnte aber dessen synthetische Urteile *a priori* ab. Stattdessen verstand S. als »kritischer Realist« wissenschaftliche Erkenntnis als eineindeutige, möglichst ökonomische Zuordnung von Symbolen und Dingen. 1926 lernte er →Ludwig Wittgenstein kennen, der ihn in der Folgezeit stark beeinflusste. S.s philosophische Interessen beschränkten sich jedoch keineswegs nur auf Erkenntnis- und Wissenschaftstheorie. Zeit seines Lebens befasste er sich auch mit *Fragen der Ethik* (1930). S.s Ethik war geprägt von einer an →Friedrich Nietzsche orientierten Lebensphilosophie, welche die technisch-industrielle Zivilisation zugunsten einer utopischen Einheit von Kultur und Natur ablehnte.

S.s Aufsatz »Die philosophische Bedeutung des Relativitätsprinzips« (in: *Zeitschrift für Philosophie und philosophische Kritik* 159, 1915) und v. a. *Raum und Zeit in der gegenwärtigen Physik* (1917) bestimmten für Jahrzehnte die philosophische Interpretation der Relativitätstheorie in Deutschland. S. wandte sich insbesondere gegen Versuche, die Relativitätstheorie als Argument für die Richtigkeit der neukantianischen Wissenschaftsphilosophie in Dienst zu nehmen. Als sein philosophisches Hauptwerk gilt die *Allgemeine Erkenntnislehre* (1918, [2]1925), in der er im Ausgang von Kant – aber letztlich gegen diesen – eine naturalistische, strukturrealistische Erkenntnistheorie entwarf, die jegliche synthetisch apriorische Erkenntnis ablehnt und Erkenntnis als eineindeutige Zuordnung von Dingen und Begriffen charakterisiert. In *Die Wende in der Philosophie* (1930) charakterisierte S. im Gefolge Wittgensteins die Philosophie als Tätigkeit, durch welche der Sinn von Aussagen festgestellt oder aufgedeckt wird; einen sachlichen Inhalt hingegen besitzt die Philosophie seiner Meinung nach nicht.

Am bekanntesten wurde S. als akademischer Repräsentant des Wiener Kreises, einer Gruppe von Wissenschaftlern und Philosophen, die mit ihm als *Primus inter pares* seit Mitte der 1920er Jahre im kulturellen und wissenschaftlichen Leben Wiens eine wichtige Rolle spielte. In diesem Zusammenhang sind v. a. seine Beiträge zur ›Protokollsatzdebatte‹ (nur Sätze, die wie ein Protokollsatz in einem naturwissenschaftlichen Experiment gebaut sind, haben Sinn) zu erwähnen (»Über das Fundament der Erkenntnis«, in: *Erkenntnis* 4, 1934).

Werke: GA, hg. v. d. M.-S.-Forschungsstelle Rostock, in Vorbereitung. – Gesammelte Aufsätze (1926–1936), 1938.

Lit.: B. McGuinness (Hg.): Zurück zu S. Eine Neubewertung von Werk u. Wirkung, 1985. – J. Alberto Coffa: The Semantic Tradition from Kant to Carnap: To the Vienna Station, 1991.

Thomas Mormann

Carl Schmitt

11. 7. 1888 Plettenberg – 7. 4. 1985 Plettenberg

1907–10	Studium der Rechtswissenschaften in Berlin, München u. Straßburg
1910	Promotion in Straßburg; Referendar in Düsseldorf
1915	Assessor; Kriegsfreiwilliger, Dienst im stellvertretenden Generalkommando des I. bayer. Armeekorps München (Überwachung von Druckschriften, Friedensbewegung u. feindlicher Propaganda)

1916	Habilitation in Straßburg
1919/20	Dozent an der Handelshochschule München; Teilnahme am Dozentenseminar Max Webers
1921	Professor in Greifswald
1922–28	Professor in Bonn
1928–32	Professor an der Handelshochschule Berlin
1932	Vertreter des Dt. Reichs im Prozess zum ›Preußenschlag‹ (d. i. zur Übernahme der Regierungshoheit in Preußen durch einen Reichskommissar) am Reichsgericht Leipzig; Mithilfe bei dem Versuch Reichskanzler Kurt von Schleichers, die Machtergreifung der NSDAP zu verhindern
1933–45	Professor an der Univ. Berlin
1933	Eintritt in die NSDAP; Aufstieg in NS-Beratungs- u. Justizorganen; Preuß. Staatsrat, antisemitische Ausfälle
Ende 1936	Verlust aller Partei- und juristischen Ämter nach Angriffen der SS
1945–47	Haft in Berlin u. Nürnberg unter Bewachung durch Amerikaner
1947–85	Privatgelehrter in Plettenberg

Der Staats-, Verfassungs- u. Völkerrechtler S. gilt als einer der einflussreichen Theoretiker der Macht, der politischen Institutionen und Ausnahmezustände im 20. Jh. Geprägt durch den Zusammenbruch des wilhelminischen Kaiserreichs und die Erfahrung einer sich beschleunigenden Moderne, betonte er in konservativer Absicht gegenüber dem juristischen Positivismus und der Immanenzvorstellung Naturwissenschafts- und Technikgläubiger die Überlegenheit der geistigen Welt, ihrer Normen, autochthonen (also eigengesetzlichen) Kriterien und Begriffe. S.s Begrifflichkeit war von Beginn seiner dezisionistischen (d.h. auf Entscheidungen und Entscheidungsträger gerichteten) Phase über die konkret-ordnungspolitische bis zur mythologisierenden Spätzeit analytisch-beschreibend, aber ebenso politisch-interventionistisch, da das Prägen von Begriffen zugleich der Wirklichkeit Form gibt.

Bereits in seinen Frühschriften (*Die Diktatur*, 1921; *Po-*

litische Theologie I, 1922) stellte S. nicht nur die geistesgeschichtlichen und theologischen Voraussetzungen politischer Verfassungen, sondern auch deren außerjuridische Machtgrundlagen in den Mittelpunkt seiner Überlegungen. Recht verweist nach S. immer über sich selbst hinaus auf das Politische und damit auch auf die Anwendung von Gewalt. Der Normalzustand müsse vor dem Hintergrund seiner Gefährdung gedacht werden; in der Ausnahmesituation sei derjenige der Souverän, der entscheidet, wann diese Ausnahmesituation eintritt und wie eine Rechtsordnung wiederhergestellt wird.

In seiner politischen Theorie (*Der Begriff des Politischen*, 1928) führen die Fragestellungen und Kriterien – »Freund/Feind« – nicht zur Verharmlosung von Feindschaft in einer realen Welt, sondern sie erfassen die immer mögliche Zuspitzung politischen Handelns bis zur Todes- und Tötungsbereitschaft im Krieg. Den Typus der rechtsstaatlich-demokratischen Verfassung seit 1789 beschrieb S. anhand der Weimarer Verfassung in seiner *Verfassungslehre* (1928). Seine Analyse des Weimarer Parlamentarismus (*Die geistesgeschichtliche Lage des heutigen Parlamentarismus*, 1923; *Legalität und Legitimität*, 1932) ergab, dass das liberaldemokratische System einer Gesellschaft ohne Grundkonsens keine Antworten zur Lösung der entscheidenden Probleme – der ›sozialen Frage‹ und des Kampfes gegen den Versailler Friedensvertrag – geben konnte. S.s Illusion, dass diese Probleme durch Etablierung eines autoritären Etatismus (gesellschaftliche und politische Fragestellungen werden durch den Staat beantwortet) im Nationalsozialismus (*Staat, Bewegung, Volk*, 1933) gelöst werden könnten, und sein politisches Engagement in der NS-Zeit beschädigten sein Ansehen nach 1945 jahrzehntelang.

In seinem Spätwerk (*Der Nomos der Erde im Völkerrecht des Jus Publicum Europaeum*, 1950; *Theorie des Partisanen*, 1963) wandte sich S. der Entstehung und Auflösung des europ. neuzeitlichen Völkerrechts zu, das mit seinem Gleichgewichtssystem einiger Großmächte zur Hegung des Feind- und Kriegsbegriffs geführt hatte und an dessen Ende ›gerechte‹ Kriege mit Weltanschauungskämpfern und eine entfesselte Kriegstechnik stehen, deren Anwendung die absolute Feindschaft voraussetzt.

Lit.: N. Bolz: Auszug aus d. entzauberten Welt, 1989. – D. van Laak: In d. Sicherheit des Schweigens, 1993. – H. Quaritsch: Positionen u. Begriffe C. S.s, 1995. – A. de Benoist: C. S. Bibliographie seiner Schriften u. Korrespondenzen, 2003. – N. Campagna: C. S., 2004. – R. Mehring: C. S. Aufstieg u. Fall, 2009.

Gerd Giesler

Arthur Schopenhauer

22.2.1788 Danzig – 21.9.1860 Frankfurt a.M.

1797–99	Aufenthalt in Le Havre
1803/04	Bildungsreise mit den Eltern durch Holland, England, Frankreich, die Schweiz, Österreich, Schlesien u. Preußen; Beginn einer Kaufmannslehre auf Wunsch des Vaters (1807 abgebrochen)
1807–09	Gymnasium in Gotha u. Weimar
1809–13	Studium der Philosophie, Medizin, Naturwissenschaften, Geschichte, Mathematik und Sprachen in Göttingen u. Berlin
1813	Promotion in Jena, Aufenthalt in Weimar, Übersiedlung nach Dresden
1814–18	Arbeit am Hauptwerk; danach erste Italienreise
1820–32	Privatdozent an der Univ. Berlin
1822	zweite Italienreise
1833	Übersiedlung nach Frankfurt a.M. (nach Aufenthalt in Mannheim 1832/33)

S. gilt als Philosoph des Übergangs von der klassischen dt. Philosophie zur Moderne. Von seinen akademischen Lehrern →Gottlob Ernst Schulze, →Johann Gottlieb Fichte, →Friedrich Schleiermacher und von →Friedrich Wilhelm

Joseph von Schelling, unter dessen Einfluss die ersten Entwürfe entstanden, wandte er sich bald ab; die Vertreter des Dt. Idealismus, allen voran →Georg Wilhelm Friedrich Hegel, wurden ihm zum Gegenstand erbitterter Polemik. Dagegen bekannte er sich zu →Immanuel Kant und →Platon als seinen wahren Lehrern und verehrte Johann Wolfgang Goethe trotz der Abkühlung ihres anfänglich guten persönlichen Verhältnisses. S.s philosophiegeschichtliche Stellung ist mit der Wende in der Philosophie zum Leib und zum Irrationalen verbunden, die ihn zum Vorläufer der philosophischen Anthropologie, der Lebensphilosophie und der Psychoanalyse machte. Auch zur philosophischen Hermeneutik und Existenzphilosophie finden sich bei ihm erste Ansätze. Zentral ist seine Bedeutung für die Entwicklung des Pessimismus im 19. Jh. In der Ethik gilt er als herausragender Repräsentant der Mitleidsethik und Vordenker der Tierethik. S. war der erste dt. Philosoph, der versuchte, ostasiat. Denken, v.a. des Buddhismus und Brahmanismus, in seine Lehre zu integrieren. Bis Mitte des 19. Jh.s kaum rezipiert, wurde er in seinem letzten Lebensjahrzehnt berühmt und nach seinem Tod rasch zu einem der europaweit einflussreichsten Philosophen. Noch stärker als in der Philosophie (→Friedrich Nietzsche, →Ludwig Wittgenstein, →Max Horkheimer u.a.) war die Rezeption S.s in Literatur und Kunst.

In der ersten Auflage seines Hauptwerks *Die Welt als Wille und Vorstellung* (1819; 2. Aufl., um Bd. 2 erweitert, 1844) legte S. bereits früh seine Philosophie umfassend dar. Alle übrigen Werke und Neuauflagen verstehen sich zu dieser als Propädeutik, Ausarbeitungen oder Zusätze. Seine Lehre begreift er als einen »einzigen Gedanken«, der sich – von verschiedenen Seiten betrachtet – als Erkenntnislehre, Metaphysik (Naturphilosophie), Ästhetik und Ethik zeigt. Dieser beruht darauf, dass der in der ausgezeichneten Erfahrung des eigenen Leibes sich kundtuende Wille als »Schlüssel« zur Deutung der Welt verwendet wird. S. geht zunächst von der transzendentalphilosophischen Auffassung der »Welt als Vorstellung« aus, die, vorbereitet durch die an Kant anknüpfende Dissertation *Über die vierfache Wurzel des Satzes vom zureichenden Grunde* (1813), als der Bereich möglicher Erkenntnis abgesteckt wird, aber dennoch durch eine Betrachtung der »Welt als Wille« ergänzt werden muss. Elemente dieser im Grenzbereich des Sagbaren stattfindenden Betrachtung sind die Ausweitung des Willensbegriffs auf unbewusste Vorgänge, Affektionen und Triebe, die Gleichsetzung des Willens mit dem »Ding an sich« und die Beurteilung der gesamten Natur in Analogie zum Menschen. Indem so das Wesen der Welt im Willen als »blindem Drang« gesehen wird, ist das Leben des Menschen unausweichlich in Schuld und Leiden verstrickt. Insofern damit aber auch das Erkennen als bedingt durch den Willen, als in dessen Dienst stehend entlarvt wird, eröffnet sich zugleich die Möglichkeit des Entrinnens aus dieser Verstrickung durch eine Befreiung aus dem Dienst des Willens. Diese Möglichkeit wird von S. konsequenterweise nicht durch Gründe erklärt, sondern durch eine Interpretation von Phänomenen aufgezeigt, nämlich der ästhetischen Kontemplation als willensfreies Erkennen, des Mitleids als Wiedererkennen des eigenen Wesens im anderen Lebewesen und der Askese als Verneinung des Willens zum Leben.

Zu den propädeutischen Werken ist neben der Dissertation die Schrift *Über das Sehn und die Farben* (1816) zu zählen, in der sich S. mit Goethes Farbenlehre auseinandersetzte. Vor allem um eine Bestätigung der Willensmetaphysik durch die neuesten naturwissenschaftlichen Forschungen ging es ihm in *Über den Willen in der Natur* (1836). Zwei Preisausschreiben der Königlichen Akademien von Dänemark und Norwegen gaben S. die Gelegenheit, seine Gedanken zur Freiheit des Willens und zur Grundlage der Moral in geschlossener Form darzulegen. Dabei durfte er allerdings nicht auf seine Metaphysik zurückgreifen (*Die beiden Grundprobleme der Ethik*, 1840). Die schon im Titel sich als Zusätze kenntlich machenden *Parerga und Paralipomena* (1851) bilden den Abschluß von S.s schriftstellerischem Schaffen. Sie enthalten die »Aphorismen zur Lebensweisheit«, mit denen S.s Ruhm einsetzte.

Werke: SW, hg. v. A. Hübscher, 7 Bde., 1937–41, [2]1946–50. – W in 5 Bdn., hg. v. L. Lütkehaus, 1988.

Lit.: A. Hübscher: Denker gegen den Strom, 1973. – R. Malter: A. S. Transzendentalphilosophie u. Metaphysik d. Willens, 1991. – J. E. Atwell: S. on the Character of the World, 1995. – S.-Jahrbuch, seit 1912. – Beiträge zur Philosophie S.s, seit 1996. – Schopenhaueriana, seit 2007.

Matthias Koßler

Gottlob Ernst Schulze

23.8.1761 Heldrungen/Thüringen – 14.1.1833 Göttingen

1780–83	Studium der Theologie, Philosophie u. Geschichte in Wittenberg
1783	Magister der Philosophie u. Diakon der Wittenberger Schloss- u. Universitätskirche
1785	Dr. phil.
1786–88	Privatdozent (Adjunkt) in Wittenberg
1788–1810	o. Professor für Philosophie in Helmstedt
1796	Herzoglich Braunschweig.-Lüneburg. Hofrat
seit 1810	o. Professor für Philosophie in Göttingen

S. gilt als bedeutendster Skeptiker seiner Zeit. Berühmt wurde er durch seine 1792 anonym publizierte Schrift *Aenesidemus*, in der er sich v. a. gegen die Elementarphilosophie Karl Leonhard Reinholds, aber auch gegen → Immanuel Kants Vernunftkritik richtete. S.s Kritik war Initialzündung für → Johann Gottlieb Fichtes Wissenschaftslehre und den sogenannten Dt. Idealismus. Bereits zu seinen Lebzeiten wurde S. von Gegnern und Anhängern des Kritizismus als einer der besten Kenner sowie als scharfsinnigster und gerechtester Kritiker der Kantischen Philosophie respektiert. Als Autor für →Friedrich Nicolais *Allgemeine deutsche Bibliothek* verfasste er etwa 80 Rezensionen. 1799 promovierte er Carl Friedrich Gauß. Einer seiner ersten Hörer in Göttingen war →Arthur Schopenhauer, den er zum Philosophiestudium ermunterte und dessen Kritik an Kants »Ding an sich« ohne S. ebensowenig denkbar wäre wie die Auffassung der Welt als Vorstellung. S. beeinflusste ferner Ernst Platner, →Jakob Friedrich Fries und Johann Friedrich Herbart.

In seinen frühen Schriften vertrat S. einen an →John Locke orientierten empiristischen Standpunkt, verstand diesen jedoch nicht als allgemeingültige objektive Wahrheit (*Grundriss der philosophischen Wissenschaften*, Bd. 1, 1788). Er bezeichnete vielmehr eine offene, selbstständigkritische und v.a. undogmatisch-systemfreie Sicht auf alle Gebiete und Fragen der Philosophie als genuin philosophische Haltung, erkannte also der Skepsis eine wichtige Rolle zu. Der zweite Band seines *Grundrisses* (1790) weist die Transzendentalphilosophie als Metaphysik zurück. Im *Aenesidemus* und – schärfer und systematischer – in der *Kritik der theoretischen Philosophie* (2 Bde., 1801) warf S. Kant und Reinhold aus Sicht der Skepsis Fehlschlüsse und Kategorienfehler vor: Er zeigte, dass der Satz des Bewusstseins (Reinhold) u.a. wegen seiner Abhängigkeit vom Satz des auszuschließenden Widerspruchs nicht absolutes Prinzip der Philosophie sein kann. Außerdem entlarvte er sowohl die Unerkennbarkeit als auch die unbezweifelbare Existenz der Dinge an sich (Kant) als dogmatische Setzungen und hob mit Kant gegen Kant hervor, dass die Kategorie ›Kausalität‹ nur auf Erscheinungen angewendet werden darf, Dinge an sich folglich nicht Ursachen für Vorstellungen sein können. Seine eigene Philosophie des »natürlichen Realismus« wurde jedoch kaum beachtet. Er selbst verband mit ihr die Hoffnung, die philosophischen Ziele, die Locke und Kant verfolgt, aber verfehlt hätten, erreichen zu können.

Werke: Einige Bemerkungen über Kants philosophische Religionslehre, 1795. – Die Hauptmomente der skeptischen Denkart über die menschliche Erkenntnis, in: F. Bouterwek (Hg.): Neues Museum der Philosophie u. Litteratur III/2, 1805, 1–57. – Encyklopädie der philosophischen Wissenschaften, 1814. – Psychische Anthropologie, 2 Bde., 1816. – Über die menschliche Erkenntnis, 1832.

Lit.: H. Wiegershausen: Aenesidem-S., der Gegner Kants, u. seine Bedeutung im Neukantianismus, 1910, ND 1970, 1980. – K. E. Boullart: G. E. S. (1761–1833). Positivist van het Duitse Idealisme, 1978. – K. R. Meist: »Sich vollbringender Skeptizismus«. G. E. S.s Replik auf Hegel u. Schelling, in: W. Jaeschke (Hg.): Der Streit um die Gestalt einer ersten Philosophie, 1993, 192–230.

Klaus Kahnert

Albert Schweitzer

14.1.1875 Kaysersberg/Oberelsass – 4.9.1965 Lambarene (Gabun)

1893–98	Studium der ev. Theologie u. Philosophie in Straßburg
1898	Lehrvikar in Straßburg
1898/99	Studium der Philosophie u. Musik in Paris
1899	Studium der Philosophie u. Theologie in Berlin, Promotion zum Dr. phil.
1900	Promotion zum Lic. theol.
1900–12	Vikar an St. Nicolai in Straßburg
1902	Privatdozent für Neues Testament an der Univ. Straßburg
1903–06	Direktor des dortigen Thomasstifts
1905–11	Studium der Medizin
1912	Ernennung zum Professor
1913	Promotion zum Dr. med.
1913–17	Erster Aufenthalt in Lambarene (Gabun)
1917/18	Kriegsbedingte Internierung in Garaison (Pyrenäen) u. St. Rémy (Provence)

1918–21 Vikar an St. Nicolai u. Assistenzarzt am Straßburger Bürgerspital
1920 Schweden-Reise auf Einladung Nathan Söderbloms
1921/22 Konzert- u. Vortragsreisen in die Schweiz, nach Schweden, England u. Dänemark
1923 kulturphilosophische Vorlesungen an der Univ. Prag
1924–27 Aufenthalt in Lambarene, Neubau des Spitals; in der Folge noch zwölf weitere Aufenthalte
1953 Friedensnobelpreis

S. verstand sich selbst in erster Linie als Philosoph. Seine Kulturphilosophie, in deren Mittelpunkt die »Ethik der Ehrfurcht vor dem Leben« steht, entwickelte er in kritischer Auseinandersetzung mit → Friedrich Nietzsche, dessen Machtmetaphysik er zu überwinden und mit dessen Denkweise er die pessimistische Willensphilosophie → Arthur Schopenhauers in Lebensbejahung umzusetzen trachtete. In der *Geschichte der Leben-Jesu-Forschung* (1906; ²1913) bilanzierte S. kritisch die Jesusforschung und legte sein eigenes konsequent-eschatologisches Jesusverständnis dar. Er verfasste Bücher von bleibendem Wert über Paulus und Johann Sebastian Bach und edierte eine kritisch-praktische Ausgabe der Orgelwerke Bachs. S. war ein Wegbereiter des interreligiösen Dialogs, denn seine »Ethik der Ehrfurcht vor dem Leben« steht in Verbindung mit seiner Suche nach einer die Religionen und Weltanschauungen verbindenden Philosophie. Die Bewahrung des Friedens war für S. nicht nur eine Aufgabe der Regierungen und Parlamente; auch der Einzelne soll den »Geist des Friedens« in sich mächtig werden lassen.

Zu S.s Lebzeiten erschienen 1923 im Druck nur die beiden ersten Teile seiner auf vier Bände konzipierten Kulturphilosophie, denen Gastvorlesungen an der Universität Uppsala (Schweden) im Frühjahr 1920 zugrunde liegen. Während der erste Teil *Verfall und Wiederaufbau der Kultur* eine Kulturkritik bietet, entwickelt der zweite Teil *Kultur und Ethik* die »Ethik der Ehrfurcht vor dem Leben«. Der dritte Teil, an dem S. seit 1931 arbeitete, sollte die Ehrfurchtsethik zu einer neuen Weltanschauung ausbauen. 1945 stellte S. die Arbeit daran ein – allem Anschein nach nicht nur wegen seiner starken Beanspruchung durch das später nach ihm benannte Hospital in Lambarene, sondern auch aus sachlichen Gründen. Von daher kam es auch nicht mehr zur Ausarbeitung des vierten Teils der Kulturphilosophie: Auf der Basis von Kulturkritik, Ethik und neuer Weltanschauung sollte offenbar das Modell eines Staats entworfen werden, der in allen Bereichen von der »Ehrfurcht vor dem Leben« bestimmt ist. Die Vorarbeiten hierzu aus den Jahren 1917/18 wurden 2005 in dem Nachlassband *Wir Epigonen (Kultur und Kulturstaat)* veröffentlicht. Philosophische Anerkennung fand S. auch mit seinen Goethe-Reden und Arbeiten über Kultur und Ethik in den Weltreligionen sowie über das chines. und ind. Denken, die im Zusammenhang mit seiner Kulturphilosophie entstanden.

Werke: Die Ehrfurcht vor dem Leben. Grundtexte aus fünf Jahrzehnten, hg. v. H. W. Bähr, 1966, [8]2003. – GW, hg. v. R. Grabs, 5 Bde., 1971. – W aus dem Nachlaß, hg. v. R. Brüllmann [u.a.], 9 Bde., 1995–2006. – A. S. / H. Bresslau: Die Jahre vor Lambarene. Briefe 1902–1912, hg. v. R. Schweitzer-Miller u. G. Woytt, 1992. – A. S. / F. Buri: Existenzphilosophie u. Christentum. Briefe 1935–1964, hg. v. A. U. Sommer, 2000. – Theologischer u. philosophischer Briefwechsel, hg. v. W. Zager, 2006.

Lit.: H. W. Bähr (Hg.): A. S. Sein Denken u. sein Weg, 1962. – H. Groos: A. S. Größe u. Grenzen, 1974. – E. Gräßer: A. S. als Theologe, 1979. – W. E. Müller: A. S.s Kulturphilosophie im Horizont säkularer Ethik, 1993. – C. Günzler: A. S., Einführung in sein Denken, 1996. – G. Altner [u.a.] (Hg.): Leben inmitten von Leben. Die Aktualität der Ethik A. S.s, 2005. – W. Zager (Hg.): A. S. u. das freie Christentum, 2005. – W. Zager: A. S. als liberaler Theologe. Studien zu einem philosophischen u. theologischen Denker, 2009.

Werner Zager

John R. Searle

* 31.7.1932 Denver/Colorado (USA)

1949 Studium der Philosophie, Politik- u. Wirtschaftswissenschaften an der Univ. of Wisconsin
1952 Fortsetzung des Studiums in Oxford
1956 Research Lecturer am Christ Church College, Oxford
1959 Dissertation bei Peter Geach über *Sense and reference*
1959 Zunächst Assistenz-, dann Mills-Professor für Philosophie an der Univ. of California, Berkeley
1984 BBC-Vorträge, im selben Jahr u. d. T. *Minds, Brains, and Science* (Geist, Gehirn und Naturwissenschaft) erschienen

S.s Hauptarbeitsgebiete bilden die Philosophie der Sprache und die Philosophie des Geistes; beide Gebiete hat er maßgeblich beeinflusst. Wichtig ist auch seine Theorie der institutionellen Tatsachen. S. gilt neben →John L. Austin als Hauptvertreter der Sprechakttheorie, die er zusammen mit Daniel Vanderveken zur Illokutionslogik weiterentwickelt hat. S. ist zudem als Kritiker der Künstliche-Intelligenz-Forschung in Erscheinung getreten.

Nach S. schafft der Vollzug eines illokutionären Akts (eines Versprechens, einer Bitte, einer Behauptung) eine institutionelle Tatsache: Einem physischen Ereignis, einer Äußerung X, wird ein bestimmter Status Y auferlegt; *X gilt* fortan *als Y* (*Speech Acts* [Sprechakte], 1969; *The Construction of Social Reality* [Die Konstruktion der gesellschaftlichen Wirklichkeit], 1995). Die Zuschreibung der Status-Funktion hängt von der *Form* des geäußerten Satzes ab; es gibt aber auch »indirekte« Sprechakte, bei denen letzteres nicht der Fall ist: ›Kannst du mir das Salz reichen?‹, ist von der Form her eine Frage, wird aber gewöhnlich als Bitte verstanden (*Expression and Meaning* [Ausdruck und Bedeutung], 1979). Eine explizit performative Äußerung (wie ›Ich verspreche dir, dass ich kommen werde‹) besteht nach S.s ursprünglicher Analyse aus zwei Indikatoren, nämlich dem Indikator F der illokutionären Kraft der Äußerung (›Ich verspreche dir‹) und dem Indikator p des propositionalen Gehalts (›dass ich kommen werde‹); ein illokutionärer Akt hat demnach die Form F(p). Seit 1989 spricht S. von einem *doppelten* propositionalen Gehalt (›dass ich dir verspreche [dass ich kommen werde]‹). Dieser Analyse zufolge sind explizit performative Äußerungen *Deklarationen*; der propositionale Gehalt der Deklaration ist (im vorliegenden Fall) ›dass ich dir verspreche‹; der Gehalt des Versprechens ist ›dass ich kommen werde‹ (»How Performatives work«, in: *Consciousness and Language* [Bewusstsein und Sprache], 2002, 156–79). In welche Dimensionen die illokutionäre Kraft einer Äußerung zerlegt werden kann, zeigt die Illokutionslogik (mit D. Vanderveken, *Foundations of Illocutionary Logic* [Grundlagen der illokutionären Logik], 1985).

S. zufolge sind Sprechakte und intentionale (geistige) Akte strukturell ähnlich (*Intentionality*, 1983). Die – als ›vorsprachlich‹ betrachtete – Intentionalität des Bewusstseins hält S. für das grundlegende, die Sprache für ein abgeleitetes Phänomen. Einer (sprachlichen) Äußerung geht eine Äußerungsabsicht voran. Die Äußerung ist die *Erfüllungsbedingung* dieser Äußerungsabsicht. Der Äußerung, die selbst Erfüllungsbedingung der Äußerungsabsicht ist, werden durch den Sprecher weitere Erfüllungsbedingungen auferlegt. In der absichtlichen Auferlegung von Erfüllungsbedingungen auf Erfüllungsbedingungen besteht das Wesen der Sprecher-Bedeutung (»What is Language: Some Preliminary Remarks«, in: *J. S.s Philosophy of Language. Force, Meaning and Mind*, hg. v. S. L. Tsohatzidis, 2007, 15–45). S. insistiert darauf, dass der Geist bzw. das Bewusstsein als neuro-biologische Gegebenheit (Funktion) anzusehen ist (*The Rediscovery of Mind* [Die Wiederentdeckung des Geistes], 1992; *Mind, Language, and Socitey* [Geist, Sprache und Gesellschaft], 1999; *Mind* [Geist], 2004). Intentionale Zustände (Überzeugungen, Wünsche,

Hoffnungen, Befürchtungen) sind die Hauptmerkmale des Bewusstseins von Einzelpersonen. Es gibt darüber hinaus *kollektive* oder *Wir*-Intentionalität; kollektive Intentionalität ist der Träger ›institutioneller Wirklichkeiten‹ (wie Geld, Eigentum, Ehen, Regierungen, Einkommensteuer, Wettkampfspiele).

Im Rahmen seiner Auseinandersetzung mit der »Künstliche-Intelligenz-Forschung« äußert sich S. skeptisch hinsichtlich der Reproduzierbarkeit des menschlichen Geistes mit Hilfe von Computerprogrammen (*The Mystery of Consciousness* [Das Geheimnis des Bewusstseins], 1997). Naturwissenschaftliche Erkenntnisse hingegen werden in S.s Philosophie grundsätzlich berücksichtigt. Auch das Problem der Willensfreiheit wird auf neurobiologischer Grundlage diskutiert. Willensfreiheit wird laut S. von jeglicher rationalen Aktivität vorausgesetzt (*Rationality in Action* [Rationalität in Aktion], 2001; *Freedom and Neurobiology* [Freiheit und Neurobiologie], 2007).

Lit.: E. Lepore / R. Van Gulick (Hg.): J. S. and His Critics, 1991. – S. L. Tsohatzidis (Hg.): Foundations of speech act theory. Philosophical and linguistic perspectives, 1994. – N. Fotion: J. S., 2000. – B. Smith (Hg.): J. S., 2003. – S. L. Tsohatzidis (Hg.): J. S.s Philosophy of Language. Force, Meaning, and Mind, 2007.

Eckard Rolf

Lucius Annaeus Seneca

um 4–1 v. Chr. Corduba/Provinz Baetica (Spanien) – April 65 (Selbsttötung auf Befehl Neros) bei Rom

um 13–19	rhetorische u. philosophische Studien in Rom
um 25–31/32	Aufenthalt in Ägypten
34–35(?)	Quästor
um 39/40	Schauprozess mit Drohung der Todesstrafe durch Kaiser Caligula
41–49	Verbannung auf Korsika

Frühjahr 49	durch Iulia Agrippinas Einfluss Rückberufung u. Ernennung zum Erzieher u. Lehrer Neros
56–62	Führung der Regierungsgeschäfte gemeinsam mit dem Prätorianerpräfekten Afranius Burrus
62–65	Rückzug aus der Öffentlichkeit u. intensivierte literarische Produktion

S. gehörte zu den wichtigsten Protagonisten stoischer Lebensform in Rom. Sein Leben und Werk erregten schon zu seinen Lebzeiten glühende Verehrung und heftigste Ablehnung. Seine These, dass die Philosophie der einzige Weg zum glücklichen Leben sei, weist ihn als Exponenten eines psychagogisch-therapeutisch dimensionierten Philosophiebegriffs aus. Er setzte sich mit dem von einem rationalen Lustkalkül beherrschten negativen Hedonismus →Epikurs auseinander (*Epistulae* [Briefe] 1–30; *Dialogi* [Gespräche] 7,12) und übernahm metaphysische Themen →Platons wie dessen Ideenlehre (*Epistulae* 58 und 65). Unerbittlich zeigte er sich in seiner Ablehnung des aristotelischen Ideals der Metriopathie (Affektkontrolle) (*Epistulae* 85,3 f. 10; *Dialogi* 3). Mit Ausnahme seiner Tragödien waren alle seine Werke an bestimmte Adressaten gerichtet und auf einen mehr oder minder präzisen historisch-politischen Kontext bezogen.

S.s Frühwerk steht im Bannkreis des rigorosen Moralisten Attalus, des Papirius sowie besonders des von Quintus Sextius und anderen Neopythagoreern beinflussten Sotion, dessen Vegetarismus der körperlich labile S. nach einigen Jahren aufgeben musste (*Epistulae* 108,12–23). Schon hier ist die von S. stets geforderte Umsetzung philosophischer Doktrin in Alltagsverhalten fassbar. Während seiner von Caligula veranlassten Verbannung nach Korsika schuf S. vermutlich nicht nur mehrere seiner (in der Renaissance selbst den griech. Klassikern vorangestellten) Tragödien, sondern auch die Trostschriften an Helvia und Polybius (*Dialogi* 12 und 11). Mit diesen Schriften und verschiedenen *Epistulae morales* (63, 93, 99) steuerte er einen Hauptbeitrag zur antik-paganen (d.h. antiken vor- und nichtchristlichen) Konsolationsliteratur bei.

Nach seiner Rückkehr nach Rom nahm S. mit seiner menippeïschen (d.h. aus Vers- und Prosateilen bestehenden) Satire *Apocolocyntosis divi Claudii* (Verkürbissung des göttlichen Claudius) literarische Rache am verstorbenen Kaiser Claudius und konzipierte als Prinzenerzieher Neros in *De clementia* (Über die Güte) ein von »Milde« dominiertes Zielbild des politischen Herrschers. Seinen Reichtum – S. galt als (oft beneideter) reichster Mann seiner Zeit – rechtfertigte er verklausuliert in *De vita beata* (Vom seligen Leben). Womöglich fällt auch seine Schrift *De beneficiis* (Über Wohltaten) in diese Zeit.

S.s philosophisches Hauptwerk, die *Epistulae morales ad Lucilium* (Briefe über Ethik an Lucilius), entstanden 62–64 n.Chr. In die letzten Lebensjahre gehören auch der Traktat *De providentia* (Über die Vorsehung) sowie die *Naturales quaestiones* (Naturwissenschaftliche Untersuchungen), deren Themenspektrum von grundsätzlichen physikotheologischen Reflexionen über allgemeine meteorologische Theorien und Erklärungsversuche der Nilüberschwemmungen (Buch 4a) bis hin zu Erdbeben- (Buch 6) und Kometentheorien (Buch 7) reicht.

Werke: Philosophische Schriften, übers. v. O. Apelt, 4 Bde., 1923/24, ND 1993. – Philosophische Schriften, lat.-dt., hg. u. übers. v. M. Rosenbach, 5 Bde., 1980–89. – Epistulae morales, hg. v. L. D. Reynolds, 1965, lat.-dt., übers. v. F. Loretto, R. Rauthe [u.a.], 17 Bde., 1977–2000. – Moralische Briefe, lat.-dt., 2 Bde., hg. u. übers. v. G. Fink, 2007. – Dialogi, hg. v. L. D. Reynolds, 1977. – Die kleinen Dialoge, lat.-dt., 2 Bde., hg. u. übers. v. G. Fink, 1992. – Apocolocyntosis, lat.-dt., übers. v. A. Bauer, 1981, lat.-dt., übers. u. komm. v. A. A. Lund, 1994. – Tragoediae, hg. v. O. Zwierlein, ^{2}1987. – Naturales quaestiones, lat.-dt., übers. v. O. u. E. Schönberger, 1998. – Ps.-Seneca, Der apokryphe Briefwechsel zwischen S. u. Paulus [lat.-dt.], eingel., übers. u. mit interpretierenden Essays versehen v. A. Fürst [u.a.], 2006.

Lit.: I. Hadot: S. u. die griech.-röm. Tradition der Seelenleitung, 1969. – G. Maurach (Hg.): S. als Philosoph, ²1987. – G. Maurach: S. Leben u. Werk, ²1996. – M. Giebel: S., 1997. – M. v. Albrecht: Wort u. Wandlung. S.s Lebenskunst, 2004. – J. Wildberger: S. u. die Stoa: Der Platz des Menschen in der Welt, 2 Bde., 2006.

Matthias Laarmann

Sextus Empiricus
um 200

S. übte als Empiriker den Beruf des Arztes aus. Sein Werk gilt als Hauptquelle für den antiken Pyrrhonismus und hatte seit der Veröffentlichung der lat. Übersetzung der *Pyrrhôneioi hypotypôseis* (Grundriss der pyrrhonischen Skepsis) 1562 großen Einfluss auf den Skeptizismus der Neuzeit, u.a. auf →Michel de Montaigne, der S.s Ideen in moderner Sprache in seinen Essai *Apologie de Raimond Sebond* (1580) integrierte. Nachdem →René Descartes S.s Argumente in den *Meditationes de prima philosophia* (1641) aufgegriffen hatte, wurden sie fester Bestandteil westlich-philosophischer Tradition.

Von S.s philosophischem Werk sind drei Abhandlungen erhalten: Die erste, der *Grundriss*, ist ein dreiteiliges Handbuch, das eine Einführung in den Skeptizismus enthält. Sein erster Teil beschreibt die wesentlichen Züge der Skepsis selbst: Es wird u.a. erörtert, wie die skeptischen Ausdrücke richtig zu deuten sind; zudem wird eine allgemeine Darstellung der skeptischen Argument-Schemata geliefert und der Unterschied zwischen Skeptizismus und anderen Philosophien erläutert. Der zweite Teil befasst sich mit skeptischen Argumenten gegen Logik und Erkenntnistheorie der Dogmatiker. Dabei werden das Kriterium, das Zeichen und der Beweis erörtert. Im dritten Teil argumentiert S. gegen die Lehren der Dogmatiker in Physik und Ethik. Die zweite Abhandlung, *Adversus mathe-*

maticos 7–11, enthält eine ausführlichere Version der letzten zwei Bücher des *Grundrisses*; in seiner dritten Abhandlung, *Adversus mathematicos* 1–6, argumentiert S. gegen die *artes liberales* (*mathêmata*), also gegen Grammatik, Rhetorik, Arithmetik, Geometrie, Astrologie und Musik.

Werke: Opera, hg. v. H. Mutschmann u. J. Mau, 3 Bde., 1912–58. – Grundriss der pyrrhonischen Skepsis, hg. und übersetzt v. M. Hossenfelder, 1968. – Gegen die Dogmatiker. *Adversus mathematicos* libri 7–11, hg. v. H. Flückiger, 1998. – Gegen die Wissenschaftler (= *Adversus mathematicos* 1–6), hg. v. F. Jürß, 2001.

Lit.: J. Annas / J. Barnes: The Modes of Scepticism, 1985. – M. Hossenfelder: Die Philosophie der Antike 3: Stoa, Epikureismus und Skepsis (= Geschichte der Philosophie, hg. v. W. Röd, Bd. 3), 1985. – R. J. Hankinson: The Sceptics, 1995. – B. Mojsisch, Sextus Empiricus u. die Pyrrhonische Skepsis – Darstellung, Kritik, Metakritik, in: Philosophische Reflexionen (Philosophiuri Ganasrebani) 2 (2002), 1–15.

Rosario La Sala

Anthony Ashley Cooper, 3. Earl of Shaftesbury

26.2.1671 London – 4.2.1713 Neapel (Italien)

1675–85	Privaterziehung durch →John Locke, danach Besuch des Winchester Colleges
1687–89	Grand Tour
1695–98	Member of Parliament
1698/99	Aufenthalt in den Niederlanden
1703	nach Aktivität im House of Lords Rückzug aus der Politik
1703/04	Aufenthalt in den Niederlanden
1711	Umzug nach Neapel

Als herausragender Vertreter einer Philosophie, die sich von der biblischen Offenbarung abwandte und Orientierung für den Menschen aus seiner eigenen Natur und dem

Kosmos zu gewinnen suchte, stimulierte S. das gesamte 18. Jh. hindurch in England, Deutschland und Frankreich zahlreiche Debatten. Reger Kontakt verband ihn mit →John Locke, →Pierre Bayle, Jean Le Clerc, →Gottfried Wilhelm Leibniz und dem als ›Atheisten‹ berüchtigten John Toland. Als Parlamentarier und in seinen philosophischen Schriften engagierte sich S. im Sinne eines politischen und religiösen Liberalismus. Er wurde als Leitfigur einer liberalen, weltlichen und ästhetisch ausgerichteten Philosophie verehrt, aber auch wegen seiner Kritik an Kirche und Offenbarung als Deist angegriffen.

Zeitgleich mit Leibniz entwickelte S. die Vorstellung eines vollkommenen, harmonischen Kosmos (*The Moralists, a Philosophical Rhapsody* [Die Moralisten, eine philosophische Rhapsodie], 1704/09), die er gegen die Autorität der Bibel setzte. In der kosmischen Ordnung offenbart sich für ihn eine dem Menschen unmittelbar erkennbare Schöpferintelligenz. Indem der Mensch seine mit dieser Intelligenz verwandte eigene Geistnatur erkenne, schule er seinen *Moral Sense*, einen natürlichen, in der Empfindung verankerten Maßstab für Gut und Böse, Recht und Unrecht, Schönes und Hässliches (*Inquiry concerning Virtue or Merit* [Untersuchung über Tugend oder Verdienst], 1699). Die »moralische Empfindung« leite zur harmonischen Einordnung in den Kosmos an. Mit der *Moral Sense*-Theorie wandte sich S. gegen die rationalistische, methodische Philosophie seiner Zeit. Sie wurde im 18. Jh. intensiv diskutiert und u.a. von →Francis Hutcheson, →David Hume und →Adam Smith zu einer Grundfigur aufklärerischer Moralbegründung ausgebaut.

S.s Interesse lag nicht in der Konstruktion eines geschlossenen philosophischen Systems, sondern in der Anleitung seiner Leser zur Selbsterkenntnis. In *Soliloquy, or Advice to an Author* ([Selbstgespräch oder Ratschlag an einen Autor] 1710) empfahl er dem Leser ein – stoisch fundiertes – Selbstgespräch, das die eigenen Affekte zu kontrollieren erlaube. Sein undogmatischer, freier und eleganter Stil sowie die Wahl literarisierter Formen für seine Veröffentlichungen – wie die Wahl des Dialogs für die *Moralists* oder des Briefs für den *Letter concerning Enthusiasm* ([Brief über den Enthusiasmus] 1708) – dienten dazu, den Leser in ironischer Toleranz, Kritikfähigkeit und v. a. Selbsterkenntnis zu schulen. S. reaktivierte damit die antike Auffassung von Philosophie als einer Lebenspraxis, die auf den rechten Umgang mit sich selbst, den anderen Menschen und dem Kosmos zielt. →Sokrates, Xenophon, →Epiktet und →Marc Aurel waren seine Leitfiguren. Die ästhetische Reflexion von Dichtung, später auch von bildender Kunst (*Judgment of Hercules* [Das Urteil des Herkules], 1713; *Second Characters or the Language of Forms* [Über künstliche Zeichen oder die Sprache der Formen], postum 1914 bzw. 2001), bezog S. in diese Absicht mit ein. – 1711 stellte er seine Schriften in den *Characteristics of Men, Manners, Opinions, Times* ([Charakteristiken der Menschen, Manieren, Meinungen, Zeiten] 3 Bde.) zusammen, die als Werk eigenen Rechts angesehen werden können.

Werke: Standard Edition, Complete Works, hg. v. W. Benda [u. a.], angelegt auf 21 Bde., 1981 ff.

Lit.: L. Klein: S. and the Culture of Politeness, 1994. – B. Schmidt-Haberkamp: Die Kunst der Kritik, 2001. – M.-G. Dehrmann: S. u. die dt. Aufklärung, 2008.

Mark-Georg Dehrmann

Siger von Brabant

um 1240 vermutlich im südlichen Brabant – um 1283 (am päpstlichen Hof ermordet) Orvieto (Italien)

1266 erste Erwähnung als Magister Artium an der Univ. Paris
1270 Verurteilung von 13 Thesen durch den Pariser Bischof Etienne Tempier

1276 Anklage vor dem frz. Inquisitionsgericht; Flucht aus Frankreich, Ende der akademischen Laufbahn
1277 Verurteilung von 219 Thesen durch den Pariser Bischof

S. gilt als herausragender Vertreter des radikalen Aristotelismus, einer philosophischen Strömung, die in den Jahren um 1270 an der Pariser Universität auf eine von theologischen Erwägungen freie Aristoteles-Deutung und somit auf die Autonomie der philosophischen Wissenschaften zielte. Die Verurteilungen von 1270 und 1277 betrafen zentrale Lehrmeinungen S.s. S. als ›Averroisten‹ zu bezeichnen, wie seit →Thomas von Aquins Streitschrift *De unitate intellectus* (1270) bis heute üblich, ist irreführend, weil die Lehren des →Ibn Ruschd (Averroes) S.s Zustimmung nur fanden, insofern sie als angemessene Auslegung der aristotelischen Philosophie aufgefasst wurden. Bis ins 19. Jh. wurde S. in erster Linie als literarische Figur rezipiert. In →Dantes *La Divina Commedia* erfuhr er als Inbegriff des Philosophen im erlauchten Kreise elf weiterer christlicher Gelehrter im Paradies höchste Anerkennung.

In der Abhandlung *Quaestiones in tertium De anima* ([Quaestionen zum dritten Buch über die Seele] vermutlich 1265) stellte S. heraus, dass der Intellekt, der aus einem möglichen (*intellectus possibilis*) und einem tätigen Intellekt (*intellectus agens*) zusammengesetzt ist – abgetrennt, immateriell, ewig und überindividuell ist. Der eine, überindividuelle Intellekt verbindet sich mittelbar mit dem einzelnen menschlichen Körper dadurch, dass er auf Vorstellungsinhalte bezogen ist, die mit dem Körper verbunden sind. Der tätige Intellekt besorgt die Abstraktion universaler Gehalte aus den Vorstellungsinhalten, der mögliche Intellekt deren Aufnahme (*receptio*). Der Intellekt bildet keine substantielle Einheit mit dem menschlichen Körper, er ist nicht (individuelle) Form des Körpers. Da allein der intellektive Seelenteil als Kandidat für die

Unsterblichkeit in Frage kommt, ergibt sich die von S. nicht ausgesprochene, theologisch höchst brisante Konsequenz, dass es die individuelle Unsterblichkeit der Seele nicht geben kann.

In der Abhandlung *De anima intellectiva* ([Über die Vernunftseele] 1273/74) schwächte S. vermutlich unter dem Eindruck der scharfen Ablehnung seitens der orthodoxen Theologie seine frühere Ansicht zur überindividuellen Einzigkeit des Intellekts ab. Die Berechtigung der Gegenthese →Avicennas, der Intellekt sei durch die Vervielfältigung des menschlichen Körpers vervielfältigt, wird nunmehr eingeräumt.

In den *Quaestiones super Librum de causis* [Quaestionen über den Liber de Causis] 1275/76) fasste S. das Kriterium der Abtrennbarkeit des Intellekts vom Körper neu. Der Intellekt bedarf des Körpers als eines Objektes, insofern das Denken notwendig auf durch körperliche Sinneswahrnehmung vermittelte Vorstellungsinhalte bezogen ist. S. rückte hier so weit von Ibn Ruschd ab, dass er dessen Position als häretisch bezeichnen und die Autorität der menschlichen Vernunft der des Glaubens eindeutig unterordnen konnte.

Werke: Quaestiones in tertium De anima, De anima intellectiva, De aeternitate mundi, hg. v. B. Bazán, 1972. – Quaestiones super Librum de causis, hg. v. A. Marlasca, 1972. – Quaestiones in Metaphysicam, hg. v. W. Dunphy, 1982.

Lit.: F.-X. Putallaz / R. Imbach: Profession: Philosophe. S. de B., 1997. – O. Pluta: S. v. B.: *Quaestiones in tertium De anima*, in: K. Flasch (Hg.): Interpretationen. Hauptwerke der Philosophie: Mittelalter, 1998, 292–317.

Christof Krambrich

Georg Simmel

1.3.1858 Berlin – 26.9.1918 Straßburg

1876–81 Studium der Geschichte u. Philosophie an der Univ. Berlin
1881 Promotion mit der Arbeit *Darstellung und Beurteilungen von Kants verschiedenen Ansichten über das Wesen der Materie*
1885 Habilitation im Fach ›Philosophie‹ mit der Schrift *Kantische Studien*; Ernennung zum Privatdozenten, seit 1900 ao. Professor an der Univ. Berlin
1908 S.s Berufung an die Univ. Heidelberg scheitert aufgrund eines antisemitisch gehaltenen Gutachtens gegen ihn
1911 Dr. h. c. der Fakultät für Staatswissenschaften der Univ. Freiburg i. Br.
1914 o. Professor für Philosophie an der Univ. Straßburg

S. ist einer der Begründer der modernen Soziologie, entfaltete aber ebenso große Wirkung als Interpret philosophischer Klassiker (v. a. →Immanuel Kants) und durch eigene wert-, kultur-, religions- und lebensphilosophische Arbeiten. Er gilt als Theoretiker der Moderne und der Individualisierung.

S.s frühes Werk ist vom Positivismus geprägt. Die erste Ausarbeitung seines soziologischen Ansatzes (*Über sociale Differenzierung*, 1890) geht von der analytischen Unterscheidung zwischen Individuum und Gesellschaft aus und zeichnet den neuzeitlichen Differenzierungsprozess nach; die *Einleitung in die Moralwissenschaft* (2 Bde., 1892/93) nimmt eine »Kritik der ethischen Grundbegriffe« auf erfahrungswissenschaftlicher Basis vor.

In S.s zweiter Schaffensphase traten werttheoretische Überlegungen in den Vordergrund (*Philosophie des Geldes*, 1900), anhand derer S. den für das moderne Weltbild konstitutiven Rationalisierungsprozess und Relationismus (d. h. in Beziehungen zu denken) analysierte. Diese »Weltbildanalyse« setzte er in Arbeiten zur Genese moderner

Weltanschauungen fort (z.B. *Kant*, 1904; *Kant und Goethe*, 1906; *Schopenhauer und Nietzsche*, 1907). In diese Phase fällt auch die zweite Fassung der 1892 erstveröffentlichten Schrift *Probleme der Geschichtsphilosophie* (1905), in der S. unter dem Einfluss Kants von einem transzendentallogischen Standpunkt aus geschichtliche Erkenntnis als Produkt apriorischer Bewusstseinskategorien begreift. Auch seine große *Soziologie* (1908) wird durch eine transzendentalphilosophische Erkenntnistheorie fundiert. Darüber hinaus wandte sich S. in der zweiten Werkphase kunst-, religions- und kulturphilosophischen Themen zu (z.B. *Philosophische Kultur*, 1911).

S.s letzte Werkphase ist von einer ausdrücklichen Wende zur Lebensphilosophie geprägt, die sich nicht zuletzt dem seit 1908 einsetzenden Einfluss →Henri Bergsons verdankte und zur Entwicklung des Programms einer »immanenten Transzendenz« führte (z.B. *Goethe*, 1913; *Rembrandt*, 1916; *Lebensanschauung*, 1918). Im Zentrum von S.s Überlegungen stand die Frage nach den Möglichkeiten individuellen Lebens angesichts der kulturpessimistisch gefärbten Einsicht in die Unversöhnbarkeit bestehender Gegensätze und das Überhandnehmen der »objektiven Kultur«. Jenseits soziologischer Beschreibung sah er eine Lösung in der Ethik des »individuellen Gesetzes«, dem zufolge das Individuum in jedem Augenblick seines Lebens die Totalität und das Ideal seiner selbst zu verwirklichen habe.

Werke: GA, hg. v. O. Rammstedt, 23 Bde. u. 1 Registerbd., 1989–2008.

Lit.: K. Gassen / M. Landmann (Hg.): Buch des Dankes an G. S., 1958. – M. Susman: Die geistige Gestalt G. S.s, 1959. – W. Jung: G. S. zur Einführung, 1990. – V. Krech: G. S.s Religionstheorie, 1998.

Volkhard Krech

Adam Smith

5.6.1723 (Taufe) Kirkcaldy (Schottland) – 17.7.1790 Edinburgh (Schottland)

1737–40	Studium an der Univ. Glasgow bei →Francis Hutcheson
1740–46	Philosophiestudium als Snell-Stipendiat in Oxford
1748	private Vorlesungstätigkeit in Edinburgh, gefördert durch Lord Henry Home Kames
1750	Beginn der Freundschaft mit →David Hume
seit 1751	Professor für Logik, dann für Moralphilosophie (Nachfolge Hutcheson) in Glasgow
1763–66	Tutor von Henry Scott, 3. Duke of Buccleuch, seit 1764 Europareise durch Frankreich u. die Schweiz
1766	Fellow der Royal Society of London
1766–78	lebt in Kirkcaldy
1778	Umzug nach Edinburgh u. Berufung zum Zollkommissar von Schottland
1783	Gründungsmitglied der Royal Society of Edinburgh
1787–89	Lord Rector der Univ. Glasgow

S. gilt als wichtiger Vertreter der schott. Moralphilosophie und als Begründer des volkswirtschaftlichen Denkens. Seine Einsichten in die Natur des Menschen konzentrieren sich zum einen auf die Rolle der Sympathie, bei der ein »unparteiischer Beobachter« maßgebliches Regulativ für das menschliche Miteinander ist, und zum anderen auf das Selbstinteresse. Die Gesellschaft kann nur dann Wohlstand erwirtschaften, wenn die Einzelnen ihrem natürlichen Selbstinteresse nachkommen und sich arbeitsteilig spezialisieren. Von zentraler Bedeutung ist hierbei, dass nur in wenigen ausgewählten Bereichen des Marktes und der Gesellschaft durch die Regierung Einfluss genommen wird; die menschlichen Geschicke werden nach S. am besten von der »unsichtbaren Hand« geleitet, die den Wohlstand der Nationen befördert.

S. entwickelte seine Moralphilosophie in seinen beiden wichtigsten Büchern, *Theory of Moral Sentiments* ([Theorie der moralischen Gefühle] 1759) und *An Inquiry into the Nature and Causes of the Wealth of Nations* ([Eine Untersuchung über die Natur und Ursachen des Wohlstands der Nationen] 1776). Geleitet wird S.s Denken von der bereits bei →Francis Hutcheson zentralen Frage, an welchen Mechanismen sich das menschliche Zusammenleben orientiert und welche Rahmenbedingungen ein Prosperieren (Gedeihen) der Gemeinschaft ermöglichen. Ähnlich wie bei →David Hume steht auch bei S. die Sympathie im Vordergrund, die ein sozialverträgliches Verhalten in der Gesellschaft garantiert. In der *Theory* konstatiert S., dass sich der Einzelne bei allem Handeln durch einen unparteiischen Beobachter als personalisiertes Gewissen beobachtet fühlt.

Dies wird im *Wealth of Nations* weiter geführt, in dem das individuelle, aber sozialverträgliche Selbstinteresse im Vordergrund steht, das sich grundlegend vom puren Egoismus unterscheidet. Das ›Adam-Smith-Problem‹ (die Klärung der Frage, ob beide Hauptwerke als Einheit gesehen werden können) beruht somit auf einem Missverständnis. In *Wealth of Nations* wird die Gesellschaft als arbeitsteilig organisierter, ausdifferenzierter Verbund von hoch spezialisierten Einzelnen interpretiert, die in der Interaktion produktiv sind, ohne dass eine übergreifende politische Leitfunktion ausgeübt würde. Aus diesem Zusammenhang stammt die Metapher der »unsichtbaren Hand«, die als Ausdruck der Marktmechanismen interpretiert wird und den Wohlstand aller ermöglicht, auch wenn die Einzelnen primär ihrem Selbstinteresse nachkommen. Der *Wealth of Nations* verbindet Moralphilosophie und Volkswirtschaftslehre und stellt darüber hinaus eine der genauesten Bestandsaufnahmen der brit. Kultur des 18. Jh.s dar.

Werke: GS, Glasgow Edition, 6 Bde., 1976, ND 1984.

Lit.: W. Bagehot: A. S. as a Person, 1876. – D. D. Raphael: A. S., 1985. – H. C. Recktenwald: Ethik, Wirtschaft u. Staat, 1985. – J. Z.

Muller: A. S. in His Time and Ours. 1993. – H. Winter: A. S. für Anfänger, 1999. – T. Rommel: Das Selbstinteresse von Mandeville bis S., 2006.

Thomas Rommel

Sokrates

470/69 v. Chr. Athen – 399 v. Chr. (hingerichtet) Athen

431–29 v. Chr.	Beteiligung an der Belagerung von Potidaia
424 v. Chr.	Beteiligung an der Schlacht bei Delion
422 v. Chr.	Beteiligung an der Schlacht bei Amphipolis
406 v. Chr.	Prytane (athen. Regierungsmitglied) u. Vorsitzender der Volksversammlung
399 v. Chr.	Prozess gegen S. wegen Nichtanerkennung der Götter u. verderblichen Einflusses auf die Jugend

Wurde S. zunächst von vielen – so z. B. von Aristophanes – in die Nähe der Sophisten gestellt, so erkannte man sein Denken zunehmend als Neuansatz an; manche Forscher sehen in S. sogar den Urheber der Philosophie. Durch seine als Dialog entwickelte Forschungsmethode erhielt das Wort ›Philosophie‹ im Gegensatz zu ›Sophistik‹ eine neue, seitdem bestehende Bedeutung. Philosophie ist demnach nicht eine Sammlung oder ein System von Lehrsätzen, sondern die Suche nach einer sowohl theoretisch als auch praktisch verbindlichen Wahrheit. Dialektik hat als Kunst des Dialogs, der Zusammenschau (*synopsis*) und der richtigen Verknüpfung und Trennung der Begriffe (→ Platon), als Logik des Argumentierens (→ Aristoteles, mittelalterliche Scholastik), als Widerstreit der Vernunft mit sich selbst (→ Immanuel Kant), als Entwicklung der Sache selbst (→ Georg Wilhelm Friedrich Hegel, → Karl Marx) und als Logik des Diskurses (→ Jürgen Habermas) ihren Ausgangspunkt in S.

Da S. nur mündlich gewirkt hat, sind wir auf Zeugnisse anderer angewiesen. Diese Quellen stammen v. a. von

Aristophanes (dem S. als Vorlage für die Hauptfigur seiner Komödie *Die Wolken*, 423 v. Chr., diente), Xenophon, Platon und Aristoteles. Das Bild, das sie von S. entwarfen, ist sehr unterschiedlich. Gleichwohl stimmen ihre Aussagen in folgenden Merkmalen weitgehend überein: S. wandte sich, wie die Sophisten, von der Naturphilosophie ab und anthropologischen und ethischen Fragen zu. Er verbrachte sein Leben im Gespräch und entwickelte eine spezifische, dialogische Methode, die von Aristoteles so genannten *sokratikoi logoi* (Sokratischen Gespräche). Fasst man die wichtigsten Aussagen zusammen, so ergibt sich bei Berücksichtigung quellenkritischer Gesichtspunkte folgendes Bild:

- S. kritisierte die traditionelle, mythologisch bestimmte, Sittlichkeit der Polis und suchte nach neuen, dem besseren Argument verpflichteten, allgemein verbindlichen Normen des Zusammenlebens (vgl. Platon, *Euthyphron, Kriton*).
- Er verstand die delphische Devise ›Erkenne dich selbst!‹ als Aufforderung, sich um eine gute Verfassung der Seele zu bemühen (*epimeleia tes psyches*). Dabei knüpfte er an den seit Homer in Griechenland verbreiteten Leib-Seele-Dualismus an. Hinsichtlich der Frage der Unsterblichkeit der Seele vertrat er jedoch einen agnostischen Standpunkt (vgl. Platon, *Apologie*).
- Er befürwortete die ethisch bedeutsame These, dass niemand gegen seine bessere Einsicht handelt (vgl. Platon, *Protagoras*; Aristoteles, *Nikomachische Ethik 1145 b*).
- Er entwickelte die Form des Gesprächs als philosophische Forschungsmethode. Gegenstände des Dialogs sind nicht Tatsachen, sondern Versuche der Bestimmung des Wesens einer Sache selbst, d.h. Begriffsbestimmungen. Es handelt sich um eine Methode der Meinungsprüfung, bei der alle widersprüchlichen Aus-

sagen über einen Begriff auf dem Wege einer fortschreitenden Verallgemeinerung ausgeschieden werden (*elenchos*). Das Ziel, das jedoch i.d.R. nicht erreicht wurde, sondern oft in einer *Aporie* (einem unauflösbaren Widerspruch) endete, war die widerspruchsfreie Eingrenzung eines anthropologisch und ethisch bedeutsamen Sachverhaltes (vgl. Aristoteles, *Metaphysik 1078 b*), so z.B. die Definition der Tapferkeit (vgl. Platon, *Laches*), der Frömmigkeit (Platon, *Euthyphron*) oder der Gerechtigkeit (Platon, *Politeia I*).

– Die genannten Aspekte verbinden sich für S. zu einem Plädoyer für eine philosophische Lebensweise, die bestimmt ist durch unabschließbare Gespräche mit folgenden Aspekten: Bemühen um die Erkenntnis des fraglichen Sachverhalts, Prüfung des Gesprächspartners und Selbsterkenntnis.

Lit.: W. K. C. Guthrie: S., 1971. – G. Martin: S., 1983. – A. Patzer (Hg.): Der historische S., 1987. – G. Vlastos: S. Ironist and Moral Philosopher, 1991. – G. Figal: S., 1995. – W. H. Pleger: S. Der Beginn des philosophischen Dialogs, 1998. – C. C. W. Taylor: S., 1999. – L. Rossetti / A. Stavru (Hg.): Socratica 2005, 2008.

Wolfgang H. Pleger

Wladimir (Sergejewitsch) Solowjew

16.1.1853 Moskau – 31.7.1900 Uskoe bei Moskau

1869–73 Studium an der physikalisch-mathematischen, dann an der historisch-philologischen Fakultät der Univ. Moskau

1874 Promotion zum Dr. phil., Dozent an der Univ. Moskau

1880 Habilitation, Privatdozent an der Univ. Sankt Petersburg u. Beamter im Ministerium für Volksaufklärung

1881 Rücktritt nach Konflikt mit dem Ministerium; freier Publizist

1890er Jahre Leiter der philosophischen Abteilung der russ. Enzyklopädie *Brokgauz-Efron*

S. ist der Hauptrepräsentant der ›All-Einheitsmetaphysik‹ in Russland. Sein philosophisches System nimmt Denkmotive des Neuplatonismus, der dt. und byzantin. Mystik, →Baruch de Spinozas und →Friedrich Wilhelm Joseph Schellings auf und versucht, sie in einer integrativen Auffassung von Rationalität geltend zu machen. Neben seiner philosophischen Konzeption, die in Russland eine einflussreiche Tradition stiftete, wirkte S. auch über sein dichterisches Werk, u.a. auf den russ. Symbolismus. In seiner Publizistik bekämpfte er den slawophilen Nationalismus und trat für die Durchsetzung der Gewissensfreiheit sowie für die Einheit der West- und Ostkirchen ein. Seine Begründung des »Rechts auf menschenwürdiges Dasein« bildete einen wichtigen Beitrag zur Herausbildung der politischen Philosophie des Sozialliberalismus.

Das System der All-Einheit wurde von S. als Synthese von Philosophie, Religion und Kunst konzipiert; seine Entfaltung stellt den theo-kosmischen Prozess der geschichtlichen Werdung des Gottmenschentums dar. Das Heraustreten des Absoluten (des »unbedingt Seienden«) in die Welt wird durch die Weisheit Gottes (*Sophia*) vermittelt, die das Einheitsprinzip der geschaffenen Welt bildet. Dem Menschen wird die Aufgabe zuteil, die in die Vielheit zerfallene Welt wieder zur Einheit zusammenzuführen und den »gottmenschlichen Prozess« zum Abschluss zu bringen (*Vorlesungen über das Gottmenschentum*, 1878). Daher kann der Mensch als »das werdende Absolute« aufgefasst werden. Diese zentrale Stellung des Menschen in der Welt begründete S. in der Erkenntnislehre mit der Konzeption einer »integralen Erkenntnis« (*Die Kritik der abstrakten Prinzipien*, 1880), die das rationale, empirische und intuitive Wissen vereint. Auch in der Ethik wird das Prinzip der All-Einheit zur Begründung der unbedingten menschlichen Würde eingesetzt, die S. als unbedingte moralische Grundlage des gesellschaftlichen Lebens begriff (*Die Rechtfertigung des Guten*, 1897). Die sozialen Institutionen erhalten ihre Rechtfertigung, wenn sie der zentralen Aufgabe des Menschen förderlich sind, das unbedingt Gute in der Welt zu verwirklichen. In diesem Sinne wird das Recht als ein »Minimum des Guten« aufgefasst (*Recht und Sittlichkeit*, 1896).

Werke: Sobranie sočinenij, 2. Aufl., hg. v. E. Radlov u. S. Solov'ev, 10 Bde., 1911–14. – Polnoe sobranie sočinenij, hg. v. I. Borisova [u.a.], 2000 ff. – Dt. GA der W, hg. v. W. Szylkarski [u.a.], 9 Bde., 1953–79.

Lit.: L. Müller: Das religionsphilosophische System V. S.s, 1956. – L. Wenzler: Die Freiheit u. das Böse nach V. S., 1978. – W. Goerdt: Russ. Philosophie, 1984. – J. Sutton: The Religious Philosophy of V. S., 1988. – A. Haardt: Personalität in Recht u. Moral. V. S.s Begegnung mit Kant, in: A. Haardt / N. Plotnikov (Hg.): Diskurse der Personalität, 2008, 169–188.

Nikolaj Plotnikov

Oswald Spengler

29. 5. 1880 Blankenburg/Harz – 8. 5. 1936 München

1899–1903	Studium der Mathematik, Naturwissenschaften u. Philosophie in Halle, Berlin u. München
1904	Promotion zum Dr. phil. in Halle
1904–11	Tätigkeit als Lehrer, zuletzt in Hamburg
seit 1911	Privatgelehrter in München

Bekannt wurde S. als Geschichtsphilosoph, dessen Thesen zunächst z. T. begeisterte Aufnahme bei den Zeitgenossen fanden, bald aber auch auf heftigen Widerstand von verschiedenen Seiten stießen. Von der Schulphilosophie gemieden, blieb S. bis ans Lebensende das Interesse außeruniversitärer Kreise und der breiten Öffentlichkeit erhalten. Versuche, ihn – u. a. aufgrund seiner politischen Stellungnahmen in *Preußentum und Sozialismus* (1919) und *Neubau des Deutschen Reiches* (1924) – als ›Wegbereiter‹ des Nationalsozialismus (der S.s Thesen für sich zu vereinnahmen suchte), als Vordenker einer vermeintlichen ›Konservativen Revolution‹ oder als ›Kulturpessimist‹ zu interpretieren, scheitern an seiner Persönlichkeit ebenso wie noch weit mehr am Wortlaut seiner Schriften.

S.s Denken ist bestimmt durch den in seinem Hauptwerk, *Der Untergang des Abendlandes* (2 Bde., 1918/22), vorgelegten Versuch, den weiteren Gang der Geschichte mittels einer großangelegten »Morphologie der Weltgeschichte« vorauszubestimmen. Dafür entwickelte S. eine umstrittene Methode des Analogiedenkens zum Verstehen lebendiger Formen, wie Kulturen sie darstellen. Aus der analogen Betrachtung ergab sich für S. eine strikte Periodizität geschichtlicher Erscheinungsformen, die er in acht Kulturzyklen definierte, u. a. Ägypten, Indien, China, »apollinische« Antike und »faustisches« Abendland. Diese folgen organisch einer notwendigen inneren Bewegung von kultureller Aufstiegs- und Blütezeit sowie zivilisatorischem Reifen und Welken. S. betrachtete diese Zyklen als die eigentlichen Subjekte der Weltgeschichte, alle von gleichem Rang und von nahezu gleicher Lebensdauer und Ablaufsgesetzlichkeit. Die an gleicher Stelle einer kulturellen Entwicklung auftretenden Phänomene werden von S. »gleichzeitig« genannt: Napoléon und Alexander, →Immanuel Kant und →Platon sind »Zeitgenossen« in verschiedenen Geschichtszyklen, »gleichzeitig« wie geschichtliche Tatsachen, die, jede in ihrem Zyklus, in genau derselben relativen Lage auftreten und eine entsprechende Bedeutung für ihre Kultur haben (z. B. das perikleische Athen und das Florenz der Medici). Als Kritik der gängigen Periodisierung Antike-Mittelalter-Neuzeit und des »ptolemäischen Systems« der eurozentrischen Geschichtsbetrachtung vertrat S. somit eine »kopernikanische Wende«, um in »polyzentrischer« Wahrnehmung der »Kulturseelen« wahrhaft welthistorisch zu urteilen.

Vor allem in späteren Werken (*Der Mensch und die Technik*, 1931; *Jahre der Entscheidung*, 1933) zog S. die

Konsequenzen für den »faustischen« Zyklus, dessen Erstarrungsphase gekommen sei: Es gehöre zur historischen Entwicklung, dass es der Mensch des 20. Jh.s »zwar zu keinem Goethe mehr bringen« werde, »wohl aber zu einem Caesar«. Daraus leitete sich auch ein Handlungsaufruf ab: Jeder verhalte sich seiner Kultur- oder Zivilisationsphase gemäß. Wer heute noch versuche, ein Epos im Stile des Nibelungenliedes zu verfassen, hat die Zeichen der Zeit nicht erkannt; geschichtlich korrekt verhält sich der Techniker, der Plutokrat oder Jurist, der »Tatsachenmensch«, der nur noch vor »Generalstabskarten in Ekstase gerät«.

Lit.: A. Demandt / J. Farrenkopf (Hg.): Der Fall S., 1994. – D. Conte: O. S., 2004. – F. Lisson: O. S. Philosoph des Schicksals, 2005.

Christian Schäfer

Gustav (Gustavowitsch) Špet

6.4.1879 Kiew (Ukraine) – 16.11.1937 (vom russ. Geheimdienst ermordet) Tomsk (Russland)

1898–1905	Studium an der physisch-mathematischen u. historisch-philologischen Fakultät der Univ. Kiew
seit 1910	Privatdozent für Philosophie an der Univ. Moskau
1912/13	Forschungsaufenthalt in Göttingen bei →Edmund Husserl
1916	Promotion zum Dr. phil. in Moskau
1918–21	Professor für Philosophie an der Univ. Moskau
1922–29	Leiter der philosophischen Abteilung u. später Vize-Präsident der Staatlichen Akademie für Kunstwissenschaften
1935	Verbannung nach Sibirien wegen »Beteiligung an einer antisowjetischen Organisation«; dort Übersetzer der Werke von William Shakespeare u. →Georg Wilhelm Friedrich Hegels *Phänomenologie des Geistes* ins Russische

Š. ist der russ. Hauptvertreter der Phänomenologie, die er als Philosophie der Sprache und Kultur weiterentwickelte. Seine Konzeption gab wichtige Anstöße zur Herausbildung der Sprachauffassung des Strukturalismus (Roman Jakobson). In *Javlenie i smysl* (Erscheinung und Sinn) (1916, engl. 1991) entwarf Š. das Projekt einer »Phänomenologie der Vernunft«, die die Einschränkung der Philosophie auf die Erkenntnistheorie überwinden und die Totalität der Wirklichkeit erfassen soll. Die Wirklichkeit erschließt sich der Erkenntnis als Sinnzusammenhang, der durch das Verstehen von Zeichen zugänglich ist. Das Sein hat wesentlich Zeichencharakter. Das Verstehen ist die zentrale Erkenntnisfunktion, die eine Vermittlung von Sinnlichkeit und Verstand ermöglicht.

Werke: Die Hermeneutik u. ihre Probleme [1918], hg. v. A. Haardt [u.a.], 1993. – Istorija kak problema logiki [Geschichte als Problem der Logik], hg. v. I. Chubarov [u.a.], 2002. – Das Bewusstsein u. sein Eigentümer, in: A. Haardt / N. Plotnikov (Hg.): Gesicht statt Maske. Philosophie der Person in Russland, 2010.

Lit.: A. Haardt: Husserl in Rußland. Phänomenologie der Sprache u. Kunst bei G. Š. u. Aleksej Losev, 1993. – T. G. Ščedrina: »Ja pišu kak echo drugogo…«: Očerki intellektual'noj biografii G. Š. [»Ich schreibe als Echo des Anderen…«: Beiträge zu einer intellektuellen Biographie von G. Š.], 2004.

Nikolaj Plotnikov

Baruch (Benedictus) de Spinoza

24.11.1632 Amsterdam – 21.2.1677 Den Haag

1646–49	Besuch der Rabbinerschule
1650–54	autodidaktische Studien u. Mitarbeit im väterlichen Handelsgeschäft
1656	Ausstoßung aus der Synagoge (*Cherem*); Aufnahme in die Lateinschule des Ex-Jesuiten Franciscus van den Enden

1660	Verbannung aus Amsterdam; Übersiedlung nach Rijnsburg bei Leiden
1663	Übersiedlung nach Voorburg; Kontakt zur liberalen Regentschaft Hollands
1669	Übersiedlung nach Den Haag
1673	Ablehnung einer Professur in Heidelberg
1678	Verbot der ein Jahr zuvor veröffentlichten nachgelassenen Werke durch Kirche u. Regierung

S. zählt als bedeutendster Vertreter der zweiten Generation des Cartesianischen Rationalismus zu den wichtigsten, aber auch umstrittensten Denkern der Neuzeit. Er entstammte einer aus Portugal vertriebenen Familie zwangschristianisierter Juden. Bereits früh löste er sich von der jüd. Tradition und beschäftigte sich mit klassischen Sprachen, Literatur, Naturwissenschaft (→Nicolaus Copernicus, →Johannes Kepler, Galileo Galilei) sowie antiker, ital. (→Tommaso Campanella, →Giordano Bruno) und engl. (→Thomas Hobbes) Philosophie. Besonders intensiv setzte er sich mit dem Denken →René Descartes' auseinander und entwickelte seit 1660 schrittweise ein eigenes philosophisches System. Hauptstationen auf diesem Weg waren die *Korte Verhandeling van God, de Mensch en des Zelfs Welstand* ([Kurze Abhandlung von Gott, dem Menschen und seinem Glück] [1661] erschienen 1862), der fragmentarische *Tractatus de intellectus emendatione* ([Traktat über die Verbesserung des Verstandes] [1662] erschienen 1677), *Renati Des Cartes principiorum philosophiae* ([Descartes' Prinzipien der Philosophie] 1663), die *Cogitata Metaphysica* ([Metaphysische Gedanken] 1663), der *Tractatus theologico-politicus* ([Theologisch-Politischer Traktat] 1670), der unvollendete *Tractatus Politicus* ([Politischer Traktat] 1676/77) sowie seine *Briefe* (1677). Wurde er zunächst meist als Materialist und Atheist verdammt, so prägte er seit der Aufklärung das Denken von →Immanuel Kant, →Friedrich Heinrich Jacobi, →Johann Gottfried Herder oder der Dt. Idealisten bis hin zu →Friedrich Nietzsche.

Von 1661 bis 1675 schuf S. sein Hauptwerk, *Ethica, ordine geometrico demonstrata* ([Ethik, nach geometrischer Methode dargestellt] erschienen 1677), in dem er seinen Grundgedanken der Immanenz aller Dinge in Gott und der daraus resultierenden vollständigen Bestimmtheit der Dinge (Determinismus) entwickelte. Das Werk folgt dem synthetischen Verfahren Descartes', geht also vom Einfachen und Grundlegenden aus, um mittels einer Kette von Definitionen, Axiomen, Lehrsätzen, Beweisen und Zusätzen das Zusammengesetzte und Abgeleitete begreifen zu können. Gott, den S. auch als absolutes und notwendig existierendes Wesen, Natur, Substanz oder Ursache seiner selbst bezeichnete, ist die einzige wirkliche Substanz, die sich in unendlich vielen unendlichen Bestimmungshinsichten (Attributen) ausdrückt, während alle anderen Dinge nur unendliche oder endliche Zustände (*modi*, Affektionen) der einen Substanz sind. Der Mensch erkennt – gemäß seiner geistig-leiblichen dualen Verfassung – nur zwei der Attribute Gottes, nämlich Denken und Ausdehnung. Da Gott als einzige reale Ursache denkt und ausgedehnt ist, müssen dies auch alle Dinge sein, woraus sich allgemein der Parallelismus aller Zustände (*modi*) der Substanz ergibt, aber auch der besondere Parallelismus von Ideen und materiellen Dingen.

Mit seinem Denken wollte S. den Cartesischen Dualismus von Körper und Geist überwinden. Sofern alle Dinge von Gott verursacht sind und ihm dabei innerlich bleiben, wohnt ihnen als Kern stets das spontane und einzig als Freiheit zu bezeichnende Streben nach Selbsterhaltung inne (*conatus perseverandi*), das seine äußere Grenze und Einschränkung nur an den Selbsterhaltungskräften und -handlungen der jeweils anderen Dinge findet. Auf dieser Einsicht gründete S. seine Lehre von den Affekten und der Möglichkeit des menschlichen Glücks: Den genuin wesensgemäßen Handlungen eines Modus stehen die von anderen Modi in uns bewirkten Vorstellungen und Leidenschaften entgegen. Was uns einschränkt und bestimmt, ist ein schlechter Affekt; was uns förderlich wird, ist ein nützlicher Affekt. Was die eigene Tätigkeitskraft steigert, bewirkt Lust, was sie schwächt, bewirkt Unlust. Beim Bewerten von Nutzen (Gutem) und Schaden (Bösem) soll der Mensch sich nicht an der irrtumsanfälligen Erfahrung orientieren, sondern an der adäquaten Erkenntnis seiner selbst in der Welt, die zur Selbstübereinstimmung führt und Grundirrtümer (religiöse Intoleranz, Anthropomorphismus, Teleologie), Vorurteile und Ideologien überwindet. Die ausgleichende Koordination und Kooperation von innerer Autonomie und Außenwelt führt den besten, am meisten vernunftgemäßen Zustand aller Dinge herbei, in dem das, was einem Menschen nützt, zugleich allen nützt. Vernünftige Handlungen sind immer gut und ziehen daher das Glück nach sich. Der Mensch wird wahrhaft frei, wenn er seine Bestimmungskraft so in der Umwelt realisiert, dass er sowohl mit sich als auch mit den anderen Dingen in Übereinstimmung gelangt, indem er sie und sich zugleich bestimmt und besser macht. Wenn der Mensch schließlich zuletzt die göttliche Notwendigkeit als Inbegriff des Guten einsieht und damit Gott liebt, verwirklicht er die höchste Möglichkeit seines Geistes und lebt in ungetrübter Zufriedenheit.

Werke: Opera, lat./niederländ., 4 Bde., hg. v. C. Gebhardt, 1925, hierzu 1 Index-Bd., 1987. – Opera, lat./dt., 2 Bde., hg. v. C. Gebhardt, 1967–79.

Lit.: G. Deleuze: S. et le problème de l'expression, 1968. – M. Gueroult: S., 2 Bde., 1968/74. – A. Matheron: Individu et communauté chez S., 1969. – K. Hecker: S.s allgemeine Ontologie, 1978. – W. Bartuschat: B. de S., in: Grundriss der Geschichte der Philosophie, Die Philosophie des 17. Jh.s, Bd. 2, begr. v. F. Ueberweg, hg. v. J.-P. Schobinger, 1993, 893–969, 974–86.

Dirk Cürsgen

Edith Stein (Hl. seit 1998)

12.10.1891 Breslau – 9.8.1942 (ermordet) KZ Auschwitz

1911–13	Studium der Psychologie, Germanistik, Geschichte u. Philosophie in Breslau
1913/14	Fortsetzung des Studiums in Göttingen bei →Edmund Husserl
1915	Lazarettdienst in Mähren
1916	Abschluss des Staatsexamens u. Promotion in Freiburg i. Br. bei Husserl
1916–18	Privatassistentin Husserls
1922	Konversion zum Katholizismus
1923–31	Lehrerin am Lyzeum St. Magdalena in Speyer
1932/33	Dozentin am Dt. Institut für wissenschaftliche Pädagogik in Münster
1933	Eintritt in den Karmel-Orden
1938	Flucht ins Kloster Echt (Niederlande)
1942	Deportation nach Auschwitz

S. gehört zum Phänomenologenkreis um →Edmund Husserl und gilt als eine der wenigen prägenden Frauengestalten in der Phänomenologie des 20. Jh.s. Schon früh den Idealen der Frauenbewegung gegenüber aufgeschlossen, trat sie reformbetonten Vereinen mit dem Ziel der Gleichstellung bei (ihre eigene Habilitation wurde verhindert) und begann, eine Anthropologie der Frau zu entwickeln. Als Karmelitin wandte sie sich zunehmend der neuplatonisch-christlichen Mystik zu. 1987 wurde sie als Märtyrerin jüd. Abstammung selig, 1998 heilig gesprochen und 1999 zur Patronin Europas ernannt.

S. entwickelte eine ontologische Phänomenologie, die sie in einer Philosophie der Person zu übersteigen suchte. Die explizit anthropologische Fragestellung beleuchtete sie von erkenntnistheoretischer, pädagogischer, (christlich)-ontologischer, staatsrechtlicher und theologischer Position aus jeweils neu. So charakterisierte sie den Staat als wertfreies soziales Gefüge, das seinen Sinn aus dem

Ethos seiner Bürger erhält, die als freie Personen in dieses integriert sind (*Eine Untersuchung über den Staat*, 1925).

Indem sie die phänomenologische Methode und die transzendentale Reduktion Husserls auf den Akt der Einfühlung anwandte, konnte sie aufzeigen, wie das Erleben eines fremden Subjekts vermittelt wird (*Zum Problem der Einfühlung*, 1917). S. unterschied zwischen Bewusstsein (das Lebendiges erfährt und in der Leiblichkeit seinen Ausdruck findet) und einer kausal strukturierten Psyche (»Beiträge zur philosophischen Begründung der Psychologie und der Geisteswissenschaften«, in: *Jahrbuch für Philosophie und phänomenologische Forschung* 5, 1922). Durch die Rückbindung an die thomistische Akt-Potenz-Lehre schrieb sie dem Ich, das in seiner Seinssicherheit auf die Verankerung in einem umfassenderen Sein verweist, den ausgezeichneten Zugang zum Sein zu: Als ein Werdendes zwischen Sein und Nichtsein schlägt es die Brücke zwischen endlichem und ewigem Sein (*Endliches und ewiges Sein*, 1936/37, gedr. 1950; ursprünglich *Potenz und Akt*, 1931, gedr. 1998). Den Spannungsbogen dieser Paradoxie aufnehmend, interpretierte sie im Anschluss an die neuplatonische Mystik die Kreuzesnachfolge als christlichen Lebensentwurf (*Kreuzeswissenschaft. Studie über Johannes vom Kreuz*, 1941/42, gedr. 1950).

Werke: GA, hg. v. H.-B. Gerl-Falkovitz, angelegt auf 26 Bde., 2000 ff.

Lit.: H.-B. Gerl: Unerbittliches Licht. E. S. – Philosophie, Mystik, Leben, 1991. – A. U. Müller: Grundzüge der Religionsphilosophie E. S.s, 1993. – P. Schulz: E. S.s Theorie der Person. Von der Bewußtseinsphilosophie zur Geistmetaphysik, 1994. – C. M. Wulf: Freiheit u. Grenze. E. S.s Anthropologie u. ihre erkenntnistheoretischen Implikationen, 2002. – B. Beckmann: Phänomenologie des religiösen Erlebnisses. Religionsphilosophische Überlegungen im Anschluss an Adolf Reinach u. E. S., 2003.

Susan Gottlöber

Rudolf (Joseph Lorenz) Steiner

25.2.1861 Donji Kraljevec (heute Kroatien) – 30.3.1925 Dornach (Schweiz)

1879–83 Studium naturwissenschaftlicher Fächer an der Technischen Univ. Wien; Gasthörer für Philosophie u. Literaturgeschichte an der Univ. Wien
1883–90 Tätigkeit als Erzieher in Wien; Herausgeber von Johann Wolfgang Goethes naturwissenschaftlichen Schriften (1884–97) in Joseph Kürschners *Deutscher National-Litteratur*
1890–97 Mitarbeiter am Goethe-Archiv, Weimar
1891 Promotion zum Dr. phil. in Rostock mit der Arbeit *Die Grundfrage der Erkenntnistheorie* (gedr. 1892)
1897 Übersiedlung nach Berlin, Kontakt zu Anarchisten u. Sozialisten, bis 1900 Mitherausgeber des *Magazins für Litteratur*, bis 1905 Tätigkeit als Dozent an einer Arbeiterbildungsschule
1902–12 Generalsekretär der dt. Sektion d. Theosophischen Gesellschaft Adyar
1912 Gründung der Anthroposophischen Gesellschaft in Köln
1913 Übersiedlung nach Dornach; Bau des ersten Goetheanums

S. ist der Begründer der Anthroposophie, einer alternativreligiösen Weltanschauungslehre, die weltweit Anhänger fand und heute u.a. an besonderen Institutionen (Goetheanum, R.-S.- bzw. Waldorf-Schulen) verbreitet wird. Den geistigen Hintergrund der von S. als »wissenschaftliche Erforschung der geistigen Welt« verstandenen Anthroposophie bildeten die modernekritischen, z.T. völkischen Reformbewegungen des ausgehenden 19. Jh.s und v.a. →Friedrich Nietzsches Kulturkritik (*Friedrich Nietzsche, ein Kämpfer gegen seine Zeit*, 1895). Bezugspunkte für S.s synkretistisches Denken waren die Philosophie des Dt. Idealismus und Max Stirners, das Werk Johann Wolfgang Goethes (*Goethes Weltanschauung*, 1897), die Evolutionstheorie (Ernst Haeckel) sowie Elemente der Gnosis, der christlichen und asiatischer Religionen. Wegen ihres für alle Wirklichkeitsbereiche erhobenen Geltungsanspruchs wird S.s Lehre in ganz unterschiedlichen Bereichen rezipiert. Die Diskussion ist dabei stark ideologisch überformt: Verfechter seiner Lehre stehen entschiedenen Kritikern gegenüber, die auf deren autoritäre Züge und einen völkischen Rassismus hinweisen bzw. S.s Werk als okkulten Spiritualismus ablehnen.

Ein Ausgangspunkt für S.s Schaffen war der gegen den Neukantianismus gerichtete »monistische« Versuch, jenseits von Naturerkenntnis und Mystik eine »objektive Erkenntnis« des Übersinnlichen zu behaupten (*Wahrheit und Wissenschaft*, 1892; *Die Philosophie der Freiheit*, 1894). Nach 1900 wandte sich S. von seinem durch Stirner und Nietzsche inspirierten Freidenkertum ab und der von Helena Petrovna Blavatsky geprägten Theosophie zu (*Theosophie*, 1904; *Die Geheimwissenschaft im Umriss*, 1910). Dabei übernahm er Vorstellungen von einer vergeistigten Materie (»physischer Leib – Ätherleib – Astralleib – Ich«). Eine »Einweihung« des Menschen in höhere Einsichten versprach er sich über Meditationen (*Wie erlangt man Erkenntnisse der höheren Welten?*, 1904/05). 1912 verließ der populäre Vortragsredner nach internen Machtkämpfen die *Theosophische Gesellschaft* und gründete die *Anthroposophische Gesellschaft*. Deren Zentrum ist bis heute das *Goetheanum* in Dornach, dessen erster aus Holz errichteter Bau 1922 abbrannte und durch eine Eisenbetonkonstruktion ersetzt wurde, die ein architektonisches Meisterwerk S.s ist.

In der Folgezeit entfaltete S. v. a. in Vorträgen und programmatischen Schriften sein anthroposophisches System, in dessen Zentrum eine reinkarnatorisch gewendete Christologie Christus als »Eingeweihten« deutet. 1922 initiierte »der Jesus Christus des kleinen Mannes« (so Kurt Tucholsky 1924) die Gründung der *Christengemeinschaft*. Politisch trat er nach dem Ersten Weltkrieg für eine »Dreigliederung des sozialen Organismus« ein, indem er die Gesellschaft als Zusammenhang dreier Subsysteme (»Geistes-, Rechts-, Wirtschaftsleben«) beschrieb (*Die Kernpunkte der sozialen Frage*, 1919) und beeinflusste mit dieser Theorie z.B. den Künstler Joseph Beuys und dessen Konzept der Sozialen Plastik. Zudem entwickelte er rituelle Praktiken der Anthroposophie, wie die Bewegungs- und Lautlehre der Eurythmie, die den modernen Tanz beeinflusste. S. forderte eine biologisch-dynamische Landwirtschaft (*Demeter*) und eine naturheilkundebasierte Medizin (*Weleda*). Organische Formen und Baustoffe sowie Naturfarben wurden kennzeichnend für S.s architektonisches und künstlerisches Ideal.

Werke: GA, hg. v. d. R. S.-Nachlassverwaltung, seit 1955/56, bislang etwa 400 Bde.

Lit.: M. J. Krück v. Poturzyn (Hg.): Wir erlebten R. S., [6]1980. – C. Lindenberg: R. S., 2 Bde., 1997. – W. Beck: R. S. Sein Leben u. sein Werk, 1997. – G. Wehr: R. S., 2005. – H. Zander: Anthroposophie in Deutschland, 2 Bde., 2007. – H. Ullrich: R. S., 2008.

Stefan Jordan

Leo Strauss

20.9.1899 Kirchhain/Hessen – 18.10.1973 Annapolis/Maryland (USA)

1917–21	Studium der Philosophie, Mathematik u. Naturwissenschaften in Marburg, Frankfurt a. M., Berlin u. Hamburg
1921	Promotion bei →Ernst Cassirer
1922	Studien in Freiburg i. Br. bei Julius Ebbinghaus, →Edmund Husserl u. →Martin Heidegger
1925–32	Mitarbeiter an der Akademie für die Wissenschaft des Judentums, Berlin, u.a. an der Mendelssohn-Ausgabe
seit 1932	Rockefeller-Stipendiat in Paris u. England
1937	Übersiedlung in die USA; seit 1938 Lehre an der New School for Social Research, New York

1949–67 Professor für Politische Philosophie an der Univ. Chicago
1968/69 Gastprofessor am Claremont Men's College
1969–73 Distinguished Scholar-in-Residence am St John's College, Annapolis

S. gilt als einer der wichtigsten Vertreter der politischen Philosophie im 20. Jh. Er wurde geprägt durch die Krise der Weimarer Republik und die Auseinandersetzung um Aufklärung oder Orthodoxie im modernen Judentum. Für sein Denken wurden die Lektüre →Friedrich Nietzsches und die Begegnung mit →Martin Heidegger folgenreich. Nach anfänglichen Studien zu →Baruch de Spinoza und →Thomas Hobbes sowie mittelalterlichen jüd. und arab. Philosophen wie →Moses Maimonides und →al-Fārābī nahm S. in seinem Werk den ›Streit der Alten und der Modernen‹ neu wieder auf, was in engem Zusammenhang mit seiner Wiederentdeckung der »Kunst des Schreibens« steht. S.s Briefwechsel u. a. mit →Hans-Georg Gadamer, Gerhard Krüger, Jacob Klein, Alexandre Kojève, →Karl Löwith, Gershom Scholem und →Eric Voegelin gibt wertvolle Aufschlüsse über sein philosophisches Projekt, das von Denkern wie Allan Bloom, Stanley Rosen, Seth Benardete und Heinrich Meier weitergeführt wurde. Über seine Schüler in den USA erlangte S. Bedeutung in der amerik. Politikwissenschaft; sein Einfluss wird kontrovers diskutiert.

S.s Wiederbegründung der Politischen Philosophie (*What Is Political Philosophy?* [Was ist Politische Philosophie?], 1959) nimmt ihren Ausgang vom Nihilismus des 20. Jh.s und erfolgt über scheinbar bloß philosophiegeschichtliche Kommentare zum Naturrechtsproblem (*Natural Right and History* [Naturrecht und Geschichte], 1953) und zum Unterschied von antiker bzw. vormoderner und moderner Philosophie (*Die Religionskritik Spinozas als Grundlage seiner Bibelwissenschaft*, 1930; *Philosophie und Gesetz*, 1935; *Hobbes' Politische Wissenschaft*, 1936/65; *On Tyranny* [Über Tyrannei], 1948; *Thoughts on*

Machiavelli [Gedanken über Machiavelli], 1959; *Liberalism Ancient and Modern* [Liberalismus in der Antike und in der Moderne], 1968). Die von S. wiederentdeckte »Kunst des Schreibens« unter Bedingungen der Verfolgung, die ihren tiefsten Grund aber in der Liebe des Philosophen zu seinen Schülern hat, zielt auf den transkulturellen Kern der Philosophie (*Persecution and the Art of Writing* [Verfolgung und die Kunst des Schreibens], 1952).

S.s Einsicht in die zentrale Bedeutung des »Problems des Sokrates« (Nietzsche) führte im Spätwerk zu tief eindringenden Studien über →Sokrates und →Platon als Begründer der politischen Philosophie und von Paradigmen des philosophischen Lebens (*The City and Man* [Die Stadt und der Mensch], 1964; *Socrates and Aristophanes*, 1966; *Xenophon's Socratic Discourse* [Xenophons sokratische Gespräche], 1970; *Xenophon's Socrates*, 1973; *The Argument and the Action of Plato's Laws* [Die Argumentation und die Handlung von Platons »Gesetzen«], 1975; *Studies in Platonic Political Philosophy* [Studien zur platonischen Politischen Philosophie], 1983). In Bezug auf Sokrates versuchte S., das Wesen der Philosophie in der Auseinandersetzung mit Politik und Offenbarung schärfer herauszuarbeiten. Er sah dieses »theologisch-politische Problem« als zentrales Thema seiner Philosophie an.

Werke: GS, hg. v. H. Meier, angelegt auf 6 Bde., 1996ff. – J. A. Murley (Hg.): L. S. and his legacy. A Bibliography, 2005.

Lit.: A. Udoff (Hg.): L. S.'s thought, 1990. – L. Lampert: L. S. and Nietzsche, 1996. – C. Kauffmann: L. S. zur Einführung, 1997. – T. Kinzel: Platonische Kulturkritik in Amerika, 2002. – D. Tanguay: L. S., 2003. – T. L. Pangle: L. S., 2006. – H. Meier: L. S. and the theologico-political problem, 2006. – D. Janssens: Between Athens and Jerusalem, 2008.

Till Kinzel

(Sir) **Peter (Frederick) Strawson** (Erhebung zum Ritter 1977)

23.11.1919 London – 13.2.2006 Oxford

1937–40	Studium der Philosophie, Politik- u. Wirtschaftswissenschaften am St. John's College, Oxford
1940–46	Kriegsdienst
1948–68	Fellow des University College, Oxford
1960	Fellow der British Academy
1968–87	Waynflete Professor of Metaphysics am Magdalen College d. Univ. Oxford
1971	Foreign Honorary Member of the American Academy of Arts and Sciences

S. ist der führende Vertreter der späteren ›Philosophie der normalen Sprache‹ oder *linguistic philosophy* in Oxford. Er lieferte maßgebliche Beiträge zur Sprachphilosophie, Metaphysik und Erkenntnistheorie. Seine Schriften zeichnen sich dadurch aus, dass sie strenge und abstrakte Gedankengänge auf klare und elegante Weise entwickeln. Das Frühwerk stellt wichtige Dogmen der formallogischen Analyse unter Berufung auf den etablierten Sprachgebrauch in Frage. Die späteren Schriften sind eher konstruktiv und haben entscheidend zur Rehabilitation der Metaphysik innerhalb der analytischen Philosophie beigetragen. S.s zentrales Thema sind die allgemeinsten und grundlegendsten Aspekte des menschlichen Denkens, v. a. der Gegenstandsbezug (*reference*) und die Prädikation.

S.s frühe Arbeiten kritisieren →Bertrand Russells Theorie der Kennzeichnungen, →John L. Austins Korrespondenztheorie der Wahrheit und die Ansprüche der formalen Logik, die Grundstrukturen natürlicher Sprachen offenzulegen (*Introduction to Logical Theory* [Einführung in die Theorie der Logik], 1951; *Logico-Linguistic Papers*, 1971). In seiner mittleren Periode entwickelte S. eine »deskriptive Metaphysik« mit kantischem Einschlag, die unser Begriffsschema beschreibt und gegen skeptische Zweifel sowie revisionäre Angriffe verteidigt (*Individuals* [Individuen], 1959; *Bounds of Sense* [Die Grenzen des Sinns], 1966; *Skepticism and Naturalism* [Skeptizismus und Naturalismus], 1985). Die grundlegenden Bezugsgegenstände menschlichen Denkens sind, so S., raum-zeitliche Einzeldinge, d.h. materielle Gegenstände und Personen. Im Spätwerk geht es um die Unterscheidung zwischen Subjekt und Prädikat sowie die Aufgaben und Methoden der Philosophie (*Analysis and Metaphysics* [Analyse und Metaphysik], 1992; *Subject and Predicate* [Subjekt und Prädikat], 1974; *Entity and Identity* [Entität und Identität], 1997).

Lit.: Z. van Straaten (Hg.): Philosophical Subjects, 1980. – L. E. Hahn (Hg.): The Philosophy of P. F. S., 1998. – H.-J. Glock (Hg.): S. and Kant, 2003. – C. Brown: P. S., 2006.

Hans-Johann Glock

Francisco Suárez

5.1.1548 Granada (Spanien) 24.9.1617 Lissabon

1561–70	Theologiestudium in Salamanca
1564	Eintritt in den Jesuitenorden
1580–85	Professor für Theologie am Collegio Romano, Rom
1585–93	Lektor für Theologie in Alcalà (Spanien)
1597–1617	Professor für Theologie in Coimbra (Portugal)

Der Jesuit S. zählt als Theologe und Philosoph zu den bedeutendsten Vertretern der frühneuzeitlichen Scholastik. Er publizierte die meisten seiner Werke seit 1590 in Gestalt umfangreicher Kommentare zur *Summa theologiae* des →Thomas von Aquin. Die scholastische Methodik zeigt sich bei ihm durch Einflüsse des Humanismus und der Reformation fortentwickelt. Inhaltlich verband S. in origineller Synthese Prinzipien des aristotelisch-thomistischen Denkens mit Theorieelementen, die den Werken des

→Johannes Duns Scotus und vieler weiterer spätmittelalterlicher Schulautoren entstammen.

Die über alle Konfessionsgrenzen hinaus viel gelesenen *Disputationes metaphysicae* ([Metaphysische Disputationen] 1597) des S. stellen den ersten Gesamtentwurf einer systematischen Metaphysik unabhängig von der Aristoteleskommentierung dar. In der Grundkonzeption als »Transzendentalwissenschaft« folgte S. dem Modell des Johannes Duns Scotus und unterstützte so dessen Nachwirkung bis zu →Immanuel Kant. – Mit seinem Werk *Tractatus de legibus ac Deo legislatore* ([Abhandlung über die Gesetze und Gott als Gesetzgeber] 1612) gab S. wichtige Impulse für die Ausbildung des neuzeitlichen Natur- und Völkerrechts. Wie S. seine philosophischen Thesen niemals getrennt von ihrem theologischen Ziel- und Richtmaß formulierte, so verstand er seine theologischen Erörterungen als genuinen Ort für die Anwendung und Bewährung philosophischer Begriffe und Prinzipien.

Werke: Opera, hg. v. C. Berton, 28 Bde., 1856–78. – Disputaciones metafisicas, hg. v. S. Rábade Romeo, 7 Bde., 1960. – Tratado de las Leyes, hg. v. J. R. Eguillor, 6 Bde., 1967/68.

Lit.: L. Honnefelder: Scientia transcendens, 1990. – R. Darge: S.' transzendentale Seinsauslegung, 2004. – T. Marschler: Die spekulative Trinitätslehre des F. S., 2007.

Thomas Marschler

Alfred Tarski

14. 1. 1901 Warschau – 27. 10. 1983 Berkeley (USA)

1918–24	Studium der Mathematik, Logik u. Philosophie in Warschau
1924	Promotion zum Ph. D. bei Stanisław Leśniewski
1924–39	Dozent für Logik an der Univ. Warschau
August 1939	Teilnahme am International Congress for the Unity

	of Science in Cambridge/Mass. u. anschließendes Exil in den USA
1944	Lecturer an der Univ. Berkeley
seit 1945	Professor für Mathematik in Berkeley

T. zählt zu den bedeutendsten Logikern. Er war ein wichtiges Mitglied der ›Warschauer Schule‹ der Logik und der ›Lwów-Warschau-Schule‹. Wegweisende Resultate erzielte er im Bereich der mathematischen Logik und Grundlagen der Mathematik. Seine Arbeit beeinflusste nicht nur die reine Logik, sondern auch Wissenschaftstheorie und Sprachphilosophie. Bedeutenden Einfluss hatte T.s frühes Denken für die Entwicklung des Wiener Kreises und des Logischen Empirismus, v.a. →Rudolf Carnaps, aber auch →Donald Davidsons, →Willard Van Orman Quines und →Karl Poppers. Im amerik. Exil begründete T. die Kalifornische Logikschule.

T.s Arbeiten zur Logik und zu den Grundlagen der Mathematik decken beinahe sämtliche Bereiche dieser Disziplinen ab: Er lieferte Beiträge zur klassischen, intuitionistischen, mehrwertigen Logik (die klassische Logik lässt genau zwei Wahrheitswerte – nämlich wahr und falsch – zu, die intuitionistische mindestens drei und die mehrwertige beliebig viele) und zur Modallogik. Zudem zeigte er Beziehungen auf zwischen logischen Kalkülen und der Topologie (der – mit mengentheoretischen Mitteln – ganz allgemein gefassten Lehre vom Raum) und lieferte Studien zur Boolschen Algebra (technisch realisiert als Schaltalgebra), zum Auswahlaxiom (dem gemäß man in einem System disjunkter Mengen aus jeder Menge genau ein Element auswählen kann) und unerreichbaren Kardinalzahlen (die deshalb so genannt werden, weil sich aus endlichen Kardinalzahlen keine unendlichen erzeugen lassen). Allgemeine Eigenschaften spezieller mathematischer Theorien und allgemeine Metamathematik wurden zu wichtigen Untersuchungsgegenständen. T. führte den Beweis, dass elementare Geometrie und Arithmetik der reellen Zahlen vollständig und entscheidbar sind, formulierte die axiomatisierte Theorie des Konsequenzoperators und deduktiv formale Systeme und verfeinerte die allgemeine Methode zur Feststellung der Unentscheidbarkeit formaler Systeme. Er präzisierte eine ganze Reihe grundlegender Begriffe, z. B. den der logischen Implikation und den der Entscheidbarkeit. Schließlich gab er den Anstoß für Studien zur Modelltheorie, einer Synthese aus Logik und universeller Algebra.

Von besonderer Bedeutung waren T.s Arbeiten zur formalen Semantik. Er formulierte ein allgemeines Programm der Semantik als Theorie der Referenz, d.h. einer Disziplin, die die Relationen zwischen Sprache und Welt studiert. Er zeigte Wege auf, Paradoxien – wie etwa das Paradox des Lügners (›Alle Kreter lügen, sagte der Kreter‹) – zu vermeiden und Sprachebenen zu unterscheiden, insbesondere jene zwischen Objektsprache und Metasprache. T.s berühmteste Leistung ist die semantische Definition der Wahrheit (»Pojecie prawdy w jezykach nauk dedukcyjnych« [Der Wahrheitsbegriff in den formalisierten Sprachen], in: *Studia Philosophica* 1, 1936; poln. 1933). Der Hauptgedanke besteht darin zu zeigen, dass sich Wahrheit definieren lässt in Entsprechung zu der einfachen Vorstellung, dass ein Satz *A* wahr ist genau dann, wenn *A* in ein wohldefiniertes System eingebettet werden kann, ohne das Paradox des Lügners zu implizieren. T. bewies das Theorem der Undefinierbarkeit. Dieses besagt, dass die Menge der wahren Sätze eines gegebenen formalen Systems, das hinreichend stark ist, die Arithmetik der natürlichen Zahlen auszudrücken, nicht in diesem System definiert werden kann. Dieses Theorem ergänzt →Kurt Gödels Ergebnisse über die Unvollständigkeit reichhaltiger formaler Systeme. Obwohl T.s Wahrheitsdefinition formalisierte Sprache betrifft, wird sie auch in der Sprache der Naturwissenschaften und der Alltagssprache angewendet. Tatsächlich überzeugt T.s Arbeit Philosophen wie Linguisten, dass eine formale Semantik der natürlichen Sprache möglich ist. Vom philosophischen Standpunkt aus wird T.s Wahrheitsdefinition als Präzisierung der klassischen bzw. aristotelischen Auffassung angesehen. Obwohl diese Definition – wie jede bedeutsame philosophische Idee – ihre Kritiker hat, ist es schwierig, sich eine Definition der Wahrheit vorzustellen, die ohne T.s Erklärung auskommt.

Werke: Collected Papers, hg. v. S. R. Givant [u. a.], 4 Bde., 1986.

Lit.: J. Woleński / E. Köhler (Hg.): A. T. and the Vienna Circle, 1999. – A. Burdman Feferman / S. Feferman: A. T. Life and Logic, 2004. – D. Patterson (Hg.): New Essays on T. and Philosophy, 2008.

*Jan Woleński**

(Marie Joseph) Pierre Teilhard de Chardin

1.5.1881 Clermont-Ferrand (Frankreich) – 10.4.1955 New York

1899	Eintritt in den Jesuitenorden
1902–05	Studium der Philosophie u. der Naturwissenschaften in Saint-Louis/Insel Jersey
1905–08	Lehrer am Jesuitenkolleg in Kairo
1908–12	Theologiestudium in Hastings (England)
1911	Priesterweihe
1912	Studium der Paläontologie u. Paläanthropologie in Paris
1914–18	Sanitätssoldat
1922	Professor für Paläontologie am Institut Catholique, Paris
1923–46	Aufenthalt in China
1946–50	Rückkehr nach Frankreich, Mitglied der Académie des Sciences
1950–55	Wissenschaftliche Tätigkeit in New York, Forschungsaufenthalte in Afrika

T. gilt als prominentester Vertreter einer Vermittlung von modernem Evolutions- bzw. Fortschrittsdenken und christlichem Glauben. Er war Naturwissenschaftler und mystischer Theologe. Als Philosoph wurde er u.a. durch die neuplatonische Metaphysik des Einen und Vielen, die romantische Naturphilosophie und →Henri Bergson beeinflusst. In der kath. Kirche umstritten, fand sein Denken dennoch Eingang in die Theologie des 2. Vatikan. Konzils.

T. sah die Evolution als universale Dynamik einer differenzierenden Vereinigung des Vielen, die von Anfang an durch Personalität, Freiheit und Liebe bestimmt ist. Durch eine Wechselwirkung von materieller Organisation und geistiger Intensivierung (»Zentro-Komplexität«) führt sie auf den Menschen als ersten Höhepunkt hin. Aber darin kommt sie nicht zum Stillstand, sondern zu einem bewusst gestalteten »Neuaufbruch«: Der Fortschritt in Forschung, Wissenschaft, Zivilisation und Internationalisierung, verbunden mit wachsender »Einmütigkeit«, bedeutet nach T. eine zunehmende äußere und innere Verdichtung (»Einrollung«), die in einem finalen »Punkt Omega« ihre Vollendung findet. Dieser ist die Vollendung der Weltevolution und zugleich Vollendung des »Kosmischen Christus« sowie dessen Vereinigung mit dem transzendenten Gott. Die »Diaphanie« Christi in allem Geschehen gehört zum Kern von T.s mystischem Denken. Engagement für den Fortschritt ist Christusbegegnung, »Vereinigung mit Gott« geschieht durch »Vereinigung mit der Welt«. Die mystisch-spirituelle Phase seines Denkens stellte T. v.a. in seinem ersten, 1926/27 verfassten Hauptwerk, *Le Milieu Divin* ([Der göttliche Bereich] 1957), dar, die Integration in seine wissenschaftlichen Erkenntnisse v.a. im zweiten, 1938–40 entstandenen Hauptwerk, *Le Phénomène Humain* (1955; dt. *Der Mensch im Kosmos*, 1959).

Werke: Œuvre, hg. v. N. M. Wildiers [u.a.], 13 Bde., 1955–76. – W, hg. v. N. M. Wildiers [u.a.], 10 Bde., 1962–72. – L'Œuvre scientifique, hg. v. N. u. K. Schmitz-Moormann, 11 Bde., 1971.

Lit.: C. Cuénot: P. T. d. C. Les grandes étapes de son évolution, 1958, dt. 1966. – M. Barthélemy-Maudaule: Bergson u. T. Anfänge einer neuen Welterkenntnis, 1970. – T. Broch: Das Problem der Freiheit im Werk von P. T. d. C., 1977. – G. Schiwy: T. d. C. Sein Leben u. seine Zeit, 2 Bde., 1981. – M. Trennert-Hellwig: Die Urkraft des Kosmos. Dimensionen der Liebe im Werk P. T.s d. C., 1993. – T. Broch: Denker der Krise – Vermittler von Hoffnung. P. T. d. C., 2000.

Thomas Broch

Bernardino Telesio

1509 Cosenza/Kalabrien (Italien) – 2.10.1588 Cosenza

1517	T. folgt seinem Onkel Antonio, bei dem er Latein u. Griechisch lernt, nach Mailand
1527–35	Studium der Philosophie, Mathematik u. Physik in Padua u. Rom
1564	Ablehnung des Angebots von Papst Pius IV., Erzbischof von Cosenza zu werden

T. gehört zu den wichtigsten Vertretern der ›Neuen Naturphilosophie‹ im Italien des 16. Jh.s. Als guter Kenner der aristotelischen Philosophie empfand er zugleich die Festlegung der Naturwissenschaft auf den Rahmen der *Physik* des →Aristoteles als problematisch. Nach seinem Studium zog er sich daher für zehn Jahre in ein Benediktinerkloster zurück, um aus vorsokratischen Ansätzen eine neue Physik der nichtsubstantiellen Größen (Qualitäten, Relationen) zu entwickeln. T.s Ansatz wurde u. a. von →Francis Bacon geschätzt; sein wichtigster Schüler war →Tommaso Campanella.

In seinem Hauptwerk, *De rerum natura iuxta propria principia* ([Die Natur der Dinge gemäß den ihnen eigenen Prinzipien] 1565, [3]1588, neu hg. v. L. de Franco, 3 Bde., 1965–76), versuchte T., die unseren Sinnen gegebene Natur aus dem kausalen, zweckfreien Wirken der beiden aktiven Prinzipien Wärme und Kälte an der (passiven) Materie darzustellen. Er verselbstständigte dabei die sonst nur als »akzidentelle« Bestimmungen gedachten Qualitäten, wie er zugleich als Erster im Sinne der nacharistotelischen Physik »den« Raum und »die« Zeit als allgemeine »Behälter« der Naturereignisse annahm. Pflanzen, Tiere und Menschen verfügen über einen Lebensgeist (*spiritus*), der im Wärmeprinzip wurzelt und sie wahrnehmungsfähig macht. Das ethische Ziel des Menschen, der eine unsterbliche Seele besitzt, ist in neustoischem Sinne die möglichst gleichförmige Selbsterhaltung in allem Wechsel der Affekte und Situationen.

Lit.: P. O. Kristeller: Acht Philosophen der ital. Renaissance, 1986. – M. Mulsow: Frühneuzeitliche Selbsterhaltung. T. u. die Naturphilosophie der Renaissance, 1998. – T. S. Hoffmann: Philosophie in Italien, 2007, 275–92.

Thomas Sören Hoffmann

Thales von Milet

zwischen 624 u. 545 v. Chr.

T. gilt als der erste ion. Naturphilosoph und gehört an den Anfang der Philosophiegeschichte. In seiner Person verdichten sich die frühesten Tendenzen zur Überwindung mythologischer Weltentwürfe durch eine neue Rationalität des Denkens. Vor allem die Nutzung detaillierter Daten bei der Beobachtung der Himmelskörper sowie ihre mathematische Auswertung brachte man mit ihm in Verbindung. Auch in der Geometrie bzw. in der Trigonometrie gewann T. angeblich grundlegende Einsichten (Satz des Thales).

Zu T.s Biographie liegen zahlreiche Anekdoten und zweifelhafte Berichte, aber nur wenige sichere Informationen vor. Dazu gehört das Datum jener Sonnenfinsternis von 585 v. Chr., die er angeblich voraussagte. Diogenes Laertius führte Quellen an, die seine Geburt auf das Jahr 1 der 35. Olympiade (640 v. Chr.) bzw. der 39. Olympiade (624 v. Chr) datieren und seinen Tod in die 58. Olympiade verlegen (548–45 v. Chr.). Nach einigen antiken Autoren stammte er aus Milet, andere verweisen auf eine phöniz. Abstammung. Zur damaligen Weltoffenheit der Ionier passt, dass T. Ägypten besucht haben soll. Mehrere Quellen schreiben ihm Lebensuntüchtigkeit zu, weil er bei der Betrachtung des Kosmos in einen Brunnen gefallen sei (Platon, *Theaetetus* 174a); andere betonen sein ökonomisches Geschick, da er durch seine Kenntnis der Naturprozesse erfolgreich geschäftliche Spekulationen hätte tätigen können. Auch politische Aktivitäten sollen T. nicht ferngelegen haben. So spekulierte man über eine Begegnung mit dem lyd. König Krösus und berichtete über T.s Ratschläge an die ion. Griechen, die im Schatten der pers. Weltmacht großen Gefahren ausgesetzt waren. In dieser Funktion gleicht er den ›Sieben Weisen‹ (u. a. Solon), mit denen einige antike Autoren die Geschichte der Philosophie beginnen lassen.

Ob T. eine eigene Schrift verfasst hat, ist unsicher. Seine Zeit darf ohnehin nur als Epoche gelten, in der sich die Schriftlichkeit und ein in Büchern angeordnetes Wissen erst allmählich entwickelten. Die Rekonstruktion seines philosophischen Denkens beruht v. a. auf Informationen, die → Aristoteles und seine Schule (Theophrast) hinterließen. Diesen sekundären Quellen folgend, lässt sich T.s Weltentwurf auf zwei Kernthesen reduzieren: Einerseits spielte das Wasser als ein materiales Urprinzip, das alle Entitäten aus sich entlässt, für T. eine bedeutende Rolle. Im Hinblick auf das Universum bedeutet das, dass die Erde angeblich auf dem kosmischen Ur-Ozean ruht (Aristoteles, *Über den Himmel* II 13; *Metaphysik* I 3). Mythische Göttergenealogien zur Erklärung des Kosmos und seiner Entstehung – wie etwa bei Hesiod oder den Orphikern – ließ T. augenscheinlich weit hinter sich: Die Welt besitzt einen prinzipiellen Urgrund, den sich das Denken erschließen kann. Andererseits deutete T. das Universum nicht als lebloses und entgöttertes Substrat, sondern bezeichnete es als beseelt, so dass er Aristoteles (*Über die Seele* I 5) zufolge behauptete, alles sei voll von Göttern. Die späteren ion. Naturphilosophen (→Anaximander, →Anaximenes) entwickelten diese Ansätze weiter und modifizierten sie.

Werke: Die Fragmente der Vorsokratiker I, griech./dt., hg. v. H. Diels u. W. Kranz, [6]1951, ND 2004, n. 11. – Die Vorsokratiker I, griech./dt., übers. u. erläut. v. J. Mansfeld, 1983, 39–55.

Lit.: G. S. Kirk [u.a.]: Die vorsokratischen Philosophen. Einführung, Texte u. Kommentare, 1994, 84–108.

Udo Reinhold Jeck

Theophrast von Eresos

zwischen 372 u. 369 v.Chr. Eresos/Insel Lesbos – zwischen 288 u. 285 v.Chr. Athen

um 335/34 v.Chr.	Mitglied der Schule des →Aristoteles (*Peripatos*)
322–288/85 v.Chr.	Leitung des Peripatos

T. war Schüler des →Aristoteles und führte als dessen unmittelbarer Nachfolger den *Peripatos* zu institutioneller Blüte. Die umfassende historisch-kritische Erschließung seiner Schriften lässt ihn heute als herausragenden Vertreter eines enzyklopädischen Bildungsinteresses in der Antike erscheinen. Das antike Schriftenverzeichnis des Diogenes Laertius schreibt T. ca. 225 Titel zu. Von dem höchst umfangreichen Gesamtwerk ist das meiste verloren.

Neben den rezeptionsgeschichtlich bedeutsamen botanischen Hauptwerken und der ethischen Schrift *Charactere*s ist durch direkte Überlieferung v.a. das *Metaphysikfragment* erhalten. Vom Begriff der Verbindung (*synaphê*) ausgehend, kritisiert T. hierin die aristotelische Lehre von der Kausalbeziehung zwischen intellektiven und körperlichen Substanzen und damit die Lehre vom Unbewegten

Bewegenden. In seiner Seelenlehre lässt er mit Hinweisen auf die Fehlbarkeit des Intellekts Zweifel an dessen Unzerstörbarkeit anklingen. Auch wenn wir durch indirekte Überlieferung wissen, dass T. die Lehrschriften des Aristoteles als Vorlagen für seine eigenen Schulschriften nutzte, wird ihm die philosophiehistorische Einordnung als Epigone des Aristoteles im Hinblick auf seine profunde Naturforschung und seine kritische Haltung in Bezug auf metaphysische Grundfragen der aristotelischen Philosophie nicht gerecht.

Werke: Sources for his life, writings, thought and influence, hg. u. übers. v. W. W. Fortenbaugh [u. a.], 2 Bde., 1992. – Die Metaphysik T.s, hg. v. J. Henrich, 2000.

Lit.: F. Wehrli [u. a.]: T., in: Grundriss der Geschichte der Philosophie, Die Philosophie der Antike, Bd. 3, begr. v. F. Ueberweg, hg. v. H. Flashar, ^{2}2004, 506–57.

Christof Krambrich

Thomas von Aquin (Hl. seit 1323)

1224/25 Roccasecca bei Neapel (Italien) – 7.3.1274 Fossanova (Italien)

um 1230–39	Oblate (mitlebender Laie) der Benediktinerabtei Montecassino
1239–44	Studienaufenthalt in Neapel
1244	Eintritt in den Dominikanerorden
1244/45	von seiner Familie in Roccasecca festgehalten
1245	Rückkehr zum Dominikanerorden
1245–48	Studium in Paris
1248–52	Studium in Köln bei →Albertus Magnus
1252–56	Baccalarius in Paris, Sentenzenvorlesung
1256	Magister der Theologie
1256–59	Magister regens, Paris
1257	Aufnahme ins consortium magistrorum
1259	Rückkehr nach Italien
1261–65	Lektor in Orvieto

1265–68	Magister regens, Rom
1268–72	Magister regens, Paris
1272/73	Magister regens, Neapel

T. war der bedeutendste Kirchenlehrer des Mittelalters. Bei seinem Versuch, das Verhältnis zwischen der im 13. Jh. wiedererstarkten aristotelischen Philosophie und dem Christentum neu zu bestimmen, wählte er einen Mittelweg zwischen einer augustinisch geprägten franziskanischen Schule und einem radikalen Aristotelismus, wie ihn z.B. →Siger von Brabant vertrat. T. bestimmte den Gegenstandsbereich der Philosophie und der natürlichen Vernunft in Abgrenzung von der Theologie, unterwarf aber Philosophie und Theologie dem aristotelischen Wissenschaftsideal.

Schon in der an →Avicenna sich orientierenden Schrift *De ente et essentia* ([Über das Seiende und das Wesen] 1252–56) begegnen mit einem aristotelisch geprägten Hylemorphismus und der Potenz-Akt-Unterscheidung wesentliche Elemente der thomanischen Metaphysik. Individuationsprinzip ist die quantitativ bestimmte Materie. Zum Wesen einer Sache (*essentia*) tritt der Akt des Seins (*esse*). In den *Quaestiones disputatae de veritate* ([Erörterungen der Fragen nach der Wahrheit] 1256–58/59) entwickelte T., ausgehend vom ersten Gegenstand des Intellekts, dem Seienden, die weiteren Transzendentalien ›Sache‹, ›Eines‹, ›Etwas‹, ›Gutes‹, ›Wahres‹ als intensional (d.h. dem Gehalt nach) verschiedene transkategoriale Begriffe, die extensional (d.h. dem Umfang nach) identisch sind. Wahrheit wird u.a. als Angleichung von Sache und Intellekt bestimmt. T. konzipierte Wahrheit sowohl propositional als auch ontologisch. Der Intellekt erkennt die Wahrheit, indem er über seinen Akt reflektiert und dessen Übereinstimmung mit der Sache auffasst.

In *Super Boethium De Trinitate* ([Zum Buch des Boëthius über die Trinität] um 1257–59) bestimmte T. den Gegenstand der Metaphysik als unabhängig von der Materie und schließlich als das Seiende als Seiendes. Laut *De principiis naturae* ([Die Prinzipien der Wirklichkeit] 1252–56) und dem *Metaphysikkommentar* (1270–71/72) wird der Begriff des Seienden analog von der Substanz und den Akzidentien ausgesagt (*analogia entis*), d.h. die Substanz ist primär Seiendes, während die Akzidentien nur in auf die Substanz bezogener Weise ›seiend‹ heißen.

T.s *Sentenzenkommentar* (um 1252–56) bietet eine erste Gesamtdarstellung seiner Lehre – wenn auch orientiert am patristischen Rahmen des Petrus Lombardus – und wurde in der unmittelbaren Folgezeit im Thomismus sogar stärker rezipiert als die *Summa theologiae*. Die Abfassung der *Summa contra Gentiles* ([Summe gegen die Heiden] 1259–65) ist apologetisch motiviert; in den ersten drei Büchern entwickelt T. eine natürliche Theologie; das IV. Buch behandelt die Glaubensinhalte, die der natürlichen Erkenntnis nicht zugänglich sind.

Die *Summa theologiae* (1266–73) ist aus Unzufriedenheit T.s mit der Didaktik des Sentenzenkommentars entstanden. Die *Prima Pars* (1. Teil) liefert T.s Gottes- und Schöpfungslehre; das Wesen Gottes ist im Diesseits unerkennbar, denn unsere Erkenntnis ist an *phantasmata* gebunden. Aber wir können Gottes Existenz auf fünf Wegen erkennen. Die Anthropologie der *Prima Pars* konzipiert den Menschen als das aus Seele (Form) und Körper (Materie) Zusammengesetzte. Der Mensch steht zwischen reinen Verstandeswesen (Engeln) und Tieren. Die menschliche Erkenntnis beginnt mit Vorstellungsbildern der materiellen Dinge, aus denen der tätige Intellekt allgemeine, intelligible Formen (*species intelligibiles*) gewinnt. Eine unmittelbare Erkenntnis des Einzelnen ist unmöglich, wohl aber eine mittelbare (*conversio ad phantasmata*). In der *Prima Secundae* (1. Hälfte des 2. Teils), in der er Aristotelisches christlich transformiert, bestimmte T. das Glück des Menschen als Gottesschau im Jenseits, im Diesseits ist nur unvollkommenes Glück erreichbar.

T. analysierte den menschlichen Willen und seine Akte; eigentümliche *menschliche Akte* beruhen auf Vernunft und Willen. Für T. kann der Einzelne nur das allgemeine Gute und nicht Schlechtes als Schlechtes anstreben, sich in der Wahl der untergeordneten Ziele aber irren. T. kennt ein erstes, selbstevidentes Prinzip des Naturgesetzes (*lex naturalis*), das auf dem Begriff des Guten beruht: »Das Gute ist zu tun, das Schlechte zu meiden.« Die weiteren praktischen Prinzipien fußen auf Gütern, die natürlicherweise vom Menschen angestrebt werden, z.B. Lebenserhaltung oder Heirat. In der *Secunda Secundae* behandelte T. nach den theologischen Tugenden Glaube, Liebe, Hoffnung die philosophischen Tugenden. Er übernahm die aristotelische *Mesotes*-Lehre, die Doktrin vom Mittleren zwischen zwei Extremen, und die Lehre von der Verknüpfung der Tugenden (*conexio virtutum*) mit der Leitfunktion der praktischen Weisheit (*prudentia*). Die *Tertia Pars* (3. Teil) ist der Christologie und der Sakramentenlehre gewidmet.

In *De regno* ([Über das Königtum] 1267) ordnete T. die weltliche Macht des Königs der kirchlichen unter, wie er das irdische dem jenseitigen Leben subordiniert.

De unitate intellectus ([Über die Einheit des Verstandes] 1270) ist gegen averroistische Tendenzen der Pariser Artistenfakultät gerichtet (v.a. gegen Siger von Brabant). T. suchte wegen verheerender moralischer Folgen die Annahme der Einheit des möglichen Intellekts für alle Menschen zu widerlegen. Der Intellekt ist für ihn ein Vermögen der Seele, der Form des Körpers.

Werke: Opera Omnia iussu Leonis XIII. P. M. edita, 1882ff. – Opuscula omnia, hg. v. P. Mandonnet, 6 Bde., 1927. – Opuscula philosophica, hg. v. R. M. Spiazzi, 1954. – Opuscula theologica, hg. v. R. A. Verardo u. R. M. Spiazzi, 2 Bde., 1954. – Opera omnia, hg. v. R. Busa, 7 Bde., 1980 (= http://www.corpusthomisticum.org). – Die dt. T.-Ausgabe, bislang 34 Bde., seit 1933.

Lit.: L. Schütz: T.-Lexikon, [2]1895. – M. Grabmann: Die Werke des hl. T. v. A., [3]1949. – M. D. Chenu: Introduction à l'étude de saint T. d'A., 1950. – E. Gilson: Le thomisme, [6]1972. – N. Kretzmann / E. Stump (Hg.): The Cambridge Companion to A., 1993. – J.-P. Torrell: Magister T., 1995. – J. Wippel: The Metaphysical Thought of T. A., 2000. – E. Stump: A., 2003.

Christian Rode

Thomas von Erfurt

bezeugt um 1300–25

T. war als Hauptvertreter der spekulativen Grammatik einer der maßgeblichen Sprachphilosophen und Logiker am Übergang vom 13. zum 14. Jh. Das Werk des als Magister artium an den Schulen von St. Severi u. St. Jakob (Schottenkloster) in Erfurt Lehrenden dokumentiert den Einfluss der Pariser Artistenfakultät, an der er studiert hatte. Es umfasst das elementare grammatische Lehrgedicht *Fundamentum puerorum* (Grundlage für Anfänger) sowie Kommentare zu *Peri hermenias* (Über den Aussagesatz) und den *Praedicamenta* (*Categoriae*) des →Aristoteles, zur *Isagoge* des →Porphyrius und zum anonymen *Liber sex principiorum*. Aufgrund seiner weit verbreiteten Hauptschrift *Novi modi significandi* (auch: *Tractatus de modis significandi sive grammatica speculativa* [Traktat von den Bezeichnungsweisen oder Spekulative Grammatik]), die bis Anfang des 20. Jh.s →Johannes Duns Scotus zugeschrieben wurde, gilt T. als einer der bedeutendsten Modisten (*modistae*). Diese unterschieden in ihrer spekulativen Grammatik Bezeichnungsweisen (*modi significandi*) sprachlicher Ausdrücke, Erkenntnisweisen (*modi intelligendi*) und kategoriale Seinsweisen (*modi essendi*), um einerseits Zusammenhänge von Sprache, Intellekt und Wirklichkeit und andererseits die Sprache hinsichtlich ihrer unterschiedlichen grammatischen Ausformungen sowie ihrer Tiefenstruktur zu analysieren. Dabei verbanden die Modisten die platonisch-aristotelisch-stoische Tradition der logischen Grammatik mit der antiken Tradition der deskriptiven Grammatik.

Werke: Grammatica Speculativa, übers., hg. u. mit einer Einführung versehen v. G. L. Bursill-Hall, 1972. – Abhandlung über die bedeutsamen Verhaltensweisen der Sprache (Tractatus de Modis significandi), übers. u. eingel. v. S. Grotz (Bochumer Studien zur Philosophie 27), 1998.

Lit.: D. Gabler: Die semantischen u. syntaktischen Funktionen im Tractatus »De modis significandi sive grammatica speculativa« des Th. v. E., 1987. – S. Lorenz: Studium Generale Erfordense. Zum Erfurter Schulleben im 13. und 14. Jh., 1989, 312–25. – R. F. Glei: Die Grammatica speculativa des Th. v. E. (um 1300), in: Von Eleganz u. Barbarei. Lateinische Grammatik u. Stilistik in Renaissance u. Barock, hg. v. W. Ax, 2001, 11–27.

Christoph Kann

Christian Thomasius

1.1.1655 Leipzig – 23.9.1728 Halle

1669–72	Philosophiestudium an der Univ. Leipzig
1675–79	Jurastudium an der Univ. Frankfurt a. d. O., Promotion zum Dr. iur.
1680	Rückkehr nach Leipzig; Tätigkeit als Advokat, später doctor privatus an der Univ. Leipzig
1690	Lehr- u. Publikationsverbot in Kursachsen nach Konflikten mit der luth. Orthodoxie in Leipzig; Übersiedlung nach Halle u. Aufnahme der Lehrtätigkeit an der in Gründung befindlichen, 1694 eröffneten Univ.
1691	Professor iuris
1708/09	Prorektor
1709	Geheimer Justizrat in Brandenburg
1710	Direktor der Univ. Halle u. Professor primarius der Juristischen Fakultät
1721	zeitweilig Rector perpetuus (dauerhafter Rektor) an der Univ. Halle

T. gilt als ein Begründer der Aufklärung in Deutschland. Im Kontext einer umfassenden »Lebens- und Gesellschaftsreform« (Schneiders) begann er in den 1680er Jahren, tragende Motive aufgeklärten Denkens zu formulieren. Dazu gehören das Eintreten für ein selbstständiges Denken, das mit einem Bekenntnis zu einer undogmatischen Denkmethode (Eklektik) einhergeht, seine Autoritäts- und Vorurteilskritik sowie sein Engagement für Glaubens- und Denkfreiheit. T. wirkte auf philosophischem und juristischem Gebiet; seine beiden Naturrechtslehren wurden schulbildend. Bekanntheit erlangte er auch durch sein Engagement gegen Folter und seinen Kampf gegen Hexenprozesse. T.s Positionen blieben während des gesamten 18. Jh.s in Deutschland einflussreich.

Weil T. die akademische Philosophie für ungenügend hielt, entwickelte er schon früh einen an der Praxis orientierten Begriff von Philosophie, den er in einen breiteren Begriff von »Gelahrheit« überführte. Dabei handelt es sich um eine am moralischen Nutzen orientierte Allgemeinbildung, zu der alle vernünftigen Menschen ohne Rücksicht auf ihre soziale Stellung und ihr Geschlecht befähigt und aufgerufen sind. Die Realisierung dieser »Gelahrheit« setzt selbstständiges Denken voraus, das im Sinne der Eklektik aus dem tradierten Wissen dasjenige wählt, »was wahr und gut ist«. Dazu muss sich der Einzelne von den Vorurteilen lösen, und zwar von den Vorurteilen der Autorität, die ihm von außen vermittelt werden, und von dem Vorurteil der Übereilung, das als Fehlurteil auf eigenem Unvermögen beruht; zugleich ist ihm von Seiten der Obrigkeit Glaubens- und Denkfreiheit zu gewähren. In seinen periodisch erscheinenden *Monatsgesprächen* (1688–90) nahm T. diese Denkfreiheit praktisch für sich und exemplarisch für andere in Anspruch und schuf durch sein Eintreten für die Etablierung des Deutschen als Literatur- und Wissenschaftssprache die Voraussetzung für die »Selbstaufklärung des Publikums« (→ Immanuel Kant).

Während sich T. in den *Institutiones iurisprudentiae divinae* ([Grundsätze der göttlichen Rechtsgelehrtheit] 1688) noch stark an Samuel Pufendorf orientierte, entwickelte er mit den *Fundamenta iuris naturae et gentium* ([Grundlagen des Natur- und Völkerrechts] 1705) eine neue Naturrechtslehre, die ohne theologische Implikationen auskommen sollte und zugleich das traditionelle Verhältnis zwischen Wille und Verstand umkehrte: Weil er den Verstand bzw. die Vernunft durch die Übermacht der Affekte – Wollust, Geld- und Ehrgeiz – dominiert sah, hielt er eine moralische Besserung nur von außen für möglich, und zwar durch den Rat des Weisen und den rechtlichen Zwang der Obrigkeit. T. versuchte, dieses Konzept politisch fruchtbar zu machen, indem er forderte, dass die Entscheidungen des Fürsten durch die Einsichten weiser Ratgeber angeleitet werden sollten. Der damit mögliche politische Einfluss des aufgeklärten Denkens blieb freilich prekär, weil T. mit seiner vertragstheoretischen Staatslehre für einen absolutistischen, die Partizipation der Bürger ausschließenden Staat plädierte. Dennoch versuchte er, staatliches Handeln zu begrenzen, indem er bestimmte Bereiche, v. a. das Innere des Menschen und die damit verbundene Denk- und Glaubensfreiheit, von der fürstlichen Verfügungsgewalt ausnahm.

Werke: Ausgewählte Werke, hg. v. W. Schneiders, 1993 ff. – R. Lieberwirth: C. T. Sein wissenschaftliches Lebenswerk. Eine Bibliographie, 1955.

Lit.: W. Schneiders: Naturrecht u. Liebesethik, 1971. – W. Schneiders (Hg.): C. T. (1655–1728). Interpretationen zu Werk u. Wirkung, 1989. – F. Vollhardt (Hg.): C. T. (1655–1728). Neue Forschungen im Kontext der Frühaufklärung, 1997. – P. Schröder: T. zur Einführung, 1999. – M. Kühnel: Das politische Denken von C. T., 2001. – H. Lück (Hg.): C. T. (1655–1728). Wegbereiter moderner Rechtskultur u. Juristenausbildung, 2006.

Frank Grunert

Lew (Nikolajewitsch) Graf Tolstoi

9.9.1828 Jasnaja Poljana (Russland) – 20.11.1910 bei Astapovo (heute Lew Tolstoi, Russland)

1844–47	Studium der oriental. Sprachen, anschließend der Rechtswissenschaften an der Univ. Kazan
1851–53	Eintritt in die Armee, Beginn der literarischen Tätigkeit
1854/55	Teilnahme am Krimkrieg
1859–62	Beginn einer pädagogischen Tätigkeit auf seinem Landgut in Jasnaja Poljana
1901	Exkommunikation aus der russ.-orthodoxen Kirche wegen kirchenkritischer Ansichten im Roman *Auferstehung* (1899)

T. zählt nicht zuletzt wegen seiner monumentalen Romane *Krieg und Frieden* (1868) und *Anna Karenina* (1877) zu den größten Schriftstellern der Weltliteratur. Im Mittelpunkt seines durch →Jean-Jacques Rousseau, →Immanuel Kant und →Arthur Schopenhauer beeinflussten philosophischen Schaffens steht die Frage nach dem Sinn des menschlichen Lebens bzw. des Todes, die er auch in seinen dichterischen und religiösen Schriften (u.a. *Bekenntnisse*, 1882, *Das Leben*, 1887) eindringlich thematisierte. Die Radikalität, mit der T. der Frage nach einem authentischen Leben nachging, brachte ihn in Konflikt mit dem Staat, der Kirche und der russ. Kulturtradition. Diese Frage motivierte auch seine moralische Verurteilung der modernen Zivilisation, die sich in ihrem unaufhaltsamen Fortschritt immer weiter von grundsätzlichen Lebensprinzipien der Liebe und Solidarität aller Menschen entferne.

Zentrales Lehrstück der Philosophie T.s ist die Konzeption eines »bewussten Lebens«, das in der vollständigen Übereinstimmung von Leben und Vernunft besteht. Diese Übereinstimmung, von T. als religiös-moralisches Ideal betrachtet (*Worin mein Glaube besteht*, 1883), bedeutet, dass ein auf sich selbst fixiertes Leben (und der Tod) des

Einzelnen keinen Sinn hat. Demgegenüber eröffnet das Leben gemäß dem Prinzip der Vernunft und der Liebe eine universale Sinndimension, in der sich der Mensch in Einheit mit dem Ganzen des Lebens weiß. Von hier aus formulierte T. seine Kritik der modernen Zivilisation, die entgegen dem ›Gesetz der Liebe‹ die Vereinzelung des Menschen vorantreibe. Diese Kritik gipfelte in T.s Lehre von einem »gewaltlosen Widerstand gegen das Böse« (in der missverständlichen Formel »Sich dem Bösen nicht widersetzen« bekannt), in der jede Form von Gewalt und Macht als soziales Unrecht verurteilt wird. Auch die Institutionen des Staates, der Kirche und der bürgerlichen Familie wurden von T. als Gewalt bringend abgelehnt. Als Alternative zu ihnen entwickelte er sein anarchistisches Ideal des solidarischen Lebens einer vorindustriellen Bauerngemeinschaft. T.s Ästhetik ist von seiner Auffassung der Kunst als Form der Kommunikation geprägt, die eine moralische Vervollkommnung aller Menschen befördert (*Was ist Kunst?*, 1898). Jede Vorstellung von einem Ideal der sinnlichen Schönheit in der Kunst wird als Ausdruck einer elitären Ideologie der Oberschichten abgelehnt. Großen Einfluss hatten seine Werke z. B. auf →Ludwig Wittgenstein.

Werke: Polnoe sobranie sočinenij, hg. v. V. G. Čertkov, 90 Bde., 1928–64. – GW, hg. v. R. Löwenfeld, 35 Bde., 1901–12. – GW, hg. v. H. Dieckmann, 20 Bde., 1964–76.

Lit.: K. Hamburger: L. T., 1950. – I. Berlin: Russ. Denker, 1978. – V. B. Šklovskij: L. T. Eine Biographie, 1981. – L. Schestow: T. u. Nietzsche, 1994. – G. Kjetsaa: L. T. Dichter u. Religionsphilosoph, 2001. – D. T. Orwing (Hg.): The Cambridge Companion to T., 2002.

Nikolaj Plotnikov

Lorenzo Valla
1407 Rom – 1. 8. 1457 Rom

1420–27	Studium bei Giovanni Aurispa u. Leonardo Bruni
1429–33	Dozent für Rhetorik in Padua
seit 1435	Sekretär u. Historiker König Alfonsos V. in Neapel
1448	durch Papst Nikolaus V. als apostolischer Sekretär nach Rom berufen
seit 1450	außerdem Professor für Rhetorik in Rom

V. gilt als einer der führenden Vertreter des Humanismus des 15. Jh.s. Er machte sich als Historiker, Philologe, Rhetoriker, Exeget und scharfzüngiger Polemiker einen Namen und verdankte dieser Vielseitigkeit einflussreiche Positionen am Königshof und in der Kurie. Große Anerkennung fanden seine philologischen Arbeiten: Studien zum Neuen Testament, zum Latein-Stil und Übersetzungen. Durch seinen Nachweis, dass die ›Konstantinische Schenkung‹ eine Fälschung ist, wurde V. zum Begründer der historischen Kritik.

Als Gegenentwurf zur mittelalterlichen Scholastik und zur aristotelisierenden Philosophie strebte V. unter dem Vorrang ethischer Fragen den Entwurf einer neuen rhetorischen Logik an, die als wahre Philosophie die Dialektik überwinden soll (*Repastinatio dialecticae et philosophiae* [Umwälzung der Dialektik und Philosophie], 1439). Da theoretische und metaphysische Ansätze menschliche Willensfreiheit nicht gewährleisten können, muss die Lösung christlich-paulinisch erfolgen (*De libero arbitrio* [Über den freien Willen], 1442). V.s Ansatz wurde von → Erasmus von Rotterdam, Martin Luther und → Gottfried Wilhelm Leibniz aufgegriffen. – Gegen Rationalismus und stoische Philosophie entwickelte V. Vorstellungen vom Gemeinsinn als tragendem Prinzip und von der Lust als Bejahung eines positiven Welt- und Menschenbildes (*De vero falsoque bono* [Vom wahren und vom falschen Gut], 1441).

Werke: Opera omnia, hg. v. E. Garin, 2 Bde., 1962.

Lit.: W. Schwahn: L. V. Ein Beitrag zur Geschichte des Humanismus, 1896. – H.-B. Gerl: Rhetorik als Philosophie, 1974. – M. de Panizza Lorch: A Defense of Life. L. V.s Theory of Pleasure, 1985. – T. S. Hoffmann: Philosophie in Italien, 2007, 217–31.

Susan Gottlöber

Giambattista Vico

23.6.1668 Neapel – 23.1.1744 Neapel

vor 1686	unregelmäßiger Schulbesuch, Selbststudium, juristische Ausbildung an einer Privatschule u. an der Univ. Neapel
1686–95	Hauslehrer beim Grafen Domenico Rocca in Valtolla
1699–1741	Professor für Rhetorik an der Univ. Neapel
1723	vergebliche Bewerbung um einen juristischen Lehrstuhl an der Univ. Neapel

V. zählt zu den bedeutendsten ital. Philosophen. Nach anfänglich zögerlicher Rezeption außerhalb Italiens machte ihn zu Beginn des 19. Jh.s der frz. Historiker Jules Michelet in Europa bekannt. Michelet gab auch die schulemachende geschichtsphilosophische Rezeption vor, die bis heute das Bild V.s bestimmt. Diese Lesart verkürzt V.s Denken aber um den eigentlich philosophischen, d.h. erkenntniskritischen Kern und verkennt dessen sprach- oder zeichenphilosophische Grundlage. V. wurde von Anfang an instrumentalisiert als ›Vorgänger‹ späterer philosophischer Ansätze, wie der Geschichtsphilosophie, der Hegelschen Geist-Philosophie oder der Geistes- und Kulturwissenschaften. Die neuere V.-Forschung versucht ihm gerecht zu werden, indem sie die transzendentale, historisch-politische und sematologische (d.h. zeichentheoretische) Dimension seiner Philosophie zusammendenkt.

Alle früheren Werke V.s führen auf sein Hauptwerk hin, auf die *Scienza Nuova* ([Neue Wissenschaft] 1725), deren zweite, völlig umstrukturierte Fassung 1730 praktisch ein neues Buch bildete, an dem V. bis zu seinem Lebensende weiterarbeitete. 1744 erschien postum die dritte Ausgabe *Principj di Scienza Nuova di Giambattista Vico d'intorno alla comune natura delle nazioni* (Grundzüge der neuen Wissenschaft über die gemeinsame Natur der Völker, von Giambattista Vico). In der *Scienza Nuova* geht es – im europ. Kontext der Auseinandersetzung zwischen Rationalismus und Empirismus – um die Begründung einer radikal »neuen« Philosophie. V. setzte sich vehement von der cartesischen Lösung des Auffindens sicheren Wissens im Denken des Subjekts (*cogito*-Argument) ab. Stattdessen ordnete er seine Wissenschaft dem methodischen Empirismus →Francis Bacons zu, vollzog aber eine radikale Wendung der Metaphysik, die er nicht mehr auf die Welt der Natur (Physik), sondern auf die gesellschaftlich-politische Welt – den *mondo civile* – gründet; V. begründete sozusagen eine Meta-Politik. Da man nur von dem sicheres Wissen haben kann, was man selbst gemacht hat (*verum et factum convertuntur*), basiert für V. Wahrheit, d.h. sicheres Wissen, auf der Welt der gesellschaftlich-kulturellen Gegenstände. Denn nur diese hat der Mensch selbst gemacht, die Natur hat Gott geschaffen, der sie daher allein erkennen kann.

Der Mensch erschafft sich seine eigene Welt, geistig durch Zeichen, »poetische Charaktere« (Homer ist für V. der Ur-Poet), und materiell durch die Arbeit und die Organisation des gesellschaftlichen Zusammenlebens (Herkules ist für V. der Ur-Politiker). Das Ensemble der Zeichen und Institutionen ist der *mondo civile*, in dem universelle Gesetze gelten. Deswegen ist die neue Wissenschaft auch eine Wissenschaft (vom Universellen) und nicht, wie moderne Deutungen vermuten, eine Vorgängerin hermeneutischer Kulturwissenschaft, der es um das Verstehen des Besonderen geht. Die *Scienza Nuova* ist sprachlich und kompositorisch höchst eigenwillig. V. arbeitete sich durch die gesamte griech.-lat. Rechts- und Mythenwelt hindurch, in der er ewige »Prinzipien«, Universalien der politischen und kulturellen Entwicklung der Menschheit, entdeckte.

Werke: Opere, hg. v. F. Nicolini, 8 Bde., 1914–41. – Opere, hg. v. A. Battistini, 2 Bde., 1990. – Opere, hg. v. Centro di Studi Vichiani, bisher 8 Bde., 1982ff. – Prinzipien einer neuen Wissenschaft über die gemeinsame Natur der Völker, übers. v. V. Hösle u. C. Jermann, 2 Bde., 1990.

Lit.: B. Croce: La filosofia di G. V., 1911. – I. Berlin: V. and Herder, 1976. – F. Fellmann: Das V.-Axiom: Der Mensch macht die Geschichte, 1976. – P. Burke: V., 1987. – S. Otto: G. V. Grundzüge seiner Philosophie, 1989. – J. Trabant: Neue Wissenschaft von alten Zeichen: V.s Sematologie, 1994.

Jürgen Trabant

Francisco de Vitoria

1492 Burgos (Spanien) – 12.9.1546 Salamanca (Spanien)

1505	Eintritt in den Dominikanerorden
seit 1510	Studium in Paris (*Collegium Sancti Jacobi*)
1516	Theologieprofessor an der Sorbonne, Paris
1523	Rückkehr nach Spanien (Valladolid)
1526	Lehrstuhl an der Univ. Salamanca

V. gilt als Begründer der Völkerrechtstheorie. Er reflektierte die Auseinandersetzungen seiner Zeit über die politische Ordnung Europas und den Umgang mit nichtchristlichen Völkern in jährlichen *relectiones* (Vorlesungen) (1528: *de potestate civili* [über politische Gewalt]; 1532: *de potestate ecclesiae* [über die Gewalt der Kirche]; 1535: *de bello* [über Krieg]; 1537: *de temperantia* [über das Maßhalten]; 1538: *de Indis* [über die Indianer]; 1539: *de iure belli* [über das Kriegsrecht]). Europaweite Verbreitung fanden die Ideen V.s, dessen Werke erst postum erschienen, durch das Wirken seiner Schüler Domingo de Soto und Francisco Melchior Cano.

V. trat für eine Trennung von religiöser und weltlicher Autorität ein. Die Natur treibt die Menschen dazu, sich gesellschaftlich zu organisieren. Nationalstaaten, die weder der Herrschaft des Papstes noch des Kaisers untergeordnet sind, bilden rechtlich unabhängige Gebilde, die für die eigene territoriale Integrität, die Sicherheit ihrer Mitglieder und die Verwaltung der gemeinsamen Güter sorgen. Da die Nationen in einem gemeinsamen Raum (*orbis communis*) existieren, aber nicht einem einzigen Prinzen oder einer einzigen positiven Autorität unterstellt sind, müssen sie ihre Beziehungen oder die Verwaltung der gemeinsamen Güter (z.B. des Meeres) durch das natürliche und internationale Recht regulieren (*quod naturalis ratio inter omnes gentes constituit vocatur ius gentium*). Sie handeln unter sich Verträge aus, die einzuhalten sind. V. beschrieb darüber hinaus die Rechte der einzelnen Menschen. Konflikte sollen durch Verhandlungen gelöst werden. Ein ›gerechter Krieg‹ wird nicht ausgeschlossen, soll aber nicht unter falschen Vorwänden geführt werden. Über seine Rechtmäßigkeit entscheidet die internationale Gemeinschaft. Weil Kriege zu einer dauerhaften Verfeindung der Nationen führen, sind sie zu vermeiden.

Werke: Obras, hg. v. T. de Urdanoz, 1960.

Lit.: B. de Heredia: Los manuscritos del maestro Fray F. de V., 1928. – C. Schmitt: Der Nomos der Erde im Völkerrecht des Jus Publicum Europaeum, 1950. – J. Soder: Die Idee der Völkergemeinschaft. F. de V. u. die philosophischen Grundlagen des Völkerrechts, 1955. – H. G. Justenhoven: F. de V. zu Krieg u. Frieden, 1991. – C. Schmitt: Glossarium. Aufzeichnungen der Jahre 1947–1951, hg. v. E. Freiherr v. Medem, 1991.

Francisco Sánchez-Blanco

Eric Voegelin

3.1.1901 Köln – 19.1.1985 Palo Alto (USA)

1910 Übersiedlung der Familie nach Wien
1919–22 Studium der Gesellschaftslehre u. Staatslehre in Wien; Promotion bei Othmar Spann u. Hans Kelsen
1924–27 Fellow der Rockefeller Foundation; Aufenthalte in den USA u. in Paris
1928 Habilitation für Staatslehre u. Soziologie in Wien
1929–38 Lehrtätigkeit an der Univ. Wien
1938 Emigration in die USA (US-Staatsbürger 1944)
1942–58 Professor für Political Science an der Louisiana State Univ., Baton Rouge
1958–69 Max-Weber-Professor für Politische Wissenschaft an der Univ. München
1969–85 Research Fellow der Hoover Institution on War, Revolution and Peace, Stanford

V. gilt als einer der wichtigsten Vertreter einer neoklassischen politischen Philosophie im 20. Jh. und als einer der Gründerväter der dt. Politikwissenschaft. Geprägt durch die Erfahrung des NS-Totalitarismus und des Exils, gehörte er zu der Generation von Emigranten, die den wissenschaftlichen Diskurs in den USA und – als Remigranten nach dem Krieg – in der jungen Bundesrepublik maßgeblich prägten. In der dt. wissenschaftlichen Debatte spielte V. allerdings in den 1960er Jahren eine Außenseiterrolle. Gegen die »ideologischen Grabenkämpfe« zwischen links und rechts – so V.s Wahrnehmung der intellektuellen und wissenschaftlichen Diskurse der Zeit – plädierte er für eine schonungslose Auseinandersetzung mit der nationalsozialistischen Vergangenheit und für die Förderung einer zivilgesellschaftlich-bürgerschaftlichen politischen Kultur in Deutschland.

V.s Werk ist – ähnlich wie das von →Hannah Arendt und →Leo Strauss – dem Versuch verpflichtet, unter Rückbeziehung auf die klassische politische Philosophie und durch die Rezeption angelsächs.-amerik. Politik-Verständnisses eine normative Konzeption politischer Wissenschaft zu formulieren, auf deren Grundlage u.a. eine Ideologiekritik der Totalitarismen des 20. Jh.s möglich sein sollte. Seine ideologiekritischen Überlegungen seit Mitte der 1930er Jahre (*Die politischen Religionen*, 1938) spitzte V. in den 1950er Jahren zu der vieldiskutierten These vom »Gnostizismus« (d.h. v.a. von der Umdeutung ursprünglich religiöser Vorstellungen in politische Selbsterlösungsideen) als Wesenszug der Moderne zu (*The New Science of Politics* [Die neue Wissenschaft der Politik], 1952).

Neben dem klassischen und dem westlichen Bezug war für V. auch die teils konstruktive, teils kritische Auseinandersetzung mit dt. Wissenschaftstraditionen des späten 19. und frühen 20. Jh.s wichtig, u.a. mit der auf →Wilhelm Dilthey zurückgehenden geisteswissenschaftlichen Hermeneutik, der Staatsrechtslehre und der »verstehenden Soziologie« der Zeit, v.a. dem Werk Max Webers. V.s politisch-philosophische »Ordnungswissenschaft« baut vor diesem Hintergrund auf einer universalgeschichtlich und interzivilisatorisch ausgerichteten Hermeneutik der vielfältigen symbolischen Artikulationen menschlicher Ordnungs- und Unordnungserfahrungen (*Order and History* [Ordnung und Geschichte], 5 Bde., 1956–85) und einer Philosophie des Bewusstseins (*Anamnesis*, 1966) auf. Sie zielt u.a. auf die Identifikation von Erfahrungs-»Äquivalenzen« ab, die sich in den soziokulturell jeweils ganz verschieden geprägten politischen Symbolordnungen von Gesellschaften ausdrücken. V.s Werk, das damit zentrale Fragen der aktuellen Debatten um Globalisierung und interkulturelle Forschung vorwegnimmt, wird seit Anfang der 1990er Jahre eine international wachsende Aufmerksamkeit zuteil.

Werke: The Collected Works, 34 Bde., 1985–2008. – Ordnung u. Geschichte, 10 Bde., 2001–06.

Lit.: M. Henkel: E. V. zur Einführung, 1998. – E. Sandoz: The Voegelinian Revolution. A Biographical Introduction, [2]2000. – H.-J. Sigwart: Das Politische u. die Wissenschaft. Intellektuell-biographische Studien zum Frühwerk E. V.s, 2005.

Hans-Jörg Sigwart

Voltaire (eigtl. François Marie Arouet)
21.11.1694 Paris – 30.5.1778 Paris

1704–11 Internatsschüler am Jesuitenkolleg Louis-le-Grand
1717 Inhaftierung wegen einer Satire auf den König
1726–29 Exil in England
1734–49 lebt (mit Unterbrechungen) auf Schloss Cirey (Champagne)
1750–53 Aufenthalt am Hof König Friedrichs II. v. Preußen
seit 1754 Mitarbeiter an der *Encyclopédie ou Dictionnaire raisonné des sciences, des arts et des métiers*
seit 1758 Aufenthalt auf dem Landsitz Ferney am Genfer See

V. ist einer der herausragenden Vertreter der frz. Aufklärung. Seine Schriften behandeln neben philosophischen Themen Gegenstände aus Literatur, Dramaturgie und Geschichtsschreibung. V. wird als Religionskritiker, Antisystematiker, Skeptiker und Deist (also als jemand, der an Gott aus Gründen der Vernunft glaubt und gegenüber der Offenbarung eine kritische Haltung einnimmt) angesehen. Während seines Exils in England setzte er sich mit →Isaac Newtons Physik, →David Humes Philosophie und William Shakespeares Dramen auseinander. Geistesgeschichtliche Bedeutung errang sein Briefwechsel mit bedeutenden Persönlichkeiten (v. a. mit König Friedrich II. v. Preußen). In formaler Hinsicht gehört seine Dichtung zur Tradition des frz. Klassizismus.

V. wandte sich von der Offenbarungsreligion ab. Sein Spruch »Wenn es Gott nicht gäbe, sollte man ihn erfinden« gilt als Äußerung einer fiktionalen Bewertung des Theismus. Er trat für Newtons Theorie in Frankreich ein und betrachtete dessen Philosophie als Hinführung »zur Erkenntnis von einem höchsten Wesen«, d.h. von Gott. V. distanzierte sich von der Metaphysik und kritisierte den Cartesianismus, indem er hervorhob, dass er »keinen anderen Gott als die Unermeßlichkeit der Dinge« annehme (*Eléments de la philosophie de Newton* [Grundzüge der Philosophie Newtons], 1738). In seinem Roman *Candide ou l'optimisme* ([Candide oder der Optimismus] 1759) griff V. voller Ironie →Gottfried Wilhelm Leibniz' Metaphysik an: Das Konzept der Leibnizschen Theodizee (»Unsere Welt ist die beste aller möglichen Welten«) wird von Panglos seinem Schüler Candide als »Metaphysiko-Theologo-Kosmolo-Nigologie« vermittelt.

Als Historiker wirkte V. bahnbrechend durch sein kritisches Quellenstudium. Mit seinem *Le siècle de Louis XIV* ([Das Jahrhundert Ludwigs XIV.] 1752) legte er erstmals eine kulturhistorische Epochenmonographie vor. In seinem *Essai sur l'histoire générale et sur les mœurs et l'esprit des nationes* ([Versuch über die Allgemeine Geschichte, über die Sitten und den Geist der Völker] 1756) und einer 1764 veröffentlichten Rezension über Humes *History of England* ([Geschichte Englands] 6 Bde., 1754–62) pointierte V. das Bedürfnis des Zeitalters nach einer ausschließlich *philosophischen* Geschichtsbetrachtung. Damit prägte er den Begriff ›Geschichtsphilosophie‹, den er in seiner *Philosophie de l'Histoire* ([Philosophie der Geschichte] 1765) präziser thematisierte. Unter diesem Begriff verstand V. die Destruktion einer Historiographie, die alles auf ein göttliches Eingreifen in die Geschichte zurückführt. Die Geschichtsphilosophie löste die theologisch begründete Universalgeschichte ab und setzte die Vernunft als prüfende Instanz, welche die historischen Fakten den natürlichen Erklärungen unterwerfen soll. Das *Dictionnaire philosophique portatif* ([Philosophisches Taschenwörterbuch] 1769) – eine Sammlung von Essays zu 118 Stichwörtern aus dem Bereich der Religionsgeschichte,

Religionskritik, Philosophie und Staatslehre – kann als V.s Summe seines philosophischen und politischen Denkens betrachtet werden.

Werke: Œuvres complètes, hg. v. L. Moland, 52 Bde., 1877–85, ND 1967. – The Complete Works, hg. v. T. Besterman, 1968 ff. – SW, 30 Bde., übers. v. F. Gleich [u. a.], 1825–30. – Republikanische Ideen, hg. v. G. Mensching, 1979. – Elemente der Philosophie Newtons. Verteidigung des Newtonianismus, hg. v. R. Wahsner u. H. H. v. Borzeszkowski, 1997.

Lit.: T. Besterman: V., 1969. – A. Magnan: V. et l'optimisme, 1989. – A. M. Garcia: V., 1993. – D. Dawson: V.s Correspondence, 1994.

Tamar Tsopurashvili

Carl Friedrich von Weizsäcker

28.7.1912 Kiel – 28.4.2007 Starnberg

1929–33	Studium der Physik in Berlin, Göttingen, Kopenhagen u. Leipzig
1933	Promotion in Physik bei Werner Heisenberg in Leipzig
1936	Habilitation in Physik in Leipzig
1942–44	ao. Professor für theoretische Physik an der Univ. Straßburg
1946–57	Abteilungsleiter am Max-Planck-Institut für Physik in Göttingen
1957–70	o. Professor für Philosophie an der Univ. Hamburg
1970–80	Direktor am Max-Planck-Institut zur Erforschung der Lebensbedingungen der wissenschaftlich-technischen Welt in Starnberg

W. zählt zu den bedeutendsten dt. Gelehrten des 20. Jh.s. Sein Werk umspannt die Bereiche Physik, Philosophie, Politik und Religion. Zu seinen bedeutendsten physikalischen Entdeckungen, auf die unabhängig von ihm auch Hans Bethe in den USA stieß, zählen die *Bethe-Weizsäcker-Formel* (1935) zur Abschätzung von Bindungsenergien in Atomkernen und der *Bethe-Weizsäcker-Zyklus* (1938) zur Energieproduktion in Sternen. Später beschäftigte sich W. mit Modellen zur Entstehung des Planetensystems und Turbulenztheorien. Während des Zweiten Weltkriegs war er an Arbeiten zur militärischen Nutzbarmachung der Atomenergie beteiligt. Diese unheilvollen Erfahrungen ließen ihn sich nach dem Krieg als Mahner, Friedens- und Konfliktforscher engagieren. 1957 war er Hauptinitiator der Göttinger Erklärung von 18 führenden Physikern gegen eine atomare Aufrüstung der Bundeswehr, seit 1970 leitete er das von ihm konzipierte *Max-Planck-Institut zur Erforschung der Lebensbedingungen der wissenschaftlich-technischen Welt*. Als religiöser Denker trat er für den konziliaren (d. h. die Entscheidungsvormacht von Konzilien gegenüber dem Papst betreffenden) Prozess der Christen für Gerechtigkeit, Frieden und Bewahrung der Schöpfung ein, den er als Vorstufe einer Zusammenkunft aller Weltreligionen sah.

W.s Philosophie ist von einem starken Einheitsdenken geprägt. Im Mittelpunkt steht das Verständnis der modernen Physik, speziell der Quantentheorie, die er im Sinne →Immanuel Kants transzendental zu begründen suchte. Die Quantentheorie besitzt die Struktur einer speziellen nicht-klassischen Logik. Diese Struktur versuchte W. aus den allgemeinen Bedingungen der Möglichkeit der Vorhersage empirisch entscheidbarer Alternativen zu rekonstruieren. Da die Symmetriestruktur der Quantentheorie zweiwertiger und insofern logisch einfachster Alternativen im Wesentlichen mathematisch isomorph (d. h. strukturgleich) zur Symmetrie des dreidimensionalen Raumes ist, lässt sich nach W. die Struktur des Raumes aus der Quantentheorie derartiger Ur-Alternativen (kurz Ure) herleiten. Dies ist der Kerngedanke der Ur-Theorie, seines Versuchs eines physikalischen Einheitsprogramms.

Die modale Struktur der Zeit sah W. als der empirischen Wissenschaft methodisch vorgängig an, denn Empirie bedeutet nach seiner Auffassung, aus den Fakten der Vergangenheit auf die Möglichkeiten der Zukunft zu schließen. Hieran knüpften seine Arbeiten zum Wahrscheinlichkeitsbegriff, zur Irreversibilität (Unumkehrbarkeit) und zur Logik zeitlicher Aussagen an. W. verstand die transzendentale Reflexion auf die Bedingungen der Wissenschaft und die direkte wissenschaftliche Rekonstruktion des empirischen Subjekts (im Rahmen von Kosmologie und Evolutionstheorie) als zwei einander wechselseitig bedingende Sichtweisen, zwei »Halbkreise«, die er in der methodischen Figur des »Kreisganges« zu vereinen suchte. Er vertrat insofern keinen strengen Apriorismus und hielt das Ganze, die Einheit des Kreises, für nicht widerspruchsfrei aussagbar. Hier finden sich Verwandtschaften zum Neuplatonismus und Anknüpfungspunkte seiner Religiosität. W. vertrat einen Geist-Monismus (d.h. Lehre vom Geist als alleiniger Substanz), der die materielle Welt auf (Quanten-)Information zu gründen suchte.

Werke: Zum Weltbild der Physik, 1943. – Die Geschichte der Natur, 1948. – Die Einheit der Natur, 1971. – Der Garten des Menschlichen, 1977. – Aufbau der Physik, 1985. – Bewußtseinswandel, 1988. – Zeit u. Wissen, 1992.

Lit.: M. Schüz: Die Einheit des Wirklichen. C. F. v. W.s Denkweg, 1986. – M. Drieschner: C. F. v. W. zur Einführung, 1992. – T. Görnitz: C. F. v. W., 1992. – L. Castell / O. Ischebeck (Hg.): Time, Quantum and Information, 2003. – T. Görnitz / H. Lyre (Hg.): C. F. v. W.: The Structure of Physics, 2006.

Holger Lyre

Alfred North Whitehead

15.2.1861 Ramsgate/Kent (England) – 30.12.1947 Cambridge/Massachusetts (USA)

1880–84	Mathematikstudium am Trinity College in Cambridge
1884–1910	Dozent für angewandte Mathematik u. Mitglied des Debattierklubs The Apostels in Cambridge

1911	Dozent für angewandte Mathematik u. Mechanik am Univ. College in London
1914	Professor für angewandte Mathematik am Imperial College of Science and Technology d. Univ. London (Senator 1919–24, Dekan 1921)
1924–37	Professor für Philosophie an der Harvard Univ., Cambridge (USA)
1945	Verleihung der Auszeichnung Order of Merit

W. ist der Begründer der Prozessphilosophie und bedeutendster Erneuerer von Metaphysik und Naturphilosophie im 20. Jh. Wissenschaftlich begann er als Mathematiker, Physiker und Logiker und wurde durch die zusammen mit seinem Schüler →Bertrand Russell verfassten *Principia Mathematica* (3 Bde., 1910–13) berühmt, obwohl das Projekt unvollendet blieb. Nach diesem Scheitern und ausgelöst durch den Tod seines Sohnes Eric im Ersten Weltkrieg zielte W. in Metaphysik, Kosmologie und Religionsphilosophie auf eine grundlegende Theorie, die Natur- und Geisteswissenschaften miteinander verbindet und pädagogische, poetische und religiöse Fragen umfasst.

W.s Prozessphilosophie definiert – ausgehend von Albert Einsteins Relativitätstheorie – die Grundlagen der Natur- u. Geisteswissenschaften neu. Seine relativistische Metaphysik begreift beider Zusammenhang in der Kreativität des Geistes (*Adventures of Ideas* [Abenteuer der Ideen], 1933), die Idealismus und Realismus verbindet. Gegen die Substanzmetaphysik (also die Idee stabiler, in sich ruhender Größen) entwickelte W. in seinem Hauptwerk *Process and Reality. An Essay in Cosmology* ([Prozess und Realität. Entwurf einer Kosmologie] 1929) das Prozessparadigma: Das *Werden* einer *actual entity* konstituiert ihr *Sein*, ihr *Sein* konstituiert ihr *Werden*.

Nicht *bifurcations* (Aufgabelungen, Spaltungen), sondern dynamische Kontraste bestimmen nach W. die Realität: Atomismus und Organismus, Subjekt und Objekt,

Einheit und Vielheit, Geist und Materie (bipolare Struktur aller primären Entitäten). Kreativität entsteht dort, wo die vielen eins und zugleich um eins vermehrt werden (»The many become one, and are increased by one«). Das Bindeglied zwischen allem Seienden ist die subjektive Erfahrung, so dass das gesamte Universum aus Elementen besteht, die sich in der Analyse von Erfahrungen erschließen. W.s »reformiertes subjektivistisches Prinzip« besagt, dass es abgesehen von den Erfahrungen der Subjekte nichts gibt, absolut nichts (»that apart from the experiences of subjects there is nothing, nothing, nothing, bare nothingness«).

W. verwandte eine innovative, präzise Begrifflichkeit. So klassifizierte er acht Kategorien der Existenz, 27 Kategorien der Erklärung und analysierte den in den Naturwissenschaften häufigen »Fehlschluss falsch verorteter Konkretheit« (*fallacy of misplaced concreteness*), der auf einer mangelnden Differenzierung oder gar Identifizierung von Begriff und Wirklichkeit, Abstraktem und Konkretem beruht. Er rehabilitierte spekulative Methoden, indem er sie in *Modes of Thought* ([Denkweisen] 1938) als Stärke der Philosophie begriff, und überwand die Engführung, die mit dem Monopol der Naturwissenschaften als Wissenschaft einhergeht (*Science and the modern World* [Wissenschaft und moderne Welt], 1925). Poet der Welt ist nach W. Gott; entsprechend definierte er Religion als das, was das Individuum aus seiner Eigenständigkeit (*solitariness*) macht – und zugleich als Welt-Loyalität (*Religion in the Making* [*Wie Religion entsteht*], 1926).

Lit.: V. Lowe: A. N. W., 2 Bde., 1985/90. – M. Hampe: A. N. W., 1998. – J. B. Cobb: A Christian Natural Theology, 2007. – S. A. Koutroufinis (Hg.): Prozesse des Lebendigen, 2007. – Process Studies, hg. v. Center for Process Studies, seit 1971.

Hildegund Keul

Wilhelm von Ockham

um 1285 Ockham (England) – 1347 München

um 1300	Eintritt in den Franziskanerorden
1300–24	Studium u. Unterrichtstätigkeit in London bzw. Oxford
1324–28	Aufenthalt in Avignon aufgrund eines von der Kirche gegen ihn eingeleiteten Lehrprozesses wegen Häresieverdachts
1328	Exkommunikation u. Flucht aus Avignon
seit 1330	Aufenthalt im Münchener Franziskanerkonvent unter dem Schutz Kaiser Ludwigs des Bayern

W. v. O. gehört zu den einflussreichsten Philosophen und Theologen des 14. bis 16. Jh.s. Als politischer Schriftsteller beteiligte er sich während seines Aufenthalts in München an Debatten über das Verhältnis von geistlicher und weltlicher Macht sowie über die Grundfragen der Organisation der Kirche. Seine Schriften sind durch ein hohes Maß an kritischem Geist gekennzeichnet und gaben dem spätmittelalterlichen Konziliarismus (d.h. die Auffassung, dass das allgemeine Konzil die höchste Instanz in der Kirche sei) entscheidende Anregungen. W. trug zu einer umfassenden Wiedergeburt des Nominalismus bei und beeinflusste die Strömung der *via moderna* (wörtlich »neuartiger Weg«, d. h. diejenige Richtung im spätmittelalterlichen Universalienstreit, die den Denkansätzen W.s und des →Johannes Buridan folgte) maßgeblich. Seine Auffassungen zum Verhältnis von Wissen und Glauben, zur Allmacht Gottes, zu den Bedingungen des moralischen Verhaltens der Menschen, zum Wesen der freiwilligen Armut usw. fanden große Beachtung in der Theologie.

W.s philosophische Schriften im engeren Sinn konzentrieren sich auf Logik, Erkenntnistheorie und Naturphilosophie. Sie entstanden zum größten Teil zwischen 1317 und 1328. Zu ihnen gehören Kommentare zu den Schriften des →Aristoteles, Traktate und systematische Lehrzusammenfassungen. Seine *Summa logicae* ([Summe der

Logik] 1488) und sein Kommentar zu den *Sentenzen* des Petrus Lombardus (1495) mit vielen theologischen und philosophischen Reflexionen sind dabei besonders zu erwähnen. Durch die Anwendung des ›Ockhamschen Rasiermessers‹, d.h. des Ökonomieprinzips, versuchte W. eine Rationalisierung von Sprachgebrauch und Weltbetrachtung. Nur individuelle Substanzen und Qualitäten ließ er als primäre ontologische Entitäten gelten. Die »Universalien« waren für ihn keine dinglichen Realitäten, sondern sprachliche und mentale Zeichen. Universell gültige Prinzipien für das Weltverständnis in Theologie und Philosophie waren für ihn der Satz vom ausgeschlossenen logischen Widerspruch, der Grundsatz des Primats des Singulären in der Konstitution der Welt und die Annahme der allgemeinen Kontingenz des Weltgeschehens.

Werke: Opera politica, hg. v. H. S. Offler [u.a.], 4 Bde., 1940–97. – Opera philosophica et theologica, hg. v. G. Gál [u.a.], 17 Bde., 1967–88.

Lit.: M. M. Adams: W. O., 2 Bde., 1987. – O.-Bibliographie 1900–1990, hg. v. J. P. Beckmann, 1992. – J. P. Beckmann: W. O., 1995. – V. Leppin: W. O. Gelehrter, Streiter, Bettelmönch, 2003.

Hans-Ulrich Wöhler

Wilhelm von Sherwood

um 1200/10 Nottinghamshire (England) – um 1266/72

Studium wahrscheinlich in Oxford, möglicherweise auch in Paris
Lehrtätigkeit in Oxford, vielleicht schon seit den 1230er Jahren
1252 als Magister in Oxford registriert
1257 Schatzmeister der Kathedrale von Lincoln
Rektor in Attleborough / Norfolk u. Aylesbury / Buckinghamshire (England)

W. zählt zu den bedeutendsten engl. Logikern des Mittelalters und wurde von seinem Zeitgenossen →Roger Bacon als »erheblich weiser als →Albertus Magnus« (*longe sapientior Alberto*) gepriesen. Er verfasste mit seinen *Introductiones in Logicam* (Einführungen in die Logik) das neben den Lehrbüchern des →Petrus Hispanus und des Lambert von Lagny (lange verwechselt mit Lambert von Auxerre) bedeutendste Logik-Kompendium des 13. Jh.s. Der Logik, die im Mittelalter oft als Kunst der Künste (*ars artium*) oder Wissenschaft der Wissenschaften (*scientia scientiarum*) gewürdigt wurde, weist W. in der Wissenschaftseinteilung des Proömiums (Vorbemerkung) zu seinen *Introductiones* die Aufgabe zu, wahres Reden (*vere loqui*) zu lehren, wodurch ihr Anspruch als Grundlagendisziplin zusätzlich deutlich wird.

Seine wohl zwischen 1230 und 1240 entstandenen, aber anscheinend nur in einer einzigen Handschrift komplett überlieferten *Introductiones* verbinden in der für das 13. Jh. charakteristischen Weise die *logica antiqua*, d.h. Lehrstücke der aristotelisch-boethianischen Tradition, mit der *logica moderna* bzw. *modernorum*, d.h. bedeutenden Eigenleistungen der mittelalterlichen Logik. Traditionelle Bestandteile sind die Satzlehre unter ausführlicher Berücksichtigung der Logik der Modalaussagen, die Lehre der Prädikabilien (d.h. der allgemeinsten ›Aussagbaren‹) zurückgehend auf die *Isagoge* des →Porphyrius), die Syllogistik (Lehre der beweisenden Schlüsse einschließlich einer frühen Version von Merkversen für die syllogistischen Modi), die Topik (Lehre der Wahrscheinlichkeitsschlüsse) und die Fehlschlusslehre; ›modern‹ sind die Lehren der selbstständigen Bezeichnungsfunktion (*significatio*) und der kontextuellen Referenz bzw. Supposition (*suppositio*) von Sprachzeichen, d.h. ihrer Verweisungsfunktion an Subjekt- und Prädikatstelle von Aussagen.

W.s zweites Hauptwerk, die wohl um 1240 entstandenen *Syncategoremata*, behandeln die Lehre der mitbezeichnenden Sprachzeichen, d.h. die logischen Eigenschaften der wichtigsten Quantoren, Junktoren, Modaloperatoren und anderer logisch relevanter Ausdrücke (›nicht‹, ›nur‹, ›außer‹, ›allein‹, die Hilfsverben ›anfangen‹ u. ›aufhören‹ usw.). Diese erörterte W. teils an komplizierten analysebedürftigen Aussagen (*Sophismata*), anhand derer die Probleme mehrfacher Quantifizierung, unterschiedlicher Reichweiten von Negationen usw. zu demonstrieren sind. Für die Traktate *De Insolubilibus* (›Unlösbare‹, d.h. selbstbezügliche Sätze, die zu den heutigen semantischen Antinomien führen), *Obligationes* (›Verpflichtungen‹, d.h. Argumentationsregeln der mittelalterlichen Disputation) und *Petitiones contrariorum* (logische Rätsel aufgrund verborgener Widersprüche in den Prämissen) ist W.s Autorschaft bis heute nicht abschließend geklärt.

Werke: Introductiones in Logicam/Einführung in die Logik, hg. v. H. Brands u. C. Kann, 1995.

Lit.: K. Jacobi: Die Modalbegriffe in den logischen Schriften des W. v. S. u. in anderen Kompendien des 12. u. 13. Jh.s, 1980. – H. Brands: Topik u. Syllogistik bei W. of S., in: Argumentationstheorie. Scholastische Forschungen zu den logischen u. semantischen Regeln korrekten Folgerns, hg. v. K. Jacobi, 1993, 41–58. – R. Kirchhoff: Die *Syncategoremata* des W. v. S. Kommentierung u. historische Einordnung, 2008.

Christoph Kann

Wilhelm Windelband

11.5.1848 Potsdam – 22.10.1915 Heidelberg

1866–70	Studium der Medizin, Naturwissenschaften, Geschichte u. Philosophie in Jena, Berlin u. Göttingen
1870	Promotion bei Rudolf Hermann Lotze
1870/71	Teilnahme am Dt.-Frz. Krieg als Freiwilliger
1873–76	Habilitation in Leipzig, anschließend dort Privatdozent
1876/77	Ruf als o. Professor für Philosophie an die Univ. Zürich

1877–82	Professor in Freiburg i. Br.
1882–1903	Professor in Straßburg
1903–15	Professor in Heidelberg

W. gilt als Wegbereiter der südwestdt. oder bad. Schule des Neukantianismus, einer an der Philosophie →Immanuel Kants anknüpfenden Philosophiebewegung zwischen 1870 und 1918. »Kant verstehen, heißt über ihn hinausgehen« – dieses Motto stellte W. seinen gleichermaßen historisch wie systematisch ausgerichteten Interessen voran. Während seiner Straßburger und Heidelberger Lehrtätigkeit versammelte er einen großen internationalen Schülerkreis, dessen prominenteste Vertreter →Heinrich Rickert, Emil Lask und Bruno Bauch waren und über den er auch Einfluß auf die Philosophie in den osteurop. Ländern erlangte. In Italien und Frankreich wurden u. a. W.s Beiträge zum *Internationalen Kongress der Philosophie* 1904 in Genf und 1908 in Heidelberg beachtet.

W.s theoretische Leistung besteht in seiner Auslegung der Transzendentalphilosophie als einer axiologisch (werttheoretisch) begründeten Kulturtheorie. Die Programmatik dieser Lehre findet sich in den *Präludien* (1884) und wurde zur Grundlage der von ihm begründeten Schulrichtung. Ansehen als Historiker erwarb sich W. durch sein 1892 veröffentlichtes und bis in die jüngste Vergangenheit auflagenstark verlegtes *Lehrbuch der Geschichte der Philosophie*, das die systematischen und methodischen Grundlagen der Problemgeschichte herausarbeitet. Für die wissenschaftstheoretische Auseinandersetzung bedeutsam ist seine 1894 gehaltene Rektoratsrede *Geschichte und Naturwissenschaft*, die die methodologische Differenzierung zwischen »nomothetischen« (Gesetze bildenden) und »idiographischen« (das Einzelne beschreibenden) Gesetzes- bzw. Ereigniswissenschaften in die Diskussion einführte.

Zentraler Punkt der Systematik ist das an Kants »Bewusstsein überhaupt« erinnernde »Normalbewusstsein«, das für W. den Geltungsgrund von Werten ausmacht. Die Aufgabe der Philosophie sah W. darin, die Bestimmungen dieses Postulats der überindividuellen Organisationsform menschlicher Beurteilungen systematisch und problemgeschichtlich nachzuweisen.

Lit.: H. Rickert: W. W., 1915. – A. Ruge: W. W., 1917. – B. Jakowenko: W. W. Ein Nachruf, 1941. – M. Kemper: Geltung u. Problem. Theorie u. Geschichte im Kontext des Bildungsgedankens bei W. W., 2006.

Matthias Kemper

Ludwig Wittgenstein

24.4.1889 Wien – 29.4.1951 Cambridge (England)

1906–08	Ingenieurstudium in Berlin u. 1908–10 in Manchester
1912	Philosophiestudium in Cambridge
1913/14	Aufenthalt in Norwegen
1914–18	Kriegsdienst in der österr. Armee
1918/1919	Kriegsgefangenschaft in Italien
1920–26	Volksschullehrer in Trattenbach (Niederösterreich)
1927/28	Treffen mit dem Wiener Kreis um →Moritz Schlick
1929	Rückkehr nach Cambridge (Ph. D. für den *Tractatus*)
1930–36	Research Fellow am Trinity College, Cambridge
1936/37	Aufenthalt in Norwegen
1939	Professor für Philosophie in Cambridge
1939–45	Medizinische Hilfskraft in London u. Newcastle
1947	Aufgabe der Lehrtätigkeit

Obwohl zu seinen Lebzeiten nur ein einziges Buch von ihm erschien, gilt W. als einer der bedeutendsten Philosophen des 20. Jh.s. Er wurde wegweisend für die Analytische Philosophie, leitete deren Wende zur Sprache (*linguistic turn*) ein und prägte sowohl den Logischen Positivismus als auch die reduktionistische Sprachanalyse. In seinem Spätwerk kritisierte er die zuvor von ihm vertretene logische Tiefenanalyse und ersetzte sie durch eine

Form der Begriffsklärung, die sich am tatsächlichen Sprachgebrauch orientiert. Dieses Spätwerk bestimmte die Philosophie der Normalen Sprache entscheidend und beflügelt bis heute die Kritik an der formalistischen und szientistischen Hauptströmung der Analytischen Philosophie. Beide Perioden vereint die Überzeugung, dass sich die Philosophie von den Naturwissenschaften radikal unterscheidet: Sie stellt keine Theorien auf, sondern ist eine kritische Aktivität; ihr Zweck ist es, die den philosophischen Problemen zugrunde liegenden Begriffsverwirrungen aufzulösen.

W.s Frühwerk versucht, die durch die Erfindung der modernen Logik aufgeworfene Frage nach der ›Natur‹ der Logik zu klären. Logische Sätze wie ›$\neg(p \,\&\, \neg p)$‹ beschreiben weder Gegenstände jenseits von Raum und Zeit noch allgemeine Strukturen der Welt. Vielmehr handelt es sich um ›Tautologien‹, in denen empirische Sätze so miteinander verknüpft sind, dass sich ihre Informationen über die Welt wechselseitig aufheben. Zudem unterschied W. in seinem *Tractatus logico-philosophicus* (1922) im Gegensatz zu → Gottlob Frege streng zwischen Namen, die für etwas stehen, und Sätzen, die etwas sagen. Alle sinnvollen Sätze lassen sich als wahrheitsfunktionale Kombinationen von logisch unabhängigen ›Elementarsätzen‹ analysieren. Letztere bestehen aus semantischen Atomen (»Namen«), die für metaphysische Atome (»einfache Gegenstände«) stehen.

W.s logischer Atomismus ergibt sich aus dem Versuch, jene Strukturen aufzudecken, die Sprache und Wirklichkeit gemein haben müssen, damit erstere letztere überhaupt sinnvoll darstellen kann. Laut W.s »Bildtheorie« werden in Elementarsätzen Namen so zusammengestellt, dass ihre Kombination eine mögliche Kombination der entsprechenden Gegenstände – einen möglichen »Sachverhalt« – darstellt. Besteht letztere Kombination tatsächlich, dann ist der Elementarsatz wahr. Die Sätze des *Tractatus* sind selbst keine empirischen Bilder kontingenter Sachverhalte und verletzen deshalb sein eigenes Sinnkriterium. Daher verglich W. sie am Ende des Buches mit einer Leiter, die man wegwerfen muss, sobald man durch sie eingesehen hat, wie sich der Sinn empirischer Sätze durch logische Analyse klären lässt.

W.s Zweifel am logischen Atomismus und an der Bildtheorie während der ›Übergangsperiode‹ (1929 bis etwa 1936) führten allmählich zu einer grundlegenden Umorientierung. In den *Philosophischen Untersuchungen* (postum gedr. 1953) realisierte W., dass es logisch unabhängige Elementarsätze und einfache Namen bzw. Gegenstände nicht geben kann. Auch beruht die Möglichkeit des sinnvollen Redens nicht auf einer Eins-zu-eins-Korrelation zwischen Ausdrücken und Gegenständen. Nicht alle Wörter beziehen sich auf Gegenstände, und selbst bei jenen, die es tun, ist die Bedeutung nicht mit dem Bezugsgegenstand identisch. Auch haben nicht alle sinnvollen Sätze die Funktion, Sachverhalte abzubilden. Außer Aussagen gibt es nicht nur Fragen und Befehle, sondern zahllose unterschiedliche »Sprachspiele«. Der bloße Versuch, das Wesen des Satzes bzw. der Sprache anzugeben, führt in die Irre, da solche Begriffe nicht durch notwendige und hinreichende Bedingungen zusammengehalten werden, sondern durch »Familienähnlichkeiten«.

W. verstand nun – anders als im *Tractatus* – eine natürliche Sprache nicht als abstraktes formales Kalkül, sondern als menschliche Praxis, die wiederum Ausdruck einer sozialen »Lebensform« ist. Nach wie vor vertrat er die Ansicht, dass philosophische Probleme nicht aus mangelndem Wissen entspringen, sondern aus sprachlichen Verwirrungen. Aber letztere lassen sich weder durch die Konstruktion künstlicher Sprachen (wie in der ›Philosophie der Idealen Sprache‹) noch durch die im *Tractatus* vertretene Tiefenanalyse natürlicher Sprachen vermeiden. Vielmehr sei eine vorurteilsfreie Beschreibung der mannigfaltigen Sprachspiele notwendig, die unseren tatsächlichen Sprachgebrauch ausmachen. Denn philosophische Theorien geben zwar vor, Fragen zu beantworten, die mittels umgangssprachlicher Ausdrücke formuliert werden (z.B. ›Was ist Wissen?‹), verzerren oder ignorieren aber gleichzeitig die für die Bedeutung dieser Ausdrücke konstitutiven Verwendungsweisen.

Werke: WA, 8 Bde., hg. v. J. Schulte, 1984. – Briefe, hg. v. B. F. McGuinness u. G. H. v. Wright, 1980. – Philosophical Occasions, hg. v. J. Klagge u. A. Nordmann, 1993. – W.s Nachlass. The W. Archives at the University of Bergen, CD-Rom 2000.

Lit.: P. Hacker: Insight and Illusion, 1972, dt. 1978. – A. Kenny: W., 1973, dt. 1974. – J. Schulte: W. Eine Einführung, 1989. – R. Monk: L. W. The Duty of Genius, 1990, dt. 1994. – H.-J. Glock: A W. Dictionary, 1996. – E. v. Savigny: Der Mensch als Mitmensch. W.s »Philosophische Untersuchungen«, 1996. – S. Schroeder: W. The Way out of the Fly-Bottle, 2006.

Hans-Johann Glock

Jan Woleński

* 21.9.1940 Radom (Polen)

1958–63	Studium der Rechtswissenschaften an der Jagiellonen-Univ. Krakau
1960–64	Studium der Philosophie ebendort
seit 1963	Assistent am Lehrstuhl für Staats- u. Rechtswissenschaft ebendort
1974	Dozent am Institut für Gesellschaftswissenschaften der Bergwerk- u. Hüttenakademie Krakau
1979	Wissenschaftler am Institut für Gesellschaftswissenschaften der Technischen Univ. Breslau
1981	Austritt aus der Poln. Vereinigten Arbeiterpartei PZPR (Mitglied seit 1965)
1982–86	Herausgeber der Untergrundzeitung *Riposta*
1982	zeitweiliges Lehrverbot
1988	Wissenschaftler (seit 1990 o. Professor) am Institut für Philosophie der Jagiellonen-Univ. Krakau
seit 1994	Direktor des Instituts für Epistemologie ebendort

W. ist Anhänger der semantischen Theorie der Wahrheit (STW) in der von →Alfred Tarski formulierten Form. Während über die Bedeutung der STW in der Logik Einigkeit besteht, ist ihr Wert für die Philosophie umstritten. Der Begriff ›Wahrheit‹, der gemäß W. epistemologisch, aber nicht epistemisch oder axiologisch konzipiert ist, wird auf der Grundlage der STW definiert. Als Wahrheitsträger betrachtet W. Satzformen (Meinung, Urteil, Feststellung usw.). Unter Berücksichtigung der Forschungsergebnisse Tarskis und →Kurt Gödels stimmt W. der Annahme zu, dass es kein allgemeines Kriterium der Wahrheit gibt, doch sei es möglich, die STW im Sinne der Formulierung eines solchen Kriteriums zu interpretieren.

Gemäß W. besteht die zentrale Auseinandersetzung in der Philosophie gegenwärtig in der Kontroverse zwischen Naturalismus und Anti-Naturalismus. Ersterer beschränkt sich auf die Beantwortung der Fragen nach dem, was ist, während Letzterer nach einer Begründung für sie sucht. W. vertritt eine Position des Naturalismus, doch hält er sie nicht für ein fertiges Konzept, sondern für ein zur Realisierung empfohlenes Projekt. Der Naturalismus muss z.B. die Frage nach dem Zugang zu den Gegenständen der Mathematik oder zu den Werten lösen. W. hält an der normativen Aufgabe der Erkenntnistheorie fest und schlägt vor, eine epistemische Ebene, die die Dinge betrifft, von einer epistemologischen Ebene zu unterscheiden, die die Dingsphäre transzendiert und sich mit dem Wissen von den Dingen (den Erkenntnisakten und ihren Produkten) beschäftigt. Diese Unterscheidung eröffnet die Alternative, entweder die Epistemologie auf die epistemische Ebene zurückzuführen (radikaler Naturalismus) oder zu akzeptieren, dass eine solche Zurückführung nicht möglich ist, weil einerseits die Erkenntnistheorie normativ ist, andererseits aber einem Diktum →David Humes zufolge aus deskriptiven Sätzen keine normativen Sätze abgeleitet werden können. Bei der Wahl des zweiten Gliedes der Alternative bewahrt die Epistemologie eine teilweise Unabhängigkeit gegenüber den empirischen Wissenschaften.

In seinen jüngsten Forschungen konzentriert sich W. auf den Begriff des Glaubens und unterscheidet zwischen dessen epistemologischer, moralischer und religiöser Bedeutung. Seit →Platon wird der Glaube (*pistis*) dem Wissen (*episteme*) entgegengesetzt. W. hält diese Entgegensetzung für verfehlt und schlägt eine Konzeption des Wissens vor, die die These begründet, jedes Wissen sei seiner Legitimation, nicht aber seiner Annahme als Wissen nach eine Vermutung. Der religiöse Glaube sei v. a. mit der Unhinterfragbarkeit, Bedingungslosigkeit und Nicht-Diskursivität dessen verbunden, an das man glaubt. W. bezeichnet seine Haltung als Agnostizismus, also als Unmöglichkeit, Transzendentes zu erkennen.

Werke: Logiczne problemy wykładni prawa, 1972. – Mill, 1979. – Z zagadnień analitycznej filozofii prawa, 1980. – Przewidywania – analiza metodologiczna, 1984. – Filozoficzna szkoła lwowsko-warszawska, 1985. – Kotarbiński, 1990. – Matematyka a epistemologia, 1993. – W stronę logiki, 1996. – Szkoła lwowsko-warszawska w polemikach, 1997. – Okolice filozofii prawa, 1999. – Essays in the History of Logic and Logical Philosophy, 1999. – Myśli filozoficzne i jeszcze inne, 2000. – Epistemologia, 3 Bde., 2000–03, ND 2007. – Granice niewiary, 2004. – Lustracja jako zwierciadło, 2007.

Lit.: J. Hintikka [u. a.] (Hg.): Philosophy and Logic in Search of the Polish Tradition. Essays in Honour of J. W., 2003 [Werkverzeichnis].

Artur Pacewicz

Christian Wolff (seit 1745 Reichsfreiherr von)

24. 1. 1679 Breslau – 9. 4. 1754 Halle

1699–1702	Studium der Mathematik, Physik, Astronomie, Philosophie, Theologie u. Jurisprudenz in Jena
1703	Habilitation in Leipzig
seit 1705	Mitarbeit an den *Acta eruditorum*

1706–23	Professor für Mathematik und Naturwissenschaft an der Univ. Halle (Prorektor 1720)
1722	Beginn der Prüfung seiner Schriften durch die theologische Fakultät
1723	Ausweisung aus Preußen
1723–40	Lehrtätigkeit in Marburg
1725	Honorarprofessor der Petersburger Akademie der Wissenschaften
1740	Rückberufung nach Halle (Kanzler 1743)
seit 1741	Kurator aller dt. Universitäten

W. gilt als der Hauptvertreter der Hochaufklärung in Deutschland. Viele philosophische Lehrstühle in den dt. Ländern waren bis ins späte 18. Jh. von Wolffianern besetzt. Doch gab es bereits seit den 1720er Jahren kritische Auseinandersetzungen mit seinem Denken, etwa im Rahmen der Konflikte W.s mit Hallenser Pietisten, die 1723 zu seinem Weggang aus Halle führten, sodann von Seiten der Leipziger Philosophen um Andreas Rüdiger (Adolf Friedrich Hoffmann, Christian August Crusius). Der Bezeichnung W.s als Systematisierers und Popularisierers der Leibnizschen Philosophie – der Ausdruck *Philosophia Leibnitio-Wolfiana* wurde vom W.-Schüler Georg Bernhard Bilfinger geprägt – widersprach W. selbst, ohne eine Beeinflussung seines Denkens durch →Gottfried Wilhelm Leibniz in Abrede zu stellen. →Immanuel Kant (*Kritik der reinen Vernunft*, ²1787) rühmte W. als größten unter den »dogmatischen Philosophen« und als »Urheber des Geistes der Gründlichkeit in Deutschland«.

W. entwickelte sein System, in dem es ihm um die ›Vermählung‹ (*connubium*) von Erfahrung und Vernunft ging, zuerst im Rahmen seiner Lehrtätigkeit an der Universität Halle. Die in den Titeln der zwischen 1713 und 1725 entstandenen dt. Werke über Logik (*Vernünfftige Gedancken von den Kräfften des menschlichen Verstandes und ihrem richtigen Gebrauche in Erkänntnis der Wahrheit*, 1713), Metaphysik (*Vernünfftige Gedancken von Gott, der Welt und der Seele des Menschen, auch allen Dingen überhaupt*, 1720), Ethik (*Vernünfftige Gedancken von der Menschen Thun und Lassen, zu Beförderung ihrer Glückseligkeit*, 1720), Politik (*Vernünfftige Gedancken von dem gesellschaftlichen Leben der Menschen und insonderheit dem gemeinen Wesen zur Beförderung der Glückseligkeit des menschlichen Geschlechts*, 1721), Physik (*Vernünfftige Gedancken von den Wirkungen der Natur*, 1723) und Teleologie (*Vernünfftige Gedancken von den Absichten der natürlichen Dinge*, 1724) enthaltene Formel »Vernünfftige Gedancken« verweist auf W.s Methodenideal, nämlich die ›mathematische Lehrart‹, die er bereits in seiner Habilitationsschrift zugrunde gelegt hatte (*Philosophia practica universalis* [Allgemeine praktische Philosophie], 1703).

In W.s späteren lat. Schriften (*Philosophia rationalis sive Logica* [Vernunftlehre oder Logik], 1728; *Philosophia prima sive Ontologia* [Erste Philosophie oder Ontologie], 1730; *Cosmologia generalis* [Allgemeine Kosmologie], 1731; *Psychologia empirica* [Empirische Psychologie], 1732; *Psychologia rationalis* [Rationale Psychologie], 1734; *Theologia naturalis* [Natürliche Theologie], 2 Bde., 1736/37; *Philosophia moralis* [Moralphilosophie], 5 Bde., 1750–53; *Jus naturae* [Naturrecht], 8 Bde., 1740–48; *Jus gentium* [Völkerrecht], 1750) findet sich im Untertitel jeweils der Zusatz *methodo scientifica pertractata* (mit wissenschaftlicher Methode abgehandelt). Die mathematische oder wissenschaftliche Methode hat ihren Grund in der Natur des Verstandes selber und besteht darin, dass »alles deutlich erkläret, gründlich [erwiesen] und eine Wahrheit mit der andern beständig verknüpft« sei. Seit seiner Gymnasialzeit war W. davon überzeugt, dass sich die konfessionellen Streitigkeiten durch eine unanfechtbare Methode überwinden lassen müssten und man so die »Wahrheit in der Theologie« deutlich zeigen und zu »unwidersprechliche[r] Gewisheit« bringen könnte.

Die hauptsächlichen Teile der W.schen Philosophie ergeben sich aus der Unterscheidung zwischen Erkenntnis- und

Begehrungsvermögen. Philosophie im *theoretischen* Sinn ist die »Wissenschaft des Möglichen, insofern es sein kann«, und fußt auf den Grundsätzen des auszuschließenden Widerspruchs und des zureichenden Grundes. Das Seiende, das wir erkennen, sind Gott (natürliche Theologie), die Seelen (rationale Psychologie) und die körperlichen Dinge (allgemeine Kosmologie). Diesen vorangestellt sind im System der Philosophie die Logik und die Ontologie als die Lehre von dem, was allem Seienden gemeinsam ist.

W.s *praktische* Philosophie gliedert sich in Ethik und Politik, insofern der Mensch entweder als Mensch oder als Bürger betrachtet werden kann. Die Ethik, die auf den Grundsätzen der Metaphysik aufbaut, ist am Prinzip der Vollkommenheit, aus der sich die Verpflichtung zum Guten herleitet, orientiert. Jenes ist in der Natur des Menschen selber (Naturgesetz) enthalten, hat aber in Gott seinen letzten Ursprung. Ziel des Handelns ist die Glückseligkeit. W.s Staatstheorie knüpft an bestehende Vertragstheorien an, v.a. an die Samuel Pufendorfs. Beförderung der allgemeinen Wohlfahrt und Erhaltung der allgemeinen Sicherheit bilden die Grundziele der Politik. Dabei kommt auch hier der Vollkommenheit des »gemeinen Wesens« normative Kraft zu. Als Staatsform lässt W. das Modell einer parlamentarischen Demokratie gelten, doch scheint es, als gebe er der Monarchie den Vorzug.

Werke: GW, hg. v. J. École [u.a.], 1962ff.

Lit.: M. Campo: C. W. e il razionalismo precritico, 1939. – W. Schneiders (Hg.): C. W. 1679–1754, 1990. – J. École: La métaphysique de C. W., 1990. – C. Schwaiger: Das Problem des Glücks im Denken C. W.s, 1995. – L. Cataldi-Madonna (Hg.): Macht u. Bescheidenheit der Vernunft. Beiträge zur Philosophie C. W.s, 2005. – J. P. Paccioni: Cet esprit de profondeur, 2006. – J. Stolzenberg / O.-P. Rudolph (Hg.): C. W. u. die europ. Aufklärung, angelegt auf 5 Bde., 2007ff.

Robert Theis

Mary Wollstonecraft

27.4.1759 Hoxton bei London – 10.9.1797 London

1778–80	Tätigkeit als Gesellschafterin in Bath
1783	Gründung einer eigenen Schule, die 1786 aus finanziellen Gründen geschlossen wird
1785	Reise nach Lissabon
1786/87	Gouvernante in Irland
seit 1787	Lektorin, Übersetzerin u. Schriftstellerin in London
1792–94	Aufenthalt in Paris
1794	Geburt der Tochter Fanny aus der Verbindung mit dem Amerikaner Gilbert Imlay
1795	Reise nach Skandinavien
1797	Heirat mit dem Philosophen u. Schriftsteller William Godwin u. Geburt der Tochter Mary, der späteren Mary Shelley, Autorin des Romans *Frankenstein* (1818)

W. gilt als erste Frauenrechtlerin Großbritanniens. Mit ihrem Werk *A Vindication of the Rights of Woman* ([Ein Plädoyer für die Rechte der Frau] 1792) wurde sie über die Grenzen des Landes hinaus bekannt. Die autodidaktisch gebildete W. trat mit politischen, moralphilosophischen, pädagogischen und literarischen Werken an die Öffentlichkeit. Von besonderem Einfluss auf ihren intellektuellen Werdegang waren die engl. *Dissenter*, eine prot., sozialkritische Reformbewegung. Während ihres Aufenthalts in Paris griff W. die philosophischen und bildungspolitischen Ideen des Aufklärungsphilosophen Condorcet auf und stand politisch den Girondisten, einer gemäßigten Gruppierung während der Frz. Revolution, nahe.

In Auseinandersetzung mit →Edmund Burke trat W. für universale Menschen- und Bürgerrechte, für politisch-soziale Reformen, für soziale Gerechtigkeit und Chancengleichheit durch Zugang zu Bildung ein. Die Rolle der Frau in der bürgerlichen Gesellschaft definierte sie als gleichberechtigte Staatsbürgerin und Partnerin des Mannes durch Autonomie, Selbstständigkeit, berufliche Entfaltungsmöglichkeit, Lebenstüchtigkeit und Praxisorientierung.

Werke: The Works, hg. v. J. Todd u. M. Butler, 7 Bde., 1989. – Eine Verteidigung der Rechte der Frau, hg. v. J. Müller u. E. Schotte, 1989.

Lit.: C. Tomalin: The Life and Death of M. W., 1992. – J. Todd: M. W. A Revolutionary Life, 2001. – K. Priester: M. W. Ein Leben für die Frauenrechte, 2002.

Karin Priester

Xenophanes von Kolophon

um 570 v. Chr. Kolophon (Kleinasien) – wohl vor 470 v. Chr.

um 550–40 v. Chr. Emigration nach Süditalien und Sizilien, Tätigkeit als Rhapsode oder Aöde (Rezitator volkstümlicher Epen) u. als Dichter philosophischer Glossen

Berühmt wurde X. durch Gedichte, in denen er sich kritisch mit den griech. Mythen auseinandersetzte und v. a. Homer und Hesiod (aber auch religiöse Bräuche) scharf attackierte. Er gilt als Erfinder der Gedichtform der *Silloi* (Spottverse). Aufnahmen seiner polemischen Thesen finden sich bei →Heraklit, Epicharmos, Timon von Phleious und in →Platons Dichterkritik. Die Überlieferung, X. sei der Lehrer des →Parmenides gewesen, lässt sich durch die erhaltenen X.-Fragmente nicht stützen. Als Rhapsode mit philosophischer Kommentarleistung war X. vielleicht der erste professionelle Philosoph der Geschichte.

Den mythischen Welterklärungen setzte X. eine Kosmologie mit Anklängen an ältere aus Milet stammende Philosophen entgegen (*Fragmente* 27–33), den harsch verworfenen anthropomorphen Göttervorstellungen (*Fragmente* 14–17) seine henotheistische (also mehrere Gottheiten um einen Hauptgott versammelnde) Lehre von einem allmächtigen, rein geistigen Gott (*Fragmente* 23–26). Beides stützt sich auf eine profunde Kenntnis des epischen Traditionsguts, einen neuartigen ethischen Rigorismus (*Fragmente* 1–3, 11–12) und eine polemische Erkenntnistheorie nach einem Verfahren von Hypothesenbildung und Falsifikation gemäß einer Tekmerienmethode (d.i. Argumentieren auf der Grundlage sinnenfälliger Indizien; *Fragmente* 34–36 und 38). Von seinen Lehrgedichten sind noch etwa 40 Direktfragmente von z.T. beträchtlicher Länge erhalten.

Werke: Die Fragmente der Vorsokratiker I, griech./dt., hg. v. H. Diels u. W. Kranz, [10]1972, ND 2004, n. 21.

Lit.: E. Heitsch: X.: Fragmente, 1983. – J. H. Lesher: X. of Colophon, 1992. – C. Schäfer: X. v. K., 1996.

Christian Schäfer

Zenon von Elea

um 500 v. Chr. Elea (Italien) – um 430 v. Chr. vermutlich Elea oder Syrakus

Z. erlangte philosophische Bedeutsamkeit durch die Formulierung grundlegender, logisch unauflösbarer Widersprüche in der methodischen Form des indirekten Beweises (*reductio ad absurdum*). Er wird deshalb auch als Begründer der Argumentationskunst (Dialektik) bezeichnet. Z. übte nachhaltigen Einfluss auf die Sophistik, das skeptische Denken, →Platon und →Aristoteles, →Nikolaus von Kues, →Immanuel Kant oder →Georg Wilhelm Friedrich Hegel aus. In Logik, Physik und Mathematik beschäftigt man sich immer wieder mit seinen Gedanken. Umstritten ist, ob er – wie Platon beteuert (*Parmenides* 128a–b) – seine Beweisführungen im Dienst der Verteidigung der eleatischen Philosophie des einen Seins (wie →Parmenides sie repräsentiert) entwickelte oder ob er selbst keine bestimmte Theorie positiv vertrat.

Z.s Schlüsse richten sich gegen eine Vielzahl von Phänomenen. So leugnete er die Existenz oder Denkbarkeit von Vielheit, Bewegung und Geschwindigkeit. Außerdem bestritt er Raum, Ort und Zeit, sinnliche Wahrnehmung und Nichtsein sowie sogar zuletzt den Einheitsbegriff. Inhaltlich arbeiten seine Widerlegungen mit Problemen des Diskreten (d.h. des in abgrenzbare Einheiten Zerfallenden) und des Kontinuums, des Teiles und des Ganzen, des Endlichen und des Unendlichen sowie ihres Verhältnisses, des infiniten Regresses und des Grenzwertes (des Infinitesimalen), der komparativen Begriffe, der Ausdehnungsgrößen und Mengen oder der absoluten und relativen Einheit von Messungen.

Von seinen wenigstens zehn (nach →Proklus sogar vierzig) Trugschlüssen sind die bekanntesten: das Pfeilparadoxon, das Stadionparadoxon, das Teilungsparadoxon, das Paradoxon der fallenden Hirse sowie besonders das zum Wettlauf zwischen Achill und der Schildkröte. Gemäß letzterem ist es unmöglich, dass ein schneller Läufer einen langsameren – sofern dieser einen Vorsprung besitzt – ein- und überholen kann. Bevor Achilles also die Schildkröte überholen kann, muss er zuerst ihren Vorsprung einholen. In der Zeit, die er dafür benötigt, hat die Schildkröte aber einen neuen, wenn auch kleineren Vorsprung gewonnen, den Achilles ebenfalls erst einholen muss. Ist ihm auch das gelungen, hat die Schildkröte wiederum einen Vorsprung gewonnen usw. Der Vorsprung, den die Schildkröte zu jedem Zeitpunkt hat, wird zwar immer kleiner, bleibt aber stets ein Vorsprung, so dass sich der schnellere Läufer der Schildkröte zwar immer weiter nähern, sie jedoch nie einholen kann.

Werke: Die Fragmente der Vorsokratiker II, griech./dt., hg. v. H. Diels u. W. Kranz, [16]1972, ND 2005, n. 29. – H. D. P. Lee: Z. of E., 1936. – M. Untersteiner: Z., 1963.

Lit: A. Grünbaum: Modern Science and Z.s Paradoxes, 1967. – W. C. Salmon (Hg.): Z.s Paradoxes, 1970. – R. Ferber: Z. Paradoxien der Bewegung, 1981. – M. Caveing: Z. d'Elée, 1982. – M. Migliori: Unità molteplicità dialettica, 1984.

Dirk Cürsgen

Zhang Zai

1020 Changan (heute Xian) oder Daliang (heute Kaifeng) (China) – 1077 Lintong (China)

1056	Lehrer in Daliang
seit 1057	Beamter
seit 1069	Berater des Kaisers in Daliang; Rückzug nach Hengqu wegen Streitigkeiten mit Vizekanzler Wang Anshi

Z. Z. beschäftigte sich mit Buddhismus und Daoismus, wandte sich dann dem Konfuzianismus zu und wurde ein heftiger Kritiker v. a. des Buddhismus. Seine bedeutendste Schrift ist das *Zhengmeng* (Richtigstellen des noch Unwissenden), dessen Theorie des *Qi* (wörtlich ›Gas‹, ›Atem‹) einen wichtigen Beitrag für die Philosophie des Neo-Konfuzianismus darstellt. *Qi* ist die alle materiellen und nichtmateriellen Bestandteile der Welt konstituierende Substanz. Sie zerstreut sich, und Dinge vergehen; sie verdichtet sich, und Dinge entstehen. *Qi* ist überall, in sichtbarer Form als die empirischen Dinge oder in unsichtbarer Form als der diese umgebende und ausfüllende Raum. Die Dinge sind so einem unaufhörlichen Wandlungsprozess des Entstehens, Veränderns und Vergehens unterworfen. *Qi* selbst ist unvergänglich und an sich unveränderlich.

Als grundlegendes Dokument der neo-konfuzianischen Ethik gilt Z. Z.s Text *Ximing* (Westinschrift), der sich im letzten Kapitel des *Zhengmeng* findet und in dem der Gedanke der wesentlichen Einheit und Verbundenheit aller Dinge ausgearbeitet ist. Z. Z. kennzeichnete ihn mit Ausdrücken wie »Tianren Heyi« (Einheit von Mensch und

Universum) und verstand die organische Verbundenheit zwischen den Dingen als sittliche Beziehung. Himmel und Erde sind unsere Eltern, andere Menschen unsere Geschwister, die Dinge unsere Gefährten. Geraten z.B. Menschen in Not, muss ihnen wie Geschwistern geholfen werden. Damit trug Z. Z. die Vorstellung einer umfassenden Liebe vor. Impliziert ist der Gedanke, dass der Mensch Sorge dafür trägt, dass die Dinge sich ihrer Natur gemäß entfalten können. Er bildet somit neben Himmel und Erde die dritte Kraft, die zum Gedeihen der Dinge in der Welt beizutragen hat.

Werke: Rechtes Auflichten. Cheng Meng, hg. v. M. Friedrich [u. a.], 1996.

Lit.: W. Eichhorn: Die Westinschrift des Chang Tsai. Ein Beitrag zur Geistesgeschichte der Nördlichen Sung, 1937. – I. E. Kasoff: An Analysis of the Thought of Chang Tsai (1020–1077), 1984. – W. Ommerborn: Die Einheit der Welt. Die Qi-Theorie des Neo-Konfuzianers Z. Z. (1020–1077), 1996.

Wolfgang Ommerborn

Zhu Xi

1130 Youxi/Provinz Fujian (China) – 1200 Kaoting (China)

1151	Magistratsbeamter in Tongan / Provinz Fujian
1158–63	Schüler des konfuzianischen Gelehrten Li Tong
1179–83	Präfekt in Nankang / Provinz Jiangxi; Errichtung einer später berühmten privaten Akademie
1194	Tutor des Kaisers Ningzong; Konflikt mit einflussreichen Kreisen am Hof
1197	Aberkennung seiner Ehren u. Privilegien; Rückzug als Lehrer nach Kaoting / Provinz Fujian
1199	Teilrehabilitation

Z. X. war der einflussreichste Vertreter des Neo-Konfuzianismus. Er berief sich v. a. auf → Konfuzius und → Menzius, wies aber die konfuzianischen Strömungen seit der

Han-Zeit (206 v. Chr. – 220 n. Chr.) zurück und polemisierte gegen Daoismus und Buddhismus, obwohl er von diesen stark beeinflusst wurde. Seine Schule, die *Lixue* (›Schule des Ordnungsprinzips‹), dominierte nach seinem Tod das geistige Leben in China. Seine Lehren strahlten außerdem nach Korea und Japan aus.

Z. X.s Vorstellungen finden sich v. a. in den Textsammlungen *Zhuzi Yulei* (›Die klassifizierten Lehren des Z. X.‹) und *Zhu Wengong Wenji* (Die gesammelten Schriften des Z. X.). Den Mittelpunkt seiner Philosophie bilden die Begriffe *Li* und *Qi*. Die Dinge entstehen durch Verdichten des *Qi* (wörtlich ›Gas‹, ›Atem‹) und vergehen, wenn es sich zerstreut. *Qi* ist die alle materiellen und nichtmateriellen Bestandteile der Welt konstituierende Grundsubstanz. *Li* ist das universale Ordnungsprinzip und die innere Ordnungsstruktur der Dinge und ihrer Prozesse. *Li* stellt zugleich das höchste sittliche Prinzip dar. Aufgabe des Menschen ist es, das durch *Qi* mehr oder weniger getrübte *Li* zu reinigen, um zu sittlicher Vollkommenheit zu gelangen. Z. X. betonte, dass der Mensch *Li*, obwohl es seine Wesensnatur ist, nicht durch eine Innenschau, sondern am besten über die Außendinge erfassen kann. Dabei spielte für ihn das Studium der alten konfuzianischen Schriften eine besonders wichtige Rolle. In ihnen sah er das Wissen von *Li* vollständig enthalten. Z. X. verfasste maßgebliche Kommentare zu diesen Büchern.

Werke: P. J. Bruce: The Philosophy of Human Nature. By Chu Hsi, 1922. – D. K. Gardner: Learning to be a Sage: Selections from the Conversations of Master Chu, 1990.

Lit.: P. J. Bruce: Chu Hsi and His Masters, 1923. – Chan Wing-tsit (Hg.): Chu Hsi and Neo-Confucianism, 1986. – Chan Wing-tsit: Chu Hsi: Life and Thought, 1987. – Chan Wing-tsit: Chu Hsi: New Studies, 1989. – H. C. Tillman: Confucian Discourse and Chu His's Ascendancy, 1992.

Wolfgang Ommerborn

Zhuangzi

um 369 v. Chr. im Staat Song (China) – um 286 v. Chr.

Über Z. ist wenig Verlässliches überliefert. Er soll Beamter gewesen sein und wirkte als Lehrer. Neben →Laozi gilt er als Begründer und wichtigster philosophischer Denker des Daoismus.

Z.s Abhandlungen und Gespräche sind in dem nach ihm benannten Buch überliefert, das auch den Titel *Nanhua Zhenjing* (Wahres Buch des Südlichen Blütenlandes) trägt. Es zählt zu den grundlegenden Werken des Daoismus und wurde vermutlich nur z. T. von Z. verfasst. Kern der Philosophie des Z. bildet das die Einheit der Welt repräsentierende Seinsprinzip *Dao* (wörtlich ›Weg‹). Um ein Leben in Übereinstimmung mit *Dao* zu erreichen, soll der Mensch sich von allen auf ihn einströmenden sinnlichen Reizen befreien und zu seinem natürlichen Wesen zurückfinden. Die Realisierung des *Dao* wird als individuelles Ziel persönlicher Kultivierung verstanden, das dann erreicht ist, wenn der Geist (*Xin*) sich in einem Reinigungsprozess (*Xinzhai*) von allen überflüssigen, künstlichen Gedanken befreit hat. Wer die höchste geistige Stufe erlangt und im Einklang mit *Dao* ist, handelt gemäß dem Prinzip des Nichthandelns (*Wuwei*). Er handelt, aber ohne den natürlichen Lauf der Dinge zu stören. Z. beschrieb den Existenzprozess des Menschen als Prozess des sich verdichtenden und zerstreuenden *Qi* (wörtlich ›Gas‹, ›Atem‹). *Qi* ist die den Einzelnen konstituierende Grundsubstanz. Leben und Tod, Entstehen und Vergehen sind zwei Aspekte dieses *Qi*-Prozesses. Der dem natürlichen Wandelprozess des *Qi* unterworfene Mensch ist als Individuum vergänglich, aber nicht als Teil der Totalität des kosmischen Geschehens, das seinen Grund und seine Einheit im *Dao* hat. Wesentlich sind alle Dinge eins, so dass zwischen mir und den anderen Dingen in Wirklichkeit kein Unterschied besteht.

Werke: B. Watson: Complete Works of Chuang Tzu, 1968.

Lit.: Wu Kuang-ming: Chuang Tzu: World Philosopher at Play, 1982. – V. H. Mair (Hg.): Experimental Essays on Chuang-tzu, 1983. – P. Kjellberg / P. J. Ivanhoe (Hg.): Essays on Skepticism, Relativism, and Ethics in the Z., 1996. – R. T Ames: Wandering at Ease in the Z., 1998. – S. Coutinho: Z. and Early Chinese Philosophy, 2004.

Wolfgang Ommerborn

Slavoj Žižek

* 21.3.1949 Ljubljana (Slowenien)

1967–81	Studium der Philosophie u. Soziologie an der Univ. Ljubljana
1981–85	Studium der Psychoanalyse an der Univ. Paris VIII
1988	Austritt aus der Kommunistischen Partei Sloweniens
1990	Präsidentschaftskandidat der Liberaldemokratischen Partei Sloweniens
1991	Botschafter der Wissenschaften der Republik Slowenien
seit den 1990er Jahren	zahlreiche Gastprofessuren in den USA, Frankreich, England u. Deutschland
seit 1992	Professor am Institut für Sozialwissenschaften der Univ. Ljubljana u. seit 2002 an der European Graduate School in Saas-Fee (Schweiz)
seit 2007	International Director des Birkbeck Institute for the Humanities, Univ. London

Ž. ist ein wichtiger Repräsentant der europ. Gegenwartsphilosophie. Geprägt wurde er durch die politische Situation im ehemaligen Jugoslawien, →Louis Althussers Marxismus, →Jacques Lacans Psychoanalyse und die Auseinandersetzung mit der Philosophie des Dt. Idealismus. Einem größeren Publikum wurde er v. a. durch seine kritische Rezeption der postmodernen Gegenwartskultur, seine Arbeiten zur Filmtheorie (Alfred Hitchcock, David Lynch, Krzysztof Kieslowski) und seine Kommentare zu aktuellen politischen Konflikten (im ehemaligen Jugoslawien und im Irak) bekannt. Mehrere Dokumentarfilme zu

Ž.s Leben und Werk wie auch die Gründung des *International Journal of Žižek Studies* 2007 belegen Ž.s Popularität.

Während Ž.s erste Publikationen (*The Sublime Object of Ideology* [Das sublime Objekt der Ideologie], 1989; *Liebe dein Symptom wie dich selbst*, 1991; *For they know not what they do* [Denn sie wissen nicht, was sie tun], 1991; *The Metastases of Enjoyment* [Die Metastasen des Genießens], 1994) um eine Neuformulierung der Ideologiekritik im Zeitalter der Postmoderne wie auch um den Nachweis der Bedeutung der Psychoanalyse Lacans für die Analyse der zeitgenössischen Populärkultur bemüht sind, zeigen seine Veröffentlichungen in den 1990er Jahren zunehmend eine kritische Distanz zur Postmoderne und eine Rückkehr zum Dt. Idealismus (→Immanuel Kant, Friedrich Wilhelm Joseph Schelling, Georg Wilhelm Friedrich Hegel) unter psychoanalytischen Gesichtspunkten (*Tarrying with the Negative* [Verweilen beim Negativen], 1993; *Hegel mit Lacan*, 1995; *The Indivisible Remainder* [Der unteilbare Rest], 1996; *Die Nacht der Welt*, 1998).

Ž.s Auseinandersetzung mit dem Dt. Idealismus erbringt nicht nur heterodoxe Deutungen von Schelling und Hegel, sondern auch eine neuartige Theorie des Subjekts, die hinsichtlich ihres Potenzials für eine dialektisch-materialistische Philosophie ausgeleuchtet wird (*The ticklish Subject* [Die Tücke des Subjekts], 1999; *The Parallax View* [Parallaxe], 2006). In diesem Zusammenhang wendet sich Ž. dem Christentum zu, da »man die christliche Erfahrung durchlaufen muss, um ein wahrer dialektischer Materialist zu werden« (*The Fragile Absolute* [Das fragile Absolute], 2000; *On Belief* [Über den Glauben], 2001; *The Puppet and the Dwarf* [Die Puppe und der Zwerg], 2003). Diese Durchquerung des Christentums geht einher mit einer Neuwürdigung →Lenins im Sinne einer Wiederholung der von diesem geöffneten und verfehlten politischen Möglichkeiten (*Revolution at the Gates* [Die Revolution steht bevor], 2001; *Die politische Suspension des Ethischen*, 2005).

Werke: The Plague of Fantasies, 1997, dt. 1997. – Organs Without Bodies, 2003, dt. 2003. – Der Mut, den ersten Stein zu werfen, 2008. – Auf verlorenem Posten, 2009.

Lit.: S. Kay: Ž.: A Critical Introduction, 2003. – T. Myers: S. Ž., 2003. – E. M. Vogt / H. J. Silverman: Über Ž., 2004. – R. Butler: S. Ž. zur Einführung, 2006. – A. Johnston: Ž.s Ontology, 2008.

Erik M. Vogt

Verzeichnis der Autorinnen und Autoren

Marcel van Ackeren, Jg. 1971, Dr. phil., Wiss. Mitarbeiter am Philosophischen Seminar der Universität zu Köln.

Michael Anacker, Jg. 1968, Dr. phil., Wiss. Mitarbeiter am Institut für Philosophie der Ruhr-Universität Bochum.

Christoph Asmuth, Jg. 1962, Dr. phil., apl. Professor für Philosophie an der Technischen Universität Berlin.

Friedrich Balke, Jg. 1961, Dr. phil., Professor für Geschichte und Theorie künstlicher Welten an der Fakultät Medien der Bauhaus-Universität Weimar.

Wolfgang Bartuschat, Jg. 1938, Dr. phil., Professor (em.) für Philosophie an der Universität Hamburg.

Thomas Bedorf, Jg. 1969, Dr. phil., Privatdozent am Institut für Philosophie der FernUniversität Hagen.

Linos G. Benakis, Jg. 1928, Dr. phil., Dr. h. c., Direktor i.R. des Instituts für Griechische Philosophie an der Akademie von Athen (Griechenland).

Mamuka Beriaschwili, Jg. 1959, Dr. phil., Professor für Philosophie an der Tschawtschawadse Universität Tbilissi (Georgien).

Hinrich Biesterfeldt, Jg. 1943, Dr. phil., apl. Professor für Orientalische Philologie an der Ruhr-Universität Bochum.

Johanna Borek, Jg. 1951, Dr. phil., Professorin für Romanistische Literaturwissenschaft und Translatorik an der Universität Wien.

Hubert Bost, Jg. 1957, Dr. ès Lettres, Professor, Directeur d'études an der École Pratique des Hautes Études, Paris (Frankreich).

Rémi Brague, Jg. 1947, Dr. phil., Professor an der Universität Paris I (Frankreich) und der Ludwig-Maximilians-Universität München.

Peggy H. Breitenstein, Jg. 1978, M. A., Mitarbeiterin am Institut für Philosophie der Technischen Universität Dresden.

Andris Breitling, Jg. 1969, Dr. phil., Wiss. Mitarbeiter am Philosophischen Institut der Universität Rostock.

Thomas Broch, Jg. 1947, Dr. theol., Pressesprecher der Diözese Rottenburg-Stuttgart, Pfaffenweiler/Br.

Micha Brumlik, Jg. 1947, Dr. phil., Professor für Theorien der Bildung und Erziehung an der Johann Wolfgang Goethe-Universität Frankfurt a.M.

Robin Celikates, Jg. 1977, Wiss. Mitarbeiter in der Arbeitsgruppe Internationale Politische Theorie an der Johann Wolfgang Goethe-Universität Frankfurt a.M.

Dirk Cürsgen, Jg. 1970, Dr. phil., Privatdozent für Philosophie an der Ruhr-Universität Bochum.

Hans Daiber, Jg. 1942, Dr. phil., Professor für Orientalistik an der Johann Wolfgang Goethe-Universität Frankfurt a.M.

Matthias Dall'Asta, Jg. 1963, Dr. phil., Wiss. Angestellter der Heidelberger Akademie der Wissenschaften, Melanchthon-Forschungsstelle, Heidelberg.

Lutz Danneberg, Jg. 1951, Dr. phil., Professor für Methodologie und Geschichte der Hermeneutik an der Humboldt-Universität zu Berlin.

Rüdiger Dannemann, Jg. 1949, Dr. phil., Oberstudienrat in Ennepetal.

Mark-Georg Dehrmann, Jg. 1975, Dr. phil., Akademischer Rat am Deutschen Seminar der Leibniz Universität Hannover.

Daniel A. Di Liscia, Jg. 1961, Dr. phil., Wiss. Leiter der Kommission für die Herausgabe der Werke von Johannes Kepler an der Bayerischen Akademie der Wissenschaften, München.

Ulrich Dierse, Jg. 1943, Dr. phil., Akademischer Oberrat (i. R.) am Institut für Philosophie der Ruhr-Universität Bochum.

Mechthild Dreyer, Jg. 1955, Dipl.-Theol., Dr. phil., Professorin für Philosophie an der Johannes Gutenberg-Universität Mainz.

Willigis Eckermann, Jg. 1934, Dr. theol., Dr. h. c., Professor (em.) für Systematische Theologie, Dogmatik und Dogmengeschichte am Institut für Katholische Theologie der Hochschule Vechta und Direktor des Augustinus-Instituts, Würzburg.

Armin Emmel, Jg. 1966, M. A., Wiss. Angestellter am Philosophischen Seminar der Universität Mannheim.

Eve-Marie Engels, Jg. 1951, Dr. phil., Professorin für Ethik in den Biowissenschaften der Fakultät für Biologie und Mitglied der Fakultät für Philosophie und Geschichte der Eberhard Karls Universität Tübingen.

Sina Farzin, Jg. 1976, M. A., Wiss. Mitarbeiterin am Institut für Soziologie der FernUniversität Hagen.

Hugo Frey, Jg. 1971, Ph. D., Principal Lecturer in Cultural History an der University of Chichester (Großbritannien).

Markus Führer, Jg. 1943, Ph. D., Professor für Philosophie am Augsburg College, Minneapolis, Minnesota (USA).

THERESE FUHRER, Jg. 1959, Dr. phil., Professorin für Klassische Philologie/Latinistik an der Freien Universität Berlin.

RAINER FUNK, Jg. 1943, Dr., Psychoanalytiker, Rechte- und Nachlassverwalter von Erich Fromm, Tübingen.

MARKUS GABRIEL, Jg. 1980, Dr. phil., Professor für Philosophie an der Rheinischen Friedrich-Wilhelms-Universität Bonn.

LAURA GIANVITTORIO, Jg. 1981, Dr. phil., Wiss. Mitarbeiterin am Institut für Klassische Philologie und Wirkungsgeschichte der Antike der Universität Salzburg.

GERD GIESLER, Jg. 1940, Dr. rer. nat., Geschäftsführer (i. R.) des Akademie Verlags, Berlin, Herausgeber von Tagebuch- u. Briefwechsel-Editionen Carl Schmitts.

THOMAS GIL, Jg. 1954, Dr. phil., Professor für Philosophie an der Technischen Universität Berlin.

REINHOLD F. GLEI, Jg. 1959, Dr. phil., Professor für Latinistik an der Ruhr-Universität Bochum.

HOLGER GLINKA, Jg. 1967, Dr. phil., Wiss. Mitarbeiter am Hegel-Archiv der Ruhr-Universität Bochum, Redakteur der *Hegel-Studien*.

HANS-JOHANN GLOCK, Jg. 1960, Dr. phil., Professor für Philosophie an der Universität Zürich.

SUSAN GOTTLÖBER, Jg. 1976, M. A., Lehrbeauftragte am Lehrstuhl für Religionsphilosophie und vergleichende Religionswissenschaften der TU Dresden.

HARTMUT GRABST, Jg. 1951, M. A., Freier Mitarbeiter beim *Bochumer Philosophischen Jahrbuch für Antike und Mittelalter* und Lehrbeauftragter für Philosophie im Optionalbereich der Ruhr-Universität Bochum.

GÜNTHER GREWENDORF, Jg. 1946, Dr. phil., Professor für Linguistik an der Johann Wolfgang Goethe-Universität Frankfurt a. M.

FRANK GRUNERT, Jg. 1961, Dr. phil., Wiss. Mitarbeiter am Interdisziplinären Zentrum für die Erforschung der Europäischen Aufklärung der Martin-Luther-Universität Halle-Wittenberg, Halle/Saale.

EDWARD HALPER, Jg. 1951, Ph. D., Professor für Philosophie an der University of Georgia, Athens (USA).

KLAUS HAMMACHER, Jg. 1930, Dr. phil., Professor (em.) für Philosophie an der Rheinisch-Westfälischen Technischen Hochschule Aachen.

BURKHARD HASEBRINK, Jg. 1957, Dr. phil., Professor für Ältere deutsche Sprache und Literatur an der Albert-Ludwigs-Universität Freiburg i. Br.

FELIX HEIDENREICH, Jg. 1973, Dr. phil., Wiss. Koordinator am Internationalen Zentrum für Kultur- und Technikforschung (IZKT) der Universität Stuttgart.

WOLFHART HENCKMANN, Jg. 1937, Dr. phil., Professor (i. R.) für Philosophie an der Ludwig-Maximilians-Universität München.

ROBERT HODONYI, Jg. 1977, M. A., Stipendiat der Heinrich-Böll-Stiftung, Promovend an der Technischen Universität Dresden.

MAARTEN J. F. M. HOENEN, Jg. 1957, Dr. phil., Drs. theol., Professor für Philosophie an der Albert-Ludwigs-Universität Freiburg i. Br.

ARND HOFFMANN, Jg. 1967, Dr. phil., Wiss. Berater der ProCredit Holding, Frankfurt a. M., und Dozent für Geschichte/Philosophie an deren Ausbildungszentrum in Managua (Nicaragua).

THOMAS SÖREN HOFFMANN, Jg. 1961, Dr. phil., apl. Professor für Philosophie an der Rheinischen Friedrich-Wilhelms-Universität Bonn.

MALTE HOSSENFELDER, Jg. 1935, Dr. phil., Professor (em.) für Philosophie an der Karl-Franzens-Universität Graz.

PAUL HOYNINGEN-HUENE, Jg. 1946, Dr. phil., Professor für Philosophie, Leiter der Zentralen Einrichtung für Wissenschaftstheorie und Wissenschaftsethik (ZEWW) an der Leibniz Universität Hannover.

SVENJA HUNZ, Jg. 1983, B. A., Mitarbeiterin am Lehrstuhl für Geschichte der Philosophie unter besonderer Berücksichtigung der Philosophie der Antike und des Mittelalters der Ruhr-Universität Bochum.

UWE HUNZ, Jg. 1975, M. A., Wiss. Mitarbeiter am Institut für Philosophie der Ruhr-Universität Bochum.

RUEDI IMBACH, Jg. 1946, Dr. phil., Professor für mittelalterliche Philosophie an der Université Paris Sorbonne (Paris IV) (Frankreich).

TENGIZ IREMADZE, Jg. 1973, Dr. phil., Professor für Philosophie, Sozial- und Medienwissenschaft an der Grigol Robakidze Universität Tbilissi, Leiter der Abteilung Geschichte der georgischen und ausländischen Philosophie am Savle Tsereteli Institut für Philosophie, Tbilissi (Georgien).

HERBERT JAUMANN, Jg. 1945, Dr. phil., Professor für Neuere deutsche Literatur an der Universität Greifswald.

UDO REINHOLD JECK, Jg. 1952, Dr. phil., apl. Professor für Philosophie an der Ruhr-Universität Bochum.

STEFAN JORDAN, Jg. 1967, Dr. phil., Wiss. Angestellter der Historischen Kommission bei der Bayerischen Akademie der Wissenschaften, München.

MATTHIAS JUNG, Jg. 1960, Dr. phil., apl. Professor für Philosophie an der Johann Wolfgang Goethe-Universität Frankfurt a.M., Wiss. Angestellter bei der Berlin-Brandenburgischen Akademie der Wissenschaften.

DIRK KAESLER, Jg. 1944, Dr. rer. pol., Professor für Allgemeine Soziologie an der Philipps-Universität Marburg.

KLAUS KAHNERT, Jg. 1965, Dr. phil., Wiss. Mitarbeiter am Institut für Philosophie der Ruhr-Universität Bochum.

CHRISTOPH KANN, Jg. 1956, Dr. phil., Professor für Philosophie an der Heinrich-Heine-Universität Düsseldorf.

ROLAND KANY, Jg. 1958, Dr. phil., Professor für Kirchengeschichte des Altertums und Patrologie an der Ludwig-Maximilians-Universität München.

DOMINIQUE KAPPERT, Jg. 1985, B. A., Mitarbeiterin am Lehrstuhl für Geschichte der Philosophie unter besonderer Berücksichtigung der Philosophie der Antike und des Mittelalters der Ruhr-Universität Bochum.

ANTJE KAPUST, Jg. 1962, Dr. phil., apl. Professorin für Philosophie an der Ruhr-Universität Bochum.

MATTHIAS KEMPER, Jg. 1968, Dr. phil., Wiss. Mitarbeiter am Institut für Pädagogik der Christian-Albrechts-Universität zu Kiel.

HILDEGUND KEUL, Jg. 1961, M. A., Dr. theol., Privatdozentin für Fundamentaltheologie und Vergleichende Religionswissenschaft an der Bayerischen Julius-Maximilians-Universität Würzburg.

GIORGI KHEOSHVILI, Jg. 1972, Dr. phil., Wiss. Mitarbeiter am Savle Tsereteli Institut für Philosophie, Tbilissi (Georgien).

TILL KINZEL, Jg. 1968, Dr. phil., Privatdozent am Englischen Seminar der Technischen Universität Braunschweig.

MATTHIAS KOSSLER, Jg. 1960, Dr. phil., Professor für Philosophie, Leiter der Schopenhauer-Forschungsstelle an der Johannes Gutenberg-Universität Mainz.

CHRISTOF KRAMBRICH, Jg. 1969, M. A., Doktorand am Institut für Philosophie der Ruhr-Universität Bochum.

VOLKHARD KRECH, Jg. 1962, Dr. rer. soc., Professor für Religionswissenschaft an der Ruhr-Universität Bochum.

Gerhard Krieger, Jg. 1951, Dr. phil., Professor für Philosophie an der Theologischen Fakultät Trier und Honorarprofessor an der Universität Trier.

Anke von Kügelgen, Jg. 1960, Dr. phil., Professorin für Islamwissenschaft und Neuere Orientalische Philologie an der Universität Bern.

Rosario La Sala, Jg. 1967, Dr. phil., Wiss. Mitarbeiter am Institut für Philosophie der Friedrich-Alexander-Universität Erlangen.

Matthias Laarmann, Jg. 1964, Dr. theol., Gymnasiallehrer, Lehrbeauftragter für Didaktik der mittel- und neulat. Literatur an der Westfälischen Wilhelms-Universität Münster und Projektleiter am Institut für Theologie und Frieden, Hamburg.

Thomas Leinkauf, Jg. 1954, Dr. phil., Professor für Philosophie an der Westfälischen Wilhelms-Universität und Direktor der Leibniz-Forschungsstelle Münster.

Hans-Ulrich Lessing, Jg. 1953, Dr. phil., apl. Professor für Philosophie an der Ruhr-Universität Bochum.

Burkhard Liebsch, Jg. 1959, Dr. phil., apl. Professor für Philosophie an der Ruhr-Universität Bochum.

Charles Lohr, Jg. 1925, Dr. phil., Dr. theol., Dr. h. c., Professor (em.) für Theologie und Direktor des Raimundus Lullus Instituts an der Albert-Ludwigs-Universität Freiburg i. Br.

Günther Lottes, Jg. 1951, Dr. phil., Professor für Kulturgeschichte der Neuzeit/Aufklärungsforschung an der Universität Potsdam.

Holger Lyre, Jg. 1965, Dr. phil., Dipl.-Phys., Privatdozent für Philosophie an der Rheinischen Friedrich-Wilhelms-Universität Bonn.

Johann Christian Marek, Jg. 1948, Dr. phil., Professor für Philosophie an der Karl-Franzens-Universität Graz.

John Marenbon, Jg. 1955, Ph. D., Fellow am Trinity College, Cambridge (Großbritannien).

Thomas Marschler, Jg. 1969, Dr. theol., Dr. phil., Professor für Dogmatik an der Katholisch-Theologischen Fakultät der Universität Augsburg.

Paul Mendes-Flohr, Jg. 1941, Ph. D., Professor (em.) für Modernes Jüdisches Denken an der Hebräischen Universität Jerusalem (Israel) und Professor für Jüdische Religiöse Philosophie an der Divinity School, The University of Chicago (USA).

GÜNTHER MENSCHING, Jg. 1942, Dr. phil., Professor für Philosophie an der Leibniz Universität Hannover.

WALTER MESCH, Jg. 1964, Dr. phil., Professor für Philosophie an der Westfälischen Wilhelms-Universität Münster.

ANNETTE MEYER, Jg. 1969, Dr. phil., Wiss. Assistentin am Lehrstuhl für Geschichte der Frühen Neuzeit der Ludwig-Maximilians-Universität München.

MARTIN F. MEYER, Jg. 1962, Dr. phil., Akademischer Oberrat an der Universität Koblenz-Landau, Koblenz.

THOMAS MEYER, Jg. 1966, Dr. phil., Wiss. Mitarbeiter am Simon-Dubnow-Institut für jüdische Geschichte und Kultur, Leipzig.

KÄTE MEYER-DRAWE, Jg. 1949, Dr. paed., Professorin für Allgemeine Pädagogik an der Ruhr-Universität Bochum.

JÜRGEN MIETHKE, Jg. 1938, Dr. phil., Professor (em.) für Mittelalterliche Geschichte an der Ruprecht-Karls-Universität Heidelberg.

STEPHAN MOEBIUS, Jg. 1973, Dr. phil., Professor für Soziologische Theorie und Ideengeschichte an der Karl-Franzens-Universität Graz.

BURKHARD MOJSISCH, Jg. 1944, Dr. phil., Professor für Geschichte der Philosophie unter besonderer Berücksichtigung der Philosophie der Antike und des Mittelalters an der Ruhr-Universität Bochum.

THOMAS MORMANN, Jg. 1951, Dr. phil., Professor für Logik und Wissenschaftsphilosophie an der Universität des Baskenlandes (UPV/EHU) in Donostia-San Sebastian (Spanien).

JÖRN MÜLLER, Jg. 1969, Dr. phil., Vertretungsprofessor am Institut für Philosophie der Julius-Maximilians-Universität Würzburg.

ALAN MUSGRAVE, Jg. 1940, Ph. D., Professor (em.) für Philosophie an der University of Otago (Neuseeland).

CARY J. NEDERMAN, Jg. 1957, Ph. D., Professor in the Department of Political Science, Texas A&M University in College Station (USA).

KLAUS NELLEN, Jg. 1948, Permanent Fellow am Institut für die Wissenschaften vom Menschen, Wien.

HEINRICH NIEHUES-PRÖBSTING, Jg. 1946, Dr. phil., Professor für Geschichte der Philosophie an der Universität Erfurt.

CHRISTIAN NIMTZ, Jg. 1968, Dr. phil., Professor für Philosophie an der Friedrich-Alexander-Universität Erlangen-Nürnberg.

HERIBERT M. NOBIS, Jg. 1924, Dr. phil., ehem. Leiter der Dt. Copernicus-Forschungsstelle, München.

WOLFGANG OMMERBORN, Jg. 1952, Dr. phil., apl. Professor für Sinologie an der Ruhr-Universität Bochum.

CLAUDIA OPITZ-BELAKHAL, Jg. 1955, Dr. phil., Professorin für Neuere Geschichte an der Universität Basel.

ARTUR PACEWICZ, Jg. 1974, Dr. phil., Adjunkt (Juniorprofessor) an der Uniwersytet Wrocławski (Polen).

GERDA PAGEL, Jg. 1948, Dr. phil., Professorin an der University of Preston, USA, lehrt Philosophie, Ethik und Psychologie an der Universität Würzburg, am Gymnasium und in der Erwachsenenbildung.

REBECCA PAIMANN, Jg. 1972, Dr. phil., Privatdozentin für Philosophie an der Ruhr-Universität Bochum.

HELMUT PAPE, Jg. 1950, Dr. phil., apl. Professor für Philosophie an der Universität Bamberg.

VIRGINIE PEKTAŞ, Jg. 1970, Dr. phil., Freie Mitarbeiterin beim *Bochumer Philosophischen Jahrbuch für Antike und Mittelalter*, Ruhr-Universität Bochum.

WOLFGANG H. PLEGER, Jg. 1944, Professor für Philosophie an der Universität Koblenz-Landau, Koblenz.

NIKOLAJ PLOTNIKOV, Jg. 1966, Dr. phil., Wiss. Mitarbeiter am Institut für Philosophie der Ruhr-Universität Bochum.

OLAF PLUTA, Jg. 1950, Dr. phil., Institut für Philosophie der Ruhr-Universität Bochum.

KARIN PRIESTER, Jg. 1941, Dr. phil., Professorin (em.) für Soziologie an der Westfälischen Wilhelms-Universität Münster.

HELMUT PULTE, Jg. 1956, Dr. phil., Professor für Philosophie mit besonderer Berücksichtigung von Wissenschaftstheorie und Wissenschaftsgeschichte an der Ruhr-Universität Bochum.

DIRK QUADFLIEG, Jg. 1973, Dr. phil., Wiss. Mitarbeiter am Institut für Philosophie der Johann Wolfgang Goethe-Universität Frankfurt a.M.

WALTER REESE-SCHÄFER, Jg. 1951, Dr. phil., Professor für politische Theorie und Ideengeschichte an der Georg-August-Universität Göttingen und Fellow am Kulturwissenschaftlichen Institut Essen.

RUDOLF REHN, Jg. 1946, Dr. phil., Professor für Philosophie an der Hochschule Vechta.

URSULA REITEMEYER, Jg. 1955, Dr. phil., Privatdozentin am Institut für Erziehungswissenschaft der Westfälischen Wilhelms-Universität Münster.

Hans-Jörg Rheinberger, Jg. 1946, Dr. rer. nat., Professor, Direktor am Max-Planck-Institut für Wissenschaftsgeschichte, Berlin.

Christian Rode, Jg. 1970, Dr. phil., Wiss. Assistent am Institut für Philosophie der Rheinischen Friedrich-Wilhelms-Universität Bonn.

Sven Rohm, Jg. 1963, Dr. phil., Wiss. Mitarbeiter am Institut für Philosophie der Ruhr-Universität Bochum.

Eckard Rolf, Jg. 1951, Dr. phil., Professor für deutsche Philologie am Germanistischen Institut der Westfälischen Wilhelms-Universität Münster.

Thomas Rommel, Jg. 1962, Dr. phil., Professor für Literaturwissenschaft an der Jacobs University Bremen.

Wolfgang Rother, Jg. 1955, Dr. phil., Lektor für Philosophie beim Verlag Schwabe, Basel, Privatdozent für Philosophie an der Universität Zürich.

Paolo Rubini, Jg. 1967, Mitarbeiter im Leibniz-Preis-Forschungsprojekt »Transformationen des Geistes«, Humboldt-Universität zu Berlin.

Kurt Salamun, Jg. 1940, Dr. phil., Professor (em.) für Philosophie an der Karl-Franzens-Universität Graz.

Francisco Sánchez-Blanco, Jg. 1943, Dr. phil., Privatdozent für Romanistik an der Ruhr-Universität Bochum.

Katia Saporiti, Jg. 1964, Dr. phil., Professorin für Philosophie mit besonderer Berücksichtigung der Geschichte der Philosophie an der Universität Zürich.

Christian Schäfer, Jg. 1967, Dr. phil., Professor für Philosophie an der Otto-Friedrich-Universität Bamberg.

Burghart Schmidt, Jg. 1942, Dr. phil., Professor für Sprache und Ästhetik sowie Vizepräsident der Hochschule für Gestaltung Offenbach am Main.

Klaus J. Schmidt, Jg. 1940, Dr. phil., apl. Professor am Institut für Philosophie der Ruhr-Universität Bochum.

Wilhelm Schmidt-Biggemann, Jg. 1946, Dr. phil., Professor für Geschichte der Philosophie an der Freien Universität Berlin.

Ulrich Johannes Schneider, Jg. 1956, Dr. phil., Direktor der Universitätsbibliothek und apl. Professor für Philosophie am Institut für Kulturwissenschaften der Universität Leipzig.

Peter Schöttler, Jg. 1950, Dr. phil., Forschungsdirektor am Centre National de la Recherche Scientifique, Paris, und Honorarprofessor an der Freien Universität Berlin.

Philip Schofield, Jg. 1958, Ph. D. Professor of the History of Legal and Political Thought am University College London.

Gunter Scholtz, Jg. 1941, Dr. phil., Professor (em.) für Philosophie an der Ruhr-Universität Bochum.

Oliver R. Scholz, Jg. 1960, Dr. phil., Professor für Philosophie an der Westfälischen Wilhelms-Universität Münster.

Christina Schües, Jg. 1959, Dr. phil., Privatdozentin für Philosophie an der Hochschule Vechta.

Volkmar Schüller, Jg. 1947, Dr. rer. nat., Wiss. Mitarbeiter beim Max-Planck-Institut für Wissenschaftsgeschichte, Berlin.

Rainer Schützeichel, Jg. 1958, Dr. rer. soc., Vertretungsprofessor im Lehrgebiet Soziologie I an der FernUniversität Hagen.

Heiko Schulz, Jg. 1959, Dr. phil., Professor für Systematische Theologie und Religionsphilosophie an der Johann Wolfgang Goethe-Universität Frankfurt a. M.

Matthias Schulze-Bünte, Jg. 1959, Dr. phil., Wiss. Angestellter am Institut für Kognitive Linguistik der Johann Wolfgang Goethe-Universität Frankfurt a. M.

Carsten Seck, Jg. 1973, Dr. phil., Wiss. Mitarbeiter am Institut für Philosophie der Rheinischen Friedrich-Wilhelm-Universität Bonn.

Giorgi Sibaschwili, Jg. 1954, Dr. phil., Assoziierter Professor für Philosophie an der Staatlichen Universität Telavi (Georgien).

Hans-Jörg Sigwart, Jg. 1969, Dr. phil., Wiss. Assistent am Institut für Politische Wissenschaft der Friedrich-Alexander-Universität Erlangen-Nürnberg.

Joke Spruyt, Jg. 1955, Dr. phil., Universitair Hoofddocent an der Maastricht University (Niederlande).

Volker Steenblock, Jg. 1958, Dr. phil., Professor für Philosophie unter besonderer Berücksichtigung der Philosophiedidaktik und Kulturphilosophie an der Ruhr-Universität Bochum.

Klaus Steigleder, Jg. 1959, Dr. theol., Professor für Philosophie an der Ruhr-Universität Bochum.

Werner Strube, Jg. 1938, Dr. phil., Professor (em.) für Philosophie an der Ruhr-Universität Bochum.

Rita Sturlese, Jg. 1949, Dr. phil., Ricercatrice an der Scuola Normale Superiore, Pisa (Italien).

Orrin F. Summerell, Jg. 1960, Ph. D., Editorial and Rights Specialist, Organisation der Vereinten Nationen für Bildung, Wissenschaft und Kultur (UNESCO), Paris.

Robert Theis, Jg. 1947, Dr. phil., M. theol., Professor für Philosophie an der Universität Luxemburg und apl. Professor an der Universität des Saarlandes, Saarbrücken.

Tamar Tsopurashvili, Jg. 1978, Doktorandin am Institut für Philosophie der Ruhr-Universität Bochum.

Rainer Thurnher, Jg. 1948, Dr. phil., Professor für Philosophie der Leopold-Franzens-Universität Innsbruck.

Udo Tietz, Jg. 1953, Dr. phil., Privatdozent an der Humboldt-Universität zu Berlin.

Jürgen Trabant, Jg. 1942, Dr. phil., Professor (em.) für Romanische Philologie an der Freien Universität Berlin.

Erik M. Vogt, Jg. 1964, Dr. phil., Professor für Philosophie am Trinity College in Hartford/Connecticut (USA) und Dozent für Philosophie am Institut für Philosophie der Universität Wien.

Matthias Vollet, Jg. 1965, Dr. phil., Wiss. Angestellter am Philosophischen Seminar der Johannes Gutenberg-Universität Mainz.

Bernhard Waldenfels, Jg. 1934, Dr. phil., Professor (em.) für Philosophie an der Ruhr-Universität Bochum.

Hans-Joachim Waschkies, Jg. 1939, Dr. phil., Professor (i.R.) für Philosophie und Wissenschaftsgeschichte an der Christian-Albrechts-Universität, Kiel.

Manfred Weitlauff, Jg. 1936, Dr. theol., Professor (em.) für Kirchengeschichte des Mittelalters und der Neuzeit an der Katholisch-Theologischen Fakultät der Ludwig-Maximilians-Universität München.

Markus Wild, Jg. 1971, Dr. phil., Wiss. Mitarbeiter am Institut für Philosophie der Humboldt-Universität zu Berlin.

Norbert Winkler, Jg. 1952, Dr. phil., Wiss. Mitarbeiter am Projekt »Intellekttheorie und Ethik bei Albertus Magnus« in der Forschergruppe »Topik und Tradition« der Freien Universität Berlin.

Helen Winter, Jg. 1965, Dr. rer. pol., Regierungsdirektorin im Bundesministerium für Wirtschaft und Technologie, Berlin.

Egbert Witte, Jg. 1963, PD Dr. phil., Vertretungsprofessor für Gymnasialpädagogik an der Julius-Maximilians-Universität Würzburg.

Hans-Ulrich Wöhler, Jg. 1950, Dr. phil., apl. Prof., Wiss. Mitarbeiter am Institut für Philosophie der Technischen Universität Dresden.

Jan Woleński, Jg. 1940, Dr. phil., Professor für Philosophie an der Uniwersytet Jagielloński, Kraków (Polen).

Werner Zager, Jg. 1959, Dr. theol., apl. Prof. für Neues Testament an der Johann Wolfgang Goethe-Universität Frankfurt a. M.

Lali Zakaradze, Jg. 1971, Dr. phil., Professorin für Philosophie an der Staatlichen Schota Rustaveli Universität Batumi, Georgien.

Michael Zaremba, Jg. 1955, Dr. phil., Schriftsteller, Herder-Biograph, Berlin.

Giga Zedania, Jg. 1977, Dr. phil., Professor an der Staatlichen Ilia Tschawtschawadse Universität, Tbilissi (Georgien).

Susanne Zeller, Jg. 1951, Dr. phil., Professorin für Geschichte, Theorie und Ethik der Sozialarbeitswissenschaft an der Fakultät Sozialwesen der Fachhochschule Erfurt.

Jure Zovko, Jg. 1957, Dr. phil., Lehrbeauftragter am Institut für Philosophie der Universität Zagreb und Professor für Philosophie an der Universität Zadar (Kroatien).

Daniela Zumpf, Jg. 1984, B. A., Mitarbeiterin am Lehrstuhl für Logik und Sprachphilosophie der Ruhr-Universität Bochum.

Cornel Zwierlein, Jg. 1973, Dr. phil., Juniorprofessor für Umweltgeschichte an der Ruhr-Universität Bochum.

Namensvarianten

Albertus Magnus; Albert der Große; Albert von Lauingen; Albert von Köln; fälschlich: Albert von Bollstädt
Anselm von Canterbury; Anselm von Aosta; Anselmus Cantuariensis; Anselmus Beccensis
Avicenna; Abū Alī al-Husayn ibn Abdullāh ibn Sīnā
Jean *Bodin*; Jean Bodin Angevin; Johannes Bodinus Angevinus
Bonaventura; eigtl. Giovanni di Fidanza
Giordano *Bruno*; eigtl. Filippo Bruno
Walter *Burley*; Walter Burleigh; Gualterus Burlaeus
Thomas *Cajetan*; eigtl. Giacomo de Vio
Chrysipp; Chrysippos von Soloi
Nikolaus *Copernicus*; Kopernikus; Coppernic; Coppernig; Copernigk; Coppernick; Kopperlingk; Copperinck
René *Descartes*; Renatus Cartesius
Dietrich von Freiberg; Theodoricus de Vriberch
Eckhart von Hochheim; Meister Eckhart
Epiktet; Epictetus; Epictetos
Euklid; Eukleides (von Alexandria?)
Shlomo b. Jehuda Ibn *Gabirol*; arab. Abū Ayyūb Sulaymān b. Yahya b. Gabīrūl; lat. Aben Cebrol, Avicebron, Avencebrol
Alan *Gewirth*; eigtl. Isidore Gewirtz
Olympe de *Gouges*; Marie de Gouze; Marie Aubry
Heinrich von Gent; Henricus a Gandavo
Heraklit; Heraclitus; Herakleitos
Francis *Hutcheson*; Frances Hutcheson
Ibn Ruschd; Averroes
Isaak von Stella; Isaac de l'Étoile
al-*Kindî*; Abū Ya'qūb ibn Ishāq al-Kindî
Klemens von Alexandrien; Titus Flavius Clemens
Konfuzius; latinisierte Form von Kongfuzi (K'ung Fu Tzu) oder Kongzi (K'ung Tzu) (Meister Kong); eigtl. Kong Qiu
Lǎozi; Lao Tzu; Laotse; Meister Lao bzw. Alter Meister
Lenin; Wladimir Iljitsch Uljanow
Lukrez; Titus Lucretius Carus
Marc Aurel; Mark Aurel; Marcus Aurelius
Marius Victorinus; Gaius Marius Victorinus Afer

Marsilius von Inghen; Mercilius; Marselius; Ingen; Inguen; Marsilius de Inghen; Marsilius ab Inghen
Marsilius von Padua; Marsilius de' Mainardini
Menzius; latinisierte Form von Mengzi (Meng Tzu); Meister Meng; eigentlicher Name Meng Ke
Mo Di; Mo Ti; Mozi (Mo Tzu); Meister Mo
Thomas *Morus*; Sir Thomas More, St. Thomas More
Moses Maimonides; hebr. Mose ben Maimon; arab. Mūsā b. Maymūn
Nikolaus von Kues; Nicolaus Cusanus; Nikolaus Chryfftz; Nicolaus de Cusa
Nikolaus (von) Oresme; Nicole Oresme; Nicolaus Oresmius
Francesco *Patrizi*; Franciscus Patricius; Frane Petrić
Peter Abälärd; Petrus Abaelardus
Peter von Ailly; Pierre d'Ailly; Petrus de Alliaco
Petrus Iohannis Olivi; Pierre Olieu
Pietro Pomponazzi; Petrus Pomponatius, gen. Peretto (›kleiner Peter‹)
Porphyrios von Tyros; ursprünglich Malchos oder Malkos, auch Basileus
Raimundus Lullus; Ramon Lull; Ramon Llull
Petrus Ramus; Pierre de la Ramée
Johannes *Reuchlin*; Capnion
Siger von Brabant; Sigerus de Brabantia
Alfred Tarski; eigtl. Alfred Teitelbaum; Tajtelbaum
Thomas von Aquin; Thomas von Aquino; Thomas de Aquino; Thomas Camisensis
Thomas von Erfurt; Thomas de Erfordia; Thomas Occam
Lorenzo *Valla*; della Valle; De Valle; Vallati; Laurentius Vallensis
Francisco de *Vitoria*; eigtl. Francisco de Arcaya y Compludo
Eric *Voegelin*; eigtl. Erich Hermann Wilhelm Vögelin
Voltaire; eigtl. François-Marie Arouet
Wilhelm von Ockham; Occam; Guillelmus de Ockham
Wilhelm von Sherwood; Guilelmus de Shyreswode
Zhang Zai; Chang Tsai; Zhang Hengqu; Chang Heng-ch'ü
Zhu Xi; Chu Hsi; Zhu Yuanhui; Chu Yüan-hui
Zhuangzi; Chuang Tzu; Meister Zhuang; eigtl. Zhuang Zhou

Register